Arbeitsbuch AI Act

Arbeitsbuch AI Act

Gebrauchsanleitung für Unternehmen zur Umsetzung der KI-Verordnung

von

Tim Wybitul

Rechtsanwalt, Frankfurt am Main

unter Mitwirkung von

Herrn Ass. iur. Florian Ziegler, Frau Ass. iur. Hannah Jürges,
Herrn Rechtsanwalt Cenk Nickel, Frau Rechtsanwältin Dr. Isabelle Brams,
Frau Rechtsanwältin Judith Sikora, Herrn Rechtsanwalt Dr. Wolf-Tassilo Böhm,
Frau Ref. iur. Caroline Schindler, Herrn Dipl. iur. Nils Hanne und
Herrn Ref. iur. Timo Hager

Fachmedien Recht und Wirtschaft | dfv Mediengruppe | Frankfurt am Main

Alle im Buch verwendeten Begriffe verstehen sich geschlechterneutral. Aus Gründen der besseren Lesbarkeit wird teilweise auf eine geschlechtsspezifische Differenzierung verzichtet – entsprechende Begriffe gelten im Sinne der Gleichbehandlung grundsätzlich für alle Geschlechter. Die verkürzte Sprachform hat lediglich redaktionelle Gründe und beinhaltet keine Wertung.

Bibliografische Information Der Deutschen Nationalbibliothek

Die Deutsche Nationalbibliothek verzeichnet diese Publikation in der Deutschen Nationalbibliografie; detaillierte bibliografische Daten sind im Internet über http://dnb.de abrufbar.

ISBN 978-3-8005-1956-9

dfv Mediengruppe

www.ruw.de

Druck: WIRmachenDRUCK GmbH, Backnang

Printed in Germany

Vorwort

Das vorliegende Arbeitsbuch stellt eine strukturierte und praxisnahe Anleitung zur Umsetzung des EU AI Act[1] für Unternehmen dar. Die deutsche Sprachfassung des EU AI Act wird gemeinhin als KI-Verordnung oder „**KI-VO**"[2] bezeichnet. Dieses Buch hilft Lesern dabei, die rechtlichen Vorgaben der KI-VO zu verstehen und sie entsprechend der Erfordernisse der Praxis umzusetzen. Die KI-VO ist am 1.8.2024 in Kraft getreten, die ersten Regelungen gelten ab dem 2.2.2025. Die Umsetzung der Vorgaben der KI-VO ist komplex. Eine große Herausforderung liegt in der Unübersichtlichkeit der einzelnen Regelungen und Anforderungen der KI-VO. Dies erschwert es Unternehmen in der Praxis erheblich, die konkreten Vorgaben für die Entwicklung und den Einsatz von KI-Systemen in ihrer Organisation zu verstehen sowie interne Prozesse klar zu definieren und umzusetzen.

Das Arbeitsbuch bietet einen praxisorientierten Einstieg in die Vorgaben der KI-VO. Es richtet sich vor allem an Verantwortliche in Unternehmen, die mit KI-Systemen und KI-Modellen arbeiten, zu deren Einführung beraten oder den rechtskonformen Einsatz solcher Anwendungen sicherstellen sollen. Das Arbeitsbuch zielt daher vor allem auf Rechtsanwender ab, die für die Umsetzung der KI-VO nach einem leicht verständlichen und kompakten Einstieg und Überblick suchen. Es erhebt ganz bewusst keinen Anspruch auf Vollständigkeit – und ist auch kein wissenschaftliches Lehrbuch. Für weitergehende Fragen finden sich aber an relevanten Stellen Hinweise auf weiterführende Fachliteratur.

Die vorliegende Anleitung umfasst unter anderem auch Schaubilder und Grafiken, die Unternehmen dabei helfen sollen, die relevanten Vorschriften der KI-VO zu verstehen. Durch die Kombination aus klaren Erläuterungen und visuellen Hilfsmitteln ermöglicht das Arbeitsbuch seinen Lesern, sich schnell und effektiv über die Anforderungen und Strukturen der KI-VO zu informieren und entsprechende konkrete Maßnahmen im Unternehmen umzusetzen.

Hierfür enthält das Arbeitsbuch unter anderem folgende Inhalte:

- eine ausführliche Einführung und Gebrauchsanleitung für die KI-VO mit Anwendungshinweisen, Schaubildern, Arbeitshilfen und Checklisten;
- konkrete Empfehlungen zur Umsetzung der KI-VO in der Praxis;
- den deutschen Verordnungstext mit Hinweisen auf die jeweiligen Erwägungsgründe;
- Erwägungsgründe der KI-VO mit Hinweisen auf die jeweiligen Artikel, die sie erläutern; sowie ein
- Stichwortverzeichnis, das das Auffinden der relevanten Artikel, Erläuterungen und Arbeitshilfen erleichtert.

Das Buch ist im geräumigen DIN-A4-Format gedruckt und verfügt über eine durchgängige Spalte für eigene Notizen, in die Nutzerinnen und Nutzer eigene Anmerkungen zu den gesetzlichen Regelungen aufnehmen können. Zusätzlich ist das Arbeitsbuch auch in einer eBook-Version erhältlich. Darüber hinaus enthält das Arbeitsbuch Hinweise auf für die Praxis wichtige Aspekte und Verweise auf andere relevante Regelungen, die ein Zurechtfinden innerhalb des komplexen Regelungsrahmens erleichtern sollen.

Ich danke Herrn Ass. iur. *Florian Ziegler*, Frau Ass. iur. *Hannah Jürges*, Herrn Rechtsanwalt *Cenk Nickel*, Frau Ref. iur. *Caroline Schindler*, Herrn Dipl. iur. *Nils Hanne*, Herrn Ref. iur. *Timo Hager*, Frau Rechtsanwältin *Judith Sikora*, Frau Rechtsanwältin Dr. *Isabelle Brams* und Herrn Rechtsanwalt Dr. *Wolf Böhm* für umfangreiche Vorarbeiten und Anregungen.

Leider lassen sich bei einem Projekt wie dem vorliegenden Arbeitsbuch in erster Auflage Fehler oder Schwachstellen erfahrungsgemäß kaum vollständig vermeiden. Daher bin ich für entsprechende Hinweise und Anregungen für mögliche weitere Verbesserungen an Tim.Wybitul@lw.com dankbar.

Frankfurt am Main, im Januar 2025 — *Tim Wybitul*

---

1 Verordnung (EU) 2024/1689 vom 13.6.2024 zur Festlegung harmonisierter Vorschriften für künstliche Intelligenz und zur Änderung der Verordnungen (EG) Nr. 300/2008, (EU) Nr. 167/2013, (EU) Nr. 168/2013, (EU) 2018/858, (EU) 2018/1139 und (EU) 2019/2144 sowie der Richtlinien 2014/90/EU, (EU) 2016/797 und (EU) 2020/1828 (Verordnung über künstliche Intelligenz).

2 Im Folgenden auch „Verordnung" genannt.

Inhaltsverzeichnis

Abkürzungverzeichnis

a. a. O.	am angegebenen Ort
Abs.	Absatz
AEUV	Vertrag über die Arbeitsweise der Europäischen Union
AI	Artificial Intelligence
AMG	Arzneimittelgesetz
Art.	Artikel
Aufl.	Auflage
BB	Betriebs-Berater (Zeitschrift)
BGB	Bürgerliches Gesetzbuch
BKR	Zeitschrift für Bank- und Kapitalmarktrecht
bzw.	beziehungsweise
CB	Compliance Berater (Zeitschrift)
CR	Computer und Recht (Zeitschrift)
d. h.	das heißt
DMA	Digital Markets Act
DSA	Digital Services Act
DSGVO	Datenschutz-Grundverordnung
ErwG	Erwägungsgrund
EU	Europäische Union
EU AI Act	EU Artificial Intelligence Act
EuGH	Gerichtshof der Europäischen Union
f./ff.	folgende
Fn.	Fußnote
gem.	gemäß
ggf.	gegebenenfalls
GPAI	Global Partnership on Artificial Intelligence
GRUR-Prax	Gewerblicher Rechtsschutz und Urheberrecht in der Praxis (Zeitschrift)
i. S. d.	im Sinne des/der
insb.	insbesondere
JuS	Juristische Schulung (Zeitschrift)
KI	Künstliche Intelligenz
KI-HaftRL-E	Vorschlag für eine Richtlinie des Europäischen Parlaments und des Rates zur Anpassung der Vorschriften über außervertragliche zivilrechtliche Haftung an künstliche Intelligenz
KIR	Künstliche Intelligenz und Recht (Zeitschrift)
KI-VO	Verordnung über künstliche Intelligenz
LLM	Large Language Model
lit.	littera (Buchstabe)
LuftVG	Luftverkehrsgesetz
m. w. N.	mit weiteren Nachweisen
MMR	Zeitschrift für das Recht der Digitalisierung, Datenwirtschaft und IT
MÜ-VO	Marktüberwachungsverordnung
NJ	Neue Justiz (Zeitschrift)
NJW	Neue Juristische Wochenschrift (Zeitschrift)
NLF	New Legislative Framework
Nr.	Nummer
NVwZ	Neue Zeitschrift für Verwaltungsrecht
NZA	Neue Zeitschrift für Arbeitsrecht
ProdHaftRL	Produkthaftungsrichtlinie
RDi	Recht Digital (Zeitschrift)
Rn.	Randnummer
S.	Satz, Seite
StVG	Straßenverkehrsgesetz
u.a.	unter anderem
UAbs.	Unterabsatz
UNCRC	Convention on the Rights of the Child

Urt.	Urteil
UWG	Gesetz gegen den unlauteren Wettbewerb
v.	von/vom
vgl.	vergleiche
z. B.	zum Beispiel
ZfDR	Zeitschrift für Digitalisierung und Recht
ZUM	Zeitschrift für Urheber- und Medienrecht

Literaturverzeichnis

Ammann, Thorsten/Pohle, Jan	KI-Verordnung – Was bisher geschah und jetzt zu tun ist, CB 2024, 137
Ashkar Daniel/Schröder, Christian	Das Gesetz über künstliche Intelligenz der Europäischen Union (KI-Verordnung), BB 2024, 771
Biallaß, Isabelle Désirée	Die Auswirkungen der KI-VO auf die Justiz – Nutzung von KI durch Gerichte und Staatsanwaltschaften, MMR 2024, 646
Bomhard, David/Siglmüller, Jonas	AI Act – Das Trilogergebnis, RDi 2024, 45
Bronner, Pascal	Risikoklassifizierung, Risikobewertung und Risikominimierung nach der KI-Verordnung – Eine erste Analyse des risikobasierten Regulierungsansatzes der KI-VO, KIR 2024, 55
Brorsen, Hans/Falk, Richard	Neue Compliance-Pflichten nach dem Digital Services Act – Plattformen contra Desinformation, MMR 2024, 32
Chibanguza, Kuuya/Steege, Hans	Die KI-Verordnung – Überblick über den neuen Rechtsrahmen, NJW 2024, 1769
Denga, Michael	Unternehmenshaftung für KI – zur Konformitätsbewertung in Permanenz, CR 2023, 277
Ebers, Martin	Standardisierung Künstlicher Intelligenz und KI-Verordnungsvorschlag, RDi 2021, 588
Ebers, Martin/Streitbörger, Chiara	Die Regulierung von Hochrisiko-KI-Systemen in der KI-Verordnung, RDi 2024, 393
Ebert, Andreas/Spiecker gen. Döhmann, Indra	Der Kommissionsentwurf für eine KI-Verordnung der EU, Die EU als Trendsetter weltweiter KI-Regulierung, NVwZ 2021, 1188
Ehmann, Eugen/Selmayr, Martin	Datenschutzgrundverordnung DS-GVO, 3. Aufl. 2024
Engel, Andreas	Generative KI, Foundation Models und KI-Modelle mit allgemeinem Verwendungszweck in der KI-VO, KIR 2024, 21
Engelmann, Christoph/Brunotte, Nico/Lütkens, Hannah	Regulierung von Legal Tech durch die KI-Verordnung, RDi 2021, 317
Feuerstack, Daniel/Becker, Daniel/Hertz, Nora	Die Entwürfe des EU-Parlaments und der EU-Kommission für eine KI-Verordnung im Vergleich, Eine Bewertung mit Fokus auf Regeln zu Transparenz, Forschungsfreiheit, Manipulation und Emotionserkennung, ZfDR 2023, 421
Fleck, Tilmann	AI literacy als Rechtsbegriff, Anforderungen an die KI-Kompetenz nach Art. 4 KI-VO, KIR 2024, 99
Frank, Justus/Heine, Maurice	Arbeitsrechtliche Dimension der KI-Verordnung, NZA 2024, 433
Gerdemann, Simon	Konformitätsbewertung als Kernpflicht der KI-Verordnung, NJW 2024, 2209
Hetmank, Sven/Meinel, Philip	Menschliche Aufsicht in der KI-VO, Risikoregulierung auf dem Prüfstand, KIR 2024, 127
Honer, Mathias/Schöbel, Philipp	Das Gesetz über Künstliche Intelligenz im System der europäischen Digitalregulierung – Ein Überblick, JuS 2024, 648
Kalbhenn, Jan Christopher	Designvorgaben für Chatbots, Deepfakes und Emotionserkennungssysteme: Der Vorschlag der Europäischen Kommission zu einer KI-VO als Erweiterung der medienrechtlichen Plattformregulierung, ZUM 2021, 663
Kumkar, Lea Katharina/Griesel, Moritz	Transparenzpflichten für Deepfakes und synthetische Medieninhalte in der KI-VO, Analyse und Bewertung der Pflichten gem. Art. 50 Abs. 2 und Abs. 4 KI-VO, KIR 2024, 117
Lühmann, Daniel/Görgülü, Can/Marciniak, Jörg	Einsatz von KI im Asset Management – Ein Blick auf die regulatorische Landschaft mit Fokus auf die KI-Verordnung der EU, BKR 2024, 175, 180
Martini, Mario/Wendehorst, Christiane	KI-VO – Verordnung über künstliche Intelligenz, 1. Aufl. 2024
Martini, Mario/Wiesehöfer, Christine	Auf dem Weg zur Regulierung von General-Purpose-AI – eine erste Bestandsaufnahme und Kritik der Regelungsentwürfe, NVwZ-Extra 1/2014, 1
Mayrhofer, Ann-Kristin	Produktsicherheit und Produkthaftung – zwei Seiten einer Medaille mit unterschiedlichen Gravuren, RDi 2024, 492

Merkle, *Marieke Luise*	Transparenz nach der KI-Verordnung – von der Blackbox zum Open-Book?, RDi 2024, 414
Möller-Klapperich, *Julia*	Die neue KI-Verordnung der EU, NJ 2024, 337
Ossmann-Magiera, *Lea Ludmilla/Dehmel*, *Susanne*	Das Risikomanagementsystem nach den neuen Regeln für Künstliche Intelligenz – Was bedeutet Art. 9 KI-VO für die Praxis, KIR 2024, 134
Roos, *Philipp/Weitz*, *Caspar Alexander*	Hochrisiko-KI-Systeme im Kommissionsentwurf für eine KI-Verordnung, IT- und produktsicherheitsrechtliche Pflichten von Anbietern, Einführern, Händlern und Nutzern, MMR 2021, 844
Roshan, *Bahram*	Automatisiertes und autonomes Fahren im Überblick, NJW-Spezial 2021, 137
Roth-Isigkeit, *David*	Der neue Rechtsrahmen für Künstliche Intelligenz in der Europäischen Union – Regelungsgegenstand, Lücken und Problemstellungen der neuen KI-Regulierung, KIR 2024, 15
Saam, *Daniel/Hermann*, *Christian*	Die Ausnahmeregelung zur Einstufung als Hochrisiko-KI nach Art. 6 III KI-VO, Ein erster Auslegungsversuch unter besonderer Berücksichtigung von Justiz-KI, RDi 2024, 608
Schaub, *Renate*	Nutzung von Künstlicher Intelligenz als Pflichtverletzung? – Sorgfaltspflichten beim Einsatz generativer Künstlicher Intelligenz, NJW 2023, 2145
Schwartmann, *Rolf/Keber*, *Tobias O./Zenner*, *Kai*	KI-VO – Leitfaden für die Praxis, 2. Aufl. 2024
Steen, *Alexander*	Ableitungen als wesentliche Fähigkeit von KI-Systemen nach der KI-VO – Begriffsbestimmung und Darstellung der verschiedenen Ableitungsprinzipien, KIR 2024, 7
Steinrötter, *Björn/Markert*, *Jette*	Datenbezogene Vorgaben der KI-Verordnung, RDi 2024, 400
von Welser, *Marcus*	Die KI-Verordnung – ein Überblick über das weltweit erste Regelwerk für künstliche Intelligenz, GRUR-Prax 2024, 485
Wendt, *Janine/Wendt*, *Domenik H.*	Das neue Recht der Künstlichen Intelligenz, 1. Aufl. 2024
Wiebe, *Gerhard*	Produktsicherheitsrechtliche Betrachtung des Vorschlags für eine KI-Verordnung, BB 2022, 899
Wilrich, *Thomas*	Rechtliche Bedeutung von DIN-Normen und technischen Regelwerken, NJW 2023, 1400
Wybitul, *Tim*	Geldbußen wegen Verstößen gegen die KI-Verordnung, NJW 2024, 2641
Wybitul, *Tim*	Welche Pflichten haben Betreiber von Hochrisiko-KI-Systemen nach der EU-KI-Verordnung?, BB 2024, 2179

Teil 1:
Ein einfacher Einstieg in die KI-VO

Der vorliegende Teil dieses Arbeitsbuchs gibt einen einfachen und leicht verständlichen Einstieg in die KI-VO. Der Leser erhält dabei konkrete Hilfestellungen und Praxistipps, die das Einarbeiten in das neue Rechtssystem erleichtern. 1

Um die KI-VO leicht zu verstehen, sollte man zunächst ihre **Zielsetzung** und grundlegende **Struktur** kennen. Im Kern stellt die KI-VO einen Teil des **Produktrechts** dar, das um zusätzliche Vorgaben zum **Grundrechtsschutz** erweitert wurde.[1] Die KI-VO ist vor allem eine Kombination aus **Produktsicherheitsrecht und Digitalrecht**. Daher steht das einzelne Produkt, beziehungsweise das jeweilige KI-System oder KI-Modell, im Mittelpunkt der Betrachtung. 2

Praxistipp: Aufgrund des produktbezogenen Ansatzes der KI-VO sollten Rechtsanwender bei der Umsetzung der KI-VO stets das jeweilige **Produkt**, also etwa die im Unternehmen entwickelten oder genutzten KI-Systeme, als Ausgangspunkt nehmen. Dabei können und sollten ähnliche KI-Systeme nach Möglichkeit gemeinsam betrachtet werden, um Aufwand zu reduzieren.

Zum besseren Verständnis der KI-VO zeigt dieses Arbeitsbuch auch Parallelen zu anderen EU-Regelwerken. Die KI-VO weist gerade zur EU-Datenschutz-Grundverordnung („**DSGVO**") und den anderen Digitalrechtsakten der EU[2] viele Überschneidungen auf. Vor allem die **EU-Marktüberwachungs-Verordnung**[3] hat viele produktbezogene Regelungen des KI-Rechts stark beeinflusst oder diesen sogar als Vorlage gedient. Vereinfacht gesagt, bewertet die KI-VO einzelne KI-Systeme und KI-Modelle als Produkte und gibt Regeln für deren Rechtskonformität vor. 3

Das Handbuch soll dem Leser helfen, die folgenden Fragen zu beantworten: 4

- Was sind KI-Systeme und KI-Modelle?
- Ist der Anwendungsbereich der KI-VO eröffnet?
- Welche Risikokategorien gibt die KI-VO vor? In welche Risikokategorie fällt das in Frage stehende KI-System?
- Bin ich ein Normadressat bzw. Akteur im Sinne der KI-VO? Wenn ja, welche Rolle weist mir die KI-VO in Bezug auf das jeweilige KI-System zu?
- Welche Pflichten muss ich in Bezug auf das jeweilige KI-System zu welchem Zeitpunkt erfüllen?
- Wie weise ich bezüglich eines KI-Systems Konformität mit den Anforderungen aus der KI-VO nach?
- Welche Besonderheiten gelten für KI-Modelle mit allgemeinem Verwendungszweck?

Teil 1 dieses Handbuchs zeigt zunächst vor allem die **Ziele** und den **Gegenstand** der KI-VO auf, stellt **den risikobasierten Ansatz** dieser Verordnung dar und liefert einen **allgemeinen Überblick** über ihre Regelungen. 5

A. Ziele, wesentliche Inhalte und Systematik der KI-VO

Zum besseren und leichteren Verständnis der Regelungen der KI-VO sollten Anwender die in Art. 1 Abs. 1 KI-VO festgelegten wesentlichen Ziele der Verordnung kennen. 6

1 Vgl. hierzu etwa *Wendt/Wendt*, Das neue KI-Recht, 1. Aufl. 2024, Vorwort, S. 7: „Die EU-Verordnung ist das weltweit erste umfassende Regelwerk, das versucht, die Anwendung von KI in produktsicherheitsrechtlichen und zugleich grundrechtssicheren Bahnen zu halten."

2 Insb. die Verordnung (EU) 2022/1925 – Digital Markets Act („**DMA**") und die Verordnung (EU) 2022/2065 – Digital Services Act („**DSA**").

3 Verordnung (EU) 2019/1020 („**MÜ-VO**").

I. Von der KI-VO verfolgte wesentliche Ziele

7 Die KI-VO verfolgt die folgenden vier **Hauptziele**:

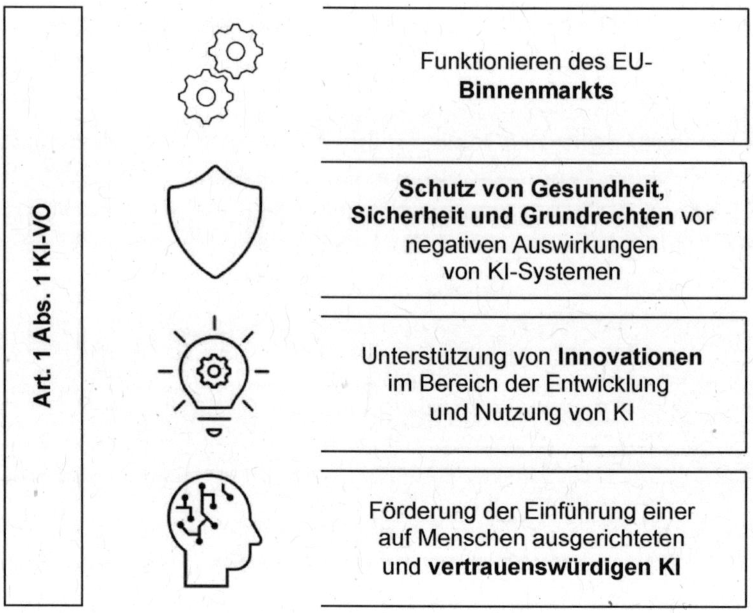

8 **Funktionieren des Binnenmarkts**: Die KI-VO dient der Harmonisierung der europäischen Rechtsordnung. Sie soll vermeiden, dass die Mitgliedstaaten unterschiedliche nationale Rahmen für die Entwicklung, das Inverkehrbringen und die Inbetriebnahme von KI festlegen, und die EU so auch für internationale Unternehmen attraktiv halten.

9 **Schutz von Gesundheit, Sicherheit und Grundrechten vor negativen Auswirkungen von KI-Systemen**: Die KI-VO soll ein hohes Schutzniveau in Bezug auf Gesundheit, Sicherheit und die in der EU-Grundrechte-Charta verankerten Rechte, insbesondere Demokratie, Rechtsstaatlichkeit und Umweltschutz, sicherstellen.[4]

10 **Unterstützung von Innovationen im Bereich der Entwicklung und Nutzung von KI**: Die KI-VO soll nicht nur Anwender und betroffene Personen vor etwaigen Gefahren durch den Einsatz von KI schützen, sondern die EU auch für Unternehmen attraktiv machen.

11 **Einführung einer auf Menschen ausgerichteten vertrauenswürdigen KI**: Die KI-VO soll eine auf den Menschen ausgerichtete und vertrauenswürdige KI fördern. Menschliche Bedürfnisse, Werte und ethische Prinzipien haben daher einen hohen Stellenwert.[5] Der Schutz der (potenziell) betroffenen Nutzer und anderer natürlicher Personen zieht sich als Grundgedanke durch die gesamte Verordnung.

II. Wesentliche Inhalte der KI-VO

12 Art. 1 Abs. 2 KI-VO stellt eine Art **Fahrplan des Gesetzgebers** dar und bietet dementsprechend einen guten Einstieg in die wichtigsten Vorgaben der KI-VO. Danach legt die Verordnung die folgenden Regelungsbereiche beziehungsweise **wesentlichen Inhalte** fest:

4 ErwG 1 S. 1 KI-VO.
5 *Wendehorst*, in: Martini/Wendehorst, KI-VO, Art. 1 Rn. 43.

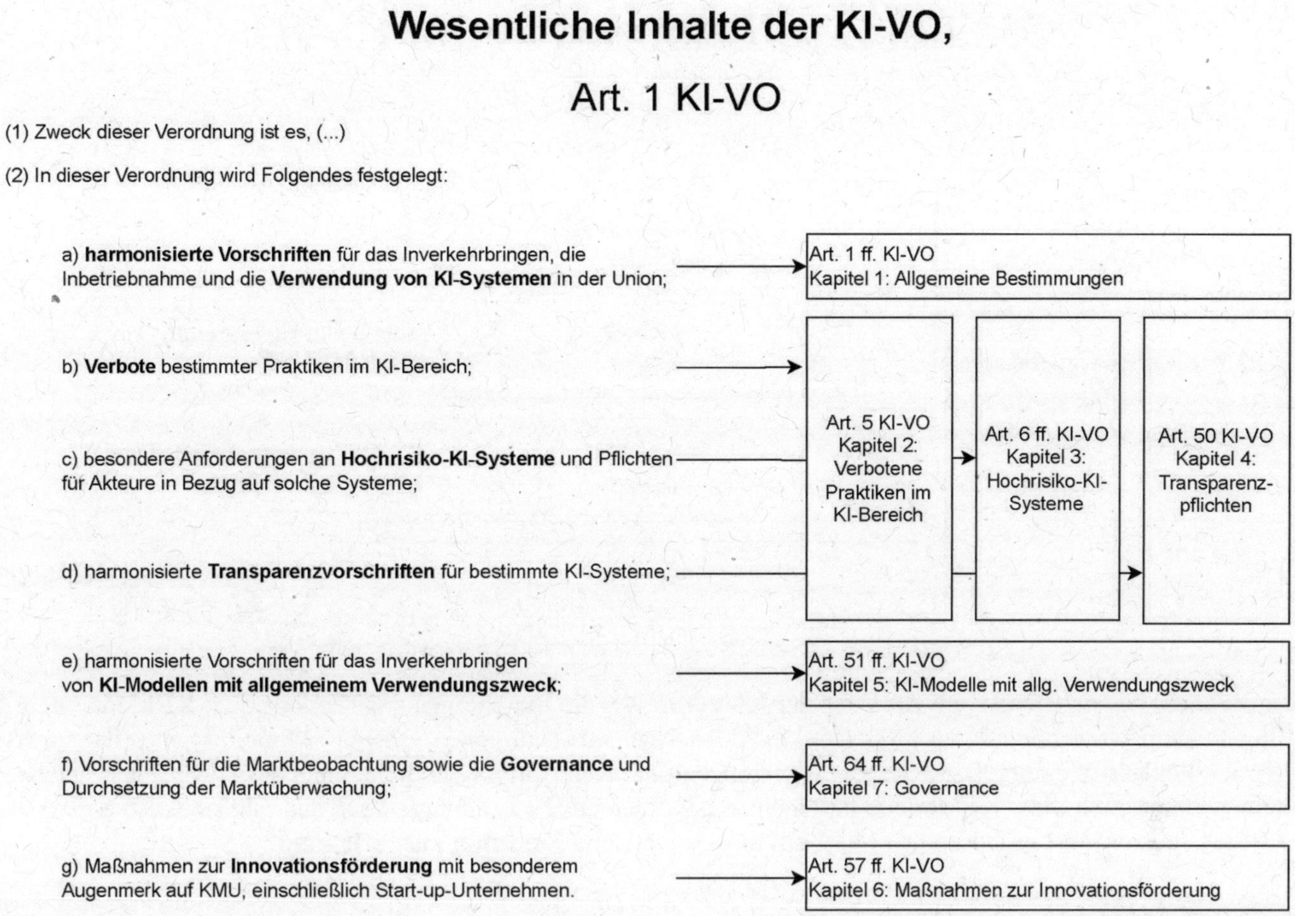

B. Risikobasierter Ansatz

Bereits eine Betrachtung der wesentlichen Regelungsbereiche zeigt deutlich, dass die KI-VO einen **risikobasierten Ansatz** verfolgt. Das wird insbesondere in Kapitel 2 („Verbotene Praktiken“), Kapitel 3 („Hochrisiko-KI-Systeme“) und Kapitel 4 („KI-Modelle mit allgemeinem Verwendungszweck“) der Verordnung deutlich. Die KI-VO ordnet KI-Systemen einzelne Risikoklassen zu, die jeweils unterschiedliche Anforderungen erfüllen müssen.[6] 13

Die **verbotenen KI-Praktiken** (Art. 5 KI-VO) betreffen KI-Systeme, die der Verordnungsgeber als derart risikobehaftet betrachtet, dass sie in der Union[7] nicht in Verkehr gebracht, in Betrieb genommen oder verwendet werden dürfen. Dies betrifft beispielsweise den Einsatz manipulativer und schädigender Systeme. 14

Der Einsatz von **Hochrisiko-KI-Systemen** ist hingegen grundsätzlich erlaubt, unterliegt aber nach Art. 6 ff. KI-VO hohen Anforderungen. 15

Deutlich geringere Vorgaben macht Art. 50 KI-VO für KI-Systeme, die **Transparenzrisiken** bergen, etwa bezüglich Deepfakes[8]. Daneben gibt es noch KI-Systeme mit minimalem (oder ohne) Risiko. Diese sind in der KI-VO nicht gesondert geregelt. Allerdings können auch auf solche KI-Systeme Verhaltenskodizes nach Art. 95 KI-VO Anwendung finden. 16

---

6 ErwG 26 KI-VO. Vgl. zur Definition des Risikos Art. 3 Nr. 2 KI-VO.
7 Der Begriff der „Union“ beschränkt sich vorliegend nicht auf das Territorium der 27 Mitgliedstaaten der EU, sondern umfasst nach dem EWR-Abkommen auch den Europäischen Wirtschaftsraum („EWR“), vgl. Art. 52 Abs. 1 EUV in Verbindung mit Art. 355 AEUV.
8 Art. 3 Nr. 60 KI-VO.

17 Im Rahmen des risikobasierten Ansatzes der KI-VO stehen die Regelungen des Kapitels 5 zu KI-Modellen mit allgemeinem Verwendungszweck (General Purpose Artificial Intelligence, „**GPAI**"-Modelle) neben der sonstigen Risikoklassifizierung. Diese Regelungen konzentrieren sich auf KI-Modelle, nicht auf KI-Systeme.[9] Außerdem zeichnen sich diese KI-Modelle durch einen allgemeinen Verwendungszweck aus. Sie sind also anders als KI-Systeme zunächst grundsätzlich **nicht auf eine spezifische Funktion ausgerichtet**.[10]

C. Systematik und Aufbau der KI-VO

18 Die KI-VO hat insgesamt **13 Kapitel**, **113 Artikel**, **180 Erwägungsgründe** und **13 Anhänge** und ist damit sehr umfangreich. Zudem wird die EU-Kommission künftig voraussichtlich auch noch zusätzliche **Regelungen** erlassen. Diese zusätzlichen Bestimmungen umfassen **Verhaltenskodizes**[11], **Leitlinien**[12] und **Durchführungsrechtsakte**[13]. Diese sollen den jeweiligen Akteuren und den zuständigen Behörden bei der Umsetzung der Verordnung helfen.

19 **Verhaltenskodizes** sind freiwillige Leitfäden bzw. eine Sammlung von Grundsätzen, die bei der Entwicklung, Nutzung oder Bereitstellung Künstlicher Intelligenz angewendet werden sollen. Von der EU-Kommission erlassene **Leitlinien** sind Empfehlungen oder detaillierte Ausführungen zu spezifischen Aspekten der Verordnung. Sie stellen klar, wie bestimmte Regelungen ausgeführt werden sollen, sind jedoch nicht rechtsverbindlich.[14] **Durchführungsrechtsakte** sind dagegen rechtlich verbindliche Instrumente,[15] die die Europäische Kommission erlässt, um Bestimmungen der Verordnung weiter auszuführen oder zu konkretisieren. Diese stellen sicher, dass die Verordnung in der EU einheitlich angewendet wird. Sie sollen sich an den Bedürfnissen der jeweiligen KI-Systeme oder einzelner Gruppen, insbesondere kleinen und mittleren Unternehmen (KMU)[16] und Start-ups, orientieren.[17]

9 Diese Unterscheidung ist wichtig, da KI-Systeme und KI-Modelle anders definiert werden und dementsprechend einen anderen Anwendungsbereich haben, vgl. dazu Rn. 47 f.
10 Dazu Rn. 47 ff.
11 Art. 95 KI-VO. Dazu Rn. 271.
12 Art. 96 KI-VO. Die Kommission ist gemäß Abs. 1 verpflichtet bestimmte Leitlinien zu entwickeln und zu veröffentlichen. Diese umfassen unter anderem Anforderungen, Verantwortlichkeitsregeln, verbotene Praktiken und Transparenzpflichten. Der Katalog ist nicht abschließend, sodass die Kommission auch weitere Leitlinien erlassen kann. Im Folgenden wird an den entsprechenden Stellen auf diese Regelungen hingewiesen.
13 Art. 97 KI-VO. Im Folgenden wird an den entsprechenden Stellen auf diese Regelungen hingewiesen.
14 *Hartmann*, in: Martini/Wendehorst, KI-VO, Art. 96 Rn. 2.
15 *Kolain*, in: Martini/Wendehorst, KI-VO, Art. 97 Rn. 1.
16 Vgl. Empfehlung der Kommission vom 6.5.2003 betreffend die Definition der Kleinstunternehmen sowie der kleinen und mittleren Unternehmen (Text von Bedeutung für den EWR) (bekanntgegeben unter Aktenzeichen K(2003) 1422), ABl. L 124 vom 20.5.2003, S. 36–41.
17 Siehe dazu z. B. Art. 95 Abs. 3, Abs. 4, Art. 96 Abs. 1 UAbs. 2 KI-VO.

Praxistipp: Angesichts des erheblichen Umfangs und der komplexen Struktur der KI-VO ist es kaum sinnvoll, sich die Verordnung von vorne nach hinten durchzulesen. Wenn man sich aber frühzeitig einen Überblick über die Inhalte der jeweiligen Kapitel verschafft, erleichtert dies das Verständnis der Verordnung und die Orientierung in dem neuen Regelungsregime deutlich.

Daher empfiehlt es sich, den in diesem Arbeitsbuch abgedruckten Text der KI-VO zunächst durchzublättern, um sich erst einmal überschlägig in der KI-VO zu orientieren. Hierbei hilft der folgende **Überblick** über die einzelnen Kapitel.

Systematik der KI-VO

Kapitel 1: **Allgemeine Bestimmungen** (Art. 1 - 4 KI-VO)

Kapitel 2: **Verbotene Praktiken im KI-Bereich** (Art. 5 KI-VO)

Kapitel 3: **Hochrisiko-KI-Systeme** (Art. 6 - 49 KI-VO)

Kapitel 4: **Transparenzpflichten** (Art. 50 KI-VO)

Kapitel 5: **KI-Modelle mit allgemeinem Verwendungszweck** (Art. 51 - 56 KI-VO)

Kapitel 6: **Maßnahmen zur Innovationsförderung** (Art. 57 - 63 KI-VO)

Kapitel 7: **Governance** (Art. 64 - 70 KI-VO)

Kapitel 8: **EU-Datenbank für Hochrisiko-KI-Systeme** (Art. 71 KI-VO)

Kapitel 9: **Beobachtung nach dem Inverkehrbringen, Informationsaustausch und Marktüberwachung** (Art. 72 - 94 KI-VO)

Kapitel 10: **Verhaltenskodizes und Leitlinien** (Art. 95 - 96 KI-VO)

Kapitel 11: **Befugnisübertragung und Ausschussverfahren** (Art. 97 - 98 KI-VO)

Kapitel 12: **Sanktionen** (Art. 99 - 101 KI-VO)

Kapitel 13: **Schlussbestimmungen** (Art. 102 - 113 KI-VO)

Praxistipp: Je nachdem, welche Arbeitstechnik man beim Durcharbeiten und Verstehen komplexer Regelungstexte bevorzugt, kann es durchaus hilfreich sein, wichtige Artikel und Erwägungsgründe mit Textmarker hervorzuheben und/oder sie auch mit Klebezetteln zu markieren.

Es kann auch sinnvoll sein, im Text der KI-VO handschriftliche Verweise auf andere für die Anwendung einer Vorschrift wichtige Artikel oder Erwägungsgründe zu notieren. Beispielsweise ist es für das Verständnis der Regelung des Art. 51 KI-VO zur Bestimmung von GPAI-Modellen und systemischem Risiko hilfreich, die in Art. 3 Nr. 63 KI-VO vorgegebene Definition des GPAI-Modells zu kennen. Auch bei anderen Vorschriften der KI-VO empfiehlt es sich, Verweise auf die relevanten Erwägungsgründe oder andere für die Anwendung des jeweiligen Artikels maßgebliche Vorschriften zu notieren.

Teil 2:
Gebrauchsanleitung zur Umsetzung der rechtlichen Vorgaben der KI-VO

Das vorliegende Arbeitsbuch richtet sich vor allem an Unternehmen[18], die die KI-VO als sogenannte **Anbieter**[19] oder **Betreiber**[20] von KI-Systemen[21] einstuft. Vereinfacht gesagt, **entwickelt** ein Anbieter ein KI-System oder **bringt es auf den Markt**, während ein Betreiber es nur eigenverantwortlich für berufliche Zwecke **verwendet**. **20**

Anbieter tragen als Entwickler die Hauptverantwortung für ihre KI-Systeme.[22] Dementsprechend regelt die KI-VO einen umfangreichen Pflichtenkatalog für Anbieter, der noch weit über die Pflichten für Betreiber hinausgeht. Neben Anbietern und Betreibern gibt es **weitere Akteure**: **Bevollmächtigte**[23], **Einführer**[24], **Händler**[25] und **Produkthersteller**[26]. Diese sonstigen Akteure unterliegen wesentlich weniger Pflichten. Dies spiegelt sich auch im vorliegenden Handbuch wider. **21**

In der Praxis werden die meisten Unternehmen viele KI-Systeme lediglich als Betreiber nutzen, da sie diese regelmäßig zur Vereinfachung von Arbeitsabläufen verwenden, anstatt sie selbst zu entwickeln oder entwickeln zu lassen. Aus diesem Grund legt diese Anleitung einen besonderen Fokus auf die Pflichten der Betreiber. Zudem stellt das vorliegende Arbeitsbuch auch die umfangreichen Anbieterpflichten dar, auch weil sie das Verständnis der Betreiberpflichten unterstützen. **22**

Besonderes Augenmerk sollten die für die Umsetzung der KI-VO im Unternehmen verantwortlichen Entscheidungsträger auch auf **Art. 25 KI-VO** legen.[27] Diese Vorschrift regelt Umstände, unter denen Betreiber im Rahmen der KI-VO zu Anbietern werden. Dies gilt etwa, wenn Betreiber wesentliche Veränderungen[28] an einem Hochrisiko-KI-System vornehmen, es unter ihrem Namen oder Markenzeichen vertreiben oder die Zwecke eines KI-Systems oder eines GPAI-Modells so verändern, dass diese zu einem Hochrisiko-KI-System werden. **23**

Unternehmen stehen bei der Umsetzung der KI-VO vor einem teilweise anspruchsvollen und schwer verständlichen Regelungskomplex. Sie nutzen IT-Systeme und müssen feststellen, ob diese als KI-Systeme oder -Modelle zu bewerten sind und welche konkreten Anforderungen gelten. Dabei erfordert schon die Einordnung eines Produkts oder einer Software als KI-System im Sinne der KI-VO eine gründliche Prüfung. Unternehmen sollten in **zwei Schritten** vorgehen, um ihre Pflichten nach der KI-VO festzustellen: **24**

Erster Schritt: Prüfen Sie, ob die KI-VO überhaupt Anwendung findet. Hierfür müssen Sie folgende Fragen beantworten: **25**

1. Findet die KI-VO räumlich und sachlich Anwendung? (Rn. 71 ff.)
2. Sind Ausnahmen vom Anwendungsbereich einschlägig? (Rn. 77 ff.)
3. Handelt es sich bei dem jeweiligen IT-System um ein KI-System? (Rn. 29 ff.)
4. Wie kann man KI-Systeme von KI-Modellen abgrenzen? (Rn. 47 f.)
5. Welche Rolle spielt das Unternehmen in der KI-Wertschöpfungskette? Insbesondere: Ist es Anbieter oder Betreiber eines bestimmten KI-Systems? (Rn. 51 ff.)

Zweiter Schritt: Identifizieren Sie konkrete Pflichten anhand des Risikos, das von dem jeweiligen KI-System ausgeht. Vor der Durchführung dieses Prüfungsschrittes sollte man sich folgende **Regelungsprinzipien der KI-VO** in Erinnerung bringen: **26**

– Die KI-VO verfolgt einen **produktbezogenen Ansatz**. Im Mittelpunkt der rechtlichen Betrachtung und der Umsetzung der Vorgaben steht immer das einzelne KI-System als „**Produkt**".

---

18 In diesem Arbeitsbuch wird der Begriff „Unternehmen" an verschiedenen Stellen verwendet, um bestimmte Konzepte und Aufgaben zu veranschaulichen. Der Begriff ist dabei nicht ausschließlich auf Unternehmen im engeren Sinne beschränkt, sondern oft als Synonym für den jeweiligen Normadressaten oder Akteur gemeint. Insofern dient er in der Regel als allgemeines Beispiel, um die Anwendung der beschriebenen Prinzipien und Aufgaben zu verdeutlichen.
19 Art. 3 Nr. 3 KI-VO. Dazu Rn. 55 ff.
20 Art. 3 Nr. 4 KI-VO. Dazu Rn. 62 ff.
21 Art. 3 Nr. 1 KI-VO. Dazu Rn. 29 ff.
22 *Wiebe*, BB 2022, 899, 903; *Gerdemann*, NJW 2024, 2209, 2210.
23 Art. 3 Nr. 5 KI-VO. Dazu Rn. 66.
24 Art. 3 Nr. 6 KI-VO. Dazu Rn. 67.
25 Art. 2 Abs. 1 lit. e KI-VO. Dazu Rn. 68.
26 Art. 3 Nr. 7 KI-VO. Dazu Rn. 69.
27 *Ebers/Streitbörger*, RDi 2024, 393, 399. Dazu Rn. 230 ff.
28 Art. 3 Nr. 23 KI-VO.

– Die KI-VO folgt zudem einem **risikobasierten Ansatz.**[29] Der Regelungsrahmen der Verordnung orientiert sich am **Risiko**, das von einem KI-System ausgeht. Ähnlich wie im Produkthaftungsrecht erfolgt eine generelle Risikobewertung des Produkts.[30] Kurz gesagt: Je größer die Risiken für die Gesellschaft und die Grundrechte betroffener Personen durch ein KI-System sind, desto umfassender reguliert die KI-VO dieses KI-System oder verbietet dessen Einsatz sogar.

27 Der jeweils anwendbare Pflichtenkatalog der KI-VO richtet sich nicht nur nach der **Risikoklasse** des KI-Systems, sondern auch nach der **Rolle des Unternehmens** in Bezug auf dieses KI-System. Denn Unternehmen entlang der KI-Wertschöpfungskette haben je nach ihrer Rolle unterschiedliche Einflussmöglichkeiten auf KI-Systeme. Insoweit unterscheiden sich die jeweils anwendbaren Pflichtenkataloge. Die konkrete Rolle des Unternehmens wird bereits im ersten Schritt bestimmt, also bei der Ermittlung des (persönlichen) Anwendungsbereichs der KI-VO. Daher muss man bei der Ermittlung des jeweils geltenden Pflichtenkatalogs außerdem die Risikoklassifizierung des jeweiligen KI-Systems feststellen (Rn. 92 ff.).

A. Findet die KI-VO (sachliche) Anwendung?

28 Um zu klären, ob die KI-VO für eine IT-Anwendung gilt, muss man zunächst feststellen, ob sie ein KI-System[31] oder KI-Modell[32] darstellt,[33] welche rechtliche Rolle das jeweilige Unternehmen nach der KI-VO in seinem Umgang mit dem jeweiligen KI-System wahrnimmt[34] und ob der räumliche Anwendungsbereich der KI-VO eröffnet ist[35]. Darüber hinaus kennt die KI-VO auch Ausnahmen vom sachlichen Anwendungsbereich, die in bestimmten Fällen die Anwendung der KI-VO wieder ausschließen können.[36] Der folgende Abschnitt erklärt diese Prüfungsschritte.

I. KI-System

29 **Art. 3 Nr. 1 KI-VO** definiert den zentralen Begriff des KI-Systems. Diese Legaldefinition spielt eine zentrale Rolle in der KI-VO.[37] Denn von ihr hängt ab, ob die Verordnung überhaupt für eine bestimmte Anwendung gilt.[38] Die gesetzliche Definition des Art. 3 Nr. 1 KI-VO ist allerdings vage und wirft einige Unklarheiten auf.[39]

30 Ein **KI-System** ist nach Art. 3 Abs. 1 KI-VO ein **maschinengestütztes System**, das für einen **autonomen Betrieb** unterschiedlichen Grades ausgelegt ist. Zudem kann es **anpassungsfähig** sein und muss **Ableitungen aus Eingaben treffen**, um **Ergebnisse zu erzeugen**. Solche Ergebnisse können in Ausgaben wie etwa Vorhersagen, Inhalten, Empfehlungen oder Entscheidungen bestehen und müssen das Potenzial haben, physische oder virtuelle **Umgebungen zu beeinflussen.**[40]

31 Die Legaldefinition des Art. 3 Nr. 1 KI-VO umfasst folgende Tatbestandsmerkmale:

– **maschinengestütztes** System;

– ausgelegt für **autonomen** Betrieb;

– kann (und muss wohl in einem gewissen Grad) **anpassungsfähig** sein; und

– **trifft Ableitungen** (englisch: „**infers** (…) how to generate outputs“), die Ergebnisse aus erhaltenen Eingaben hervorbringen;

– kann physische oder virtuelle **Umgebungen beeinflussen**.

---

29 Dazu Rn. 13 ff.
30 *Mayrhofer*, RDi 2024, 492, 496 m. w. N.
31 Dazu Rn. 29 ff.
32 Dazu Rn. 47 f.
33 Sachlicher Anwendungsbereich.
34 Dazu Rn. 51 ff.
35 Dazu Rn. 71.
36 Dazu Rn. 77 ff.
37 Auch in der geplanten KI-Haftungs-RL (COM(2022) 496 final) soll an diesen Begriff angeknüpft werden.
38 *Steen*, KIR 2024, 7, 7; *Wendehorst*, in: Martini/Wendehorst, KI-VO, Art. 3 Rn. 3. Weitere Besonderheiten und Vorgaben gelten für KI-Modelle mit allgemeinem Verwendungszweck, vgl. Art. 3 Nr. 63 KI-VO und Art. 51 ff. KI-VO.
39 Die Kommission erarbeitet Leitlinien zur Anwendung der Definition des Art. 3 Nr. 1 KI-VO, an denen sich Akteure in Zukunft orientieren können, Art. 96 Abs. 1 lit. f KI-VO.
40 Art. 3 Nr. 1 KI-VO.

Definition des KI-Systems

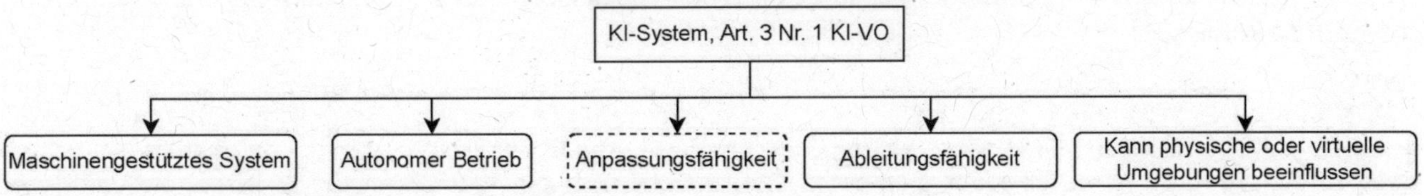

Mit dieser sehr weit gefassten Definition möchte der europäische Gesetzgeber sicherstellen, dass auch zukünftige 32
Entwicklungen im KI-Bereich sicher erfasst werden.

Praxistipp: Bei der Bewertung, ob einzelne Anwendungen KI-Systeme darstellen, orientieren Sie sich an den Vorgaben des Art. 3 Nr. 1 KI-VO. **Dokumentieren** Sie den Evaluationsprozess der einzelnen Merkmale und **begründen** Sie Ihr Ergebnis.

Gehen Sie dabei im Zweifel eher davon aus, dass es sich bei dem eingesetzten IT-System um ein KI-System handelt, um später rechtliche Risiken (wie hohe Bußgelder oder massenhafte Schadensersatzforderungen) zu vermeiden. Die verschiedenen Tatbestandsmerkmale sind zum jetzigen Zeitpunkt teilweise noch konturenlos und müssen durch die Rechtsprechung weiter konkretisiert werden. Angesichts der sehr weiten Definition des Art. 3 Nr. 1 KI-VO (und ihrer geringen Trennschärfe) kann es gegebenenfalls ratsam sein, eine Anwendung zwar vorsichtshalber als KI-System anzusehen, es aber im Zweifel nicht als **Hochrisiko-KI-System** zu bewerten.

Die nachfolgende Darstellung stellt die einzelnen Tatbestandsmerkmale von Art. 3 Nr. 1 KI-VO näher dar. Mit- 33
hilfe der Checkliste am Ende dieses Abschnitts können die Leser nachvollziehen, ob es sich bei der von dem Unternehmen eingesetzten Anwendung um ein KI-System im Sinne des Art. 3 Nr. 1 KI-VO handelt.

1. Maschinengestütztes System

Wenig überraschend setzt die Anforderung „machine-based“ beziehungsweise „maschinengestützt“ voraus, dass 34
entsprechende Systeme **von Maschinen betrieben** werden.[41] Dieses Tatbestandsmerkmal unterstreicht lediglich, dass KI-Systeme auf Computertechnologien basieren müssen und nicht manuell gesteuert werden. In der Praxis dürfte dieses Tatbestandsmerkmal bei IT-gestützten Anwendungen letztlich oft keine großen Abgrenzungsschwierigkeiten bereiten.

2. Autonomer Betrieb

Das KI-System muss für einen autonomen – also in gewissem Umfang **eigenständigen** – Betrieb ausgelegt sein. 35
Dieses Tatbestandsmerkmal unterscheidet KI-Systeme oftmals von herkömmlicher, einfacherer Software, die nicht vom Anwendungsbereich der KI-VO erfasst wird.[42] Während entsprechende traditionelle Software weitgehend auf **zuvor definierten Regeln** basiert,[43] können KI-Systeme (zumindest teilweise) ohne menschliches Eingreifen funktionieren.[44]

Beispiel: So können etwa moderne Kraftfahrzeuge in Bezug auf ihre Autonomie typischerweise in fünf Automatisierungs-Stufen eingeordnet werden. Diese reichen von assistiertem Fahren (Stufe 1) bis hin zu vollständig autonomem Betrieb (Stufe 5). Dabei können KI-Systeme mit unterschiedlichem Autonomiegrad in die Fahrzeuge eingebaut werden, von intelligenten Spurhalteassistenten (Stufe 1) bis zur vollständigen Übernahme des Fahrens (Stufe 5).[45]

Entscheidend für einen autonomen Betrieb ist, dass das System eigenständig Regeln ableitet, Entscheidungen 36
trifft oder Ausgaben generieren kann, ohne hierfür menschliche Handlungsanweisungen zu benötigen.[46] Da ein

41 ErwG 12 S. 7 KI-VO.
42 ErwG 12 S. 2 KI-VO; *Bomhard/Siglmüller*, RDi 2024, 45, 47.
43 *Frank/Heine*, NZA 2024, 433, 434.
44 ErwG 12 S. 11 KI-VO.
45 *Roshan*, NJW-Spezial 2021, 137, 137 f.
46 *Roth-Isigkeit*, KIR 2024, 15, 16.

KI-System „verschiedene Grade der Autonomie“[47] besitzen kann, muss das betreffende System nicht vollständig autonom arbeiten, um unter die Verordnung zu fallen.[48] Allerdings lässt die Definition des Art. 3 Nr. 1 KI-VO weitgehend offen, **wie viel Autonomie** genau erforderlich ist, um von einem KI-System im Sinne der KI-VO sprechen zu können.[49]

> **Praxistipp**: Die Verordnung gibt keine genauen Hinweise darauf, ab wann ein System als ausreichend „**autonom**“ gilt, und auch der Begriff der Ableitungsfähigkeit bringt nicht mehr Klarheit. Es könnte mehrere Jahre dauern, bis der Europäische Gerichtshof diesem Begriff durch Rechtsprechung genauere Konturen verleiht. Unternehmen können daher bei der Bewertung ihrer Systeme zur Vermeidung rechtlicher Risiken vorsichtshalber von einer eher **weiten Auslegung** des Begriffs ausgehen, wenn sie Bußgelder, sonstige Sanktionen und Schadensersatzansprüche belastbar vermeiden wollen.[50]
>
> Verfolgen Unternehmen hingegen einen weniger risikoaversen Ansatz, sollten Sie weitere Entwicklungen wie den Erlass von Richtlinien nach Art. 96 KI-VO durch die EU-Kommission, Positionierungen von Marktüberwachungsbehörden und anderen Aufsichtsbehörden (insbesondere von Datenschutzbehörden) sowie die künftige Rechtsprechung genau verfolgen, um rechtzeitig Anpassungen vorzunehmen. Gerade bei einer solchen Vorgehensweise ist es dringend anzuraten, entsprechende Prozesse und Strukturen hinreichend flexibel zu gestalten, um zeitnah auf praxisrelevante Veränderungen oder Konkretisierungen reagieren zu können.

3. Anpassungsfähigkeit

37 Die Anpassungsfähigkeit eines KI-Systems bedeutet, dass es sich durch seine Lernfähigkeit **während der Nutzung kontinuierlich verändern** kann.[51] Solche Systeme sind nicht statisch, sondern entwickeln sich vielmehr anhand der erfassten Daten und Erfahrungen fortlaufend weiter. Sie reagieren auf Erfahrungen aus ihrer Nutzung. Zwar stellt die Anpassungsfähigkeit aufgrund der Formulierung des Art. 3 Nr. 1 KI-VO („**kann** […] anpassungsfähig sein“) keine zwingende Voraussetzung für ein KI-System dar. Der Wortlaut dieses Merkmals erscheint daher nur bedingt geeignet, um belastbar festzustellen, ob ein System die Definition des Art. 3 Nr. 1 KI-VO erfüllt.[52] Da Anpassungsfähigkeit vorhanden sein kann, aber nicht muss, könnte das Merkmal eher zur Veranschaulichung und Klarstellung gedacht sein.[53]

38 Nach hier vertretener Ansicht legen sowohl Wortlaut als auch Telos von Art. 3 Nr. 1 KI-VO nahe, dass ein KI-System über ein gewisses – und eher nicht geringfügiges – Maß an Anpassungsfähigkeit verfügen muss. Andernfalls ergäbe das Tatbestandsmerkmal kaum einen praxisrelevanten Sinn. Zudem wird die Anpassungsfähigkeit in der Praxis ein wesentliches Merkmal vieler von Unternehmen eingesetzten KI-Systeme darstellen, weil eine Verbesserung der Leistung und der Funktionsweise durch Lernprozesse vergleichsweise einfach zu erkennen ist.

4. Ableitungsfähigkeit

39 Das für die Praxis wichtigste Merkmal zur Unterscheidung von KI-Systemen gegenüber anderen Anwendungen und herkömmlicher Software ist ihre Fähigkeit, **aus Eingaben relevante Schlussfolgerungen zu ziehen**.[54] Mit diesem Merkmal können KI-Systeme recht belastbar von herkömmlicher Software abgegrenzt werden. Während traditionelle Software auf vordefinierten Regeln basiert und nur zuvor programmierte Schritte ausführt, kann ein KI-System aus bereitgestellten Daten lernen und Muster erkennen, die über die explizite Programmierung hinausgehen. Die Ableitungsfähigkeit geht damit über „die einfache Datenverarbeitung hinaus, indem Lern-, Schlussfolgerungs- und Modellierungsprozesse ermöglicht werden.“[55] Um solche Schlussfolgerungen aus Ein-

---

47 ErwG 12 S. 11 KI-VO.
48 *Wendehorst*, in: Martini/Wendehorst, KI-VO, Art. 3 Rn. 29.
49 *Wendehorst*, in: Martini/Wendehorst, KI-VO, Art. 3 Rn. 30 geht davon aus, dass dem Merkmal „keine gesteigerte Abgrenzungsfunktion“ zukommen soll und sehr verschiedene Autonomiestufen erfasst sind.
50 Nach Art. 96 Abs. 1 lit. f KI-VO kann die Kommission Leitlinien hierzu erlassen, die voraussichtlich die wichtigste Auslegungshilfe darstellen werden.
51 ErwG 12 S. 12 KI-VO.
52 *Biallaß*, MMR 2024, 646, 647.
53 *Wendehorst*, in: Martini/Wendehorst, KI-VO, Art. 3 Rn. 34.
54 *Wendehorst*, in: Martini/Wendehorst, KI-VO, Art. 3 Rn. 43.
55 ErwG 12 S. 6 KI-VO.

gaben zu ziehen, nutzen KI-Systeme maschinelles Lernen (machine learning)[56] sowie logik- und wissensbasierte Konzepte[57].

Eine **Ableitung** im Sinne des Art. 3 Nr. 1 KI-VO beschreibt einen Vorgang, bei dem ein konkreter Sachverhalt (die Eingabe) durch abstrakte Schlussfolgerungsprinzipien (das Modell) in eine konkrete Schlussfolgerung (die Ausgabe) überführt wird.[58] **40**

Die **Eingabe** eines KI-Systems stellt die Kodierung eines konkret-individuellen Sachverhalts dar, der durch den Benutzer oder die Umgebung bereitgestellt wird. Diese Eingaben können vielfältig sein, wie digitale Texte, Sprachaufnahmen, Bilder, Videos oder Sensordaten.[59] **41**

Das dem jeweiligen KI-System zugrunde liegende **Modell**[60] erstellt (kodiert) abstrakte Schlussfolgerungsprinzipien, die mögliche Reaktionen des Systems auf Eingaben festlegen. Diese Prinzipien sind nicht auf konkrete Eingaben beschränkt, sondern stellen allgemeine, oft kleinschrittige Formen von zulässigen Schlussfolgerungen dar. Ein solches Modell entfaltet sein volles Potenzial durch die kombinatorische Komplexität, indem es Zwischenergebnisse als Eingaben für weitere Schlussfolgerungen nutzt.[61] **42**

Die in Art. 3 Nr. 1 KI-VO vorausgesetzte **Ausgabe** ist das Ergebnis des Ableitungsprozesses, das durch die Anwendung des Modells auf die Eingabe erzeugt wird. Diese Ausgabe ist das Resultat einer dynamischen Verkettung von Schlussfolgerungen, die innerhalb des Modells stattfinden.[62] Art. 3 Nr. 1 KI-VO nennt folgende Formen von Ausgaben, wobei diese Aufzählung nicht abschließend ist: **43**

- **Vorhersagen**: Das System ist in der Lage, Aussagen zu zukünftigen Entwicklungen und Wahrscheinlichkeiten zu treffen (zum Beispiel Aktienkurse oder Wettervorhersagen).
- **Inhalte**: Das System kann eigenständig Texte, Bilder, Videos oder andere Inhalte erstellen.
- **Empfehlungen**: Das System kann Nutzern aufgrund von Datenanalysen Empfehlungen aussprechen (zum Beispiel Produktempfehlungen in Online-Shops oder personalisierte Werbung).
- **Entscheidungen**: Das System kann Entscheidungen treffen, die sich auf reale oder virtuelle Umgebungen auswirken (zum Beispiel medizinische Diagnosen, Beförderungsentscheidungen, Bewertungen).

Die Bandbreite solcher Ausgaben reicht insoweit von einfachen Prognosen bis hin zu komplexen Entscheidungen. Das weite Verständnis und die fehlende Trennschärfe (auch) dieses Tatbestandsmerkmals werden in der Praxis zu Abgrenzungsschwierigkeiten führen.[63] **44**

> **Praxistipp**: Unternehmen sollten die von ihnen festgestellte oder angenommene **Ableitungsfähigkeit** ihrer KI-Systeme klar **dokumentieren**, da dieses Merkmal entscheidend für die Abgrenzung von herkömmlicher Software ist. Eine präzise Aufzeichnung der Ableitungsprozesse und Methoden erleichtert später die Einhaltung regulatorischer Vorgaben. Sie kann insbesondere als Nachweis bei behördlichen Anfragen oder rechtlichen Auseinandersetzungen dienen.

5. Möglicher Einfluss auf physische oder virtuelle Umgebung

Die vom KI-System getroffenen Ableitungen müssen zudem geeignet sein, **physische oder virtuelle Umgebungen zu beeinflussen**. Es reicht aus, wenn das System **potenziell die entsprechende Fähigkeit besitzt**. Mit diesem Tatbestandsmerkmal sollen solche Systeme vom Anwendungsbereich der KI-VO ausgeschlossen werden, die von vornherein keine reale oder virtuelle Wirksamkeit entfalten.[64] Da die KI-VO darauf abzielt, Risiken für Gesundheit, Sicherheit und Grundrechte zu begrenzen, entfällt für solche Systeme die Notwendigkeit zur Regulierung. Das Problem bei der Abgrenzung liegt auch hier darin, dass die Formulierung „beeinflussen **können**" bedeutet, dass die Auswirkungen eines KI-Systems nicht zwingend sofort oder direkt eintreten müssen. **45**

---

56 Hierbei lernt das System aus Daten, wie bestimmte Ziele erreicht werden können, vgl. ErwG 12 KI-VO.
57 Hierbei wird aus kodierten Informationen oder symbolischen Repräsentationen der zu lösenden Aufgabe abgeleitet, vgl. ErwG 12 S. 5 KI-VO.
58 *Steen*, KIR 2024, 7, 8.
59 *Steen*, KIR 2024, 7, 8.
60 Dazu Rn. 47 ff.
61 *Steen*, KIR 2024, 7, 8.
62 *Steen*, KIR 2024, 7, 8.
63 *Biallaß*, MMR 2024, 646, 647.
64 *Roth-Isigkeit*, KIR 2024, 15, 16.

Praxistipp: Bei der Dokumentation der Einhaltung der Vorgaben der KI-VO sollten Unternehmen die zu erstellenden Dokumente und sonstigen Nachweise so gestalten, dass sie in späteren Behörden- oder Gerichtsverfahren geeignete Beweismittel darstellen können.

46 Ob es sich bei einem IT-System oder einer Anwendung um ein KI-System handelt, können Unternehmen anhand der nachstehenden Checkliste prüfen:

Checkliste: KI-System im Sinne von Art. 3 Nr. 1 KI-VO

Bewerten Sie zunächst anhand der Tatbestandsmerkmale, ob das von Ihnen eingesetzte IT-System ein KI-System darstellt.

- ☐ **Maschinengestütztes System (Rn. 34)**

  Arbeitet das System auf maschineller Basis (auf Basis eines Computerprogramms oder einer anderen Form von Software)?
- ☐ **Ausgelegt für autonomen Betrieb (Rn. 35)**

  Kann das System zu einem gewissen Grad unabhängig von menschlicher Kontrolle agieren? Ist es in der Lage, ohne ständiges menschliches Eingreifen zu arbeiten?

  Beachte: Die Autonomie kann in unterschiedlichem Maße ausgeprägt sein. Es ist dabei wohl nicht erforderlich, dass das System vollständig autonom arbeitet.
- ☐ **Anpassungsfähigkeit (Rn. 37)**

  Ist das System nach seiner Inbetriebnahme fähig, sich durch Lernen aus Daten selbstständig anzupassen und weiterzuentwickeln?

  Beispiel: Ein System, das mit maschinellem Lernen trainiert wurde und sich durch neue Datensätze verbessert, erfüllt diese Voraussetzung.
- ☐ **Ableitungsfähigkeit (Rn. 39 ff.)**

  Kann das System aus den erhaltenen Eingaben (Input) konkrete Ergebnisse (Output) ableiten? Diese können in unterschiedlichen Formen auftreten (Vorhersagen, Inhalte, Empfehlungen, Entscheidungen).
- ☐ **Einfluss auf physische oder virtuelle Umgebungen (Rn. 45)**

  Haben die vom System generierten Ergebnisse das Potenzial, reale oder virtuelle Umgebungen zu beeinflussen?

II. KI-Modell

47 Die KI-VO unterscheidet zwischen den Begriffen des KI-Systems und des KI-Modells.

48 Die Definition für **KI-Systeme** findet sich in Art. 3 Nr. 1 KI-VO. Für **KI-Modelle** gibt die Verordnung keine Legaldefinition vor.[65] Unter KI-Modell dürfte im Wesentlichen **eine Komponente eines KI-Systems** zu verstehen sein, die als Algorithmus eine genau zugewiesene Aufgabe ausführt, wie etwa die Verarbeitung von Text oder die Erkennung von Bildern.[66] KI-Modelle werden sich in der Regel durch besondere Fähigkeiten auszeichnen, wie etwa das Lernen aus Daten, sodass sie auf dieser Grundlage Ausgaben wie Vorhersagen, Empfehlungen oder Entscheidungen erzeugen können.

49 Ein KI-System kann mehrere KI-Modelle enthalten, die wiederum mit zusätzlichen Komponenten wie Benutzeroberflächen, Datenbanken oder Sensoren verbunden sind, um komplexe Aufgaben zu bewältigen. Ein KI-Modell ist somit eine wesentliche Komponente eines KI-Systems, stellt allerdings für sich genommen noch kein KI-System dar. Beispielsweise liegt einem großen (LLM-)Sprachmodell ein KI-Modell zugrunde. Es kann Texte generieren, Sprachen übersetzen und Fragen beantworten. Um jedoch mit Nutzern zu interagieren und als Chatbot zu funktionieren, benötigt es zusätzliche Komponenten wie eine Nutzerschnittstelle. Ein solcher Chatbot wäre dann nach der KI-VO eher als ein KI-System zu bewerten.

Praxistipp: Durch die geringe Trennschärfe der Legaldefinition des KI-Systems in Art. 3 Nr. 1 KI-VO und die fehlende Bestimmung des Begriffs des KI-Modells dürfte in der Praxis eine belastbare und präzise Abgrenzung

65 Vgl. zur Legaldefinition eines sogenannten GPAI-Modells Art. 3 Nr. 63 KI-VO; ErwG 97 KI-VO.
66 *Wendehorst*, in: Wendehorst/Martini, KI-VO, Art. 3 Rn. 26.

beider KI-Formen kaum möglich sein. In Zweifelsfällen sollte man aufgrund der sehr weiten Bestimmung des Art. 3 Abs. 1 KI-VO von einem KI-System ausgehen, sofern man rechtliche Risiken vermeiden will.

Diese begriffliche Unterscheidung ist vor allem deshalb relevant, weil die KI-VO sie durchgehend verwendet und unterschiedliche regulatorische Anforderungen für KI-Systeme und KI-Modelle vorsieht. Während KI-Systeme umfassend reguliert werden, um deren Entwicklung und Betrieb zu steuern, liegt der Fokus bei sogenannten **GPAI-Modellen**[67] auf deren allgemeiner Verwendbarkeit und der Fähigkeit, in eine Vielzahl nachgelagerter Systeme integriert zu werden. Kapitel 5[68] der KI-VO reguliert dementsprechend **nicht KI-Systeme als solche**, sondern das **zugrunde liegende GPAI-Modell**, da es die Grundlage für vielfältige Anwendungen bildet. Das **GPAI-System**, als Erweiterung des GPAI-Modells mit weiteren Komponenten, spielt hingegen eine untergeordnete Rolle und wird in der KI-VO nur an wenigen Stellen als direkter Bezugspunkt erwähnt.[69] 50

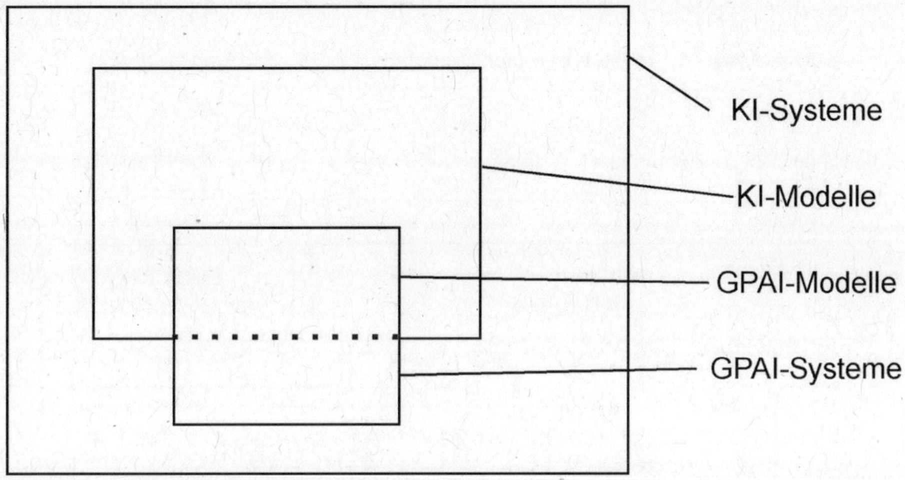

Begriff	Definition	Verhältnis zu anderen Begriffen
KI-Modell	Gesetzlich nicht definiert	Grundlegende Komponente eines KI-Systems, aber kein KI-System an sich.
KI-System	Art. 3 Nr. 1 KI-VO	Besteht aus KI-Modellen und weiteren Komponenten wie Nutzerschnittstellen.
KI-Modell mit allgemeinem Verwendungszweck (GPAI-Modell)	Art. 3 Nr. 63 KI-VO	Kann in KI-Systeme integriert werden, ist aber selbst kein KI-System.
KI-System mit allgemeinem Verwendungszweck (GPAI-System)	Art. 3 Nr. 66 KI-VO	Ein GPAI-System ist ein KI-System, das ein GPAI-Modell nutzt.

III. Rolle des Unternehmens innerhalb der KI-Wertschöpfungskette

Für die Umsetzung der gesetzlichen Pflichten nach der KI-VO ist entscheidend, **welche Rolle** das Unternehmen innerhalb der KI-Wertschöpfungskette einnimmt. 51

Praxistipp: Für **Anbieter** von Hochrisiko-KI-Systemen gelten deutlich strengere und umfassendere Vorgaben als für deren **Betreiber**.

Die jeweilige Rolle des Unternehmens in Bezug auf ein KI-System ist nicht nur für die Prüfung relevant, ob die KI-VO überhaupt Anwendung findet. Sie beeinflusst auch, welcher konkrete Pflichtenkatalog von einem Unternehmen zu befolgen ist.[70] 52

67 Sogenannte „General purpose AI models".
68 Dazu Rn. 273 ff.
69 Zum Beispiel in Art. 25 Abs. 1 lit. c und Art. 50 Abs. 2 S. 1 KI-VO.
70 Siehe hierzu nachstehend Rn. 92 ff.

53 Die KI-VO unterscheidet zwischen verschiedenen Akteuren.[71] Der Schwerpunkt der Ausführungen dieses Arbeitsbuchs liegt auf den Pflichten der Anbieter und Betreiber.

Praxistipp: In der Praxis kann ein Unternehmen in Bezug auf unterschiedliche KI-Systeme **mehrere Rollen** gemäß der KI-VO gleichzeitig innehaben, in der Praxis sind insbesondere die des Anbieters und des Betreibers relevant.[72] Es ist entscheidend, dass sich Unternehmen dieser Mehrfachrollen bewusst sind, da sie unterschiedliche Pflichten und Verantwortlichkeiten mit sich bringen.

54 Im Folgenden werden zuerst die Definitionen von Anbietern und Betreibern im Sinne der KI-VO dargestellt, danach die Rollen der übrigen Akteure kurz erläutert:

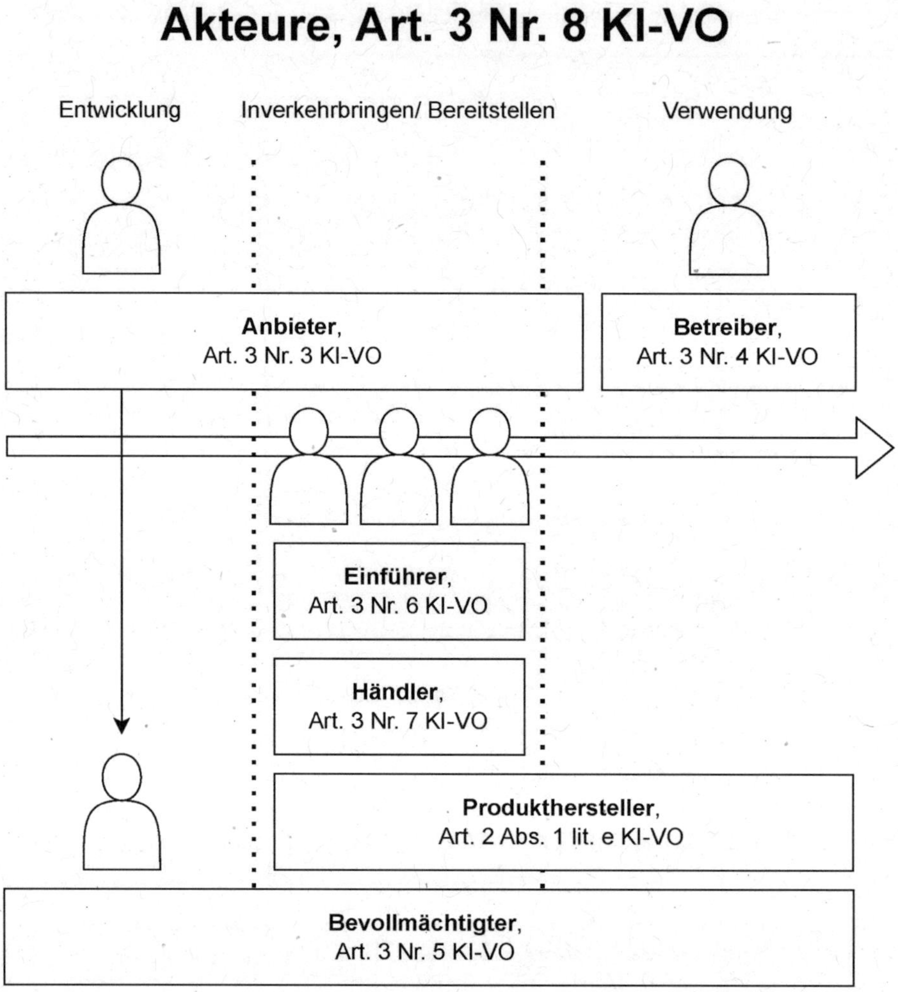

1. Anbieter

55 **Anbieter** sind neben den Betreibern die relevantesten Akteure unter der KI-VO. Der Begriff des Anbieters eines KI-Systems oder eines KI-Modells mit allgemeinem Verwendungszweck ist in Art. 3 Nr. 3 KI-VO legaldefiniert. Anbieter sind danach unter anderem Unternehmen und sonstige Stellen, die ein KI-System oder ein GPAI-Modell[73] **entwickeln** oder es **entwickeln lassen** und es dann unter ihrem eigenen Namen oder ihrer Handelsmarke in Verkehr bringen oder das KI-System unter ihrem eigenen Namen oder ihrer Handelsmarke in Betrieb nehmen, sei es entgeltlich oder unentgeltlich.[74]

71 Art. 3 Nr. 8 KI-VO.
72 ErwG 83 S. 3 und 4 KI-VO.
73 Dazu Rn. 273 ff.
74 Art. 3 Nr. 3 KI-VO.

Der in der KI-VO vorausgesetzte Begriff des Anbieters ist vergleichbar mit dem des „Herstellers“ in anderen 56 rechtlichen Zusammenhängen; er spielt eine zentrale Rolle in den Bereichen Produktsicherheit, Produkthaftung und Marktüberwachung.[75]

Die Rolle als Anbieter wird maßgeblich durch das Inverkehrbringen oder die Inbetriebnahme des KI-Systems be- 57 stimmt. Das **Inverkehrbringen**[76] bezeichnet die erstmalige Bereitstellung[77] eines KI-Systems oder eines GPAI-Modells auf dem Unionsmarkt. Die **Bereitstellung** auf dem Markt ist dabei die entgeltliche oder unentgeltliche Abgabe eines KI-Systems oder eines KI-Modells mit allgemeinem Verwendungszweck zum Vertrieb oder zur Verwendung auf dem Unionsmarkt im Rahmen einer Geschäftstätigkeit.

Die **Inbetriebnahme**[78] ist die Bereitstellung eines KI-Systems in der EU zum Erstgebrauch direkt an den Betrei- 58 ber oder zum Eigengebrauch entsprechend seiner Zweckbestimmung[79].

Unternehmen sind dann Anbieter, wenn sie das KI-System unter ihrem eigenen Namen oder ihrer Marke bereit- 59 stellen. Dies bedeutet, dass sie sich als Verantwortliche für das Produkt positionieren und die damit verbundenen rechtlichen Verpflichtungen übernehmen (müssen). Dabei ist wichtig, dass die **Bereitstellung immer im Rahmen einer geschäftlichen Tätigkeit** erfolgen muss. Die Formulierung „**gegen Entgelt oder unentgeltlich**“ verdeutlicht dabei zudem, dass die Anbietereigenschaft nicht von einem etwaigen finanziellen Austausch abhängt.[80]

Eine Erweiterung der Anbietereigenschaft beziehungsweise ein „Rollenwechsel“ in diese Position kann durch die 60 Regelungen des **Art. 25 KI-VO** erfolgen. Für eine ausführliche Darstellung hierzu wird auf die entsprechende Ausführung unter Rn. 230 ff. verwiesen.

Definition des Anbieters

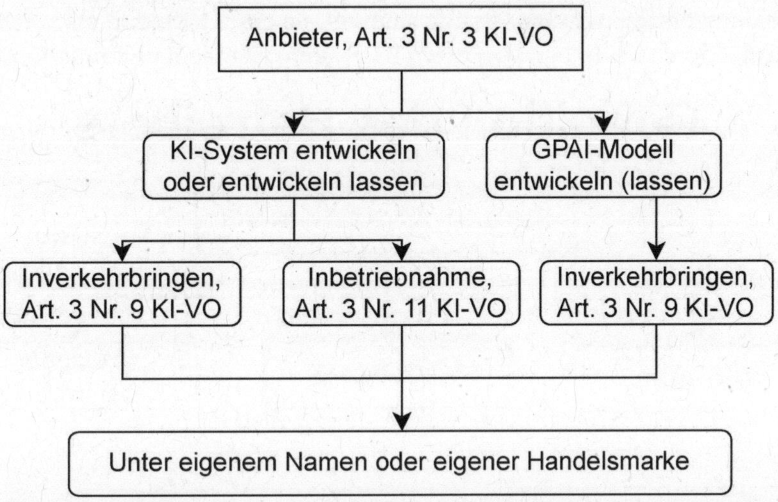

> **Praxistipp**: Es wird teilweise diskutiert[81], ob die Regelungen in Art. 25 KI-VO, welche Hochrisiko-KI-Systeme betreffen, auch über den Wortlaut hinaus **auf andere Risikokategorien anwendbar sind**. Eine solche Analogie widerspräche aber dem klaren Wortlaut des Art. 25 KI-VO und ist daher abzulehnen.

2. Betreiber

Auch Betreiber tragen nach der KI-VO umfangreiche Pflichten. Im Gegensatz zu Anbietern, deren Rolle sich 61 durch das Inverkehrbringen und die Bereitstellung auf dem Unionsmarkt definiert,[82] liegt der Schwerpunkt bei Betreibern auf der tatsächlichen Nutzung beziehungsweise Verwendung eines KI-Systems.

75 So wird ein „Hersteller“ in Art. 3 Nr. 8 MÜ-VO (Rn. 3) als jede natürliche oder juristische Person definiert, die ein Produkt herstellt oder herstellen lässt und es unter ihrem eigenen Namen oder ihrer Marke vermarktet. Den „Hersteller“ darf man nicht mit dem „Produkthersteller“ nach der KI-VO (Rn. 69) verwechseln, der keine Anbieterstellung einnimmt.
76 Art. 3 Nr. 9 KI-VO.
77 Art. 3 Nr. 10 KI-VO.
78 Art. 3 Nr. 11 KI-VO.
79 Art. 3 Nr. 12 KI-VO.
80 *Wendehorst*, in: Martini/Wendehorst, KI-VO, Art. 3 Rn. 69.
81 *Wendehorst*, in: Wendehorst/Martini, KI-VO, Art. 3 Rn. 76.
82 Vgl. Art. 3 Nr. 10 KI-VO.

62 **Betreiber** sind Unternehmen, die ein KI-System **in eigener Verantwortung verwenden**, es sei denn, das KI-System wird im Rahmen einer persönlichen und nicht-beruflichen Tätigkeit verwendet.[83]

63 Die relevanten Tatbestandsmerkmale für die Rolle des Betreibers sind „in eigener Verantwortung" und „Verwendung". Die **Verwendung** bedeutet, dass das KI-System bewusst eingesetzt wird.[84] **„In eigener Verantwortung"** bedeutet, dass das Unternehmen das System auf eigene Kosten und eigenes Risiko[85] nutzt. Das heißt, der Betreiber hat die Kontrolle über den Einsatz und die Verwendungszwecke des Systems und ist für dessen Betrieb sowie die Einhaltung der gesetzlichen Vorgaben verantwortlich.

Praxistipp: Die Rolle des Betreibers nach Art. 3 Nr. 4 KI-VO weist gewisse Parallelen zu der des für die Verarbeitung personenbezogener Daten Verantwortlichen nach Art. 4 Nr. 7 DSGVO auf. Ein solcher datenschutzrechtlich Verantwortlicher zeichnet sich dadurch aus, dass er die Zwecke und die Mittel der Verarbeitung personenbezogener Daten festlegt.

Handeln beispielsweise Mitarbeiter gegen interne Vorgaben zur Datenverarbeitung, legen sie im Rahmen eines sogenannten Mitarbeiterexzesses in der Regel eigenständig die Zwecke und Mittel dieser Datenverarbeitung fest und werden selbst zum datenschutzrechtlich Verantwortlichen. In ähnlicher Weise wird man einen KI-rechtlichen Mitarbeiterexzess annehmen können, wenn ein Mitarbeiter KI-Systeme des Unternehmens weisungswidrig oder für eigene Zwecke einsetzt. Im Rahmen behördlicher oder gerichtlicher Verfahren kann das betroffene Unternehmen dann gut argumentieren, dass es das KI-System gerade nicht wie in Art. 3 Nr. 4 KI-VO vorausgesetzt „in eigener Verantwortung verwendet" hat und daher nicht als Betreiber haftbar gemacht werden kann.

64 Bei der Definition des Betreibers fällt auf, dass nur „KI-Systeme" erfasst sind, GPAI-Modelle demgegenüber nicht. Diese Unterscheidung erscheint grundsätzlich sinnvoll, da ein KI-Modell als solches nicht in Betrieb genommen wird, sondern erst durch die Integration in ein KI-System zu einem voll funktionsfähigen System wird.[86]

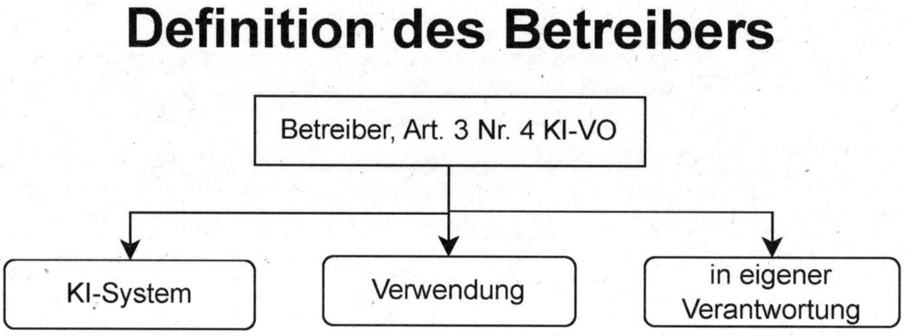

3. Sonstige Akteure

65 Als weitere Akteure[87] kennt die KI-VO **Einführer** und **Händler** von KI-Systemen,[88] **Produkthersteller**, die KI-Systeme unter eigenem Namen oder Handelsmarke in Verkehr bringen oder in Betrieb nehmen,[89] sowie **Bevollmächtigte** solcher Anbieter, die in Drittstaaten niedergelassen sind[90].

66 Nach Art. 22 Abs. 1 KI-VO müssen Anbieter von Hochrisiko-KI-Systemen, die in Drittländern niedergelassen sind, vor der Bereitstellung dieser Systeme auf dem Unionsmarkt schriftlich einen in der Union niedergelassenen **Bevollmächtigen** benennen. Bevollmächtigte sind solche in der Union ansässige oder niedergelassene Unternehmen, die von einem Anbieter eines KI-Systems oder eines GPAI-Modells[91] schriftlich dazu bevollmächtigt wurden und sich damit einverstanden erklärt haben, im Namen des Anbieters die in der KI-VO festgelegten Pflich-

83 Art. 3 Nr. 4 KI-VO.
84 *Wendehorst*, in: Wendehorst/Martini, KI-VO, Art. 3 Rn. 83.
85 *Wendehorst*, in: Wendehorst/Martini, KI-VO, Art. 3 Rn. 84.
86 ErwG 97 S. 6 KI-VO.
87 Art. 3 Nr. 8 KI-VO.
88 Art. 2 Abs. 1 lit. d KI-VO.
89 Art. 2 Abs. 1 lit. e und Art. 3 Nr. 8 KI-VO.
90 Art. 2 Abs. 1 lit. g KI-VO.
91 Dazu Rn. 290 ff.

ten zu erfüllen beziehungsweise Verfahren durchzuführen.[92] Die entsprechenden Pflichten des Bevollmächtigten sind in Art. 22 Abs. 3 und Abs. 4 KI-VO geregelt.

Einführer sind in der Union ansässige oder niedergelassene Unternehmen, die ein KI-System in den Verkehr bringen, das den Namen oder die Handelsmarke einer in einem Drittland niedergelassenen natürlichen oder juristischen Person trägt.[93] 67

Händler sind Unternehmen in der Lieferkette, die ein KI-System auf dem Unionsmarkt bereitstellen, mit Ausnahme des Anbieters oder des Einführers.[94] 68

Produkthersteller sind natürliche oder juristische Personen, die KI-Systeme zusammen mit ihrem Produkt unter ihrem eigenen Namen oder ihrer Handelsmarke in Verkehr bringen oder in Betrieb nehmen.[95] Als Akteur wird der Produkthersteller insbesondere in Art. 25 Abs. 3 KI-VO relevant, da er dort eigene Anbieterpflichten erlangt (dazu Rn. 242 f.). 69

Das nachfolgende Schaubild erleichtert es Unternehmen, nachzuvollziehen, ob sie als Betreiber oder Anbieter eingestuft werden: 70

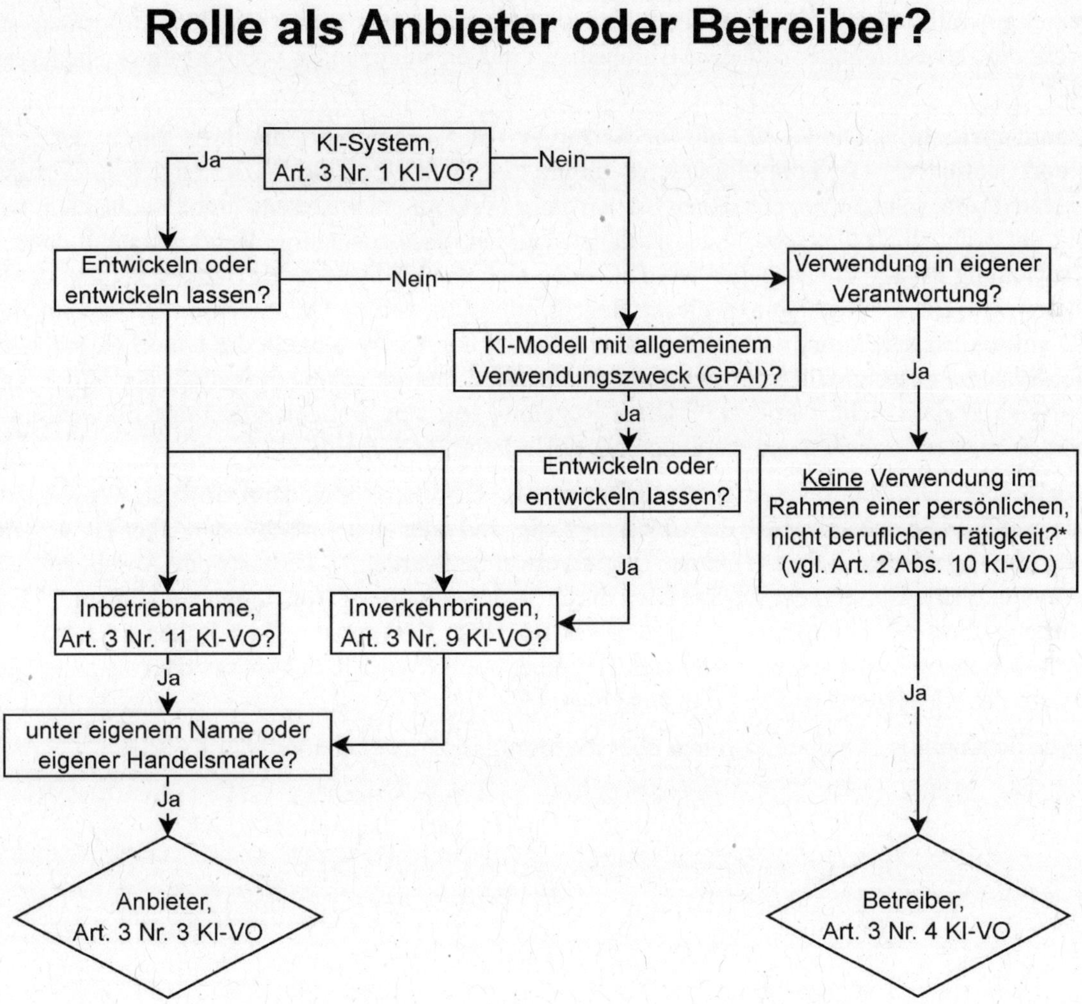

* Dieses Definitionselement ergibt sich bereits aus Art. 2 Abs. 10 KI-VO. Weitere Ausnahmen vom Anwendungsbereich der KI-VO werden in einem separaten Kapitel erörtert.

92 Art. 3. Nr. 5 KI-VO.
93 Art. 3 Nr. 6, Art. 2 Abs. 1 lit. d KI-VO.
94 Art. 3 Nr. 7, Art. 2 Abs. 1 lit. d KI-VO.
95 Art. 2 Abs. 1 lit. e KI-VO. Anders als bei den anderen Definitionen ist der Produkthersteller in der KI-VO nicht in Art. 3 KI-VO legaldefiniert, sondern lediglich in Art. 3 Nr. 8 KI-VO als Akteur erwähnt.

IV. Räumlicher Anwendungsbereich der KI-VO

71 Die KI-VO hat einen sehr weiten räumlichen Anwendungsbereich. Dieser ist grundsätzlich eröffnet, wenn die relevanten Tätigkeiten des Unternehmens einen konkreten Bezug zur Union aufweisen. Auch die spezifische Rolle des Unternehmens in der KI-Wertschöpfungskette ist für diese Einordnung wichtig.

Praxistipp: Zusammengefasst gilt die Verordnung für alle KI-Anwendungen, die in der Union entwickelt oder genutzt werden oder deren Ergebnisse Auswirkungen in der Union haben.

72 **Marktortprinzip**[96]: Die KI-VO verfolgt, ähnlich wie die DSGVO, ein Marktortprinzip. Dieses Prinzip bedeutet, dass die Verordnung für alle **Anbieter** gilt, die KI-Systeme in der Union in Verkehr bringen oder in Betrieb nehmen. Dies gilt unabhängig davon, ob die Anbieter ihren Sitz innerhalb oder außerhalb der Union haben. Auch das Inverkehrbringen von GPAI-Modellen fällt darunter. **Inverkehrbringen** bezeichnet die erstmalige Bereitstellung eines KI-Systems oder Modells auf dem Markt der Union.[97] Eine **Bereitstellung auf dem Markt** bedeutet, dass ein solches System oder Modell, entweder kostenpflichtig oder kostenlos, zum Verkauf oder zur Nutzung im Rahmen einer geschäftlichen Tätigkeit auf dem Unionsmarkt angeboten wird.[98] Das Marktortprinzip stellt somit gleiche Wettbewerbsbedingungen auf dem Unionsmarkt sicher, unabhängig vom Ort einer Niederlassung des Anbieters.[99]

73 **Niederlassungsprinzip**[100]: Die KI-VO gilt für **Betreiber** von KI-Systemen, die ihren Sitz in der Union haben oder sich dort „befinden". Die Formulierung „**befinden**" ist nicht eindeutig.[101] Der englische Wortlaut „established or located" erscheint an verschiedenen Stellen der KI-VO und in weiteren Digitalrechtsakten, wird jedoch regelmäßig unterschiedlich übersetzt.[102] Es ist daher denkbar, dass zuständige Behörden auch dann von einer räumlichen Geltung der KI-VO ausgehen werden, wenn sich das KI-System des Betreibers (also der Server) in der Union befindet. Bis die Rechtspraxis diesen Begriff präzisiert, sollten Unternehmen in Betracht ziehen, dass die KI-VO anwendbar sein kann, wenn sich genutzte Server des KI-Systems in der Union befinden. **Anbieter**, die ihre KI-Systeme ausschließlich für den Export oder die Inbetriebnahme außerhalb der Union entwickeln, sind von diesem Prinzip nicht betroffen.[103] Diese Regelung soll eine wettbewerbsfähige Entwicklung von KI-Systemen in Europa ermöglichen und die Union als Wirtschaftsstandort stärken.[104]

74 **Ergebnisprinzip**[105]: Der räumliche Anwendungsbereich der KI-VO ist auch dann eröffnet, wenn **Anbieter** oder **Betreiber** von KI-Systemen außerhalb der Union ansässig sind oder sich dort befinden, aber die **Ergebnisse** des KI-Systems (der sogenannte „Output") in der Union verwendet werden.[106] Dieser weite Ansatz soll verhindern, dass Unternehmen eine Geltung der KI-VO etwa durch Verlegung ihres Sitzes umgehen können.[107] Er dient damit als Auffangtatbestand. Die genaue Auslegung des Begriffs „**Verwendung**" ist jedoch noch unklar.[108] Nach einer weiten Auslegung müssten weder Anbieter, Betreiber noch Nutzer in der Union ansässig sein, solange sich die Ergebnisse des KI-Systems in der Union auswirken.[109]

75 Das folgende Schaubild gibt einen Überblick über die räumliche Anwendbarkeit der KI-VO:

96 Art. 2 Abs. 1 lit. a KI-VO.
97 Art. 3 Nr. 9 KI-VO.
98 Art. 3 Nr. 10 KI-VO.
99 *Wendehorst*, in: Martini/Wendehorst, KI-VO, Art. 2 Rn. 14.
100 Art. 2 Abs. 1 lit. b KI-VO.
101 *Engelmann/Brunotte/Lütkens*, RDi 2021, 317, 319.
102 *Wendehorst*, in: Martini/Wendehorst, KI-VO, Art. 2 Rn. 21
103 *Wendehorst*, in: Martini/Wendehorst, KI-VO, Art. 2 Rn. 20.
104 *Wendehorst*, in: Martini/Wendehorst, KI-VO, Art. 2 Rn. 20.
105 Art. 2 Abs. 1 lit. c KI-VO.
106 Vgl. ErwG 22 S. 1 KI-VO, wonach auch KI-Systeme, die in der Union weder in den Verkehr gebracht noch in Betrieb genommen werden, unter den Anwendungsbereich der KI-VO fallen sollen.
107 ErwG 22 S. 4 KI-VO.
108 *Möller-Klapperich*, NJ 2024, 337, 339.
109 *Lühmann/Görgülü/Marciniak*, BKR 2024, 175, 180.

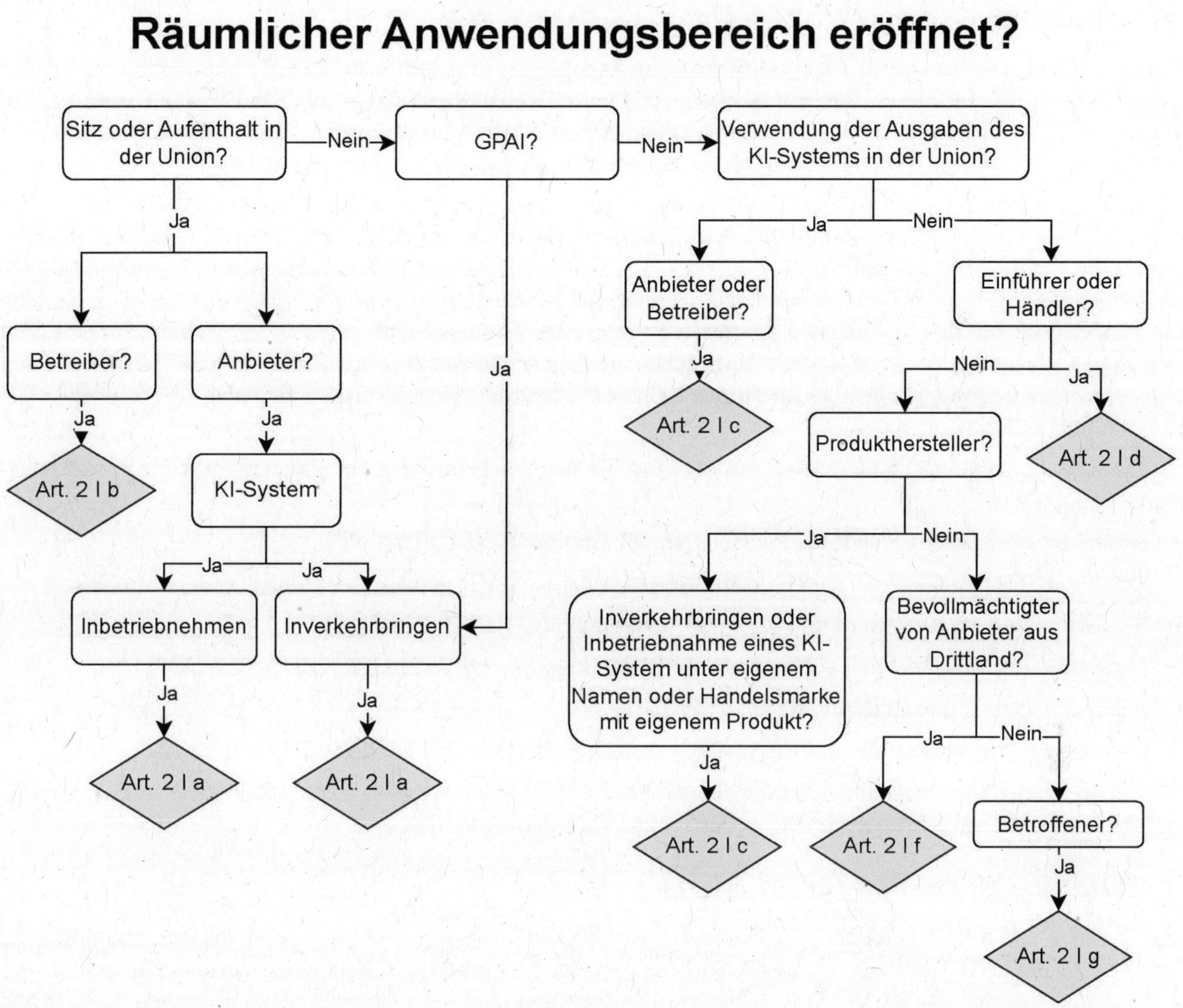

Räumlicher und persönlicher Anwendungsbereich der KI-VO beeinflussen einander, wie auch aus dem vorstehenden Schaubild hervorgeht. Die Anwendbarkeit auf weitere Akteure, die keine Anbieter und Betreiber sind, und auf betroffene Personen ergibt sich aus Art. 2 Abs. 1 lit. d bis g KI-VO. Der persönliche Anwendungsbereich der KI-VO bestimmt sich allerdings immer auch aus den Normadressaten der einzelnen Vorschriften und hätte daher nicht separat geregelt werden müssen.[110] 76

V. Ausnahmen vom Anwendungsbereich

Die KI-VO schließt bestimmte Fallgruppen und Nutzungsszenarien von ihrem Anwendungsbereich aus. Die hier dargestellten[111] Ausnahmen betreffen spezifische Produkte, die ihrerseits anderen Harmonisierungsvorschriften der Union unterfallen[112], Forschungs- und Entwicklungsaktivitäten[113] sowie Open-Source-Systeme.[114] Auch die persönliche Nutzung von KI-Systemen ist vom Anwendungsbereich ausgenommen.[115] Bei der Bestimmung der genannten Ausnahmen kommt es jedoch oft zu Abgrenzungsschwierigkeiten, da es an klaren Legaldefinitionen fehlt. 77

110 *Wendehorst*, in: Martini/Wendehorst, KI-VO, Art. 2 Rn. 4.
111 Außerdem bestehen Ausnahmen für militärische, verteidigungspolitische und nationale Sicherheitszwecke (Art. 2 Abs. 3 KI-VO) und im Rahmen internationaler Zusammenarbeit (Abs. 4).
112 Art. 2 Abs. 2 KI-VO. Dazu Rn. 78 ff.
113 Art. 2 Abs. 6 KI-VO. Dazu Rn. 82 ff.
114 Art. 2 Abs. 12 KI-VO. Dazu Rn. 85 ff.
115 Art. 2 Abs. 10 KI-VO. Dazu Rn. 84 ff.

1. Ausnahme für bestimmte Produkte des Anhang I Abschnitt B

78 Die KI-VO sieht in Art. 2 Abs. 2 KI-VO spezifische Regelungen für Hochrisiko-KI-Systeme vor, die in Verbindung mit **Produkten stehen, für die bestimmte Harmonisierungsrechtsvorschriften**[116] **der Union gelten**. Diese „Teil"-Ausnahme beschränkt die Anwendbarkeit der KI-VO auf bestimmte Vorschriften. Dies soll eine kohärente Anwendung gewährleisten, ohne bestehende Produktvorschriften einzuschränken.[117]

79 Gemäß Art. 2 Abs. 2 KI-VO gelten für Hochrisiko-KI-Systeme, die im Zusammenhang mit Produkten stehen, die unter die in **Anhang I Abschnitt B** aufgeführten Harmonisierungsrechtsvorschriften fallen, nur Art. 6 Abs. 1 sowie die Art. 102 bis 109 und Art. 112 KI-VO. Art. 57 KI-VO ist nur anwendbar, soweit die Anforderungen an Hochrisiko-KI-Systeme im Rahmen der genannten Harmonisierungsrechtsvorschriften eingebunden wurden. Es handelt sich bei den in Anhang I Abschnitt B genannten Harmonisierungsrechtsvorschriften überwiegend um solche Rechtsakte des Produktsicherheitsrechts, die dem sogenannten „alten Rechtsrahmen" unterfallen und entsprechende Detailregelungen im jeweiligen Rechtsakt selbst vorsehen,[118] sodass sich eine weitergehende KI-Regulierung erübrigt.

80 Diese Ausnahmeregelung, oder präziser gesagt, Einschränkungen betreffen unter anderem folgende Produktklassen:

- Krafträder oder Geländequads der Klasse L gemäß Verordnung (EU) 168/2013;
- Zugmaschinen der Klassen T und C sowie Anhänger der Klasse R gemäß Verordnung (EU) Nr. 167/2013;
- Kraftfahrzeuge der Klassen M und N gemäß Verordnung (EU) 2018/858;
- Luftfahrzeuge, einschließlich unbemannter Luftfahrzeuge, gemäß Verordnung (EU) 2018/1139;
- Schiffsausrüstung gemäß Richtlinie 2014/90/EU;
- Systeme zur Interoperabilität des Eisenbahnsystems gemäß Richtlinie (EU) 2016/797.

81 Für Hochrisiko-KI-Systeme, die in entsprechende Produkte integriert werden, gelten spezifische, auf die jeweiligen Harmonisierungsrechtsvorschriften abgestimmte Anforderungen.[119]

2. Ausnahmen für Forschung und Entwicklung

82 Art. 2 Abs. 6 und 8 KI-VO regeln spezifische Ausnahmen für KI-Systeme und -Modelle, die **ausschließlich** für **wissenschaftliche Forschungs- und Entwicklungszwecke entwickelt und betrieben werden**. Diese sind vom Anwendungsbereich der KI-VO ausgenommen. Die Regelung soll die wissenschaftliche Freiheit wahren und Innovationen fördern.[120] Die genannten Ausnahmen gelten nach Art. 2 Abs. 8 KI-VO allerdings nicht für Tests unter Realbedingungen[121].

83 Art. 2 Abs. 6 KI-VO bezieht sich dabei auf KI-Systeme, die für Forschungs- und Entwicklungszwecke entwickelt und betrieben werden. Art. 2 Abs. 8 KI-VO regelt hingegen Forschungs-, Test- und Entwicklungstätigkeiten, die vor dem Inverkehrbringen oder der Inbetriebnahme eines KI-Systems stattfinden.

3. Ausnahme für persönliche Nutzung

84 Nach Art. 2 Abs. 10 KI-VO gilt die Verordnung nicht für die Pflichten von Betreibern, die natürliche Personen sind und **KI-Systeme ausschließlich im Rahmen einer persönlichen und nicht beruflichen Tätigkeit verwenden**.

> **Praxistipp**: Die sogenannte Haushaltsausnahme des Art. 2 Abs. 10 KI-VO ist vergleichbar mit der Regelung in Art. 2 Abs. 2 lit. c DSGVO, die die Verarbeitung personenbezogener Daten für persönliche oder familiäre Tätigkeiten vom Anwendungsbereich der DSGVO ausnimmt.

---

116 Art. 2 Nr. 21 VO (EG) 765/2008 definiert diese als „Rechtsvorschriften der Gemeinschaft zur Harmonisierung der Bedingungen für die Vermarktung von Produkten". Aufgelistet sind die Harmonisierungsvorschriften in der MÜ-VO (Fn. 3), Anhang I.
117 Die Kommission erarbeitet Leitlinien über das Verhältnis der Harmonisierungsvorschriften des Anhangs I der KI-VO und weiteren einschlägigen EU-Rechtsvorschriften. An diesen können sich Akteure in Zukunft orientieren, Art. 96 Abs. 1 lit. e KI-VO.
118 *Wendehorst*, in: Martini/Wendehorst, KI-VO, Art. 2 Rn. 33.
119 Vgl. *Wendehorst*, in: Martini/Wendehorst, KI-VO, Art. 2 Rn. 34.
120 ErwG 25 S. 1 KI-VO.
121 Art. 3 Nr. 57 KI-VO.

4. Ausnahme für „Open-Source"-KI-Systeme

Die KI-VO sieht in Art. 2 Abs. 12 KI-VO eine Ausnahme für KI-Systeme vor, die **unter freien und quelloffenen Lizenzen bereitgestellt** werden. Diese Ausnahme zielt darauf ab, Forschung und Entwicklung zu fördern, indem sie den Zugang zu offenen Technologien erleichtert.[122] Der grundsätzliche Ausschluss entsprechender KI-Systeme gilt jedoch dann nicht, wenn diese als Hochrisiko-KI-Systeme oder als Systeme, die unter Art. 5 oder 50 KI-VO fallen, in Verkehr gebracht oder in Betrieb genommen werden. Diese Regelung stellt sicher, dass auch Open-Source-Systeme, die potenziell hohe Risiken bergen, den Anforderungen der Verordnung unterliegen. Dies trägt vor allem dem risikobasierten Ansatz[123] der KI-VO Rechnung. **85**

Praxistipp: Es gibt keine Legaldefinition, was genau die KI-VO als Open Source bewertet. Dies wird in der Praxis voraussichtlich zu Abgrenzungsproblemen führen. Insbesondere bleibt unklar, welches Maß an Transparenz bei den verwendeten Trainings- und Feinabstimmungsdaten eines KI-Modells erforderlich sein wird. Gerade auch die Gegenausnahme zu dieser Regelung wird daher einige Auslegungsschwierigkeiten bereiten.[124]

5. Ausnahme für in Verkehr gebrachte oder in Betrieb genommene KI-Systeme

Art. 111 Abs. 2 KI-VO enthält eine wichtige Regelung für die Praxis, die spezifische Ausnahmen für **bereits in Verkehr gebrachte** oder **in Betrieb genommene** KI-Systeme und GPAI-Modelle vorsieht.[125] Diese Ausnahmen sind besonders relevant für Unternehmen, die bereits bestehende Systeme verwenden oder weiterentwickeln. Für Hochrisiko-KI-Systeme, die vor dem 2.8.2026 in Verkehr gebracht oder in Betrieb genommen wurden, gilt die KI-VO nur, wenn diese Systeme nachträglich **erheblich verändert** werden. Diese Ausnahme gilt jedoch **nicht** für verbotene Praktiken nach Art. 5 KI-VO.[126] **86**

Praxistipp: Hierbei handelt es sich um eine **besonders wichtige Ausnahme** für Unternehmen. Wenn sie Hochrisiko-KI-Systeme schon vor dem 2.8.2026 einsetzen, kann das zu erheblich weniger Pflichten nach der KI-VO führen, die man als Akteur befolgen muss. Daher sollten Unternehmen diesen Stichtag bei ihren Planungen und Überlegungen im Blick behalten. Sofern sie entsprechende Hochrisiko-KI-Systeme vor dem 2.8.2026 in Verkehr bringen oder in Betrieb nehmen, kann dies entsprechende Aufwände jedenfalls bis auf Weiteres erheblich verringern.

Eine **erhebliche Veränderung** (und damit eine entsprechende Rückausnahme) liegt immer dann vor, wenn die ursprüngliche Konformitätsbewertung[127] nicht mehr zutrifft und die Konformität des Systems beeinträchtigt wird oder die Zweckbestimmung geändert wird.[128] Dies bedeutet, dass Unternehmen, die solche Systeme betreiben, nur dann Anpassungen vornehmen müssen, wenn **wesentliche Änderungen** an der Systemkonzeption erfolgen. Allerdings ist noch unklar, wann konkret in der Praxis von einer solchen wesentlichen Änderung auszugehen ist. **87**

Unabhängig davon müssen Anbieter und Betreiber von Hochrisiko-KI-Systemen, die **für den behördlichen Einsatz** bestimmt sind, bis zum 2.8.2030 alle Anforderungen der KI-VO erfüllen. Diese Regelung bietet Unternehmen eine Übergangsfrist, um die notwendigen Anpassungen vorzunehmen und die Konformität ihrer KI-Systeme mit der KI-VO sicherzustellen. **88**

122 ErwG 102 KI-VO; *Wendehorst*, in: Martini/Wendehorst, KI-VO, Art. 2 Rn. 101.
123 Dazu Rn. 13 ff.
124 *Wendehorst*, in: Martini/Wendehorst, KI-VO, Art. 2 Rn. 123 ff.
125 *Wünschelbaum*, in: Schwartmann/Keber/Zenner, KI-VO, S. 30 Rn. 61 ff.
126 Dazu Rn. 98 ff.
127 Dazu Rn. 163 ff.
128 Vgl. die Legaldefinition in Art. 3 Nr. 23 KI-VO und zu den Pflichten nach einer wesentlichen Änderung Art. 25 Abs. 1 lit. b und c KI-VO. Dazu ausführlich auch Rn. 230 ff.

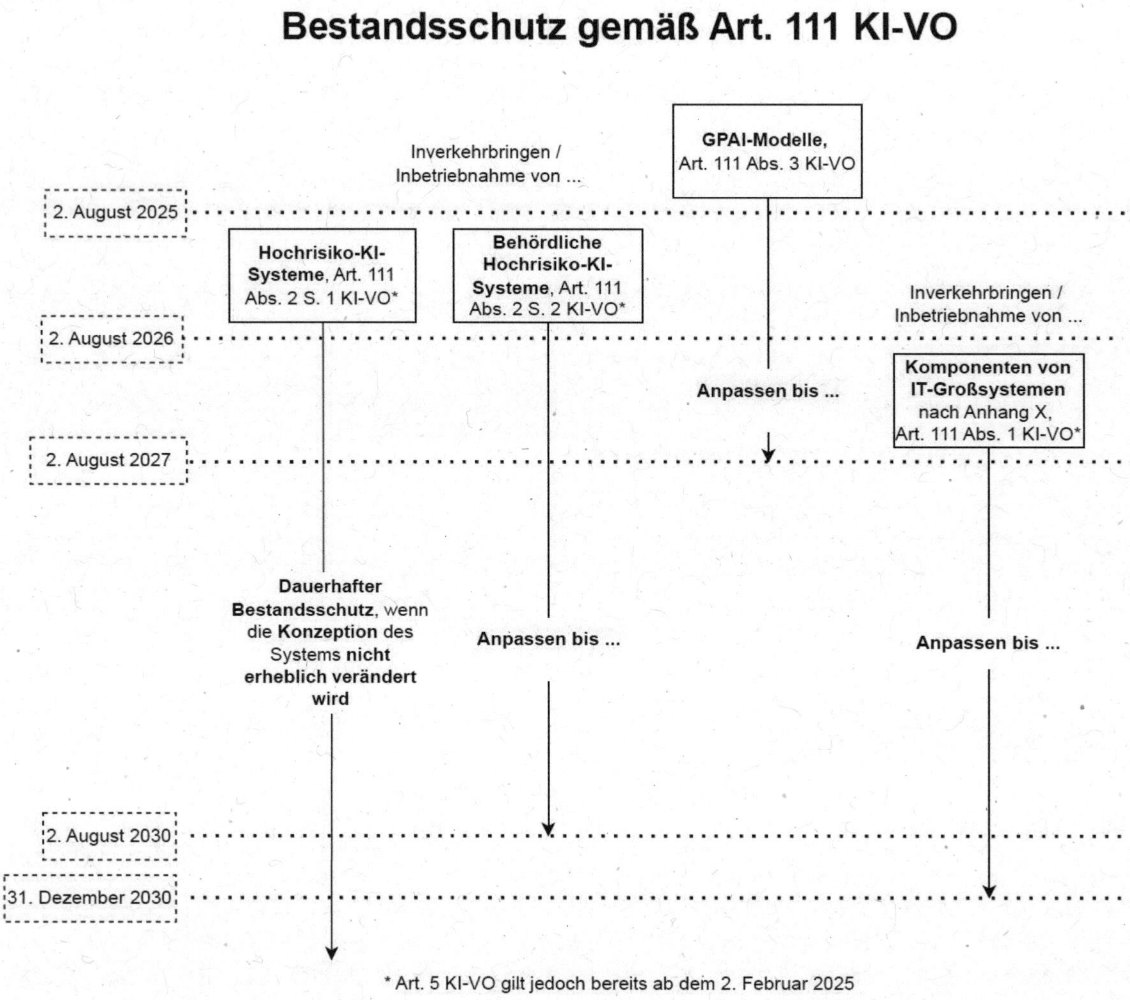

Praxistipp: Unternehmen sollten frühzeitig prüfen, ob ihre bestehenden KI-Systeme unter die Ausnahmeregelungen des Art. 111 Abs. 2 KI-VO fallen. Unternehmen sollten eine **detaillierte Dokumentation** der **aktuellen Systemkonfiguration** und der **ursprünglichen Konformitätsbewertung** führen. So können sie in Zukunft schnell feststellen, ob eine geplante Änderung als „erheblich" einzustufen ist und welche Anpassungen erforderlich sind, um die Konformität zu wahren. Für Systeme, die für den behördlichen Einsatz bestimmt sind, sollten Unternehmen einen klaren Plan zur schrittweisen Umsetzung der KI-VO bis zum 2.8.2030 entwickeln.

6. Sonderregelungen zum Schutz von Arbeitnehmern

89 Die KI-VO enthält eine Öffnungsklausel zum Schutz von Arbeitnehmern beim Einsatz von KI-Systemen am Arbeitsplatz. Nach Art. 2 Abs. 11 KI-VO können die Union oder Mitgliedstaaten Rechts- oder Verwaltungsvorschriften einführen oder beibehalten, die für Arbeitnehmer im Hinblick auf den Schutz ihrer Rechte bei der Verwendung von KI-Systemen durch Arbeitgeber vorteilhafter sind. Ebenso dürfen die Union oder die Mitgliedstaaten Kollektivvereinbarungen fördern oder zulassen, die für Arbeitnehmer vorteilhafter als die Regelungen der KI-VO sind.

B. Welche Anforderungen muss ein KI-System erfüllen?

90 Nachdem man festgestellt hat, dass der Geltungsbereich der KI-VO in Bezug auf ein konkretes KI-System oder KI-Modell eröffnet ist, muss man in einem zweiten Prüfungsschritt prüfen, **welche Pflichten man in Bezug auf das jeweilige KI-System konkret umsetzen muss**. Der folgende Abschnitt bietet eine Übersicht über die verschiedenen entsprechenden Anforderungen, die sich aus der KI-VO ergeben.

Ziel dieses Abschnitts ist es, Unternehmen eine klare Orientierung zu geben, welche wesentlichen Maßnahmen erforderlich sind, um die gesetzlichen Anforderungen zu erfüllen und gleichzeitig die Chancen von KI optimal zu nutzen. **91**

Praxistipp: In der Praxis müssen Betreiber für jedes relevante KI-System individuell prüfen, welcher Risikoklasse es zuzuordnen ist. Diese Prüfung erfolgt vor allem anhand der Zweckbestimmung[129] des KI-Systems und der Gesamtumstände seiner Nutzung.

Falls das Unternehmen nicht bereits über eine entsprechende Dokumentation verfügt, sollte es zunächst einen Überblick darüber gewinnen, welche KI-Systeme es in seiner beruflichen oder betrieblichen Tätigkeit einsetzt. Im nächsten Schritt sollte man diese KI-Systeme dann den verschiedenen Risikoklassen der KI-VO zuordnen.

Wie bereits mehrfach angesprochen, verfolgt die KI-VO einen **risikobasierten Ansatz**.[130] Das bedeutet, dass die rechtlichen Anforderungen entsprechend dem Risikopotenzial des jeweiligen KI-Systems für die Gesundheit, Sicherheit und Grundrechte natürlicher Personen bestimmt werden.[131] Anders als die DSGVO sieht die KI-VO kein einheitliches Pflichtenprogramm für sämtliche KI-Systeme vor. Vielmehr orientieren sich die Pflichten an der jeweiligen KI-Anwendung sowie der rechtlichen Rolle des Unternehmens. Insoweit ist die KI-VO nicht mit dem Datenschutzrecht vergleichbar. Vielmehr beruht sie zu großen Teilen auf dem Produktrecht der EU. Sie weist damit erhebliche **Ähnlichkeiten zur MÜ-VO**[132] auf, die die Marktüberwachung und Konformität von spezifischen Produkten in der EU regelt. **92**

Praxistipp: Wie bereits mehrfach angesprochen, bedeutet dies für Unternehmen, dass sie bei der Umsetzung der KI-VO ebenfalls produktbezogen (beziehungsweise anwendungsbezogen) vorgehen sollten. Daher sollte das jeweilige Produkt beziehungsweise die einzelne konkrete Anwendung stets im Fokus der Überlegungen stehen. Zudem sind hierbei die jeweiligen Anwendungszwecke des KI-Systems oder KI-Modells zu berücksichtigen. Denn die Verordnung nimmt an vielen zentralen Stellen auf die Zwecke des Einsatzes von KI Bezug.

Der folgende Abschnitt zeigt zunächst die allgemeinen Pflichten für Anbieter und Betreiber von KI-Systemen, die unabhängig von der spezifischen Risikoklasse gelten. Diese grundsätzlichen Vorgaben sollten nie aus dem Blick geraten. Diese grundlegenden Anforderungen sind für alle Unternehmen verbindlich und bilden die Basis für die Einhaltung der KI-VO. **93**

In einem zweiten Schritt geht der Abschnitt auf die spezifischen Pflichten für die unterschiedlichen Risikoklassen von KI-Systemen ein. Hierbei unterscheidet die KI-VO zwischen den nachstehenden Risikoklassen: **94**

- KI-Systeme mit inakzeptablem Risiko (Art. 5 KI-VO);
- Hochrisiko-KI-Systeme (Art. 6 bis 49 KI-VO);
- KI-Systeme mit begrenztem Risiko (Art. 50 KI-VO);
- KI-Systeme mit minimalem Risiko (Art. 95 KI-VO).

Diese differenzierte Betrachtung ermöglicht es, die Anforderungen der KI-VO präzise auf die jeweilige Anwendung und das damit verbundene Risiko abzustimmen. **95**

I. Schulungspflicht für KI-Kompetenz

Sämtliche Anbieter und Betreiber von KI-Systemen müssen nach Art. 4 KI-VO ab dem 2.2.2025[133] eine hinreichende KI-Kompetenz gewährleisten. Sie haben dabei sicherzustellen, dass Personal sowie andere Personen, die „in ihrem Auftrag mit dem Betrieb und der Nutzung von KI-Systemen befasst sind“, über ein **ausreichendes Maß an KI-Kompetenz verfügen**.[134] Das entsprechende Personal muss die notwendigen Fähigkeiten, Kenntnisse und das Verständnis haben, um KI-Systeme sachkundig einzusetzen und sich der Chancen, Risken und möglichen Schäden von KI bewusst zu sein. **96**

129 Art. 3 Nr. 12 KI-VO.
130 Dazu Rn. 13 f.
131 ErwG 26 S. 2 KI-VO.
132 Dazu Fn. 3.
133 Art. 113 lit. b KI-VO.
134 Art. 4 KI-VO, sowie Art. 3 Nr. 56 KI-VO mit einer Legaldefinition von „KI-Kompetenz“. Hierzu *Fleck*, KIR 2024, 99, 100 ff. m. w. N.

Praxistipp: Art. 99 Abs. 4 KI-VO nennt keine spezifischen Sanktionen für Verstöße gegen die Schulungspflichten.[135] Allerdings **können Mitgliedstaaten gemäß Art. 99 Abs. 1 KI-VO Vorschriften für Sanktionen und Durchsetzungsmaßnahmen erlassen**. Darüber hinaus ist es wichtig, den engen Zusammenhang mit den Pflichten von Betreibern und Anbietern von Hochrisiko-KI-Systemen zu berücksichtigen, die ebenfalls KI-Kompetenz betreffen und ihrerseits sanktionierbar sind.[136] Zudem sollte man auch die Möglichkeit von Schadensersatzforderungen wegen Verstößen gegen Art. 4 KI-VO nicht aus dem Blick verlieren.

97 Die KI-VO schreibt keine konkreten Schritte zur Sicherstellung der KI-Kompetenz vor. Denkbar ist insoweit eine Vielzahl von Maßnahmen:

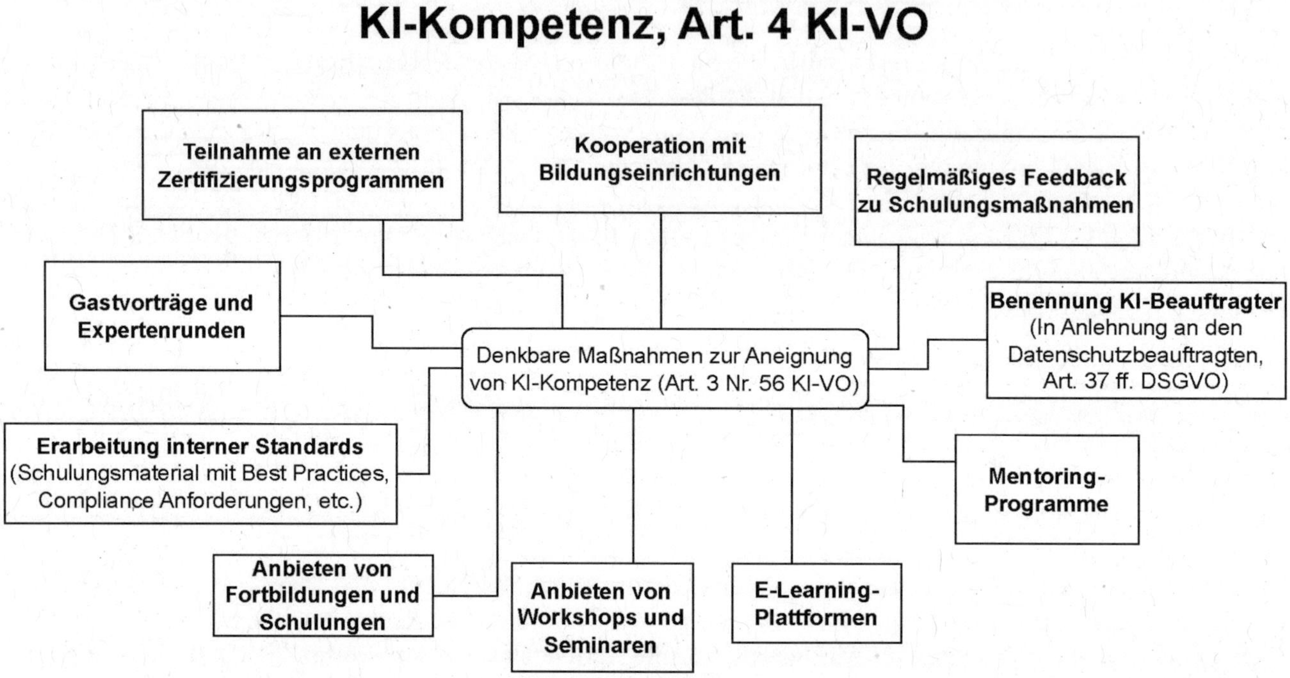

Praxistipp: Die Schulungspflicht des Art. 4 KI-VO gilt bereits sechs Monate nach Inkrafttreten der Verordnung, das heißt ab dem 2.2.2025 (Art. 113 lit. a KI-VO). Bis dahin sollten Unternehmen sicherstellen, dass sie entsprechende Trainingsmaßnahmen umsetzen und dokumentieren. Da Art. 4 KI-VO keine konkreten Vorgaben macht, welche Form von Schulungen als Minimum anzusehen ist, sollten möglichst alle unternommenen Schritte angemessen dokumentiert werden.

135 Dazu Rn. 331 ff.
136 Dies betrifft insbesondere die Anbieterpflichten des Art. 14 KI-VO (dazu Rn. 145 ff.) und Art. 26 Abs. 2 KI-VO (dazu Rn. 190).

Zeitlicher Geltungsbereich der KI-VO

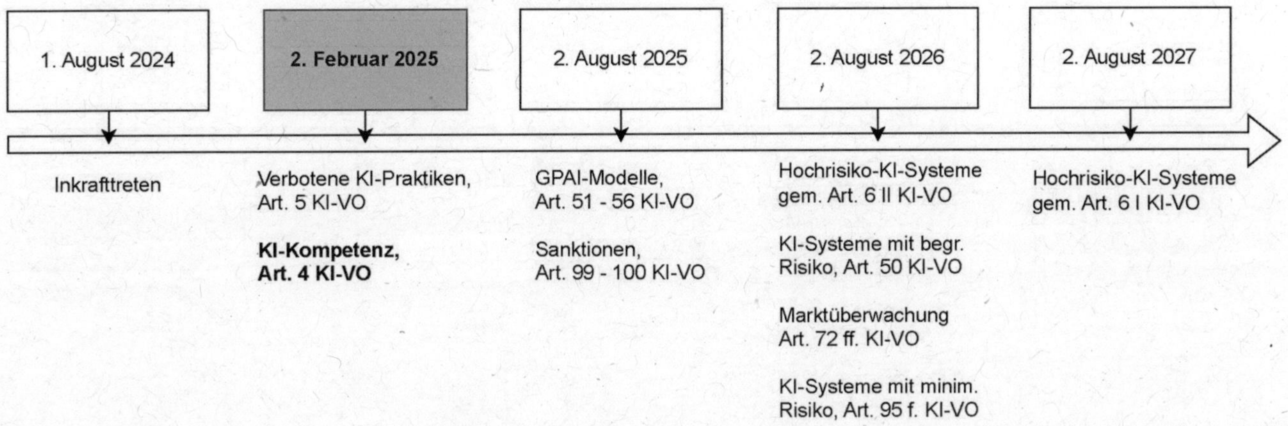

II. Spezifische Pflichten nach Risikoklasse

1. KI-Systeme mit inakzeptablem Risiko

Art. 5 KI-VO verbietet das Inverkehrbringen, die Inbetriebnahme oder Verwendung besonders riskanter KI-An- **98**
wendungen.[137] Zusammengefasst betreffen diese **verbotenen KI-Praktiken** Anwendungen, die in einer Weise eingesetzt werden, die im Widerspruch zu den Grundwerten der EU stehen, insbesondere der Achtung der Menschenwürde, Freiheit, Gleichheit, Demokratie und Rechtsstaatlichkeit.[138]

Praxistipp: Die für Unternehmen praktisch wohl wichtigsten Verbote sind das Verbot manipulativer und ausbeuterischer Praktiken, durch die das menschliche Verhalten und die Autonomie des Betroffenen nachteilig beeinflusst werden[139]. Gleiches gilt für KI-Anwendungen zur Ableitung von Emotionen am Arbeitsplatz[140] oder in bestimmten Fällen auch das Verbot von sogenanntem „Social Scoring“[141].

137 Die Kommission erarbeitet Leitlinien zur Umsetzung des Art. 5 KI-VO, an denen sich Akteure in Zukunft orientieren können, Art. 96 Abs. 1 lit. b KI-VO.
138 ErwG 28 S. 2 KI-VO.
139 Art. 5 Abs. 1 lit. a KI-VO. Dazu Rn. 101 ff.
140 Art. 5 Abs. 1 lit. f KI-VO. Dazu Rn. 106 ff.
141 Art. 5 Abs. 1 lit. c KI-VO. Dazu Rn. 105 ff. Eine Erweiterung der Aufzählung in Art. 5 KI-VO ist möglich. Nach Art. 112 Abs. 1 KI-VO bewertet die Kommission einmal jährlich die Notwendigkeit einer Änderung der Liste.

Zeitlicher Geltungsbereich: Das Verbot von KI-Systemen mit inakzeptablem Risiko nach Art. 5 KI-VO gilt bereits sechs Monate nach Inkrafttreten der Verordnung, also ab dem 2.2.2025 (Art. 113 lit. a KI-VO).

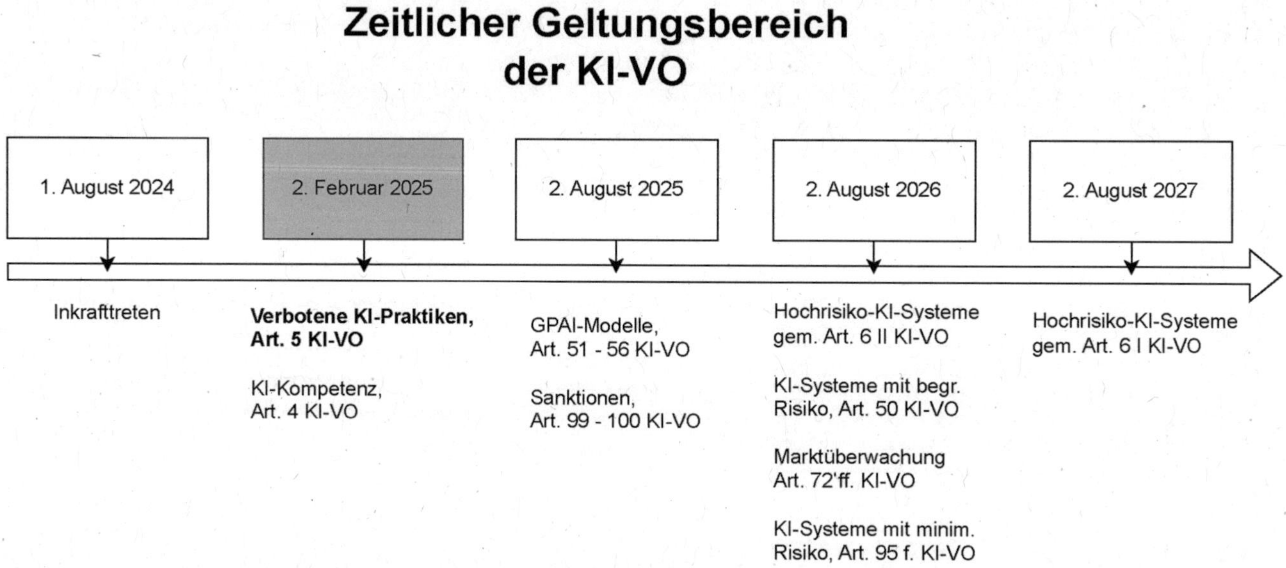

99 Die Kapitel 3 (Hochrisiko-KI-Systeme), 4 (Transparenzpflichten) und 5 (GPAI) stellen Anforderungen an den Einsatz der jeweiligen Systeme selbst oder normieren Pflichten verschiedener Akteure. Art. 5 KI-VO, der das gesamte Kapitel 2 abbildet, geht hingegen einen anderen Weg: Er **verbietet Praktiken**, die mit europäischen Grundwerten unvereinbar sind, unabhängig von den technischen Eigenschaften des jeweiligen KI-Systems. Dabei stehen rechtlich missbilligte Ziele, Wirkungen oder Zwecke des Einsatzes von KI im Vordergrund. Dieser Ansatz bedeutet, dass ein KI-System selbst dann verboten sein kann, wenn es ansonsten die Anforderungen der Kapitel 3 bis 5 erfüllt.[142]

---

142 *Wendehorst*, in: Martini/Wendehorst, KI-VO, Art. 5 Rn. 2.

Mögliche Sanktionen[143]: Für Verstöße gegen Art. 5 KI-VO sieht Art. 99 Abs. 3 KI-VO den höchsten in der Verordnung geregelten Sanktionsrahmen vor. Pro Verstoß können Geldbußen von bis zu 35 Millionen EUR oder – im Fall von Unternehmen – von bis zu 7 % des gesamten weltweiten Jahresumsatzes des vorangegangenen Geschäftsjahres verhängt werden.

100 Der nachstehende Abschnitt beschreibt exemplarisch einige besonders praxisrelevante Fälle verbotener KI-Praktiken. Er stellt aus Platzgründen bewusst keine abschließende Beschreibung aller durch Art. 5 KI-VO untersagten Verhaltensweisen dar.

a) Unterschwellige Beeinflussung und Manipulation, Art. 5 Abs. 1 lit. a KI-VO

101 Art. 5 Abs. 1 lit. a KI-VO verbietet das Inverkehrbringen[144], die Inbetriebnahme[145] oder die Verwendung von KI-Systemen, wenn Techniken der unterschwelligen Beeinflussung oder absichtlich manipulative oder täuschende Maßnahmen eingesetzt werden.[146] Diese Techniken müssen darauf abzielen, das Verhalten von Personen oder Gruppen wesentlich zu verändern und ihre Fähigkeit, fundierte Entscheidungen zu treffen, erheblich zu beeinträchtigen.

102 **Unterschwellige Beeinflussungen** im Sinne der KI-VO wirken außerhalb des Bewusstseins einer Person. Sie nutzen also etwa Reize in Form von Ton-, Bild- oder Videoinhalten, die für Menschen nicht direkt erkennbar sind.[147]

103 Ebenso gehören **manipulative oder täuschende Techniken** dazu, die die Autonomie, Entscheidungsfindung und freie Auswahl der betroffenen Personen in einer Weise untergraben, die sich ihrer bewussten Wahrnehmung entziehen oder deren Einfluss sie nicht kontrollieren oder widerstehen können.[148]

Praxistipp: Übliche rechtmäßige Geschäftspraktiken, wie etwa Werbung und therapeutische Maßnahmen, die im Einklang mit den geltenden Rechtsvorschriften stehen, sollten hingegen grundsätzlich nicht als schädliche manipulative KI-gestützte Praktiken gelten.

104 Eine weitere wichtige Voraussetzung einer nach Art. 5 Abs. 1 lit. a KI-VO verbotenen KI-Praxis ist das Ziel oder die Wirkung, das Verhalten einer Person oder Gruppe von Personen wesentlich zu verändern und deren **Entscheidungsfähigkeit zu beeinträchtigen**. Dies muss in einer Weise geschehen, die dieser oder einer anderen Person **erheblichen Schaden** zufügt oder mit hinreichender Wahrscheinlichkeit zufügen wird.

Beispiel: Ein Online-Casino verwendet gezielt KI, um Spielern personalisierte Spiele und Wettmöglichkeiten anzubieten. Mithilfe der KI wird das Spielverhalten der Nutzer analysiert, um gezielt Bonusangebote oder bestimmte Spiele zu bewerben. Durch die Analyse von Spielgewohnheiten werden dem jeweiligen Spieler gezielt solche Spiele vorgeschlagen, die besonders hohe Gewinnchancen oder attraktive Boni versprechen, obwohl diese Spiele tatsächliche höhere Verlustwahrscheinlichkeiten haben. Hierdurch entstehen den betroffenen Spielern erhebliche finanzielle Schäden.

b) Soziale Bewertung und Diskriminierung, Art. 5 Abs. 1 lit. c KI-VO

105 Art. 5 Abs. 1 lit. c KI-VO verbietet das Inverkehrbringen, die Inbetriebnahme oder die Verwendung von KI-Systemen, die zur **Bewertung oder Einstufung** natürlicher Personen oder Gruppen über einen bestimmten Zeitraum **auf Basis ihres sozialen Verhaltens** oder ihrer persönlichen Eigenschaften eingesetzt werden. Dieses sogenannte „**Social Scoring**"[149] ist dann untersagt, wenn es zu einer Schlechterstellung oder Benachteiligung führt. Diese muss entweder in keinem Zusammenhang mit den ursprünglichen Umständen der Datenerhebung stehen oder im Hinblick auf das soziale Verhalten ungerechtfertigt oder unverhältnismäßig sein.

143 Dazu auch Rn. 331 ff.
144 Art. 3 Nr. 9 KI-VO. Dazu Rn. 57.
145 Art. 3 Nr. 11 KI-VO. Dazu Rn. 57.
146 *Feuerstack/Becker/Hertz*, ZfDR 2023, 421, 436 f. m. w. N.
147 ErwG 29 S. 3 KI-VO.
148 ErwG 29 S. 3 KI-VO.
149 ErwG 31 KI-VO.

Beispiel: Die KI-gestützte Bewertung der Kreditwürdigkeit von Wirtschaftsteilnehmern anhand von nachvollziehbaren Kriterien wird nicht unter das Verbot fallen, da es weder die in Art. 5 Abs. 1 lit. c Nr. i noch die in Nr. ii KI-VO genannten zusätzlichen Anforderungen erfüllt. Dies zeigt sich in systematischer Hinsicht auch daran, dass Art. 6 Abs. 2 KI-VO in Verbindung mit Anhang III Nr. 5 b KI-VO manche dieser Systeme ausdrücklich als Hochrisiko-KI-System einordnet.

c) Emotionserkennung, Art. 5 Abs. 1 lit. f KI-VO

106 Art. 5 Abs. 1 lit. f KI-VO verbietet das Inverkehrbringen, die Inbetriebnahme oder die Verwendung von KI-Systemen, die Emotionen einer natürlichen Person am Arbeitsplatz und in Bildungseinrichtungen ableiten sollen.

107 Solche verbotenen KI-Systeme zielen darauf ab, Emotionen oder Absichten natürlicher Personen auf der Grundlage ihrer biometrischen Daten[150] zu erkennen oder abzuleiten. Es werden teilweise ernsthafte Bedenken hinsichtlich der wissenschaftlichen Grundlage solcher Systeme genannt, da Gefühlsausdrücke je nach Kultur oder Situation und sogar bei ein und derselben Person erheblich variieren können.[151] Solche Systeme seien danach oft nur beschränkt zuverlässig und nicht eindeutig.[152]

108 Das genannte Verbot bezieht sich dabei auf Situationen am Arbeitsplatz oder im Bildungsbereich. Aufgrund des Machtungleichgewichts in diesen Bereichen und des intrusiven Charakters der Systeme könnten sie zu einer Schlechterstellung oder Benachteiligung bestimmter Personen oder Gruppen führen.[153]

Praxistipp: Das hier vom Verordnungsgeber verwendete, für den Einsatz von KI im Berufsleben maßgebliche Tatbestandsmerkmal ist die „Ableitung von Emotionen einer natürlichen Person am Arbeitsplatz“. Dieses Kriterium ist ausgesprochen unscharf. Daher sollten Unternehmen sämtliche KI-Anwendungen genau prüfen, die die Emotionen von Personen an ihrem Arbeitsplatz aufzeichnen, bewerten oder gar entsprechende Ableitungen treffen.

109 Das Verbot der Emotionserkennung am Arbeitsplatz oder in Bildungseinrichtungen gilt nicht für KI-Systeme, die ausschließlich aus medizinischen oder sicherheitstechnischen Gründen in Verkehr gebracht werden. Dies dürfte etwa KI-Systeme betreffen, die für therapeutische Zwecke bestimmt sind.[154]

2. Hochrisiko-KI-Systeme

110 Der Einsatz von Hochrisiko-KI-Systemen ist grundsätzlich erlaubt. Er unterliegt aber strengen Auflagen. Denn er kann zu erhöhten Risiken für die Rechte und Freiheiten von Einzelpersonen oder die Sicherheit der Gesellschaft führen. Entscheidend für die Einstufung als Hochrisiko-KI-System ist insoweit das generelle Risikopotenzial, das von dem jeweiligen System ausgeht. Dementsprechend sieht Art. 6 Abs. 3 KI-VO auch eine Reihe von Ausnahmen vor, bei deren Vorliegen KI-Systeme nicht als hochriskant gelten, etwa weil sie das Ergebnis einer Entscheidungsfindung nicht wesentlich beeinflussen.

a) Einstufung als Hochrisiko-KI-System

111 Die KI-VO kennt keine Legaldefinition von Hochrisiko-KI-Systemen. Sie definiert lediglich den Begriff des KI-Systems. Die darüber hinausgehende Einstufung als Hochrisiko-KI-System[155] erfolgt vielmehr über zwei unterschiedliche Ansätze:

112 Einerseits lehnt sich die KI-VO an das bereits sehr ausdifferenzierte **Produktsicherheitsrecht** der Union an. Die Verordnung stuft KI-Systeme, die als Produkt oder Sicherheitskomponente eines Produkts den in Anhang I KI-VO aufgelisteten EU-Harmonisierungsvorschriften unterliegen und eine Konformitätsbewertung durch Dritte

150 Art. 3 Nr. 34 KI-VO.
151 ErwG 44 S. 1 KI-VO.
152 A. a. O.
153 ErwG 44 S. 4 KI-VO.
154 ErwG 44 S. 5 KI-VO
155 Die EU-Kommission ist nach Art. 6 Abs. 5 KI-VO verpflichtet, bis spätestens 2.2.2026 Leitlinien zur praktischen Umsetzung der Einstufung von Hochrisiko-KI-Systemen bereitzustellen. Diese Leitlinien sollen wichtige Klarstellungen und praktische Anweisungen enthalten. Zudem wird die Kommission eine umfassende Liste praktischer Beispiele für Anwendungsfälle bereitstellen.

benötigen, als hochriskant ein, vgl. Art. 6 Abs. 1 KI-VO, sogenannte „produktsicherheitsbezogene Hochrisiko-KI-Systeme“.

Andererseits erfolgt eine abstrakte Klassifizierung als hochriskant anhand der **Grundrechtsrelevanz** und des **Einsatzkontexts**, indem KI-Systeme verwendet werden, vgl. Art. 6 Abs. 2 KI-VO, sogenannte „einsatzfeldbezogene Hochrisiko-KI-Systeme“. KI-Systeme, die in den in Anhang III der KI-VO (abschließend) aufgeführten Bereichen eingesetzt werden, gelten ebenfalls als hochriskant.[156] Grundlage für diese Einordung ist die Annahme, dass die dort genannten Fallkategorien besondere Grundrechtsrisiken vorweisen, die nicht bereits vom bestehenden Produktsicherheitsrecht[157] abgedeckt werden.[158] **113**

Diese von der KI-VO grundsätzlich als hochriskant bewerteten Bereiche umfassen unter anderem den Einsatz von KI-Systemen in den Bereichen Biometrik, kritischer Infrastruktur, Bildung, Personalwesen, Kreditwürdigkeitsprüfung und Justiz. In der Praxis wird Anhang III KI-VO sehr wichtig werden. Denn er gibt pauschal Gruppen von Einsatzfeldern vor, die relativ einfach als Hochrisiko-KI-System eingeordnet werden können. **114**

Praxistipp: Anwender müssen beachten, dass es verschiedene mögliche **Überschneidungen** des Anhang III mit Art. 5 KI-VO gibt, zum Beispiel im Feld der Biometrik oder beim Einsatz von KI-Systemen am Arbeitsplatz. Hier ist eine präzise Analyse der Fähigkeiten des jeweiligen KI-Systems und deren gründliche und nachvollziehbare Dokumentation erforderlich.

Für Hochrisiko-KI-Systeme nach Art. 6 Abs. 2 KI-VO können **Ausnahmen** gelten. KI-Systeme gelten nach **Art. 6 Abs. 3 KI-VO** dann grundsätzlich nicht als hochriskant, wenn von ihnen kein erhebliches Risiko für Rechtsgüter ausgeht und sie das Ergebnis menschlicher Entscheidungen nicht wesentlich beeinflussen.[159] Diese Ausnahmen betreffen insbesondere algorithmische Entscheidungssysteme[160] und umfassen im Einzelnen: **115**

- **Eng umgrenzte Aufgaben**: Systeme, die etwa eng umgrenzte spezifische Aufgaben wie Datenstrukturierung oder Dokumentenkategorisierung erledigen.[161]
- **Ergänzende Systeme**: Systeme, die menschliche Arbeit lediglich verbessern, zum Beispiel Textoptimierung.[162]
- **Erkennung von Mustern**: Systeme, die Entscheidungsmuster erkennen, ohne dabei menschliche Bewertungen zu ersetzen.[163]
- **Vorbereitende Aufgaben**: Systeme, die vor allem Aufgaben wie Übersetzung oder Textbearbeitung unterstützen.[164]

Eine **Rückausnahme** gilt jedoch immer dann, wenn ein KI-System ein Profiling natürlicher Personen umfasst.[165] Entsprechende Systeme gelten unabhängig von ihrem Einsatzzweck stets als hochriskant. Art. 3 Nr. 52 KI-VO verweist für die Definition von Profiling auf die Legaldefinition des Art. 4 Nr. 4 DSGVO.[166] Danach ist Profiling „jede Art der automatisierten Verarbeitung personenbezogener Daten, die darin besteht, dass diese personenbezogenen Daten verwendet werden, um bestimmte persönliche Aspekte, die sich auf eine natürliche Person beziehen, zu bewerten“. **116**

Praxistipp: Behörden und Gerichte legen den Begriff des Profilings nach der DSGVO bereits jetzt sehr weit aus. Es erscheint wahrscheinlich, dass sie ähnliche Maßstäbe auch unter der KI-VO anlegen werden. Dann

---

156 Art. 6 Abs. 2 KI-VO; *Gerdemann*, NJW 2024, 2209, 2209.
157 Und damit von der Einstufung nach Art. 6 Abs. 1 KI-VO.
158 *Ruschemeier*, in: Martini/Wendehorst, KI-VO, Anhang III Rn. 1.
159 Die Kommission kann delegierte Rechtsakte zur Änderung der Ausnahmen des Art. 6 Abs. 3 und des Anhangs III KI-VO erlassen, Art. 97 Abs. 2 S. 1 KI-VO. *Saam/Hermann*, RDi 2024, 608, 610 ff. m. w. N.
160 *Bronner*, KIR 2024, 55, 59.
161 Art. 6 Abs. 3 UAbs. 2 lit. a KI-VO und ErwG 53 S. 4 KI-VO.
162 Art. 6 Abs. 3 UAbs. 2 lit. b KI-VO, ErwG 53 S. 8 KI-VO.
163 Art. 6 Abs. 3 UAbs. 2 lit. c KI-VO, ErwG 53 S. 10 KI-VO.
164 Art. 6 Abs. 3 UAbs. 2 lit. d KI-VO, ErwG 53 S. 13 KI-VO.
165 Art. 6 Abs. 3 UAbs. 3 KI-VO.
166 Siehe Art. 3 Nr. 52 KI-VO der auf Art. 4 Nr. 4 KI-VO. Nach Art. 4 Nr. 4 DSGVO ist „Profiling“ jede Art der automatisierten Verarbeitung personenbezogener Daten, die darin besteht, dass diese personenbezogenen Daten verwendet werden, um bestimmte persönliche Aspekte, die sich auf eine natürliche Person beziehen, zu bewerten, insbesondere um Aspekte bezüglich Arbeitsleistung, wirtschaftliche Lage, Gesundheit, persönliche Vorlieben, Interessen, Zuverlässigkeit, Verhalten, Aufenthaltsort oder Ortswechsel dieser natürlichen Person zu analysieren oder vorherzusagen.

verbliebe für die Anwendung der Ausnahmevorschrift in Art. 6 Abs. 3 KI-VO nur ein recht begrenzter Anwendungsbereich.

117 Anbieter, die ein in Anhang III der KI-VO aufgeführtes KI-System als nicht hochriskant einstufen, müssen ihre Bewertung **dokumentieren** und das System entsprechend **registrieren**.[167] Auf Anfrage müssen sie diese Dokumentation den zuständigen nationalen Behörden vorlegen.[168]

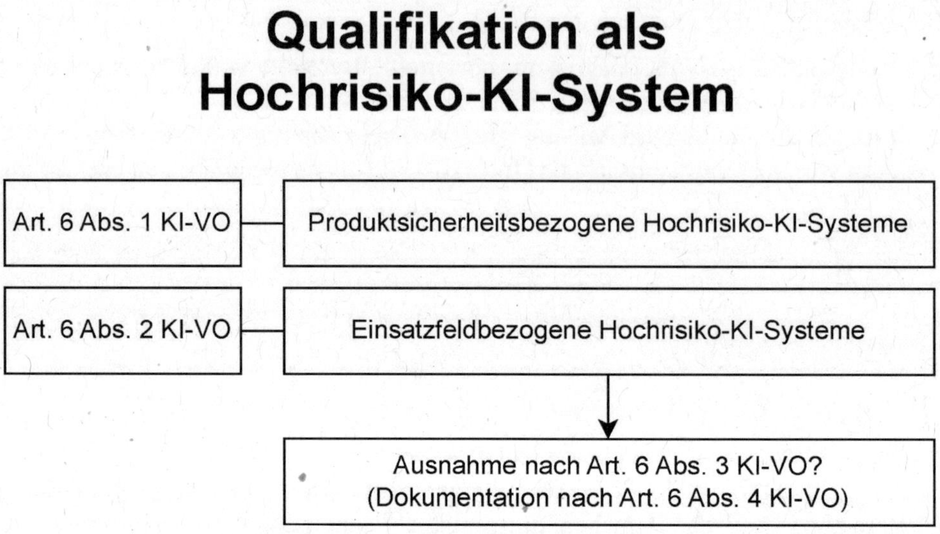

Zeitlicher Geltungsbereich: Die Pflichten für Anbieter von **einsatzfeldbezogenen** Hochrisiko-KI-Systemen im Sinne des **Art. 6 Abs. 2 KI-VO** gelten zwei Jahre nach Inkrafttreten der KI-VO, damit ab dem **2.8.2026.**[169] Das betrifft KI-Systeme nach **Anhang III** KI-VO.

Für **produktsicherheitsbezogene** Hochrisiko-KI-Systeme nach **Art. 6 Abs. 1 KI-VO** gelten die Vorschriften erst drei Jahre nach Inkrafttreten der KI-VO, damit ab dem **2.8.2027.** Dies betrifft Hochrisiko-KI-Systeme im Sinne des **Anhang I** KI-VO.[170]

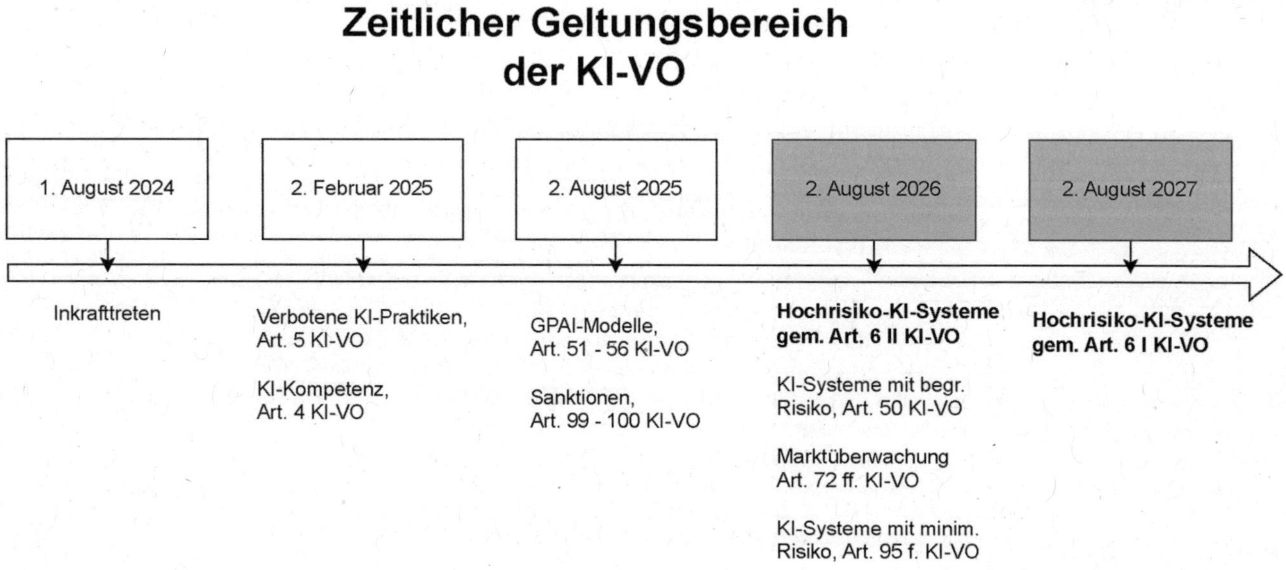

167 Art. 6 Abs. 4 S. 1, 2 KI-VO.
168 Art. 6 Abs. 4 S. 3 KI-VO; siehe zur Definition der „zuständigen nationalen Behörden" auch Art. 3 Nr. 48 KI-VO.
169 Art. 113 KI-VO (Eingangssatz).
170 Art. 113 lit. c KI-VO.

b) Pflichten von Anbietern bei Hochrisiko-KI-Systemen

Die Pflichten von Anbietern von Hochrisiko-KI-Systemen bilden das Herzstück der KI-VO und umfassen den umfangreichsten und weitreichendsten Bereich der Regulierung. Die Kenntnis und hinreichende Umsetzung dieser Pflichten ist entscheidend, um Hochrisiko-KI-Systeme sicher und rechtskonform anzubieten (und auch zu betreiben). **118**

Praxistipp: Gemäß **Art. 25 KI-VO** gelten auch andere Akteure, wie Betreiber, Einführer oder Händler, unter bestimmten Voraussetzungen als Anbieter von Hochrisiko-KI-Systemen und müssen entsprechende Pflichten umsetzen. Dies bedeutet, dass die Verantwortung für die Einhaltung der Anforderungen nicht ausschließlich bei den ursprünglichen Anbietern liegt, sondern auch auf andere Akteure übergehen kann, wenn die in Art. 25 KI-VO genannten Voraussetzungen eintreten.[171]

Die Pflichten von Anbietern von Hochrisiko-KI-Systemen ergeben sich im Wesentlichen aus **Abschnitt 2 (Art. 8 bis 15 KI-VO)** und **Teilen des Abschnitts 3** KI-VO.[172] In Abschnitt 2 KI-VO werden dabei diejenigen Anforderungen festgelegt, die direkt an das Hochrisiko-KI-System als solches gestellt werden, ohne hierfür spezifische Akteure zu benennen. Diese objektiven Anforderungen betreffen vor allem die technischen und prozeduralen Aspekte der Entwicklung und des Betriebs von KI-Systemen.[173] Erst durch **Art. 16 lit. a KI-VO** werden diese objektiven Anforderungen auch zu konkreten Anbieterpflichten, indem sie den Anbietern die Verantwortung übertragen, sicherzustellen, dass ihre Systeme die Anforderungen der Art. 8 bis 15 KI-VO erfüllen. Nur wenn ein Hochrisiko-KI-System alle diese Anforderungen erfüllt, darf es auf dem Unionsmarkt in Verkehr gebracht oder in Betrieb genommen werden.[174] **119**

Die Einhaltung der KI-VO entbindet die Anbieter von Hochrisiko-KI-Systemen nicht von der Pflicht, zusätzlich auch die sektorspezifischen Vorschriften zu beachten, die in Anhang I Abschnitt A KI-VO aufgeführt sind.[175] Diese sogenannten vertikal-sektorspezifischen Anforderungen sind dabei entscheidend, um sicherzustellen, dass die Systeme nicht nur den allgemeinen, sondern auch den spezifischen Anforderungen der jeweiligen Branche gerecht werden. **120**

Die KI-VO zeichnet sich durch ihre **horizontale Ausrichtung** aus, indem sie Harmonisierungsrechtsvorschriften[176] integriert, die für eine jeweilige Produktkategorie gelten. Daher müssen beide Pflichtenkreise – die allgemeinen Anforderungen der KI-VO und die sektorspezifischen Vorschriften des sonstigen EU-Produktrechts – beachtet werden, um die vollständige Konformität und Sicherheit der Hochrisiko-KI-Systeme zu gewährleisten.[177] **121**

---

171 Vgl. dazu Rn. 230 ff.
172 Art. 16 bis 22 KI-VO.
173 *Ebert/Spiecker gen. Döhmann*, NVwZ 2021, 1188, 1190.
174 ErwG 46 S. 1 KI-VO.
175 Art. 8 Abs. 2 KI-VO. Dies können natürlich auch verschiedene unionale Harmonisierungsrechtsvorschriften sein, vgl. ErwG 64 KI-VO. Produkte, die unter die Harmonisierungsvorschriften des Anhang I Abschnitt B fallen, werden zwar nach Art. 6 Abs. 1 lit. a KI-VO zu Hochrisiko-KI-Systemen erklärt, unterliegen aber nicht den Art. 8 ff. KI-VO. Grund hierfür ist, dass diese dem alten Produktsicherheitsrecht mit einem sehr detaillierten Harmonisierungsgrad folgen (*Braun Binder/Egli*, in: Martini/Wendehorst, KI-VO, Art. 8 Rn. 20 ff. m. w. N.). Für diese Produkte gelten nach Art. 2 Abs. 2 KI nur bestimmte Regelungen der KI-VO.
176 Fn. 116.
177 Art. 8 Abs. 2 S. 1 KI-VO.

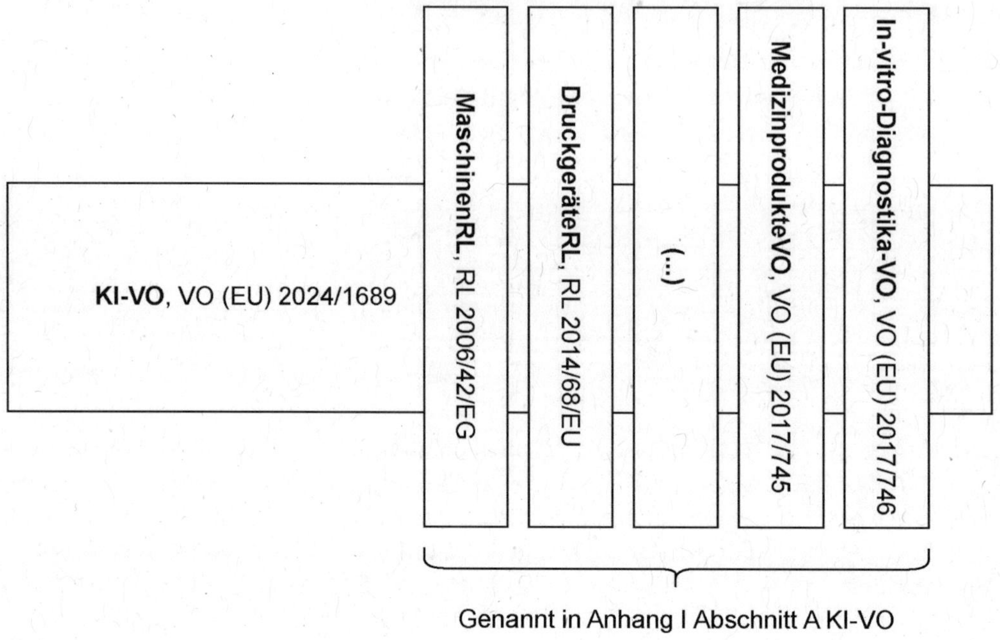

122 Allerdings bietet Art. 8 Abs. 2 S. 2 KI-VO den Anbietern die Möglichkeit, die erforderlichen **Test- und Berichtserstattungsverfahren sowie Informations- und Dokumentationsanforderungen** nach der KI-VO **in bestehende Verfahren** aus den in Anhang I Abschnitt A aufgeführten Harmonisierungsrechtsvorschriften **zu integrieren**.

Praxistipp: Die KI-VO folgt dem Regulierungskonzept des „**New Legislative Framework**" (NLF)[178], bei dem vor allem wesentliche Anforderungen in der EU-Verordnung selbst geregelt werden. Die weitere technische Konkretisierung wird an europäische Normungsorganisationen delegiert.[179] Wenn Unternehmen oder sonstige Akteure die „harmonisierten Normen"[180] einhalten, wird die Compliance mit der KI-VO vermutet. Dies bietet eine gewisse Orientierung und kann den Prozess der Konformitätsbewertung erleichtern. Weitere Details hierzu unter Rn. 163 ff.

123 Um als Anbieter die umfassenden Anforderungen der KI-VO zu erfüllen, ist es unerlässlich, die spezifischen Pflichten des Kapitels 3 zu verstehen. Einen guten Überblick bietet hierfür Art. 16 KI-VO. Dieser bündelt zahlreiche Anbieterpflichten bei Hochrisiko-KI-Systemen, ohne diese jedoch abschließend aufzuzählen. Teilweise verweist die Verordnung dann wieder auf andere Artikel[181], teilweise sind eigenständige Bestimmungen direkt in Art. 16 lit. a, b, f, h, k und l KI-VO geregelt.

124 Im Folgenden sind die einzelnen Pflichten für Anbieter von Hochrisiko-KI-Systemen gemäß Art. 16 KI-VO im Überblick dargestellt:

---

178 European Commission, New legislative Framework, abrufbar unter: https://single-market-economy.ec.europa.eu/single-market/goods/new-legislative-framework_en (letztes Abrufdatum: 14.1.2025). Vgl. dazu VO (EG) 765/2008; MÜ-VO (Fn. 3) und Beschluss Nr. 768/2008/EG. Dessen hervorgehobene Bedeutung wird in ErwG 9 S. 1 KI-VO deutlich.

179 *Ebers*, RDi 2021, 588, 589.

180 Die Europäische Kommission erarbeitet gemäß Art. 96 Abs. 1 lit. a KI-VO Leitlinien zur praktischen Umsetzung der Art. 8 bis 15 und 25 KI-VO. Diese werden voraussichtliche unbestimmte Rechtsbegriffe konkretisieren und ihre Auslegung vereinfachen. Anbieter können mögliche Gesetzesverstöße minimieren, wenn sie diese Leitlinien in ihre Compliance-Strategien integrieren.

181 Art. 16 lit. c, d, e, g, i und j KI-VO.

Anbieterpflichten bei Hochrisiko-KI-Systemen

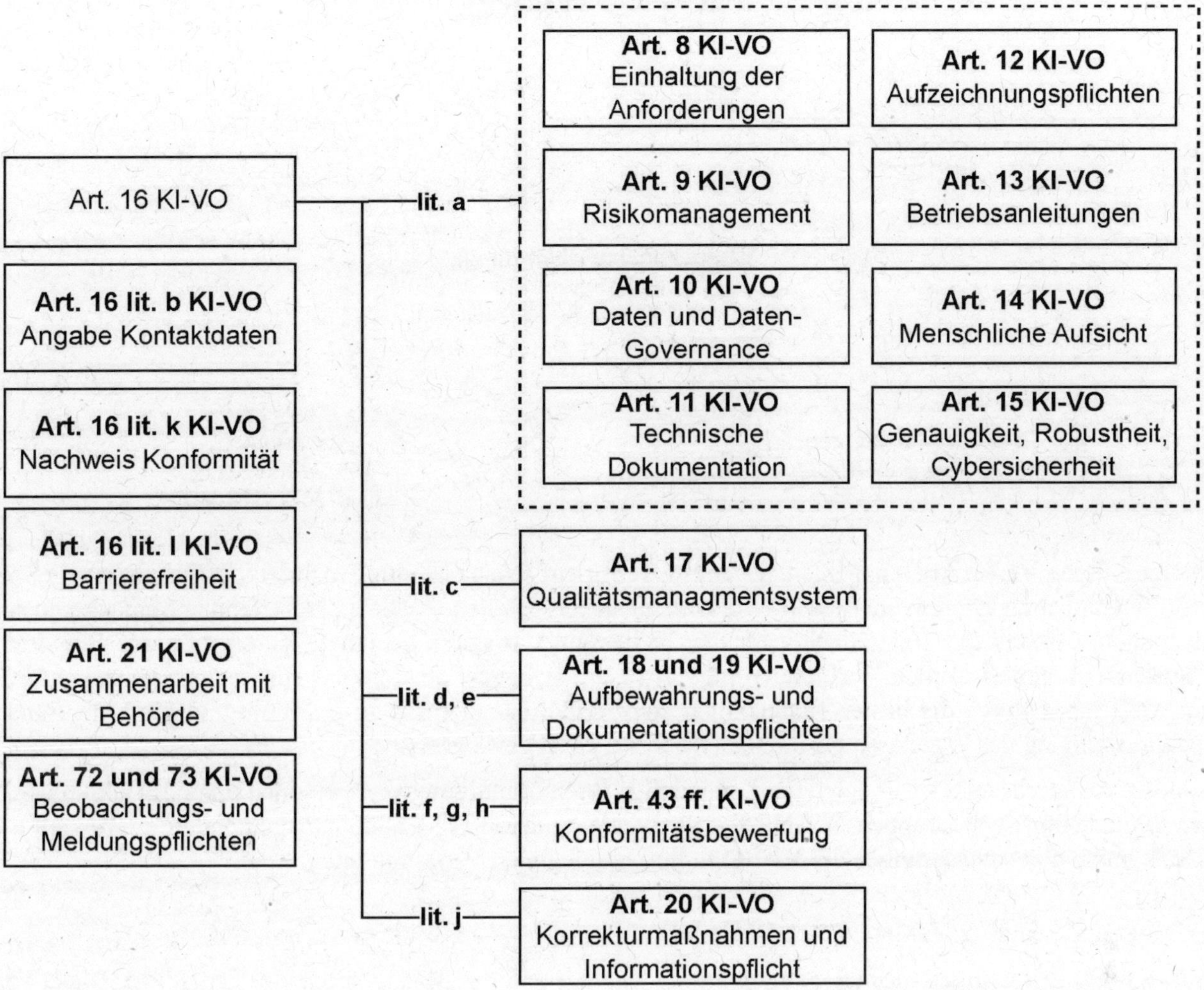

Mögliche Sanktionen[182]: Für Verstöße gegen den Art. 16 KI-VO sieht Art. 99 Abs. 4 lit. a KI-VO einen Sanktionsrahmen von bis zu 15 Millionen EUR oder – im Fall von Unternehmen – von bis zu 3 % des gesamten weltweiten Jahresumsatzes des vorangegangenen Geschäftsjahres pro Zuwiderhandlung vor.

Neben den in Art. 16 KI-VO zusammengefassten Pflichten gibt es noch weitere spezifische Anforderungen, die für den sicheren und konformen Einsatz von Hochrisiko-KI-Systemen entscheidend sind. Anbieter sind etwa nach Art. 21 KI-VO[183] verpflichtet, **mit den zuständigen Behörden zusammenzuarbeiten**. Darüber hinaus müssen Anbieter auch ein **System zur Beobachtung nach dem Inverkehrbringen**[184] gemäß Art. 72 KI-VO einrichten.[185] Schließlich sind Anbieter verpflichtet, **schwerwiegende Vorfälle** gemäß Art. 73 KI-VO **zu melden**.[186] **125**

aa) Risikomanagementsystem, Art. 9 KI-VO

Art. 9 KI-VO verpflichtet Anbieter von Hochrisiko-KI-Systemen, ein umfassendes Risikomanagementsystem zu implementieren, das während des gesamten Lebenszyklus des Systems kontinuierlich angewendet wird.[187] Dieses System soll die relevanten Risiken für Gesundheit, Sicherheit und Grundrechte identifizieren und mindern.[188] **126**

182 Dazu Rn. 331 ff.
183 Dazu Rn. 161 ff.
184 Art. 3 Nr. 25 KI-VO.
185 Dazu näher Rn. 179 ff.
186 Dazu näher Rn. 182 ff.
187 *Ossmann-Magiera/Dehmel*, KIR 2024, 134, 135 ff.
188 ErwG 65 S. 2 KI-VO.

Es umfasst die Ermittlung und Analyse vorhersehbarer Risiken, die Bewertung von Risiken bei bestimmungsgemäßer Nutzung und Fehlanwendung[189] sowie die Ergreifung gezielter Risikomanagementmaßnahmen.[190]

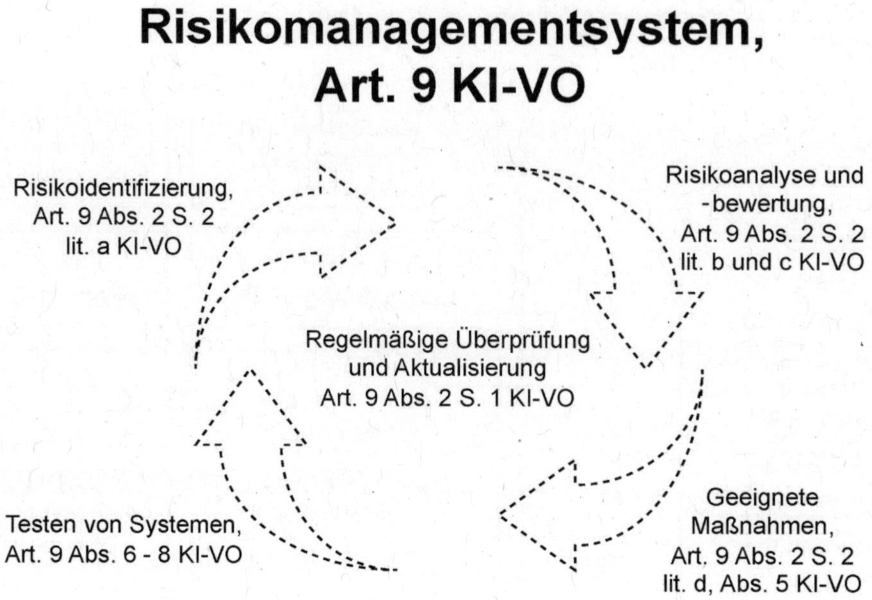

127 Anbieter müssen ihr Risikomanagementsystem in Bezug auf jedes einzelne Hochrisiko-KI-System regelmäßig überprüfen und aktualisieren, um dessen Wirksamkeit sicherzustellen.[191] Die zu ergreifenden Maßnahmen sollen sicherstellen, dass etwaige Restrisiken vertretbar bleiben und sie durch geeignete Konzeption und Entwicklung des Systems minimiert werden.[192] Anbieter müssen zudem sicherstellen, dass das Risikomanagementsystem getestet wird, um dadurch die besten Maßnahmen zum Risikomanagement zu ermitteln und die Einhaltung der Zweckbestimmung des jeweiligen Hochrisiko-KI-Systems zu gewährleisten.[193]

128 Besondere Aufmerksamkeit gilt dabei der potenziellen Beeinträchtigung von Personen unter 18 Jahren oder anderen schutzbedürftigen Gruppen.[194] Anbieter, die bereits anderen EU-Risikomanagementanforderungen unterliegen, können die Anforderungen der KI-VO in ihre bestehenden Verfahren integrieren.[195]

bb) Daten und Daten-Governance, Art. 10 KI-VO

129 Art. 10 KI-VO legt **Mindestanforderungen** an die Qualität und das Management von Daten fest. Diese Vorgaben betreffen Hochrisiko-KI-Systeme, die mit Trainings-, Validierungs- und Testdatensätzen[196] arbeiten.[197] Damit greift die KI-VO die große Bedeutung von Daten als sogenanntes *„Öl des 21. Jahrhunderts"* auf.[198] Zweck dieser Regelungen ist es, die hinreichende Qualität von Daten sicherzustellen, die für das Training, die Validierung und das Testen von Hochrisiko-KI-Systemen verwendet werden. Dabei wird die Daten-Governance in Art. 10 Abs. 2 und 5 KI-VO behandelt. Anbieter müssen geeignete Daten-Governance- und Datenverwaltungsverfahren anwenden, wobei Absatz 5 eine teilweise Durchbrechung von Vorgaben der DSGVO erlaubt. Die Anforderungen an die Datenqualität sind in den Absätzen 3 und 4 festgelegt.

130 Die Verfahren zur Gewährleistung der Daten-Governance müssen für die Zweckbestimmung[199] des Systems geeignet sein. Sie umfassen dabei insbesondere Aspekte wie konzeptionelle Entscheidungen, Datenerhebung, Datenaufbereitung und die Bewertung möglicher Verzerrungen.[200] Die Datensätze müssen möglichst relevant,

---

189 Zur Definition der *„vernünftigerweise vorhersehbaren Fehlanwendungen"* siehe Art. 3 Nr. 13 KI-VO.
190 Art. 9 Abs. 2 KI-VO.
191 Art. 9 Abs. 2 KI-VO.
192 Art. 9 Abs. 5 KI-VO.
193 Art. 9 Abs. 6 bis 8 KI-VO.
194 Art. 9 Abs. 9 KI-VO.
195 Art. 9 Abs. 10 KI-VO. Vgl. Rn. 120 f. allgemein zum Ineinandergreifen von KI- und produktspezifischer Regulierung.
196 Art. 3 Nr. 29 – 32 KI-VO.
197 *Steinrötter/Markert*, RDi 2024, 400 m. w. N.
198 *Braun Binder/Egli*, in: Martini/Wendehorst, KI-VO, Art. 10 Rn. 1 f.; vgl. auch ErwG 67 S. 1 KI-VO.
199 Art. 3 Nr. 12 KI-VO.
200 Art. 10 Abs. 2 KI-VO.

repräsentativ, fehlerfrei und vollständig sein, um die statistischen Merkmale der Zielgruppe abzubilden.[201] Sie sollen dabei auch die geografischen und kontextuellen Rahmenbedingungen berücksichtigen, unter denen das System verwendet wird.[202]

Praxistipp: Für Hochrisiko-KI-Systeme, die mit Daten trainiert und getestet wurden, welche die besonderen geografischen, verhaltensbezogenen, kontextuellen oder funktionalen Rahmenbedingungen widerspiegeln, gilt eine **gesetzliche Konformitätsvermutung**.[203] Anbieter können sich dann nach Art. 42 Abs. 1 KI-VO darauf verlassen, dass die in Art. 10 Abs. 4 KI-VO festgelegten Anforderungen als erfüllt gelten, wenn die verwendeten Daten im Rahmen eines entsprechenden Konformitätsbewertungsverfahrens offengelegt wurden und zeigen, dass die spezifischen Merkmale des Einsatzfeldes ausreichend berücksichtigt sind.

In Ausnahmefällen dürfen besondere Kategorien personenbezogener Daten[204] verarbeitet werden, um Verzerrungen zu erkennen und zu korrigieren, sofern strenge Sicherheits- und Datenschutzmaßnahmen eingehalten werden.[205] **131**

Bei Hochrisiko-KI-Systemen, die nicht dafür genutzt werden, um KI-Modelle zu trainieren, gelten diese Anforderungen nur für Testdatensätze.[206] **132**

Praxistipp: Um die Anforderungen an die Daten-Governance zu erfüllen, können Anbieter von Hochrisiko-KI-Systemen auch **zertifizierte Compliance-Dienste Dritter** in Anspruch nehmen. Diese Dienste können die Überprüfung der Daten-Governance, der Datensatzintegrität sowie der Schulungs-, Validierungs- und Testverfahren umfassen.[207]

cc) Technische Dokumentation, Art. 11 KI-VO

Nach Art. 11 KI-VO müssen Anbieter von Hochrisiko-KI-Systemen eine umfassende technische Dokumentation erstellen, bevor sie das jeweilige System in Verkehr bringen oder in Betrieb nehmen. Diese Dokumentation ist ein zentrales Instrument zur Sicherstellung der Einhaltung der Anforderungen der KI-VO. Sie muss stets auf dem neuesten Stand gehalten werden.[208] **133**

Die technische Dokumentation dient auch als Nachweis dafür, dass das Hochrisiko-KI-System die Anforderungen der Verordnung erfüllt und muss den zuständigen nationalen Behörden und notifizierten Stellen[209] in klarer und verständlicher Form zur Verfügung stehen.[210] **134**

Praxistipp: Art. 11 Abs. 1 S. 2 KI-VO sieht hierzu unter anderem Folgendes vor: „Die technische Dokumentation wird so erstellt, dass **aus ihr der Nachweis hervorgeht, wie das Hochrisiko-KI-System die Anforderungen dieses Abschnitts erfüllt**, und dass den zuständigen nationalen Behörden und den notifizierten Stellen die Informationen in klarer und verständlicher Form zur Verfügung stehen, die erforderlich sind, um zu beurteilen, ob das KI-System diese Anforderungen erfüllt."

Es ist nicht auszuschließen, dass die zuständigen Behörden hieraus eine ähnlich umfassende **Nachweispflicht** wie beim Datenschutz nach Art. 5 Abs. 2 DSGVO folgern werden. Dies könnte rechtliche Risiken in Bezug auf den Einsatz von KI zukünftig noch einmal erheblich erhöhen. Insofern empfiehlt es sich für Akteure im Sinne Art. 3 Nr. 8 KI-VO, ihre Systeme zur Erstellung der nach der KI-VO erforderlichen Dokumentation und sonstiger Nachweise so flexibel zu gestalten, dass sie künftig auf entsprechende Anforderungen beziehungsweise eine entsprechende Rechtsprechung reagieren können.

201 Art. 10 Abs. 3 KI-VO; ErwG 67 S. 3 KI-VO.
202 Art. 10 Abs. 4 KI-VO.
203 ErwG 122 S. 1 KI-VO; *Gerdemann/Wöbbeking*, in: Martini/Wendehorst, KI-VO, Art. 42 Rn. 6.
204 Art. 3 Nr. 37; Art. 9 DSGVO.
205 Art. 10 Abs. 5 KI-VO; *Braun Binder/Egli*, in: Martini/Wendehorst, KI-VO, Art. 10 Rn. 79 f.
206 Art. 10 Abs. 6 KI-VO. Zum Begriff der Testdaten vgl. Art. 3 Nr. 32 KI-VO.
207 ErwG 67 S. 10 KI-VO.
208 Art. 11 Abs. 1 UAbs. 1 KI-VO; *Denga*, CR 2023, 277, 280.
209 Art. 3 Nr. 22 KI-VO.
210 Art. 11 Abs. 1 UAbs. 2 S. 1 KI-VO. Gemäß Art. 18 Abs. 1 lit. a KI-VO muss die technische Dokumentation über einen Zeitraum von 10 Jahren ab Inverkehrbringen bzw. Inbetriebnahme für die Behörden bereitgehalten werden. Näheres zu Art. 18 KI-VO unter den Rn. 156 ff.

135 Die Dokumentation muss **mindestens** die in Anhang IV KI-VO aufgeführten Angaben[211] enthalten, die sowohl das Hochrisiko-KI-System selbst als auch den Entwicklungs-, Herstellungs- und Betriebsprozess betreffen.[212] Dazu gehören insbesondere:

- **Allgemeine Beschreibung des KI-Systems**: Zweckbestimmung[213], Anbietername, Systemversion, Interaktion mit Hardware/Software, Benutzerschnittstelle und Betriebsanleitungen[214].[215]
- **Entwicklungsprozess**: Methoden und Schritte zur Entwicklung, Entwurfsspezifikationen, Systemarchitektur, Datenanforderungen, Validierungs- und Testverfahren und entsprechende Daten[216] sowie Cybersicherheitsmaßnahmen.[217]
- **Systemüberwachung und -kontrolle**: Überwachung, Funktionsweise und Kontrolle des Systems, einschließlich der Maßnahmen zur menschlichen Aufsicht und der Spezifikationen zu Eingabedaten.[218]
- **Risikomanagement**: Detaillierte Beschreibung des Risikomanagementsystems gemäß Art. 9 KI-VO.[219]
- **Normen und Konformität**: Aufstellung der angewandten harmonisierten Normen und eine Kopie der EU-Konformitätserklärung gemäß Art. 47 KI-VO.[220]

136 KMU, einschließlich Start-ups, können diese Angaben in vereinfachter Form bereitstellen.[221] Die Kommission stellt hierfür ein spezielles Formular zur Verfügung, das auf die Bedürfnisse kleiner Unternehmen zugeschnitten ist.[222]

137 Wenn ein Hochrisiko-KI-System mit einem Produkt verbunden ist, das unter die in Anhang I Abschnitt A aufgeführten Harmonisierungsrechtsvorschriften der Union fällt, kann eine einzige technische Dokumentation erstellt werden. Diese muss sowohl die Anforderungen der KI-VO als auch die der betreffenden Rechtsakte abdecken.[223]

Praxistipp: Beachten Sie, dass die Kommission die Befugnis hat, Anhang IV KI-VO durch **delegierte Rechtsakte** zu ändern.[224] Diese Änderungsmöglichkeit stellt sicher, dass die technische Dokumentation stets alle erforderlichen Informationen enthält, die zur Beurteilung der Konformität des Systems notwendig sind. Das ist insbesondere wegen des weiterhin zu erwartenden technischen Fortschritts im Bereich KI relevant.

dd) Aufzeichnungspflichten, Art. 12 KI-VO

138 Art. 12 KI-VO legt fest, dass Hochrisiko-KI-Systeme über **Protokollierungsfunktionen** verfügen müssen, die eine **automatische Aufzeichnung** von Ereignissen während des gesamten Lebenszyklus des Systems ermöglichen. Diese Protokollierung soll die Rückverfolgbarkeit des Systembetriebs sicherstellen und die Einhaltung der Zweckbestimmung gewährleisten.[225] Anbieter müssen sie daher nach Art. 19 Abs. 1 KI-VO mindestens sechs Monate nach ihrer Erstellung aufbewahren.

139 Die Protokollierungsfunktionen müssen Ereignisse aufzeichnen, die für die Ermittlung von Risiken oder wesentlichen Veränderungen[226] relevant sind, die Beobachtung nach dem Inverkehrbringen gemäß Art. 72 KI-VO erleichtern und die Überwachung des Betriebs gemäß Art. 26 Abs. 5 KI-VO unterstützen.[227]

211 Die Kommission kann delegierte Rechtsakte zur Änderung der Ausnahmen des Anhangs IV KI-VO erlassen, Art. 11 Abs. 3 in Verbindung mit Art. 97 Abs. 2 KI-VO.
212 Art. 11 Abs. 1 UAbs. 2 S. 2 KI-VO; *Kalbhenn*, ZUM 2021, 663, 668; *Roos/Weitz*, MMR 2021, 844, 848.
213 Art. 3 Nr. 12 KI-VO.
214 Art. 3 Nr. 15 KI-VO.
215 Anhang IV Nr. 1 KI-VO.
216 Art. 3 Nr. 30 bis 32 KI-VO
217 Anhang IV Nr. 2 KI-VO.
218 Anhang IV Nr. 3 und 9 KI-VO; siehe zur Definition auch Art. 3 Nr. 33 KI-VO.
219 Anhang IV Nr. 5 KI-VO; vgl. Rn. 126 ff. zum Risikomanagementsystem des Art. 9 KI-VO.
220 Anhang IV Nr. 7 und 8 KI-VO.
221 Art. 11 Abs. 1 UAbs. 2 S. 3 KI-VO.
222 Art. 11 Abs. 1 UAbs. 2 S. 4 KI-VO.
223 Art. 11 Abs. 2 KI-VO.
224 Art. 11 Abs. 3 KI-VO.
225 Art. 12 Abs. 1 KI-VO. Der Begriff der Zweckbestimmung ist in Art. 3 Nr. 12 KI-VO legaldefiniert. Gemäß Art. 21 Abs. 2 KI-VO müssen Anbieter zuständigen Behörden auf begründete Anfrage Zugang zur Protokollierung gewähren, siehe (Rn. 161).
226 Art. 3 Nr. 23 KI-VO.
227 Art. 12 Abs. 2 KI-VO.

Im Gegensatz zur Protokollierung zielt die **technische Dokumentation** nach Art. 11 KI-VO[228] darauf ab, die allgemeine (nicht ereignisbezogene) Konformität der KI-Systeme mit der Verordnung nachzuweisen und den zuständigen Behörden eine Überprüfung zu ermöglichen.[229] **140**

Für biometrische (Echtzeit-)Fernidentifizierungssysteme[230] gelten aufgrund ihrer besonderen Risiken zusätzlich spezielle Aufzeichnungspflichten. Diese umfassen die Protokollierung der Nutzungszeiträume, der Referenzdatenbank, der relevanten Eingabedaten und der Identität der überprüfenden Personen. Diese Anforderungen sollten eine sichere und transparente Nutzung gewährleisten.[231] **141**

ee) Bereitstellung von Betriebsanleitungen, Art. 13 KI-VO

Nach Art. 13 KI-VO müssen Anbieter von Hochrisiko-KI-Systemen entsprechende Betriebsanleitungen für Betreiber so konzipieren und entwickeln, dass ihr Betrieb hinreichend transparent ist und die Betreiber die Ausgaben des Systems angemessen interpretieren und verwenden können.[232] Hochrisiko-KI-Systeme müssen dementsprechend mit präzisen, vollständigen und barrierefrei zugänglichen **Betriebsanleitungen**[233] bereitgestellt werden. Diese Anleitungen sind in einem geeigneten digitalen Format oder auf andere Weise bereitzustellen und müssen für die Betreiber verständlich sein.[234] **142**

Praxistipp: Um die Lesbarkeit und Zugänglichkeit der in der Betriebsanleitung enthaltenen Informationen zu verbessern, sollten diese, wo möglich, **anschauliche Beispiele** enthalten. Solche Beispiele können die Beschränkungen sowie die beabsichtigten und ausgeschlossenen Verwendungen des KI-Systems verdeutlichen.[235]

Die Betriebsanleitungen haben nach Art. 13 Abs. 3 KI-VO folgende **Mindestinhalte**: **143**

- **Informationen über den Anbieter**: Name und Kontaktangaben des Anbieters und gegebenenfalls seines Bevollmächtigten (lit. a);
- **Systemmerkmale und -fähigkeiten**: Zweckbestimmung, Genauigkeit, Robustheit, Cybersicherheit,[236] bekannte Risiken und Umstände, die die Systemleistung beeinflussen können, sowie Informationen zur Erläuterung der Systemausgaben und Spezifikationen für Eingabedaten (lit. b);
- **vorab bestimmte Änderungen**: etwaige Änderungen des Systems und seiner Leistung, die der Anbieter zum Zeitpunkt der ersten Konformitätsbewertung vorab bestimmt hat (lit. c);
- **menschliche Aufsicht**: Maßnahmen zur Gewährleistung der menschlichen Aufsicht[237] und technische Maßnahmen zur Unterstützung der Betreiber bei der Interpretation der Systemausgaben (lit. d);
- **Ressourcen und Wartung**: erforderliche Rechen- und Hardware-Ressourcen, erwartete Lebensdauer, Wartungs- und Pflegemaßnahmen (lit. e);
- **Protokollierungsmechanismen**: Beschreibung der Mechanismen zur Erfassung, Speicherung und Auswertung von Protokollen gemäß Art. 12 KI-VO[238] (lit. f).

Diese umfassenden Informationen zielen darauf ab, die sichere und effektive Nutzung von Hochrisiko-KI-Systemen durch die Betreiber zu gewährleisten. Zudem soll Art. 13 KI-VO dazu beitragen, ein möglichst hohes Maß an Transparenz zu gewährleisten.[239] **144**

228 Dazu Rn. 134 ff.
229 *Braun Binder/Egli*, in: Martini/Wendehorst, KI-VO, Art. 11 Rn. 8.
230 Art. 3 Nr. 41 und 42 KI-VO.
231 Art. 12 Abs. 3 KI-VO.
232 Art. 13 Abs. 1 KI-VO; ErwG 72 S. 2 ff. KI-VO. Relevanz hat dies für die Betreiber von Hochrisiko-KI-Systemen etwa bei der Erfüllung ihrer Pflichten nach Art. 26 Abs. 1 (dazu Rn. 189) oder Abs. 5 KI-VO (dazu Rn. 193).
233 Art. 3 Nr. 15 KI-VO.
234 Art. 13 Abs. 2 KI-VO.
235 ErwG 72 S. 8 KI-VO.
236 Vgl. zu den Anforderungen des Art. 15 KI-VO die Rn. 149 ff.
237 Vgl. zu den Anforderungen des Art. 14 KI-VO die Rn. 145 ff.
238 Vgl. zu den Anforderungen des Art. 12 KI-VO die Rn. 138 ff.
239 Vgl. *Martini*, in: Martini/Wendehorst, KI-VO, Art. 13 Rn. 77.

ff) Menschliche Aufsicht, Art. 14 KI-VO

145 Art. 14 KI-VO verpflichtet Anbieter[240] von Hochrisiko-KI-Systemen, diese so zu konzipieren und zu entwickeln, dass sie während ihrer gesamten Verwendung **von natürlichen Personen wirksam beaufsichtigt** werden können.[241] Diese menschliche Aufsicht soll etwa durch geeignete Instrumente einer sogenannten Mensch-Maschine-Schnittstelle unterstützt werden. Die menschliche Aufsicht dient der Verhinderung oder Minimierung von Risiken für Gesundheit, Sicherheit oder Grundrechte, die trotz Einhaltung anderer Anforderungen der KI-VO fortbestehen können.[242]

146 Die vorgeschriebenen menschlichen Aufsichtsmaßnahmen müssen den Risiken, dem Grad der Autonomie und dem Nutzungskontext des Systems angemessen sein. Sie werden durch Vorkehrungen gewährleistet, die entweder bereits in das System selbst integriert oder vom Betreiber umgesetzt werden können.[243] Diese Maßnahmen sollen sicherstellen, dass das System integrierten Betriebseinschränkungen unterliegt, die es nicht selbst überschreiten kann, und dass das Hochrisiko-KI-System angemessen auf den menschlichen Bediener reagiert.[244]

147 Jedes Hochrisiko-KI-System muss dementsprechend so bereitgestellt werden, dass die natürlichen Personen, die die Aufsicht übernehmen, in der Lage sind, die Fähigkeiten und Grenzen des Systems zu verstehen, Anomalien zu erkennen und zu beheben, und die Systemausgaben korrekt zu interpretieren. Sie sollten auch in der Lage sein, das System bei Bedarf zu unterbrechen, es zu überstimmen oder außer Kraft zu setzen.[245] Es ist unerlässlich, dass diese Personen über die erforderliche Kompetenz, Ausbildung und Befugnis verfügen, um fundierte Entscheidungen zu treffen.[246]

148 Für **biometrische (Echtzeit-)Fernidentifizierungssysteme** gelten erweiterte Anforderungen.[247] Insbesondere müssen hier mindestens zwei natürliche Personen das Ergebnis des Systems getrennt prüfen und bestätigen.[248] Das gilt nicht in den Bereichen Strafverfolgung[249], Migration, Grenzkontrolle oder Asyl, wenn eine solche Anforderung unverhältnismäßig wäre.[250]

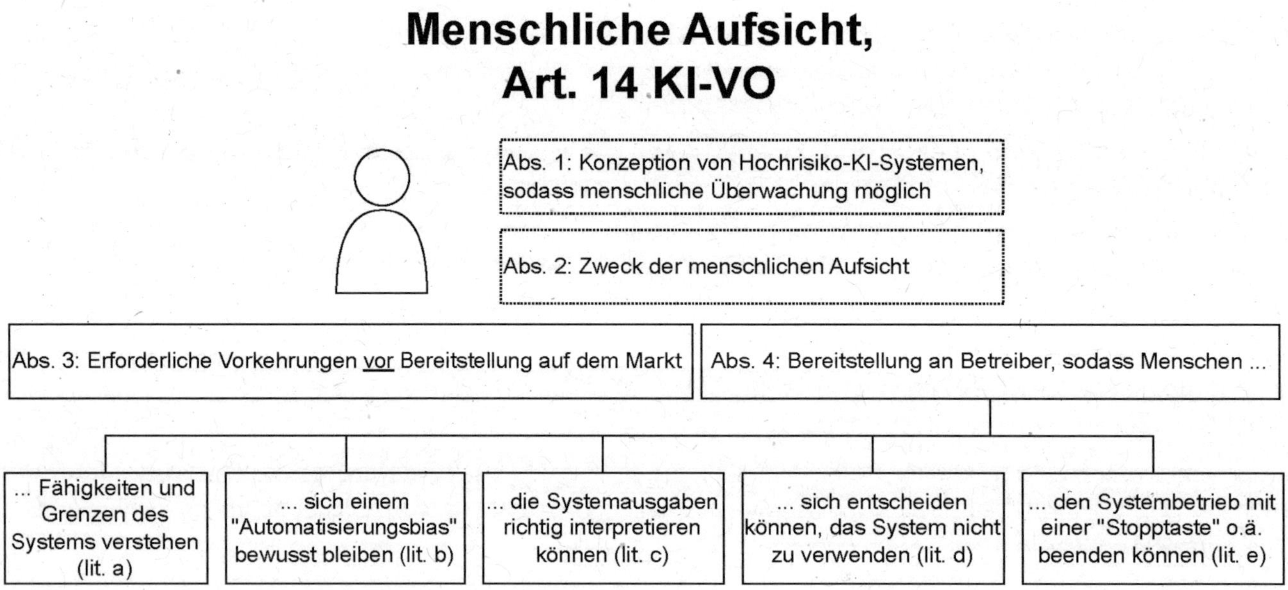

240 Betreiber müssen demgegenüber geeignete Aufsichtspersonen nach Art. 26 Abs. 2 KI-VO und ErwG 91 S. 3 KI-VO auswählen. Dazu Rn. 190 ff.
241 *Hetmank/Meinel*, KIR 2024, 127, 128 m. w. N.
242 Art. 14 Abs. 2 KI-VO.
243 Art. 14 Abs. 3 KI-VO.
244 ErwG 73 S. 3 KI-VO.
245 Art. 14 Abs. 4 KI-VO. Die genannten Maßnahmen zur Gewährleistung der menschlichen Aufsicht sind nach Art. 13 Abs. 3 lit. d KI-VO Teil der bereitzustellenden Betriebsanleitung. Vgl. hierzu Rn. 142 ff.
246 ErwG 73 S. 3 KI-VO. Zur erforderlichen KI-Kompetenz vgl. die Rn. 96 ff.
247 Art. 14 Abs. 5 KI-VO; siehe zu Parallelen in Art. 12 KI-VO auch Rn. 141.
248 Art. 14 Abs. 5 UAbs. 1 KI-VO.
249 Art. 3 Nr. 46 KI-VO.
250 Art. 14 Abs. 5 UAbs. 2 KI-VO.

gg) Genauigkeit, Robustheit und Cybersicherheit, Art. 15 KI-VO

Art. 15 KI-VO legt fest, dass Hochrisiko-KI-Systeme so konzipiert und entwickelt werden müssen, dass sie ein angemessenes Maß an **Genauigkeit, Robustheit und Cybersicherheit** erreichen und während ihres gesamten Lebenszyklus beständig funktionieren.[251] **149**

Die Betriebsanleitungen[252] der Systeme müssen die Maße an **Genauigkeit** und die relevanten Genauigkeitsmetriken angeben.[253] **150**

Hochrisiko-KI-Systeme müssen widerstandsfähig gegenüber Fehlern, Störungen oder Unstimmigkeiten sein, die innerhalb des Systems oder durch Interaktionen mit der Umgebung auftreten können. Um diese **Robustheit** zu gewährleisten, sind technische und organisatorische Maßnahmen erforderlich, einschließlich technischer Redundanz und Sicherungspläne.[254] Lernen solche Systeme nach dem Inverkehrbringen weiter, müssen sie so entwickelt werden, dass das Risiko verzerrter Ausgaben minimiert wird und geeignete Risikominderungsmaßnahmen vorhanden sind. **151**

Zudem müssen Hochrisiko-KI-Systeme auch gegen Versuche unbefugter Dritter geschützt sein, die ihre Verwendung, Ausgaben oder Leistung durch Ausnutzung von Systemschwachstellen verändern könnten.[255] Die technischen Lösungen zur Gewährleistung der **Cybersicherheit** müssen dabei den jeweiligen Umständen und Risiken angemessen sein. Dazu gehören Maßnahmen gegen Angriffe wie data poisoning, model poisoning, adversarial examples und Angriffe auf vertrauliche Daten oder Modellmängel.[256] **152**

> **Praxistipp**: Anbieter von Hochrisiko-KI-Systemen können die Einhaltung der Cybersicherheitsanforderungen gemäß Art. 15 Abs. 1 Alt. 3 und Abs. 5 KI-VO nachweisen, indem sie ein **Cybersicherheitszertifikat** oder eine **Konformitätserklärung** gemäß der VO (EU) 2019/881 (Cyber Security Act) vorlegen[257] oder die grundlegenden Anforderungen einer zukünftigen Verordnung über horizontale Cybersicherheitsanforderungen für Produkte mit digitalen Elementen erfüllen.[258] Beide Ansätze bieten eine Konformitätsvermutung, sofern die jeweiligen Anforderungen abgedeckt sind. Dies kann den Nachweis der Einhaltung der Cybersicherheitsanforderungen erheblich erleichtern.

hh) Qualitätsmanagementsystem, Art. 17 KI-VO

Art. 17 KI-VO verpflichtet Anbieter von Hochrisiko-KI-Systemen ferner zur Einrichtung eines umfassenden **Qualitätsmanagementsystems**, das die Einhaltung der Verordnung sicherstellt. Dieses System muss umfassend dokumentiert werden und umfasst wesentliche Aspekte wie die Einhaltung von Regulierungsvorschriften, Entwurfs- und Entwicklungsverfahren, Qualitätskontrolle, Datenmanagement und Risikomanagement.[259] **153**

Das Qualitätsmanagementsystem muss in einem angemessenen Verhältnis zur Größe der Organisation des Anbieters umgesetzt werden, wobei stets der erforderliche Grad an Strenge und Schutzniveau eingehalten werden muss, um die Konformität der Systeme mit den Vorgaben der Verordnung sicherzustellen.[260] **154**

Anbieter, die bereits sektorspezifischen Qualitätsmanagementpflichten unterliegen, können die Anforderungen der KI-VO in ihre bestehenden Systeme zum Qualitätsmanagement nach den dortigen Regelungen integrieren.[261] Auch für Finanzinstitute können spezielle entsprechende Vorschriften gelten, die ähnliche Kombinationsmöglichkeiten ermöglichen.[262] **155**

---

251 Art. 15 Abs. 1 KI-VO; ErwG 74 S. 1 KI-VO. Zu GPAI-Modellen auch Rn. 273.
252 Art. 13 Abs. 3 lit. a ii KI-VO; ErwG 74 S. 3 KI-VO. Dazu Rn. 142 ff.
253 Art. 15 Abs. 3 KI-VO. Die Kommission fördert in Zusammenarbeit mit relevanten Interessenträgern die Entwicklung von Benchmarks und Messmethoden, um die technischen Aspekte der Messung von Genauigkeit und Robustheit zu adressieren, Art. 15 Abs. 2 KI-VO; ErwG 74 S. 5 KI-VO.
254 Art. 15 Abs. 4 UAbs. 1 und 2 KI-VO; ErwG 75 S. 1, 2 KI-VO.
255 Art. 15 Abs. 5 UAbs. 1 KI-VO; ErwG 76 S. 1 KI-VO.
256 Art. 15 Abs. 5 UAbs. 3 KI-VO; ErwG 76 S. 2, 3 KI-VO.
257 Art. 42 Abs. 2 KI-VO; ErwG 122 S. 2 KI-VO.
258 ErwG 77 KI-VO.
259 Art. 17 Abs. 1 KI-VO. Die Dokumentation des Qualitätsmanagementsystems unterliegt gemäß Art. 18 Abs. 1 lit. b KI-VO einer zehnjährigen Aufbewahrungspflicht. Dazu Rn. 156 ff.
260 Art. 17 Abs. 2 KI-VO.
261 Art. 17 Abs. 3 KI-VO; ErwG 81 S. 3 KI-VO.
262 Finanzinstitute, die den EU-Vorschriften über Finanzdienstleistungen unterliegen, erfüllen nach Art. 17 Abs. 4 KI-VO die Pflicht zur Einrichtung eines Qualitätsmanagementsystems, sofern die internen Unternehmensführungsregelungen eingehalten werden, mit Ausnahme bestimmter spezifischer Anforderungen.

ii) Aufbewahrung der Dokumentation, Art. 18 KI-VO

156 Art. 18 Abs. 1 KI-VO verpflichtet Anbieter von Hochrisiko-KI-Systemen, bestimmte Dokumentationen für einen Zeitraum von **zehn Jahren** ab dem Inverkehrbringen oder der Inbetriebnahme des Systems für die zuständigen nationalen Behörden bereitzuhalten.[263]

157 Die aufzubewahrenden Unterlagen umfassen:

- die **technische Dokumentation** gemäß Art. 11 KI-VO (Rn. 134 ff.);
- die Dokumentation des **Qualitätsmanagementsystems** gemäß Art. 17 KI-VO (Rn. 153 ff.), die die Einhaltung der Qualitätsstandards sicherstellt;
- Dokumentationen über **von notifizierten Stellen** genehmigte Änderungen und die von diesen Stellen ausgestellten Entscheidungen und Dokumente;
- die **EU-Konformitätserklärung** gemäß Art. 47 KI-VO, die die Einhaltung der EU-Vorschriften bestätigt (Rn. 174).

158 Für Finanzinstitute können auch hier Sonderregeln gelten.[264]

jj) Korrekturmaßnahmen und Informationspflichten, Art. 20 KI-VO

159 Art. 20 Abs. 1 S. 1 KI-VO verpflichtet Anbieter von Hochrisiko-KI-Systemen, unverzüglich **Korrekturmaßnahmen** zu ergreifen, wenn sie feststellen oder Grund zu der Annahme haben, dass ein von ihnen in Verkehr gebrachtes oder in Betrieb genommenes System nicht den Anforderungen der KI-VO entspricht. Diese Maßnahmen können die Herstellung der Konformität, die Deaktivierung, den Rückruf[265] oder die Rücknahme[266] des Systems umfassen. Zudem müssen Anbieter die Händler, Betreiber, Bevollmächtigten und Einführer des betroffenen Systems informieren.[267]

160 Sollte das Hochrisiko-KI-System ein Risiko im Sinne von Art. 79 Abs. 1 KI-VO[268] darstellen und der Anbieter wird sich dieses Risikos bewusst, so ist er verpflichtet, unverzüglich eine **Untersuchung** der Ursachen durchzuführen, gegebenenfalls in Zusammenarbeit mit dem meldenden Betreiber. Darüber hinaus müssen Anbieter die Marktüberwachungsbehörden[269] und gegebenenfalls die notifizierte Stelle, die eine Bescheinigung für das System ausgestellt hat, über die Art der Nichtkonformität und die bereits ergriffenen Korrekturmaßnahmen **informieren**.[270]

kk) Zusammenarbeit mit Behörden, Art. 21 KI-VO

161 Art. 21 Abs. 1 KI-VO verpflichtet Anbieter von Hochrisiko-KI-Systemen zur **umfassenden Zusammenarbeit mit den zuständigen Behörden**. Auf begründete Anfrage müssen Anbieter alle Informationen und Dokumentationen bereitstellen, die erforderlich sind, um die Konformität des Systems mit den Art. 8 bis 15 KI-VO nachzuweisen. Diese Informationen müssen in einer der Amtssprachen der Union vorliegen, die vom betreffenden Mitgliedstaat angegeben wurde, und für die Behörde leicht verständlich sein.

Mögliche Sanktionen[271]: Werden den notifizierten Stellen oder zuständigen nationalen Behörden auf deren Auskunftsersuchen hin falsche, unvollständige oder irreführende Informationen bereitgestellt, können Geldbußen von bis zu 7,5 Millionen EUR oder – im Falle von Unternehmen – von bis zu 1 % des gesamten weltweiten Jahresumsatzes des vorangegangenen Geschäftsjahres verhängt werden, je nachdem, welcher Betrag höher ist (Art. 99 Abs. 5 KI-VO).

---

263 Jeder Mitgliedstaat legt nach Art. 18 Abs. 2 KI-VO die Bedingungen fest, unter denen diese Dokumentationen bereitgehalten werden müssen, insbesondere für den Fall, dass ein Anbieter oder sein Bevollmächtigter vor Ablauf der zehn Jahre in Konkurs geht oder seine Tätigkeit aufgibt. Vgl. hierzu auch ErwG 158 KI-VO.

264 Art. 18 Abs. 3 KI-VO.

265 Siehe zum Begriff des Rückrufs Art. 3 Nr. 16 KI-VO.

266 Siehe zum Begriff der Rücknahme Art. 3 Nr. 17 KI-VO

267 Art. 20 Abs. 1 S. 2 KI-VO.

268 Siehe zum Begriff des Risiko Art. 3 Nr. 2 KI-VO. Nach Art. 79 Abs. 1 KI-VO gelten *„Produkte, mit denen ein Risiko verbunden ist"* i. S. d. Art. 3 Nr. 19 VO MÜ-VO (vgl. Fn. 3) als KI-Systeme, die ein solches Risiko bergen.

269 Art. 3 Nr. 26 KI-VO.

270 Art. 20 Abs. 2 KI-VO.

271 Dazu Rn. 331 ff.

Darüber hinaus müssen Anbieter der zuständigen Behörde auf Anfrage auch Zugang zu den automatisch erzeugten Protokollen des Hochrisiko-KI-Systems gemäß Art. 12 Abs. 1 KI-VO gewähren, soweit diese Protokolle ihrer Kontrolle unterliegen.[272] **162**

ll) Regelungen zur Normung und Konformität, Art. 40 ff. KI-VO

Die KI-VO beruht auf dem sogenannten „Neuen Rechtsrahmen" (New Legislative Framework, NLF),[273] auf den der Unionsgesetzgeber im Produktsicherheitsrecht seit geraumer Zeit regelmäßig zurückgreift.[274] Im Rahmen des NLF delegiert der Gesetzgeber faktische Regulierungskompetenzen auf die europäischen Normungsorganisationen und erteilt diesen Normungsaufträge.[275] Auf dieser Basis entwickeln die europäischen Normungsorganisationen harmonisierte Standards. Befolgen Anbieter von Hochrisiko-KI-Systemen und KI-Modellen mit allgemeinem Verwendungszweck diese Standards, so wird die Einhaltung der von diesen Standards jeweils abgedeckten Vorgaben zugunsten der Anbieter vermutet. **163**

> **Praxistipp**: Oft wird die freiwillige Einhaltung dieser Standards in der Regel rechtssicherer und kostengünstiger sein als der Versuch, ohne Orientierung an harmonisierten Normen eigenständig für die Einhaltung der abstrakten rechtlichen Vorgaben der KI-VO und anderer gegebenenfalls zugrunde liegender Rechtsakte des NLF zu sorgen.[276]

Die Art. 40 ff. KI-VO geben Regelungen zum Nachweis der Konformität von Hochrisiko-KI-Systemen und KI-Modellen mit allgemeinem Verwendungszweck vor. Sie umfassen Konformitätsbewertungen[277] sowie Konformitätsbewertungsverfahren[278], EU-Konformitätserklärungen, CE-Kennzeichnung[279] und Registrierungspflichten[280]. Diese Regelungen zur Normung und zur Konformität von KI-Systemen und KI-Modellen mit allgemeinem Verwendungszweck sollen einerseits Innovation, Wettbewerbsfähigkeit und Wachstum im Binnenmarkt fördern[281] und andererseits die Sicherheit, Zuverlässigkeit und Transparenz der Systeme gewährleisten und entscheidend für deren Zulässigkeit beziehungsweise Marktfähigkeit sein. **164**

> **Praxistipp**: Viele Unternehmen haben in Bezug auf andere Produkte bereits Verfahren zu Konformitätsnachweisen und CE-Kennzeichnungen etabliert. Diese Prozesse sollten sie nach Möglichkeit nutzen und auf ihnen aufsetzen anstatt in Bezug auf KI ein vollständig neues internes System zu schaffen. Daher empfiehlt sich im Rahmen der Umsetzung der KI-VO eine entsprechende Analyse bestehender interner Strukturen, um diese bestmöglich zu nutzen. Sofern vorhanden, empfiehlt sich zudem eine Zusammenarbeit mit bereits intern eingerichteten entsprechenden Funktionen oder Stellen, um Aufwände zu reduzieren.

(1) Konformitätsvermutung

Die in Art. 40 Abs. 1 KI-VO geregelte Konformitätsvermutung ist eine zentrale Regelung der KI-VO, [282] indem sie die Anwendung **harmonisierter Normen**[283] beziehungsweise Standards für Hochrisiko-KI-Systeme und der Compliance mit spezifischen Pflichten[284] für Anbieter von Hochrisiko-KI-Systemen und KI-Modellen mit allgemeinem Verwendungszweck regelt. Anbieter, die diese harmonisierten Normen befolgen, gelten, sofern die Normen die jeweiligen Pflichten abdecken, als **konform** mit den Anforderungen der Art. 8 bis 15 KI-VO.[285] **165**

---

272 Art. 21 Abs. 2 KI-VO; Rn. 138 ff. zu den Pflichten nach Art. 12 KI-VO.
273 Dazu Fn. 178.
274 *Gerdemann/Wöbbeking*, in: Martini/Wendehorst, KI-VO, Art. 40 Rn. 2.
275 Vgl. etwa Art. 40 Abs. 2 KI-VO.
276 So etwa *Gerdemann/Wöbbeking*, in: Martini/Wendehorst, KI-VO, Art. 40 Rn. 2.
277 Dazu Rn. 165 ff.
278 Dazu Rn. 169 ff.
279 Art. 3 Nr. 24 KI-VO. Dazu Rn. 174 ff.
280 Dazu Rn. 177 ff.
281 ErwG 122 S. 1 KI-VO.
282 *Gerdemann/Wöbbeking*, in: Martini/Wendehorst, KI-VO, Art. 40 Rn. 1.
283 Nach Art. 3 Nr. 27 KI-VO harmonisierte Normen i. S. d. Art. 2 Abs. 1 lit. c VO (EU) Nr. 1025/2012.
284 Keine Anwendung findet die Konformitätsvermutung auf Hochrisiko-KI-Systeme, die unter die in Anhang I Abschnitt B aufgeführten Harmonisierungsrechtsvorschriften nach dem alten Produktregulierungskonzept der EU fallen. Der für diesen Regulierungstyp typisch hohe Detailgrad steht im Gegensatz zu den harmonisierten Normen und der Konformitätsvermutung.
285 Diese Konformitätsvermutung gilt auch für GPAI-Modelle, vgl. dazu auch Rn. 273 ff. Hier wird, soweit die harmonisierten Normen dies abdecken, die Konformität mit den Pflichten der Art. 53 bis 56 KI-VO vermutet.

166 Der Hintergrund dieser Norm liegt im bereits angesprochenen NLF, das der europäische Gesetzgeber im Produktsicherheitsrecht[286] bereits anwendet. Während der Gesetzgeber die wesentlichen Inhalte regelt und einen abstrakten Regulierungsrahmen schafft, wird die technische Umsetzung faktisch recht weitgehend auf europäische Normungsorganisationen delegiert. Die harmonisierten Normen dieser privaten Organisationen haben zwar keine rechtliche Bindungskraft, sie werden aber häufig vor allem aufgrund der Vorteile der genannten Konformitätsvermutung befolgt. Diese Vermutung hat zur Folge, dass zugunsten des Normunterworfenen angenommen wird, dass er die abstrakten rechtlichen Vorgaben erfüllt, wenn er sich an die in harmonisierten Normen festgelegten technischen Standards hält.

167 Die Kommission muss den europäischen Normungsorganisationen hierzu entsprechende Normungsaufträge erteilen.[287] Soweit harmonisierte Normen (noch) nicht verfügbar oder unzureichend sind, kann die Kommission entsprechende „**gemeinsame Spezifikationen**"[288] in Form von entsprechenden Durchführungsrechtsakten erlassen.[289]

Praxistipp: Um sich vor Sanktionen und sonstigen Maßnahmen der Marktaufsichtsbehörden zu schützen, sollten Akteure sicherstellen, dass ihre Hochrisiko-KI-Systeme möglichst den harmonisierten Normen entsprechen. Aus der Einhaltung dieser Normen resultiert eine Konformitätsvermutung, die den Handlungsspielraum der Marktüberwachungsbehörden einschränkt. Im Falle einer Überprüfung müssen Akteure dann vor allem nachweisen, dass sie die harmonisierten Normen befolgt haben. Dies reduziert das Risiko, dass die Behörde die Konformität des Systems in Frage stellt und Maßnahmen wie die Aufforderung zur Herstellung der Konformität ergreift, wie etwa die Anordnung der Marktrücknahme oder den Rückruf des Systems gemäß Art. 79 Abs. 2 KI-VO.

Auch wenn ein System grundsätzlich als konform zu bewerten ist, kann die Behörde gemäß Art. 82 KI-VO bei Sicherheits- oder Gesundheitsrisiken noch Korrekturmaßnahmen verlangen. In der Praxis werden sich Streitigkeiten voraussichtlich in solchen Fällen auf die Frage konzentrieren, ob ein Anbieter die entsprechenden harmonisierten Normen richtig umgesetzt hat oder nicht.

168 Die speziellen Konformitätsvermutungen des Art. 42 KI-VO hängen eng mit den Art. 10[290] und 15 KI-VO[291] zusammen und beziehen sich auf die Konformität mit deren Vorgaben.

(2) Konformitätsbewertungsverfahren

169 Art. 43 KI-VO legt die jeweiligen **Verfahren zur Konformitätsbewertung**[292] für Hochrisiko-KI-Systeme fest, die sicherstellen sollen, dass diese Systeme die in Art. 8 bis 15 KI-VO festgelegten Anforderungen erfüllen. Ein solches Konformitätsbewertungsverfahren muss vor dem Inverkehrbringen oder der Inbetriebnahme durchgeführt werden.[293] Nach Art. 46 KI-VO können Marktüberwachungsbehörden das Inverkehrbringen oder die Inbetriebnahme bestimmter Hochrisiko-KI-Systeme aus außergewöhnlichen Gründen der öffentlichen Sicherheit oder des Schutzes wichtiger Interessen auch dann genehmigen, wenn das Konformitätsbewertungsverfahren noch nicht abgeschlossen ist. Diese Genehmigung ist befristet und das Konformitätsbewertungsverfahren muss unverzüglich abgeschlossen werden.[294]

170 Es gibt drei unterschiedliche Konformitätsbewertungsverfahren:

- **interne Kontrolle**: vom Anbieter selbst durchgeführt (gemäß Anhang VI)[295];
- **externe Kontrolle**: unter Einbeziehung einer notifizierten Stelle, gemäß Anhang VII[296];

286 *Gerdemann/Wöbbeking*, in: Martini/Wendehorst, KI-VO, Art. 40 Rn. 2.
287 Art. 40 Abs. 2 KI-VO. Bei der Ausarbeitung dieser Aufträge konsultiert die Kommission das KI-Gremium und relevante Interessenträger, um sicherzustellen, dass die Normen klar und konsistent sind und die Anforderungen der Verordnung erfüllen.
288 Art. 3 Nr. 28 KI-VO.
289 Art. 41 KI-VO. Auch hierfür gibt es eine vergleichbare Konformitätsvermutung in Art. 41 Abs. 3 KI-VO.
290 Dazu Rn. 177 ff.
291 Dazu Rn. 149 ff.
292 Art. 3 Nr. 20 KI-VO.
293 ErwG 123 KI-VO.
294 Art. 46 Abs. 1 KI-VO. Nach Art. 46 Abs. 3 KI-VO wird die Genehmigung nur erteilt, wenn die Marktüberwachungsbehörde die Konformität des Systems bestätigt. Die Kommission und andere Mitgliedstaaten müssen über erteilte Genehmigungen informiert werden, wobei sensible operative Daten (Art. 3 Nr. 38 KI-VO) ausgenommen sind.
295 Die Kommission kann delegierte Rechtsakte zur Änderung des Anhangs VI KI-VO erlassen, Art. 43 Abs. 4 in Verbindung mit Art. 97 Abs. 2 KI-VO.
296 Die Kommission kann delegierte Rechtsakte zur Änderung des Anhangs VII KI-VO erlassen, Art. 43 Abs. 4 in Verbindung mit Art. 97 Abs. 2 KI-VO.

– **integriertes Konformitätsbewertungsverfahren**: für Hochrisiko-KI-Systeme, die in ein Produkt integriert sind, das den Harmonisierungsrechtsakten des Anhangs I Abschnitt A unterliegt.

Für biometrische Hochrisiko-KI-Systeme (Anhang III Nr. 1 KI-VO) haben Anbieter grundsätzlich die Wahl zwischen interner Kontrolle und externer Kontrolle.[297] Für alle anderen Hochrisiko-KI-Systeme (Anhang III Nr. 2 bis 8 KI-VO) ist lediglich eine **interne Kontrolle** ohne Beteiligung einer notifizierten Stelle erforderlich.[298] **171**

Praxistipp: Gerade die in der Praxis besonders relevanten Hochrisiko-KI-Systeme in den Bereichen Bildung, Beschäftigung, Personalmanagement und Zugang zu grundlegenden Diensten und Leistungen fallen in diese Kategorie. Hier können Anbieter das in **Anhang VI KI-VO** vorgesehene Konformitätsbewertungsverfahren auf der **Grundlage einer internen Kontrolle** durchführen.

Dabei überprüft der Anbieter, ob das **Qualitätsmanagementsystem** den Anforderungen des Art. 17 KI-VO entspricht, prüft die in der technischen Dokumentation enthaltenen Informationen, um zu beurteilen, ob das KI-System den Anforderungen der **Art. 8 bis Art. 15 KI-VO** entspricht und überprüft, ob der **Entwurfs- und Entwicklungsprozess** des KI-Systems und seine **Beobachtung nach dem Inverkehrbringen** gemäß Art. 72 KI-VO im Einklang mit der **technischen Dokumentation** stehen.

Bei Systemen, die in ein Produkt integriert sind, das den Harmonisierungsrechtsakten des Anhangs I Abschnitt A nach dem NLF unterliegt, erfolgt eine Verfahrenskonzentration zugunsten bereits etablierter produktsicherheitsrechtlicher Konformitätsbewertungsverfahren. In dieses Prüfverfahren wird das externe KI-Konformitätsbewertungsverfahren integriert.[299] Nicht erfasst sind KI-Systeme, die in Verbindung mit Produkten stehen, die den in Anhang I Abschnitt B KI-VO aufgeführten Harmonisierungsrechtsvorschriften des „Old Approach“ unterliegen bzw. nicht der Regulierung durch Rechtsakte des NLF unterfallen. **172**

Wesentliche Änderungen[300] an einem bereits bewerteten Hochrisiko-KI-System erfordern ein neues Konformitätsbewertungsverfahren.[301] Änderungen, die im Rahmen der ursprünglichen Bewertung vorab festgelegt wurden, gelten jedoch nicht als wesentlich.[302] **173**

(3) EU-Konformitätserklärung und CE-Kennzeichnung

Art. 47 Abs. 1 KI-VO verpflichtet **Anbieter**, für jedes Hochrisiko-KI-System eine **schriftliche, maschinenlesbare EU-Konformitätserklärung** auszustellen und diese für zehn Jahre ab Inverkehrbringen oder Inbetriebnahme bereitzuhalten.[303] Diese Erklärung bestätigt, dass das System die Anforderungen der Art. 8 bis 15 KI-VO erfüllt und enthält die in Anhang V[304] festgelegten Informationen. Sie muss in eine für die zuständigen nationalen Behörden leicht verständliche Sprache übersetzt werden.[305] Wenn Hochrisiko-KI-Systeme anderen Harmonisierungsrechtsvorschriften der Union unterliegen, die ebenfalls eine EU-Konformitätserklärung erfordern, wird eine einzige Erklärung ausgestellt, die alle relevanten Rechtsvorschriften abdeckt.[306] Mit der Ausstellung der Erklärung übernimmt der Anbieter die Verantwortung für die Erfüllung der Anforderungen und muss die Erklärung gegebenenfalls aktualisieren.[307] **174**

Art. 48 KI-VO legt fest, dass Hochrisiko-KI-Systeme eine **CE-Kennzeichnung** tragen müssen, welche die **Einhaltung der EU-Vorschriften bestätigt**.[308] Diese Kennzeichnung muss gut sichtbar, leserlich und dauerhaft **175**

---

297 Art. 43 Abs. 1 KI-VO. Der Anbieter kann das Verfahren der internen Kontrolle wählen, wenn harmonisierte Normen oder gemeinsame Spezifikationen angewandt wurden. Liegen solche Normen oder Spezifikationen nicht vor oder wurden sie nicht angewandt, muss das Verfahren mit Beteiligung einer notifizierten Stelle durchgeführt werden.

298 Art. 43 Abs. 2 KI-VO.

299 Art. 43 Abs. 3 KI-VO.

300 Art. 3 Nr. 23 KI-VO.

301 Die Kommission erarbeitet Leitlinien zur Konkretisierung des Art. 3 Nr. 23 KI-VO sowie zur Umsetzung der Art. 43 Abs. 4 KI-VO, an denen sich Akteure in Zukunft orientieren können, Art. 96 Abs. 1 lit. b KI-VO.

302 Art. 43 Abs. 4 KI-VO.

303 Hiermit übernimmt der Anbieter Verantwortung für die Konformität des KI-Systems, ErwG 79 KI-VO. Nach Anhang IV Nr. 8 ist die EU-Konformitätserklärung Teil der technischen Dokumentation (dazu Rn. 133 ff.). Sie muss der Registrierung eines Hochrisiko-KI-Systems beigelegt werden (Anhang VIII Nr. 11, dazu Rn. 133 ff.).

304 Die Kommission kann nach Art. 47 Abs. 5 KI-VO den Inhalt der Erklärung durch delegierte Rechtsakte an den technischen Fortschritt anpassen, Art. 97 Abs. 2 KI-VO.

305 Art. 47 Abs. 2 KI-VO.

306 Art. 47 Abs. 3 KI-VO.

307 Art. 47 Abs. 4 KI-VO.

308 Vgl. ErwG 129 KI-VO. Fehlt eine CE-Kennzeichnung, gilt das System nach Art. 83 Abs. 1 lit. b KI-VO als formal nichtkonform, was wiederum die Marktüberwachungsbehörde zum Einschreiten berechtigt.

angebracht sein. Bei digitalen Hochrisiko-KI-Systemen kann die CE-Kennzeichnung auch digital bereitgestellt werden, sofern sie leicht zugänglich ist.[309] Wenn das System auch unter andere EU-Rechtsvorschriften fällt, bedeutet die CE-Kennzeichnung, dass es auch die Anforderungen dieser Vorschriften erfüllt.[310]

176 Die **Konformitätserklärung** und die **CE-Kennzeichnung** unterscheiden sich deutlich in ihrem **Umfang und Zweck**: Während die Konformitätserklärung ausführlicher ist und dazu dient, Behörden und anderen Akteuren am Markt einen umfassenden Überblick über die vom Anbieter erklärte Konformität des Systems zu vermitteln, ist die CE-Kennzeichnung für den Rechtsverkehr gedacht.[311] Sie signalisiert die Marktfähigkeit des Systems, indem sie die Einhaltung der EU-Vorschriften auf eine sichtbare und leicht erkennbare Weise bestätigt.

(4) Registrierungspflicht für Hochrisiko-KI-Systeme

177 **Art. 49 Abs. 1 KI-VO** verpflichtet Anbieter[312] von Hochrisiko-KI-Systemen zur **Registrierung in der EU-Datenbank** gemäß Art. 71 KI-VO, bevor diese Systeme in Verkehr gebracht oder in Betrieb genommen werden.[313] Dies gilt auch für Systeme, die der Anbieter gemäß Art. 6 Abs. 3 KI-VO[314] als **nicht hochriskant** eingestuft hat.[315] Die Informationen, die bei der Registrierung bereitgestellt und fortlaufend aktualisiert werden müssen, sind in Anhang VIII der KI-VO festgelegt. Darunter fallen beispielsweise die Kontaktdaten des Anbieters, der Handelsname des KI-Systems sowie eine Beschreibung der Zweckbestimmung des KI-Systems.[316]

178 Die Registrierungspflicht gilt gem. Art. 49 Abs. 2 KI-VO auch für Anbieter von KI-Systemen, die ihr KI-System auf Grundlage des Art. 6 Abs. 3 KI-VO nicht als hochriskant eingestuft haben. Die Registrierungspflicht dient in solchen Fällen nicht primär der Überwachung und Kontrolle des KI-Systems, sondern der erleichterten Überprüfung der Entscheidung des Anbieters, das System als nicht hochriskant einzustufen.[317]

mm) Überwachung nach dem Inverkehrbringen

Zeitlicher Geltungsbereich: Die Beobachtungs-, Informations- und Marktüberwachungspflichten nach Art. 72 ff. KI-VO gelten zwei Jahre nach dem Inkrafttreten der KI-VO, ab dem **2.8.2026** (Art. 113 KI-VO).

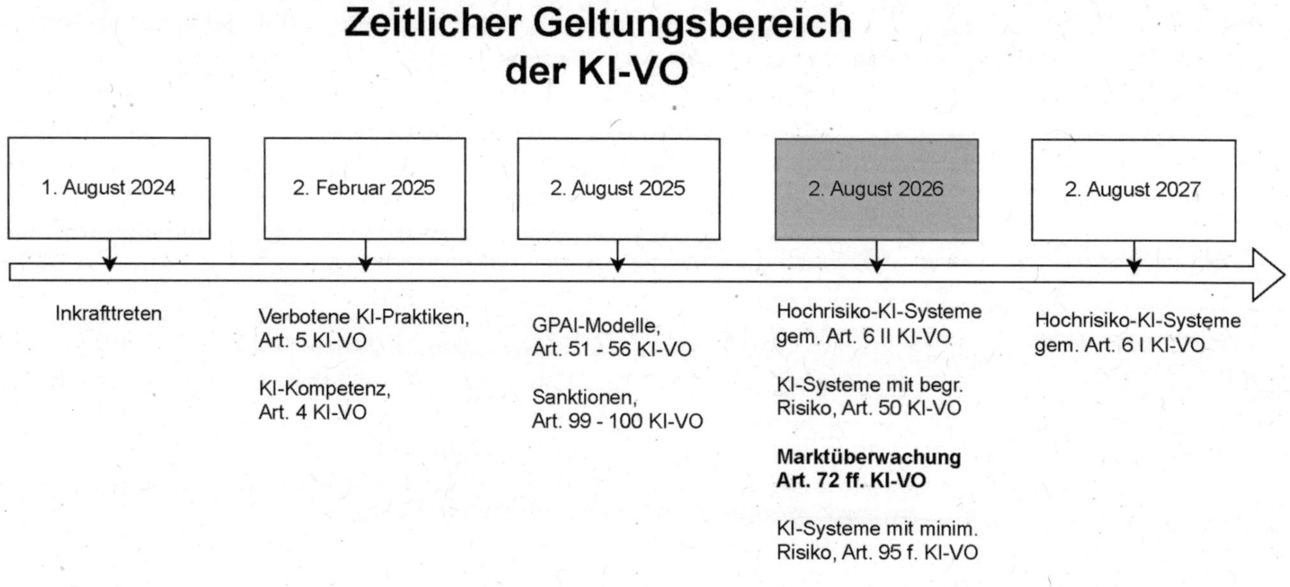

309 Art. 48 Abs. 2 und 3 KI-VO.
310 Art. 48 Abs. 5 KI-VO.
311 *Gerdemann*, in: Martini/Wendehorst, KI-VO, Art. 47 Rn. 2.
312 Neben Anbietern trifft diese Pflicht auch die in Art. 49 Abs. 3 KI-VO genannten Betreiber (Behörden oder Organe, Einrichtungen oder sonstige Stellen der Union oder in ihrem Namen handelnde Personen).
313 Ausgenommen sind die in Anhang III Nr. 2 genannten Systeme.
314 Dazu Rn. 117.
315 Art. 49 Abs. 2 KI-VO.
316 Vgl. Anhang VIII Abschnitt A Nr. 1, 4, 5 KI-VO.
317 *Gerdemann*, in: Martini/Wendehorst, KI-VO, Art. 49 Rn. 17.

(1) Beobachtungspflichten, Art. 72 KI-VO

Art. 72 KI-VO verpflichtet **Anbieter** von Hochrisiko-KI-Systemen, ein umfassendes **System** zur **Beobachtung nach dem Inverkehrbringen**[318] einzurichten und zu dokumentieren. Dieses System muss der jeweiligen Art der genutzten KI-Technik und den spezifischen Risiken des Systems angemessen sein. **179**

Ziel dieser Verpflichtung zur Beobachtung ist es, relevante Leistungsdaten der Hochrisiko-KI-Systeme über deren gesamte Lebensdauer hinweg aktiv und systematisch zu erheben, zu dokumentieren und zu analysieren.[319] Die hierfür genutzten Daten können von den Anbietern selbst, den Betreibern oder aus anderen Quellen stammen. Die fortlaufende Überwachung soll sicherstellen, dass die Systeme die Anforderungen aus Kapitel 3 Abschnitt 2 der Verordnung dauerhaft erfüllen.[320] Ein wesentlicher Bestandteil dieser Überwachung ist der vom Anbieter zu erstellende **Plan für die Beobachtung nach dem Inverkehrbringen**, der in die technische Dokumentation gemäß Anhang IV integriert ist.[321] **180**

Praxistipp: Die „Leistung“ eines KI-Systems ist die Fähigkeit, seine Zweckbestimmung zu erfüllen.[322] Damit sind Leistungsdaten solche Informationen, die belegen, dass das KI-System seine Zweckbestimmung erfüllen kann. Zusätzlich zu diesen Daten sollten Anbieter auch Informationen zur Interaktion des Hochrisiko-KI-Systems mit anderen Systemen erfassen.[323]

Anbieter können für bestimmte Hochrisiko-KI-Systeme, die auch unter andere Harmonisierungsrechtsvorschriften gemäß Anhang I Abschnitt A KI-VO fallen, bestehende Überwachungssysteme anpassen.[324] Durch diese Erleichterung können sie Doppelarbeit vermeiden und zusätzliche Belastungen reduzieren, indem erforderliche Elemente in vorhandene Systeme integriert werden, sofern ein gleichwertiges Schutzniveau gewährleistet ist. **181**

(2) Meldung schwerwiegender Vorfälle, Art. 73 KI-VO

Art. 73 Abs. 1 KI-VO verpflichtet **Anbieter**[325] von Hochrisiko-KI-Systemen – als Teil des Qualitätsmanagementsystems nach Art. 17 Abs. 1 lit. i KI-VO[326] –, schwerwiegende Vorfälle den Marktüberwachungsbehörden der betroffenen Mitgliedstaaten zu **melden**.[327] **182**

Ein solcher **schwerwiegender Vorfall** wird in Art. 3 Nr. 49 KI-VO definiert. Demnach handelt es sich um einen Vorfall oder eine Fehlfunktion eines KI-Systems, die direkt oder indirekt zu folgenden Konsequenzen führen **kann**: **183**

- den **Tod** oder die **schwere gesundheitliche Schädigung** einer Person[328];
- die Verletzung von Pflichten aus den **Unionsrechtsvorschriften zum Schutz der Grundrechte**[329];
- eine schwere und unumkehrbare Störung der Verwaltung oder des Betriebs **kritischer Infrastrukturen**[330];
- und/oder schwere **Sach- oder Umweltschäden**[331].

318 Vgl. die Legaldefinition in Art. 3 Nr. 25 KI-VO, die ein solches System beschreibt als „alle Tätigkeiten, die Anbieter von KI-Systemen zur Sammlung und Überprüfung von Erfahrungen mit der Verwendung der von ihnen in Verkehr gebrachten oder in Betrieb genommenen KI-Systeme durchführen, um festzustellen, ob unverzüglich nötige Korrektur- oder Präventivmaßnahmen zu ergreifen sind“.
319 Hiermit identifizierte Risiken müssen nach Art. 9 Abs. 2 S. 2 lit. c KI-VO in dem erforderlichen Risikomanagementsystem bewertet werden (Rn. 126).
320 Art. 72 Abs. 2 S. 1 KI-VO.
321 Art. 72 Abs. 3 KI-VO. Hierzu wird die Europäische Kommission bis zum 2.2.2026 noch detaillierte Bestimmungen für die Erstellung eines Musters dieses Plans festlegen.
322 Art. 3 Nr. 18 KI-VO.
323 Art. 72 Abs. 2 S. 2 KI-VO und ErwG 155 S. 2 KI-VO.
324 Art. 72 Abs. 4 UAbs. 1 KI-VO. Vgl. Rn. 120 f. allgemein zum Ineinandergreifen von KI- und produktspezifischer Regulierung.
325 Auch Betreiber können der Meldepflicht nach Art. 26 Abs. 5 UAbs. 1 S. 4 KI-VO unterfallen, wenn diese einen schwerwiegenden Vorfall feststellen und den Anbieter nicht unverzüglich informieren können, weil dieser nicht erreichbar ist.
326 Dazu oben Rn. 153 ff.
327 Inhaltlich weist diese Meldepflicht Ähnlichkeiten mit Art. 33 DSGVO auf und entspricht größtenteils wörtlich Art. 87 Medizinprodukte-VO.
328 Art. 3 Nr. 49 lit. a KI-VO.
329 Art. 3 Nr. 49 lit. c KI-VO.
330 Art. 3 Nr. 49 lit. b KI-VO. Der Begriff der kritischen Infrastruktur wird in Art. 3 Nr. 62 KI-VO definiert.
331 Art. 3 Nr. 49 lit. d KI-VO.

Praxistipp: Besonders bemerkenswert ist hier die Verletzung von Pflichten aus den **Unionsrechtsvorschriften** zum **Schutz der Grundrechte**. Dieser Punkt ist besonders weit gefasst und lässt kaum klare Grenzen erkennen.[332] Im Gegensatz zu den anderen Punkten wird hier in Bezug auf Schädigung, Störung oder Schäden nicht das Wort „schwer" verwendet. Stattdessen umfasst er letztlich alle Pflichtverletzungen von Unionsrechtsvorschriften, die dem Schutz der Grundrechte dienen sollen. Dennoch kann nicht jede noch so kleine Pflichtverletzung, etwa im Datenschutz, genügen. Die Systematik der Regelung lässt es als vertretbar erscheinen, dass auch hier ein vergleichbarer Schweregrad erreicht sein muss, um als schwerwiegender Vorfall zu gelten.[333]

Letztlich ist es aus Sicht eines Unternehmens eine Risikoabwägung, ab welcher Beeinträchtigung von unionsrechtlichen Vorschriften zum Schutz der Grundrechte es eine Meldung bei den Marktüberwachungsbehörden der betroffenen Mitgliedstaaten vornimmt.

184 Die Meldung muss **spätestens 15 Tage** nach Kenntnisnahme erfolgen[334], es sei denn, es handelt sich um einen weitverbreiteten Verstoß[335] oder einen besonders schwerwiegenden Vorfall[336]. Dann beträgt die Frist zwei Tage.[337] Bei Todesfällen muss die Meldung spätestens nach zehn Tagen erfolgen.[338]

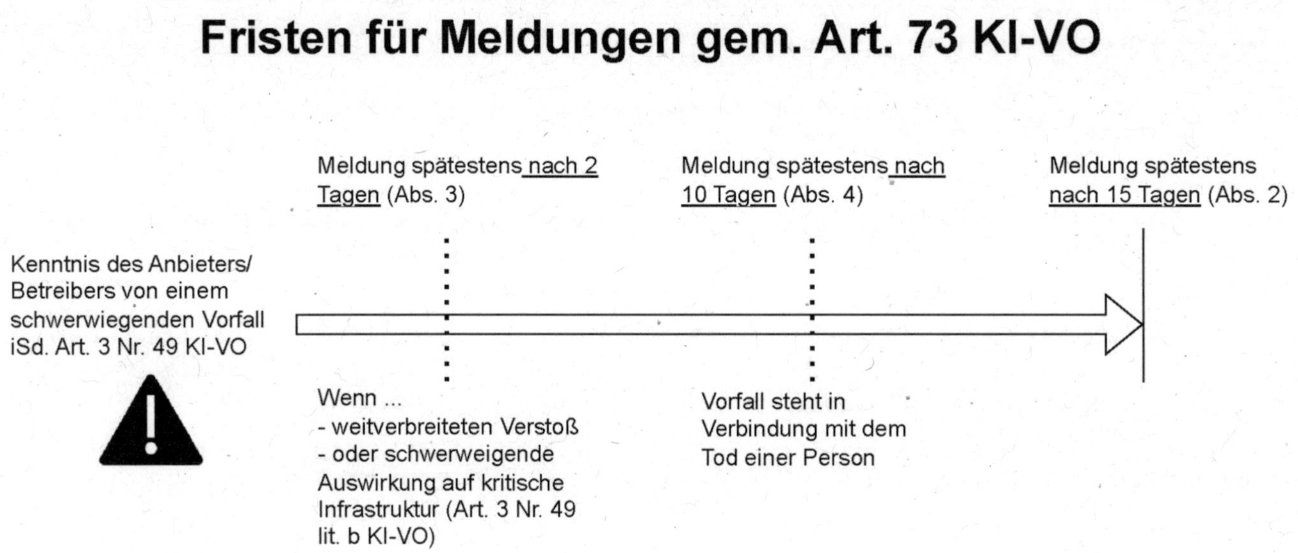

185 Anbieter können im Rahmen einer solchen Meldung zunächst einen unvollständigen Bericht einreichen, gefolgt von einem vollständigen Bericht.[339] Nach der Meldung müssen Anbieter unverzüglich Untersuchungen durchführen und mit den Behörden zusammenarbeiten, ohne das betroffene System zu verändern, bevor die Behörden informiert sind.[340]

186 Für bestimmte Hochrisiko-KI-Systeme[341] gelten spezifische Meldepflichten, die nur schwerwiegende Vorfälle gemäß Art. 3 Nr. 49 lit. c KI-VO betreffen.

Praxistipp: Anbieter sind gut beraten, einen strukturierten Prozess für die Meldung schwerwiegender Vorfälle nach Art. 73 KI-VO aufzusetzen. Dieser Prozess sollte nicht nur das vorherige Sammeln von Informationen für die Meldung und die Durchführung der Meldung selbst umfassen.

Vielmehr sollte er auch die weiteren Schritte nach der eigentlichen Meldung vorbereiten. Dies umfasst etwa auch die nach Art. 73 Abs. 6 KI-VO erforderlichen Untersuchungen im Zusammenhang mit dem Vorfall und

332 *Wendehorst*, in: Martini/Wendehorst, KI-VO, Art. 3 Rn. 336.
333 *Wendehorst*, in: Martini/Wendehorst, KI-VO, Art. 3 Rn. 336.
334 Art. 73 Abs. 2 KI-VO.
335 Art. 3 Nr. 61 KI-VO.
336 Art. 3 Nr. 49 lit. b KI-VO.
337 Art. 73 Abs. 3 KI-VO.
338 Art. 73 Abs. 4 KI-VO.
339 Art. 73 Abs. 5 KI-VO.
340 Art. 73 Abs. 6 KI-VO.
341 Dies sind zum einen Hochrisiko-KI-Systeme nach Anhang III KI-VO (Art. 73 Abs. 9 KI-VO) und zum anderen Hochrisiko-KI-Systeme, bei denen es sich um Sicherheitsbauteile von Produkten handelt, die unter die Verordnungen (EU) 2017/745 und (EU) 2017/746 fallen, oder selbst solche Produkte sind (Art. 73 Abs. 10 KI-VO).

dem KI-System, aber auch die gegebenenfalls zu erwartende Abstimmung mit den zuständigen Behörden und die Vorbereitung der etwaigen Beantwortung von weiteren Behördenanfragen.

Zudem sollte die Meldung schwerwiegender Vorfälle nach Art. 73 KI-VO auch mit Rechtspflichten nach anderen einschlägigen Vorschriften abgestimmt sein. Ein solcher Vorfall kann unter Umständen gleichzeitig einen nach Art. 33 DSGVO meldepflichtigen Datenschutzverstoß darstellen. In solchen Situationen sollten Anbieter darauf achten, dass die beteiligten Behörden mit einiger Wahrscheinlichkeit Informationen austauschen werden.[342] Daher sollten sie Widersprüche in den unterschiedlichen Meldungen möglichst vermeiden.

c) Pflichten von Betreibern von Hochrisiko-KI-Systemen

Die Pflichten[343] von Betreibern von Hochrisiko-KI-Systemen sind vor allem in den Art. 26 und 27 der KI-VO geregelt.[344] Neben den Anbietern spielen auch **Betreiber** von Hochrisiko-KI-Systemen eine **Schlüsselrolle** bei der Umsetzung der Ziele der KI-VO. Da sie das KI-System im täglichen Betrieb einsetzen, können sie oftmals am besten beurteilen, welche Risiken der spezifische Einsatz in der Praxis mit sich bringt und welche Auswirkungen dies auf Einzelpersonen und deren Grundrechte haben kann.[345] Die **Pflichten** der Betreiber sind **komplementär zu** denen der **Anbieter**[346] und umfassen wesentliche Maßnahmen, um die Integrität und Sicherheit der eingesetzten Systeme zu gewährleisten. Die Pflichten der Betreiber nach der KI-VO lassen sich im Wesentlichen in folgende Kategorien einteilen: **187**

342 Vgl. hierzu etwa Art. 77 KI-VO.
343 Zum Betreiberbegriff Rn. 61 ff.
344 Betreiber von Hochrisiko-KI-Systemen müssen kontinuierlich überprüfen, ob sie etwa wesentliche Veränderungen am System vornehmen oder ob sie anderen Fallkonstellationen des Art. 25 KI-VO unterfallen, die sie den Pflichten von Anbietern unterwerfen könnten. Dazu Rn. 230 ff.
345 ErwG 93 KI-VO.
346 *Eisenberger*, in: Martini/Wendehorst, KI-VO, Art. 26 Rn. 26.

Betreiberpflichten bei Hochrisiko-KI-Systemen

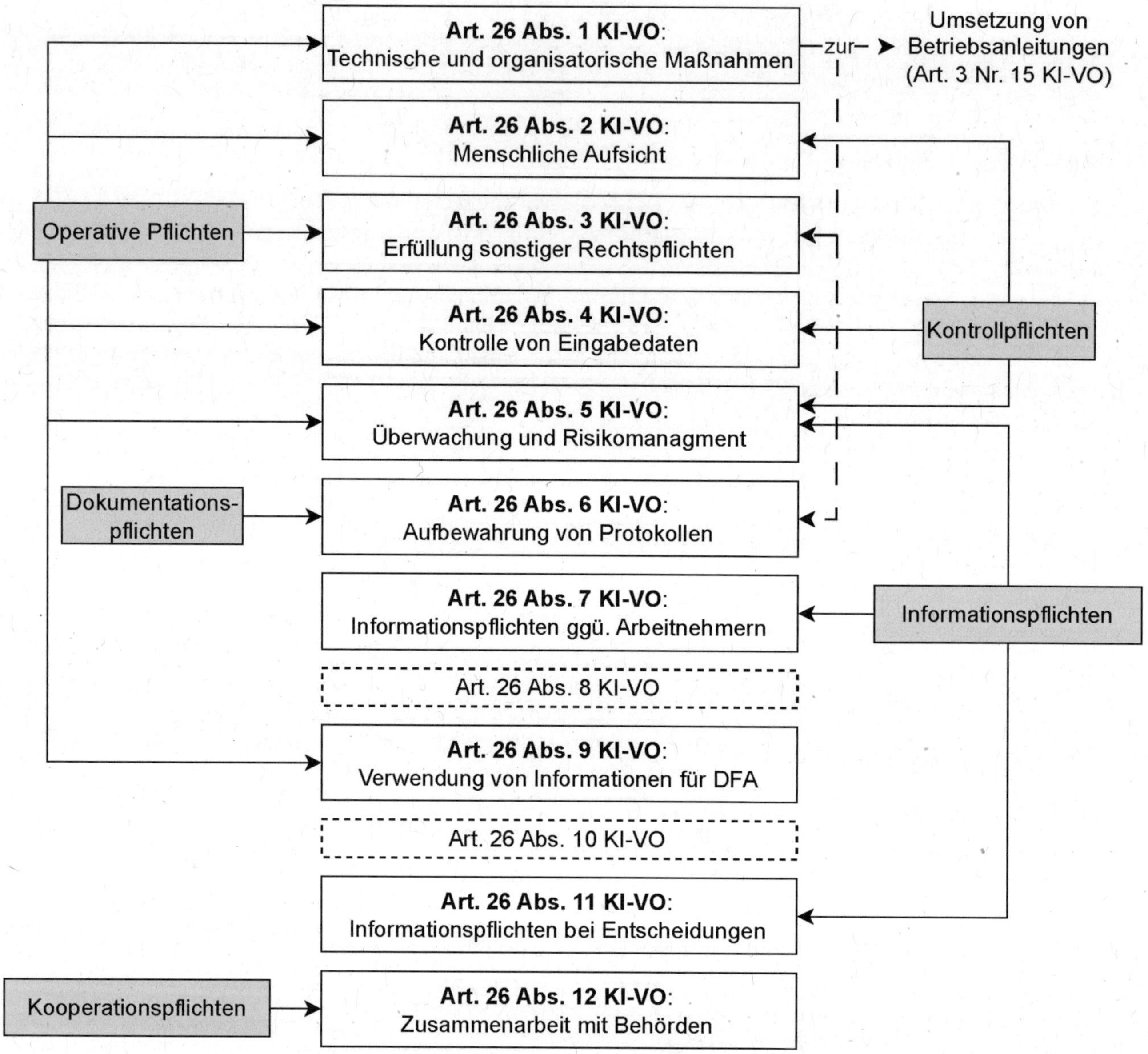

aa) Betreiberpflichten nach Art. 26 KI-VO

188 Betreiber von Hochrisiko-KI-Systemen haben zwar weniger Pflichten zu erfüllen als deren Anbieter. Dennoch müssen sie eine Vielzahl – teilweise komplexer – Anforderungen beachten und umsetzen.

Mögliche Sanktionen[347]: Bei Verstößen gegen die Betreiberpflichten gemäß Art. 26 KI-VO drohen erhebliche Sanktionen. Nach Art. 99 Abs. 4 lit. e KI-VO können Geldbußen von bis zu 15 Millionen EUR verhängt werden. Für Unternehmen kann die Geldbuße bis zu 3 % des gesamten weltweiten Jahresumsatzes des vorangegangenen Geschäftsjahres pro Verstoß betragen, je nachdem, welcher Betrag höher ist.

Neben Geldbußen nach der KI-VO kommen bei Rechtsverstößen bei der Nutzung von KI-Systemen auch Sanktionen nach anderen Regelungen in Betracht. So fallen sowohl beim Training von KI-Modellen und KI-Systemen als auch bei der Interaktion mit solchen Anwendungen regelmäßig personenbezogene Daten an. Vor diesem Hintergrund ist bei Risikobetrachtungen oft auch an mögliche Geldbußen nach Art. 83 DSGVO oder Schadensersatzforderungen nach Art. 82 DSGVO zu denken.

347 Dazu auch Rn. 331 ff.

(1) Technische und organisatorische Maßnahmen, Art. 26 Abs. 1 KI-VO

Art. 26 Abs. 1 KI-VO verpflichtet Betreiber von Hochrisiko-KI-Systemen dazu, geeignete **technische und organisatorische Maßnahmen zu ergreifen**, um sicherzustellen, dass die Systeme gemäß den vom Anbieter beigefügten **Betriebsanleitungen**[348] und den Art. 26 Abs. 3 und Abs. 6 KI-VO verwendet werden. Absatz 3[349] sichert die Einhaltung anderer rechtlicher Verpflichtungen und organisatorische Flexibilität, während Absatz 6[350] die Aufbewahrung von Protokollen für mindestens sechs Monate vorschreibt. **189**

(2) Menschliche Aufsicht, Art. 26 Abs. 2 KI-VO

Art. 26 Abs. 2 KI-VO verpflichtet Betreiber von Hochrisiko-KI-Systemen, qualifizierte Personen für die **menschliche Aufsicht einzusetzen**, die über die notwendige Kompetenz, Ausbildung und Befugnis verfügen, um die Systeme effektiv zu überwachen.[351] Diese Verpflichtung ist eng mit der allgemeinen Pflicht zur Sicherstellung von KI-Kompetenz gemäß Art. 4 KI-VO verknüpft.[352] Betreiber müssen gewährleisten, dass diese Personen die notwendige Ausbildung erhalten, beispielsweise durch entsprechende Schulungen. In operativer Hinsicht müssen Betreiber zudem sicherstellen, dass diese Personen auch über die erforderlichen Befugnisse im Unternehmen verfügen. **190**

Praxistipp: Es ist ratsam, KI-Trainings und andere organisatorische und sonstige Maßnahmen im Zusammenhang mit der Gewährleistung menschlicher Aufsicht beim Einsatz von Hochrisiko-KI-Systemen frühzeitig und kontinuierlich zu erfassen und zu dokumentieren.

(3) Sonstige rechtliche Pflichten und Organisationsfreiheit, Art. 26 Abs. 3 KI-VO

Die genannten Pflichten aus den Art. 26 Abs. 1 und Abs. 2 KI-VO sollen nach Art. 26 Abs. 3 KI-VO weder **andere rechtliche Pflichten** noch die Organisationsfreiheit der Betreiber berühren. Diese Regelung betrifft mögliche Konkurrenzen zwischen verschiedenen rechtlichen Anforderungen und stellt sicher, dass Betreiber auch sonstige rechtliche Pflichten einhalten müssen und im Übrigen ihre internen Ressourcen und Tätigkeiten frei organisieren können. **191**

(4) Eingabedaten, Art. 26 Abs. 4 KI-VO

Art. 26 Abs. 4 KI-VO verpflichtet Betreiber von Hochrisiko-KI-Systemen, sicherzustellen, dass die **Eingabedaten**[353], soweit sie ihrer Kontrolle unterliegen, **der Zweckbestimmung**[354] **des Systems entsprechen und ausreichend repräsentativ sind**. Dies bedeutet, dass die Eingabedaten den spezifischen Anforderungen und Zielen des KI-Systems gerecht werden müssen, um eine ordnungsgemäße Funktion zu gewährleisten. Die geforderte Repräsentativität der Daten soll Verzerrungen minimieren, die die Gesundheit, Sicherheit oder Grundrechte betroffener Personen beeinträchtigen könnten, und Diskriminierung vermeiden.[355] **192**

(5) Überwachung, Risikomanagement und Informationspflichten, Art. 26 Abs. 5 KI-VO

Art. 26 Abs. 5 KI-VO verpflichtet Betreiber von Hochrisiko-KI-Systemen, den Betrieb dieser Systeme kontinuierlich anhand der vom Anbieter erstellten Betriebsanleitung zu **überwachen**. Die Mindestinformationen, die der Anbieter im Rahmen solcher Betriebsanleitungen bereitstellen muss, sind in Art. 13 Abs. 3 KI-VO[356] festgelegt. **193**

Praxistipp: Der Betreiber muss die vorgeschriebene Überwachung des Betriebs des Hochrisiko-KI-Systems so durchführen, dass sie ihm zumindest die Befolgung seiner sonstigen Pflichten in Bezug auf dieses System ermöglicht. Insbesondere muss die Beobachtung es ermöglichen, KI-Systeme zu identifizieren, die **Risiken** im Sinne von Art. 79 Abs. 1 KI-VO bergen. Zudem muss die Überwachung des Betriebs des Hochrisiko-KI-

348 Art. 3 Nr. 15 KI-VO sowie Art. 13 Abs. 2, 3 KI-VO (Rn. 142 ff.).
349 Rn. 191.
350 Rn. 202. Vgl. auch die Anbieterpflichten aus Art. 12 KI-VO (Rn. 138 ff.) und Art. 19 KI-VO (Rn. 138 ff.).
351 Vgl. auch die Anbieterpflicht aus Art. 14 KI-VO (Rn. 145 ff.) und ErwG 73 KI-VO.
352 *Eisenberger*, in: Martini/Wendehorst, KI-VO, Art. 26 Rn. 26; dazu auch Rn. 96 ff.
353 Art. 3 Nr. 33 KI-VO.
354 Art. 3 Nr. 12 KI-VO.
355 ErwG 67 S. 4 KI-VO.
356 Dazu Rn. 96.

Systems dazu geeignet sein, das Auftreten **schwerwiegender Vorfälle** nach Art. 26 Abs. 5 S. 3 KI-VO in Verbindung mit Art. 3 Nr. 49 KI-VO festzustellen.

(a) Allgemeine Informationspflicht des Betreibers gegenüber dem Anbieter

194 Gegebenenfalls muss der Betreiber den **Anbieter** gemäß Art. 72 KI-VO **informieren**.[357] Die KI-VO regelt den genauen Umfang dieser Informationspflicht nicht näher. Teilweise wird hierzu vertreten, dass der Betreiber „den Betrieb des Systems zu überwachen und relevante Informationen an den Anbieter weiterzuleiten" habe.[358] Relevant seien dabei insbesondere Daten zur Leistung des Systems.[359]

(b) Informationspflichten bei Risiken nach Art. 79 Abs. 1 KI-VO

195 Sollte Grund zur Annahme bestehen, dass das Hochrisiko-KI-System ein **Risiko** im Sinne von Art. 79 Abs. 1 KI-VO[360] birgt, muss der Betreiber unverzüglich den Anbieter oder Händler sowie die zuständige **Marktüberwachungsbehörde** informieren und die **Nutzung des Systems aussetzen**.[361] Nach dieser Vorschrift betrifft dies „*Produkte, mit denen ein Risiko verbunden ist*" im Sinne der Definition des Art. 3 Nr. 19 MÜ-VO, „sofern sie Risiken für die Gesundheit oder Sicherheit oder Grundrechte von Personen bergen."

196 Die in Art. 79 Abs. 1 in Verbindung mit Art. 3 Nr. 19 MÜ-VO genutzte Legaldefinition ist sehr komplex. Danach ist ein „‚Produkt, mit dem ein Risiko verbunden ist' ein Produkt, das Gesundheit und Sicherheit von Personen im Allgemeinen, Gesundheit und Sicherheit am Arbeitsplatz, Verbraucherschutz, Umwelt, öffentliche Sicherheit und andere öffentliche Interessen, die durch die geltenden Harmonisierungsrechtsvorschriften der Union geschützt werden, stärker beeinträchtigen kann als das im Verhältnis zu seiner Zweckbestimmung oder bei normaler oder nach vernünftigem Ermessen vorhersehbarer Verwendung des betreffenden Produkts – einschließlich der Gebrauchsdauer sowie gegebenenfalls der Anforderungen an Inbetriebnahme, Installation und Wartung – **als vernünftig und vertretbar gilt**".[362]

197 Allerdings werden die in Art. 3 Nr. 19 MÜ-VO genannten Schutzgüter durch Art. 79 Abs. 1 KI-VO modifiziert. Danach ist für die Einordnung als KI-System, das ein Risiko birgt, lediglich maßgeblich, ob es Risiken für die die Gesundheit, Sicherheit oder Grundrechte von Personen nach sich zieht.

198 *Hartmann* folgert aus der vorstehend beschriebenen komplexen Bestimmung eines Risikos im Sinne von Art. 79 Abs. 1 KI-VO zutreffend die folgende Definition: „Ein KI-System, das ein Risiko birgt, ist ein KI-System, das Gesundheit, Sicherheit oder Grundrechte von Personen stärker beeinträchtigen kann als das im Verhältnis zu seiner Zweckbestimmung oder bei normaler oder nach vernünftigem Ermessen vorhersehbarer Verwendung des betreffenden KI-Systems – einschließlich der Gebrauchsdauer sowie gegebenenfalls der Anforderungen an Inbetriebnahme, Installation und Wartung – als vernünftig und vertretbar gilt."[363]

Praxistipp: Ähnlich wie die Definition des schwerwiegenden Vorfalls ist auch die vorstehend genannte Bestimmung eines Risikos im Sinne von Art. 79 Abs. 1 KI-VO sehr ungenau, weitreichend und für die Praxis ausgesprochen problematisch. Daher empfiehlt es sich, entsprechende interne Prozesse und Strukturen einzuführen, mit denen man als Betreiber seiner Informationspflicht in Bezug auf entsprechende Risiken nachkommen kann. Dabei sollte auch die daraus resultierende Pflicht zum Aussetzen der Nutzung des Systems nicht übersehen werden.

(c) Benachrichtigungspflicht bei schwerwiegenden Vorfällen

199 Bei **schwerwiegenden Vorfällen** muss der Betreiber zunächst den Anbieter und dann zusätzlich noch den Einführer oder Händler sowie die zuständigen Marktüberwachungsbehörden benachrichtigen.[364] Kann der Betreiber

357 Dazu Rn. 179 ff.
358 *Hartmann*, in: Martini/Wendehorst, KI-VO, Art. 72 Rn. 12.
359 *Hartmann*, in: Martini/Wendehorst, KI-VO, Art. 72 Rn. 13.
360 Dazu Fn. 268.
361 Art. 26 Abs 5 S. 2 KI-VO.
362 Hervorhebung durch den Verfasser.
363 *Hartmann*, in: Martini/Wendehorst, KI-VO, Art. 79 Rn. 7 KI-VO.
364 Art. 26 Abs. 5 UAbs. 1 S. 3 und 4 KI-VO. Diese Pflichten gelten nach UAbs. 1 S. 5 nicht für sensible operative Daten von Strafverfolgungsbehörden (Art. 3 Nr. 45 KI-VO). Für Finanzinstitute gelten nach UAbs. 2 Besonderheiten.

den Anbieter nicht erreichen, gilt Art. 73 KI-VO entsprechend. Dann muss der Betreiber die dort geregelte Meldepflicht des Anbieters gegenüber den zuständigen Marktüberwachungsbehörden übernehmen.[365]

Der in Art. 26 Abs. 5 S. 3 KI-VO vorausgesetzte Begriff des schwerwiegenden Vorfalls ist in Art. 3 Nr. 49 KI- **200**
VO legaldefiniert. Danach führt neben den sonstigen dort genannten Tatbestandsmerkmalen auch bereits die Verletzung von „Pflichten aus den Unionsrechtsvorschriften zum Schutz der Grundrechte" zum Vorliegen eines schwerwiegenden Vorfalls. Allerdings zielt eine Vielzahl von Vorschriften der Union deutlich (zumindest auch) auf den Schutz von Grundrechten ab. Dies zeigt sich in Bezug auf den Datenschutz etwa an Art. 1 Abs. 2 DSGVO klar: „Diese Verordnung schützt die Grundrechte und Grundfreiheiten natürlicher Personen und insbesondere deren Recht auf Schutz personenbezogener Daten."

Wendehorst fasst die Folgen dieser ausgesprochen weitgehenden Legaldefinition sehr richtig wie folgt zusam- **201**
men: „Die Variante ‚Verletzung von Pflichten aus den Unionsrechtsvorschriften zum Schutz der Grundrechte' ist extrem weit formuliert und in ihrer Tragweite unklar. Theoretisch könnte beispielsweise jede noch so minimale Verletzung von Datenschutzrecht unter diese Begrifflichkeit subsumiert werden. Damit der Begriff des ‚schwerwiegenden Vorfalls' nicht alle Konturen verliert, wird man – obgleich nach dem reinen Wortlaut nicht verlangt – auch bei dieser Variante einen gewissen Schweregrad der Verletzung verlangen müssen."[366] Dem ist zuzustimmen. Bereits der vom Unionsgesetzgeber verwendete Begriff des schwerwiegenden Vorfalls macht deutlich, dass jedenfalls leichtere Rechtsverletzungen mit Grundrechtsbezug nicht als Vorfall im Sinne des Art. 3 Nr. 49 KI-VO bewertet werden sollten.

Praxistipp: Aufgrund der in jedem Fall sehr weit gefassten Definition des Begriffs des schwerwiegenden Vorfalls sollten Betreiber den Umfang ihrer Überwachungspflicht und die daraus resultierenden Informations- und Meldepflichten keinesfalls unterschätzen.

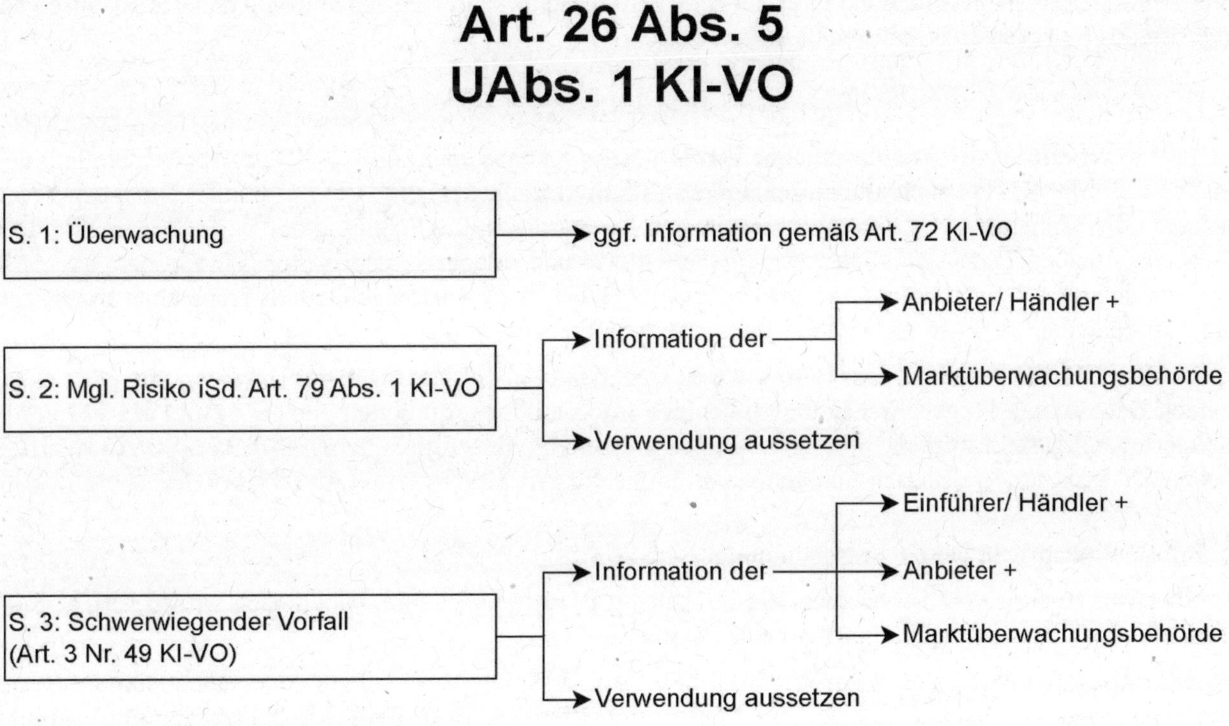

(6) Protokollierung, Art. 26 Abs. 6 KI-VO

Nach Art. 26 Abs. 6 KI-VO müssen Betreiber von Hochrisiko-KI-Systemen, die von diesen Systemen **auto-** **202**
matisch erzeugten Protokolle für einen Zeitraum von mindestens sechs Monaten **aufbewahren**, sofern diese Protokolle ihrer Kontrolle unterliegen.[367] Die Technik eines Hochrisiko-KI-Systems muss die automatische

365 Dazu Rn. 182 ff.
366 *Wendehorst*, in: Martini/Wendehorst, KI-VO, Art. 3 Rn. 336.
367 Diese Aufbewahrungspflichten stehen in Verbindung mit der parallelen Anbieterpflicht des Art. 19 KI-VO (dazu Rn. 138 ff.). Es bestehen Sonderbestimmungen für Finanzinstitute nach UAbs. 2.

Aufzeichnung von Ereignissen während des gesamten Lebenszyklus ermöglichen.[368] Diese Protokollierungsfunktionen müssen den Betreibern unter anderem die Überwachung des Betriebs des Hochrisiko-KI-Systems und die Erfüllung der entsprechenden Pflichten ermöglichen.[369]

203 Der Betreiber muss diese Protokolle für einen der Zweckbestimmung[370] des Hochrisiko-KI-Systems angemessenen Zeitraum aufbewahren. Dieser Zeitraum beträgt **mindestens sechs Monate**, sofern nicht im geltenden Unionsrecht oder nationalen Recht etwas anderes bestimmt ist. Eine solche Ausnahme kann sich insbesondere aus den Rechtsvorschriften über den Schutz personenbezogener Daten ergeben, wie dem Grundsatz der Datenminimierung[371], dem Zweckbindungsgrundsatz[372] oder dem Recht auf Löschung[373].

Praxistipp: Betreiber sollten beim Einsatz von KI-Systemen nicht nur die Vorgaben der KI-VO, sondern auch Rechtspflichten aus anderen EU-Rechtsakten und nationalen Vorschriften berücksichtigen. Dies betrifft insbesondere die (oft unvermeidliche) Verarbeitung personenbezogener Daten, bei der auch das datenschutzrechtliche Rechenschaftsprinzip und weitere datenschutzrechtliche Vorschriften, wie etwa Art. 30 DSGVO, beachtet werden müssen.

(7) Information von Arbeitnehmern, Art. 26 Abs. 7 KI-VO

204 Vor der Inbetriebnahme oder Verwendung eines Hochrisiko-KI-Systems am Arbeitsplatz bestehen Informationspflichten gemäß Art. 26 Abs. 7 S. 1 KI-VO. In diesem Fall muss der Betreiber, der gleichzeitig Arbeitgeber ist, die **Arbeitnehmervertreter und die betroffenen Arbeitnehmer entsprechend informieren**.

205 Dadurch soll Arbeitnehmervertretern und betroffenen Arbeitnehmern transparent gemacht werden, dass sie Gegenstand des Einsatzes des Hochrisiko-KI-Systems sein werden. Diese Informationen werden gegebenenfalls im Einklang mit den Vorschriften und Gepflogenheiten auf Unionsebene und nationaler Ebene in Bezug auf die Unterrichtung der Arbeitnehmer und ihrer Vertreter bereitgestellt.[374] In Deutschland sind dabei auch einschlägige Vorgaben des Betriebsverfassungsrechts zu beachten.

(8) Datenschutz-Folgenabschätzungen, Art. 26 Abs. 9 KI-VO

206 Bei der **Verarbeitung personenbezogener Daten** mittels KI-Systemen muss der Betreiber bekanntlich neben den Vorgaben der KI-VO auch alle einschlägigen **Pflichten nach der DSGVO** erfüllen.[375] Dazu gehören insbesondere die Einhaltung von Erlaubnistatbeständen, Grundsätzen, die Erfüllung der Betroffenenrechte, Dokumentationspflichten, Datensicherheit sowie Rechenschafts- und Kooperationspflichten. Eine weitere wesentliche Verpflichtung bei der Verarbeitung personenbezogener Daten ist die vorherige Durchführung einer Datenschutz-Folgenabschätzung nach Art. 35 DSGVO.

207 Art. 26 Abs. 9 KI-VO stellt klar, dass Betreiber von Hochrisiko-KI-Systemen bei der Durchführung einer entsprechenden Datenschutz-Folgenabschätzung diejenigen Informationen, die ihnen gemäß **Art. 13 KI-VO** von den Anbietern bereitgestellt werden,[376] berücksichtigen müssen, um ihre Pflicht gemäß Art. 35 DSGVO zu erfüllen. Dies betrifft insbesondere Betriebsanleitungen im Sinne von Art. 13 Abs. 2 und Abs. 3 KI-VO.

(9) Informationspflicht bei KI-Entscheidungen, Art. 26 Abs. 11 KI-VO

208 Betreiber von Hochrisiko-KI-Systemen, die im Anhang III aufgeführt sind, haben nach Art. 26 Abs. 11 KI-VO Informationspflichten gegenüber **natürlichen Personen**.

209 Der Betreiber muss die Personen darüber informieren, dass sie der Verwendung eines Hochrisiko-KI-Systems unterliegen, sofern ein solches System Entscheidungen trifft, die sie betreffen, oder bei solchen Entscheidungen

368 Vgl. zur Anbieterpflicht des Art. 12 Abs. 1 KI-VO oben Rn. 138 ff.
369 Siehe Art. 12 Abs. 2 lit. c KI-VO, der auf die Pflicht zur Aufbewahrung von Protokollen durch Betreiber nach Art. 26 Abs. 6 KI-VO verweist.
370 Art. 3 Nr. 12 KI-VO.
371 Art. 5 Abs. 1 lit. c DSGVO.
372 Art. 5 Abs. 1 lit. b DSGVO.
373 Art. 17 DSGVO.
374 Art. 26 Abs. 7 S. 2 KI-VO.
375 Siehe Art. 26 Abs. 3 KI-VO.
376 Dazu Rn. 142 ff.

Unterstützung leistet. Diese Information soll sicherstellen, dass die betroffenen Personen darüber unterrichtet sind, dass sie Gegenstand des Einsatzes des Hochrisiko-KI-Systems werden.

Neben den spezifischen Informationspflichten für Betreiber von Hochrisiko-KI-Systemen können auch weitere Transparenzpflichten gelten, die unabhängig von der Einstufung als Hochrisiko-KI-System bestehen. Dies betrifft beispielsweise den Betrieb von Systemen zur Emotionserkennung oder zur biometrischen Kategorisierung,[377] KI-Systeme, die sogenannte Deepfakes in Bild-, Ton- oder Videoinhalten erzeugen oder manipulieren,[378] oder den Betrieb von KI-Systemen, die Text erzeugen oder manipulieren, der veröffentlicht wird, um die Öffentlichkeit über Angelegenheiten von öffentlichem Interesse zu informieren[379]. **210**

Praxistipp: Die KI-VO sieht eine Vielzahl neuer Informationspflichten vor. Unternehmen sind gut beraten, die für sie im Einzelfall geltenden Pflichten zu identifizieren und entsprechende Informationen möglichst zu kombinieren. So kann es durchaus empfehlenswert sein, im Unternehmen bereits zur Erfüllung von Informationspflichten nach Art. 13 und Art. 14 DSGVO genutzte Prozesse und Muster um entsprechende Angaben zur Erfüllung von Pflichten nach der KI-VO zu nutzen. Dabei ist aber darauf zu achten, dass die erteilten Informationen hinreichend transparent und klar bleiben.[380]

(10) Zusammenarbeit mit Behörden, Art. 26 Abs. 12 KI-VO

Betreiber müssen nach Art. 26 Abs. 12 KI-VO mit den **zuständigen nationalen Behörden bei allen Maßnahmen zusammenarbeiten**, die diese im Zusammenhang mit dem vom Betreiber eingesetzten Hochrisiko-KI-System zur Umsetzung der KI-VO ergreifen.[381] Betreiber müssen bereit sein, relevante Informationen bereitzustellen und bei Untersuchungen oder Überprüfungen mitzuwirken, um die Sicherheit und Compliance der Hochrisiko-KI-Systeme zu unterstützen. **211**

Praxistipp: Besondere Vorsicht ist bei Auskunftsersuchen von zuständigen nationalen Behörden und notifizierten Stellen geboten.[382] Werden diesen falsche, unvollständige oder irreführende Informationen bereitgestellt, drohen Geldbußen von bis zu EUR 7.500.000 oder von bis zu einem Prozent des weltweiten Vorjahresumsatzes.[383] Vor diesem Hintergrund ist bei derartigen Auskunftsersuchen vor deren Beantwortung eine gründliche rechtliche Prüfung anzuraten.

Diese Kooperationspflichten betreffen häufig insbesondere die auf nationaler Ebene eingerichteten **Marktüberwachungsbehörden**. Sie gelten unabhängig von Rechtspflichten zur Zusammenarbeit mit anderen Behörden, wie etwa Datenschutzbehörden im Rahmen von Art. 31 DSGVO bei der Verarbeitung personenbezogener Daten. **212**

bb) Grundrechte-Folgenabschätzung, Art. 27 KI-VO

Die Pflicht, eine Grundrechte-Folgenabschätzung vor der Inbetriebnahme eines Hochrisiko-KI-Systems nach Art. 6 Abs. 2 KI-VO[384] durchzuführen, wird in der Praxis voraussichtlich nur einen überschaubaren Anteil der KI-einsetzenden Unternehmen betreffen. Allerdings gibt es einige Branchen und Einsatzfelder, in denen Unternehmen einer entsprechenden Rechtspflicht zur Durchführung einer Grundrechte-Folgenabschätzung unterliegen werden.[385] **213**

Betreiber, die entweder **Einrichtungen des öffentlichen Rechts sind** oder **private Einrichtungen, die öffentliche Dienste erbringen,** müssen unter den in Art. 27 Abs. 1 Alt. 1 KI-VO genannten Bedingungen **Grundrechte-** **214**

377 Art. 50 Abs. 3 KI-VO. Zu den Betreiberpflichten nach Art. 50 KI-VO unten Rn. 258 ff.
378 Art. 50 Abs. 4 S. 1 KI-VO.
379 Art. 50 Abs. 4 S. 3 KI-VO.
380 Vgl. etwa Art. 12 Abs. 1 DSGVO.
381 Vgl. hierzu die Anbieterpflicht nach Art. 21 KI-VO (dazu Rn. 161 ff.).
382 Vgl. Art. 99 Abs. 5 KI-VO.
383 Eine ähnliche Regelung gilt nach Art. 101 Abs. 1 lit. b KI-VO für Anbieter von KI-Modellen mit allgemeinem Verwendungszweck bei der Anforderung von Informationen oder Dokumenten nach Art. 91 KI-VO durch die EU-Kommission.
384 Ausgenommen von der Pflicht zur Durchführung einer Grundrechte-Folgenabschätzung sind zunächst die Betreiber von KI-Systemen nach Art. 6 Abs. 1 KI-VO. Ebenfalls ausgenommen sind Betreiber von KI-Systemen, die bestimmungsgemäß als Sicherheitsbauteile im Rahmen der Verwaltung und des Betriebs kritischer digitaler Infrastruktur, des Straßenverkehrs oder der Wasser-, Gas-, Wärme- oder Stromversorgung verwendet werden sollen, Art. 27 Abs. 1 S. 1 KI-VO in Verbindung mit Anhang III Nr. 2 KI-VO.
385 Vgl. auch ErwG 96 KI-VO.

Folgenabschätzungen durchführen. Dies gilt auch für Betreiber, die ein KI-System zur **Kreditwürdigkeits- und Bonitätsprüfung** natürlicher Personen oder zur **Risikobewertung und Preisbildung bei Lebens- und Krankenversicherungen** für natürliche Personen einsetzen.[386]

Praxistipp: Betreiber von Hochrisiko-KI-Systemen sollten gründlich prüfen, ob sie der Verpflichtung zur Durchführung einer Grundrechte-Folgenabschätzung unterliegen. Zudem sollten sie feststellen, ob eine der Ausnahmen gemäß Anhang III Nr. 2 (Verwendung des Systems zum Betrieb oder zur Verwaltung kritischer Infrastruktur) zutrifft.

Einen guten Überblick über das Verfahren zur Durchführung einer Grundrechte-Folgenabschätzung gibt etwa *I. Eisenberger*, in: Martini/Wendehorst, KI-VO, Art. 27 Rn. 35 ff.

215 Wenn der Betreiber bereits eine Datenschutz-Folgenabschätzung gemäß Art. 35 DSGVO oder Art. 27 JI-Richtlinie[387] durchgeführt hat und diese teilweise die Anforderungen der Grundrechte-Folgenabschätzung nach Art. 27 KI-VO erfüllt, muss die Datenschutz-Folgenabschätzung nur noch gemäß Art. 27 Abs. 4 KI-VO ergänzt werden.

d) Pflichten von sonstigen Akteuren bei Hochrisiko-KI-Systemen

216 Neben den vorstehend beschriebenen Pflichten von Anbietern und Betreibern beim Einsatz von Hochrisiko-KI-Systemen regelt die KI-VO noch weitere Vorgaben für sonstige Akteure, die nachstehend kurz zusammengefasst werden.

aa) Bevollmächtigte der Anbieter

217 Anbieter von Hochrisiko-KI-Systemen, die **in Drittländern niedergelassen** sind, werden nach Art. 22 Abs. 1 KI-VO vor der Bereitstellung ihrer Systeme auf dem Unionsmarkt einen in der EU niedergelassenen Bevollmächtigten benennen.[388]

218 Der Bevollmächtigte übernimmt eine zentrale Rolle bei der Sicherstellung der Einhaltung der Verordnung bei einem solchen Drittlandsbezug. Er ist unter anderem dafür verantwortlich, die EU-Konformitätserklärung und die technische Dokumentation zu überprüfen,[389] die Kontaktdaten des Anbieters und relevante Dokumente für zehn Jahre bereitzuhalten[390] und auf Anfrage den zuständigen Behörden zur Verfügung zu stellen.[391] Zudem muss der Bevollmächtigte mit den Behörden zusammenarbeiten, um Risiken zu verringern,[392] und gegebenenfalls die Registrierungspflichten[393] sicherzustellen.

219 Sollte der Bevollmächtigte feststellen, dass der Anbieter gegen die Verordnung verstößt, ist er zudem verpflichtet, den Auftrag zu beenden und die Marktüberwachungsbehörde und gegebenenfalls die notifizierende Stelle über die Beendigung des Auftrags und deren Gründe zu informieren.[394] Der Wortlaut von Art. 22 Abs. 4 KI-VO differenziert dabei nicht nach der Schwere des Verstoßes, sodass auch leichteste Übertretungen der KI-VO zu einer Pflicht des Beauftragten zur Kündigung und Information der genannten Behörden führen könnten. Vor diesem Hintergrund und im Hinblick auf den unionsrechtlichen Verhältnismäßigkeitsgrundsatz wird teilweise mit guten Argumenten eine zurückhaltende Auslegung dieser Norm beziehungsweise eine teleologische Reduktion gefordert.[395]

bb) Einführer

220 Die Pflichten des Einführers[396] eines Hochrisiko-KI-Systems ergeben sich aus Art. 23 KI-VO.

221 Der Einführer muss zunächst prüfen, ob der Anbieter seine wesentlichen Pflichten erfüllt hat. Dazu gehören das Konformitätsbewertungsverfahren, die technische Dokumentation, die CE-Kennzeichnung des Systems, die

386 Art. 27 Abs. 1 S. 1 Alt. 2 KI-VO in Verbindung mit Anhang III Nr. 5 lit. b und c.
387 Richtlinie (EU) 2016/680.
388 Zu dessen Pflichten Rn. 217 f.
389 Art. 22 Abs. 3 S. 3 lit. a KI-VO.
390 Art. 22 Abs. 3 S. 3 lit. b KI-VO.
391 Art. 22 Abs. 3 S. 3 lit. c KI-VO.
392 Art. 22 Abs. 3 S. 3 lit. d KI-VO.
393 Art. 22 Abs. 3 S. 3 lit. e KI-VO.
394 Art. 22 Abs. 4 S. 2 KI-VO.
395 *Gossl*, in: Martini/Wendehorst, KI-VO, Art. 22 Rn. 55.
396 Vgl. zu Definition und Anwendungsbereich Rn. 67

Beifügung wesentlicher Unterlagen und die Benennung eines Bevollmächtigten.[397] Er muss die Konformität des Systems vor dem Inverkehrbringen herstellen, wenn er Grund zur Annahme hat, dass diese nicht vorliegt.[398] Der Einführer gewährleistet, dass Lagerungs- und Transportbedingungen die Konformität des Hochrisiko-KI-Systems nicht beeinträchtigen.[399]

Der Einführer muss den Anbieter, den Bevollmächtigten und die Marktüberwachungsbehörden über Risiken für die Gesundheit, Sicherheit oder Grundrechte von Personen **informieren**.[400] Er muss seinen Handelsnamen bzw. die Handelsmarke und die Kontaktanschrift auf der Verpackung oder in der dem Hochrisiko-KI-System beigefügten Dokumentation angeben.[401] Bei begründeter Anfrage der nationalen Behörden muss der Einführer alle Informationen und Dokumentationen in leicht verständlicher Sprache zum Nachweis der Konformität des Hochrisiko-KI-Systems sowie der technischen Dokumentation übermitteln.[402] **222**

Der Einführer muss die Bescheinigung der notifizierten Stelle[403] sowie gegebenenfalls die Betriebsanleitungen und Konformitätserklärungen für einen **Zeitraum von 10 Jahren** nach dem Inverkehrbringen oder der Inbetriebnahme des Hochrisiko-KI-Systems **bereithalten**.[404] **223**

Der Einführer muss mit den zuständigen **nationalen Behörden bei Maßnahmen zusammenarbeiten**, die diese in Bezug auf ein vom Einführer in Verkehr gebrachtes Hochrisiko-KI-System ergreifen.[405] **224**

cc) Händler

Auch Händler[406] treffen gesonderte Pflichten lediglich bezogen auf Hochrisiko-KI-Systeme. Diese sind in Art. 24 KI-VO geregelt. **225**

Der Händler muss prüfen, ob die CE-Kennzeichnung des Systems und die erforderlichen Unterlagen vorliegen.[407] Er muss sicherstellen, dass Anbieter und gegebenenfalls Einführer ihre wesentlichen Pflichten erfüllen, bevor das System auf dem Markt bereitgestellt wird. Wie auch der Einführer muss er auf Konformität des Systems hinwirken, wenn er Grund zur Annahme hat, dass diese nicht vorliegt.[408] Lagerungs- und Transportbedingungen dürfen die Konformität des Hochrisiko-KI-Systems nicht beeinträchtigen.[409] Der Händler muss selbst Korrekturmaßnahmen ergreifen, um die Konformität herzustellen, oder das System zurücknehmen beziehungsweise zurückrufen, wenn er davon ausgeht, dass die Konformitätsanforderungen nicht erfüllt sind.[410] **226**

Der Händler muss sicherstellen, dass der Anbieter, Einführer oder andere relevante Akteure entsprechende Maßnahmen ergreifen, wenn das System Risiken für Gesundheit, Sicherheit oder Grundrechte von Personen[411] birgt.[412] Der Händler teilt bei begründeter Anfrage der zuständigen Behörde sämtliche Informationen über die getroffenen Konformitätsmaßnahmen mit.[413] **227**

Der Händler muss mit den zuständigen Behörden zusammenarbeiten, wenn diese Maßnahmen in Bezug auf ein vom Händler auf dem Markt bereitgestelltes Hochrisiko-KI-System ergreifen.[414] **228**

dd) Produkthersteller

Auch Produkthersteller zählen zu den Akteuren nach Art. 3 Nr. 8 KI-VO. Die KI-VO legt jedoch keine eigenen Pflichten für Produkthersteller[415] fest, die selbst keine Anbieter sind. Ein Produkthersteller kann jedoch zum **229**

397 Art. 23 Abs. 1 lit. a bis d KI-VO.
398 Art. 23 Abs. 2 S. 1 KI-VO.
399 Art. 23 Abs. 4 KI-VO.
400 Art. 23 Abs. 2 S. 2 KI-VO.
401 Art. 23 Abs. 3 KI-VO.
402 Art. 23 Abs. 6 KI-VO.
403 Vgl. zu den Anforderungen an notifizierte Stellen Art. 31 KI-VO, zur Definition Art. 3 Nr. 22 KI-VO.
404 Art. 23 Abs. 5 KI-VO.
405 Art. 23 Abs. 7 KI-VO.
406 Vgl. zu Definition und Anwendungsbereich Rn. 68.
407 Art. 24 Abs. 1 KI-VO.
408 Art. 24 Abs. 2 S. 1 KI-VO.
409 Art. 24 Abs. 3 KI-VO.
410 Art. 24 Abs. 4 S. 1 KI-VO.
411 Art. 79 Abs 1 KI-VO. Dazu Fn. 268.
412 Art. 24 Abs. 4 S. 2 KI-VO
413 Art. 25 Abs. 5 KI-VO.
414 Art. 24 Abs. 6 KI-VO.
415 Vgl. zu Definition und Anwendungsbereich Rn. 69.

Anbieter eines Hochrisiko-KI-Systems nach Art. 25 Abs. 3 KI-VO werden.[416] Diese Möglichkeit beziehungsweise das Risiko, zum Anbieter zu werden, besteht im Übrigen auch für Händler, Einführer, Betreiber oder andere Dritte.

e) Rollenwechsel zum Anbieter: Verantwortlichkeit nach Art. 25 KI-VO

230 Art. 25 KI-VO ist von zentraler Bedeutung für Unternehmen, die mit Hochrisiko-KI-Systemen arbeiten.[417] Diese Norm legt fest, unter welchen Umständen Händler, Einführer, Betreiber, Produkthersteller oder andere Dritte entgegen ihrer ursprünglichen Rolle in der KI-Wertschöpfungskette **als Anbieter gelten** und somit die **umfassenden Pflichten eines Anbieters** wahrnehmen müssen.[418] Dies hat erhebliche praktische Konsequenzen: Solche („Quasi"-)Anbieter haften umfassend für die Einhaltung der Vorgaben nach Art. 8 bis Art. 15 KI-VO für die Konformität und Sicherheit der Hochrisiko-KI-Systeme. Zudem haben sie Informationspflichten gegenüber anderen Akteuren und müssen die Pflichten aus Art. 16 KI-VO erfüllen, insbesondere die Einführung von Qualitätsmanagementsystemen sowie die Aufbewahrung zugehöriger Dokumentationen.[419]

aa) Überblick über die Regelungen des Art. 25 KI-VO

231 Bei den grundsätzlich eng auszulegenden[420] Fällen des Art. 26 Abs. 1 KI-VO findet ein **vollständiger Wechsel der Verantwortung** statt, was bedeutet, dass der ursprüngliche Anbieter in Bezug auf das so eingesetzte Hochrisiko-KI-System nicht mehr verpflichtet ist.[421] Im Gegensatz dazu gibt es bei Art. 25 Abs. 3 KI-VO keine vergleichbare Vorschrift, sodass dort der Erstanbieter weiterhin haftet.

232 **Ziel des Art. 25 KI-VO** ist es, sicherzustellen, dass die Person, die nach außen als Anbieter auftritt oder das KI-System so verändert, dass eine eigene Verantwortlichkeit gerechtfertigt ist, als Anbieter des Hochrisiko-KI-Systems gilt und den Pflichten des Art. 16 KI-VO unterliegt.[422] Die Vorschrift regelt in zwei Absätzen fünf verschiedene Szenarien, in denen ein entsprechender **Wechsel der Verantwortlichkeit** innerhalb der KI-Wertschöpfungskette stattfindet.

233 Art. 25 Abs. 1 KI-VO betrifft einen möglichen Rollenwechsel von Händlern, Einführern, Betreibern oder sonstigen Dritten. Hier werden Situationen beschrieben, in denen ein Hochrisiko-KI-System:

- mit dem **Namen oder der Marke** des Dritten versehen wird (lit. a);
- wenn eine **wesentliche Änderung am KI-System** vorgenommen wird und es weiterhin als hochriskant eingestuft wird (lit. b);
- oder wenn die **Zweckbestimmung eines KI-Systems so verändert** wird, dass es zu einem Hochrisiko-KI-System wird (lit. c).

> **Praxistipp**: Art. 25 Abs. 1 KI-VO hat einen sehr weiten personellen Anwendungsbereich. Er betrifft nicht nur Akteure im Sinne des Art. 3 Nr. 8 KI-VO, sondern auch jeden sonstigen Dritten. Somit kommt es für eine Verantwortlichkeit als Anbieter nach dieser Regelung allein auf die vorstehend genannten Handlungsweisen an.

234 Art. 25 Abs. 3 KI-VO betrifft hingegen ausschließlich Produkthersteller, die Hochrisiko-KI-Systeme:

- **als Sicherheitsbauteil** in ihren Produkten verwenden, und zwar indem sie das Produkt unter **eigenem Namen oder Handelsmarke in Verkehr bringen** (lit. a);
- oder diese **in Betrieb nehmen** (lit. b).

---

416 Dazu Rn. 242 ff.
417 Die Kommission erarbeitet Leitlinien zur Umsetzung des Art. 15 KI-VO, an denen sich Akteure in Zukunft orientieren können, Art. 96 Abs. 1 lit. a KI-VO.
418 ErwG 84 KI-VO.
419 *Gössl*, in: Martini/Wendehorst, KI-VO, Art. 25 Rn. 23; dazu Rn. 153 ff.
420 *Gössl*, in: Martini/Wendehorst, KI-VO, Art. 25 Rn. 8.
421 Art. 25 Abs. 2 S. 1 KI-VO.
422 *Gössl*, in: Martini/Wendehorst, KI-VO, Art. 25 Rn. 1.

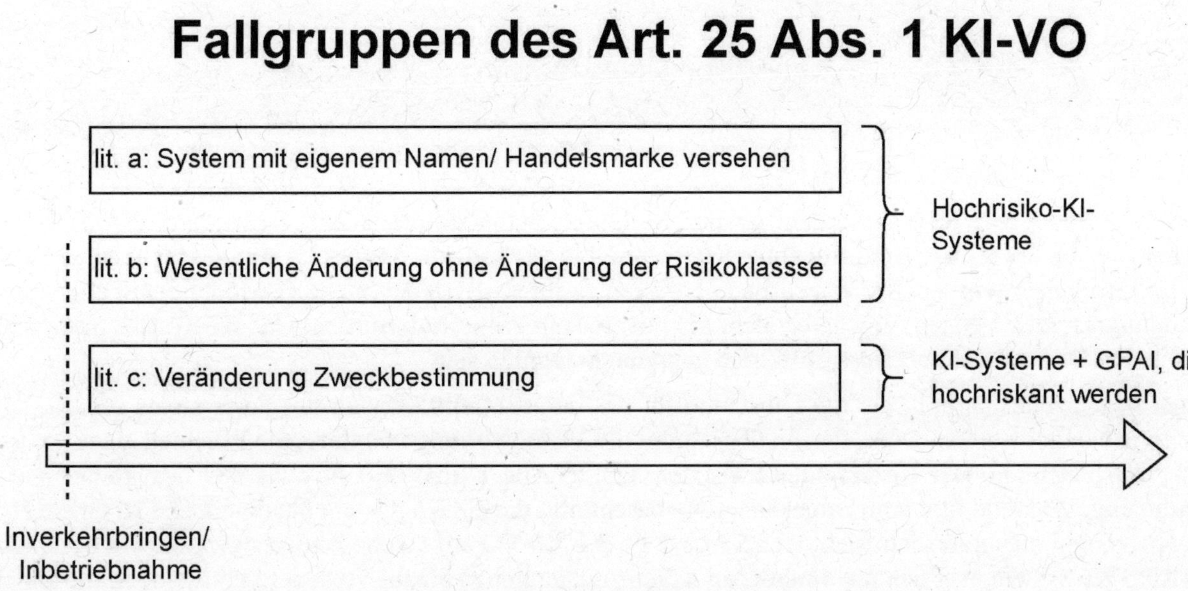

bb) Fallgruppen von Rollenwechseln in die Verantwortlichkeit als Anbieter

Im Folgenden werden die einzelnen Tatbestände detaillierter erörtert, um ein klares Verständnis der spezifischen 235
Verantwortlichkeiten und Pflichten zu gewährleisten, die mit jedem in Art. 25 geregelten Szenario eines Rollenwechsels verbunden sind:

(1) Versehen eines Hochrisiko-KI-Systems mit eigenem Namen oder Handelsmarke

Gemäß **Art. 25 Abs. 1 lit. a KI-VO** gelten Händler, Einführer, Betreiber oder andere Dritte als Anbieter, wenn 236
sie ein bereits in Verkehr gebrachtes oder in Betrieb genommenes Hochrisiko-KI-System mit ihrem **Namen** oder ihrer **Handelsmarke versehen**. Das Versehen mit dem Namen oder der Handelsmarke wird eine entsprechende nach außen erkennbare Kennzeichnung voraussetzen. Zudem muss es dem zukünftigen Anbieter des Hochrisiko-KI-Systems auch zuzurechnen sein.[423]

(2) Vornahme einer wesentlichen Änderung

Nach **Art. 25 Abs. 1 lit. b KI-VO** wechselt die Verantwortlichkeit auf den Quasi-Anbieter, wenn dieser eine **wesentliche Änderung an einem Hochrisiko-KI-System vornimmt**. Das KI-System muss dabei weiterhin hochriskant im Sinne des Art. 6 KI-VO bleiben. Der Grundgedanke dieser Regelung ist, dass in einem solchen Fall die neue Verantwortlichkeit nicht auf dem Vertrauen in den eigenen Namen oder die Handelsmarke beruht, sondern auf **einem maßgeblichen eigenen tatsächlichen Beitrag** des künftigen Anbieters, der eine eigene Verantwortlichkeit rechtfertigt.[424] 237

Der Begriff der wesentlichen Änderung ist in Art. 3 Nr. 23 KI-VO legaldefiniert. Danach ist eine wesentliche 238
Veränderung „eine Veränderung eines KI-Systems nach dessen Inverkehrbringen oder Inbetriebnahme, die in der vom Anbieter durchgeführten ursprünglichen Konformitätsbewertung nicht vorgesehen oder geplant war und durch die die Konformität des KI-Systems mit den Anforderungen in Kapitel III Abschnitt 2 beeinträchtigt wird oder die zu einer Änderung der Zweckbestimmung führt, für die das KI-System bewertet wurde".

Eine **wesentliche Änderung** liegt somit dann vor, wenn die Änderung **in der ursprünglichen Konformitäts-** 239
bewertung nicht vorgesehen war und die Konformität des Systems beeinträchtigt oder **die Zweckbestimmung ändert**. Es geht also um Fälle, in denen eine Modifikation neue oder andere Gefahren schafft oder das bestehende Risiko eines Systems erheblich erhöht.[425]

Beispiele: Wesentliche Änderungen dürften oft etwa die Änderung eines Betriebssystems oder einer Softwarearchitektur sein.[426] Hingegen stellen Änderungen des Algorithmus oder der Leistung, die nach dem Inver-

423 *Gössl*, in: Martini/Wendehorst, KI-VO, Art. 25 Rn. 15.
424 *Gössl*, in: Martini/Wendehorst, KI-VO, Art. 25 Rn. 19.
425 *Gerdemann*, in: Martini/Wendehorst, KI-VO, Art. 43 Rn. 58.
426 ErwG 128 S. 1 KI-VO.

kehrbringen oder der Inbetriebnahme weiterhin dazulernen, keine wesentlichen Veränderungen dar, sofern diese vom Anbieter vorab festgelegt und bewertet wurden.[427] Richtigerweise sollte auch das weitere Training eines Hochrisiko-KI-Systems nicht als wesentliche Änderung bewertet werden.

(3) Veränderung der Zweckbestimmung

240 Nach **Art. 25 Abs. 1 lit. c KI-VO** werden Händler, Einführer, Betreiber oder andere Dritte dann zu Quasi-Anbietern, wenn sie **die Zweckbestimmung eines KI-Systems so verändern, dass es zu einem Hochrisiko-KI-System wird**. Nach dem Wortlaut der Vorschrift soll diese auch für KI-Systeme (nicht KI-Modelle) mit allgemeinem Verwendungszweck[428] gelten, die zuvor nicht als hochriskant eingestuft wurden. Das KI-System muss zudem bereits in den Verkehr gebracht oder in Betrieb genommen worden sein.

241 Bei dem Akteur oder Dritten, der die Umstände für das derart erhöhte Risiko des KI-Systems schafft, sollen Pflichten gebündelt werden. Diese Person übernimmt die Verantwortung und muss die Pflichten eines Anbieters gemäß Art. 16 erfüllen. Der **Unterschied** zwischen **Art. 25 Abs. 1 lit. b und lit. c KI-VO** liegt in der **Art der Veränderung**. Während lit. c eine Zweckänderung beschreibt, die ein KI-System überhaupt erst zu einem Hochrisiko-KI-System macht, bezieht sich Art. 25 Abs. 1 lit. 3 b KI-VO auf solche Änderungen, die ein bestehendes Hochrisiko-KI-System über den ursprünglichen Konformitätsrahmen hinaus verändern und seine Marktfähigkeit beeinträchtigen.[429]

Beispiele: Art. 25 KI-VO verdeutlicht die enorme Bedeutung von internen Regelungen zur Nutzung von KI-Systemen. Sofern ein Unternehmen Mitarbeitern durch entsprechende klare Vorgaben untersagt, KI-Systeme für andere als die ursprünglich vorgesehenen Einsatzzwecke zu nutzen, kann dies das faktische Risiko einer ungewollten Einstufung als Anbieter eines Hochrisiko-KI-Systems bereits erheblich senken. Zudem kann man aus einer solchen internen Regelung gute Argumente ableiten, die gegen eine Zurechnung eines Mitarbeiterexzesses gegenüber dem Unternehmen sprechen. Denn das Unternehmen selbst hat das Hochrisiko-KI-System gerade nicht für eine Verwendung für den geänderten Zweck in Verkehr gebracht oder in Betrieb genommen, sondern eine solche Vorgehensweise vielmehr sogar ausdrücklich ausgeschlossen.

(4) Hochrisiko-KI-Systeme als Sicherheitsbauteile von Produkten

242 **Art. 25 Abs. 3 KI-VO** betrifft **Produkthersteller**, die Hochrisiko-KI-Systeme als **Sicherheitsbauteil**[430] in ihren Produkten verwenden.[431] In diesen Fällen gelten die Produkthersteller als Anbieter, wenn sie das Produkt unter ihrem eigenen Namen oder ihrer Handelsmarke in Verkehr bringen (lit. a) oder in Betrieb nehmen (lit. b).[432]

243 Im Gegensatz zu den Fällen des Absatzes 1 bleibt der ursprüngliche Anbieter weiterhin haftbar, da es keine mit Art. 25 Abs. 2 KI-VO vergleichbare Vorschrift gibt, die einen vollständigen Wechsel der Verantwortung vorsieht. Dies bedeutet, dass sowohl der Produkthersteller als auch der ursprüngliche Anbieter für die Einhaltung der Sicherheits- und Konformitätsanforderungen verantwortlich sind. Diese Regelung stellt sicher, dass die Verantwortung für die Sicherheit und Konformität der Produkte bei denjenigen liegt, die tatsächlich Einfluss auf deren Einsatz und Risiko haben, und gewährleistet so den Schutz der Nutzer.

(5) Beendigung der Anbieterstellung nach Art. 25 Abs. 2 KI-VO

244 In den in Art. 25 Abs. 1 KI-VO geregelten Fällen gilt der ursprüngliche Anbieter nicht mehr als Anbieter dieses KI-Systems. Er ist aber dazu verpflichtet, eng mit den neuen Anbietern zusammenzuarbeiten, ihnen Informationen zur Verfügung zu stellen und sie auf sonstige Weise bei der Erfüllung ihrer Pflichten nach der KI-VO zu unterstützen. Diese Unterstützungspflicht soll dann nicht gelten, wenn der Erstanbieter eindeutig festgelegt hat, dass sein System nicht in ein Hochrisiko-KI-System umgewandelt werden darf und er daher keiner Pflicht zur Übergabe von Dokumentation unterliegt, Art. 25 Abs. 2 S. 3 KI-VO.

427 ErwG 128 S. 2 KI-VO.
428 Vgl. zur Legaldefinition des KI-Systems mit allgemeinem Verwendungszweck Art. 3 Nr. 66 KI-VO.
429 *Gössl*, in: Martini/Wendehorst, KI-VO, Art. 25 Rn. 21.
430 Art. 3 Nr. 14 KI-VO.
431 Auch hier zeigt sich die horizontale Ausrichtung der KI-VO (Rn. 120), und das Ineinandergreifen von KI- und produktspezifischen Regulierungen.
432 ErwG 87 KI-VO.

Zwar schließt der Wortlaut dieser Regelung die Geltung des ganzen Absatzes 2 aus. Richtigerweise dürfte hier **245** aber nur der Ausschluss der Unterstützungspflicht durch den Erstanbieter gemeint sein.[433]

3. KI-Systeme mit begrenztem Risiko[434]

Art. 50 KI-VO legt für Anbieter und Betreiber bestimmter KI-Systeme besondere Transparenzpflichten fest.[435] **246** Diese Pflichten gelten für KI-Systeme, mit denen natürliche Personen in Berührung kommen.

Transparenzpflichten, Art. 50 KI-VO

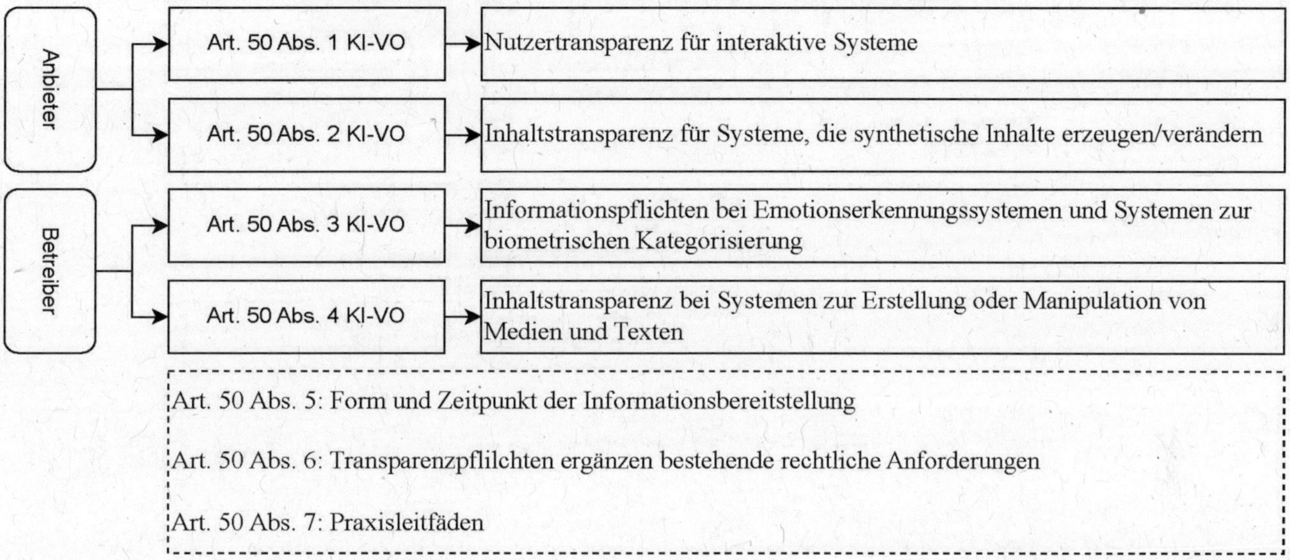

Bei solchen KI-Systemen nach Art. 50 KI-VO besteht die **Gefahr**, dass **natürliche Personen nicht ohne Weiteres erkennen**, dass sie mit KI-Systemen oder deren Ergebnissen interagieren. Dadurch können Fehlvorstellungen entstehen, die durch das KI-System oder dessen generierte Inhalte verursacht werden. Solche Irrtümer oder Missverständnisse können erhebliche Risiken mit sich bringen, indem sie die Entscheidungsfreiheit und die autonome Meinungsbildung der Nutzer beeinträchtigen.[436] Zudem bestünde andernfalls die Gefahr, dass Dritte durch KI-generierte Inhalte in ihrem Ruf geschädigt werden. Um diese Risiken zu minimieren, müssen Nutzer bei Bedarf darüber informiert werden, dass sie mit KI-Systemen interagieren und dass die Inhalte nicht zwangsläufig die Realität widerspiegeln.[437] **247**

Praxistipp: Bei Hochrisiko-KI-Systemen, die auch Art. 50 KI-VO erfüllen, kommen diese Pflichten **zusätzlich** zu den bestehenden Vorgaben hinzu.[438] Die Einstufung als Hochrisiko-KI-System erfolgt jedoch nur nach Art. 6 KI-VO.

Art. 50 KI-VO differenziert nach Adressaten und Art der jeweiligen Transparenzpflicht. Absätze 1 und 2 richten **248** sich an die **Anbieter** von KI-Systemen. Sie sind bereits bei der Entwicklung relevant. Absätze 3 und 4 der Vorschrift betreffen die **Betreiber** und werden erst beim Einsatz der Systeme relevant.

Transparenzpflichten müssen **spätestens bei der ersten Interaktion mit dem KI-System** erfüllt werden.[439] Da- **249** durch wird sichergestellt, dass Nutzer von Anfang an über die Natur der Interaktion informiert sind. Außerdem variiert die Reichweite der Pflichten: Absätze 1 und 3 umfassen **Informationspflichten**, Absatz 2 eine **Kennzeichnungspflicht** und Absatz 4 eine **Offenlegungspflicht** für Deepfakes.

433 So etwa auch *Gössl*, in: Martini/Wendehorst, KI-VO, Art. 25 Rn. 40.
434 Die KI-VO nutzt diesen Begriff nicht. Stattdessen spricht ErwG 165 S. 1 KI-VO von der „Entwicklung anderer KI-Systeme als Hochrisiko-KI-Systeme".
435 Die Kommission erarbeitet Leitlinien zur Umsetzung des Art. 50 KI-VO, an denen sich Akteure in Zukunft orientieren können, Art. 96 Abs. 1 lit. d KI-VO.
436 ErwG 29 KI-VO.
437 *Ashkar/Schröder*, BB 2024, 771, 779; *Roth-Isigkeit*, KIR 2024, 15, 18.
438 Art. 50 Abs. 6 KI-VO und ErwG 132 S. 2 KI-VO.
439 Art. 50 Abs. 5 KI-VO.

Zeitlicher Geltungsbereich: Die Pflichten für KI-Systeme mit begrenztem Risiko gelten zwei Jahre nach dem Inkrafttreten der KI-VO, ab dem **2.8.2026** (Art. 113 KI-VO).

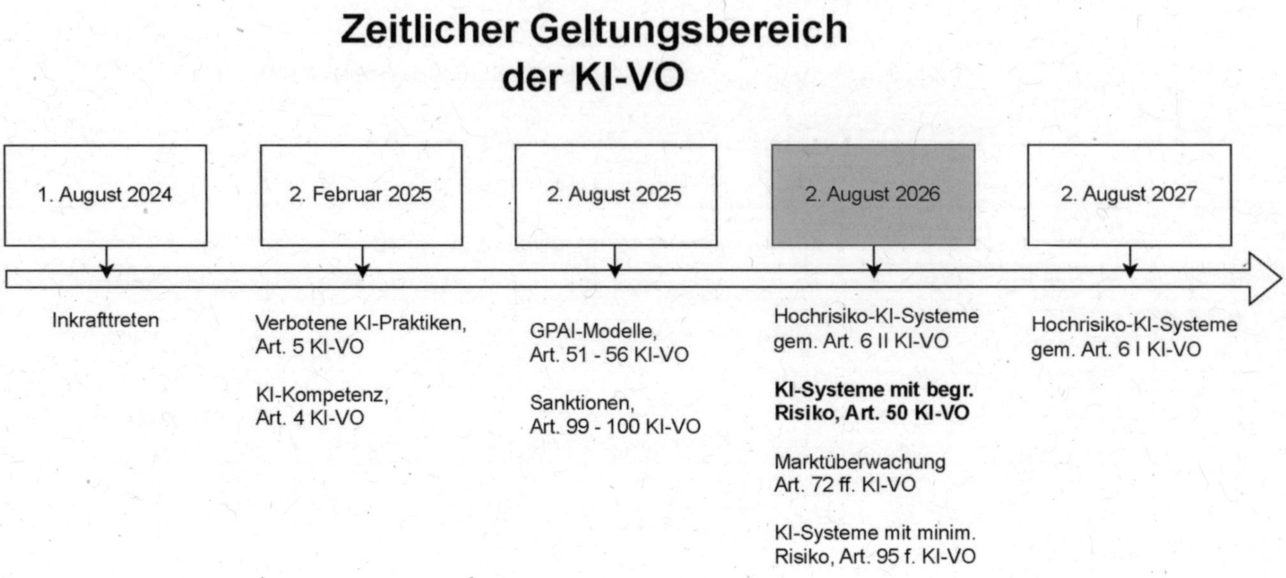

Mögliche Sanktionen[440]: Bei Nichteinhaltung der Transparenzpflichten gemäß Art. 50 KI-VO drohen erhebliche Sanktionen. Gemäß Art. 99 Abs. 4 lit. g KI-VO können Geldbußen von bis zu 15 Millionen EUR verhängt werden. Für Unternehmen kann die Strafe bis zu 3 % des gesamten weltweiten Jahresumsatzes betragen. Es ist daher entscheidend, die Transparenzanforderungen sorgfältig zu erfüllen, um solche Sanktionen zu vermeiden.

250 Der folgende Abschnitt erläutert die vier unterschiedlichen Typen von KI-Systemen, die unter die Regelung des Art. 50 KI-VO fallen:

a) Anbieterpflichten

251 Transparenzpflichten von Anbietern unterscheiden sich je nach Art des KI-Systems. Dabei müssen **interaktive KI-Systeme** und KI-Systeme, die **synthetische Inhalte erzeugen oder verändern**, unterschieden werden.[441] Die Anbieterpflichten betreffen insbesondere eine Kennzeichnung von KI-Systemen auf technischer Ebene.

aa) Interaktive KI-Systeme

252 Transparenzpflichten nach Art. 50 Abs. 1 KI-VO betreffen KI-Systeme, die direkt mit Menschen interagieren. Solche Systeme bergen etwa ein erhöhtes Risiko für Identitätsbetrug und Täuschungen, vor allem wenn sie mit gefährdeten Gruppen interagieren, die die Risiken von KI nicht einschätzen können. Das kann beispielsweise wegen des Alters oder einer Behinderung einer Person der Fall sein.[442]

Beispiele: Zu KI-Systemen nach Art. 50 Abs. 1 KI-VO gehören etwa KI-basierte Chatbots, Sprachassistenten oder sogenannte Avatare. Systeme, die auf vorgefertigte Frage-Antwort-Möglichkeiten beschränkt sind, fallen hingegen nicht unter die Transparenzpflicht des Art. 50 Abs. 1 KI-VO. Denn bei einem solchen System handelt es sich nicht um ein KI-System.[443]

253 Unternehmen, die interaktive KI-Systeme betreiben, müssen sicherstellen, dass die **interagierende Person darüber informiert wird**, dass sie mit einem KI-System kommuniziert. Die entsprechende Information muss klar und verständlich sein und barrierefrei bereitgestellt werden.

440 Dazu Rn. 331 ff.
441 Art. 50 Abs. 1, 2 KI-VO.
442 ErwG 132 S. 4 KI-VO.
443 *Honer/Schöbel*, JuS 2024, 648, 652.

Eine Ausnahme von dieser Pflicht besteht, wenn es für eine angemessen informierte, aufmerksame und verständige natürliche Person aufgrund der Umstände und des Nutzungskontexts offensichtlich ist, dass sie mit einem KI-System interagiert.[444] **254**

bb) KI-Systeme, die synthetische Inhalte erzeugen oder verändern

Transparenzpflichten gelten auch für KI-Systeme, die **synthetische Inhalte wie Texte, Bilder, Videos oder Audioaufnahmen vollständig künstlich erstellen** (sogenannte „generative KI") **oder verändern** („manipulieren"). **255** Diese Systeme können Inhalte erzeugen, die sich kaum oder gar nicht von menschlich erstellten Inhalten unterscheiden lassen. Oft handelt es sich dabei um KI-Systeme, die auf GPAI-Modellen beruhen oder diese einbinden, etwa im Rahmen der Nutzung von großen generativen KI-Modellen.[445] Die Transparenzpflicht des Art. 50 Abs. 2 KI-VO[446] greift für alle KI-Systeme, die synthetische Inhalte erzeugen oder verändern – unabhängig davon, ob die KI-VO sie oder einzelne Komponenten als ein GPAI-System[447] einstuft.

> **Beispiele**: Synthetische Inhalte im Sinne des Art. 50 Abs. 2 KI-VO sind etwa Texte, die von einem Large Language Model („**LLM**") erstellt beziehungsweise verfasst wurden, oder Bilder, die von einer bildgenerierenden KI erstellt wurden[448]. Ebenso zählen hierzu Sprachsynthese-Systeme, die menschenähnliche Stimmen erzeugen.

Die Kennzeichnung muss eindeutig sein, um Verwechslungen zu vermeiden.[449] Die Umsetzung der Kennzeichnungspflicht kann durch technische Lösungen erfolgen, wobei die Verbindung der Kennzeichnung mit dem synthetischen Inhalt fest verankert sein sollte.[450] Den Anbietern steht es frei, geeignete Methoden zu wählen, wie etwa Wasserzeichen, Metadatenidentifizierungen oder kryptografische Methoden.[451] **256**

Es gibt jedoch Ausnahmen von der Kennzeichnungspflicht. Diese gelten insbesondere für Systeme, die lediglich unterstützende „**Standardbearbeitungen**" ausführen oder die vom Betreiber verwendeten Eingabedaten nicht wesentlich verändern.[452] Wenn **nur unwesentliche Veränderungen vorgenommen** werden, wie etwa bei Bildbearbeitungsprogrammen, die automatische Funktionen zur Korrektur von Helligkeit oder Kontrast bieten,[453] entfällt daher die Kennzeichnungspflicht. **257**

b) Betreiberpflichten

Besondere Transparenzpflichten gelten auch für Betreiber von **Emotionserkennungssystemen bzw. biometrischer Kategorisierung** und **KI-Systemen zur Erstellung oder Manipulation von Medien und Texten**.[454] **258** Neben den Anbieterpflichten, die auf technischer Ebene eine Kennzeichnung des Outputs solcher Systeme sicherstellen sollen, wird durch diese zusätzlichen Betreiberpflichten ein umfassender Schutz der Betroffenen gewährleistet. Diese zweistufige Herangehensweise soll sicherstellen, dass sowohl die technische als auch die operationale Ebene der Nutzung von KI-Systemen transparent gestaltet ist.

aa) Emotionserkennungssysteme oder Systeme zur biometrischen Kategorisierung

Weitere Transparenzpflichten gelten gemäß Art. 50 Abs. 3 KI-VO für Emotionserkennungssysteme und Systeme zur biometrischen Kategorisierung. **259**

Als **Emotionserkennungssysteme** werden KI-Systeme bezeichnet, die Emotionen oder Absichten natürlicher Personen auf der Grundlage ihrer biometrischen Daten feststellen oder ableiten.[455] Solche KI-Systeme können etwa anhand von Gesichtsausdrücken Absichten und Emotionen wie Freude, Trauer, Wut, Überraschung, Ekel, **260**

444 ErwG 132 S. 3 KI-VO.
445 Nach ErwG 99 KI-VO stellen große generative KI-Modelle ein typisches Beispiel für ein GPAI-Modell dar. Dazu Rn. 273 ff.
446 *Kumkar/Griesel*, KIR 2024, 117, 122 m. w. N.
447 Dazu Rn. 277.
448 *Chibanguza/Steege*, NJW 2024, 1769, 1774.
449 ErwG 133 S. 3 KI-VO.
450 Art. 50 Abs. 2 S. 2 KI-VO.
451 ErwG 133 S. 4 KI-VO.
452 Art. 50 Abs. 2 S. 3 KI-VO.
453 Beispiel aus *Martini*, in: Martini/Wendehorst, KI-VO, Art. 50 Rn. 68.
454 Art. 50 Abs. 3, 4 KI-VO.
455 Art. 3 Nr. 39 KI-VO.

Verlegenheit, Aufregung, Scham, Verachtung oder Zufriedenheit erkennen.[456] Physische Zustände wie Schmerz oder Müdigkeit fallen hingegen nicht hierunter.[457]

261 Unabhängig von der Transparenzpflicht nach Art. 50 Abs. 3 KI-VO ordnet die KI-VO KI-Systeme, die bestimmungsgemäß zur Emotionserkennung verwendet werden, als Hochrisiko-KI-System ein.[458] Ihr Einsatz am Arbeitsplatz oder in Bildungseinrichtungen fällt sogar unter Art. 5 Abs. 1 lit. f KI-VO.

262 **Systeme zur biometrischen Kategorisierung** sind KI-Systeme, die natürliche Personen auf der Grundlage ihrer biometrischen Daten bestimmten Kategorien zuordnen.[459] Eine biometrische Kategorisierung stellt – in Abgrenzung zur biometrischen Identifizierung und Verifizierung[460] – nicht primär eine Identität fest.[461] Die Kategorisierungen können vielmehr Geschlecht, Alter, Haar- und Augenfarbe, Tätowierungen, Verhaltens- oder Persönlichkeitsmerkmale, Sprache, Religion, Zugehörigkeit zu einer nationalen Minderheit sowie sexuelle Orientierung oder politische Ausrichtung umfassen.[462]

263 Systeme, bei denen die biometrische Kategorisierung nur eine Nebenfunktion darstellt und untrennbar mit einem anderen kommerziellen Hauptdienst verbunden ist, sind keine biometrischen Kategorisierungssysteme. Die Ausgestaltung als Nebenfunktion darf dabei nicht dazu dienen, die Anwendung der KI-VO zu umgehen.[463]

264 Die KI-VO stuft auch biometrische Kategorisierungssysteme regelmäßig als Hochrisiko-KI-Systeme ein.[464] Die Transparenzpflicht nach Art. 50 Abs. 3 KI-VO tritt insoweit neben die sonstigen Pflichten für Anbieter und Betreiber von Hochrisiko-KI-Systemen.[465]

Beispiele: KI-Systeme zur biometrischen Kategorisierung sind beispielsweise Systeme, die anhand von Aufnahmen von Gesichtern das Alter von Nutzern einschätzen, bevor sie auf Online-Plattformen mit Erwachseneninhalten zugreifen.[466] Ein Filter, der lediglich Gesichts- und Körpermerkmale erfasst, um Nutzern auf einem Online-Marktplatz eine digitale Anprobe von Kleidung zu ermöglichen, ist dagegen kein biometrisches Kategorisierungssystem. Hier steht der Warenverkauf im Fokus, der Filter ist ein Nebensystem.[467]

265 Unternehmen, die KI-Systeme zur Emotionserkennung oder biometrischen Kategorisierung einsetzen, unterliegen einer **Informationspflicht**. Der Nutzer muss über den Betrieb des Systems informiert werden. Die Form der Information richtet sich nach Art. 50 Abs. 5 KI-VO. Der Verordnungstext lässt offen, was genau Gegenstand der Information „über den Betrieb" sein muss.[468] Es reicht dabei nicht aus, lediglich pauschal mitzuteilen, dass ein entsprechendes System eingesetzt wird. Vielmehr müssen die wesentlichen Mittel und Parameter offengelegt werden, die bei der Entscheidungsfindung des Systems eine Rolle spielen.[469] Dies soll sicherstellen, dass Nutzer ein klares Verständnis davon haben, wie das System funktioniert und welche Faktoren in die Entscheidungsprozesse einfließen.

bb) KI-Systeme zur Erstellung oder Manipulation von Medien und Texten

266 Die umfassenden Transparenzpflichten des Art. 50 Abs. 4 UAbs. 1 KI-VO[470] treffen Betreiber von KI-Systemen, die sogenannte **Deepfakes** erzeugen.[471] Ein Deepfake ist gemäß Art. 3 Nr. 60 KI-VO ein Bild-, Ton- oder Videoinhalt, der von KI erstellt oder verändert wurde und so echt aussieht, dass es Menschen täuschen kann. Art. 50 Abs. 4 KI-VO legt für Betreiber von KI-Systemen, die Inhalte oder Texte erzeugen oder manipulieren, eine spe-

456 ErwG 18 S. 2 KI-VO.
457 ErwG 18 S. 3 KI-VO; KI-Systeme, die etwa zur Müdigkeitserkennung bei Piloten eingesetzt werden, sind keine Emotionserkennungssysteme. Insoweit fallen sie auch nicht unter das Verbot von Art. 5 Abs. 1 lit. f KI-VO.
458 Art. 6 Abs. 2 KI-VO Anhang III Nr. 1 lit. d KI-VO, dazu Rn. 106 ff; siehe zur Definition auch Art. 3 Nr. 36 KI-VO.
459 Art. 3 Nr. 40 KI-VO.
460 Art. 3 Nr. 35 und 36 KI-VO.
461 *Keber/Schwartmann*, in: Schwartmann/Keber/Zenner, KI-VO, S. 64 Rn. 97.
462 ErwG 16 S. 2 KI-VO.
463 ErwG 16 S. 3 KI-VO.
464 Art. 6 Abs. 2 in Verbindung mit Anhang III Nr. 1 a bis c KI-VO.
465 Anhang III Nr. 1 lit. b KI-VO, Dazu Rn. 113.
466 *Hansen/Nägele/Steinbrück*, in: Schwartmann/Keber/Zenner, KI-VO, S. 81 Rn. 165.
467 ErwG 16 S. 4 KI-VO.
468 *Merkle*, RDi 2024, 414, 419 f.
469 *Martini*, in: Martini/Wendehorst, KI-VO, Art. 50 Rn. 89.
470 *Kumkar/Griesel*, KIR 2024, 117, 119 m. w. N.
471 Auch Art. 35 Abs. 1 S. 2 lit. k DSA kennt eine Kennzeichnungspflicht für Deepfakes. Dazu *Brorsen/Falk*, MMR 2024, 32, 34. Generell sollen die Offenlegungspflichten des Art. 50 Abs. 4 KI-VO den Vollzug des DSA erleichtern nach ErwG 136 KI-VO.

zifische Offenlegungspflicht fest. Diese Pflicht verlangt, dass Betreiber klar und deutlich offenlegen, wenn Inhalte oder Texte künstlich erzeugt oder verändert wurden.

Beispiele: Dazu gehören etwa Bilder, Musikstücke oder Videos von nicht existierenden Menschen, die real wirken. Solange diese Inhalte als synthetisch erkennbar sind, werden sie nicht als Deepfakes bewertet, können aber den Pflichten des Art. 50 Abs. 2 KI-VO unterfallen.

Die Legaldefinition des Deepfakes erfasst grundsätzlich keine **Texte**. Für KI-generierte Texte besteht vielmehr eine gesonderte Regelung in Art. 50 Abs. 4 UAbs. 2 KI-VO. Diese Regelung stellt sicher, dass auch Texte, die von KI-Systemen erstellt oder verändert werden, die veröffentlicht werden, und die Öffentlichkeit über Angelegenheiten von öffentlichem Interesse informieren sollen, entsprechend gekennzeichnet werden. Dies soll verhindern, dass solche Texte fälschlicherweise als authentische menschliche Erzeugnisse wahrgenommen werden, was zu Missverständnissen oder Täuschungen führen könnte. **267**

Es gelten **Einschränkungen** der Offenlegungspflicht für Deepfakes, um die Rechte auf Meinungsfreiheit, Kunst- und Wissenschaftsfreiheit nicht zu beeinträchtigen.[472] Diese Rechte sollen insbesondere dann nicht durch zu starke Transparenzpflichten behindert werden, wenn der Inhalt Teil eines **offensichtlich kreativen, satirischen, künstlerischen, fiktionalen oder analogen Werks oder Programms** ist und **geeignete Schutzvorkehrungen für die Rechte und Freiheiten Dritter** bestehen. Die Transparenzpflicht beschränkt sich dann auf eine „geeignete" Offenlegung.[473] **268**

Für Texte besteht eine Ausnahme von der Offenlegungspflicht, wenn eine **menschliche Überprüfung oder redaktionelle Kontrolle** der Inhalte erfolgt und eine natürliche oder juristische Person die Verantwortung dafür übernimmt.[474] **269**

Praxistipp: Es ist stark kontextabhängig, wie weitreichend eine Offenlegung im Einzelfall sein muss. Unternehmen sollten die weiteren rechtlichen Entwicklungen verfolgen und im Zweifelsfall auch über eine umfassendere Offenlegung nachdenken, um Risiken zu minimieren und Sanktionen zu vermeiden.

4. KI-Systeme mit minimalem Risiko

KI-Systeme mit minimalem Risiko sind alle KI-Systeme, die keiner speziellen Risikoklassifizierung unterliegen. Sie werden in der KI-VO nicht explizit so benannt. Beispiele für solche KI-Systeme mit minimalen Risiko sind beispielsweise KI-gestützte Empfehlungssysteme, Spam-Filter[475] oder KI-basierte Videospiele[476]. **270**

Akteure, die KI-Systeme mit minimalem Risiko betreiben oder verwenden, **können freiwillige Verhaltenskodizes nach Art. 95 ff. KI-VO befolgen**.[477] Diese Kodizes haben das Ziel, bewährte Praktiken und ethische Standards für die Entwicklung, den Einsatz und die Verwaltung von KI-Systemen zu etablieren. Sie fördern Transparenz, Fairness, Sicherheit und den Schutz der Rechte der Nutzer. Verhaltenskodizes können spezifisch für bestimmte Branchen oder Anwendungsbereiche sein, wie zum Beispiel Gesundheitswesen, Finanzen oder autonome Systeme. Sie können sich auf einzelne oder mehrere KI-Systeme erstrecken.[478] Dadurch werden spezifische Risiken und Herausforderungen adressiert. Unternehmen, die solche Verhaltenskodizes annehmen, verpflichten sich, deren Prinzipien und Standards einzuhalten. Die Umsetzung von Verhaltenskodizes unterstützt und erleichtert ein verantwortungsvolles Verhalten beim Umgang mit KI-Systemen und kann das Vertrauen in diese Technologie erhöhen. **271**

Konkrete Rahmenbedingungen für die Aufstellung dieser Kodizes sind in Art. 95 KI-VO geregelt.[479] **272**

---

472 Art. 50 Abs. 4 UAbs. 1 S. 3, ErwG 134 S. 2 KI-VO

473 Art. 50 Abs. 4 UAbs. 1 S. 3 KI-VO und ErwG 134 S. 3 KI-VO.

474 Art. 50 Abs. 4 UAbs. 2 S. 2 KI-VO und ErwG 134 S. 4 KI-VO.

475 *Honer/Schöbel*, JuS 2024, 648, 652.

476 *Ammann/Pohle*, CB 2024, 137, 137.

477 *Von Welser*, GRUR-Prax 2024, 485, 485. Seit 2023 gibt es auch den „Code of Conduct for Organizations Developing Advanced AI Systems", der im Rahmen des G7-Gipfels in Hiroshima entwickelt wurde. Dieser Kodex bietet Leitlinien und Prinzipien, die sicherstellen sollen, dass die Entwicklung und der Einsatz von KI-Systemen verantwortungsvoll und ethisch erfolgen.

478 Art. 95 Abs. 3 KI-VO.

479 Einen guten Überblick über die Einzelheiten der maßgeblichen Regelungen findet sich etwa bei *Hartmann*, in: Martini/Wendehorst, KI-VO, Art. 95 Rn. 6 ff.

Zeitlicher Geltungsbereich: Die Vorschriften zu KI-Systemen mit minimalem Risiko gelten zwei Jahre nach Inkrafttreten der KI-VO, ab dem **2.8.2026** (Art. 113 KI-VO).

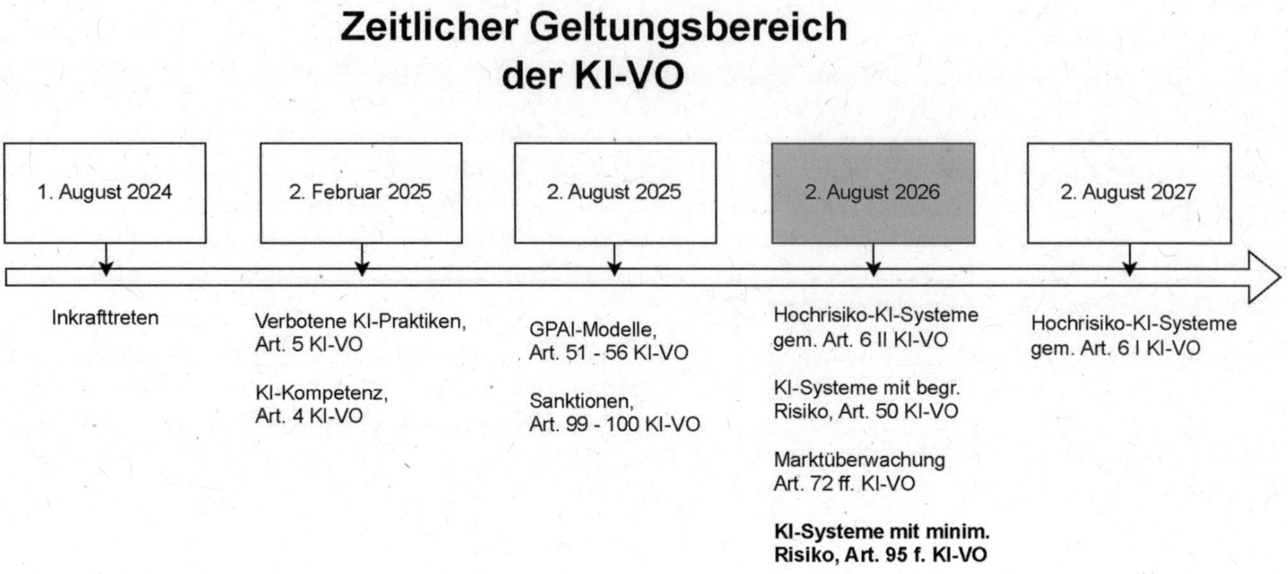

III. KI-Modelle mit allgemeinem Verwendungszweck

273 **GPAI-Modelle**[480] beziehungsweise KI-Modelle mit allgemeinem Verwendungszweck sind aufgrund ihrer vielseitigen Anwendbarkeit in verschiedenen Bereichen von besonderer Bedeutung. Anbieter solcher Modelle tragen eine erhöhte Verantwortung[481], insbesondere wenn deren GPAI-Modelle systemische Risiken bergen, die negative Auswirkungen auf die öffentliche Gesundheit, den demokratischen Prozess oder die Sicherheit haben könnten. In solchen Fällen gelten – entsprechend dem risikobasierten Ansatz der KI-VO[482] – strengere Pflichten.[483] Für KI-Modelle mit allgemeinem Verwendungszweck sieht die KI-VO eine Reihe von Sonderregeln vor. Diese sind in **Art. 51 bis 55, Art. 88 bis 94** und in **Art. 101 KI-VO** geregelt.

274 Der Begriff des KI-Modells mit allgemeinem Verwendungszweck ist in **Art. 3 Nr. 63 KI-VO** legdefiniert. Danach ist ein GPAI-Modell ein KI-Modell, das eine **erhebliche allgemeine Verwendbarkeit** aufweist, das in der Lage ist, unabhängig von der Art und Weise seines Inverkehrbringens ein **breites Spektrum unterschiedlicher Aufgaben kompetent zu erfüllen**, und das **in eine Vielzahl nachgelagerter Systeme oder Anwendungen integriert werden kann**.

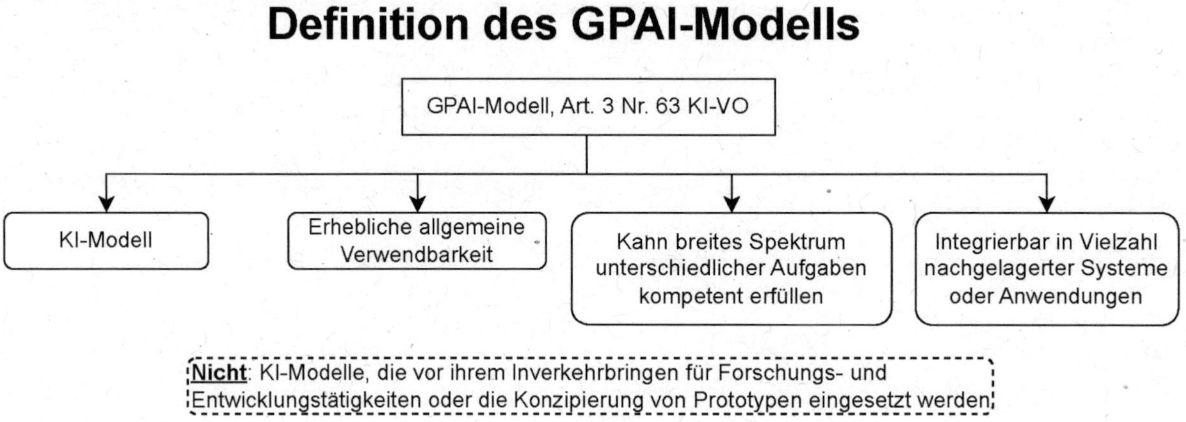

480 Art. 3 Nr. 63 KI-VO; ErwG 97 S. 2 KI-VO.
481 ErwG 101 KI-VO.
482 Dazu Rn. 13 ff.
483 Art. 55 KI-VO. Dazu Rn. 301 ff. Die Kommission ist nach Art. 52 Abs. 6 KI-VO verpflichtet, eine Liste von GPAI-Modellen mit systemischem Risiko zu veröffentlichen und regelmäßig zu aktualisieren, um Transparenz und Nachvollziehbarkeit der Einstufungen zu gewährleisten.

Ausgenommen von dieser Definition sind hingegen KI-Modelle, die vor ihrem Inverkehrbringen für Forschungs- und Entwicklungstätigkeiten oder die Konzipierung von Prototypen eingesetzt werden.[484] Der Begriff des KI-Modells ist enger als der des KI-Systems. In der Regel wird ein KI-Modell als Komponente eines KI-Systems eingesetzt.[485] **275**

GPAI-Modelle sind nicht auf spezifische Aufgaben beschränkt und können eine Vielzahl von Aufgaben erfüllen, wie die Erzeugung von Text-, Audio-, Bild- oder Videoinhalten.[486] Sie werden mit großen Datenmengen durch Methoden wie überwachtes oder unüberwachtes und bestärkendes Lernen trainiert. **276**

Ein KI-System mit allgemeinem Verwendungszweck (**GPAI-System**) basiert auf einem GPAI-Modell und kann direkt oder integriert in andere Systeme für verschiedene Zwecke genutzt werden.[487] GPAI-Systeme sind in Art. 3 Nr. 66 KI-VO legaldefiniert. Danach sind KI-Systeme mit allgemeinem Verwendungszweck solche KI-Systeme, die auf einem KI-Modell mit allgemeinem Verwendungszweck beruhen und in der Lage sind, einer Vielzahl von Zwecken sowohl für die direkte Verwendung als auch für die Integration in andere KI-Systeme zu dienen. **277**

Die Verordnung legt den Fokus auf GPAI-Modelle, wobei GPAI-Systeme bei Zweckänderungen, die zu Hochrisiko-KI-Systemen führen, zusätzliche Pflichten nach sich ziehen.[488] **278**

Beispiel: Ein Unternehmen integriert ein LLM in seine elektronische Postverwaltung, um den Angestellten die Formulierung von E-Mails zu erleichtern. Nunmehr lässt es jedoch darüber hinausgehend auch Angestellte hierdurch Bewertungen, Abmahnungen oder gar Kündigungen der Beschäftigten erstellen.[489]

1. Einstufung von GPAI-Modellen mit oder ohne systemischem Risiko

Ob ein GPAI-Modell den strengen Pflichten der in Art. 51 ff. KI-VO geregelten Vorgaben unterliegt, hängt davon ab, ob es als Modell mit **systemischem Risiko** eingestuft wird. Ein systemisches Risiko bezieht sich auf die erheblichen Auswirkungen, die ein Modell aufgrund seiner weitreichenden Fähigkeiten und potenziell negativen Folgen auf den Unionsmarkt haben kann.[490] Diese Risiken könnten gegebenenfalls gesellschaftliche, wirtschaftliche und technologische Systeme destabilisieren, indem sie Kaskadeneffekte auslösen, die über isolierte Probleme hinausgehen. Beispiele hierfür sind mögliche Fehlinformationen, Manipulation, Sicherheitsrisiken und Diskriminierung, die die öffentliche Gesundheit, Sicherheit und Grundrechte beeinträchtigen können. **279**

Nach Art. 51 KI-VO gibt es zwei Tatbestandsmerkmale, bei deren Vorliegen ein GPAI-Modell als **systemisch riskant** einzustufen ist: **280**

- **Technische Bewertung**: Modelle mit **hohem Wirkungsgrad**, die durch technische Instrumente und Methoden bewertet werden (lit. a). Die hier vorausgesetzten Fähigkeiten mit hoher Wirkkraft sind in Art. 3 Nr. 64 KI-VO legaldefiniert.
- **Behördliche Entscheidung**: Die Kommission kann von Amts wegen oder basierend auf einer qualifizierten Warnung des wissenschaftlichen Gremiums ein Modell als systemisch riskant einstufen (lit. b).

---

484 Art. 3 Nr. 63 KI-VO.
485 *Wendehorst*, in: Martini/Wendehorst, KI-VO, Art. 3 Rn. 397.
486 *Wendehorst*, in: Martini/Wendehorst, KI-VO, Art. 3 Rn. 403. Zur Abgrenzung zwischen KI-Modell und KI-System Rn. 273 ff.
487 Art. 3 Nr. 66 KI-VO; ErwG 100 S. 1 KI-VO; *Wendehorst*, in: Martini/Wendehorst, KI-VO, Art. 3 Rn. 419.
488 Art. 25 Abs. 1 lit. c KI-VO. Dazu Rn. 240 f.
489 *Zenner/Schwartmann/Hansen*, in: Schwartmann/Keber/Zenner, KI-VO, S. 180 Rn. 518.
490 Art. 3 Nr. 65 KI-VO.

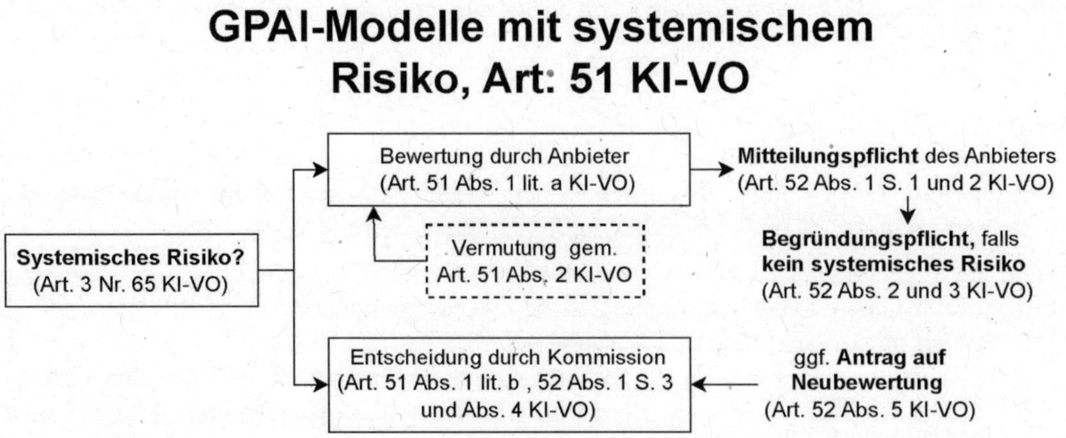

281 Beide Varianten unterscheiden sich nur verfahrensrechtlich, während der inhaltliche Maßstab für das Vorliegen eines systemischen Risikos gleich bleibt.[491]

Zeitlicher Geltungsbereich: Die Pflichten für GPAI-Anbieter gelten zwölf Monate nach Inkrafttreten der Verordnung, das heißt ab dem **2.8.2025** (Art. 113 lit. b KI-VO). Dies gilt nicht für Anbieter, die ihr GPAI-Modell vor diesem Datum in Verkehr gebracht haben („angestammte Modelle"). Diese müssen die Pflichten erst ab dem 2.8.2027 erfüllen (Art. 111 Abs. 3 KI-VO).

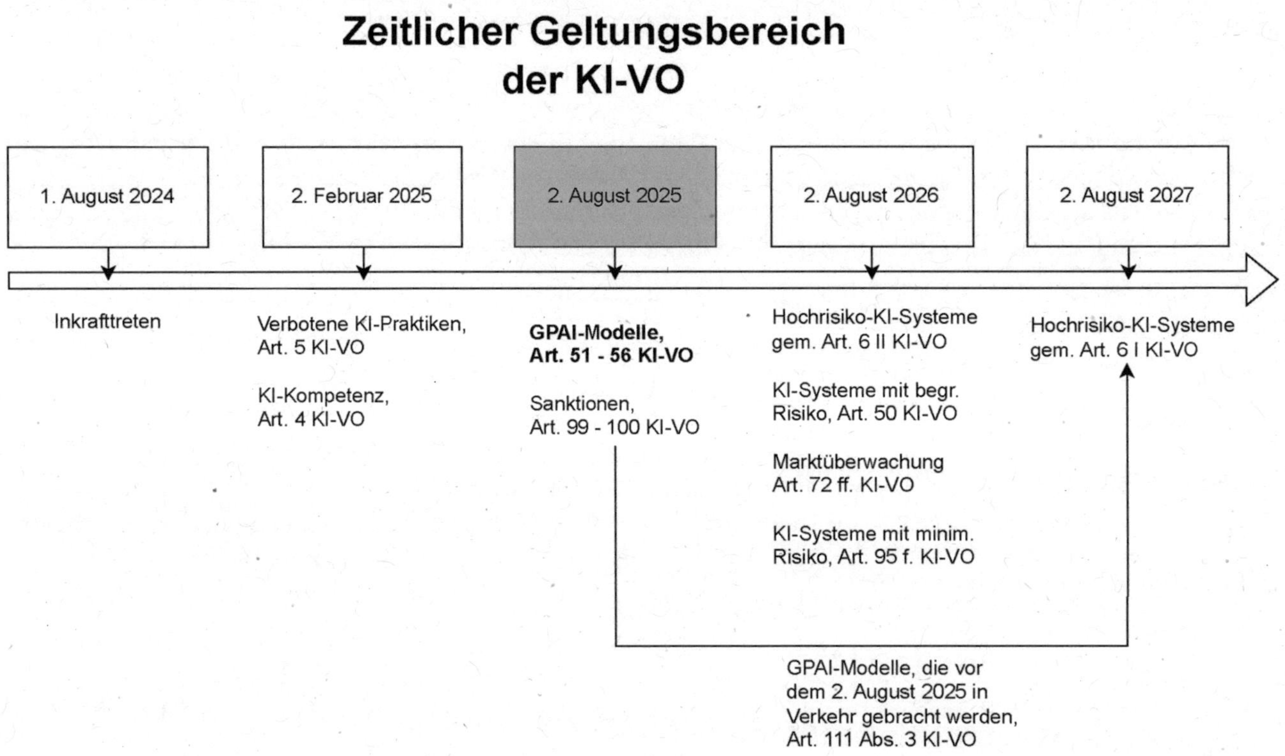

a) Erstbeurteilung durch den Modellanbieter: Fähigkeiten mit hoher Wirkkraft?

282 Ein GPAI-Modell wird als systemisch riskant eingestuft, wenn es über Fähigkeiten mit hoher Wirkkraft verfügt, die durch geeignete technische Instrumente und Methoden bewertet werden können.[492]

283 Art. 3 Nr. 64 KI-VO definiert den Begriff **„Fähigkeiten mit hoher Wirkkraft"** als Fähigkeiten, die den **fortschrittlichsten KI-Modellen** mit allgemeinem Verwendungszweck festgestellten Fähigkeiten entsprechen oder diese übersteigen. Diese Bewertung der Leistungsstärke erfolgt anhand von Indikatoren und Benchmarks, die von der Europäischen Kommission festgelegt werden.

491 *Bernsteiner/Schmitt*, in: Martini/Wendehorst, KI-VO, Art. 51 Rn. 22.
492 Art. 51 Abs. 1 lit. a KI-VO.

Praxistipp: Ein praktischer Anhaltspunkt für die Einstufung ist die Menge der für das Training des Modells verwendeten Berechnungen. Überschreitet diese Menge 10^{25} Gleitkommaoperationen[493], wird vermutet, dass das Modell über Fähigkeiten mit hohem Wirkungsgrad verfügt.[494] Dieser Schwellenwert kann aber mit Hinblick auf den fortschreitenden technologischen Wandel durch die Kommission mittels delegierter Rechtsakte verändert werden.[495]

Bei der Feststellung von systemischem Risiko von GPAI-Modellen spielt die Erstbeurteilung durch den Anbieter eine zentrale Rolle. Der Anbieter ist verpflichtet, eine umfassende Bewertung der Fähigkeiten seines Modells vorzunehmen.[496] 284

Der Anbieter muss unverzüglich, spätestens jedoch binnen zwei Wochen, der **Kommission mitteilen**, wenn das Modell über solche Fähigkeiten verfügt oder verfügen wird.[497] In seiner Mitteilung hat der Anbieter aber auch die Möglichkeit, hinreichend begründete Argumente vorzubringen, um darzulegen, dass das Modell aufgrund seiner **besonderen Merkmale keine systemischen Risiken birgt**.[498] Sollte die Kommission die vorgebrachten Argumente als unzureichend erachten, wird das Modell aber als systemisch riskant eingestuft.[499] 285

Mögliche Sanktionen: Anbieter von GPAI-Modellen sollten beachten, dass die Europäische Kommission nach Art. 101 Abs. 1 lit. a KI-VO bei Verstößen gegen die Mitteilungspflicht Geldbußen von bis zu 3 % des weltweiten Jahresumsatzes oder 15 Millionen EUR verhängen kann, je nachdem, welcher Betrag höher ist.

b) Entscheidung durch Kommission

Nach Art. 51 Abs. 1 lit. b KI-VO kann die **Kommission ein GPAI-Modell als systemisch riskant einstufen**, wenn es über Fähigkeiten oder eine Wirkung verfügt, die den in Buchstabe a genannten gleichwertig sind. 286

Es bedarf in diesem Fall keiner Mitteilung des Anbieters. Gemäß Art. 52 Abs. 1 S. 3 und Abs. 4 KI-VO kann die Kommission ein Modell von Amts wegen als risikobehaftet ausweisen, wenn keine Mitteilung des Anbieters erfolgt ist und entweder die Kommission selbst Kenntnis von einem risikobehafteten Modell erlangt oder das wissenschaftliche Gremium eine qualifizierte Warnung übermittelt.[500] Diese Entscheidung ist konstitutiv, was bedeutet, dass die Pflichten nach Art. 55 KI-VO erst ab diesem Zeitpunkt gelten.[501] 287

Diese Entscheidung erfolgt im Rahmen einer **Gesamtwürdigung**.[502] Der entscheidende Unterschied zu Buchstabe a liegt darin, dass die Kommission die Bewertung vornimmt, wobei sie sich auf die in Anhang XIII festgelegten Kriterien stützt.[503] 288

Anbieter haben die Möglichkeit, eine **Neubewertung der Einstufung** ihres GPAI-Modells als systemisch riskant durch die Kommission zu beantragen.[504] Ein solcher Antrag kann frühestens sechs Monate nach einer Erst- oder Neubewertung gestellt werden und muss objektiv und detailliert beschreiben, aus welchen Gründen oder aufgrund welcher Änderungen seit der letzten Entscheidung der Kommission sich eine andere Bewertung ergeben sollte.[505] 289

493 Art. 3 Nr. 67 KI-VO.
494 Art. 51 Abs. 2 KI-VO. Die Kommission kann gem. Art. 51 Abs. 3 KI-VO delegierte Rechtsakte zur Änderung der Schwellenwerte und zur Ergänzung von Benchmarks und Indikatoren erlassen, Art. 97 Abs. 2 KI-VO.
495 Art. 51 Abs. 3, 97 KI-VO.
496 Art. 55 Abs. 1 lit. a, ErwG 114 KI-VO. Dazu Rn. 302 ff. Dabei sollte er nicht nur die technischen Instrumente und Methoden anwenden, sondern auch die in Anhang XIII festgelegten Kriterien, dazu sogleich, berücksichtigen.
497 Art. 52 Abs. 1 S. 1 KI-VO. Diese Mitteilung muss alle erforderlichen Informationen enthalten, um die Erfüllung der Kriterien nachzuweisen, Art. 52 Abs. 1 S. 2 KI-VO. Dies umfasst zum Beispiel Informationen zu durchgeführten Benchmarks und Trainings, aber auch zu den Kriterien des Anhangs XIII.
498 Art. 52 Abs. 2 KI-VO.
499 Art. 52 Abs. 3 KI-VO.
500 *Bernsteiner/Schmitt*, in: Martini/Wendehorst, KI-VO, Art. 52 Rn. 20.
501 *Bernsteiner/Schmitt*, in: Martini/Wendehorst, KI-VO, Art. 52 Rn. 2.
502 ErwG 111 S. 12 KI-VO; *Bernsteiner/Schmitt*, in: Martini/Wendehorst, KI-VO, Art. 51 Rn. 24.
503 Die Kommission kann gem. Art. 52 Abs. 4 KI-VO delegierte Rechtsakte zur Änderung der Kriterien des Anhangs XIII erlassen, Art. 97 Abs. 2 KI-VO.
504 Art. 52 Abs. 5 KI-VO.
505 Art. 52 Abs. 5 S. 2 und 3 KI-VO; *Bernsteiner/Schmitt*, in: Martini/Wendehorst, KI-VO, Art. 52 Rn. 23.

2. Anbieterpflichten

290 Anbieter von GPAI-Modellen sind verantwortlich für die Integration ihrer Modelle in nachgelagerte Systeme und müssen regulatorische Pflichten einhalten.[506] Die KI-VO unterscheidet:

- **allgemeine Pflichten** für alle Anbieter von KI-Modellen mit allgemeinem Verwendungszweck (Art. 53 KI-VO);
- **zusätzliche Pflichten** für Anbieter von GPAI-Modellen mit systemischen Risiken (Art. 55 KI-VO); [507]
- Pflichten für Anbieter von GPAI-Modellen aus Drittländern und deren **Bevollmächtigte** (Art. 54 KI-VO).[508]

291 Es gibt keine spezifischen Betreiberpflichten für KI-Modelle mit allgemeinem Verwendungszweck. Denn GPAI-Modelle müssen naturgemäß in KI-Systeme integriert werden, bei denen dann je nach Einsatzbereich eine Einordnung als Betreiber eines Hochrisiko-KI-Systems in Betracht kommt.

292 Eine **Ausnahme von den Anbieterpflichten** besteht für **Open Source GPAI-Modelle**, die im Rahmen einer freien und quelloffenen Lizenz bereitgestellt werden.[509] Diese Ausnahme gilt jedoch nicht für Anbieter von GPAI-Modellen mit systemischen Risiken, die weiterhin den vollständigen Pflichten unterliegen.

293 Im Folgenden werden zunächst allgemeine Pflichten von Anbietern von GPAI-Modellen behandelt.[510] Im Anschluss werden dann die weiteren Pflichten dargestellt, die für solche Anbieter gelten, deren GPAI-Modelle systemische Risiken bergen.[511] Anschließend wird erläutert, wie Anbieter die Erfüllung ihrer Pflichten nachweisen können.[512]

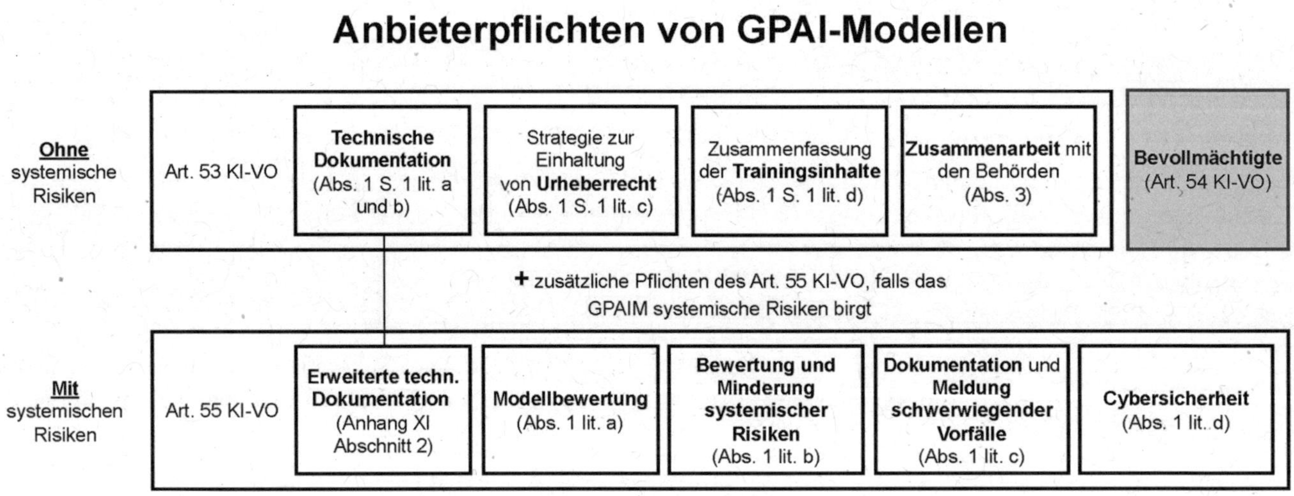

a) Allgemeine Pflichten

aa) Technische Dokumentation, Art. 53 Abs. 1 S. 1 lit. a und b KI-VO

294 Anbieter müssen umfassende **technische Dokumentationen des GPAI-Modells** erstellen und aktualisieren[513], die Trainings- und Testverfahren sowie Bewertungsergebnisse umfassen. Diese Dokumentation wird auf Anfrage dem **Büro für Künstliche Intelligenz**[514] **oder nationalen Behörden** bereitgestellt und muss bei Änderungen aktualisiert werden.

295 Zudem müssen (Erst-)Anbieter Transparenzinformationen für **nachgelagerte Anbieter** bereitstellen[515], um die Integration ihrer GPAI-Modelle in KI-Systeme zu erleichtern.[516]

506 ErwG 101 S. 1 KI-VO.
507 ErwG 114 S. 1 KI-VO.
508 Dazu Rn. 299 ff.
509 Art. 53 Abs. 2 KI-VO; ErwG 102 und 104 KI-VO.
510 Dazu Rn. 294 ff.
511 Dazu Rn. 301 ff.
512 Dazu Rn. 306 ff.
513 Art. 53 Abs. 1 S. 1 lit. a KI-VO. Die Mindestinformationen sind in Anhang XI aufgeführt.
514 Art. 3 Nr. 47 KI-VO.
515 Art. 3 Nr. 68 KI-VO.
516 Art. 53 Abs. 1 S. 1 lit. b KI-VO. Der Mindestinhalt ist in Anhang XII beschrieben. Die Kommission kann gemäß Art. 97 Abs. 2 KI-VO delegierte Rechtsakte erlassen, um die Anhänge XI und XII vor dem Hintergrund sich wandelnder technologischer Entwicklungen zu ändern (Art. 53 Abs. 6 KI-VO).

bb) Strategie zur Einhaltung des Urheberrechts, Art. 53 Abs. 1 S. 1 lit. c KI-VO

Anbieter müssen eine **Strategie zur Einhaltung des Urheberrechts** entwickeln, um sicherzustellen, dass europäische Urheberrechte weltweit eingehalten werden.[517] Diese Strategie umfasst die Erfassung urheberrechtlich relevanter Prozesse und die Implementierung von Maßnahmen zur Verhinderung von Urheberrechtsverletzungen. 296

cc) Zusammenfassung der Trainingsinhalte, Art. 53 Abs. 1 S. 1 lit. d KI-VO

Anbieter müssen eine **Zusammenfassung der Trainingsdaten** veröffentlichen, um Urheberrechtsinhabern die Durchsetzung ihrer Rechte zu erleichtern.[518] Diese Zusammenfassung sollte hinreichend deskriptiv beziehungsweise beschreibend sein und den Schutz von Geschäftsgeheimnissen gewährleisten.[519] Zusätzlich sind Informationen über die Trainingsdaten gemäß Anhang XI und XII erforderlich.[520] Diese sind in beschreibender Form, jedoch nicht nach einer zuvor festgelegten Vorlage zu erstellen. 297

dd) Zusammenarbeit mit den Behörden, Art. 53 Abs. 3 KI-VO

Anbieter von GPAI-Modellen sind verpflichtet, mit der **Europäischen Kommission und den zuständigen nationalen Behörden zusammenzuarbeiten**, wenn dies erforderlich ist, um deren Zuständigkeiten und Befugnisse gemäß der KI-VO auszuüben.[521] Diese Zusammenarbeit bezieht sich insbesondere auf die Befugnisse zur Beaufsichtigung und Durchsetzung, die der Kommission gemäß Art. 88 – 94 KI-VO zugewiesen sind und die sie an das Büro für Künstliche Intelligenz überträgt.[522] 298

ee) Bevollmächtigte der Anbieter von GPAI-Modellen, Art. 54 KI-VO

Anbieter aus Drittländern müssen einen in der EU niedergelassenen **Bevollmächtigten benennen**, um die Einhaltung der KI-VO sicherzustellen.[523] 299

Der Bevollmächtigte ist verantwortlich für die Überprüfung der Pflichten, die Bereithaltung der technischen Dokumentation und die Zusammenarbeit mit Behörden.[524] Bei Verstößen muss der Bevollmächtigte den Auftrag beenden und die Behörden informieren.[525] 300

b) Weitere Pflichten bei GPAI-Modellen mit systemischem Risiko

Anbieter von GPAI-Modellen mit systemischem Risiko müssen über die allgemeinen Pflichten hinausgehende Maßnahmen ergreifen, um spezifische Risiken zu identifizieren und zu mindern.[526] Diese umfassen: 301

aa) Modellbewertung und erweiterte technische Dokumentation, Art. 55 Abs. 1 lit. a, b KI-VO und Anhang XI Abschnitt 2

Anbieter müssen umfassende **Modellbewertungen** durchführen, um potenzielle Risiken zu identifizieren und zu mindern.[527] Diese Bewertungen sollten dem aktuellen Stand der Technik entsprechen und standardisierte Protokolle sowie dokumentierte Angriffstests umfassen.[528] Die Bewertung muss kontinuierlich aktualisiert werden, insbesondere bei Änderungen des Modells oder des Standes der Technik.[529] 302

---

517 Art. 53 Abs. 1 lit. c KI-VO.
518 Art. 53 Abs. 1 S. 1 lit. d KI-VO.
519 *Bernsteiner/Schmitt*, in: Martini/Wendehorst, KI-VO, Art. 53 Rn. 45.
520 Die Kommission kann gem. Art. 53 Abs. 5, 6 KI-VO delegierte Rechtsakte zur Festlegung der Mess- und Berechnungstechniken des Anhangs XI und zur Änderung des Anhangs XII erlassen, Art. 97 Abs. 2 KI-VO.
521 Art. 53 Abs. 3 KI-VO.
522 *Bernsteiner/Schmitt*, in: Martini/Wendehorst, KI-VO, Art. 53 Rn. 48.
523 *Engel*, KIR 2024, 21, 22 f. Der Bevollmächtigte muss schriftlich benannt werden, und die Benennung muss vor dem Inverkehrbringen des Modells erfolgen. Die Benennungspflicht umfasst die formale Bevollmächtigung und die Bekanntgabe des Bevollmächtigten an das Büro für Künstliche Intelligenz und die zuständigen nationalen Behörden.
524 Art. 54 Abs. 3 KI-VO; *Bernsteiner/Schmitt*, in: Martini/Wendehorst, KI-VO, Art. 54 Rn. 14 ff.
525 Art. 54 Abs. 5 S. 1 KI-VO; *Bernsteiner/Schmitt*, in: Martini/Wendehorst, KI-VO, Art. 54 Rn. 21 ff.
526 Wie ErwG 118 S. 2 KI-VO betont, unterliegen GPAI-Modelle – insbesondere solche mit systemischen Risiken – auch den Risikomanagementvorschriften der Art. 33 ff. DSA, soweit diese in eine als sehr groß eingestufte Online-Plattform oder Online-Suchmaschine eingebettet sind.
527 Art. 55 Abs. 1 lit. a KI-VO.
528 *Bernsteiner/Schmitt*, in: Martini/Wendehorst, KI-VO, Art. 55 Rn. 8 ff.
529 *Bernsteiner/Schmitt*, in: Martini/Wendehorst, KI-VO, Art. 55 Rn. 8; *Zenner/Schwartmann/Hansen*, in: Schwartmann/Keber/Zenner, KI-VO, S. 173 Rn. 497.

303 Zusätzlich zu den allgemeinen Anforderungen an die **technische Dokumentation** nach Art. 53 Abs. 1 S. 1 lit. a KI-VO stellt Anhang XI Abschnitt 2 weitere Anforderungen an GPAI-Modelle mit systemischem Risiko.[530] Die erweiterte technische Dokumentation muss detaillierte Prüfstrategien und die Systemarchitektur enthalten.

bb) Meldung schwerwiegender Vorfälle, Art. 55 Abs. 1 lit. c KI-VO

304 Bei schwerwiegenden Vorfällen[531] müssen Anbieter unverzüglich handeln, den Vorfall **untersuchen**, **Abhilfemaßnahmen** erfassen und dokumentieren und das Büro für Künstliche Intelligenz sowie nationale Behörden **unverzüglich informieren**.[532]

cc) Cybersicherheit, Art. 55 Abs. 1 lit. d KI-VO

305 Anbieter müssen ein angemessenes Maß an Cybersicherheit für ihre Modelle und die physische Infrastruktur gewährleisten.[533] Entsprechende Maßnahmen sollten dem aktuellen Stand der Technik entsprechen und kontinuierlich aktualisiert werden, um neuen Bedrohungen zu begegnen. Besondere Aufmerksamkeit sollten Anbieter von GPAI-Modellen dabei den Risiken unbeabsichtigten Modelldatenverlusts, unerlaubter Bereitstellung, Umgehung von Sicherheitsmaßnahmen und Schutz vor Cyberangriffen widmen.[534]

3. Konformitätsvermutung und Praxisleitfäden

306 Die KI-VO bietet Anbietern von GPAI-Modellen mehrere Möglichkeiten, die Einhaltung ihrer Pflichten nachzuweisen. Eine zentrale Rolle spielt dabei die **Konformitätsvermutung**[535], die greift, wenn **harmonisierte europäische Normen**[536] eingehalten werden. Gemäß Art. 53 Abs. 4 S. 2 und Art. 55 Abs. 2 S. 2 KI-VO wird die Einhaltung solcher Normen als Nachweis dafür angesehen, dass die Pflichten erfüllt sind, soweit die Normen diese abdecken.

307 Bis zur Veröffentlichung harmonisierter europäischer Normen können Anbieter die Erfüllung ihrer Pflichten durch die Einhaltung von **Praxisleitfäden** gemäß Art. 56 KI-VO nachweisen.[537] Art. 56 KI-VO sieht vor, dass das Büro für Künstliche Intelligenz Praxisleitfäden entwickelt, die den Anbietern als Orientierung dienen. Diese Leitfäden sollen sicherstellen, dass die Anbieter die regulatorischen Anforderungen verstehen und umsetzen können, und bieten eine flexible Möglichkeit, die Einhaltung nachzuweisen.

308 Die Praxisleitfäden sind insofern mit den Verhaltensregeln des Art. 40 DSGVO vergleichbar, als dass durch die jeweiligen Regelwerke Akteuren der Nachweis verschiedener Garantien oder Pflichten ermöglicht wird.[538] Gemeinsamkeiten weisen sie auch insofern auf, als dass die Einhaltung der Verhaltensregeln wie auch der Praxisleitfäden (grundsätzlich) freiwillig ist.[539] In der KI-VO soll es im Gegensatz zur DSGVO zwar Praxisleitfäden geben, an denen Private mitgewirkt haben, jedoch soll das Büro für künstliche Intelligenz deren Ausarbeitung stets „fördern und erleichtern".[540]

Praxistipp: Die Praxisleitfäden sollen innerhalb von neun Monaten nach Inkrafttreten der KI-VO, bis zum **2.5.2025**, vorliegen.[541] Bei der Erstellung der Praxisleitfäden können sich auch Akteure aus der Privatwirtschaft beteiligen und diese mitgestalten.[542]

530 *Bernsteiner/Schmitt*, in: Martini/Wendehorst, KI-VO, Art. 55 Rn. 18 ff. m. w. N.
531 Dazu Rn. 183. Obwohl sich die Definition des Art. 3 Nr. 49 KI-VO auf KI-Systeme bezieht, können deren Wertungen auch hier zugrunde gelegt werden. So auch *Bernsteiner/Schmitt*, in: Martini/Wendehorst, KI-VO, Art. 55 Rn. 17.
532 Art. 55 Abs. 1 lit. c KI-VO. Diese Pflichten erinnern stark an die Meldepflichten bei Datenschutzverletzungen gemäß der Art. 33 und 34 DSGVO. Vgl. auch die Ähnlichkeiten zu den Meldepflichten bei Hochrisiko-KI-Systemen nach Art. 73 KI-VO, dazu Rn. 182 ff.
533 Art. 55 Abs. 1 lit. d, ErwG 114 S. 1 KI-VO.
534 ErwG 115 S. 4 KI-VO.
535 Dazu auch Rn. 165 ff.
536 Art. 3 Nr. 27 KI-VO. Dazu auch oben Rn. 165 ff.
537 Art. 53 Abs. 4 S. 1 und Art. 55 Abs. 2 S. 1 KI-VO, sowie ErwG 116, 117 KI-VO.
538 Art. 24 Abs. 3, 28 Abs. 5, 32 Abs. 3 DSGVO; Art. 53 Abs. 4, Art. 55 Abs. 2 KI-VO.
539 *Schweinoch*, in: Ehmann/Selmayr, DS-GVO, Art. 40 Rn. 1; Art. 53 Abs. 4, 55 Abs. 2 KI-VO.
540 Art. 56 Abs. 1 KI-VO. Davon unterscheiden sich die Verhaltenskodizes der DSGVO insofern, als dass diese auch ohne Beteiligung öffentlicher Einrichtungen, insb. der Kommission, erarbeitet werden können, vgl. Art. 40 Abs. 2 DSGVO.
541 Art. 56 Abs. 9 KI-VO.
542 Art. 56 Abs. 3 KI-VO.

Sollten weder harmonisierte Normen noch Praxisleitfäden verfügbar sein, können Anbieter auf „**geeignete alternative Verfahren der Einhaltung**" zurückgreifen.[543] Diese alternativen Verfahren müssen von der Kommission bewertet werden und bieten den Anbietern die Möglichkeit, ihre Pflichten auf andere Weise zu erfüllen, solange sie die regulatorischen Anforderungen einhalten. 309

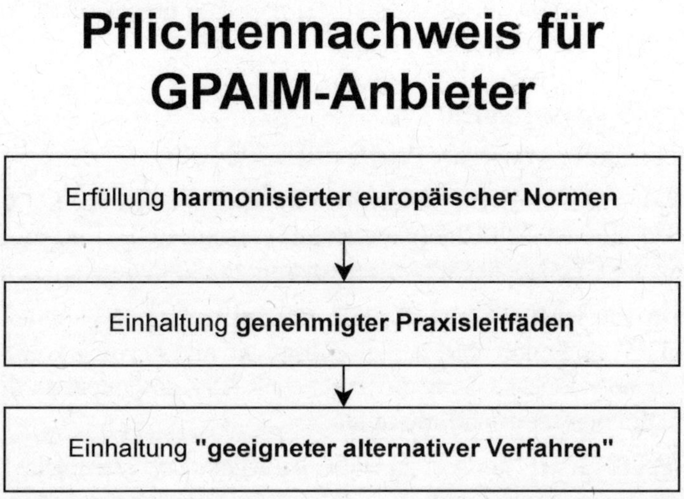

C. Haftung und Sanktionen

I. Grundlagen der Haftung beim Einsatz von KI-Systemen und Modellen

Die KI-VO selbst enthält keine eigenen **zivilrechtlichen Haftungsvorschriften**.[544] Akteure müssen allerdings 310 die allgemeinen Haftungsvorschriften des Rechts der Union und der Mitgliedstaaten berücksichtigen.[545] Zu nennen sind hier insbesondere die vertragliche Haftung, Gefährdungshaftung, deliktische Verschuldenshaftung des Anbieters und des Betreibers und verschuldensunabhängige **Produkthaftung** des Anbieters.[546] Daneben können weitere mögliche Haftungstatbestände treten, zum Beispiel nach der DSGVO, nach dem Allgemeinen Gleichbehandlungsgesetz („**AGG**") und nach dem Gesetz gegen den Unlauteren Wettbewerb („**UWG**").[547]

Praxistipp: Die KI-VO stellt den Schutz der Grundrechte in Art. 1 Abs. 1 KI-VO und an vielen weiteren Stellen der Verordnung ausdrücklich in den Fokus. Daher erscheint es nicht unwahrscheinlich, dass Gerichte bis hin zum EuGH einzelne Vorschriften etwa als Schutzgesetze im Sinne des Art. 823 Abs. 2 BGB bewerten werden.

Zahlreiche allgemeine Vorschriften sind nicht oder nur schwer auf digitale Technologien anwendbar. Mit Rechts- 311 akten wie der neuen Produkthaftungsrichtlinie 2024 („**ProdHaftRL**")[548], die ausdrücklich auch Software und KI-Systeme erfasst, sowie einer geplanten KI-Haftungsrichtlinie („**KI-HaftRL-E**")[549] hat der europäische Gesetzgeber deshalb bereits begonnen, das Haftungsrecht an die Herausforderungen der Digitalisierung anzupassen.

1. Vertragliche Haftung

Anbieter, Betreiber und andere Akteure können im Zusammenhang mit KI-Systemen **vertraglich haften**. Bei 312 vernetzten Produkten oder Software werden zwischen Herstellern bzw. Anbietern von KI-Systemen und Endnutzern bzw. Betreibern von KI-Systemen fast immer Endnutzervereinbarungen geschlossen, die Haftungsgrundlage sein können.[550] Auch Betreiber können solche Verträge mit betroffenen Personen schließen. Dies kommt etwa

543 Art. 53 Abs. 4 S. 3 und Art. 55 Abs. 2 S. 3 KI-VO.
544 Beispielsweise sieht die KI-VO selbst auch keine mit Art. 82 DSGVO vergleichbare Haftungsregelung vor.
545 *Wendehorst*, in: Martini/Wendehorst, KI-VO, Art. 1 Rn. 62 f.
546 *Wendehorst*, in: Martini/Wendehorst, KI-VO, Art. 1 Rn. 70 ff.
547 *Wendehorst*, in: Martini/Wendehorst, KI-VO, Art. 1 Rn. 94; *Schaub*, NJW 2023, 2145, 2148.
548 Richtlinie (EU) 2024/2853.
549 Europäische Kommission, Vorschlag für eine RL über KI-Haftung, COM/2022/496 final.
550 *Wendehorst*, in: Martini/Wendehorst, KI-VO, Art. 1 Rn. 90.

beim Einsatz von KI-Systemen im Gesundheitswesen zur Diagnoseunterstützung oder Patientenüberwachung in Betracht.

313 Für eine Haftung nach vertragsrechtlichen Grundsätzen ist nicht unbedingt ein formeller Vertrag erforderlich, es genügt schon eine vertragsähnliche Sonderbeziehung, beispielsweise vorvertragliche Schuldverhältnisse. Das kann insbesondere bei dem Einsatz von als Hochrisiko-KI-Systeme eingestuften Anwendungen der Fall sein, z. B. bei bewertenden Hochrisiko-KI-Systemen.[551]

2. Haftung des Anbieters von KI-Systemen

a) Verschuldensunabhängige Haftung nach der ProdHaftRL 2024

314 Die **verschuldensunabhängige Haftung für fehlerhafte Produkte** ist in der EU vollharmonisiert. Durch die Reform der ProdHaftRL 2024 müssen sich Unternehmen auf verschärfte Haftungsmaßstäbe einstellen, die nach Umsetzung durch die nationalen Gesetzgeber spätestens ab dem 9.12.2026 gelten sollen.

315 Die neue ProdHaftRL **dehnt die Haftung auf digitale Produkte aus** und schließt nun auch Software, **einschließlich KI-Systeme**, ein.[552] Technikneutral berücksichtigt sie alle Formen von Software und KI-Systemen. Das bedeutet, dass sowohl Stand-Alone-KI-Systeme[553] als auch KI-Komponenten, die funktional mit einem anderen Produkt verbunden sind, unter die Richtlinie fallen.

316 Der **Herstellerbegriff der ProdHaftRL** umfasst zunächst natürliche und juristische Personen, die Produkte herstellen, entwickeln oder produzieren, einschließlich solcher, die sie nur für den Eigenbedarf entwickeln.[554] Auch, wer ein Produkt entwirft oder herstellen lässt und seinen Namen oder Marke darauf anbringt, gilt als Hersteller. Dies entspricht dem Begriff des Produktherstellers in Art. 2 Abs. 1 lit. e KI-VO und in Teilen auch der Anbieterdefinition der KI-VO. Damit gelten auch Anbieter von KI-Systemen als Hersteller.

317 Ein Produkt gilt als fehlerhaft, wenn es nicht die erwartete oder gesetzlich vorgeschrieben Sicherheit bietet.[555] Bei der Beurteilung der **Fehlerhaftigkeit** werden Faktoren wie Aufmachung, Merkmale und Kennzeichnung des Produkts, der vorhersehbare Gebrauch sowie die Auswirkungen anderer Produkte, die zusammen mit dem Produkt verwendet werden könnten, berücksichtigt. Neu ist, dass Produkte, insbesondere KI-Systeme, die nach ihrem Inverkehrbringen lernen oder neue Funktionen erwerben können, ebenfalls als fehlerhaft gelten können. Hersteller sollen haften, wenn solche Produkte ein unerwartet „gefährliches“ Verhalten entwickeln.[556]

318 Relevant ist auch, ob das Produkt die einschlägigen Anforderungen an die Produktsicherheit erfüllt.[557] Solche Anforderungen können sich beispielsweise unmittelbar aus der KI-VO und weiteren EU-Rechtsakten, wie dem EU-Cyber-Resilience Act[558], ergeben. Die Nichteinhaltung von Anforderungen der KI-VO kann damit eine Vermutung der Fehlerhaftigkeit eines KI-Systems oder KI-Modells begründen.[559] Hersteller bzw. Anbieter können sich absichern, indem sie die Regeln zur Produktsicherheit freiwillig befolgen. Darunter fallen insbesondere Verhaltenskodizes wie die nach Art. 95 ff. KI-VO oder Leitlinien[560], auch bevor die rechtlichen Vorgaben auf ihre Produkte anwendbar sind. Neu ist auch, dass Cybersicherheitsanforderungen bei der Bestimmung der Fehlerhaftigkeit berücksichtigt werden, was das Haftungsrisiko für Anbieter von KI-Systemen noch erweitert.

319 Die neue Produkthaftungsrichtlinie erleichtert die Beweislast für Geschädigte durch Offenlegungspflichten der Hersteller und eine Beweislastverteilung zugunsten der Geschädigten.[561] Geschädigte müssen weiterhin die Fehlerhaftigkeit des Produkts, den Schaden und die Kausalität nachweisen, jedoch nur Tatsachen vortragen und Beweise vorlegen, die die Plausibilität eines Schadensersatzanspruchs stützen.[562] Hersteller sind dann verpflichtet, Beweismittel offenzulegen. Gerichte können anordnen, dass Beweise in verständlicher Form präsentiert werden,[563] was bei komplexen digitalen Sachverhalten eine Herausforderung darstellen kann. Ein Produkt kann auch als fehlerhaft angesehen werden, wenn der Anspruchsteller die Fehlerhaftigkeit oder Kausalität aufgrund

551 *Wendehorst*, in: Martini/Wendehorst, KI-VO, Art. 1 Rn. 91.
552 Art. 4 Nr. 1 ProdHaftRL, ErwG 13 ProdHaftRL.
553 *Wendehorst*, in: Martini/Wendehorst, KI-VO, Art. 1 Rn. 95 f.
554 Art. 4 Nr. 10 lit. a und c ProdHaftRL.
555 Art. 7 Abs. 1 ProdHaftRL.
556 ErwG 32 S. 3 ProdHaftRL.
557 Art. 7 Abs 2 lit. f ProdHaftRL.
558 VO (EU) 2024/2847.
559 *Wendehorst*, in: Martini/Wendehorst, KI-VO, Art. 1 Rn. 75.
560 Dazu Rn. 270 f.
561 Art. 9 und 10 ProdHaftRL.
562 Art. 9 Abs. 1 ProdHaftRL.
563 Art. 9 Abs. 6 ProdHaftRL.

technischer Komplexität nicht nachweisen kann, solange diese plausibel und wahrscheinlich sind.[564] In der Praxis bedeuten diese Neuerungen oft eine Beweislastumkehr, da der Anspruchsgegner nachweisen muss, dass sein KI-System fehlerfrei ist oder zumindest den geltend gemachten Schaden nicht verursacht hat. Ein solcher Negativbeweis dürfte häufig nur sehr schwer zu führen sein.

b) Verschuldensabhängige Haftung

Neben der verschuldensunabhängigen Produkthaftung ist für Anbieter von KI-Systemen auch die **deliktische (verschuldensabhängige) Produzentenhaftung nach § 823 Abs. 1 BGB** sowie die Haftung aufgrund der **Verletzung eines Schutzgesetzes nach § 823 Abs. 2 BGB** relevant. 320

aa) Produzentenhaftung

Die von der Rechtsprechung entwickelte Figur der Produzentenhaftung geht im Rahmen von § 823 Abs. 1 BGB von einer persönlichen Verantwortung des Herstellers aus und legt diesem Verkehrssicherungspflichten bei Konstruktion, Fabrikation, Instruktion sowie bei der Produktbeobachtung auf und sorgt teilweise für eine Modifizierung der Beweislast. Die KI-VO konkretisiert diese abstrakten Pflichten und verlangt ein umfassendes Risikomanagement, das teilweise sogar über die traditionellen Herstellerpflichten hinausgeht bzw. diese miteinander verzahnt.[565] Anbieter von KI-Systemen sollten daher auch vor diesem Hintergrund aktiv die rechtlichen Vorgaben berücksichtigen und ihre Produkte entsprechend gestalten. 321

bb) Verletzung von Schutzgesetzen

Für eine Haftung nach § 823 Abs. 2 BGB muss ein Schutzgesetz verletzt werden. Viele Bestimmungen des Produktsicherheitsrechts gelten als solche Schutzgesetze.[566] Ob die Regelungen der KI-VO ebenfalls dazu zählen, ist noch unklar. Wegen des grundrechtsbezogenen Ansatzes der KI-VO wird jedoch zum Beispiel teilweise vertreten, dass ein Schadensersatz nach § 823 Abs. 2 BGB für manipulative, ausbeuterische oder diskriminierende KI-Praktiken denkbar sei.[567] 322

c) Ausblick auf die KI-Haftungsrichtlinie

Mit dem KI-HaftRL-E will die EU-Kommission Beweisschwierigkeiten für Personen, die durch KI-Systeme geschädigt wurden, begegnen. Damit möchte sie auf die Komplexität, Autonomie und Undurchsichtigkeit von KI-Systemen (der sogenannte Blackbox-Effekt) reagieren, die ihrer Ansicht nach die Zuordnung unrechtmäßigen Handelns erschweren.[568] Gleichzeitig sollen Anbieter von KI-Systemen von einer Reduzierung der haftungsrechtlichen Unterschiede zwischen den Mitgliedstaaten profitieren. 323

Der KI-HaftRL-E selbst führt keine verschuldensunabhängige Gefährdungshaftung für den Betrieb von KI-Systemen ein. Stattdessen enthält der Vorschlag wie auch die neue ProdHaftRL weitgehende Bestimmungen zur Offenlegung von Beweismitteln und zur Beweislast bei der Durchsetzung von Schadensersatzansprüchen. 324

Der KI-HaftRL-E gilt für außervertragliche, verschuldensabhängige Schadensersatzansprüche bei Schäden durch KI-Systeme, also Ansprüche nach §§ 823, 831 BGB, nicht jedoch nach dem Produkthaftungsgesetz. Art. 2 des Entwurfes definiert zentrale Begriffe. Viele Definitionen entsprechen der KI-VO. 325

Art. 4 KI-HaftRL-E sieht eine (widerlegbare) **Vermutung der Kausalität** vor. Der Geschädigte muss nicht nachweisen, dass ein Schaden durch ein KI-System verursacht wurde. Es genügt, wenn vernünftigerweise angenommen werden kann, dass das Verschulden des jeweiligen Beklagten, etwa eine Verletzung der Sorgfaltspflicht, das entsprechende KI-Ergebnis beeinflusst und zu einem Schaden geführt hat. Die Kausalität zwischen dem Ergebnis und der Rechtsgutsverletzung wird vermutet, wenn das Produkt fehlerhaft war und der Schaden typisch für einen solchen Fehler ist. Der Anspruchsteller selbst muss jedoch in der Regel das Verschulden des Anspruchsgegners, der eine Sorgfaltspflicht verletzt hat, nachweisen. Bei Anbietern von Hochrisiko-KI-Systemen soll diese Vermutung allerdings nur bei ausgewählten Pflichtverletzungen greifen, etwa bei Verstößen gegen Informations- und Transparenzpflichten (Art. 13 KI-VO); oder bei Verstößen gegen Vorschriften zur angemessenen Genauigkeit, 326

564 Art. 10 Abs. 4 ProdHaftRL.
565 *Kessen*, in: Schwartmann/Keber/Zenner, KI-VO, S. 299 Rn. 21.
566 *Wendehorst*, in: Martini/Wendehorst, KI-VO, Art. 1 Rn. 84.
567 *Wendehorst*, in: Martini/Wendehorst, KI-VO, Art. 1 Rn. 85.
568 EU-Kommission, COM(2022) 496 final, Begründung, S. 1.

Robustheit und Cybersicherheit nach Art. 15 in Verbindung mit Art. 16 lit. a KI-VO.[569] Bei KI-Systemen, die keine Hochrisiko-KI sind, soll die Vermutung nur dann greifen, wenn es nach Auffassung des nationalen Gerichts für den Kläger übermäßig schwierig ist, den jeweiligen Kausalzusammenhang zu beweisen.[570]

327 Bei Hochrisiko-KI-Systemen kann von Anbietern und anderen Akteuren die Offenlegung von Beweismitteln gemäß Art. 3 KI-HaftRL-E verlangt werden. Potenzielle Kläger müssen jedoch im Vorfeld versuchen, die entsprechenden Informationen vom Anbieter zu erhalten.[571] Zur Stützung seines Antrags muss der potenzielle Kläger die Plausibilität seines Schadensersatzanspruchs durch die Vorlage von Tatsachen und Beweismitteln ausreichend belegen.[572] Kommt der entsprechende Akteur den Offenlegungspflichten nicht nach, greift eine Vermutung, dass dieser Sorgfaltspflichten verletzt hat.[573]

3. Haftung von Betreibern von KI-Systemen

328 Betreiber von KI-Systemen sind ebenfalls zahlreichen Haftungsrisiken ausgesetzt. In der KI-VO ist eine Vielzahl an Betreiberpflichten geregelt.[574] Die Verkehrssicherungspflichten von Betreibern werden durch diese konkretisiert, bei ihrer Verletzung kommt also eine Haftung der Betreiber in Betracht.[575] Allerdings sind die im Rahmen der Rechtsprechung zur **Produzentenhaftung** entwickelten Grundsätze und eine damit verbundene Modifizierung der Beweislast nicht auf Betreiber anwendbar.[576]

329 Für eine mögliche **Gefährdungshaftung** existiert bislang kein Haftungsregime. Der Gefährdungshaftung liegt der Gedanke zugrunde, dass die Nutzung von neuen Technologien mit unbekannten Risiken mit Gefahren verbunden ist.[577] Beispiele sind etwa die Fahrzeughalterhaftung,[578] die Luftfahrzeughalterhaftung[579] oder die Haftung des pharmazeutischen Unternehmers für Arzneimittel.[580] Für eine Gefährdungshaftung ist jedoch jeweils ein formelles Gesetz nötig. Deshalb wird insbesondere für Hochrisiko-KI-Systeme eine eigenständige Gefährdungshaftung gefordert.[581]

330 Denkbar ist zudem wie bei Anbietern eine **Haftung aufgrund einer Schutzgesetzverletzung**, § 823 Abs. 2 BGB.[582] Darüber hinaus soll die geplante KI-HaftRL[583] auch auf Betreiber von Hochrisiko-KI-Systemen anwendbar sein und somit bei Ansprüchen Geschädigter gegen Betreiber zu gesetzlichen Vermutungen und Offenlegungspflichten führen.[584]

II. Geldbußen wegen Verstößen gegen die KI-VO

331 Für die Durchsetzung der Regelungen der KI-VO spielen deren Bußgeldvorschriften eine zentrale Rolle.[585] Sie sind denen anderer EU-Digitalrechtsakte nachgebildet und sehen Beträge in erheblicher Höhe vor. Pro Verstoß drohen Geldbußen von bis zu 35 Millionen EUR oder 7,5 % des globalen Vorjahresumsatzes, je nachdem, welcher Betrag höher ist.

Zeitlicher Geltungsbereich: Die Sanktionsvorschriften der **Art. 99 und 100 KI-VO** gelten **zwölf** Monate nach Inkrafttreten der Verordnung, das heißt ab dem **2.8.2025** (Art. 113 lit. b **KI-VO). Sanktionen für GPAI-Anbieter** nach **Art. 101 KI-VO** drohen dagegen erst ab dem **2.8.2026** (Art. 113 KI-VO).

569 Art. 4 Abs. 2 KI-HaftRL-E; *Wendehorst*, in: Martini/Wendehorst, KI-VO, Art. 1 Rn. 114.
570 Art. 4 Abs. 5 KI-HaftRL-E.
571 Art. 3 Abs. 1 S. 1 KI-HaftRL-E.
572 Art. 3 Abs. 1 S. 2 KI-HaftRL-E.
573 Art. 3 Abs. 5 KI-HaftRL-E.
574 Dazu insbesondere die Rn. 187 ff.
575 *Wendehorst*, in: Martini/Wendehorst, KI-VO, Art. 1 Rn. 88.
576 *Wendehorst*, in: Martini/Wendehorst, KI-VO, Art. 1 Rn. 89.
577 *Kessen*, in: Schwartmann/Keber/Zenner, KI-VO, S. 295 Rn. 8.
578 § 7 Abs. 1 StVG.
579 § 33 LuftVG.
580 § 84 AMG; *Wendehorst*, in: Martini/Wendehorst, KI-VO, Art. 1 Rn. 70, 71.
581 *Kessen*, in: Schwartmann/Keber/Zenner, KI-VO, S. 295 Rn. 8 m. w. N.
582 Dazu Rn. 322.
583 Dazu Rn. 323 ff.
584 Vgl. Art. 3 Abs. 1 KI-HaftRL-E, der wie der Entwurf zur KI-VO (COM(2021) 206 final) noch von „Nutzern“ statt von „Betreibern“ spricht.
585 *Wybitul*, NJW 2024, 2641, 2641.

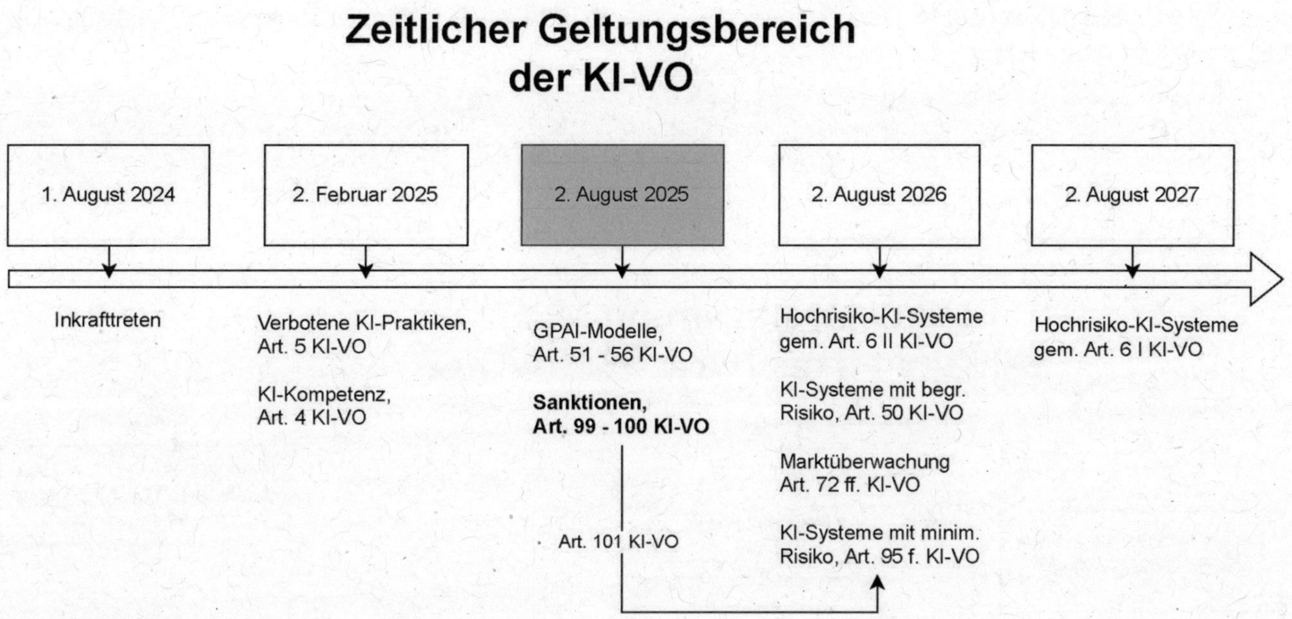

1. Überblick

332 Die KI-VO führt in ihren Art. 99 bis 101 ein **umfassendes Sanktionssystem** ein, das sich stark an den Regelungen anderer EU-Digitalrechtsakte orientiert. Es gibt etwa erhebliche **Überschneidungen mit der DSGVO**, dem **DMA** und dem **DSA**.[586] Kapitel 12 der KI-VO regelt Sanktionen gegen verschiedene Akteure. Je nach Adressat werden sie von den nationalen Marktüberwachungsbehörden, dem Europäischen Datenschutzbeauftragten oder von der EU-Kommission verhängt.

333 In der Praxis ist **Art. 99 KI-VO für Unternehmen besonders relevant**, da er die Verhängung von Sanktionen durch nationale Marktüberwachungsbehörden bei Verstößen von Anbietern, Bevollmächtigten, Einführern, Händlern, Betreibern und notifizierten Stellen regelt. Diese Behörden sollen unabhängig und unparteiisch agieren.[587] Art. 100 KI-VO hingegen betrifft Geldbußen gegen **EU-Organe und -Einrichtungen**, die vom Europäischen Datenschutzbeauftragten verhängt werden. Art. 101 KI-VO regelt **Sanktionen für Anbieter von GPAI-Modellen**, wobei die Zuständigkeit bei der EU-Kommission liegt.

334 Die KI-VO gilt neben den genannten Digitalrechtsakten[588], insbesondere im Bereich Datenschutz. Die Verordnung verweist an mehreren Stellen explizit auf die DSGVO, um sicherzustellen, dass Datenschutzvorgaben eingehalten werden. Dies ist besonders relevant, da KI-Systeme oft personenbezogene Daten verarbeiten. Die Datenschutzbehörden könnten daher Verstöße gegen die KI-VO auch als Verstöße gegen die DSGVO werten, insbesondere wenn es um die Verarbeitung personenbezogener Daten geht.[589]

2. Sanktionen nach Art. 99 KI-VO

335 **Art. 99 KI-VO** bildet den **Rahmen für Sanktionen und Durchsetzungsmaßnahmen** bei Verstößen gegen die KI-VO. Die Mitgliedstaaten sind verpflichtet, „alle erforderlichen Maßnahmen" zu ergreifen, um die ordnungsgemäße und wirksame Durchsetzung sicherzustellen.[590] Das wird insbesondere nationale Begleitgesetze und ähnliche Durchsetzungsakte betreffen. Bei konkreten Vorgaben in der KI-VO gehen diese den nationalen Regelungen vor. Eine allgemeine Orientierung an der Gesetzgebung und Rechtsprechung zu DSGVO-Bußgeldern ist vermutlich möglich.

336 Unter Sanktionen im Sinne des Art. 99 KI-VO können **neben Geldbußen auch „Verwarnungen und sonstige Maßnahmen"** fallen. Bei der Verhängung der Maßnahmen sollen die von der EU-Kommission erteilten Leitli-

586 Art. 83 DSGVO, Art. 30 DMA, Art. 52 und Art. 74 DSA sowie Art. 23 Kartellverfahrens-VO.
587 Art. 70 Abs. 1 S. 2 KI-VO.
588 Art. 2 Abs. 7 S. 1 KI-VO.
589 Vgl. hierzu etwa *Wybitul*, NJW 2024, 2641.
590 ErwG 168 S. 2 KI-VO.

nien[591] berücksichtigt werden.[592] Diese können gegen alle in der KI-VO genannten „Akteure“[593] verhängt werden.

Praxistipp: Für Unternehmen können gerade auch behördliche Untersagungen erhebliche Nachteile mit sich bringen, insbesondere wenn KI-Systeme bereits in die Unternehmensabläufe eingegliedert sind. Neben finanziellen Nachteilen drohen durch eine solche Untersagung Mehraufwand, Reputationsschäden und mögliche Betriebsablaufstörungen.

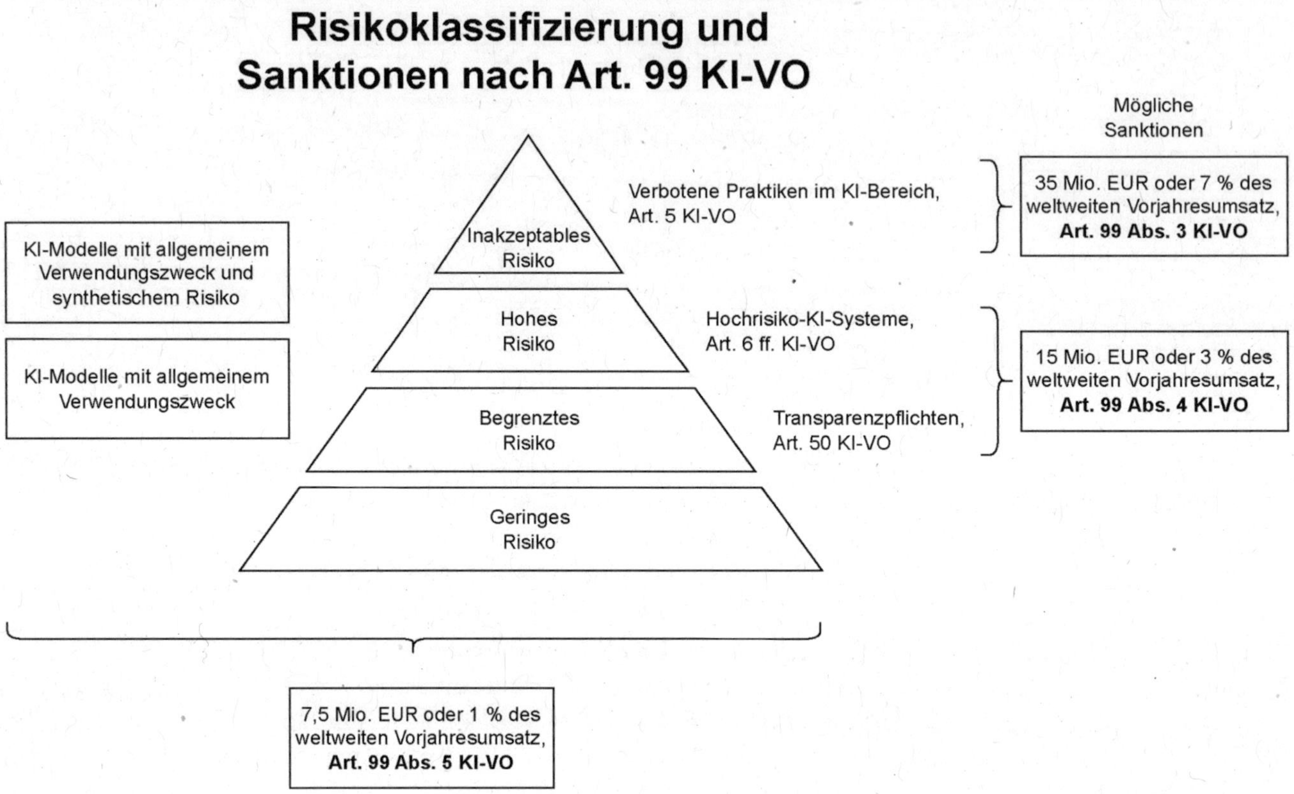

337 Art. 99 KI-VO **unterscheidet** zwischen verschiedenen **Gruppen von Verstößen** und legt **unterschiedliche Bußgeldrahmen fest**. Dort werden relevante Verhaltensweisen, Kriterien für die Entscheidung über die Frage, ob und in welcher Höhe ein Bußgeld festgesetzt wird, und die Bindung an Verfahrensgarantien festgelegt. Weitere Voraussetzungen dürften denen des Art. 83 DSGVO ähneln. Dies folgt daraus, dass die **Vorschrift des Art. 99 KI-VO** nach einer Ansicht in der Fachliteratur wesentlich durch **Art. 83 DSGVO inspiriert** ist.[594] Nach der DSGVO haften Akteure für Verstöße natürlicher Personen, die „im Rahmen der unternehmerischen Tätigkeit und im Namen der juristischen Person“ handeln.[595] Relevant ist deshalb auch die Frage, ob nur ein zurechenbarer Verstoß gegen die KI-VO notwendig ist, um einen Bußgeldtatbestand nach Art. 99 KI-VO zu erfüllen, ohne dass es einer Identifizierung der handelnden Person bedarf.[596]

338 Die zuständige Behörde entscheidet über die Verhängung der Geldbuße auf Grundlage der relevanten **Umstände des Einzelfalls** sowie **der täter- und tatbezogenen Kriterien**.[597] Darunter fallen beispielsweise Art, Dauer und Schwere des Verstoßes, mögliche erschwerende und mildernde Umstände sowie der Grad der Zusammenarbeit mit den Behörden.

591 Art. 96 KI-VO. Dazu Rn. 18.
592 Art. 99 Abs. 1 S. 1 KI-VO.
593 Art. 3 Nr. 8 KI-VO.
594 *Nemitz*, in: Martini/Wendehorst, KI-VO, Art. 99 Rn. 15 f.
595 EuGH, Urt. v. 8.12.2023 – C-807/21, NJW 2024, 343, 345 Rn. 43.
596 Art. 99 KI-VO regelt nicht explizit, ob eine Sanktionierung nur aufgrund eines schuldhaften Verstoßes möglich ist oder ob der EU-Gesetzgeber eine verschuldensunabhängige Haftung regeln wollte. Bei der Einzelfallentscheidung durch Behörden muss aber die Vorsätzlichkeit oder Fahrlässigkeit des Verstoßes (Art. 99. Abs. 7 lit. i KI-VO) berücksichtigt werden. Eine entsprechende Regelung findet sich auch in Art. 83 DSGVO. Bei dieser Norm hat der EuGH die **verschuldensunabhängige Haftung verneint** (EuGH, Urt. v. 8.12.2023 – C-807/21, NJW 2024, 343, 345). Vieles spricht dafür, dass entsprechende Maßstäbe auch im Rahmen der KI-VO gelten. Siehe dazu auch *Wybitul*, NJW 2024, 2641, 2644.
597 Art. 99 Abs. 7 lit. a–j KI-VO.

Die Verordnung unterscheidet zwischen verschiedenen Gruppen von Verstößen und legt unterschiedliche Bußgeldrahmen fest. Diese Obergrenzen sind in Art. 99 Abs. 3 bis 5 KI-VO definiert und richten sich nach der Schwere des Verstoßes. Die konkrete Bemessung der Geldbußen obliegt jedoch den Mitgliedstaaten, die dabei alle relevanten Umstände berücksichtigen müssen.[598] **339**

Der **Einsatz verbotener Praktiken**[599] kann gemäß Art. 99 Abs. 3 KI-VO zu erheblichen Geldbußen führen, die **bis zu 35 Millionen EUR** oder **7 % des gesamten weltweiten Vorjahresumsatzes** betragen können. Beispielsweise ist der Einsatz von KI zur Bewertung sozialen Verhaltens, zur Beeinflussung von Menschen oder zur Ausnutzung ihrer Schwächen verboten. Der Begriff „Praktiken" ist nicht klar definiert, dürfte jedoch weit auszulegen sein und jedenfalls Handlungen wie das Inverkehrbringen, die Inbetriebnahme und die Verwendung von KI-Systemen gemäß Art. 5 Abs. 1 lit. a bis h KI-VO umfassen. **340**

Praxistipp: Die Tatbestände der Verbotsnormen der KI-VO sind teilweise recht unscharf, was die Bestimmung der verbotenen Praktiken für Anwender künftig zu einer Herausforderung machen könnte. Dies betrifft insbesondere die Abgrenzung verbotener Praktiken von der Nutzung von Hochrisiko-KI-Systemen.

Ein Verstoß gegen die **Pflichten der** jeweiligen **Akteure beim Einsatz von Hochrisiko-KI-Systemen** kann nach Art. 99 Abs. 4 KI-VO zu **Geldbußen von bis zu 15 Millionen EUR** oder **3 % des gesamten weltweiten Vorjahresumsatzes** führen. Diese Regelung betrifft insbesondere die Pflichten von Anbietern von KI-Systemen und deren Bevollmächtigten, Einführern, Händlern, Betreibern und notifizierten Stellen. Eine besondere Herausforderung für Unternehmen stellt **der Einsatz von KI am Arbeitsplatz** dar. Gemäß Anhang III Nr. 4 lit. b gelten Anwendungen, die für Entscheidungen über Arbeitsbedingungen, Beförderungen und Kündigungen von Arbeitsverhältnissen bestimmt sind, als Hochrisiko-KI-Systeme. **341**

Ein weiterer wichtiger Punkt ist die **Bereitstellung von Informationen auf Auskunftsersuchen** der zuständigen Behörden. Art. 99 Abs. 5 KI-VO sieht Geldbußen von bis zu **7,5 Millionen EUR** oder von bis zu **1 % des gesamten weltweiten Vorjahresumsatzes** vor, wenn falsche, unvollständige oder irreführende Informationen bereitgestellt werden. Dies erfordert von Unternehmen eine sorgfältige und präzise Beantwortung von behördlichen Anfragen, um Sanktionen zu vermeiden. **342**

Praxistipp: Die Sanktionierung falscher, unvollständiger und irreführender Auskünfte macht entsprechende Informationsanfragen der Behörden zu **Hochrisikoszenarien**. Unternehmen sollten diesbezüglich besonders vorsichtig sein und geeignete Prozesse implementieren, um Informationsanfragen rechtzeitig, vollständig und inhaltlich zutreffend beantworten zu können.

Für Unternehmen mit einem **Jahresumsatz über 500 Millionen EUR** gelten variable Bußgeldobergrenzen, die bis zu 7 %, 3 % oder 1 % des weltweiten Umsatzes des Vorjahres betragen können. Diese variablen Obergrenzen greifen, wenn sie höher sind als die festgelegten Summen. Im Gegensatz zur DSGVO fehlt in der KI-VO eine Regelung, die den Umsatz der gesamten wirtschaftlichen Einheit berücksichtigt, was eine Ausdehnung dieser Wertung auf die KI-VO unwahrscheinlich macht. **343**

Für KMU gelten **reduzierte Bußgeldobergrenzen**, da für sie der niedrigere Betrag aus den Prozentsätzen oder den festgelegten Summen gilt. Bei der Entscheidung über Geldbußen berücksichtigen die Marktaufsichtsbehörden alle relevanten Umstände, einschließlich der Größe, des Jahresumsatzes und des Marktanteils des Unternehmens. **344**

Insgesamt stellt Art. 99 KI-VO hohe Anforderungen an Unternehmen, die KI-Systeme nutzen oder bereitstellen. Eine sorgfältige Compliance-Strategie ist unerlässlich, um die Risiken von Sanktionen zu minimieren und die Anforderungen der Verordnung zu erfüllen. **345**

3. Geldbußen für Anbieter von GPAI-Modellen, Art. 101 KI-VO

Art. 101 KI-VO regelt Sanktionen für Anbieter von GPAI-Modellen. Diese Modelle zeichnen sich durch ihre **breite Anwendbarkeit und** die **Fähigkeit** aus, **vielfältige Aufgaben zu erfüllen**. Die Verordnung sieht Geldbußen von bis zu 3 % des globalen Vorjahresumsatzes oder bis zu 15 Millionen EUR vor, wobei die jeweils höhere Obergrenze gilt. Eine Ausnahme für KMU ist nicht vorgesehen. **346**

598 ErwG 168 S. 4 KI-VO.
599 Art. 99 Abs. 3 KI-VO.

347 Die Zuständigkeit für die Ahndung von Verstößen liegt direkt bei der EU-Kommission, nicht bei den nationalen Gerichten. Der EuGH ist zuständig für die entsprechende gerichtliche Überprüfung von Sanktionsentscheidungen der EU-Kommission.

348 Verstöße nach Art. 101 Abs. 1 KI-VO setzen **Verletzungen der „einschlägigen Bestimmungen"** voraus,[600] sie beschränken sich nicht auf einzelne Normen. Hierunter fallen zum Beispiel Vorgaben zur technischen Dokumentation, Einhaltung des Urheberrechts und sonstige formale Anforderungen für die Anbieter derartiger KI-Modelle.[601] Außerdem müssen Verstöße vorsätzlich oder fahrlässig begangen werden.[602] Die Bestimmung umfasst alle relevanten Vorgaben für Anbieter von GPAI-Modellen, einschließlich technischer Dokumentation und formaler Anforderungen. Auch behördliche Auskunftsersuchen bergen Risiken, da unvollständige oder irreführende Antworten zu Geldbußen führen können.[603]

349 Die **Kommission** kann zudem **Abhilfemaßnahmen oder Anordnungen treffen**, deren Missachtung ebenfalls sanktioniert wird. Anbieter sind verpflichtet, bei Bewertungen durch die Kommission mitzuwirken, um die Einhaltung der Vorgaben sicherzustellen.[604]

350 Geldbußen nach der KI-VO müssen **wirksam, verhältnismäßig und abschreckend** sein. Bei der Festsetzung berücksichtigt die Kommission die Art, Schwere und Dauer des Verstoßes.[605] Vor der Verhängung einer Geldbuße wird dem Anbieter die Möglichkeit zur Stellungnahme gegeben, um Transparenz und Fairness im Verfahren zu gewährleisten.[606]

600 Art. 53 ff. KI-VO.
601 Dazu Rn. 294 ff.
602 Art. 101 Abs. 1 KI-VO.
603 Art. 101 Abs. 1 S. 1 lit. b KI-VO.
604 Art. 101 Abs. 1 S. 1 lit. c KI-VO.
605 Art. 101 Abs. 1 S. 2 KI-VO.
606 Art. 101 Abs. 2 KI-VO.

Anhang I:
Checklisten – Pflichten verschiedener Akteure

Die Tabellen in Anhang I liefern einen Überblick über die wichtigsten Anforderungen an die verschiedenen Akteure in der KI-VO. Die mit „(+)“ gekennzeichneten Felder stellen Pflichten dar, die der jeweilige Akteur einhalten muss. Die mit „(-)“ gekennzeichneten Felder muss er dagegen nicht einhalten.

Die drei Checklisten stellen (1.) Pflichten dar, die bezüglich aller KI-Systeme gelten, (2.) Pflichten, die bei GPAI-Modellen zu beachten sind und (3.) Pflichten bei Hochrisiko-KI-Systemen. Sie treffen überwiegend Anwender und Betreiber von KI-Systemen. Aber auch die übrigen Akteure sollten sorgfältig darauf achten, keine sie treffenden Pflichten zu übersehen.

A. Pflichten für alle KI-Systeme

Diese Pflichten müssen unabhängig davon erfüllt werden, ob das jeweilige System ein Hochrisiko-KI-System darstellt. Die Pflichten gelten für Anbieter, Betreiber und Bevollmächtigte.

	Anbieter, Art. 3 Nr. 3 KI-VO	**Betreiber,** Art. 3 Nr. 4 KI-VO	**Bevollmächtigter,** Art. 3 Nr. 5 KI-VO	**Einführer,** Art. 3 Nr. 6 KI-VO	**Händler** Art. 3 Nr. 7 KI-VO	**Produkthersteller,** Art. 3 Nr. 8 KI-VO
Art. 4 KI-VO, KI-Kompetenz	(+)	(+)	(-)	(-)	(-)	(-)
Art. 5 KI-VO, Verbotene Praktiken	(+)	(+)	(+)	(+)	(+)	(+)
Art. 49 KI-VO, Registrierung*	(+)	(-)	(+)	(-)	(-)	(-)
Art. 50 KI-VO, Transparenzpflichten für Anbieter und Betreiber	(+)	(+)	(-)	(-)	(-)	(-)
Art. 71 KI-VO, EU-Datenbank für Anhang III Hochrisiko-KI-Systeme*	(+)	(+)	(+)	(-)	(-)	(-)

*Auch wenn diese Pflichten systematisch zu Kapiteln gehören, die sich auf Hochrisiko-KI-Systeme beziehen, sind auch solche KI-Systeme hiervon umfasst, die nach Art. 6 Abs. 3 KI-VO als nicht hochriskant eingestuft werden (Art. 49 Abs. 2, 71 Abs. 1 S. 1 KI-VO).

B. Pflichten bei GPAI-Modellen

Bei GPAI-Modellen ergeben sich besondere Pflichten aus Art. 51 ff. KI-VO. Dabei ist die relevanteste Frage, ob es sich bei dem GPAI-Modell um eines mit **systemischem Risiko** handelt. Diese muss zu Anfang jeder Bewertung beantwortet werden. Bei den Regelung zu GPAI handelt es sich um eine separaten Regelungsbereich der KI-VO, der neben der Risikokategorisierung steht. Daher müssen Akteure besonders aufmerksam sein, um alle relevanten Pflichten einzuhalten. Für GPAI-Modelle sieht die KI-VO vor allem Anbieterpflichten vor. Diese sind in der nachfolgenden Tabelle dargestellt.

	Anbieter, Art. 3 Nr. 3 KI-VO	**Betreiber**, Art. 3 Nr. 4 KI-VO	**Bevollmächtigter**, Art. 3 Nr. 5 KI-VO	**Einführer**, Art. 3 Nr. 6 KI-VO	**Händler**, Art. 3 Nr. 7 KI-VO	**Produkthersteller**, Art. 3 Nr. 8 KI-VO
Art. 51 KI-VO, GPAI-Modelle mit systemischem Risiko	(+)	(-)	(-)	(-)	(-)	(-)
Art. 52 KI-VO, Verfahren	(+)	(-)	(-)	(-)	(-)	(-)
Art. 53 KI-VO, Pflichten für Anbieter von GPAI-Modellen	(+)	(-)	(-)	(-)	(-)	(-)
Art. 54 KI-VO, Bevollmächtigte der Anbieter von GPAI-Modellen	(+)	(-)	(+)	(-)	(-)	(-)
Art. 55 KI-VO, Anbieterpflichten bei GPAI-Modellen mit systemischem Risiko	(+)	(-)	(-)	(-)	(-)	(-)
Art. 56 KI-VO, Praxisleitfäden *Regelt die Form und Art der Ausarbeitung von Praxisleitfäden und entsprechende Anbieterpflichten (Abs. 3, 7, 9)*	(+)	(-)	(-)	(-)	(-)	(-)

C. Pflichten bei Hochrisiko-KI-Systemen

Aufgrund der Bestimmungen in **Art. 25 KI-VO** sollten alle Beteiligten besonders aufmerksam sein. Der Artikel definiert klar, wann Händler, Einführer, Betreiber, Produkthersteller und andere Dritte als Anbieter gelten und somit die umfassenden Pflichten gemäß Art. 16 KI-VO, der seinerseits auf zahlreiche Pflichten verweist, übernehmen müssen (vgl. Rn. 230 ff.).

	Anbieter, Art. 3 Nr. 3 KI-VO	**Betreiber**, Art. 3 Nr. 4 KI-VO	**Bevollmächtigter**, Art. 3 Nr. 5 KI-VO	**Einführer**, Art. 3 Nr. 6 KI-VO	**Händler** Art. 3 Nr. 7 KI-VO	**Produkthersteller**, Art. 3 Nr. 8 KI-VO
Art. 6 KI-VO, Einstufung	(+)	(-)	(-)	(-)	(-)	(-)
Art. 8 KI-VO, Einhaltung der Anforderungen	(+)	(-)	(-)	(-)	(-)	(-)
Art. 9 KI-VO, Risikomanagementsystem	(+)	(-)	(-)	(-)	(-)	(-)
Art. 10 KI-VO, Daten und Daten-Governance	(+)	(-)	(-)	(-)	(-)	(-)
Art. 11 KI-VO, Technische Dokumentation	(+)	(-)	(-)	(-)	(-)	(-)
Art. 12 KI-VO, Aufzeichnungspflichten	(+)	(-)	(-)	(-)	(-)	(-)
Art. 13 KI-VO, Transparenz und Bereitstellung von Informationen für die Betreiber	(+)	(+)	(+)	(-)	(-)	(-)
Art. 14 KI-VO, Menschliche Aufsicht	(+)	(+)	(-)	(-)	(-)	(-)
Art. 15 KI-VO, Genauigkeit, Robustheit und Cybersicherheit	(+)	(-)	(-)	(-)	(-)	(-)

	Anbieter, Art. 3 Nr. 3 KI-VO	**Betreiber**, Art. 3 Nr. 4 KI-VO	**Bevollmächtigter**, Art. 3 Nr. 5 KI-VO	**Einführer**, Art. 3 Nr. 6 KI-VO	**Händler** Art. 3 Nr. 7 KI-VO	**Produkthersteller**, Art. 3 Nr. 8 KI-VO
Art. 16 KI-VO, Pflichten der Anbieter von Hochrisiko-KI-Systemen	(+)	(-)	(-)	(-)	(-)	(-)
Art. 17 KI-VO, Qualitätsmanagementsystem	(+)	(-)	(-)	(-)	(-)	(-)
Art. 18 KI-VO, Aufbewahrung der Dokumentation	(+)	(-)	(+)	(-)	(-)	(-)
Art. 19 KI-VO, Automatisch erzeugte Protokolle	(+)	(-)	(+)	(-)	(-)	(-)
Art. 20 KI-VO, Korrekturmaßnahmen und Informationspflicht	(+)	(+)	(+)	(+)	(+)	(-)
Art. 21 KI-VO, Zusammenarbeit mit den zuständigen Behörden	(+)	(-)	(-)	(-)	(-)	(-)
Art. 22 KI-VO, Bevollmächtigte der Anbieter von Hochrisiko-KI-Systemen	(+)	(-)	(+)	(-)	(-)	(-)
Art. 23 KI-VO, Pflichten der Einführer	(+)	(-)	(+)	(+)	(-)	(-)
Art. 24 KI-VO, Pflichten der Händler	(+)	(-)	(-)	(+)	(+)	(-)
Art. 26 KI-VO, Pflichten der Betreiber von Hochrisiko-KI-Systemen	(+)	(+)	(-)	(+)	(+)	(-)
Art. 27 KI-VO, Grundrechte-Folgenabschätzung *Die Pflicht trifft nur Betreiber, bei denen es sich um Einrichtungen des öffentlichen Rechts oder private Einrichtungen, die öffentliche Dienste erbringen.*	(-)	(+)	(-)	(-)	(-)	(-)
Art. 43 KI-VO, Konformitätsbewertung	(+)	(-)	(-)	(-)	(-)	(-)
Art. 44 KI-VO, Bescheinigungen	(+)	(-)	(-)	(-)	(-)	(-)
Art. 47 KI-VO, EU-Konformitätserklärung	(+)	(-)	(-)	(-)	(-)	(-)
Art. 48 KI-VO, CE-Kennzeichnung	(+)	(-)	(-)	(-)	(-)	(-)
Art. 49 KI-VO, Registrierung	(+)	(+)	(+)	(-)	(-)	(-)
Art. 71 KI-VO, EU-Datenbank für Anhang III Hochrisiko-KI-System	(+)	(+)	(+)	(-)	(-)	(-)
Art. 72 KI-VO, Beobachtung nach dem Inverkehrbringen	(+)	(+)	(-)	(-)	(-)	(-)
Art. 73 KI-VO, Meldung schwerwiegender Vorfälle	(+)	(+)	(-)	(-)	(-)	(-)
Art. 86 KI-VO, Recht auf Erläuterung der Entscheidungsfindung im Einzelfall	(-)	(+)	(-)	(-)	(-)	(-)

Anhang II:
Schaubilder des AI-Officer (www.aiofficer.de)

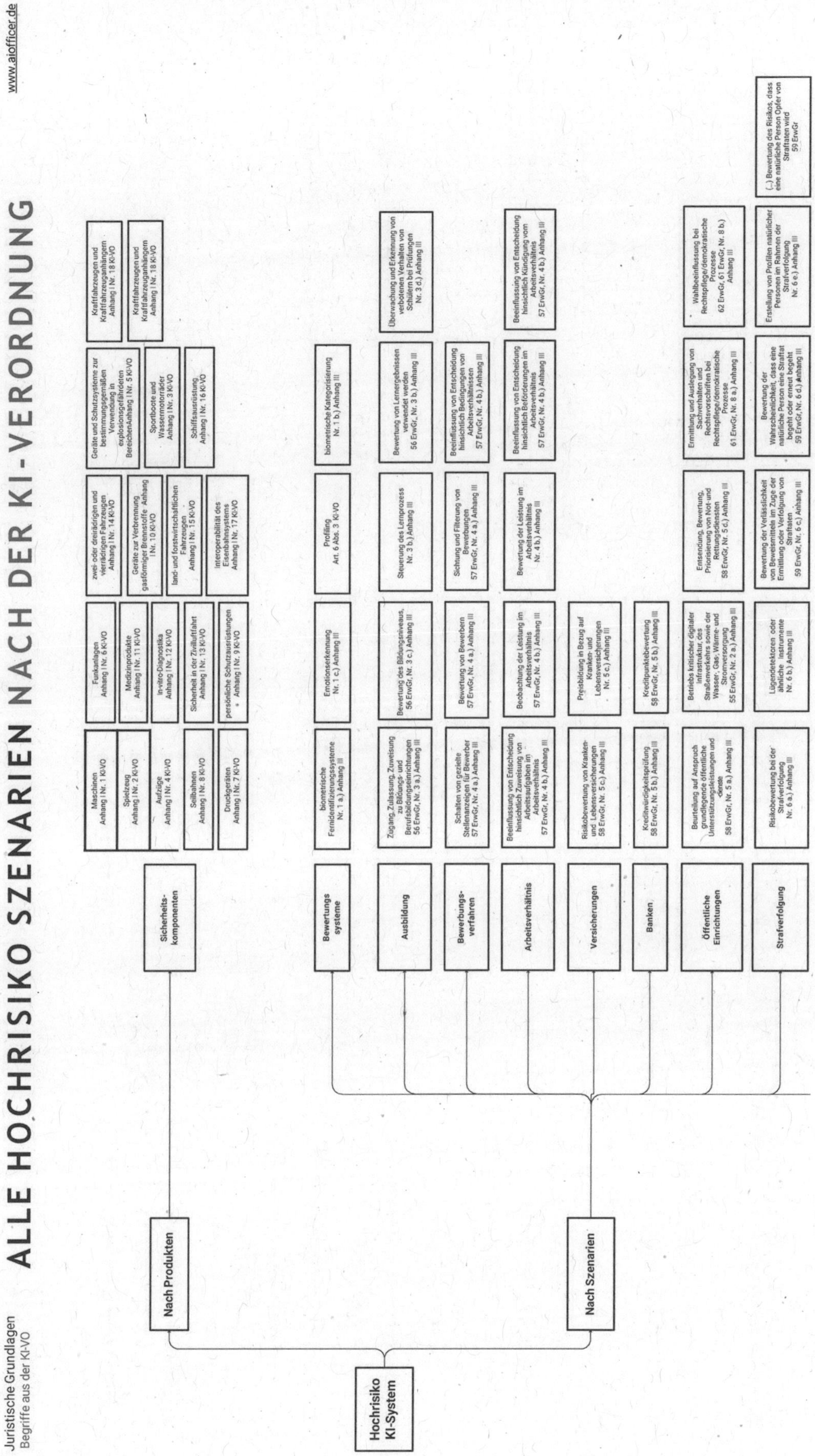

Juristische Grundlagen
Begriffe aus der KI-VO

www.aiofficer.de

ÜBERSICHT AKTEURE NACH ART. 3 (VIII) KI-VO

Für die Zwecke dieser Verordnung bezeichnet der Ausdruck „Akteur“ den Anbieter, den Produkthersteller, den Betreiber, den Nutzer, den Bevollmächtigten, den Einführer oder den Händler; (Art.3 Abs. 8 KI-VO)

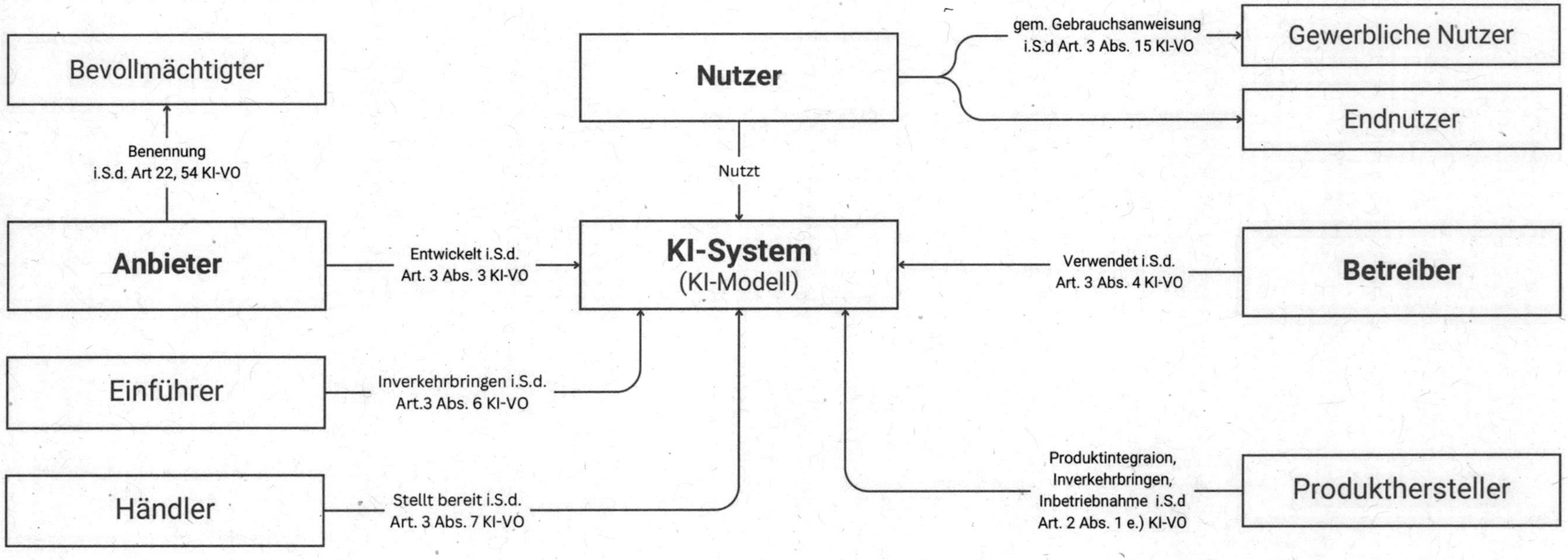

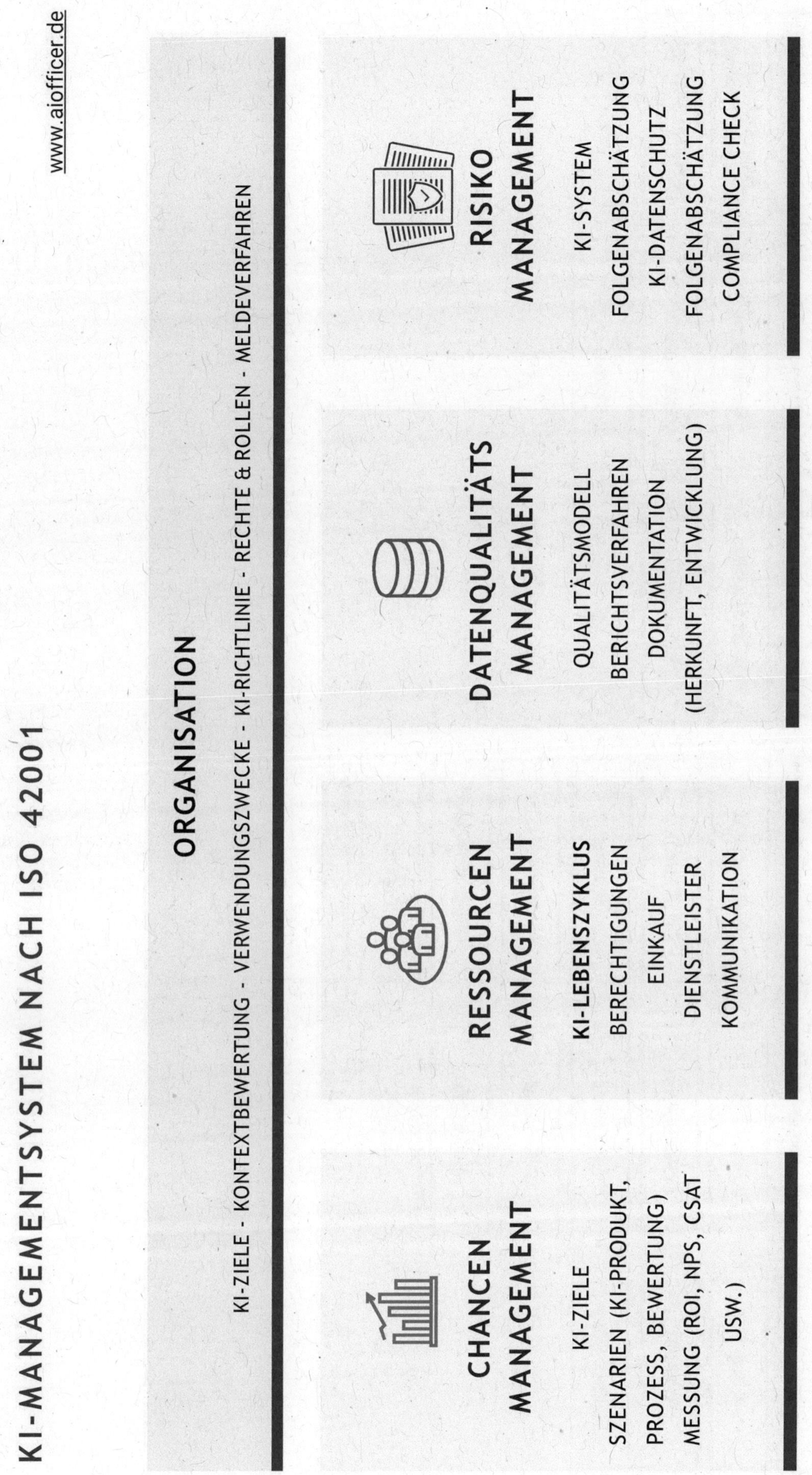
KI-MANAGEMENTSYSTEM NACH ISO 42001
www.aiofficer.de
ORGANISATION
KI-ZIELE - KONTEXTBEWERTUNG - VERWENDUNGSZWECKE - KI-RICHTLINIE - RECHTE & ROLLEN - MELDEVERFAHREN
CHANCEN MANAGEMENT
KI-ZIELE
SZENARIEN (KI-PRODUKT, PROZESS, BEWERTUNG)
MESSUNG (ROI, NPS, CSAT USW.)
RESSOURCEN MANAGEMENT
KI-LEBENSZYKLUS
BERECHTIGUNGEN
EINKAUF
DIENSTLEISTER
KOMMUNIKATION
DATENQUALITÄTS MANAGEMENT
QUALITÄTSMODELL
BERICHTSVERFAHREN
DOKUMENTATION
(HERKUNFT, ENTWICKLUNG)
RISIKO MANAGEMENT
KI-SYSTEM
FOLGENABSCHÄTZUNG
KI-DATENSCHUTZ
FOLGENABSCHÄTZUNG
COMPLIANCE CHECK

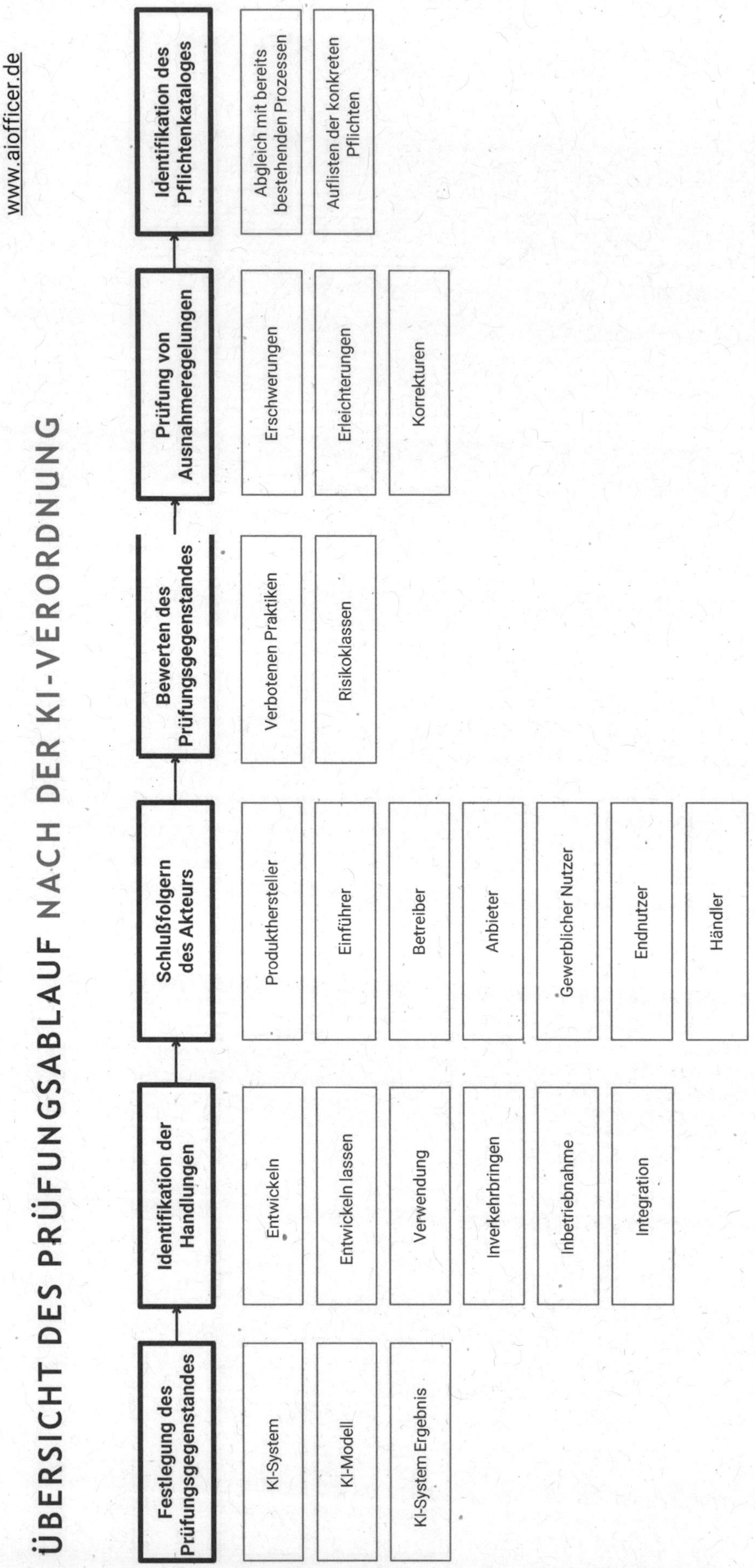
ÜBERSICHT DES PRÜFUNGSABLAUF NACH DER KI-VERORDNUNG
www.aiofficer.de
Festlegung des Prüfungsgegenstandes
KI-System
KI-Modell
KI-System Ergebnis
Identifikation der Handlungen
Entwickeln
Entwickeln lassen
Verwendung
Inverkehrbringen
Inbetriebnahme
Integration
Schlußfolgern des Akteurs
Produkthersteller
Einführer
Betreiber
Anbieter
Gewerblicher Nutzer
Endnutzer
Händler
Bewerten des Prüfungsgegenstandes
Verbotenen Praktiken
Risikoklassen
Prüfung von Ausnahmeregelungen
Erschwerungen
Erleichterungen
Korrekturen
Identifikation des Pflichtenkataloges
Abgleich mit bereits bestehenden Prozessen
Auflisten der konkreten Pflichten

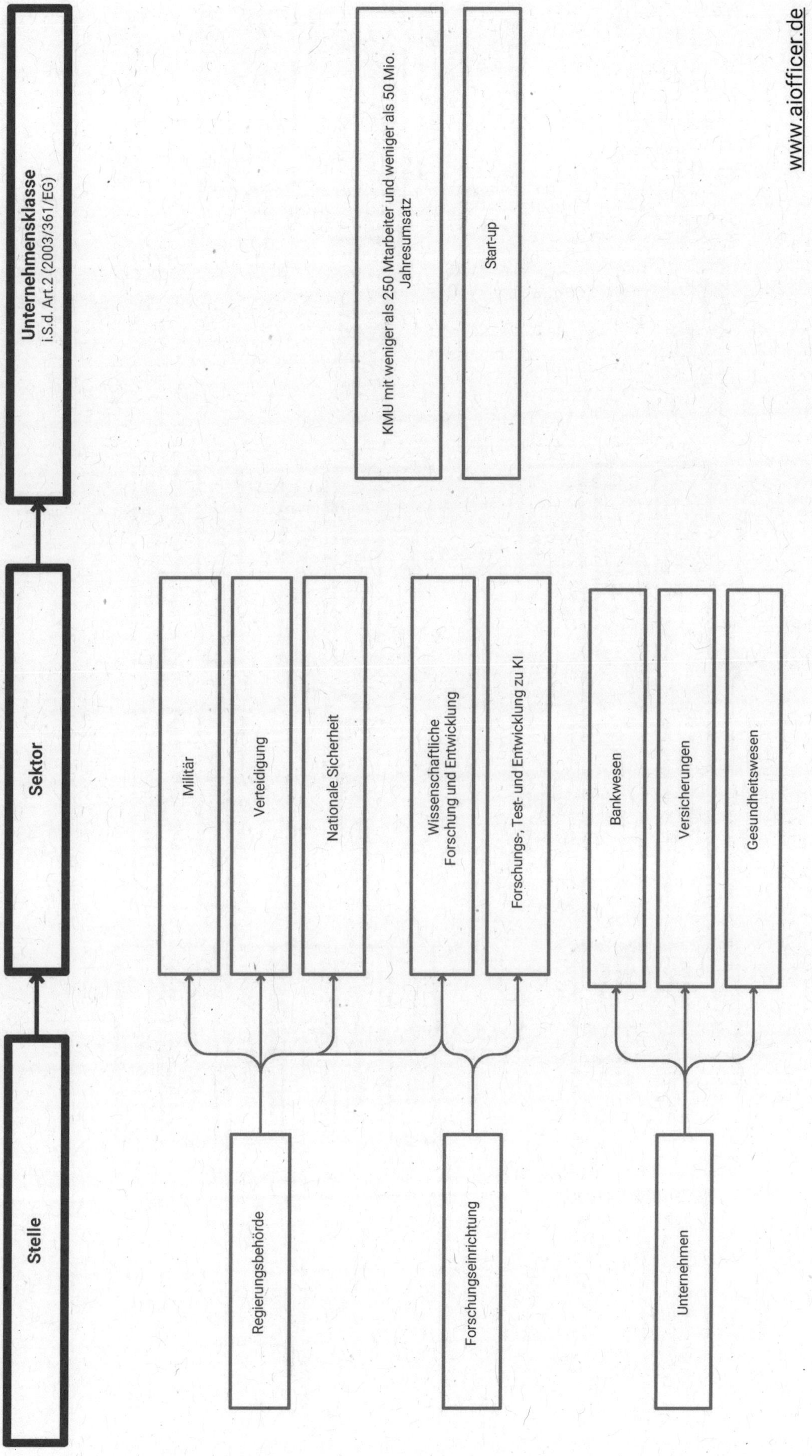
Stelle
Sektor
Unternehmensklasse
i.S.d. Art.2 (2003/361/EG)
Regierungsbehörde
Forschungseinrichtung
Unternehmen
Militär
Verteidigung
Nationale Sicherheit
Wissenschaftliche Forschung und Entwicklung
Forschungs-, Test- und Entwicklung zu KI
Bankwesen
Versicherungen
Gesundheitswesen
KMU mit weniger als 250 Mtarbeiter und weniger als 50 Mio. Jahresumsatz
Start-up
www.aiofficer.de

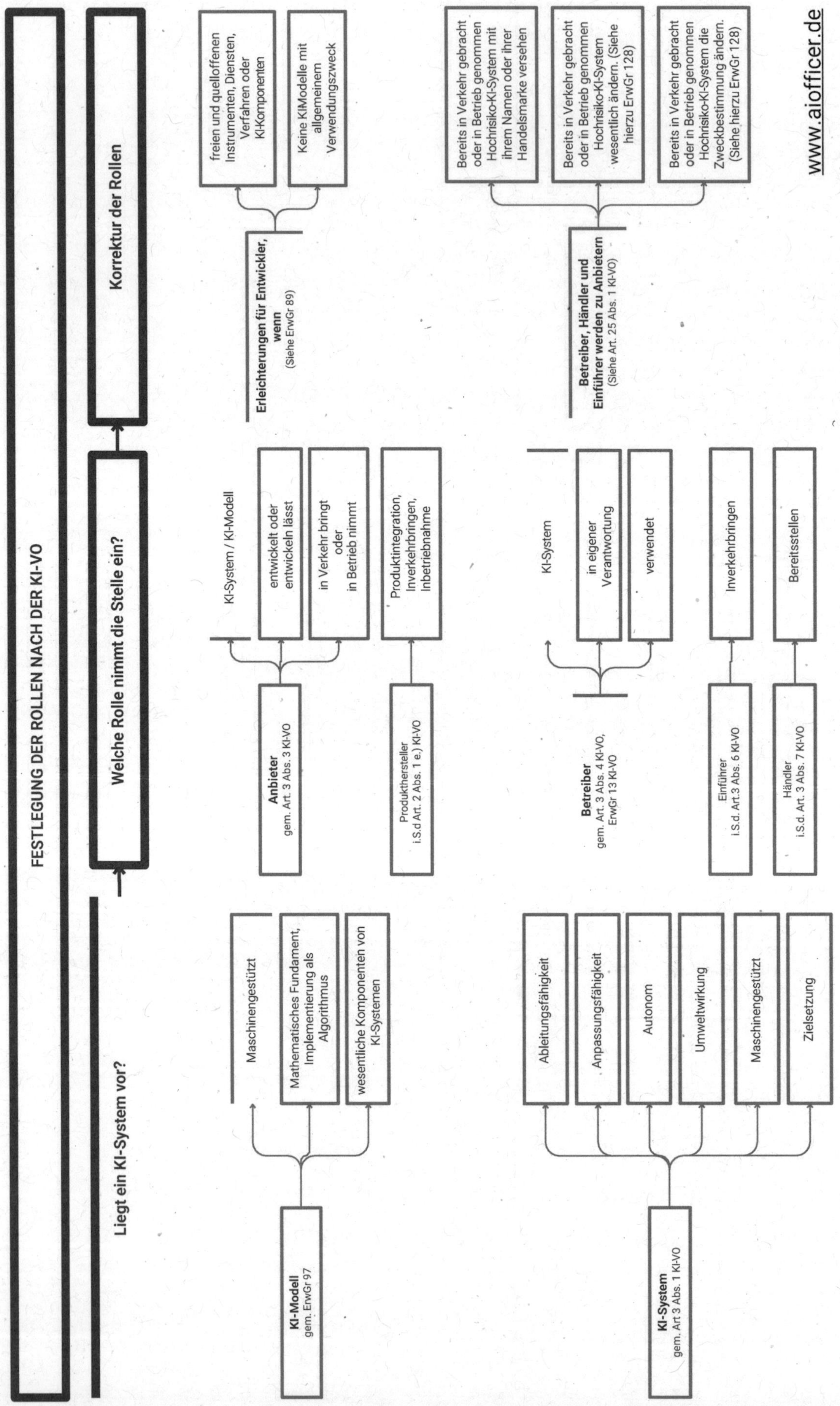
FESTLEGUNG DER ROLLEN NACH DER KI-VO
Liegt ein KI-System vor?
Welche Rolle nimmt die Stelle ein?
Korrektur der Rollen
KI-Modell gem. ErwGr 97
Maschinengestützt
Mathematisches Fundament, Implementierung als Algorithmus
wesentliche Komponenten von KI-Systemen
KI-System gem. Art 3 Abs. 1 KI-VO
Ableitungsfähigkeit
Anpassungsfähigkeit
Autonom
Umweltwirkung
Maschinengestützt
Zielsetzung
Anbieter gem. Art. 3 Abs. 3 KI-VO
KI-System / KI-Modell
entwickelt oder entwickeln lässt
in Verkehr bringt oder in Betrieb nimmt
Produkthersteller i.S.d Art. 2 Abs. 1 e.) KI-VO
Produktintegration, Inverkehrbringen, Inbetriebnahme
Betreiber gem. Art. 3 Abs. 4 KI-VO, ErwGr 13 KI-VO
KI-System
in eigener Verantwortung
verwendet
Einführer i.S.d. Art. 3 Abs. 6 KI-VO
Inverkehrbringen
Händler i.S.d. Art. 3 Abs. 7 KI-VO
Bereitsstellen
Erleichterungen für Entwickler, wenn (Siehe ErwGr 89)
freien und quelloffenen Instrumenten, Diensten, Verfahren oder KI-Komponenten
Keine KIModelle mit allgemeinem Verwendungszweck
Betreiber, Händler und Einführer werden zu Anbietern (Siehe Art. 25 Abs. 1 KI-VO)
Bereits in Verkehr gebracht oder in Betrieb genommen Hochrisiko-KI-System mit ihrem Namen oder ihrer Handelsmarke versehen
Bereits in Verkehr gebracht oder in Betrieb genommen Hochrisiko-KI-System wesentlich ändern. (Siehe hierzu ErwGr 128)
Bereits in Verkehr gebracht oder in Betrieb genommen Hochrisiko-KI-System die Zweckbestimmung ändern. (Siehe hierzu ErwGr 128)
www.aiofficer.de

RISIKOEINORDNUNG DES KI-SYSTEMS NACH DER KI-VO

Liegen verbotene Praktiken vor?
gem. Art. 1 Abs. 2 b.) KI-VO

- (...) Techniken der unterschwelligen Beeinflussung außerhalb des Bewusstseins einer Person, Art 5 Abs. 1 a.) KI-VO, 29 ErwGr
- (...) Bewertung und Vorhersage persönlicher Merkmale und Eigenschaften, Art 5 Abs. 1 d.) KI-VO, 44 ErwGr
- (...) Ableitung von Emotionen einer natürlichen Person am Arbeitsplatz, Art 5 Abs. 1 f.) KI-VO
- (...) KI-Systemen, die Datenbanken zur Gesichtserkennung durch das ungezielte Auslesen von Gesichtsbildern aus dem Internet erstellen oder erweitern, Art 5 Abs. 1 e.) KI-VO
- (...) absichtlich manipulative oder täuschende Techniken, um das Verhalten wesentlich zu beeinflussen, Art 5 Abs. 1 a.) KI-VO, 29 ErwGr
- (...) Bewertung oder Einstufung über einen bestimmten Zeitraum auf Grundlage sozialen Verhaltens u. persönlicher Eigenschaften oder Persönlichkeitsmerkmale, Art 5 Abs. 1 c.) KI-VO, 31 ErwGr, 44 ErwGr
- (...) KI-Systemen, die Datenbanken zur Gesichtserkennung durch das ungezielte Auslesen von Gesichtsbildern von Überwachungsaufnahmen erstellen oder erweitern, Art 5 Abs. 1 e.) KI-VO
- (...) Schwäche oder Schutzbedürftigkeit aufgrund Alters, Behinderung oder einer bestimmten sozialen oder wirtschaftlichen Situation ausnutzt, Art 5 Abs. 1 b.) KI-VO
- (...) biometrischen Kategorisierung, um Rasse, politischen Einstellungen, Gewerkschaftszugehörigkeit, religiösen oder weltanschaulichen Überzeugungen, Sexualleben oder sexuelle Ausrichtung zu erschließen oder abzuleiten, Art 5 Abs. 1 g.) KI-VO, 30 ErwGr
- (...) Systeme, zur Bewertung des emotionalen Zustandes (Arbeit) 44 ErwGr

→

Ist das KI-System unwesentlich?
i.S.d. ErwGr 52 KI-VO

- (...) Erfüllung einer eng gefassten Aufgabe (z.B. Datenstrukturierung, Datenklassifizierung in einer Prozesskette
- (...) Verbesserung einer zuvor abgeschlossenen menschlichen Tätigkeit (z.B. lediglich ptimierung/Zuarbeit von Mensch. Ergebnissen)
- (...) Das System folgt einer zuvor abgeschlossenen menschlichen Bewertung. Es ersetzt oder beeinflusst dieses nicht.
- (...) Das System bereitet eine Aufgabe lediglich vor. Das Ergebnis des Systems hat eine geringe Wirkung hinsichtlich endgültiger Risikobewertung.

→

Ist das KI-System Hochriskobehaftet?
i.S.d. Art 6 KI-VO

Als Sicherheitskomponente in Anhang I der KI-VO genannten Produkten

Oder bei Vorliegen nachfolgender Risikoszenarien

- biometrische Fernidentifizierungssysteme Nr. 1 a.) Anhang III
- Schalten von gezielte Stellenanzeigen für Bewerber 57 ErwGr, Nr. 4 a.) Anhang III
- Beeinflussung von Entscheidung hinsichtlich Zuweisung von Arbeitsaufgaben im Arbeitsverhältnis
- Risikobewertung von Kranken- und Lebensversicherungen, 58 ErwGr, Nr. 5 c.) Anhang III
- Emotionserkennung, Nr. 1 c.) Anhang III
- Profiling, Art. 6 Abs. 3 KI-VO
- biometrische Kategorisierung, Nr. 1 b.) Anhang III
- Bewertung von Bewerbern, 57 ErwGr, Nr. 4 a.) Anhang III
- Sichtung und Filterung von Bewerbungen 57 ErwGr, Nr. 4 a.) Anhang III
- Beeinflussung von Entscheidung hinsichtlich Bedingungen von Arbeitsverhältnissen
- Beobachtung der Leistung im Arbeitsverhältnis 57 ErwGr, Nr. 4 b.) Anhang III
- Bewertung der Leistung im Arbeitsverhältnis Nr. 4 b.) Anhang III
- Beeinflussung von Entscheidung hinsichtlich Beförderungen & Kündigung im Arbeitsverhältnis
- Preisbildung in Bezug auf Kranken- und Lebensversicherungen Nr. 5 c.) Anhang III
- Kreditwürdigkeitsprüfung 58 ErwGr, Nr. 5 b,) Anhang III
- Kreditpunktebewertung 58 ErwGr, Nr. 5 b.) Anhang III

www.aiofficer.de

NICHT ERLAUBTE HR-KI-SYSTEME

www.aiofficer.de

UNTERSCHWELLIGE BEEINFLUSSUNG, MANIPULATION UND TÄUSCHUNG

(...) Schwäche oder Schutzbedürftigkeit aufgrund Alters, Behinderung oder einer bestimmten sozialen oder wirtschaftlichen Situation ausnutzt, Art 5 Abs. 1 b.) KI-VO

Automatisierte Bewerbungssysteme: Zeigt wirtschaftlich benachteiligten Bewerbern weniger lukrative Stellen an und nutzt ihre wirtschaftliche Schwäche aus.
Manipulative Schulungsprogramme: Präsentiert älteren Mitarbeitern weniger anspruchsvolle Positionen als passend und nutzt ihre Altersbedingte Schwäche aus.
Täuschende Leistungsbewertung: Bewertet behinderte Mitarbeiter systematisch schlechter und nutzt ihre Schwäche aufgrund der Behinderung aus.

BEWERTUNG UND EINSTUFUNG PERSÖNLICHER MERKMALE UND EIGENSCHAFTEN

(...) Bewertung und Vorhersage persönlicher Merkmale und Eigenschaften, Art 5 Abs. 1 d.) KI-VO, 44 ErwGr

Vorhersage von Führungspotenzial:
Analysiert Arbeitsmuster und Feedback zur Vorhersage von Führungspotenzial.
Ermittlung der Teamkompatibilität:
Bewertet Persönlichkeitsmerkmale zur Vorhersage der Teamkompatibilität.
Leistungsprognosen basierend auf Persönlichkeitsanalysen:
Nutzt Persönlichkeitsprofile und Arbeitsverhalten zur Leistungsprognose.

(...) Bewertung oder Einstufung über einen bestimmten Zeitraum auf Grundlage sozialen Verhaltens u. persönlicher Eigenschaften oder Persönlichkeitsmerkmale, Art 5 Abs. 1 c.) KI-VO, 31 ErwGr, 44 ErwGr

Social Scoring bei Mitarbeitern: Bewertet Mitarbeiter basierend auf sozialem Verhalten und Interaktionen im Unternehmen.
Persönlichkeitstests bei der Einstellung: Analysiert Persönlichkeitstests und soziale Medienprofile für Einstufungen bei Bewerbern.
Verhaltensanalyse für Kundeninteraktion: Bewertet Mitarbeiter im Kundenservice basierend auf Interaktionen mit Kunden.

BEWERTEN UND EINSTUFEN VON EMOTIONEN

(...) Ableitung von Emotionen einer natürlichen Person am Arbeitsplatz , Art 5 Abs. 1 f.) KI-VO

Analyse von Gesichtsausdrücken: KI-Systeme überwachen Gesichtsausdrücke von Mitarbeitern, um Stress oder Unzufriedenheit zu erkennen.
Stimmungsbewertung durch Sprachanalyse: Analysiert den Tonfall und die Sprachmuster von Mitarbeitern, um deren emotionale Verfassung abzuleiten.
Emotionserkennung durch Verhaltenstracking: Überwacht Mausbewegungen und Tippverhalten am Computer, um auf Stress oder Frustration zu schließen.

(...) Systeme, zur Bewertung des emotionalen Zustandes (Arbeit)
44 ErwGr

Emotionserkennung bei Mitarbeiter-Feedback: Ein KI-System analysiert das emotionale Feedback von Mitarbeitern während Umfragen, um deren Zufriedenheit und Engagement zu bewerten.
Überwachung emotionaler Zustände in Meetings: Ein KI-System wertet Videokonferenzen aus, um die emotionale Stimmung der Teilnehmer zu erfassen und Verbesserungen vorzuschlagen.
Emotionale Zustandsbewertung bei Kundeninteraktionen: Ein KI-Tool analysiert Tonfall und Gesichtsausdrücke von Mitarbeitern im Kundenservice, um deren emotionale Belastung zu bewerten.

Juristische Grundlagen
Umsetzung der KI-VO

ALLE VERBOTENEN PRAKTIKEN NACH DER KI-VERORDNUNG

www.aiofficer.de

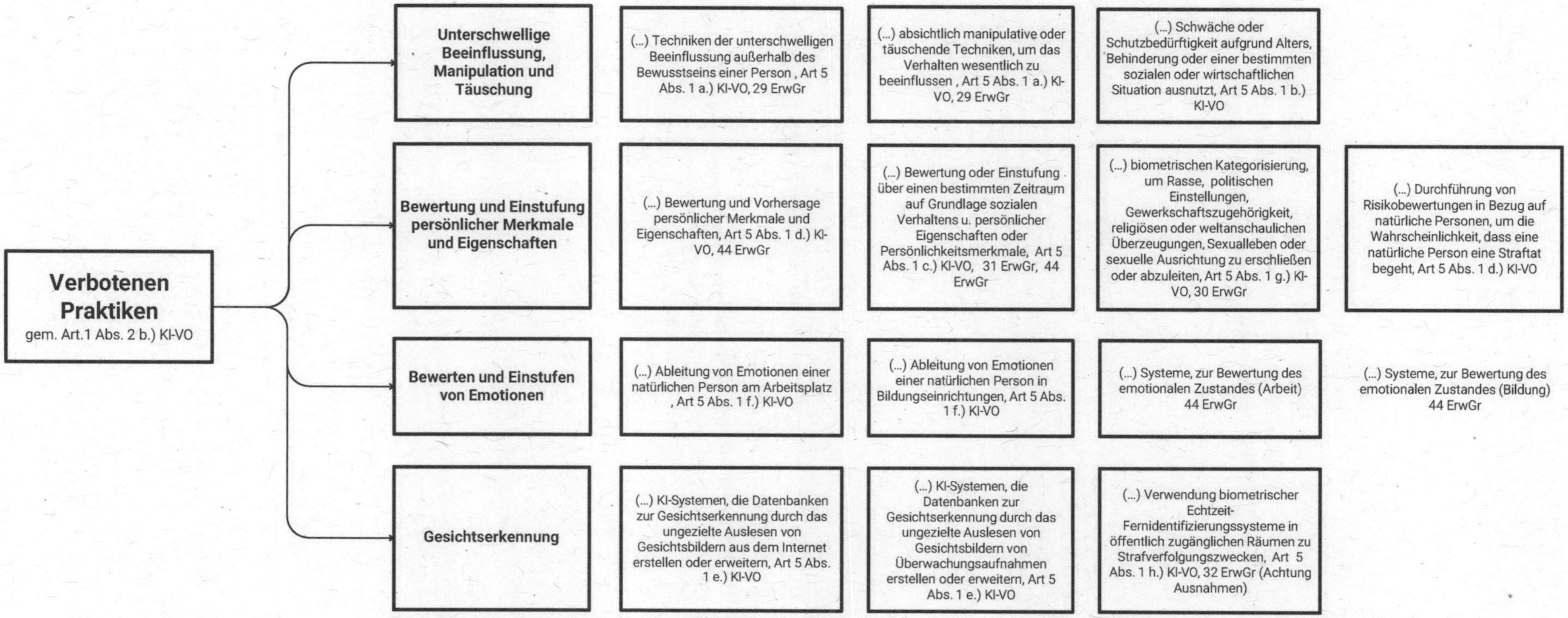

Anhang III: Gesetzestext der KI-VO

Im Folgenden wird der Gesetzestext der KI-VO aufgeführt. Zu jedem Artikel sind die entsprechenden Erwägungsgründe der Verordnung aufgeführt. Zudem sind Verweise auf relevante Erläuterungen im Buch gesetzt.

Verordnung (EU) 2024/1689 des Europäischen Parlaments und des Rates

vom 13. Juni 2024

zur Festlegung harmonisierter Vorschriften für künstliche Intelligenz und zur Änderung der Verordnungen (EG) Nr. 300/2008, (EU) Nr. 167/2013, (EU) Nr. 168/2013, (EU) 2018/858, (EU) 2018/1139 und (EU) 2019/2144 sowie der Richtlinien 2014/90/EU, (EU) 2016/797 und (EU) 2020/1828 (Verordnung über künstliche Intelligenz)

KAPITEL I
Allgemeine Bestimmungen

Artikel 1
Gegenstand

ErwG 1–9, 26, 27; → **Rn. 6 ff.**

(1) Zweck dieser Verordnung ist es, das Funktionieren des Binnenmarkts zu verbessern und die Einführung einer auf den Menschen ausgerichteten und vertrauenswürdigen künstlichen Intelligenz (KI) zu fördern und gleichzeitig ein hohes Schutzniveau in Bezug auf Gesundheit, Sicherheit und die in der Charta verankerten Grundrechte, einschließlich Demokratie, Rechtsstaatlichkeit und Umweltschutz, vor schädlichen Auswirkungen von KI-Systemen in der Union zu gewährleisten und die Innovation zu unterstützen.

(2) In dieser Verordnung wird Folgendes festgelegt:
- a) harmonisierte Vorschriften für das Inverkehrbringen, die Inbetriebnahme und die Verwendung von KI-Systemen in der Union;
- b) Verbote bestimmter Praktiken im KI-Bereich;
- c) besondere Anforderungen an Hochrisiko-KI-Systeme und Pflichten für Akteure in Bezug auf solche Systeme;
- d) harmonisierte Transparenzvorschriften für bestimmte KI-Systeme;
- e) harmonisierte Vorschriften für das Inverkehrbringen von KI-Modellen mit allgemeinem Verwendungszweck;
- f) Vorschriften für die Marktbeobachtung sowie die Governance und Durchsetzung der Marktüberwachung;
- g) Maßnahmen zur Innovationsförderung mit besonderem Augenmerk auf KMU, einschließlich Start-up-Unternehmen.

Artikel 2
Anwendungsbereich

ErwG 9–11, 21–25; → **Rn. 71 ff.**

(1) Diese Verordnung gilt für
- a) Anbieter, die in der Union KI-Systeme in Verkehr bringen oder in Betrieb nehmen oder KI-Modelle mit allgemeinem Verwendungszweck in Verkehr bringen, unabhängig davon, ob diese Anbieter in der Union oder in einem Drittland niedergelassen sind;

b) Betreiber von KI-Systemen, die ihren Sitz in der Union haben oder in der Union befinden;
c) Anbieter und Betreiber von KI-Systemen, die ihren Sitz in einem Drittland haben oder sich in einem Drittland befinden, wenn die vom KI-System hervorgebrachte Ausgabe in der Union verwendet wird;
d) Einführer und Händler von KI-Systemen;
e) Produkthersteller, die KI-Systeme zusammen mit ihrem Produkt unter ihrem eigenen Namen oder ihrer Handelsmarke in Verkehr bringen oder in Betrieb nehmen;
f) Bevollmächtigte von Anbietern, die nicht in der Union niedergelassen sind;
g) betroffene Personen, die sich in der Union befinden.

(2) Für KI-Systeme, die als Hochrisiko-KI-Systeme gemäß Artikel 6 Absatz 1 eingestuft sind und im Zusammenhang mit Produkten stehen, die unter die in Anhang I Abschnitt B aufgeführten Harmonisierungsrechtsvorschriften der Union fallen, gelten nur Artikel 6 Absatz 1, die Artikel 102 bis 109 und Artikel 112. Artikel 57 gilt nur, soweit die Anforderungen an Hochrisiko-KI-Systeme gemäß dieser Verordnung im Rahmen der genannten Harmonisierungsrechtsvorschriften der Union eingebunden wurden.

(3) Diese Verordnung gilt nur in den unter das Unionsrecht fallenden Bereichen und berührt keinesfalls die Zuständigkeiten der Mitgliedstaaten in Bezug auf die nationale Sicherheit, unabhängig von der Art der Einrichtung, die von den Mitgliedstaaten mit der Wahrnehmung von Aufgaben im Zusammenhang mit diesen Zuständigkeiten betraut wurde.

Diese Verordnung gilt nicht für KI-Systeme, wenn und soweit sie ausschließlich für militärische Zwecke, Verteidigungszwecke oder Zwecke der nationalen Sicherheit in Verkehr gebracht, in Betrieb genommen oder, mit oder ohne Änderungen, verwendet werden, unabhängig von der Art der Einrichtung, die diese Tätigkeiten ausübt.

Diese Verordnung gilt nicht für KI-Systeme, die nicht in der Union in Verkehr gebracht oder in Betrieb genommen werden, wenn die Ausgaben in der Union ausschließlich für militärische Zwecke, Verteidigungszwecke oder Zwecke der nationalen Sicherheit verwendet werden, unabhängig von der Art der Einrichtung, die diese Tätigkeiten ausübt.

(4) Diese Verordnung gilt weder für Behörden in Drittländern noch für internationale Organisationen, die gemäß Absatz 1 in den Anwendungsbereich dieser Verordnung fallen, soweit diese Behörden oder Organisationen KI-Systeme im Rahmen der internationalen Zusammenarbeit oder internationaler Übereinkünfte im Bereich der Strafverfolgung und justiziellen Zusammenarbeit mit der Union oder mit einem oder mehreren Mitgliedstaaten verwenden und sofern ein solches Drittland oder eine solche internationale Organisation angemessene Garantien hinsichtlich des Schutz der Privatsphäre, der Grundrechte und der Grundfreiheiten von Personen bietet.

(5) Die Anwendung der Bestimmungen über die Haftung der Anbieter von Vermittlungsdiensten in Kapitel II der Verordnung 2022/2065 bleibt von dieser Verordnung unberührt.

(6) Diese Verordnung gilt nicht für KI-Systeme oder KI-Modelle, einschließlich ihrer Ausgabe, die eigens für den alleinigen Zweck der wissenschaftlichen Forschung und Entwicklung entwickelt und in Betrieb genommen werden.

(7) Die Rechtsvorschriften der Union zum Schutz personenbezogener Daten, der Privatsphäre und der Vertraulichkeit der Kommunikation gelten für die Verarbeitung personenbezogener Daten im Zusammenhang mit den in dieser Verordnung festgelegten Rechten und Pflichten. Diese Verordnung berührt nicht die Verordnung (EU) 2016/679 bzw. (EU) 2018/1725 oder die Richtlinie 2002/58/EG bzw. (EU) 2016/680, unbeschadet des Artikels 10 Absatz 5 und des Artikels 59 der vorliegenden Verordnung.

(8) Diese Verordnung gilt nicht für Forschungs-, Test- und Entwicklungstätigkeiten zu KI-Systemen oder KI-Modellen, bevor diese in Verkehr gebracht oder in Betrieb genommen werden. Solche Tätigkeiten werden im Einklang mit dem geltenden Unionsrecht durchgeführt. Tests unter Realbedingungen fallen nicht unter diesen Ausschluss.

(9) Diese Verordnung berührt nicht die Vorschriften anderer Rechtsakte der Union zum Verbraucherschutz und zur Produktsicherheit.

(10) Diese Verordnung gilt nicht für die Pflichten von Betreibern, die natürliche Personen sind und KI-Systeme im Rahmen einer ausschließlich persönlichen und nicht beruflichen Tätigkeit verwenden.

(11) Diese Verordnung hindert die Union oder die Mitgliedstaaten nicht daran, Rechts- oder Verwaltungsvorschriften beizubehalten oder einzuführen, die für die Arbeitnehmer im Hinblick auf den Schutz ihrer Rechte bei der Verwendung von KI-Systemen durch die Arbeitgeber vorteilhafter sind, oder die Anwendung von Kollektivvereinbarungen zu fördern oder zuzulassen, die für die Arbeitnehmer vorteilhafter sind.

(12) Diese Verordnung gilt nicht für KI-Systeme, die unter freien und quelloffenen Lizenzen bereitgestellt werden, es sei denn, sie werden als Hochrisiko-KI-Systeme oder als ein KI-System, das unter Artikel 5 oder 50 fällt, in Verkehr gebracht oder in Betrieb genommen.

Artikel 3
Begriffsbestimmungen

ErwG 12–19; → **Rn. 29 ff.**

Für die Zwecke dieser Verordnung bezeichnet der Ausdruck

1. „KI-System" ein maschinengestütztes System, das für einen in unterschiedlichem Grade autonomen Betrieb ausgelegt ist und das nach seiner Betriebsaufnahme anpassungsfähig sein kann und das aus den erhaltenen Eingaben für explizite oder implizite Ziele ableitet, wie Ausgaben wie etwa Vorhersagen, Inhalte, Empfehlungen oder Entscheidungen erstellt werden, die physische oder virtuelle Umgebungen beeinflussen können;

2. „Risiko" die Kombination aus der Wahrscheinlichkeit des Auftretens eines Schadens und der Schwere dieses Schadens;

3. „Anbieter" eine natürliche oder juristische Person, Behörde, Einrichtung oder sonstige Stelle, die ein KI-System oder ein KI-Modell mit allgemeinem Verwendungszweck entwickelt oder entwickeln lässt und es unter ihrem eigenen Namen oder ihrer Handelsmarke in Verkehr bringt oder das KI-System unter ihrem eigenen Namen oder ihrer Handelsmarke in Betrieb nimmt, sei es entgeltlich oder unentgeltlich;

4. „Betreiber" eine natürliche oder juristische Person, Behörde, Einrichtung oder sonstige Stelle, die ein KI-System in eigener Verantwortung verwendet, es sei denn, das KI-System wird im Rahmen einer persönlichen und nicht beruflichen Tätigkeit verwendet;

5. „Bevollmächtigter" eine in der Union ansässige oder niedergelassene natürliche oder juristische Person, die vom Anbieter eines KI-Systems oder eines KI-Modells mit allgemeinem Verwendungszweck schriftlich dazu bevollmächtigt wurde und sich damit einverstanden erklärt hat, in seinem Namen die in dieser Verordnung festgelegten Pflichten zu erfüllen bzw. Verfahren durchzuführen;

6. „Einführer" eine in der Union ansässige oder niedergelassene natürliche oder juristische Person, die ein KI-System, das den Namen oder die Handelsmarke einer in ei-

nem Drittland niedergelassenen natürlichen oder juristischen Person trägt, in Verkehr bringt;

7. „Händler" eine natürliche oder juristische Person in der Lieferkette, die ein KI-System auf dem Unionsmarkt bereitstellt, mit Ausnahme des Anbieters oder des Einführers;

8. „Akteur" einen Anbieter, Produkthersteller, Betreiber, Bevollmächtigten, Einführer oder Händler;

9. „Inverkehrbringen" die erstmalige Bereitstellung eines KI-Systems oder eines KI-Modells mit allgemeinem Verwendungszweck auf dem Unionsmarkt;

10. „Bereitstellung auf dem Markt" die entgeltliche oder unentgeltliche Abgabe eines KI-Systems oder eines KI-Modells mit allgemeinem Verwendungszweck zum Vertrieb oder zur Verwendung auf dem Unionsmarkt im Rahmen einer Geschäftstätigkeit;

11. „Inbetriebnahme" die Bereitstellung eines KI-Systems in der Union zum Erstgebrauch direkt an den Betreiber oder zum Eigengebrauch entsprechend seiner Zweckbestimmung;

12. „Zweckbestimmung" die Verwendung, für die ein KI-System laut Anbieter bestimmt ist, einschließlich der besonderen Umstände und Bedingungen für die Verwendung, entsprechend den vom Anbieter bereitgestellten Informationen in den Betriebsanleitungen, im Werbe- oder Verkaufsmaterial und in diesbezüglichen Erklärungen sowie in der technischen Dokumentation;

13. „vernünftigerweise vorhersehbare Fehlanwendung" die Verwendung eines KI-Systems in einer Weise, die nicht seiner Zweckbestimmung entspricht, die sich aber aus einem vernünftigerweise vorhersehbaren menschlichen Verhalten oder einer vernünftigerweise vorhersehbaren Interaktion mit anderen Systemen, auch anderen KI-Systemen, ergeben kann;

14. „Sicherheitsbauteil" einen Bestandteil eines Produkts oder KI-Systems, der eine Sicherheitsfunktion für dieses Produkt oder KI-System erfüllt oder dessen Ausfall oder Störung die Gesundheit und Sicherheit von Personen oder Eigentum gefährdet;

15. „Betriebsanleitungen" die Informationen, die der Anbieter bereitstellt, um den Betreiber insbesondere über die Zweckbestimmung und die ordnungsgemäße Verwendung eines KI-Systems zu informieren;

16. „Rückruf eines KI-Systems" jede Maßnahme, die auf die Rückgabe an den Anbieter oder auf die Außerbetriebsetzung oder Abschaltung eines den Betreibern bereits zur Verfügung gestellten KI-Systems abzielt;

17. „Rücknahme eines KI-Systems" jede Maßnahme, mit der die Bereitstellung eines in der Lieferkette befindlichen KI-Systems auf dem Markt verhindert werden soll;

18. „Leistung eines KI-Systems" die Fähigkeit eines KI-Systems, seine Zweckbestimmung zu erfüllen;

19. „notifizierende Behörde" die nationale Behörde, die für die Einrichtung und Durchführung der erforderlichen Verfahren für die Bewertung, Benennung und Notifizierung von Konformitätsbewertungsstellen und für deren Überwachung zuständig ist;

20. „Konformitätsbewertung" ein Verfahren mit dem bewertet wird, ob die in Titel III Abschnitt 2 festgelegten Anforderungen an ein Hochrisiko-KI-System erfüllt wurden;

21. „Konformitätsbewertungsstelle" eine Stelle, die Konformitätsbewertungstätigkeiten einschließlich Prüfungen, Zertifizierungen und Inspektionen durchführt und dabei als Dritte auftritt;

22. „notifizierte Stelle" eine Konformitätsbewertungsstelle, die gemäß dieser Verordnung und den anderen einschlägigen Harmonisierungsrechtsvorschriften der Union notifiziert wurde;

23. „wesentliche Veränderung" eine Veränderung eines KI-Systems nach dessen Inverkehrbringen oder Inbetriebnahme, die in der vom Anbieter durchgeführten ursprünglichen Konformitätsbewertung nicht vorgesehen oder geplant war und durch die die Konformität des KI-Systems mit den Anforderungen in Kapitel III Abschnitt 2 beeinträchtigt wird oder die zu einer Änderung der Zweckbestimmung führt, für die das KI-System bewertet wurde;

24. „CE-Kennzeichnung" eine Kennzeichnung, durch die ein Anbieter erklärt, dass ein KI-System die Anforderungen erfüllt, die in Kapitel III Abschnitt 2 und in anderen anwendbaren Harmonisierungsrechtsvorschriften, die die Anbringung dieser Kennzeichnung vorsehen, festgelegt sind;

25. „System zur Beobachtung nach dem Inverkehrbringen" alle Tätigkeiten, die Anbieter von KI-Systemen zur Sammlung und Überprüfung von Erfahrungen mit der Verwendung der von ihnen in Verkehr gebrachten oder in Betrieb genommenen KI-Systeme durchführen, um festzustellen, ob unverzüglich nötige Korrektur- oder Präventivmaßnahmen zu ergreifen sind;

26. „Marktüberwachungsbehörde" die nationale Behörde, die die Tätigkeiten durchführt und die Maßnahmen ergreift, die in der Verordnung (EU) 2019/1020 vorgesehen sind;

27. „harmonisierte Norm" bezeichnet eine harmonisierte Norm im Sinne des Artikels 2 Absatz 1 Buchstabe c der Verordnung (EU) Nr. 1025/2012;

28. „gemeinsame Spezifikation" eine Reihe technischer Spezifikationen im Sinne des Artikels 2 Nummer 4 der Verordnung (EU) Nr. 1025/2012, deren Befolgung es ermöglicht, bestimmte Anforderungen der vorliegenden Verordnung zu erfüllen;

29. „Trainingsdaten" Daten, die zum Trainieren eines KI-Systems verwendet werden, wobei dessen lernbare Parameter angepasst werden;

30. „Validierungsdaten" Daten, die zur Evaluation des trainierten KI-Systems und zur Einstellung seiner nicht erlernbaren Parameter und seines Lernprozesses verwendet werden, um unter anderem eine Unter- oder Überanpassung zu vermeiden;

31. „Validierungsdatensatz" einen separaten Datensatz oder einen Teil des Trainingsdatensatzes mit fester oder variabler Aufteilung;

32. „Testdaten" Daten, die für eine unabhängige Bewertung des KI-Systems verwendet werden, um die erwartete Leistung dieses Systems vor dessen Inverkehrbringen oder Inbetriebnahme zu bestätigen;

33. „Eingabedaten" die in ein KI-System eingespeisten oder von diesem direkt erfassten Daten, auf deren Grundlage das System eine Ausgabe hervorbringt;

34. „biometrische Daten" mit speziellen technischen Verfahren gewonnene personenbezogene Daten zu den physischen, physiologischen oder verhaltenstypischen Merkmalen einer natürlichen Person, wie etwa Gesichtsbilder oder daktyloskopische Daten;

35. „biometrische Identifizierung" die automatisierte Erkennung physischer, physiologischer, verhaltensbezogener oder psychologischer menschlicher Merkmale zum Zwecke der Feststellung der Identität einer natürlichen Person durch den Vergleich biometrischer Daten dieser Person mit biometrischen Daten von Personen, die in einer Datenbank gespeichert sind;

36. „biometrische Verifizierung" die automatisierte Eins-zu-eins-Verifizierung, einschließlich Authentifizierung, der Identität natürlicher Personen durch den Vergleich ihrer biometrischen Daten mit zuvor bereitgestellten biometrischen Daten;

37. „besondere Kategorien personenbezogener Daten“ die in Artikel 9 Absatz 1der Verordnung (EU) 2016/679, Artikel 10 der Richtlinie (EU) 2016/680 und Artikel 10 Absatz 1 der Verordnung (EU) 2018/1725 aufgeführten Kategorien personenbezogener Daten;

38. „sensible operative Daten“ operative Daten im Zusammenhang mit Tätigkeiten zur Verhütung, Aufdeckung, Untersuchung oder Verfolgung von Straftaten, deren Offenlegung die Integrität von Strafverfahren gefährden könnte;

39. „Emotionserkennungssystem“ ein KI-System, das dem Zweck dient, Emotionen oder Absichten natürlicher Personen auf der Grundlage ihrer biometrischen Daten festzustellen oder daraus abzuleiten;

40. „System zur biometrischen Kategorisierung“ ein KI-System, das dem Zweck dient, natürliche Personen auf der Grundlage ihrer biometrischen Daten bestimmten Kategorien zuzuordnen, sofern es sich um eine Nebenfunktion eines anderen kommerziellen Dienstes handelt und aus objektiven technischen Gründen unbedingt erforderlich ist;

41. „biometrisches Fernidentifizierungssystem“ ein KI-System, das dem Zweck dient, natürliche Personen ohne ihre aktive Einbeziehung und in der Regel aus der Ferne durch Abgleich der biometrischen Daten einer Person mit den in einer Referenzdatenbank gespeicherten biometrischen Daten zu identifizieren;

42. „biometrisches Echtzeit-Fernidentifizierungssystem“ ein biometrisches Fernidentifizierungssystem, bei dem die Erfassung biometrischer Daten, der Abgleich und die Identifizierung ohne erhebliche Verzögerung erfolgen, und das zur Vermeidung einer Umgehung der Vorschriften nicht nur die sofortige Identifizierung, sondern auch eine Identifizierung mit begrenzten kurzen Verzögerungen umfasst;

43. „System zur nachträglichen biometrischen Fernidentifizierung“ ein biometrisches Fernidentifizierungssystem, das kein biometrisches Echtzeit-Fernidentifizierungssystem ist;

44. „öffentlich zugänglicher Raum“ einen einer unbestimmten Anzahl natürlicher Personen zugänglichen physischen Ort in privatem oder öffentlichem Eigentum, unabhängig davon, ob bestimmte Bedingungen für den Zugang gelten, und unabhängig von möglichen Kapazitätsbeschränkungen;

45. „Strafverfolgungsbehörde“
    a) eine Behörde, die für die Verhütung, Ermittlung, Aufdeckung oder Verfolgung von Straftaten oder die Strafvollstreckung, einschließlich des Schutzes vor und der Abwehr von Gefahren für die öffentliche Sicherheit, zuständig ist, oder
    b) eine andere Stelle oder Einrichtung, der durch nationales Recht die Ausübung öffentlicher Gewalt und hoheitlicher Befugnisse zur Verhütung, Ermittlung, Aufdeckung oder Verfolgung von Straftaten oder zur Strafvollstreckung, einschließlich des Schutzes vor und der Abwehr von Gefahren für die öffentliche Sicherheit, übertragen wurde;

46. „Strafverfolgung“ Tätigkeiten der Strafverfolgungsbehörden oder in deren Auftrag zur Verhütung, Ermittlung, Aufdeckung oder Verfolgung von Straftaten oder zur Strafvollstreckung, einschließlich des Schutzes vor und der Abwehr von Gefahren für die öffentliche Sicherheit;

47. „Büro für Künstliche Intelligenz“ die Aufgabe der Kommission, zur Umsetzung, Beobachtung und Überwachung von KI-Systemen und KI-Modellen mit allgemeinem Verwendungszweck und zu der im Beschluss der Kommission vom 24. Januar 2024 vorgesehenen KI-Governance beizutragen; Bezugnahmen in dieser Verordnung auf das Büro für Künstliche Intelligenz gelten als Bezugnahmen auf die Kommission;

48. „zuständige nationale Behörde“ eine notifizierende Behörde oder eine Marktüberwachungsbehörde; in Bezug auf KI-Systeme, die von Organen, Einrichtungen und sonstigen Stellen der Union in Betrieb genommen oder verwendet werden, sind Bezug-

nahmen auf die zuständigen nationalen Behörden oder Marktüberwachungsbehörden in dieser Verordnung als Bezugnahmen auf den Europäischen Datenschutzbeauftragten auszulegen;

49. „schwerwiegender Vorfall" einen Vorfall oder eine Fehlfunktion bezüglich eines KI-Systems, das bzw. die direkt oder indirekt eine der nachstehenden Folgen hat:
    a) den Tod oder die schwere gesundheitliche Schädigung einer Person;
    b) eine schwere und unumkehrbare Störung der Verwaltung oder des Betriebs kritischer Infrastrukturen;
    c) die Verletzung von Pflichten aus den Unionsrechtsvorschriften zum Schutz der Grundrechte;
    d) schwere Sach- oder Umweltschäden;

50. „personenbezogene Daten" personenbezogene Daten im Sinne von Artikel 4 Nummer 1 der Verordnung (EU) 2016/679;

51. „nicht personenbezogene Daten" Daten, die keine personenbezogenen Daten im Sinne von Artikel 4 Nummer 1 der Verordnung (EU) 2016/679 sind;

52. „Profiling" das Profiling im Sinne von Artikel 4 Nummer 4 der Verordnung (EU) 2016/679;

53. „Plan für einen Test unter Realbedingungen" ein Dokument, in dem die Ziele, die Methodik, der geografische, bevölkerungsbezogene und zeitliche Umfang, die Überwachung, die Organisation und die Durchführung eines Tests unter Realbedingungen beschrieben werden;

54. „Plan für das Reallabor" ein zwischen dem teilnehmenden Anbieter und der zuständigen Behörde vereinbartes Dokument, in dem die Ziele, die Bedingungen, der Zeitrahmen, die Methodik und die Anforderungen für die im Reallabor durchgeführten Tätigkeiten beschrieben werden;

55. „KI-Reallabor" einen kontrollierten Rahmen, der von einer zuständigen Behörde geschaffen wird und den Anbieter oder zukünftige Anbieter von KI-Systemen nach einem Plan für das Reallabor einen begrenzten Zeitraum und unter regulatorischer Aufsicht nutzen können, um ein innovatives KI-System zu entwickeln, zu trainieren, zu validieren und – gegebenenfalls unter Realbedingungen – zu testen.

56. „KI-Kompetenz" die Fähigkeiten, die Kenntnisse und das Verständnis, die es Anbietern, Betreibern und Betroffenen unter Berücksichtigung ihrer jeweiligen Rechte und Pflichten im Rahmen dieser Verordnung ermöglichen, KI-Systeme sachkundig einzusetzen sowie sich der Chancen und Risiken von KI und möglicher Schäden, die sie verursachen kann, bewusst zu werden.

57. „Test unter Realbedingungen" den befristeten Test eines KI-Systems auf seine Zweckbestimmung, der unter Realbedingungen außerhalb eines Labors oder einer anderweitig simulierten Umgebung erfolgt, um zuverlässige und belastbare Daten zu erheben und die Konformität des KI-Systems mit den Anforderungen der vorliegenden Verordnung zu bewerten und zu überprüfen, wobei dieser Test nicht als Inverkehrbringen oder Inbetriebnahme des KI-Systems im Sinne dieser Verordnung gilt, sofern alle Bedingungen nach Artikel 57 oder Artikel 60 erfüllt sind;

58. „Testteilnehmer" für die Zwecke eines Tests unter Realbedingungen eine natürliche Person, die an dem Test unter Realbedingungen teilnimmt;

59. „informierte Einwilligung" eine aus freien Stücken erfolgende, spezifische, eindeutige und freiwillige Erklärung der Bereitschaft, an einem bestimmten Test unter Realbedingungen teilzunehmen, durch einen Testteilnehmer, nachdem dieser über alle Aspekte des Tests, die für die Entscheidungsfindung des Testteilnehmers bezüglich der Teilnahme relevant sind, aufgeklärt wurde;

60. „Deepfake" einen durch KI erzeugten oder manipulierten Bild-, Ton- oder Videoinhalt, der wirklichen Personen, Gegenständen, Orten, Einrichtungen oder Ereignissen

ähnelt und einer Person fälschlicherweise als echt oder wahrheitsgemäß erscheinen würde;

61. „weitverbreiteter Verstoß“ jede Handlung oder Unterlassung, die gegen das Unionsrecht verstößt, das die Interessen von Einzelpersonen schützt, und die
    a) die kollektiven Interessen von Einzelpersonen in mindestens zwei anderen Mitgliedstaaten als dem Mitgliedstaat schädigt oder zu schädigen droht, in dem
        i) die Handlung oder die Unterlassung ihren Ursprung hatte oder stattfand,
        ii) der betreffende Anbieter oder gegebenenfalls sein Bevollmächtigter sich befindet oder niedergelassen ist oder
        iii) der Betreiber niedergelassen ist, sofern der Verstoß vom Betreiber begangen wird,
    b) die kollektiven Interessen von Einzelpersonen geschädigt hat, schädigt oder schädigen könnte und allgemeine Merkmale aufweist, einschließlich derselben rechtswidrigen Praxis oder desselben verletzten Interesses, und gleichzeitig auftritt und von demselben Akteur in mindestens drei Mitgliedstaaten begangen wird;

62. „kritische Infrastrukturen“ kritische Infrastrukturen im Sinne von Artikel 2 Nummer 4 der Richtlinie (EU) 2022/2557;

63. „KI-Modell mit allgemeinem Verwendungszweck“ ein KI-Modell – einschließlich der Fälle, in denen ein solches KI-Modell mit einer großen Datenmenge unter umfassender Selbstüberwachung trainiert wird –, das eine erhebliche allgemeine Verwendbarkeit aufweist und in der Lage ist, unabhängig von der Art und Weise seines Inverkehrbringens ein breites Spektrum unterschiedlicher Aufgaben kompetent zu erfüllen, und das in eine Vielzahl nachgelagerter Systeme oder Anwendungen integriert werden kann, ausgenommen KI-Modelle, die vor ihrem Inverkehrbringen für Forschungs- und Entwicklungstätigkeiten oder die Konzipierung von Prototypen eingesetzt werden;

64. „Fähigkeiten mit hoher Wirkkraft“ bezeichnet Fähigkeiten, die den bei den fortschrittlichsten KI-Modellen mit allgemeinem Verwendungszweck festgestellten Fähigkeiten entsprechen oder diese übersteigen;

65. „systemisches Risiko“ ein Risiko, das für die Fähigkeiten mit hoher Wirkkraft von KI-Modellen mit allgemeinem Verwendungszweck spezifisch ist und aufgrund deren Reichweite oder aufgrund tatsächlicher oder vernünftigerweise vorhersehbarer negativer Folgen für die öffentliche Gesundheit, die Sicherheit, die öffentliche Sicherheit, die Grundrechte oder die Gesellschaft insgesamt erhebliche Auswirkungen auf den Unionsmarkt hat, die sich in großem Umfang über die gesamte Wertschöpfungskette hinweg verbreiten können;

66. „KI-System mit allgemeinem Verwendungszweck“ ein KI-System, das auf einem KI-Modell mit allgemeinem Verwendungszweck beruht und in der Lage ist, einer Vielzahl von Zwecken sowohl für die direkte Verwendung als auch für die Integration in andere KI-Systeme zu dienen;

67. „Gleitkommaoperation“ jede Rechenoperation oder jede Zuweisung mit Gleitkommazahlen, bei denen es sich um eine Teilmenge der reellen Zahlen handelt, die auf Computern typischerweise durch das Produkt aus einer ganzen Zahl mit fester Genauigkeit und einer festen Basis mit ganzzahligem Exponenten dargestellt wird;

68. „nachgelagerter Anbieter“ einen Anbieter eines KI-Systems, einschließlich eines KI-Systems mit allgemeinem Verwendungszweck, das ein KI-Modell integriert, unabhängig davon, ob das KI-Modell von ihm selbst bereitgestellt und vertikal integriert wird oder von einer anderen Einrichtung auf der Grundlage vertraglicher Beziehungen bereitgestellt wird.

Artikel 4
KI-Kompetenz

ErwG 20, 73; → **Rn. 96 f.**

Die Anbieter und Betreiber von KI-Systemen ergreifen Maßnahmen, um nach besten Kräften sicherzustellen, dass ihr Personal und andere Personen, die in ihrem Auftrag mit dem Betrieb und der Nutzung von KI-Systemen befasst sind, über ein ausreichendes Maß an KI-Kompetenz verfügen, wobei ihre technischen Kenntnisse, ihre Erfahrung, ihre Ausbildung und Schulung und der Kontext, in dem die KI-Systeme eingesetzt werden sollen, sowie die Personen oder Personengruppen, bei denen die KI-Systeme eingesetzt werden sollen, zu berücksichtigen sind.

KAPITEL II
Verbotene Praktiken im KI-Bereich

Artikel 5
Verbotene Praktiken im KI-Bereich

ErwG 26–45; → **Rn. 98 ff.**

(1) Folgende Praktiken im KI-Bereich sind verboten:

a) das Inverkehrbringen, die Inbetriebnahme oder die Verwendung eines KI-Systems, das Techniken der unterschwelligen Beeinflussung außerhalb des Bewusstseins einer Person oder absichtlich manipulative oder täuschende Techniken mit dem Ziel oder der Wirkung einsetzt, das Verhalten einer Person oder einer Gruppe von Personen wesentlich zu verändern, indem ihre Fähigkeit, eine fundierte Entscheidung zu treffen, deutlich beeinträchtigt wird, wodurch sie veranlasst wird, eine Entscheidung zu treffen, die sie andernfalls nicht getroffen hätte, und zwar in einer Weise, die dieser Person, einer anderen Person oder einer Gruppe von Personen erheblichen Schaden zufügt oder mit hinreichender Wahrscheinlichkeit zufügen wird.

b) das Inverkehrbringen, die Inbetriebnahme oder die Verwendung eines KI-Systems, das eine Vulnerabilität oder Schutzbedürftigkeit einer natürlichen Person oder einer bestimmten Gruppe von Personen aufgrund ihres Alters, einer Behinderung oder einer bestimmten sozialen oder wirtschaftlichen Situation mit dem Ziel oder der Wirkung ausnutzt, das Verhalten dieser Person oder einer dieser Gruppe angehörenden Person in einer Weise wesentlich zu verändern, die dieser Person oder einer anderen Person erheblichen Schaden zufügt oder mit hinreichender Wahrscheinlichkeit zufügen wird;

c) das Inverkehrbringen, die Inbetriebnahme oder die Verwendung von KI-Systemen zur Bewertung oder Einstufung von natürlichen Personen oder Gruppen von Personen über einen bestimmten Zeitraum auf der Grundlage ihres sozialen Verhaltens oder bekannter, abgeleiteter oder vorhergesagter persönlicher Eigenschaften oder Persönlichkeitsmerkmale, wobei die soziale Bewertung zu einem oder beiden der folgenden Ergebnisse führt:

   i) Schlechterstellung oder Benachteiligung bestimmter natürlicher Personen oder Gruppen von Personen in sozialen Zusammenhängen, die in keinem Zusammenhang zu den Umständen stehen, unter denen die Daten ursprünglich erzeugt oder erhoben wurden;

   ii) Schlechterstellung oder Benachteiligung bestimmter natürlicher Personen oder Gruppen von Personen in einer Weise, die im Hinblick auf ihr soziales Verhalten oder dessen Tragweite ungerechtfertigt oder unverhältnismäßig ist;

d) das Inverkehrbringen, die Inbetriebnahme für diesen spezifischen Zweck oder die Verwendung eines KI-Systems zur Durchführung von Risikobewertungen in Bezug auf natürliche Personen, um das Risiko, dass eine natürliche Person eine Straftat begeht, ausschließlich auf der Grundlage des Profiling einer natürlichen Person oder der Bewertung ihrer persönlichen Merkmale und Eigenschaften zu bewerten oder vorherzusagen; dieses Verbot gilt nicht für KI-Systeme, die dazu verwendet werden, die durch Menschen durchgeführte Bewertung der Beteiligung einer Person an einer kriminellen Aktivität, die sich bereits auf objektive und überprüfbare Tatsachen stützt, die in unmittelbarem Zusammenhang mit einer kriminellen Aktivität stehen, zu unterstützen;

e) das Inverkehrbringen, die Inbetriebnahme für diesen spezifischen Zweck oder die Verwendung von KI-Systemen, die Datenbanken zur Gesichtserkennung durch das ungezielte Auslesen von Gesichtsbildern aus dem Internet oder von Überwachungsaufnahmen erstellen oder erweitern;
f) das Inverkehrbringen, die Inbetriebnahme für diesen spezifischen Zweck oder die Verwendung von KI-Systemen zur Ableitung von Emotionen einer natürlichen Person am Arbeitsplatz und in Bildungseinrichtungen, es sei denn, die Verwendung des KI-Systems soll aus medizinischen Gründen oder Sicherheitsgründen eingeführt oder auf den Markt gebracht werden;
g) das Inverkehrbringen, die Inbetriebnahme für diesen spezifischen Zweck oder die Verwendung von Systemen zur biometrischen Kategorisierung, mit denen natürliche Personen individuell auf der Grundlage ihrer biometrischen Daten kategorisiert werden, um ihre Rasse, ihre politischen Einstellungen, ihre Gewerkschaftszugehörigkeit, ihre religiösen oder weltanschaulichen Überzeugungen, ihr Sexualleben oder ihre sexuelle Ausrichtung zu erschließen oder abzuleiten; dieses Verbot gilt nicht für die Kennzeichnung oder Filterung rechtmäßig erworbener biometrischer Datensätze, wie z. B. Bilder auf der Grundlage biometrischer Daten oder die Kategorisierung biometrischer Daten im Bereich der Strafverfolgung;
h) die Verwendung biometrischer Echtzeit-Fernidentifizierungssysteme in öffentlich zugänglichen Räumen zu Strafverfolgungszwecken, außer wenn und insoweit dies im Hinblick auf eines der folgenden Ziele unbedingt erforderlich ist:
    i) gezielte Suche nach bestimmten Opfern von Entführung, Menschenhandel oder sexueller Ausbeutung sowie die Suche nach vermissten Personen;
    ii) Abwenden einer konkreten, erheblichen und unmittelbaren Gefahr für das Leben oder die körperliche Unversehrtheit natürlicher Personen oder einer tatsächlichen und bestehenden oder tatsächlichen und vorhersehbaren Gefahr eines Terroranschlags;
    iii) Aufspüren oder Identifizieren einer Person, die der Begehung einer Straftat verdächtigt wird, zum Zwecke der Durchführung von strafrechtlichen Ermittlungen oder von Strafverfahren oder der Vollstreckung einer Strafe für die in Anhang II aufgeführten Straftaten, die in dem betreffenden Mitgliedstaat nach dessen Recht mit einer Freiheitsstrafe oder einer freiheitsentziehenden Maßregel der Sicherung im Höchstmaß von mindestens vier Jahren bedroht ist.

Unterabsatz 1 Buchstabe h gilt unbeschadet des Artikels 9 der Verordnung (EU) 2016/679 für die Verarbeitung biometrischer Daten zu anderen Zwecken als der Strafverfolgung.

(2) Die Verwendung biometrischer Echtzeit-Fernidentifizierungssysteme in öffentlich zugänglichen Räumen zu Strafverfolgungszwecken im Hinblick auf die in Absatz 1 Unterabsatz 1 Buchstabe h genannten Ziele darf für die in jenem Buchstaben genannten Zwecke nur zur Bestätigung der Identität der speziell betroffenen Person erfolgen, wobei folgende Elemente berücksichtigt werden:
a) die Art der Situation, die der möglichen Verwendung zugrunde liegt, insbesondere die Schwere, die Wahrscheinlichkeit und das Ausmaß des Schadens, der entstehen würde, wenn das System nicht eingesetzt würde;
b) die Folgen der Verwendung des Systems für die Rechte und Freiheiten aller betroffenen Personen, insbesondere die Schwere, die Wahrscheinlichkeit und das Ausmaß solcher Folgen.

Darüber hinaus sind bei der Verwendung biometrischer Echtzeit-Fernidentifizierungssysteme in öffentlich zugänglichen Räumen zu Strafverfolgungszwecken im Hinblick auf die in Absatz 1 Unterabsatz 1 Buchstabe h des vorliegenden Artikels genannten Ziele notwendige und verhältnismäßige Schutzvorkehrungen und Bedingungen für die Verwendung im Einklang mit nationalem Recht über die Ermächtigung ihrer Verwendung einzuhalten, insbesondere in Bezug auf die zeitlichen, geografischen und personenbezogenen Beschränkungen. Die Verwendung biometrischer Echtzeit-Fernidentifizierungssysteme in öffentlich zugänglichen Räumen ist nur dann zu gestatten, wenn die Strafverfolgungsbehörde eine Folgenabschätzung im Hinblick auf die Grundrechte gemäß Artikel 27 abgeschlossen und das System gemäß Artikel 49 in der EU-Datenbank registriert hat. In hinreichend begründeten dringenden Fällen kann jedoch mit der Verwendung solcher Systeme zunächst ohne Registrierung in der EU-Datenbank begonnen werden, sofern diese Registrierung unverzüglich erfolgt.

(3) Für die Zwecke des Absatz 1 Unterabsatz 1 Buchstabe h und des Absatzes 2 ist für jede Verwendung eines biometrischen Echtzeit-Fernidentifizierungssystems in öffentlich zugänglichen Räumen zu Strafverfolgungszwecken eine vorherige Genehmigung erforderlich, die von einer Justizbehörde oder einer unabhängigen Verwaltungsbehörde des Mitgliedstaats, in dem die Verwendung erfolgen soll, auf begründeten Antrag und gemäß den in Absatz 5 genannten detaillierten nationalen Rechtsvorschriften erteilt wird, wobei deren Entscheidung bindend ist. In hinreichend begründeten dringenden Fällen kann jedoch mit der Verwendung eines solchen Systems zunächst ohne Genehmigung begonnen werden, sofern eine solche Genehmigung unverzüglich, spätestens jedoch innerhalb von 24 Stunden beantragt wird. Wird eine solche Genehmigung abgelehnt, so wird die Verwendung mit sofortiger Wirkung eingestellt und werden alle Daten sowie die Ergebnisse und Ausgaben dieser Verwendung unverzüglich verworfen und gelöscht.

Die zuständige Justizbehörde oder eine unabhängige Verwaltungsbehörde, deren Entscheidung bindend ist, erteilt die Genehmigung nur dann, wenn sie auf der Grundlage objektiver Nachweise oder eindeutiger Hinweise, die ihr vorgelegt werden, davon überzeugt ist, dass die Verwendung des betreffenden biometrischen Echtzeit-Fernidentifizierungssystems für das Erreichen eines der in Absatz 1 Unterabsatz 1 Buchstabe h genannten Ziele – wie im Antrag angegeben – notwendig und verhältnismäßig ist und insbesondere auf das in Bezug auf den Zeitraum sowie den geografischen und persönlichen Anwendungsbereich unbedingt erforderliche Maß beschränkt bleibt. Bei ihrer Entscheidung über den Antrag berücksichtigt diese Behörde die in Absatz 2 genannten Elemente. Eine Entscheidung, aus der sich eine nachteilige Rechtsfolge für eine Person ergibt, darf nicht ausschließlich auf der Grundlage der Ausgabe des biometrischen Echtzeit-Fernidentifizierungssystems getroffen werden.

(4) Unbeschadet des Absatzes 3 wird jede Verwendung eines biometrischen Echtzeit-Fernidentifizierungssystems in öffentlich zugänglichen Räumen zu Strafverfolgungszwecken der zuständigen Marktüberwachungsbehörde und der nationalen Datenschutzbehörde gemäß den in Absatz 5 genannten nationalen Vorschriften mitgeteilt. Die Mitteilung muss mindestens die in Absatz 6 genannten Angaben enthalten und darf keine sensiblen operativen Daten enthalten.

(5) Ein Mitgliedstaat kann die Möglichkeit einer vollständigen oder teilweisen Ermächtigung zur Verwendung biometrischer Echtzeit-Fernidentifizierungssysteme in öffentlich zugänglichen Räumen zu Strafverfolgungszwecken innerhalb der in Absatz 1 Unterabsatz 1 Buchstabe h sowie Absätze 2 und 3 aufgeführten Grenzen und unter den dort genannten Bedingungen vorsehen. Die betreffenden Mitgliedstaaten legen in ihrem nationalen Recht die erforderlichen detaillierten Vorschriften für die Beantragung, Erteilung und Ausübung der in Absatz 3 genannten Genehmigungen sowie für die entsprechende Beaufsichtigung und Berichterstattung fest. In diesen Vorschriften wird auch festgelegt, im Hinblick auf welche der in Absatz 1 Unterabsatz 1 Buchstabe h aufgeführten Ziele und welche der unter Buchstabe h Ziffer iii genannten Straftaten die zuständigen Behörden ermächtigt werden können, diese Systeme zu Strafverfolgungszwecken zu verwenden. Die Mitgliedstaaten teilen der Kommission diese Vorschriften spätestens 30 Tage nach ihrem Erlass mit. Die Mitgliedstaaten können im Einklang mit dem Unionsrecht strengere Rechtsvorschriften für die Verwendung biometrischer Fernidentifizierungssysteme erlassen.

(6) Die nationalen Marktüberwachungsbehörden und die nationalen Datenschutzbehörden der Mitgliedstaaten, denen gemäß Absatz 4 die Verwendung biometrischer Echtzeit-Fernidentifizierungssysteme in öffentlich zugänglichen Räumen zu Strafverfolgungszwecken mitgeteilt wurden, legen der Kommission Jahresberichte über diese Verwendung vor. Zu diesem Zweck stellt die Kommission den Mitgliedstaaten und den nationalen Marktüberwachungs- und Datenschutzbehörden ein Muster zur Verfügung, das Angaben über die Anzahl der Entscheidungen der zuständigen Justizbehörden oder einer unabhängigen Verwaltungsbehörde, deren Entscheidung über Genehmigungsanträge gemäß Absatz 3 bindend ist, und deren Ergebnis enthält.

(7) Die Kommission veröffentlicht Jahresberichte über die Verwendung biometrischer Echtzeit-Fernidentifizierungssysteme in öffentlich zugänglichen Räumen zu Strafverfolgungszwecken, die auf aggregierten Daten aus den Mitgliedstaaten auf der Grundlage der in Absatz 6 genannten Jahresberichte beruhen. Diese Jahresberichte

dürfen keine sensiblen operativen Daten im Zusammenhang mit den damit verbundenen Strafverfolgungsmaßnahmen enthalten.

(8) Dieser Artikel berührt nicht die Verbote, die gelten, wenn KI-Praktiken gegen andere Rechtsvorschriften der Union verstoßen.

KAPITEL III
Hochrisiko-KI-Systeme
ABSCHNITT 1
Einstufung von KI-Systemen als Hochrisiko-KI-Systeme

Artikel 6
Einstufungsvorschriften für Hochrisiko-KI-Systeme

ErwG 16, 19, 26, 27, 30, 46–62, 166; → **Rn. 111 ff.**

(1) Ungeachtet dessen, ob ein KI-System unabhängig von den unter den Buchstaben a und b genannten Produkten in Verkehr gebracht oder in Betrieb genommen wird, gilt es als Hochrisiko-KI-System, wenn die beiden folgenden Bedingungen erfüllt sind:
a) das KI-System soll als Sicherheitsbauteil eines unter die in Anhang I aufgeführten Harmonisierungsrechtsvorschriften der Union fallenden Produkts verwendet werden oder das KI-System ist selbst ein solches Produkt;
b) das Produkt, dessen Sicherheitsbauteil gemäß Buchstabe a das KI-System ist, oder das KI-System selbst als Produkt muss einer Konformitätsbewertung durch Dritte im Hinblick auf das Inverkehrbringen oder die Inbetriebnahme dieses Produkts gemäß den in Anhang I aufgeführten Harmonisierungsrechtsvorschriften der Union unterzogen werden.

(2) Zusätzlich zu den in Absatz 1 genannten Hochrisiko-KI-Systemen gelten die in Anhang III genannten KI-Systeme als hochriskant.

(3) Abweichend von Absatz 2 gilt ein in Anhang III genanntes KI-System nicht als hochriskant, wenn es kein erhebliches Risiko der Beeinträchtigung in Bezug auf die Gesundheit, Sicherheit oder Grundrechte natürlicher Personen birgt, indem es unter anderem nicht das Ergebnis der Entscheidungsfindung wesentlich beeinflusst.

Unterabsatz 1 gilt, wenn eine der folgenden Bedingungen erfüllt ist:
a) das KI-System ist dazu bestimmt, eine eng gefasste Verfahrensaufgabe durchzuführen;
b) das KI-System ist dazu bestimmt, das Ergebnis einer zuvor abgeschlossenen menschlichen Tätigkeit zu verbessern;
c) das KI-System ist dazu bestimmt, Entscheidungsmuster oder Abweichungen von früheren Entscheidungsmustern zu erkennen, und ist nicht dazu gedacht, die zuvor abgeschlossene menschliche Bewertung ohne eine angemessene menschliche Überprüfung zu ersetzen oder zu beeinflussen; oder
d) das KI-System ist dazu bestimmt, eine vorbereitende Aufgabe für eine Bewertung durchzuführen, die für die Zwecke der in Anhang III aufgeführten Anwendungsfälle relevant ist.

Ungeachtet des Unterabsatzes 1 gilt ein in Anhang III aufgeführtes KI-System immer dann als hochriskant, wenn es ein Profiling natürlicher Personen vornimmt.

(4) Ein Anbieter, der der Auffassung ist, dass ein in Anhang III aufgeführtes KI-System nicht hochriskant ist, dokumentiert seine Bewertung, bevor dieses System in Verkehr gebracht oder in Betrieb genommen wird. Dieser Anbieter unterliegt der Registrierungspflicht gemäß Artikel 49 Absatz 2. Auf Verlangen der zuständigen nationalen Behörden legt der Anbieter die Dokumentation der Bewertung vor.

(5) Die Kommission stellt nach Konsultation des Europäischen Gremiums für Künstliche Intelligenz (im Folgenden „KI-Gremium“) spätestens bis zum 2. Februar 2026 Leitlinien zur praktischen Umsetzung dieses Artikels gemäß Artikel 96 und eine um-

fassende Liste praktischer Beispiele für Anwendungsfälle für KI-Systeme, die hochriskant oder nicht hochriskant sind, bereit.

(6) Die Kommission ist befugt, gemäß Artikel 97 delegierte Rechtsakte zu erlassen, um Absatz 3 Unterabsatz 2 des vorliegenden Artikels zu ändern, indem neue Bedingungen zu den darin genannten Bedingungen hinzugefügt oder diese geändert werden, wenn konkrete und zuverlässige Beweise für das Vorhandensein von KI-Systemen vorliegen, die in den Anwendungsbereich von Anhang III fallen, jedoch kein erhebliches Risiko der Beeinträchtigung in Bezug auf die Gesundheit, Sicherheit oder Grundrechte natürlicher Personen bergen.

(7) Die Kommission erlässt gemäß Artikel 97 delegierte Rechtsakte, um Absatz 3 Unterabsatz 2 des vorliegenden Artikels zu ändern, indem eine der darin festgelegten Bedingungen gestrichen wird, wenn konkrete und zuverlässige Beweise dafür vorliegen, dass dies für die Aufrechterhaltung des Schutzniveaus in Bezug auf Gesundheit, Sicherheit und die in dieser Verordnung vorgesehenen Grundrechte erforderlich ist.

(8) Eine Änderung der in Absatz 3 Unterabsatz 2 festgelegten Bedingungen, die gemäß den Absätzen 6 und 7 des vorliegenden Artikels erlassen wurde, darf das allgemeine Schutzniveau in Bezug auf Gesundheit, Sicherheit und die in dieser Verordnung vorgesehenen Grundrechte nicht senken; dabei ist die Kohärenz mit den gemäß Artikel 7 Absatz 1 erlassenen delegierten Rechtsakten sicherzustellen und die Marktentwicklungen und die technologischen Entwicklungen sind zu berücksichtigen.

Artikel 7
Änderungen des Anhangs III

ErwG 12, 49, 52

(1) Die Kommission ist befugt, gemäß Artikel 97 delegierte Rechtsakte zur Änderung von Anhang III durch Hinzufügung oder Änderung von Anwendungsfällen für Hochrisiko-KI-Systeme zu erlassen, die beide der folgenden Bedingungen erfüllen:

a) Die KI-Systeme sollen in einem der in Anhang III aufgeführten Bereiche eingesetzt werden;

b) die KI-Systeme bergen ein Risiko der Schädigung in Bezug auf die Gesundheit und Sicherheit oder haben nachteilige Auswirkungen auf die Grundrechte und dieses Risiko gleicht dem Risiko der Schädigung oder den nachteiligen Auswirkungen, das bzw. die von den in Anhang III bereits genannten Hochrisiko-KI-Systemen ausgeht bzw. ausgehen, oder übersteigt diese.

(2) Bei der Bewertung der Bedingung gemäß Absatz 1 Buchstabe b berücksichtigt die Kommission folgende Kriterien:

a) die Zweckbestimmung des KI-Systems;

b) das Ausmaß, in dem ein KI-System verwendet wird oder voraussichtlich verwendet werden wird;

c) die Art und den Umfang der vom KI-System verarbeiteten und verwendeten Daten, insbesondere die Frage, ob besondere Kategorien personenbezogener Daten verarbeitet werden;

d) das Ausmaß, in dem das KI-System autonom handelt, und die Möglichkeit, dass ein Mensch eine Entscheidung oder Empfehlungen, die zu einem potenziellen Schaden führen können, außer Kraft setzt;

e) das Ausmaß, in dem durch die Verwendung eines KI-Systems schon die Gesundheit und Sicherheit geschädigt wurden, es nachteilige Auswirkungen auf die Grundrechte gab oder z. B. nach Berichten oder dokumentierten Behauptungen, die den zuständigen nationalen Behörden übermittelt werden, oder gegebenenfalls anderen Berichten Anlass zu erheblichen Bedenken hinsichtlich der Wahrscheinlichkeit eines solchen Schadens oder solcher nachteiligen Auswirkungen besteht;

f) das potenzielle Ausmaß solcher Schäden oder nachteiligen Auswirkungen, insbesondere hinsichtlich ihrer Intensität und ihrer Eignung, mehrere Personen zu beeinträchtigen oder eine bestimmte Gruppe von Personen unverhältnismäßig stark zu beeinträchtigen;

g) das Ausmaß, in dem Personen, die potenziell geschädigt oder negative Auswirkungen erleiden werden, von dem von einem KI-System hervorgebrachten Ergebnis abhängen, weil es insbesondere aus praktischen oder rechtlichen Gründen nach vernünftigem Ermessen unmöglich ist, sich diesem Ergebnis zu entziehen;
h) das Ausmaß, in dem ein Machtungleichgewicht besteht oder in dem Personen, die potenziell geschädigt oder negative Auswirkungen erleiden werden, gegenüber dem Betreiber eines KI-Systems schutzbedürftig sind, insbesondere aufgrund von Status, Autorität, Wissen, wirtschaftlichen oder sozialen Umständen oder Alter;
i) das Ausmaß, in dem das mithilfe eines KI-Systems hervorgebrachte Ergebnis unter Berücksichtigung der verfügbaren technischen Lösungen für seine Korrektur oder Rückgängigmachung leicht zu korrigieren oder rückgängig zu machen ist, wobei Ergebnisse, die sich auf die Gesundheit, Sicherheit oder Grundrechte von Personen negativ auswirken, nicht als leicht korrigierbar oder rückgängig zu machen gelten;
j) das Ausmaß und die Wahrscheinlichkeit, dass der Einsatz des KI-Systems für Einzelpersonen, Gruppen oder die Gesellschaft im Allgemeinen, einschließlich möglicher Verbesserungen der Produktsicherheit, nützlich ist;
k) das Ausmaß, in dem bestehendes Unionsrecht Folgendes vorsieht:
   i) wirksame Abhilfemaßnahmen in Bezug auf die Risiken, die von einem KI-System ausgehen, mit Ausnahme von Schadenersatzansprüchen;
   ii) wirksame Maßnahmen zur Vermeidung oder wesentlichen Verringerung dieser Risiken.

(3) Die Kommission ist befugt, gemäß Artikel 97 delegierte Rechtsakte zur Änderung der Liste in Anhang III zu erlassen, um Hochrisiko-KI-Systeme zu streichen, die beide der folgenden Bedingungen erfüllen:
a) Das betreffende Hochrisiko-KI-System weist unter Berücksichtigung der in Absatz 2 aufgeführten Kriterien keine erheblichen Risiken mehr für die Grundrechte, Gesundheit oder Sicherheit auf;
b) durch die Streichung wird das allgemeine Schutzniveau in Bezug auf Gesundheit, Sicherheit und Grundrechte im Rahmen des Unionsrechts nicht gesenkt.

ABSCHNITT 2
Anforderungen an Hochrisiko-KI-Systeme

ErwG 46, 63, 64, 69; → **Rn. 120 ff.**

Artikel 8
Einhaltung der Anforderungen

(1) Hochrisiko-KI-Systeme müssen die in diesem Abschnitt festgelegten Anforderungen erfüllen, wobei ihrer Zweckbestimmung sowie dem allgemein anerkannten Stand der Technik in Bezug auf KI und KI-bezogene Technologien Rechnung zu tragen ist. Bei der Gewährleistung der Einhaltung dieser Anforderungen wird dem in Artikel 9 genannten Risikomanagementsystem Rechnung getragen.

(2) Enthält ein Produkt ein KI-System, für das die Anforderungen dieser Verordnung und die Anforderungen der in Anhang I Abschnitt A aufgeführten Harmonisierungsrechtsvorschriften der Union gelten, so sind die Anbieter dafür verantwortlich, sicherzustellen, dass ihr Produkt alle geltenden Anforderungen der geltenden Harmonisierungsrechtsvorschriften der Union vollständig erfüllt. Bei der Gewährleistung der Erfüllung der in diesem Abschnitt festgelegten Anforderungen durch die in Absatz 1 genannten Hochrisiko-KI-Systeme und im Hinblick auf die Gewährleistung der Kohärenz, der Vermeidung von Doppelarbeit und der Minimierung zusätzlicher Belastungen haben die Anbieter die Wahl, die erforderlichen Test- und Berichterstattungsverfahren, Informationen und Dokumentationen, die sie im Zusammenhang mit ihrem Produkt bereitstellen, gegebenenfalls in Dokumentationen und Verfahren zu integrieren, die bereits bestehen und gemäß den in Anhang I Abschnitt A aufgeführten Harmonisierungsrechtsvorschriften der Union vorgeschrieben sind.

Artikel 9
Risikomanagementsystem

ErwG 65, 66; → **Rn. 126 ff.**

(1) Für Hochrisiko-KI-Systeme wird ein Risikomanagementsystem eingerichtet, angewandt, dokumentiert und aufrechterhalten.

(2) Das Risikomanagementsystem versteht sich als ein kontinuierlicher iterativer Prozess, der während des gesamten Lebenszyklus eines Hochrisiko-KI-Systems geplant und durchgeführt wird und eine regelmäßige systematische Überprüfung und Aktualisierung erfordert. Es umfasst folgende Schritte:

a) die Ermittlung und Analyse der bekannten und vernünftigerweise vorhersehbaren Risiken, die vom Hochrisiko-KI-System für die Gesundheit, Sicherheit oder Grundrechte ausgehen können, wenn es entsprechend seiner Zweckbestimmung verwendet wird;

b) die Abschätzung und Bewertung der Risiken, die entstehen können, wenn das Hochrisiko-KI-System entsprechend seiner Zweckbestimmung oder im Rahmen einer vernünftigerweise vorhersehbaren Fehlanwendung verwendet wird;

c) die Bewertung anderer möglicherweise auftretender Risiken auf der Grundlage der Auswertung der Daten aus dem in Artikel 72 genannten System zur Beobachtung nach dem Inverkehrbringen;

d) die Ergreifung geeigneter und gezielter Risikomanagementmaßnahmen zur Bewältigung der gemäß Buchstabe a ermittelten Risiken.

(3) Die in diesem Artikel genannten Risiken betreffen nur solche Risiken, die durch die Entwicklung oder Konzeption des Hochrisiko-KI-Systems oder durch die Bereitstellung ausreichender technischer Informationen angemessen gemindert oder behoben werden können.

(4) Bei den in Absatz 2 Buchstabe d genannten Risikomanagementmaßnahmen werden die Auswirkungen und möglichen Wechselwirkungen, die sich aus der kombinierten Anwendung der Anforderungen dieses Abschnitts ergeben, gebührend berücksichtigt, um die Risiken wirksamer zu minimieren und gleichzeitig ein angemessenes Gleichgewicht bei der Durchführung der Maßnahmen zur Erfüllung dieser Anforderungen sicherzustellen.

(5) Die in Absatz 2 Buchstabe d genannten Risikomanagementmaßnahmen werden so gestaltet, dass jedes mit einer bestimmten Gefahr verbundene relevante Restrisiko sowie das Gesamtrestrisiko der Hochrisiko-KI-Systeme als vertretbar beurteilt wird.

Bei der Festlegung der am besten geeigneten Risikomanagementmaßnahmen ist Folgendes sicherzustellen:

a) soweit technisch möglich, Beseitigung oder Verringerung der gemäß Absatz 2 ermittelten und bewerteten Risiken durch eine geeignete Konzeption und Entwicklung des Hochrisiko-KI-Systems;

b) gegebenenfalls Anwendung angemessener Minderungs- und Kontrollmaßnahmen zur Bewältigung nicht auszuschließender Risiken;

c) Bereitstellung der gemäß Artikel 13 erforderlichen Informationen und gegebenenfalls entsprechende Schulung der Betreiber.

Zur Beseitigung oder Verringerung der Risiken im Zusammenhang mit der Verwendung des Hochrisiko-KI-Systems werden die technischen Kenntnisse, die Erfahrungen und der Bildungsstand, die vom Betreiber erwartet werden können, sowie der voraussichtliche Kontext, in dem das System eingesetzt werden soll, gebührend berücksichtigt.

(6) Hochrisiko-KI-Systeme müssen getestet werden, um die am besten geeigneten gezielten Risikomanagementmaßnahmen zu ermitteln. Durch das Testen wird sichergestellt, dass Hochrisiko-KI-Systeme stets im Einklang mit ihrer Zweckbestimmung funktionieren und die Anforderungen dieses Abschnitts erfüllen.

(7) Die Testverfahren können einen Test unter Realbedingungen gemäß Artikel 60 umfassen.

(8) Das Testen von Hochrisiko-KI-Systemen erfolgt zu jedem geeigneten Zeitpunkt während des gesamten Entwicklungsprozesses und in jedem Fall vor ihrem Inverkehrbringen oder ihrer Inbetriebnahme. Das Testen erfolgt anhand vorab festgelegter Metriken und Wahrscheinlichkeitsschwellenwerte, die für die Zweckbestimmung des Hochrisiko-KI-Systems geeignet sind.

(9) Bei der Umsetzung des in den Absätzen 1 bis 7 vorgesehenen Risikomanagementsystems berücksichtigen die Anbieter, ob angesichts seiner Zweckbestimmung das Hochrisiko-KI-System wahrscheinlich nachteilige Auswirkungen auf Personen unter 18 Jahren oder gegebenenfalls andere schutzbedürftige Gruppen haben wird.

(10) Bei Anbietern von Hochrisiko-KI-Systemen, die den Anforderungen an interne Risikomanagementprozesse gemäß anderen einschlägigen Bestimmungen des Unionsrechts unterliegen, können die in den Absätzen 1 bis 9 enthaltenen Aspekte Bestandteil der nach diesem Recht festgelegten Risikomanagementverfahren sein oder mit diesen Verfahren kombiniert werden.

ErwG 67–70, 122; → **Rn. 129 ff.**

Artikel 10
Daten und Daten-Governance

(1) Hochrisiko-KI-Systeme, in denen Techniken eingesetzt werden, bei denen KI-Modelle mit Daten trainiert werden, müssen mit Trainings-, Validierungs- und Testdatensätzen entwickelt werden, die den in den Absätzen 2 bis 5 genannten Qualitätskriterien entsprechen, wenn solche Datensätze verwendet werden.

(2) Für Trainings-, Validierungs- und Testdatensätze gelten Daten-Governance- und Datenverwaltungsverfahren, die für die Zweckbestimmung des Hochrisiko-KI-Systems geeignet sind. Diese Verfahren betreffen insbesondere
a) die einschlägigen konzeptionellen Entscheidungen,
b) die Datenerhebungsverfahren und die Herkunft der Daten und im Falle personenbezogener Daten den ursprünglichen Zweck der Datenerhebung,
c) relevante Datenaufbereitungsvorgänge wie Annotation, Kennzeichnung, Bereinigung, Aktualisierung, Anreicherung und Aggregierung,
d) die Aufstellung von Annahmen, insbesondere in Bezug auf die Informationen, die mit den Daten erfasst und dargestellt werden sollen,
e) eine Bewertung der Verfügbarkeit, Menge und Eignung der benötigten Datensätze,
f) eine Untersuchung im Hinblick auf mögliche Verzerrungen (Bias), die die Gesundheit und Sicherheit von Personen beeinträchtigen, sich negativ auf die Grundrechte auswirken oder zu einer nach den Rechtsvorschriften der Union verbotenen Diskriminierung führen könnten, insbesondere wenn die Datenausgaben die Eingaben für künftige Operationen beeinflussen,
g) geeignete Maßnahmen zur Erkennung, Verhinderung und Abschwächung möglicher gemäß Buchstabe f ermittelter Verzerrungen,
h) die Ermittlung relevanter Datenlücken oder Mängel, die der Einhaltung dieser Verordnung entgegenstehen, und wie diese Lücken und Mängel behoben werden können.

(3) Die Trainings-, Validierungs- und Testdatensätze müssen im Hinblick auf die Zweckbestimmung relevant, hinreichend repräsentativ und so weit wie möglich fehlerfrei und vollständig sein. Sie müssen die geeigneten statistischen Merkmale, gegebenenfalls auch bezüglich der Personen oder Personengruppen, für die das Hochrisiko-KI-System bestimmungsgemäß verwendet werden soll, haben. Diese Merkmale der Datensätze können auf der Ebene einzelner Datensätze oder auf der Ebene einer Kombination davon erfüllt werden.

(4) Die Datensätze müssen, soweit dies für die Zweckbestimmung erforderlich ist, die entsprechenden Merkmale oder Elemente berücksichtigen, die für die besonderen geografischen, kontextuellen, verhaltensbezogenen oder funktionalen Rahmenbedingungen, unter denen das Hochrisiko-KI-System bestimmungsgemäß verwendet werden soll, typisch sind.

(5) Soweit dies für die Erkennung und Korrektur von Verzerrungen im Zusammenhang mit Hochrisiko-KI-Systemen im Einklang mit Absatz 2 Buchstaben f und g dieses Artikels unbedingt erforderlich ist, dürfen die Anbieter solcher Systeme ausnahmsweise besondere Kategorien personenbezogener Daten verarbeiten, wobei sie angemessene Vorkehrungen für den Schutz der Grundrechte und Grundfreiheiten natürlicher Personen treffen müssen. Zusätzlich zu den Bestimmungen der Verordnungen (EU) 2016/679 und (EU) 2018/1725 und der Richtlinie (EU) 2016/680 müssen alle folgenden Bedingungen erfüllt sein, damit eine solche Verarbeitung stattfinden kann:

a) Die Erkennung und Korrektur von Verzerrungen kann durch die Verarbeitung anderer Daten, einschließlich synthetischer oder anonymisierter Daten, nicht effektiv durchgeführt werden;

b) die besonderen Kategorien personenbezogener Daten unterliegen technischen Beschränkungen einer Weiterverwendung der personenbezogenen Daten und modernsten Sicherheits- und Datenschutzmaßnahmen, einschließlich Pseudonymisierung;

c) die besonderen Kategorien personenbezogener Daten unterliegen Maßnahmen, mit denen sichergestellt wird, dass die verarbeiteten personenbezogenen Daten gesichert, geschützt und Gegenstand angemessener Sicherheitsvorkehrungen sind, wozu auch strenge Kontrollen des Zugriffs und seine Dokumentation gehören, um Missbrauch zu verhindern und sicherzustellen, dass nur befugte Personen Zugang zu diesen personenbezogenen Daten mit angemessenen Vertraulichkeitspflichten haben;

d) die besonderen Kategorien personenbezogener Daten werden nicht an Dritte übermittelt oder übertragen, noch haben diese Dritten anderweitigen Zugang zu diesen Daten;

e) die besonderen Kategorien personenbezogener Daten werden gelöscht, sobald die Verzerrung korrigiert wurde oder das Ende der Speicherfrist für die personenbezogenen Daten erreicht ist, je nachdem, was zuerst eintritt;

f) die Aufzeichnungen über Verarbeitungstätigkeiten gemäß den Verordnungen (EU) 2016/679 und (EU) 2018/1725 und der Richtlinie (EU) 2016/680 enthalten die Gründe, warum die Verarbeitung besonderer Kategorien personenbezogener Daten für die Erkennung und Korrektur von Verzerrungen unbedingt erforderlich war und warum dieses Ziel mit der Verarbeitung anderer Daten nicht erreicht werden konnte.

(6) Bei der Entwicklung von Hochrisiko-KI-Systemen, in denen keine Techniken eingesetzt werden, bei denen KI-Modelle trainiert werden, gelten die Absätze 2 bis 5 nur für Testdatensätze.

Artikel 11
Technische Dokumentation

ErwG 67, 71, 173; → **Rn. 133 ff.**

(1) Die technische Dokumentation eines Hochrisiko-KI-Systems wird erstellt, bevor dieses System in Verkehr gebracht oder in Betrieb genommen wird, und ist auf dem neuesten Stand zu halten.

Die technische Dokumentation wird so erstellt, dass aus ihr der Nachweis hervorgeht, wie das Hochrisiko-KI-System die Anforderungen dieses Abschnitts erfüllt, und dass den zuständigen nationalen Behörden und den notifizierten Stellen die Informationen in klarer und verständlicher Form zur Verfügung stehen, die erforderlich sind, um zu beurteilen, ob das KI-System diese Anforderungen erfüllt. Sie enthält zumindest die in Anhang IV genannten Angaben. KMU, einschließlich Start-up-Unternehmen, können die in Anhang IV aufgeführten Elemente der technischen Dokumentation in vereinfachter Weise bereitstellen. Zu diesem Zweck erstellt die Kommission ein vereinfachtes Formular für die technische Dokumentation, das auf die Bedürfnisse von kleinen Unternehmen und Kleinstunternehmen zugeschnitten ist. Entscheidet sich ein KMU, einschließlich Start-up-Unternehmen, für eine vereinfachte Bereitstellung der in Anhang IV vorgeschriebenen Angaben, so verwendet es das in diesem Absatz genannte Formular. Die notifizierten Stellen akzeptieren das Formular für die Zwecke der Konformitätsbewertung.

(2) Wird ein Hochrisiko-KI-System, das mit einem Produkt verbunden ist, das unter die in Anhang I Abschnitt A aufgeführten Harmonisierungsrechtsvorschriften der Union fällt, in Verkehr gebracht oder in Betrieb genommen, so wird eine einzige technische Dokumentation erstellt, die alle in Absatz 1 genannten Informationen sowie die nach diesen Rechtsakten erforderlichen Informationen enthält.

(3) Die Kommission ist befugt, wenn dies nötig ist, gemäß Artikel 97 delegierte Rechtsakte zur Änderung des Anhangs IV zu erlassen, damit die technische Dokumentation in Anbetracht des technischen Fortschritts stets alle Informationen enthält, die erforderlich sind, um zu beurteilen, ob das System die Anforderungen dieses Abschnitts erfüllt.

ErwG 71; → **Rn. 138 ff.**

Artikel 12
Aufzeichnungspflichten

(1) Die Technik der Hochrisiko-KI-Systeme muss die automatische Aufzeichnung von Ereignissen (im Folgenden „Protokollierung“) während des Lebenszyklus des Systems ermöglichen.

(2) Zur Gewährleistung, dass das Funktionieren des Hochrisiko-KI-Systems in einem der Zweckbestimmung des Systems angemessenen Maße rückverfolgbar ist, ermöglichen die Protokollierungsfunktionen die Aufzeichnung von Ereignissen, die für Folgendes relevant sind:
a) die Ermittlung von Situationen, die dazu führen können, dass das Hochrisiko-KI-System ein Risiko im Sinne des Artikels 79 Absatz 1 birgt oder dass es zu einer wesentlichen Änderung kommt,
b) die Erleichterung der Beobachtung nach dem Inverkehrbringen gemäß Artikel 72 und
c) die Überwachung des Betriebs der Hochrisiko-KI-Systeme gemäß Artikel 26 Absatz 5.

(3) Die Protokollierungsfunktionen der in Anhang III Nummer 1 Buchstabe a genannten Hochrisiko-KI-Systeme müssen zumindest Folgendes umfassen:
a) Aufzeichnung jedes Zeitraums der Verwendung des Systems (Datum und Uhrzeit des Beginns und des Endes jeder Verwendung);
b) die Referenzdatenbank, mit der das System die Eingabedaten abgleicht;
c) die Eingabedaten, mit denen die Abfrage zu einer Übereinstimmung geführt hat;
d) die Identität der gemäß Artikel 14 Absatz 5 an der Überprüfung der Ergebnisse beteiligten natürlichen Personen.

ErwG 26, 72; → **Rn. 142 ff.**

Artikel 13
Transparenz und Bereitstellung von Informationen für die Betreiber

(1) Hochrisiko-KI-Systeme werden so konzipiert und entwickelt, dass ihr Betrieb hinreichend transparent ist, damit die Betreiber die Ausgaben eines Systems angemessen interpretieren und verwenden können. Die Transparenz wird auf eine geeignete Art und in einem angemessenen Maß gewährleistet, damit die Anbieter und Betreiber ihre in Abschnitt 3 festgelegten einschlägigen Pflichten erfüllen können.

(2) Hochrisiko-KI-Systeme werden mit Betriebsanleitungen in einem geeigneten digitalen Format bereitgestellt oder auf andere Weise mit Betriebsanleitungen versehen, die präzise, vollständige, korrekte und eindeutige Informationen in einer für die Betreiber relevanten, barrierefrei zugänglichen und verständlichen Form enthalten.

(3) Die Betriebsanleitungen enthalten mindestens folgende Informationen:
a) den Namen und die Kontaktangaben des Anbieters sowie gegebenenfalls seines Bevollmächtigten;

b) die Merkmale, Fähigkeiten und Leistungsgrenzen des Hochrisiko-KI-Systems, einschließlich
   i) seiner Zweckbestimmung,
   ii) des Maßes an Genauigkeit – einschließlich diesbezüglicher Metriken –, Robustheit und Cybersicherheit gemäß Artikel 15, für das das Hochrisiko-KI-System getestet und validiert wurde und das zu erwarten ist, sowie aller bekannten und vorhersehbaren Umstände, die sich auf das erwartete Maß an Genauigkeit, Robustheit und Cybersicherheit auswirken können;
   iii) aller bekannten oder vorhersehbaren Umstände bezüglich der Verwendung des Hochrisiko-KI-Systems im Einklang mit seiner Zweckbestimmung oder einer vernünftigerweise vorhersehbaren Fehlanwendung, die zu den in Artikel 9 Absatz 2 genannten Risiken für die Gesundheit und Sicherheit oder die Grundrechte führen können,
   iv) gegebenenfalls der technischen Fähigkeiten und Merkmale des Hochrisiko-KI-Systems, um Informationen bereitzustellen, die zur Erläuterung seiner Ausgaben relevant sind;
   v) gegebenenfalls seiner Leistung in Bezug auf bestimmte Personen oder Personengruppen, auf die das System bestimmungsgemäß angewandt werden soll;
   vi) gegebenenfalls der Spezifikationen für die Eingabedaten oder sonstiger relevanter Informationen über die verwendeten Trainings-, Validierungs- und Testdatensätze, unter Berücksichtigung der Zweckbestimmung des Hochrisiko-KI-Systems;
   vii) gegebenenfalls Informationen, die es den Betreibern ermöglichen, die Ausgabe des Hochrisiko-KI-Systems zu interpretieren und es angemessen zu nutzen;
c) etwaige Änderungen des Hochrisiko-KI-Systems und seiner Leistung, die der Anbieter zum Zeitpunkt der ersten Konformitätsbewertung vorab bestimmt hat;
d) die in Artikel 14 genannten Maßnahmen zur Gewährleistung der menschlichen Aufsicht, einschließlich der technischen Maßnahmen, die getroffen wurden, um den Betreibern die Interpretation der Ausgaben von Hochrisiko-KI-Systemen zu erleichtern;
e) die erforderlichen Rechen- und Hardware-Ressourcen, die erwartete Lebensdauer des Hochrisiko-KI-Systems und alle erforderlichen Wartungs- und Pflegemaßnahmen einschließlich deren Häufigkeit zur Gewährleistung des ordnungsgemäßen Funktionierens dieses KI-Systems, auch in Bezug auf Software-Updates;
f) gegebenenfalls eine Beschreibung der in das Hochrisiko-KI-System integrierten Mechanismen, die es den Betreibern ermöglicht, die Protokolle im Einklang mit Artikel 12 ordnungsgemäß zu erfassen, zu speichern und auszuwerten.

Artikel 14
Menschliche Aufsicht

ErwG 27, 72, 73, 91, 96; → **Rn. 145 ff.**

(1) Hochrisiko-KI-Systeme werden so konzipiert und entwickelt, dass sie während der Dauer ihrer Verwendung – auch mit geeigneten Instrumenten einer Mensch-Maschine-Schnittstelle – von natürlichen Personen wirksam beaufsichtigt werden können.

(2) Die menschliche Aufsicht dient der Verhinderung oder Minimierung der Risiken für Gesundheit, Sicherheit oder Grundrechte, die entstehen können, wenn ein Hochrisiko-KI-System im Einklang mit seiner Zweckbestimmung oder im Rahmen einer vernünftigerweise vorhersehbaren Fehlanwendung verwendet wird, insbesondere wenn solche Risiken trotz der Einhaltung anderer Anforderungen dieses Abschnitts fortbestehen.

(3) Die Aufsichtsmaßnahmen müssen den Risiken, dem Grad der Autonomie und dem Kontext der Nutzung des Hochrisiko-KI-Systems angemessen sein und werden durch eine oder beide der folgenden Arten von Vorkehrungen gewährleistet:
a) Vorkehrungen, die vor dem Inverkehrbringen oder der Inbetriebnahme vom Anbieter bestimmt und, sofern technisch machbar, in das Hochrisiko-KI-System eingebaut werden;

b) Vorkehrungen, die vor dem Inverkehrbringen oder der Inbetriebnahme des Hochrisiko-KI-Systems vom Anbieter bestimmt werden und dazu geeignet sind, vom Betreiber umgesetzt zu werden.

(4) Für die Zwecke der Durchführung der Absätze 1, 2 und 3 wird das Hochrisiko-KI-System dem Betreiber so zur Verfügung gestellt, dass die natürlichen Personen, denen die menschliche Aufsicht übertragen wurde, angemessen und verhältnismäßig in der Lage sind,

a) die einschlägigen Fähigkeiten und Grenzen des Hochrisiko-KI-Systems angemessen zu verstehen und seinen Betrieb ordnungsgemäß zu überwachen, einschließlich in Bezug auf das Erkennen und Beheben von Anomalien, Fehlfunktionen und unerwarteter Leistung;
b) sich einer möglichen Neigung zu einem automatischen oder übermäßigen Vertrauen in die von einem Hochrisiko-KI-System hervorgebrachte Ausgabe („Automatisierungsbias") bewusst zu bleiben, insbesondere wenn Hochrisiko-KI-Systeme Informationen oder Empfehlungen ausgeben, auf deren Grundlage natürliche Personen Entscheidungen treffen;
c) die Ausgabe des Hochrisiko-KI-Systems richtig zu interpretieren, wobei beispielsweise die vorhandenen Interpretationsinstrumente und -methoden zu berücksichtigen sind;
d) in einer bestimmten Situation zu beschließen, das Hochrisiko-KI-System nicht zu verwenden oder die Ausgabe des Hochrisiko-KI-Systems außer Acht zu lassen, außer Kraft zu setzen oder rückgängig zu machen;
e) in den Betrieb des Hochrisiko-KI-Systems einzugreifen oder den Systembetrieb mit einer „Stopptaste" oder einem ähnlichen Verfahren zu unterbrechen, was dem System ermöglicht, in einem sicheren Zustand zum Stillstand zu kommen.

(5) Bei den in Anhang III Nummer 1 Buchstabe a genannten Hochrisiko-KI-Systemen müssen die in Absatz 3 des vorliegenden Artikels genannten Vorkehrungen so gestaltet sein, dass außerdem der Betreiber keine Maßnahmen oder Entscheidungen allein aufgrund des vom System hervorgebrachten Identifizierungsergebnisses trifft, solange diese Identifizierung nicht von mindestens zwei natürlichen Personen, die die notwendige Kompetenz, Ausbildung und Befugnis besitzen, getrennt überprüft und bestätigt wurde.

Die Anforderung einer getrennten Überprüfung durch mindestens zwei natürliche Personen gilt nicht für Hochrisiko-KI-Systeme, die für Zwecke in den Bereichen Strafverfolgung, Migration, Grenzkontrolle oder Asyl verwendet werden, wenn die Anwendung dieser Anforderung nach Unionsrecht oder nationalem Recht unverhältnismäßig wäre.

ErwG 74–78, 122; → **Rn. 149 ff.**

Artikel 15
Genauigkeit, Robustheit und Cybersicherheit

(1) Hochrisiko-KI-Systeme werden so konzipiert und entwickelt, dass sie ein angemessenes Maß an Genauigkeit, Robustheit und Cybersicherheit erreichen und in dieser Hinsicht während ihres gesamten Lebenszyklus beständig funktionieren.

(2) Um die technischen Aspekte der Art und Weise der Messung des angemessenen Maßes an Genauigkeit und Robustheit gemäß Absatz 1 und anderer einschlägiger Leistungsmetriken anzugehen, fördert die Kommission in Zusammenarbeit mit einschlägigen Interessenträgern und Organisationen wie Metrologie- und Benchmarking-Behörden gegebenenfalls die Entwicklung von Benchmarks und Messmethoden.

(3) Die Maße an Genauigkeit und die relevanten Genauigkeitsmetriken von Hochrisiko-KI-Systemen werden in den ihnen beigefügten Betriebsanleitungen angegeben.

(4) Hochrisiko-KI-Systeme müssen so widerstandsfähig wie möglich gegenüber Fehlern, Störungen oder Unstimmigkeiten sein, die innerhalb des Systems oder der Umgebung, in der das System betrieben wird, insbesondere wegen seiner Interaktion mit

natürlichen Personen oder anderen Systemen, auftreten können. In diesem Zusammenhang sind technische und organisatorische Maßnahmen zu ergreifen.

Die Robustheit von Hochrisiko-KI-Systemen kann durch technische Redundanz erreicht werden, was auch Sicherungs- oder Störungssicherheitspläne umfassen kann.

Hochrisiko-KI-Systeme, die nach dem Inverkehrbringen oder der Inbetriebnahme weiterhin dazulernen, sind so zu entwickeln, dass das Risiko möglicherweise verzerrter Ausgaben, die künftige Vorgänge beeinflussen („Rückkopplungsschleifen"), beseitigt oder so gering wie möglich gehalten wird und sichergestellt wird, dass auf solche Rückkopplungsschleifen angemessen mit geeigneten Risikominderungsmaßnahmen eingegangen wird.

(5) Hochrisiko-KI-Systeme müssen widerstandsfähig gegen Versuche unbefugter Dritter sein, ihre Verwendung, Ausgaben oder Leistung durch Ausnutzung von Systemschwachstellen zu verändern.

Die technischen Lösungen zur Gewährleistung der Cybersicherheit von Hochrisiko-KI-Systemen müssen den jeweiligen Umständen und Risiken angemessen sein.

Die technischen Lösungen für den Umgang mit KI-spezifischen Schwachstellen umfassen gegebenenfalls Maßnahmen, um Angriffe, mit denen versucht wird, eine Manipulation des Trainingsdatensatzes („data poisoning") oder vortrainierter Komponenten, die beim Training verwendet werden („model poisoning"), vorzunehmen, Eingabedaten, die das KI-Modell zu Fehlern verleiten sollen („adversarial examples" oder „model evasions"), Angriffe auf vertrauliche Daten oder Modellmängel zu verhüten, zu erkennen, darauf zu reagieren, sie zu beseitigen und zu kontrollieren.

ABSCHNITT 3
Pflichten der Anbieter und Betreiber von Hochrisiko-KI-Systemen und anderer Beteiligter

Artikel 16
Pflichten der Anbieter von Hochrisiko-KI-Systemen

ErwG 27, 79–81, 84; → **Rn. 118 ff.**

Anbieter von Hochrisiko-KI-Systemen müssen

a) sicherstellen, dass ihre Hochrisiko-KI-Systeme die in Abschnitt 2 festgelegten Anforderungen erfüllen;

b) auf dem Hochrisiko-KI-System oder, falls dies nicht möglich ist, auf seiner Verpackung oder in der beigefügten Dokumentation ihren Namen, ihren eingetragenen Handelsnamen bzw. ihre eingetragene Handelsmarke und ihre Kontaktanschrift angeben;

c) über ein Qualitätsmanagementsystem verfügen, das Artikel 17 entspricht;

d) die in Artikel 18 genannte Dokumentation aufbewahren;

e) die von ihren Hochrisiko-KI-Systemen automatisch erzeugten Protokolle gemäß Artikel 19 aufbewahren, wenn diese ihrer Kontrolle unterliegen;

f) sicherstellen, dass das Hochrisiko-KI-System dem betreffenden Konformitätsbewertungsverfahren gemäß Artikel 43 unterzogen wird, bevor es in Verkehr gebracht oder in Betrieb genommen wird;

g) eine EU-Konformitätserklärung gemäß Artikel 47 ausstellen;

h) die CE-Kennzeichnung an das Hochrisiko-KI-System oder, falls dies nicht möglich ist, auf seiner Verpackung oder in der beigefügten Dokumentation anbringen, um Konformität mit dieser Verordnung gemäß Artikel 48 anzuzeigen;

i) den in Artikel 49 Absatz 1 genannten Registrierungspflichten nachkommen;

j) die erforderlichen Korrekturmaßnahmen ergreifen und die gemäß Artikel 20 erforderlichen Informationen bereitstellen;

k) auf begründete Anfrage einer zuständigen nationalen Behörde nachweisen, dass das Hochrisiko-KI-System die Anforderungen in Abschnitt 2 erfüllt;

l) sicherstellen, dass das Hochrisiko-KI-System die Barrierefreiheitsanforderungen gemäß den Richtlinien (EU) 2016/2102 und (EU) 2019/882 erfüllt.

ErwG 72, 81, 146, 158, 173; → **Rn. 153 ff.**

Artikel 17
Qualitätsmanagementsystem

(1) Anbieter von Hochrisiko-KI-Systemen richten ein Qualitätsmanagementsystem ein, das die Einhaltung dieser Verordnung gewährleistet. Dieses System wird systematisch und ordnungsgemäß in Form schriftlicher Regeln, Verfahren und Anweisungen dokumentiert und umfasst mindestens folgende Aspekte:

a) ein Konzept zur Einhaltung der Regulierungsvorschriften, was die Einhaltung der Konformitätsbewertungsverfahren und der Verfahren für das Management von Änderungen an dem Hochrisiko-KI-System miteinschließt;
b) Techniken, Verfahren und systematische Maßnahmen für den Entwurf, die Entwurfskontrolle und die Entwurfsprüfung des Hochrisiko-KI-Systems;
c) Techniken, Verfahren und systematische Maßnahmen für die Entwicklung, Qualitätskontrolle und Qualitätssicherung des Hochrisiko-KI-Systems;
d) Untersuchungs-, Test- und Validierungsverfahren, die vor, während und nach der Entwicklung des Hochrisiko-KI-Systems durchzuführen sind, und die Häufigkeit der Durchführung;
e) die technischen Spezifikationen und Normen, die anzuwenden sind und, falls die einschlägigen harmonisierten Normen nicht vollständig angewandt werden oder sie nicht alle relevanten Anforderungen gemäß Abschnitt 2 abdecken, die Mittel, mit denen gewährleistet werden soll, dass das Hochrisiko-KI-System diese Anforderungen erfüllt;
f) Systeme und Verfahren für das Datenmanagement, einschließlich Datengewinnung, Datenerhebung, Datenanalyse, Datenkennzeichnung, Datenspeicherung, Datenfilterung, Datenauswertung, Datenaggregation, Vorratsdatenspeicherung und sonstiger Vorgänge in Bezug auf die Daten, die im Vorfeld und für die Zwecke des Inverkehrbringens oder der Inbetriebnahme von Hochrisiko-KI-Systemen durchgeführt werden;
g) das in Artikel 9 genannte Risikomanagementsystem;
h) die Einrichtung, Anwendung und Aufrechterhaltung eines Systems zur Beobachtung nach dem Inverkehrbringen gemäß Artikel 72;
i) Verfahren zur Meldung eines schwerwiegenden Vorfalls gemäß Artikel 73;
j) die Handhabung der Kommunikation mit zuständigen nationalen Behörden, anderen einschlägigen Behörden, auch Behörden, die den Zugang zu Daten gewähren oder erleichtern, notifizierten Stellen, anderen Akteuren, Kunden oder sonstigen interessierten Kreisen;
k) Systeme und Verfahren für die Aufzeichnung sämtlicher einschlägigen Dokumentation und Informationen;
l) Ressourcenmanagement, einschließlich Maßnahmen im Hinblick auf die Versorgungssicherheit;
m) einen Rechenschaftsrahmen, der die Verantwortlichkeiten der Leitung und des sonstigen Personals in Bezug auf alle in diesem Absatz aufgeführten Aspekte regelt.

(2) Die Umsetzung der in Absatz 1 genannten Aspekte erfolgt in einem angemessenen Verhältnis zur Größe der Organisation des Anbieters. Die Anbieter müssen in jedem

Fall den Grad der Strenge und das Schutzniveau einhalten, die erforderlich sind, um die Übereinstimmung ihrer Hochrisiko-KI-Systeme mit dieser Verordnung sicherzustellen.

(3) Anbieter von Hochrisiko-KI-Systemen, die Pflichten in Bezug auf Qualitätsmanagementsysteme oder eine gleichwertige Funktion gemäß den sektorspezifischen Rechtsvorschriften der Union unterliegen, können die in Absatz 1 aufgeführten Aspekte als Bestandteil der nach den genannten Rechtsvorschriften festgelegten Qualitätsmanagementsysteme einbeziehen.

(4) Bei Anbietern, die Finanzinstitute sind und gemäß den Rechtsvorschriften der Union über Finanzdienstleistungen Anforderungen in Bezug auf ihre Regelungen oder Verfahren der internen Unternehmensführung unterliegen, gilt die Pflicht zur Einrichtung eines Qualitätsmanagementsystems – mit Ausnahme des Absatzes 1 Buchstaben g, h und i des vorliegenden Artikels – als erfüllt, wenn die Vorschriften über Regelungen oder Verfahren der internen Unternehmensführung gemäß dem einschlägigen Unionsrecht über Finanzdienstleistungen eingehalten werden. Zu diesem Zweck werden die in Artikel 40 genannten harmonisierten Normen berücksichtigt.

Artikel 18
Aufbewahrung der Dokumentation

ErwG 81, 157, 158; → **Rn. 156 ff.**

(1) Der Anbieter hält für einen Zeitraum von zehn Jahren ab dem Inverkehrbringen oder der Inbetriebnahme des Hochrisiko-KI-Systems folgende Unterlagen für die zuständigen nationalen Behörden bereit:
a) die in Artikel 11 genannte technische Dokumentation;
b) die Dokumentation zu dem in Artikel 17 genannten Qualitätsmanagementsystem;
c) die Dokumentation über etwaige von notifizierten Stellen genehmigte Änderungen;
d) gegebenenfalls die von den notifizierten Stellen ausgestellten Entscheidungen und sonstigen Dokumente;
e) die in Artikel 47 genannte EU-Konformitätserklärung.

(2) Jeder Mitgliedstaat legt die Bedingungen fest, unter denen die in Absatz 1 genannte Dokumentation für die zuständigen nationalen Behörden für den in dem genannten Absatz angegebenen Zeitraum bereitgehalten wird, für den Fall, dass ein Anbieter oder sein in demselben Hoheitsgebiet niedergelassener Bevollmächtigter vor Ende dieses Zeitraums in Konkurs geht oder seine Tätigkeit aufgibt.

(3) Anbieter, die Finanzinstitute sind und gemäß dem Unionsrecht über Finanzdienstleistungen Anforderungen in Bezug auf ihre Regelungen oder Verfahren der internen Unternehmensführung unterliegen, pflegen die technische Dokumentation als Teil der gemäß dem Unionsrecht über Finanzdienstleistungen aufzubewahrenden Dokumentation.

Artikel 19
Automatisch erzeugte Protokolle

ErwG 71, 73; → **Rn. 138 ff.**

(1) Anbieter von Hochrisiko-KI-Systemen bewahren die von ihren Hochrisiko-KI-Systemen automatisch erzeugten Protokolle gemäß Artikel 12 Absatz 1 auf, soweit diese Protokolle ihrer Kontrolle unterliegen. Unbeschadet des geltenden Unionsrechts oder nationalen Rechts werden die Protokolle für einen der Zweckbestimmung des Hochrisiko-KI-Systems angemessenen Zeitraum von mindestens sechs Monaten aufbewahrt, sofern in den geltenden Rechtsvorschriften der Union, insbesondere im Unionsrecht zum Schutz personenbezogener Daten, oder im geltenden nationalen Recht nichts anderes vorgesehen ist.

(2) Anbieter, die Finanzinstitute sind und gemäß den Rechtsvorschriften der Union über Finanzdienstleistungen Anforderungen in Bezug auf ihre Regelungen oder Verfahren der internen Unternehmensführung, unterliegen, bewahren die von ihren Hochrisiko-KI-Systemen automatisch erzeugten Protokolle als Teil der gemäß dem einschlägigen Unionsrecht über Finanzdienstleistungen aufzubewahrenden Dokumentation auf.

ErwG 155; → **Rn. 159 ff.**

Artikel 20
Korrekturmaßnahmen und Informationspflicht

(1) Anbieter von Hochrisiko-KI-Systemen, die der Auffassung sind oder Grund zu der Annahme haben, dass ein von ihnen in Verkehr gebrachtes oder in Betrieb genommenes Hochrisiko-KI-System nicht dieser Verordnung entspricht, ergreifen unverzüglich die erforderlichen Korrekturmaßnahmen, um die Konformität dieses Systems herzustellen oder es gegebenenfalls zurückzunehmen, zu deaktivieren oder zurückzurufen. Sie informieren die Händler des betreffenden Hochrisiko-KI-Systems und gegebenenfalls die Betreiber, den Bevollmächtigten und die Einführer darüber.

(2) Birgt das Hochrisiko-KI-System ein Risiko im Sinne des Artikels 79 Absatz 1 und wird sich der Anbieter des Systems dieses Risikos bewusst, so führt er unverzüglich gegebenenfalls gemeinsam mit dem meldenden Betreiber eine Untersuchung der Ursachen durch und informiert er die Marktüberwachungsbehörden, in deren Zuständigkeit das betroffene Hochrisiko-KI-System fällt, und gegebenenfalls die notifizierte Stelle, die eine Bescheinigung für dieses Hochrisiko-KI-System gemäß Artikel 44 ausgestellt hat, insbesondere über die Art der Nichtkonformität und über bereits ergriffene relevante Korrekturmaßnahmen.

ErwG 53, 85, 154, 157, 167; → **Rn. 161 ff.**

Artikel 21
Zusammenarbeit mit den zuständigen Behörden

(1) Anbieter von Hochrisiko-KI-Systemen übermitteln einer zuständigen Behörde auf deren begründete Anfrage sämtliche Informationen und Dokumentation, die erforderlich sind, um die Konformität des Hochrisiko-KI-Systems mit den in Abschnitt 2 festgelegten Anforderungen nachzuweisen, und zwar in einer Sprache, die für die Behörde leicht verständlich ist und bei der es sich um eine der von dem betreffenden Mitgliedstaat angegebenen Amtssprachen der Institutionen der Union handelt.

(2) Auf begründete Anfrage einer zuständigen Behörde gewähren die Anbieter der anfragenden zuständigen Behörde gegebenenfalls auch Zugang zu den automatisch erzeugten Protokollen des Hochrisiko-KI-Systems gemäß Artikel 12 Absatz 1, soweit diese Protokolle ihrer Kontrolle unterliegen.

(3) Alle Informationen, die eine zuständige Behörde aufgrund dieses Artikels erhält, werden im Einklang mit den in Artikel 78 festgelegten Vertraulichkeitspflichten behandelt.

ErwG 82; → **Rn. 217 ff.**

Artikel 22
Bevollmächtigte der Anbieter von Hochrisiko-KI-Systemen

(1) Anbieter, die in Drittländern niedergelassen sind, benennen vor der Bereitstellung ihrer Hochrisiko-KI-Systeme auf dem Unionsmarkt schriftlich einen in der Union niedergelassenen Bevollmächtigten.

(2) Der Anbieter muss seinem Bevollmächtigten ermöglichen, die Aufgaben wahrzunehmen, die im vom Anbieter erhaltenen Auftrag festgelegt sind.

(3) Der Bevollmächtigte nimmt die Aufgaben wahr, die in seinem vom Anbieter erhaltenen Auftrag festgelegt sind. Er stellt den Marktüberwachungsbehörden auf Anfrage eine Kopie des Auftrags in einer von der zuständigen Behörde angegebenen Amtssprache der Institutionen der Union bereit. Für die Zwecke dieser Verordnung ermächtigt der Auftrag den Bevollmächtigten zumindest zur Wahrnehmung folgender Aufgaben:
a) Überprüfung, ob die in Artikel 47 genannte EU-Konformitätserklärung und die technische Dokumentation gemäß Artikel 11 erstellt wurden und ob der Anbieter ein angemessenes Konformitätsbewertungsverfahren durchgeführt hat;
b) Bereithaltung – für einen Zeitraum von zehn Jahren ab dem Inverkehrbringen oder der Inbetriebnahme des Hochrisiko-KI-Systems – der Kontaktdaten des Anbieters, der den Bevollmächtigten benannt hat, eines Exemplars der in Artikel 47 genannten EU-Konformitätserklärung, der technischen Dokumentation und gegebenenfalls der von der notifizierten Stelle ausgestellten Bescheinigung für die zuständigen Behörden und die in Artikel 74 Absatz 10 genannten nationalen Behörden oder Stellen;
c) Übermittlung sämtlicher – auch der unter Buchstabe b dieses Unterabsatzes genannten – Informationen und Dokumentation, die erforderlich sind, um die Konformität eines Hochrisiko-KI-Systems mit den in Abschnitt 2 festgelegten Anforderungen nachzuweisen, an eine zuständige Behörde auf deren begründete Anfrage, einschließlich der Gewährung des Zugangs zu den vom Hochrisiko-KI-System automatisch erzeugten Protokollen gemäß Artikel 12 Absatz 1, soweit diese Protokolle der Kontrolle des Anbieters unterliegen;
d) Zusammenarbeit mit den zuständigen Behörden auf deren begründete Anfrage bei allen Maßnahmen, die Letztere im Zusammenhang mit dem Hochrisiko-KI-System ergreifen, um insbesondere die von dem Hochrisiko-KI-System ausgehenden Risiken zu verringern und abzumildern;
e) gegebenenfalls die Einhaltung der Registrierungspflichten gemäß Artikel 49 Absatz 1 oder, falls die Registrierung vom Anbieter selbst vorgenommen wird, Sicherstellung der Richtigkeit der in Anhang VIII Abschnitt A Nummer 3 aufgeführten Informationen.

Mit dem Auftrag wird der Bevollmächtigte ermächtigt, neben oder anstelle des Anbieters als Ansprechpartner für die zuständigen Behörden in allen Fragen zu dienen, die die Gewährleistung der Einhaltung dieser Verordnung betreffen.

(4) Der Bevollmächtigte beendet den Auftrag, wenn er der Auffassung ist oder Grund zu der Annahme hat, dass der Anbieter gegen seine Pflichten gemäß dieser Verordnung verstößt. In diesem Fall informiert er unverzüglich die betreffende Marktüberwachungsbehörde und gegebenenfalls die betreffende notifizierte Stelle über die Beendigung des Auftrags und deren Gründe.

Artikel 23
Pflichten der Einführer

ErwG 83; → **Rn. 220 ff.**

(1) Bevor sie ein Hochrisiko-KI-System in Verkehr bringen, stellen die Einführer sicher, dass das System dieser Verordnung entspricht, indem sie überprüfen, ob
a) der Anbieter des Hochrisiko-KI-Systems das entsprechende Konformitätsbewertungsverfahren gemäß Artikel 43 durchgeführt hat;
b) der Anbieter die technische Dokumentation gemäß Artikel 11 und Anhang IV erstellt hat;
c) das System mit der erforderlichen CE-Kennzeichnung versehen ist und ihm die in Artikel 47 genannte EU-Konformitätserklärung und Betriebsanleitungen beigefügt sind;
d) der Anbieter einen Bevollmächtigten gemäß Artikel 22 Absatz 1 benannt hat.

(2) Hat ein Einführer hinreichenden Grund zu der Annahme, dass ein Hochrisiko-KI-System nicht dieser Verordnung entspricht oder gefälscht ist oder diesem eine ge-

fälschte Dokumentation beigefügt ist, so bringt er das System erst in Verkehr, nachdem dessen Konformität hergestellt wurde. Birgt das Hochrisiko-KI-System ein Risiko im Sinne des Artikels 79 Absatz 1, so informiert der Einführer den Anbieter des Systems, die Bevollmächtigten und die Marktüberwachungsbehörden darüber.

(3) Die Einführer geben ihren Namen, ihren eingetragenen Handelsnamen oder ihre eingetragene Handelsmarke und die Anschrift, unter der sie in Bezug auf das Hochrisiko-KI-System kontaktiert werden können, auf der Verpackung oder gegebenenfalls in der beigefügten Dokumentation an.

(4) Solange sich ein Hochrisiko-KI-System in ihrer Verantwortung befindet, gewährleisten Einführer, dass – soweit zutreffend – die Lagerungs- oder Transportbedingungen seine Konformität mit den in Abschnitt 2 festgelegten Anforderungen nicht beeinträchtigen.

(5) Die Einführer halten für einen Zeitraum von zehn Jahren ab dem Inverkehrbringen oder der Inbetriebnahme des Hochrisiko-KI-Systems ein Exemplar der von der notifizierten Stelle ausgestellten Bescheinigung sowie gegebenenfalls die Betriebsanleitungen und die in Artikel 47 genannte EU-Konformitätserklärung bereit.

(6) Die Einführer übermitteln den betreffenden nationalen Behörden auf deren begründete Anfrage sämtliche – auch die in Absatz 5 genannten – Informationen und Dokumentation, die erforderlich sind, um die Konformität des Hochrisiko-KI-Systems mit den in Abschnitt 2 festgelegten Anforderungen nachzuweisen, und zwar in einer Sprache, die für jene leicht verständlich ist. Zu diesem Zweck stellen sie auch sicher, dass diesen Behörden die technische Dokumentation zur Verfügung gestellt werden kann.

(7) Die Einführer arbeiten mit den betreffenden nationalen Behörden bei allen Maßnahmen zusammen, die diese Behörden im Zusammenhang mit einem von den Einführern in Verkehr gebrachten Hochrisiko-KI-System ergreifen, um insbesondere die von diesem System ausgehenden Risiken zu verringern und abzumildern.

ErwG 83; → **Rn. 225 ff.**

Artikel 24
Pflichten der Händler

(1) Bevor Händler ein Hochrisiko-KI-System auf dem Markt bereitstellen, überprüfen sie, ob es mit der erforderlichen CE-Kennzeichnung versehen ist, ob ihm eine Kopie der in Artikel 47 genannten EU-Konformitätserklärung und Betriebsanleitungen beigefügt sind und ob der Anbieter und gegebenenfalls der Einführer dieses Systems ihre in Artikel 16 Buchstaben b und c sowie Artikel 23 Absatz 3 festgelegten jeweiligen Pflichten erfüllt haben.

(2) Ist ein Händler der Auffassung oder hat er aufgrund von Informationen, die ihm zur Verfügung stehen, Grund zu der Annahme, dass ein Hochrisiko-KI-System nicht den Anforderungen in Abschnitt 2 entspricht, so stellt er das Hochrisiko-KI-System erst auf dem Markt bereit, nachdem die Konformität des Systems mit den Anforderungen hergestellt wurde. Birgt das Hochrisiko-IT-System zudem ein Risiko im Sinne des Artikels 79 Absatz 1, so informiert der Händler den Anbieter bzw. den Einführer des Systems darüber.

(3) Solange sich ein Hochrisiko-KI-System in ihrer Verantwortung befindet, gewährleisten Händler, dass – soweit zutreffend – die Lagerungs- oder Transportbedingungen die Konformität des Systems mit den in Abschnitt 2 festgelegten Anforderungen nicht beeinträchtigen.

(4) Ein Händler, der aufgrund von Informationen, die ihm zur Verfügung stehen, der Auffassung ist oder Grund zu der Annahme hat, dass ein von ihm auf dem Markt bereitgestelltes Hochrisiko-KI-System nicht den Anforderungen in Abschnitt 2 entspricht, ergreift die erforderlichen Korrekturmaßnahmen, um die Konformität dieses Systems mit diesen Anforderungen herzustellen, es zurückzunehmen oder zurückzurufen,

oder er stellt sicher, dass der Anbieter, der Einführer oder gegebenenfalls jeder relevante Akteur diese Korrekturmaßnahmen ergreift. Birgt das Hochrisiko-KI-System ein Risiko im Sinne des Artikels 79 Absatz 1, so informiert der Händler unverzüglich den Anbieter bzw. den Einführer des Systems sowie die für das betroffene Hochrisiko-KI-System zuständigen Behörden und macht dabei ausführliche Angaben, insbesondere zur Nichtkonformität und zu bereits ergriffenen Korrekturmaßnahmen.

(5) Auf begründete Anfrage einer betreffenden zuständigen Behörde übermitteln die Händler eines Hochrisiko-KI-Systems dieser Behörde sämtliche Informationen und Dokumentation in Bezug auf ihre Maßnahmen gemäß den Absätzen 1 bis 4, die erforderlich sind, um die Konformität dieses Systems mit den in Abschnitt 2 festgelegten Anforderungen nachzuweisen.

(6) Die Händler arbeiten mit den betreffenden zuständigen Behörden bei allen Maßnahmen zusammen, die diese Behörden im Zusammenhang mit einem von den Händlern auf dem Markt bereitgestellten Hochrisiko-KI-System ergreifen, um insbesondere das von diesem System ausgehende Risiko zu verringern oder abzumildern.

Artikel 25
Verantwortlichkeiten entlang der KI-Wertschöpfungskette

ErwG 83–90; → **Rn. 230 ff.**

(1) In den folgenden Fällen gelten Händler, Einführer, Betreiber oder sonstige Dritte als Anbieter eines Hochrisiko-KI-Systems für die Zwecke dieser Verordnung und unterliegen den Anbieterpflichten gemäß Artikel 16:
  a) wenn sie ein bereits in Verkehr gebrachtes oder in Betrieb genommenes Hochrisiko-KI-System mit ihrem Namen oder ihrer Handelsmarke versehen, unbeschadet vertraglicher Vereinbarungen, die eine andere Aufteilung der Pflichten vorsehen;
  b) wenn sie eine wesentliche Veränderung eines Hochrisiko-KI-Systems, das bereits in Verkehr gebracht oder in Betrieb genommen wurde, so vornehmen, dass es weiterhin ein Hochrisiko-KI-System gemäß Artikel 6 bleibt;
  c) wenn sie die Zweckbestimmung eines KI-Systems, einschließlich eines KI-Systems mit allgemeinem Verwendungszweck, das nicht als hochriskant eingestuft wurde und bereits in Verkehr gebracht oder in Betrieb genommen wurde, so verändern, dass das betreffende KI-System zu einem Hochrisiko-KI-System im Sinne von Artikel 6 wird.

(2) Unter den in Absatz 1 genannten Umständen gilt der Anbieter, der das KI-System ursprünglich in Verkehr gebracht oder in Betrieb genommen hatte, nicht mehr als Anbieter dieses spezifischen KI-Systems für die Zwecke dieser Verordnung. Dieser Erstanbieter arbeitet eng mit neuen Anbietern zusammen, stellt die erforderlichen Informationen zur Verfügung und sorgt für den vernünftigerweise zu erwartenden technischen Zugang und sonstige Unterstützung, die für die Erfüllung der in dieser Verordnung festgelegten Pflichten, insbesondere in Bezug auf die Konformitätsbewertung von Hochrisiko-KI-Systemen, erforderlich sind. Dieser Absatz gilt nicht in Fällen, in denen der Erstanbieter eindeutig festgelegt hat, dass sein KI-System nicht in ein Hochrisiko-KI-System umgewandelt werden darf und daher nicht der Pflicht zur Übergabe der Dokumentation unterliegt.

(3) Im Falle von Hochrisiko-KI-Systemen, bei denen es sich um Sicherheitsbauteile von Produkten handelt, die unter die in Anhang I Abschnitt A aufgeführten Harmonisierungsrechtsvorschriften der Union fallen, gilt der Produkthersteller als Anbieter des Hochrisiko-KI-Systems und unterliegt in den beiden nachfolgenden Fällen den Pflichten nach Artikel 16:
  a) Das Hochrisiko-KI-System wird zusammen mit dem Produkt unter dem Namen oder der Handelsmarke des Produktherstellers in Verkehr gebracht;
  b) das Hochrisiko-KI-System wird unter dem Namen oder der Handelsmarke des Produktherstellers in Betrieb genommen, nachdem das Produkt in Verkehr gebracht wurde.

(4) Der Anbieter eines Hochrisiko-KI-Systems und der Dritte, der ein KI-System, Instrumente, Dienste, Komponenten oder Verfahren bereitstellt, die in einem Hochrisiko-KI-System verwendet oder integriert werden, legen in einer schriftlichen Vereinbarung die Informationen, die Fähigkeiten, den technischen Zugang und die sonstige Unterstützung nach dem allgemein anerkannten Stand der Technik fest, die erforderlich sind, damit der Anbieter des Hochrisiko-KI-Systems die in dieser Verordnung festgelegten Pflichten vollständig erfüllen kann. Dieser Absatz gilt nicht für Dritte, die Instrumente, Dienste, Verfahren oder Komponenten, bei denen es sich nicht um KI-Modelle mit allgemeinem Verwendungszweck handelt, im Rahmen einer freien und quelloffenen Lizenz öffentlich zugänglich machen.

Das Büro für Künstliche Intelligenz kann freiwillige Musterbedingungen für Verträge zwischen Anbietern von Hochrisiko-KI-Systemen und Dritten, die Instrumente, Dienste, Komponenten oder Verfahren bereitstellen, die für Hochrisiko-KI-Systeme verwendet oder in diese integriert werden, ausarbeiten und empfehlen. Bei der Ausarbeitung dieser freiwilligen Musterbedingungen berücksichtigt das Büro für Künstliche Intelligenz mögliche vertragliche Anforderungen, die in bestimmten Sektoren oder Geschäftsfällen gelten. Die freiwilligen Musterbedingungen werden veröffentlicht und sind kostenlos in einem leicht nutzbaren elektronischen Format verfügbar.

(5) Die Absätze 2 und 3 berühren nicht die Notwendigkeit, Rechte des geistigen Eigentums, vertrauliche Geschäftsinformationen und Geschäftsgeheimnisse im Einklang mit dem Unionsrecht und dem nationalen Recht zu achten und zu schützen.

ErwG 20, 67, 73, 91–95, 131, 158; → **Rn. 188 ff.**

Artikel 26
Pflichten der Betreiber von Hochrisiko-KI-Systemen

(1) Die Betreiber von Hochrisiko-KI-Systemen treffen geeignete technische und organisatorische Maßnahmen, um sicherzustellen, dass sie solche Systeme entsprechend der den Systemen beigefügten Betriebsanleitungen und gemäß den Absätzen 3 und 6 verwenden.

(2) Die Betreiber übertragen natürlichen Personen, die über die erforderliche Kompetenz, Ausbildung und Befugnis verfügen, die menschliche Aufsicht und lassen ihnen die erforderliche Unterstützung zukommen.

(3) Die Pflichten nach den Absätzen 1 und 2 lassen sonstige Pflichten der Betreiber nach Unionsrecht oder nationalem Recht sowie die Freiheit der Betreiber bei der Organisation ihrer eigenen Ressourcen und Tätigkeiten zur Wahrnehmung der vom Anbieter angegebenen Maßnahmen der menschlichen Aufsicht unberührt.

(4) Unbeschadet der Absätze 1 und 2 und soweit die Eingabedaten ihrer Kontrolle unterliegen, sorgen die Betreiber dafür, dass die Eingabedaten der Zweckbestimmung des Hochrisiko-KI-Systems entsprechen und ausreichend repräsentativ sind.

(5) Die Betreiber überwachen den Betrieb des Hochrisiko-KI-Systems anhand der Betriebsanleitung und informieren gegebenenfalls die Anbieter gemäß Artikel 72. Haben Betreiber Grund zu der Annahme, dass die Verwendung gemäß der Betriebsanleitung dazu führen kann, dass dieses Hochrisiko-KI-System ein Risiko im Sinne des Artikels 79 Absatz 1 birgt, so informieren sie unverzüglich den Anbieter oder Händler und die zuständige Marktüberwachungsbehörde und setzen die Verwendung dieses Systems aus. Haben die Betreiber einen schwerwiegenden Vorfall festgestellt, informieren sie auch unverzüglich zuerst den Anbieter und dann den Einführer oder Händler und die zuständigen Marktüberwachungsbehörden über diesen Vorfall. Kann der Betreiber den Anbieter nicht erreichen, so gilt Artikel 73 entsprechend. Diese Pflicht gilt nicht für sensible operative Daten von Betreibern von KI-Systemen, die Strafverfolgungsbehörden sind.

Bei Betreibern, die Finanzinstitute sind und gemäß den Rechtsvorschriften der Union über Finanzdienstleistungen Anforderungen in Bezug auf ihre Regelungen oder

Verfahren der internen Unternehmensführung, unterliegen, gilt die in Unterabsatz 1 festgelegte Überwachungspflicht als erfüllt, wenn die Vorschriften über Regelungen, Verfahren oder Mechanismen der internen Unternehmensführung gemäß einschlägigem Recht über Finanzdienstleistungen eingehalten werden.

(6) Betreiber von Hochrisiko-KI-Systemen bewahren die von ihrem Hochrisiko-KI-System automatisch erzeugten Protokolle, soweit diese Protokolle ihrer Kontrolle unterliegen, für einen der Zweckbestimmung des Hochrisiko-KI-Systems angemessenen Zeitraum von mindestens sechs Monaten auf, sofern im geltenden Unionsrecht, insbesondere im Unionsrecht über den Schutz personenbezogener Daten, oder im geltenden nationalen Recht nichts anderes bestimmt ist.

Betreiber, die Finanzinstitute sind und gemäß den Rechtsvorschriften der Union über Finanzdienstleistungen Anforderungen in Bezug auf ihre Regelungen oder Verfahren der internen Unternehmensführung unterliegen, bewahren die Protokolle als Teil der gemäß einschlägigem Unionsecht über Finanzdienstleistungen aufzubewahrenden Dokumentation auf.

(7) Vor der Inbetriebnahme oder Verwendung eines Hochrisiko-KI-Systems am Arbeitsplatz informieren Betreiber, die Arbeitgeber sind, die Arbeitnehmervertreter und die betroffenen Arbeitnehmer darüber, dass sie der Verwendung des Hochrisiko-KI-Systems unterliegen werden. Diese Informationen werden gegebenenfalls im Einklang mit den Vorschriften und Gepflogenheiten auf Unionsebene und nationaler Ebene in Bezug auf die Unterrichtung der Arbeitnehmer und ihrer Vertreter bereitgestellt.

(8) Betreiber von Hochrisiko-KI-Systemen, bei denen es sich um Organe, Einrichtungen oder sonstige Stellen der Union handelt, müssen den Registrierungspflichten gemäß Artikel 49 nachkommen. Stellen diese Betreiber fest, dass das Hochrisiko-KI-System, dessen Verwendung sie planen, nicht in der in Artikel 71 genannten EU-Datenbank registriert wurde, sehen sie von der Verwendung dieses Systems ab und informieren den Anbieter oder den Händler.

(9) Die Betreiber von Hochrisiko-KI-Systemen verwenden gegebenenfalls die gemäß Artikel 13 der vorliegenden Verordnung bereitgestellten Informationen, um ihrer Pflicht zur Durchführung einer Datenschutz-Folgenabschätzung gemäß Artikel 35 der Verordnung (EU) 2016/679 oder Artikel 27 der Richtlinie (EU) 2016/680 nachzukommen.

(10) Unbeschadet der Richtlinie (EU) 2016/680 beantragt der Betreiber eines Hochrisiko-KI-Systems zur nachträglichen biometrischen Fernfernidentifizierung im Rahmen von Ermittlungen zur gezielten Suche einer Person, die der Begehung einer Straftat verdächtigt wird oder aufgrund einer solchen verurteilt wurde, vorab oder unverzüglich, spätestens jedoch binnen 48 Stunden bei einer Justizbehörde oder einer Verwaltungsbehörde, deren Entscheidung bindend ist und einer justiziellen Überprüfung unterliegt, die Genehmigung für die Nutzung dieses Systems, es sei denn, es wird zur erstmaligen Identifizierung eines potenziellen Verdächtigen auf der Grundlage objektiver und nachprüfbarer Tatsachen, die in unmittelbarem Zusammenhang mit der Straftat stehen, verwendet. Jede Verwendung ist auf das für die Ermittlung einer bestimmten Straftat unbedingt erforderliche Maß zu beschränken.

Wird die gemäß Unterabsatz 1 beantragte Genehmigung abgelehnt, so wird die Verwendung des mit dieser beantragten Genehmigung verbundenen Systems zur nachträglichen biometrischen Fernidentifizierung mit sofortiger Wirkung eingestellt und werden die personenbezogenen Daten, die im Zusammenhang mit der Verwendung des Hochrisiko-KI-Systems stehen, für die die Genehmigung beantragt wurde, gelöscht.

In keinem Fall darf ein solches Hochrisiko-KI-System zur nachträglichen biometrischen Fernidentifizierung zu Strafverfolgungszwecken in nicht zielgerichteter Weise und ohne jeglichen Zusammenhang mit einer Straftat, einem Strafverfahren, einer tatsächlichen und bestehenden oder tatsächlichen und vorhersehbaren Gefahr einer Straftat oder der Suche nach einer bestimmten vermissten Person verwendet werden. Es muss sichergestellt werden, dass die Strafverfolgungsbehörden keine ausschließlich auf der Grundlage der Ausgabe solcher Systeme zur nachträglichen biometrischen Fernidentifizierung beruhende Entscheidung, aus der sich eine nachteilige Rechtsfolge für eine Person ergibt, treffen.

Dieser Absatz gilt unbeschadet des Artikels 9 der Verordnung (EU) 2016/679 und des Artikels 10 der Richtlinie (EU) 2016/680 für die Verarbeitung biometrischer Daten.

Unabhängig vom Zweck oder Betreiber wird jede Verwendung solcher Hochrisiko-KI-Systeme in der einschlägigen Polizeiakte dokumentiert und der zuständigen Marktüberwachungsbehörde und der nationalen Datenschutzbehörde auf Anfrage zur Verfügung gestellt, wovon die Offenlegung sensibler operativer Daten im Zusammenhang mit der Strafverfolgung ausgenommen ist. Dieser Unterabsatz berührt nicht die den Aufsichtsbehörden durch die Richtlinie (EU) 2016/680 übertragenen Befugnisse.

Die Betreiber legen den zuständigen Marktüberwachungsbehörden und den nationalen Datenschutzbehörden Jahresberichte über ihre Verwendung von Systemen zur nachträglichen biometrischen Fernidentifizierung vor, wovon die Offenlegung sensibler operativer Daten im Zusammenhang mit der Strafverfolgung ausgenommen ist. Die Berichte können eine Zusammenfassung sein, damit sie mehr als einen Einsatz abdecken.

Die Mitgliedstaaten können im Einklang mit dem Unionsrecht strengere Rechtsvorschriften für die Verwendung von Systemen zur nachträglichen biometrischen Fernidentifizierung erlassen.

(11) Unbeschadet des Artikels 50 der vorliegenden Verordnung informieren die Betreiber der in Anhang III aufgeführten Hochrisiko-KI-Systeme, die natürliche Personen betreffende Entscheidungen treffen oder bei solchen Entscheidungen Unterstützung leisten, die natürlichen Personen darüber, dass sie der Verwendung des Hochrisiko-KI-Systems unterliegen. Für Hochrisiko-KI-Systeme, die zu Strafverfolgungszwecken verwendet werden, gilt Artikel 13 der Richtlinie (EU) 2016/680.

(12) Die Betreiber arbeiten mit den zuständigen Behörden bei allen Maßnahmen zusammen, die diese Behörden im Zusammenhang mit dem Hochrisiko-KI-System zur Umsetzung dieser Verordnung ergreifen.

ErwG 34, 96; → **Rn. 213 ff.**

Artikel 27
Grundrechte-Folgenabschätzung für Hochrisiko-KI-Systeme

(1) Vor der Inbetriebnahme eines Hochrisiko-KI-Systems gemäß Artikel 6 Absatz 2 – mit Ausnahme von Hochrisiko-KI-Systemen, die in dem in Anhang III Nummer 2 aufgeführten Bereich verwendet werden sollen – führen Betreiber, bei denen es sich um Einrichtungen des öffentlichen Rechts oder private Einrichtungen, die öffentliche Dienste erbringen, handelt, und Betreiber von Hochrisiko-KI-Systemen gemäß Anhang III Nummer 5 Buchstaben b und c eine Abschätzung der Auswirkungen, die die Verwendung eines solchen Systems auf die Grundrechte haben kann, durch. Zu diesem Zweck führen die Betreiber eine Abschätzung durch, die Folgendes umfasst:
a) eine Beschreibung der Verfahren des Betreibers, bei denen das Hochrisiko-KI-System im Einklang mit seiner Zweckbestimmung verwendet wird;
b) eine Beschreibung des Zeitraums und der Häufigkeit, innerhalb dessen bzw. mit der jedes Hochrisiko-KI-System verwendet werden soll;
c) die Kategorien der natürlichen Personen und Personengruppen, die von seiner Verwendung im spezifischen Kontext betroffen sein könnten;
d) die spezifischen Schadensrisiken, die sich auf die gemäß Buchstabe c dieses Absatzes ermittelten Kategorien natürlicher Personen oder Personengruppen auswirken könnten, unter Berücksichtigung der vom Anbieter gemäß Artikel 13 bereitgestellten Informationen;
e) eine Beschreibung der Umsetzung von Maßnahmen der menschlichen Aufsicht entsprechend den Betriebsanleitungen;

f) die Maßnahmen, die im Falle des Eintretens dieser Risiken zu ergreifen sind, einschließlich der Regelungen für die interne Unternehmensführung und Beschwerdemechanismen.

(2) Die in Absatz 1 festgelegte Pflicht gilt für die erste Verwendung eines Hochrisiko-KI-Systems. Der Betreiber kann sich in ähnlichen Fällen auf zuvor durchgeführte Grundrechte-Folgenabschätzungen oder bereits vorhandene Folgenabschätzungen, die vom Anbieter durchgeführt wurden, stützen. Gelangt der Betreiber während der Verwendung des Hochrisiko-KI-Systems zur Auffassung, dass sich eines der in Absatz 1 aufgeführten Elemente geändert hat oder nicht mehr auf dem neuesten Stand ist, so unternimmt der Betreiber die erforderlichen Schritte, um die Informationen zu aktualisieren.

(3) Sobald die Abschätzung gemäß Absatz 1 des vorliegenden Artikels durchgeführt wurde, teilt der Betreiber der Marktüberwachungsbehörde ihre Ergebnisse mit, indem er das ausgefüllte, in Absatz 5 des vorliegenden Artikels genannte Muster als Teil der Mitteilung übermittelt. In dem in Artikel 46 Absatz 1 genannten Fall können die Betreiber von der Mitteilungspflicht befreit werden.

(4) Wird eine der in diesem Artikel festgelegten Pflichten bereits infolge einer gemäß Artikel 35 der Verordnung (EU) 2016/679 oder Artikel 27 der Richtlinie (EU) 2016/680 durchgeführten Datenschutz-Folgenabschätzung erfüllt, so ergänzt die Grundrechte-Folgenabschätzung gemäß Absatz 1 des vorliegenden Artikels diese Datenschutz-Folgenabschätzung.

(5) Das Büro für Künstliche Intelligenz arbeitet ein Muster für einen Fragebogen – auch mithilfe eines automatisierten Instruments – aus, um die Betreiber in die Lage zu versetzen, ihren Pflichten gemäß diesem Artikel in vereinfachter Weise nachzukommen.

ABSCHNITT 4
Notifizierende Behörden und notifizierte Stellen

Artikel 28
Notifizierende Behörden

ErwG 149, 153, 154

(1) Jeder Mitgliedstaat sorgt für die Benennung oder Schaffung mindestens einer notifizierenden Behörde, die für die Einrichtung und Durchführung der erforderlichen Verfahren zur Bewertung, Benennung und Notifizierung von Konformitätsbewertungsstellen und für deren Überwachung zuständig ist. Diese Verfahren werden in Zusammenarbeit zwischen den notifizierenden Behörden aller Mitgliedstaaten entwickelt.

(2) Die Mitgliedstaaten können entscheiden, dass die Bewertung und Überwachung nach Absatz 1 von einer nationalen Akkreditierungsstelle im Sinne und gemäß der Verordnung (EG) Nr. 765/2008 durchzuführen ist.

(3) Notifizierende Behörden werden so eingerichtet, organisiert und geführt, dass jegliche Interessenkonflikte mit Konformitätsbewertungsstellen vermieden werden und die Objektivität und die Unparteilichkeit ihrer Tätigkeiten gewährleistet sind.

(4) Notifizierende Behörden werden so organisiert, dass Entscheidungen über die Notifizierung von Konformitätsbewertungsstellen von kompetenten Personen getroffen werden, die nicht mit den Personen identisch sind, die die Bewertung dieser Stellen durchgeführt haben.

(5) Notifizierende Behörden dürfen weder Tätigkeiten, die Konformitätsbewertungsstellen durchführen, noch Beratungsleistungen auf einer gewerblichen oder wettbewerblichen Basis anbieten oder erbringen.

(6) Notifizierende Behörden gewährleisten gemäß Artikel 78 die Vertraulichkeit der von ihnen erlangten Informationen.

(7) Notifizierende Behörden verfügen über eine angemessene Anzahl kompetenter Mitarbeiter, sodass sie ihre Aufgaben ordnungsgemäß wahrnehmen können. Die kompetenten Mitarbeiter verfügen – wo erforderlich – über das für ihre Funktion erforderliche Fachwissen in Bereichen wie Informationstechnologie sowie KI und Recht, einschließlich der Überwachung der Grundrechte.

ErwG 125

Artikel 29
Antrag einer Konformitätsbewertungsstelle auf Notifizierung

(1) Konformitätsbewertungsstellen beantragen ihre Notifizierung bei der notifizierenden Behörde des Mitgliedstaats, in dem sie niedergelassen sind.

(2) Dem Antrag auf Notifizierung legen sie eine Beschreibung der Konformitätsbewertungstätigkeiten, des bzw. der Konformitätsbewertungsmodule und der Art der KI-Systeme, für die diese Konformitätsbewertungsstelle Kompetenz beansprucht, sowie, falls vorhanden, eine Akkreditierungsurkunde bei, die von einer nationalen Akkreditierungsstelle ausgestellt wurde und in der bescheinigt wird, dass die Konformitätsbewertungsstelle die Anforderungen des Artikels 31 erfüllt.

Sonstige gültige Dokumente in Bezug auf bestehende Benennungen der antragstellenden notifizierten Stelle im Rahmen anderer Harmonisierungsrechtsvorschriften der Union sind ebenfalls beizufügen.

(3) Kann die betreffende Konformitätsbewertungsstelle keine Akkreditierungsurkunde vorweisen, so legt sie der notifizierenden Behörde als Nachweis alle Unterlagen vor, die erforderlich sind, um zu überprüfen, festzustellen und regelmäßig zu überwachen, ob sie die Anforderungen des Artikels 31 erfüllt.

(4) Bei notifizierten Stellen, die im Rahmen anderer Harmonisierungsrechtsvorschriften der Union benannt wurden, können alle Unterlagen und Bescheinigungen im Zusammenhang mit solchen Benennungen zur Unterstützung ihres Benennungsverfahrens nach dieser Verordnung verwendet werden. Die notifizierte Stelle aktualisiert die in den Absätzen 2 und 3 des vorliegenden Artikels genannte Dokumentation immer dann, wenn sich relevante Änderungen ergeben, damit die für notifizierte Stellen zuständige Behörde überwachen und überprüfen kann, ob die Anforderungen des Artikels 31 kontinuierlich erfüllt sind.

ErwG 125

Artikel 30
Notifizierungsverfahren

(1) Die notifizierenden Behörden dürfen nur Konformitätsbewertungsstellen notifizieren, die die Anforderungen des Artikels 31 erfüllen.

(2) Die notifizierenden Behörden unterrichten die Kommission und die übrigen Mitgliedstaaten mithilfe des elektronischen Notifizierungsinstruments, das von der Kommission entwickelt und verwaltet wird, über jede Konformitätsbewertungsstelle gemäß Absatz 1.

(3) Die Notifizierung gemäß Absatz 2 des vorliegenden Artikels enthält vollständige Angaben zu den Konformitätsbewertungstätigkeiten, dem betreffenden Konformitätsbewertungsmodul oder den betreffenden Konformitätsbewertungsmodulen, den betreffenden Arten der KI-Systeme und der einschlägigen Bestätigung der Kompetenz. Beruht eine Notifizierung nicht auf einer Akkreditierungsurkunde gemäß Artikel 29

Absatz 2, so legt die notifizierende Behörde der Kommission und den anderen Mitgliedstaaten die Unterlagen vor, die die Kompetenz der Konformitätsbewertungsstelle und die Vereinbarungen nachweisen, die getroffen wurden, um sicherzustellen, dass die Stelle regelmäßig überwacht wird und weiterhin die Anforderungen des Artikels 31 erfüllt.

(4) Die betreffende Konformitätsbewertungsstelle darf die Tätigkeiten einer notifizierten Stelle nur dann wahrnehmen, wenn weder die Kommission noch die anderen Mitgliedstaaten innerhalb von zwei Wochen nach einer Notifizierung durch eine notifizierende Behörde, falls eine Akkreditierungsurkunde gemäß Artikel 29 Absatz 2 vorgelegt wird, oder innerhalb von zwei Monaten nach einer Notifizierung durch eine notifizierende Behörde, falls als Nachweis Unterlagen gemäß Artikel 29 Absatz 3 vorgelegt werden, Einwände erhoben haben.

(5) Werden Einwände erhoben, konsultiert die Kommission unverzüglich die betreffenden Mitgliedstaaten und die Konformitätsbewertungsstelle. Im Hinblick darauf entscheidet die Kommission, ob die Genehmigung gerechtfertigt ist. Die Kommission richtet ihren Beschluss an die betroffenen Mitgliedstaaten und an die zuständige Konformitätsbewertungsstelle.

Artikel 31
Anforderungen an notifizierte Stellen

ErwG 67, 125, 126, 153

(1) Eine notifizierte Stelle wird nach dem nationalen Recht eines Mitgliedstaats gegründet und muss mit Rechtspersönlichkeit ausgestattet sein.

(2) Die notifizierten Stellen müssen die zur Wahrnehmung ihrer Aufgaben erforderlichen Anforderungen an die Organisation, das Qualitätsmanagement, die Ressourcenausstattung und die Verfahren sowie angemessene Cybersicherheitsanforderungen erfüllen.

(3) Die Organisationsstruktur, die Zuweisung der Zuständigkeiten, die Berichtslinien und die Funktionsweise der notifizierten Stellen müssen das Vertrauen in ihre Leistung und in die Ergebnisse der von ihnen durchgeführten Konformitätsbewertungstätigkeiten gewährleisten.

(4) Die notifizierten Stellen müssen von dem Anbieter eines Hochrisiko-KI-Systems, zu dem sie Konformitätsbewertungstätigkeiten durchführen, unabhängig sein. Außerdem müssen die notifizierten Stellen von allen anderen Akteuren, die ein wirtschaftliches Interesse an den bewerteten Hochrisiko-KI-Systemen haben, und von allen Wettbewerbern des Anbieters unabhängig sein. Dies schließt die Verwendung von bewerteten Hochrisiko-KI-Systemen, die für die Tätigkeit der Konformitätsbewertungsstelle nötig sind, oder die Verwendung solcher Hochrisiko-KI-Systeme zum persönlichen Gebrauch nicht aus.

(5) Weder die Konformitätsbewertungsstelle, ihre oberste Leitungsebene noch die für die Erfüllung ihrer Konformitätsbewertungsaufgaben zuständigen Mitarbeiter dürfen direkt an Entwurf, Entwicklung, Vermarktung oder Verwendung von Hochrisiko-KI-Systemen beteiligt sein oder die an diesen Tätigkeiten beteiligten Parteien vertreten. Sie dürfen sich nicht mit Tätigkeiten befassen, die ihre Unabhängigkeit bei der Beurteilung oder ihre Integrität im Zusammenhang mit den Konformitätsbewertungstätigkeiten, für die sie notifiziert sind, beeinträchtigen könnten. Dies gilt besonders für Beratungsdienstleistungen.

(6) Notifizierte Stellen werden so organisiert und geführt, dass bei der Ausübung ihrer Tätigkeit Unabhängigkeit, Objektivität und Unparteilichkeit gewahrt sind. Von den notifizierten Stellen werden eine Struktur und Verfahren dokumentiert und umgesetzt, die ihre Unparteilichkeit gewährleisten und sicherstellen, dass die Grundsätze der Unparteilichkeit in ihrer gesamten Organisation, von allen Mitarbeitern und bei allen Bewertungstätigkeiten gefördert und angewandt werden.

(7) Die notifizierten Stellen gewährleisten durch dokumentierte Verfahren, dass ihre Mitarbeiter, Ausschüsse, Zweigstellen, Unterauftragnehmer sowie alle zugeordneten Stellen oder Mitarbeiter externer Einrichtungen die Vertraulichkeit der Informationen, die bei der Durchführung der Konformitätsbewertungstätigkeiten in ihren Besitz gelangen, im Einklang mit Artikel 78 wahren, außer wenn ihre Offenlegung gesetzlich vorgeschrieben ist. Informationen, von denen Mitarbeiter der notifizierten Stellen bei der Durchführung ihrer Aufgaben gemäß dieser Verordnung Kenntnis erlangen, unterliegen der beruflichen Schweigepflicht, außer gegenüber den notifizierenden Behörden des Mitgliedstaats, in dem sie ihre Tätigkeiten ausüben.

(8) Die notifizierten Stellen verfügen über Verfahren zur Durchführung ihrer Tätigkeiten unter gebührender Berücksichtigung der Größe eines Betreibers, des Sektors, in dem er tätig ist, seiner Struktur sowie der Komplexität des betreffenden KI-Systems.

(9) Die notifizierten Stellen schließen eine angemessene Haftpflichtversicherung für ihre Konformitätsbewertungstätigkeiten ab, es sei denn, diese Haftpflicht wird aufgrund nationalen Rechts von dem Mitgliedstaat, in dem sie niedergelassen sind, gedeckt oder dieser Mitgliedstaat ist selbst unmittelbar für die Konformitätsbewertung zuständig.

(10) Die notifizierten Stellen müssen in der Lage sein, ihre Aufgaben gemäß dieser Verordnung mit höchster beruflicher Integrität und der erforderlichen Fachkompetenz in dem betreffenden Bereich auszuführen, gleichgültig, ob diese Aufgaben von den notifizierten Stellen selbst oder in ihrem Auftrag und in ihrer Verantwortung durchgeführt werden.

(11) Die notifizierten Stellen müssen über ausreichende interne Kompetenzen verfügen, um die von externen Stellen in ihrem Namen wahrgenommen Aufgaben wirksam beurteilen zu können. Die notifizierten Stellen müssen ständig über ausreichendes administratives, technisches, juristisches und wissenschaftliches Personal verfügen, das Erfahrungen und Kenntnisse in Bezug auf einschlägige Arten der KI-Systeme, Daten und Datenverarbeitung sowie die in Abschnitt 2 festgelegten Anforderungen besitzt.

(12) Die notifizierten Stellen wirken an den in Artikel 38 genannten Koordinierungstätigkeiten mit. Sie wirken außerdem unmittelbar oder mittelbar an der Arbeit der europäischen Normungsorganisationen mit oder stellen sicher, dass sie stets über den Stand der einschlägigen Normen unterrichtet sind.

ErwG 8, 121, 125

Artikel 32
Vermutung der Konformität mit den Anforderungen an notifizierte Stellen

Weist eine Konformitätsbewertungsstelle nach, dass sie die Kriterien der einschlägigen harmonisierten Normen, deren Fundstellen im *Amtsblatt der Europäischen Union* veröffentlicht wurden, oder Teile dieser Normen erfüllt, so wird davon ausgegangen, dass sie die Anforderungen des Artikels 31, soweit diese von den geltenden harmonisierten Normen erfasst werden, erfüllt.

ErwG 125, 176

Artikel 33
Zweigstellen notifizierter Stellen und Vergabe von Unteraufträgen

(1) Vergibt eine notifizierte Stelle bestimmte mit der Konformitätsbewertung verbundene Aufgaben an Unterauftragnehmer oder überträgt sie diese einer Zweigstelle, so stellt sie sicher, dass der Unterauftragnehmer oder die Zweigstelle die Anforderungen des Artikels 31 erfüllt, und informiert die notifizierende Behörde darüber.

(2) Die notifizierten Stellen tragen die volle Verantwortung für Arbeiten, die von jedweden Unterauftragnehmern oder Zweigstellen ausgeführt werden.

(3) Tätigkeiten dürfen nur mit Zustimmung des Anbieters an einen Unterauftragnehmer vergeben oder einer Zweigstelle übertragen werden. Die notifizierten Stellen veröffentlichen ein Verzeichnis ihrer Zweigstellen.

(4) Die einschlägigen Unterlagen über die Bewertung der Qualifikation des Unterauftragnehmers oder der Zweigstelle und die von ihnen gemäß dieser Verordnung ausgeführten Arbeiten werden für einen Zeitraum von fünf Jahren ab dem Datum der Beendigung der Unterauftragsvergabe für die notifizierende Behörde bereitgehalten.

Artikel 34
Operative Pflichten der notifizierten Stellen

ErwG 125, 143, 145

(1) Die notifizierten Stellen überprüfen die Konformität von Hochrisiko-KI-Systemen nach den in Artikel 43 festgelegten Konformitätsbewertungsverfahren.

(2) Die notifizierten Stellen vermeiden bei der Durchführung ihrer Tätigkeiten unnötige Belastungen für die Anbieter und berücksichtigen gebührend die Größe des Anbieters, den Sektor, in dem er tätig ist, seine Struktur sowie die Komplexität des betreffenden Hochrisiko-KI-Systems, um insbesondere den Verwaltungsaufwand und die Befolgungskosten für Kleinstunternehmen und kleine Unternehmen im Sinne der Empfehlung 2003/361/EG zu minimieren. Die notifizierte Stelle muss jedoch den Grad der Strenge und das Schutzniveau einhalten, die für die Konformität des Hochrisiko-KI-Systems mit den Anforderungen dieser Verordnung erforderlich sind.

(3) Die notifizierten Stellen machen der in Artikel 28 genannten notifizierenden Behörde sämtliche einschlägige Dokumentation, einschließlich der Dokumentation des Anbieters, zugänglich bzw. übermitteln diese auf Anfrage, damit diese Behörde ihre Bewertungs-, Benennungs-, Notifizierungs- und Überwachungstätigkeiten durchführen kann und die Bewertung gemäß diesem Abschnitt erleichtert wird.

Artikel 35
Identifizierungsnummern und Verzeichnisse notifizierter Stellen

ErwG 125

(1) Die Kommission weist jeder notifizierten Stelle eine einzige Identifizierungsnummer zu, selbst wenn eine Stelle nach mehr als einem Rechtsakt der Union notifiziert wurde.

(2) Die Kommission veröffentlicht das Verzeichnis der nach dieser Verordnung notifizierten Stellen samt ihren Identifizierungsnummern und den Tätigkeiten, für die sie notifiziert wurden. Die Kommission stellt sicher, dass das Verzeichnis auf dem neuesten Stand gehalten wird.

Artikel 36
Änderungen der Notifizierungen

ErwG 47, 125, 126

(1) Die notifizierende Behörde unterrichtet die Kommission und die anderen Mitgliedstaaten mithilfe des in Artikel 30 Absatz 2 genannten elektronischen Notifizierungsinstruments über alle relevanten Änderungen der Notifizierung einer notifizierten Stelle.

(2) Für Erweiterungen des Anwendungsbereichs der Notifizierung gelten die in den Artikeln 29 und 30 festgelegten Verfahren.

Für andere Änderungen der Notifizierung als Erweiterungen ihres Anwendungsbereichs gelten die in den Absätzen 3 bis 9 dargelegten Verfahren.

(3) Beschließt eine notifizierte Stelle die Einstellung ihrer Konformitätsbewertungstätigkeiten, so informiert sie die betreffende notifizierende Behörde und die betreffenden Anbieter so bald wie möglich und im Falle einer geplanten Einstellung ihrer Tätigkeiten mindestens ein Jahr vor deren Einstellung darüber. Die Bescheinigungen der notifizierten Stelle können für einen Zeitraum von neun Monaten nach Einstellung der Tätigkeiten der notifizierten Stelle gültig bleiben, sofern eine andere notifizierte Stelle schriftlich bestätigt hat, dass sie die Verantwortung für die von diesen Bescheinigungen abgedeckten Hochrisiko-KI-Systeme übernimmt. Die letztgenannte notifizierte Stelle führt vor Ablauf dieser Frist von neun Monaten eine vollständige Bewertung der betroffenen Hochrisiko-KI-Systeme durch, bevor sie für diese neue Bescheinigungen ausstellt. Stellt die notifizierte Stelle ihre Tätigkeit ein, so widerruft die notifizierende Behörde die Benennung.

(4) Hat eine notifizierende Behörde hinreichenden Grund zu der Annahme, dass eine notifizierte Stelle die in Artikel 31 festgelegten Anforderungen nicht mehr erfüllt oder dass sie ihren Pflichten nicht nachkommt, so untersucht die notifizierende Behörde den Sachverhalt unverzüglich und mit äußerster Sorgfalt. In diesem Zusammenhang teilt sie der betreffenden notifizierten Stelle die erhobenen Einwände mit und gibt ihr die Möglichkeit, dazu Stellung zu nehmen. Kommt die notifizierende Behörde zu dem Schluss, dass die notifizierte Stelle die in Artikel 31 festgelegten Anforderungen nicht mehr erfüllt oder dass sie ihren Pflichten nicht nachkommt, schränkt sie die Benennung gegebenenfalls ein, setzt sie aus oder widerruft sie, je nach Schwere der Nichterfüllung dieser Anforderungen oder Pflichtverletzung. Sie informiert die Kommission und die anderen Mitgliedstaaten unverzüglich darüber.

(5) Wird die Benennung einer notifizierten Stelle ausgesetzt, eingeschränkt oder vollständig oder teilweise widerrufen, so informiert die notifizierte Stelle die betreffenden Anbieter innerhalb von zehn Tagen darüber.

(6) Wird eine Benennung eingeschränkt, ausgesetzt oder widerrufen, so ergreift die notifizierende Behörde geeignete Maßnahmen, um sicherzustellen, dass die Akten der betreffenden notifizierten Stelle für die notifizierenden Behörden in anderen Mitgliedstaaten und die Marktüberwachungsbehörden bereitgehalten und ihnen auf deren Anfrage zur Verfügung gestellt werden.

(7) Wird eine Benennung eingeschränkt, ausgesetzt oder widerrufen, so geht die notifizierende Behörde wie folgt vor:
   a) Sie bewertet die Auswirkungen auf die von der notifizierten Stelle ausgestellten Bescheinigungen;
   b) sie legt der Kommission und den anderen Mitgliedstaaten innerhalb von drei Monaten nach Notifizierung der Änderungen der Benennung einen Bericht über ihre diesbezüglichen Ergebnisse vor;
   c) sie weist die notifizierte Stelle zur Gewährleistung der fortlaufenden Konformität der im Verkehr befindlichen Hochrisiko-KI-Systeme an, sämtliche nicht ordnungsgemäß ausgestellten Bescheinigungen innerhalb einer von der Behörde festgelegten angemessenen Frist auszusetzen oder zu widerrufen;
   d) sie informiert die Kommission und die Mitgliedstaaten über Bescheinigungen, deren Aussetzung oder Widerruf sie angewiesen hat;
   e) sie stellt den zuständigen nationalen Behörden des Mitgliedstaats, in dem der Anbieter seine eingetragene Niederlassung hat, alle relevanten Informationen über Bescheinigungen, deren Aussetzung oder Widerruf sie angewiesen hat, zur Verfügung; diese Behörde ergreift erforderlichenfalls geeignete Maßnahmen, um ein mögliches Risiko für Gesundheit, Sicherheit oder Grundrechte zu verhindern.

(8) Abgesehen von den Fällen, in denen Bescheinigungen nicht ordnungsgemäß ausgestellt wurden und in denen eine Benennung ausgesetzt oder eingeschränkt wurde, bleiben die Bescheinigungen unter einem der folgenden Umstände gültig:

a) Die notifizierende Behörde hat innerhalb eines Monats nach der Aussetzung oder Einschränkung bestätigt, dass im Zusammenhang mit den von der Aussetzung oder Einschränkung betroffenen Bescheinigungen kein Risiko für Gesundheit, Sicherheit oder Grundrechte besteht, und die notifizierende Behörde hat einen Zeitplan für Maßnahmen zur Aufhebung der Aussetzung oder Einschränkung genannt oder
b) die notifizierende Behörde hat bestätigt, dass keine von der Aussetzung betroffenen Bescheinigungen während der Dauer der Aussetzung oder Einschränkung ausgestellt, geändert oder erneut ausgestellt werden, und gibt an, ob die notifizierte Stelle in der Lage ist, bestehende ausgestellte Bescheinigungen während der Dauer der Aussetzung oder Einschränkung weiterhin zu überwachen und die Verantwortung dafür zu übernehmen; falls die notifizierende Behörde feststellt, dass die notifizierte Stelle nicht in der Lage ist, bestehende ausgestellte Bescheinigungen weiterzuführen, so bestätigt der Anbieter des von der Bescheinigung abgedeckten Systems den zuständigen nationalen Behörden des Mitgliedstaats, in dem er seine eingetragene Niederlassung hat, innerhalb von drei Monaten nach der Aussetzung oder Einschränkung schriftlich, dass eine andere qualifizierte notifizierte Stelle vorübergehend die Aufgaben der notifizierten Stelle zur Überwachung der Bescheinigung übernimmt und dass sie während der Dauer der Aussetzung oder Einschränkung für die Bescheinigung verantwortlich bleibt.

(9) Abgesehen von den Fällen, in denen Bescheinigungen nicht ordnungsgemäß ausgestellt wurden und in denen eine Benennung widerrufen wurde, bleiben die Bescheinigungen unter folgenden Umständen für eine Dauer von neun Monaten gültig:
a) Die zuständige nationale Behörde des Mitgliedstaats, in dem der Anbieter des von der Bescheinigung abgedeckten Hochrisiko-KI-Systems seine eingetragene Niederlassung hat, hat bestätigt, dass im Zusammenhang mit den betreffenden Hochrisiko-KI-Systemen kein Risiko für Gesundheit, Sicherheit oder Grundrechte besteht, und
b) eine andere notifizierte Stelle hat schriftlich bestätigt, dass sie die unmittelbare Verantwortung für diese KI-Systeme übernehmen und deren Bewertung innerhalb von 12 Monaten ab dem Widerruf der Benennung abgeschlossen haben wird.

Unter den in Unterabsatz 1 genannten Umständen kann die zuständige nationale Behörde des Mitgliedstaats, in dem der Anbieter des von der Bescheinigung abgedeckten Systems seine Niederlassung hat, die vorläufige Gültigkeit der Bescheinigungen um zusätzliche Zeiträume von je drei Monaten, jedoch nicht um insgesamt mehr als 12 Monate, verlängern.

Die zuständige nationale Behörde oder die notifizierte Stelle, die die Aufgaben der von der Benennungsänderung betroffenen notifizierten Stelle übernimmt, informiert unverzüglich die Kommission, die anderen Mitgliedstaaten und die anderen notifizierten Stellen darüber.

Artikel 37
Anfechtungen der Kompetenz notifizierter Stellen

ErwG 125, 156

(1) Die Kommission untersucht erforderlichenfalls alle Fälle, in denen begründete Zweifel an der Kompetenz einer notifizierten Stelle oder daran bestehen, dass eine notifizierte Stelle die in Artikel 31 festgelegten Anforderungen und ihre geltenden Pflichten weiterhin erfüllt.

(2) Die notifizierende Behörde stellt der Kommission auf Anfrage alle Informationen über die Notifizierung oder die Aufrechterhaltung der Kompetenz der betreffenden notifizierten Stelle zur Verfügung.

(3) Die Kommission stellt sicher, dass alle im Verlauf ihrer Untersuchungen gemäß diesem Artikel erlangten sensiblen Informationen gemäß Artikel 78 vertraulich behandelt werden.

(4) Stellt die Kommission fest, dass eine notifizierte Stelle die Anforderungen für ihre Notifizierung nicht oder nicht mehr erfüllt, so informiert sie den notifizierenden Mitgliedstaat entsprechend und fordert ihn auf, die erforderlichen Abhilfemaßnahmen zu treffen, einschließlich einer Aussetzung oder eines Widerrufs der Notifizierung, sofern dies nötig ist. Versäumt es ein Mitgliedstaat, die erforderlichen Abhilfemaßnahmen zu ergreifen, kann die Kommission die Benennung im Wege eines Durchführungsrechtsakts aussetzen, einschränken oder widerrufen. Dieser Durchführungsrechtsakt wird gemäß dem in Artikel 98 Absatz 2 genannten Prüfverfahren erlassen.

ErwG 125, 126, 129

Artikel 38
Koordinierung der notifizierten Stellen

(1) Die Kommission sorgt dafür, dass in Bezug auf Hochrisiko-KI-Systeme eine zweckmäßige Koordinierung und Zusammenarbeit zwischen den an den Konformitätsbewertungsverfahren im Rahmen dieser Verordnung beteiligten notifizierten Stellen in Form einer sektoralen Gruppe notifizierter Stellen eingerichtet und ordnungsgemäß weitergeführt wird.

(2) Jede notifizierende Behörde sorgt dafür, dass sich die von ihr notifizierten Stellen direkt oder über benannte Vertreter an der Arbeit der in Absatz 1 genannten Gruppe beteiligen.

(3) Die Kommission sorgt für den Austausch von Wissen und bewährten Verfahren zwischen den notifizierenden Behörden.

ErwG 125, 126

Artikel 39
Konformitätsbewertungsstellen in Drittländern

Konformitätsbewertungsstellen, die nach dem Recht eines Drittlands errichtet wurden, mit dem die Union ein Abkommen geschlossen hat, können ermächtigt werden, die Tätigkeiten notifizierter Stellen gemäß dieser Verordnung durchzuführen, sofern sie die Anforderungen gemäß Artikel 31 erfüllen oder das gleiche Maß an Konformität gewährleisten.

ABSCHNITT 5
Normen, Konformitätsbewertung, Bescheinigungen, Registrierung

ErwG 8, 9, 121; → **Rn. 165 ff.**

Artikel 40
Harmonisierte Normen und Normungsdokumente

(1) Bei Hochrisiko-KI-Systemen oder KI-Modellen mit allgemeinem Verwendungszweck, die mit harmonisierten Normen oder Teilen davon, deren Fundstellen gemäß der Verordnung (EU) Nr. 1025/2012 im *Amtsblatt der Europäischen Union* veröffentlicht wurden, übereinstimmen, wird eine Konformität mit den Anforderungen gemäß Abschnitt 2 des vorliegenden Kapitels oder gegebenenfalls mit den Pflichten gemäß Kapitel V Abschnitte 2 und 3 der vorliegenden Verordnung vermutet, soweit diese Anforderungen oder Verpflichtungen von den Normen abgedeckt sind.

(2) Gemäß Artikel 10 der Verordnung (EU) Nr. 1025/2012 erteilt die Kommission unverzüglich Normungsaufträge, die alle Anforderungen gemäß Abschnitt 2 des vorliegenden Kapitels abdecken und gegebenenfalls Normungsaufträge, die Pflichten gemäß Kapitel V Abschnitte 2 und 3 der vorliegenden Verordnung abdecken. In dem

Normungsauftrag werden auch Dokumente zu den Berichterstattungs- und Dokumentationsverfahren im Hinblick auf die Verbesserung der Ressourcenleistung von KI-Systemen z. B. durch die Verringerung des Energie- und sonstigen Ressourcenverbrauchs des Hochrisiko-KI-Systems während seines gesamten Lebenszyklus und zu der energieeffizienten Entwicklung von KI-Modellen mit allgemeinem Verwendungszweck verlangt. Bei der Ausarbeitung des Normungsauftrags konsultiert die Kommission das KI-Gremium und die einschlägigen Interessenträger, darunter das Beratungsforum.

Bei der Erteilung eines Normungsauftrags an die europäischen Normungsorganisationen gibt die Kommission an, dass die Normen klar und – u. a. mit den Normen, die in den verschiedenen Sektoren für Produkte entwickelt wurden, die unter die in Anhang I aufgeführten geltenden Harmonisierungsrechtsvorschriften der Union fallen – konsistent sein müssen und sicherstellen sollen, dass die in der Union in Verkehr gebrachten oder in Betrieb genommenen Hochrisiko-KI-Systeme oder KI-Modelle mit allgemeinem Verwendungszweck die in dieser Verordnung festgelegten einschlägigen Anforderungen oder Pflichten erfüllen.

Die Kommission fordert die europäischen Normungsorganisationen auf, Nachweise dafür vorzulegen, dass sie sich nach besten Kräften bemühen, die in den Unterabsätzen 1 und 2 dieses Absatzes genannten Ziele im Einklang mit Artikel 24 der Verordnung (EU) Nr. 1025/2012 zu erreichen.

(3) Die am Normungsprozess Beteiligten bemühen sich, Investitionen und Innovationen im Bereich der KI, u. a. durch Erhöhung der Rechtssicherheit, sowie der Wettbewerbsfähigkeit und des Wachstums des Unionsmarktes zu fördern und zur Stärkung der weltweiten Zusammenarbeit bei der Normung und zur Berücksichtigung bestehender internationaler Normen im Bereich der KI, die mit den Werten, Grundrechten und Interessen der Union im Einklang stehen, beizutragen und die Multi-Stakeholder-Governance zu verbessern, indem eine ausgewogene Vertretung der Interessen und eine wirksame Beteiligung aller relevanten Interessenträger gemäß den Artikeln 5, 6 und 7 der Verordnung (EU) Nr. 1025/2012 sichergestellt werden.

Artikel 41
Gemeinsame Spezifikationen

ErwG 131; → **Rn. 167**

(1) Die Kommission kann Durchführungsrechtsakte zur Festlegung gemeinsamer Spezifikationen für die Anforderungen gemäß Abschnitt 2 dieses Kapitels oder gegebenenfalls die Pflichten gemäß Kapitel V Abschnitte 2 und 3 erlassen, wenn die folgenden Bedingungen erfüllt sind:

a) Die Kommission hat gemäß Artikel 10 Absatz 1 der Verordnung (EU) Nr. 1025/2012 eine oder mehrere europäische Normungsorganisationen damit beauftragt, eine harmonisierte Norm für die in Abschnitt 2 dieses Kapitels festgelegten Anforderungen oder gegebenenfalls für die in Kapitel V Abschnitte 2 und 3 festgelegten Pflichten zu erarbeiten, und
   i) der Auftrag wurde von keiner der europäischen Normungsorganisationen angenommen oder
   ii) die harmonisierten Normen, die Gegenstand dieses Auftrags sind, werden nicht innerhalb der gemäß Artikel 10 Absatz 1 der Verordnung (EU) Nr. 1025/2012 festgelegten Frist erarbeitet oder
   iii) die einschlägigen harmonisierten Normen tragen den Bedenken im Bereich der Grundrechte nicht ausreichend Rechnung oder
   iv) die harmonisierten Normen entsprechen nicht dem Auftrag und

b) im *Amtsblatt der Europäischen Union* sind keine Fundstellen zu harmonisierten Normen gemäß der Verordnung (EU) Nr. 1025/2012 veröffentlicht, die den in Abschnitt 2 dieses Kapitels aufgeführten Anforderungen oder gegebenenfalls den in Kapitel V Abschnitte 2 und 3 aufgeführten Pflichten genügen, und es ist nicht zu erwarten, dass eine solche Fundstelle innerhalb eines angemessenen Zeitraums veröffentlicht wird.

Bei der Verfassung der gemeinsamen Spezifikationen konsultiert die Kommission das in Artikel 67 genannte Beratungsforum.

Die in Unterabsatz 1 des vorliegenden Absatzes genannten Durchführungsrechtsakte werden gemäß dem in Artikel 98 Absatz 2 genannten Prüfverfahren erlassen.

(2) Vor der Ausarbeitung eines Entwurfs eines Durchführungsrechtsakts informiert die Kommission den in Artikel 22 der Verordnung (EU) Nr. 1025/2012 genannten Ausschuss darüber, dass sie die in Absatz 1 des vorliegenden Artikels festgelegten Bedingungen als erfüllt erachtet.

(3) Bei Hochrisiko-KI-Systemen oder KI-Modellen mit allgemeinem Verwendungszweck, die mit den in Absatz 1 genannten gemeinsamen Spezifikationen oder Teilen dieser Spezifikationen übereinstimmen, wird eine Konformität mit den Anforderungen in Abschnitt 2 dieses Kapitels oder gegebenenfalls die Einhaltung der in Kapitel V Abschnitte 2 und 3 genannten Pflichten vermutet, soweit diese Anforderungen oder diese Pflichten von den gemeinsamen Spezifikationen abgedeckt sind.

(4) Wird eine harmonisierte Norm von einer europäischen Normungsorganisation angenommen und der Kommission zur Veröffentlichung ihrer Fundstelle im *Amtsblatt der Europäischen Union* vorgeschlagen, so bewertet die Kommission die harmonisierte Norm gemäß der Verordnung (EU) Nr. 1025/2012. Wird die Fundstelle zu einer harmonisierten Norm im *Amtsblatt der Europäischen Union* veröffentlicht, so werden die in Absatz 1 genannten Durchführungsrechtsakte, die dieselben Anforderungen gemäß Abschnitt 2 dieses Kapitels oder gegebenenfalls dieselben Pflichten gemäß Kapitel V Abschnitte 2 und 3 erfassen, von der Kommission ganz oder teilweise aufgehoben.

(5) Wenn Anbieter von Hochrisiko-KI-Systemen oder KI-Modellen mit allgemeinem Verwendungszweck die in Absatz 1 genannten gemeinsamen Spezifikationen nicht befolgen, müssen sie hinreichend nachweisen, dass sie technische Lösungen verwenden, die die in Abschnitt 2 dieses Kapitels aufgeführten Anforderungen oder gegebenenfalls die Pflichten gemäß Kapitel V Abschnitte 2 und 3 zumindest in gleichem Maße erfüllen;

(6) Ist ein Mitgliedstaat der Auffassung, dass eine gemeinsame Spezifikation den Anforderungen gemäß Abschnitt 2 nicht vollständig entspricht oder gegebenenfalls die Pflichten gemäß Kapitel V Abschnitte 2 und 3 nicht vollständig erfüllt, so setzt er die Kommission im Rahmen einer ausführlichen Erläuterung davon in Kenntnis. Die Kommission bewertet die betreffende Information und ändert gegebenenfalls den Durchführungsrechtsakt, durch den die betreffende gemeinsame Spezifikation festgelegt wurde.

ErwG 122; → **Rn. 166 ff.**

Artikel 42
Vermutung der Konformität mit bestimmten Anforderungen

(1) Für Hochrisiko-KI-Systeme, die mit Daten, in denen sich die besonderen geografischen, verhaltensbezogenen, kontextuellen oder funktionalen Rahmenbedingungen niederschlagen, unter denen sie verwendet werden sollen, trainiert und getestet wurden, gilt die Vermutung, dass sie die in Artikel 10 Absatz 4 festgelegten einschlägigen Anforderungen erfüllen.

(2) Für Hochrisiko-KI-Systeme, die im Rahmen eines der Cybersicherheitszertifizierungssysteme gemäß der Verordnung (EU) 2019/881, deren Fundstellen im *Amtsblatt der Europäischen Union* veröffentlicht wurden, zertifiziert wurden oder für die eine solche Konformitätserklärung erstellt wurde, gilt die Vermutung, dass sie die in Artikel 15 der vorliegenden Verordnung festgelegten Cybersicherheitsanforderungen erfüllen, sofern diese Anforderungen von der Cybersicherheitszertifizierung oder der Konformitätserklärung oder Teilen davon abdeckt sind.

ErwG 122–128, 147; → **Rn. 169 ff.**

Artikel 43
Konformitätsbewertung

(1) Hat ein Anbieter zum Nachweis, dass ein in Anhang III Nummer 1 aufgeführtes Hochrisiko-KI-System die in Abschnitt 2 festgelegten Anforderungen erfüllt, harmonisierte Normen gemäß Artikel 40 oder gegebenenfalls gemeinsame Spezifikationen gemäß Artikel 41 angewandt, so entscheidet er sich für eines der folgenden Konformitätsbewertungsverfahren auf der Grundlage

a) der internen Kontrolle gemäß Anhang VI oder
b) der Bewertung des Qualitätsmanagementsystems und der Bewertung der technischen Dokumentation unter Beteiligung einer notifizierten Stelle gemäß Anhang VII.

Zum Nachweis, dass sein Hochrisiko-KI-System die in Abschnitt 2 festgelegten Anforderungen erfüllt, befolgt der Anbieter das Konformitätsbewertungsverfahren gemäß Anhang VII, wenn

a) es harmonisierte Normen gemäß Artikel 40 nicht gibt und keine gemeinsamen Spezifikationen gemäß Artikel 41 vorliegen,
b) der Anbieter die harmonisierte Norm nicht oder nur teilweise angewandt hat;
c) die unter Buchstabe a genannten gemeinsamen Spezifikationen zwar vorliegen, der Anbieter sie jedoch nicht angewandt hat;
d) eine oder mehrere der unter Buchstabe a genannten harmonisierten Normen mit einer Einschränkung und nur für den eingeschränkten Teil der Norm veröffentlicht wurden.

Für die Zwecke des Konformitätsbewertungsverfahrens gemäß Anhang VII kann der Anbieter eine der notifizierten Stellen auswählen. Soll das Hochrisiko-KI-System jedoch von Strafverfolgungs-, Einwanderungs- oder Asylbehörden oder von Organen, Einrichtungen oder sonstigen Stellen der Union in Betrieb genommen werden, so übernimmt die in Artikel 74 Absatz 8 bzw. 9 genannte Marktüberwachungsbehörde die Funktion der notifizierten Stelle.

(2) Bei den in Anhang III Nummern 2 bis 8 aufgeführten Hochrisiko-KI-Systemen befolgen die Anbieter das Konformitätsbewertungsverfahren auf der Grundlage einer internen Kontrolle gemäß Anhang VI, das keine Beteiligung einer notifizierten Stelle vorsieht.

(3) Bei den Hochrisiko-KI-Systemen, die unter die in Anhang I Abschnitt A aufgeführten Harmonisierungsrechtsakte der Union fallen, befolgt der Anbieter die einschlägigen Konformitätsbewertungsverfahren, die nach diesen Rechtsakten erforderlich sind. Die in Abschnitt 2 dieses Kapitels festgelegten Anforderungen gelten für diese Hochrisiko-KI-Systeme und werden in diese Bewertung einbezogen. Anhang VII Nummern 4.3, 4.4 und 4.5 sowie Nummer 4.6 Absatz 5 finden ebenfalls Anwendung.

Für die Zwecke dieser Bewertung sind die notifizierten Stellen, die gemäß diesen Rechtsakten notifiziert wurden, berechtigt, die Konformität der Hochrisiko-KI-Systeme mit den in Abschnitt 2 festgelegten Anforderungen zu kontrollieren, sofern im Rahmen des gemäß diesen Rechtsakten durchgeführten Notifizierungsverfahrens geprüft wurde, dass diese notifizierten Stellen die in Artikel 31 Absätze 4, 5, 10 und 11 festgelegten Anforderungen erfüllen.

Wenn ein in Anhang I Abschnitt A aufgeführter Rechtsakte es dem Hersteller des Produkts ermöglicht, auf eine Konformitätsbewertung durch Dritte zu verzichten, sofern dieser Hersteller alle harmonisierten Normen, die alle einschlägigen Anforderungen abdecken, angewandt hat, so darf dieser Hersteller nur dann von dieser Möglichkeit Gebrauch machen, wenn er auch harmonisierte Normen oder gegebenenfalls gemeinsame Spezifikationen gemäß Artikel 41, die alle in Abschnitt 2 dieses Kapitels festgelegten Anforderungen abdecken, angewandt hat.

(4) Hochrisiko-KI-Systeme, die bereits Gegenstand eines Konformitätsbewertungsverfahren gewesen sind, werden im Falle einer wesentlichen Änderung einem neuen Konformitätsbewertungsverfahren unterzogen, unabhängig davon, ob das geänderte System noch weiter in Verkehr gebracht oder vom derzeitigen Betreiber weitergenutzt werden soll.

Bei Hochrisiko-KI-Systemen, die nach dem Inverkehrbringen oder der Inbetriebnahme weiterhin dazulernen, gelten Änderungen des Hochrisiko-KI-Systems und seiner Leistung, die vom Anbieter zum Zeitpunkt der ursprünglichen Konformitätsbewertung vorab festgelegt wurden und in den Informationen der technischen Dokumentation gemäß Anhang IV Nummer 2 Buchstabe f enthalten sind, nicht als wesentliche Veränderung;

(5) Die Kommission ist befugt, gemäß Artikel 97 delegierte Rechtsakte zu erlassen, um die Anhänge VI und VII zu ändern, indem sie sie angesichts des technischen Fortschritts aktualisiert.

(6) Die Kommission ist befugt, gemäß Artikel 97 delegierte Rechtsakte zur Änderung der Absätze 1 und 2 des vorliegenden Artikels zu erlassen, um die in Anhang III Nummern 2 bis 8 genannten Hochrisiko-KI-Systeme dem Konformitätsbewertungsverfahren gemäß Anhang VII oder Teilen davon zu unterwerfen. Die Kommission erlässt solche delegierten Rechtsakte unter Berücksichtigung der Wirksamkeit des Konformitätsbewertungsverfahrens auf der Grundlage einer internen Kontrolle gemäß Anhang VI hinsichtlich der Vermeidung oder Minimierung der von solchen Systemen ausgehenden Risiken für die Gesundheit und Sicherheit und den Schutz der Grundrechte sowie hinsichtlich der Verfügbarkeit angemessener Kapazitäten und Ressourcen in den notifizierten Stellen.

Artikel 44
Bescheinigungen

(1) Die von notifizierten Stellen gemäß Anhang VII ausgestellten Bescheinigungen werden in einer Sprache ausgefertigt, die für die einschlägigen Behörden des Mitgliedstaats, in dem die notifizierte Stelle niedergelassen ist, leicht verständlich ist.

(2) Die Bescheinigungen sind für die darin genannte Dauer gültig, die maximal fünf Jahre für unter Anhang I fallende KI-Systeme und maximal vier Jahre für unter Anhang III fallende KI-Systeme beträgt. Auf Antrag des Anbieters kann die Gültigkeit einer Bescheinigung auf der Grundlage einer Neubewertung gemäß den geltenden Konformitätsbewertungsverfahren um weitere Zeiträume von jeweils höchstens fünf Jahren für unter Anhang I fallende KI-Systeme und höchstens vier Jahre für unter Anhang III fallende KI-Systeme verlängert werden. Eine Ergänzung zu einer Bescheinigung bleibt gültig, sofern die Bescheinigung, zu der sie gehört, gültig ist.

(3) Stellt eine notifizierte Stelle fest, dass ein KI-System die in Abschnitt 2 festgelegten Anforderungen nicht mehr erfüllt, so setzt sie die ausgestellte Bescheinigung aus, widerruft sie oder schränkt sie ein, jeweils unter Berücksichtigung des Grundsatzes der Verhältnismäßigkeit, sofern die Einhaltung der Anforderungen nicht durch geeignete Korrekturmaßnahmen des Anbieters des Systems innerhalb einer von der notifizierten Stelle gesetzten angemessenen Frist wiederhergestellt wird. Die notifizierte Stelle begründet ihre Entscheidung.

Es muss ein Einspruchsverfahren gegen die Entscheidungen der notifizierten Stellen, auch solche über ausgestellte Konformitätsbescheinigungen, vorgesehen sein.

Artikel 45
Informationspflichten der notifizierten Stellen

(1) Die notifizierten Stellen informieren die notifizierende Behörde über
  a) alle Unionsbescheinigungen über die Bewertung der technischen Dokumentation, etwaige Ergänzungen dieser Bescheinigungen und alle Genehmigungen von Qualitätsmanagementsystemen, die gemäß den Anforderungen des Anhangs VII erteilt wurden;

b) alle Verweigerungen, Einschränkungen, Aussetzungen oder Rücknahmen von Unionsbescheinigungen über die Bewertung der technischen Dokumentation oder Genehmigungen von Qualitätsmanagementsystemen, die gemäß den Anforderungen des Anhangs VII erteilt wurden;
c) alle Umstände, die Folgen für den Anwendungsbereich oder die Bedingungen der Notifizierung haben;
d) alle Auskunftsersuchen über Konformitätsbewertungstätigkeiten, die sie von den Marktüberwachungsbehörden erhalten haben;
e) auf Anfrage die Konformitätsbewertungstätigkeiten, denen sie im Anwendungsbereich ihrer Notifizierung nachgegangen sind, und sonstige Tätigkeiten, einschließlich grenzüberschreitender Tätigkeiten und Vergabe von Unteraufträgen, die sie durchgeführt haben.

(2) Jede notifizierte Stelle informiert die anderen notifizierten Stellen über
a) die Genehmigungen von Qualitätsmanagementsystemen, die sie verweigert, ausgesetzt oder zurückgenommen hat, und auf Anfrage die Genehmigungen von Qualitätsmanagementsystemen, die sie erteilt hat;
b) die Bescheinigungen der Union über die Bewertung der technischen Dokumentation und deren etwaige Ergänzungen, die sie verweigert, ausgesetzt oder zurückgenommen oder anderweitig eingeschränkt hat, und auf Anfrage die Bescheinigungen und/oder deren Ergänzungen, die sie ausgestellt hat.

(3) Jede notifizierte Stelle übermittelt den anderen notifizierten Stellen, die ähnlichen Konformitätsbewertungstätigkeiten für die gleichen Arten der KI-Systeme nachgehen, einschlägige Informationen über negative und auf Anfrage über positive Konformitätsbewertungsergebnisse.

(4) Notifizierende Behörden gewährleisten gemäß Artikel 78 die Vertraulichkeit der von ihnen erlangten Informationen.

Artikel 46
Ausnahme vom Konformitätsbewertungsverfahren

ErwG 130; → **Rn. 169**

(1) Abweichend von Artikel 43 und auf ein hinreichend begründetes Ersuchen kann eine Marktüberwachungsbehörde das Inverkehrbringen oder die Inbetriebnahme bestimmter Hochrisiko-KI-Systeme im Hoheitsgebiet des betreffenden Mitgliedstaats aus außergewöhnlichen Gründen der öffentlichen Sicherheit, des Schutzes des Lebens und der Gesundheit von Personen, des Umweltschutzes oder des Schutzes wichtiger Industrie- und Infrastrukturanlagen genehmigen. Diese Genehmigung wird auf die Dauer der erforderlichen Konformitätsbewertungsverfahren befristet, wobei den außergewöhnlichen Gründen für die Ausnahme Rechnung getragen wird. Der Abschluss dieser Verfahren erfolgt unverzüglich.

(2) In hinreichend begründeten dringenden Fällen aus außergewöhnlichen Gründen der öffentlichen Sicherheit oder in Fällen einer konkreten, erheblichen und unmittelbaren Gefahr für das Leben oder die körperliche Unversehrtheit natürlicher Personen können Strafverfolgungsbehörden oder Katastrophenschutzbehörden ein bestimmtes Hochrisiko-KI-System ohne die in Absatz 1 genannte Genehmigung in Betrieb nehmen, sofern diese Genehmigung während der Verwendung oder im Anschluss daran unverzüglich beantragt wird. Falls die Genehmigung gemäß Absatz 1 abgelehnt wird, wird Verwendung des Hochrisiko-KI-Systems mit sofortiger Wirkung eingestellt und sämtliche Ergebnisse und Ausgaben dieser Verwendung werden unverzüglich verworfen.

(3) Die in Absatz 1 genannte Genehmigung wird nur erteilt, wenn die Marktüberwachungsbehörde zu dem Schluss gelangt, dass das Hochrisiko-KI-System die Anforderungen des Abschnitts 2 erfüllt. Die Marktüberwachungsbehörde informiert die Kommission und die anderen Mitgliedstaaten über alle von ihr gemäß den Absätzen 1 und 2 erteilten Genehmigungen. Diese Pflicht erstreckt sich nicht auf sensible operative Daten zu den Tätigkeiten von Strafverfolgungsbehörden.

(4) Erhebt weder ein Mitgliedstaat noch die Kommission innerhalb von 15 Kalendertagen nach Erhalt der in Absatz 3 genannten Mitteilung Einwände gegen die von einer Marktüberwachungsbehörde eines Mitgliedstaats gemäß Absatz 1 erteilte Genehmigung, so gilt diese Genehmigung als gerechtfertigt.

(5) Erhebt innerhalb von 15 Kalendertagen nach Erhalt der in Absatz 3 genannten Mitteilung ein Mitgliedstaat Einwände gegen eine von einer Marktüberwachungsbehörde eines anderen Mitgliedstaats erteilte Genehmigung oder ist die Kommission der Auffassung, dass die Genehmigung mit dem Unionsrecht unvereinbar ist oder dass die Schlussfolgerung der Mitgliedstaaten in Bezug auf die Konformität des in Absatz 3 genannten Systems unbegründet ist, so nimmt die Kommission unverzüglich Konsultationen mit dem betreffenden Mitgliedstaat auf. Die betroffenen Akteure werden konsultiert und erhalten Gelegenheit, dazu Stellung zu nehmen. In Anbetracht dessen entscheidet die Kommission, ob die Genehmigung gerechtfertigt ist. Die Kommission richtet ihren Beschluss an den betroffenen Mitgliedstaat und an die betroffenen Akteure.

(6) Wird die Genehmigung von der Kommission als ungerechtfertigt erachtet, so muss sie von der Marktüberwachungsbehörde des betreffenden Mitgliedstaats zurückgenommen werden.

(7) Für Hochrisiko-KI-Systeme im Zusammenhang mit Produkten, die unter die in Anhang I Abschnitt A aufgeführten Harmonisierungsrechtsvorschriften der Union fallen, gelten nur die in diesen Harmonisierungsrechtsvorschriften der Union festgelegten Ausnahmen von den Konformitätsbewertungsverfahren.

ErwG 131; → **Rn. 174**

Artikel 47
EU-Konformitätserklärung

(1) Der Anbieter stellt für jedes Hochrisiko-KI-System eine schriftliche maschinenlesbare, physische oder elektronisch unterzeichnete EU-Konformitätserklärung aus und hält sie für einen Zeitraum von 10 Jahren ab dem Inverkehrbringen oder der Inbetriebnahme des Hochrisiko-KI-Systems für die zuständigen nationalen Behörden bereit. Aus der EU-Konformitätserklärung geht hervor, für welches Hochrisiko-KI-System sie ausgestellt wurde. Eine Kopie der EU-Konformitätserklärung wird den zuständigen nationalen Behörden auf Anfrage übermittelt.

(2) Die EU-Konformitätserklärung muss feststellen, dass das betreffende Hochrisiko-KI-System die in Abschnitt 2 festgelegten Anforderungen erfüllt. Die EU-Konformitätserklärung enthält die in Anhang V festgelegten Informationen und wird in eine Sprache übersetzt, die für die zuständigen nationalen Behörden der Mitgliedstaaten, in denen das Hochrisiko-KI-System in Verkehr gebracht oder bereitgestellt wird, leicht verständlich ist.

(3) Unterliegen Hochrisiko-KI-Systeme anderen Harmonisierungsrechtsvorschriften der Union, die ebenfalls eine EU-Konformitätserklärung vorschreiben, so wird eine einzige EU-Konformitätserklärung ausgestellt, die sich auf alle für das Hochrisiko-KI-System geltenden Rechtsvorschriften der Union bezieht. Die Erklärung enthält alle erforderlichen Informationen zur Feststellung der Harmonisierungsrechtsvorschriften der Union, auf die sich die Erklärung bezieht.

(4) Mit der Ausstellung der EU-Konformitätserklärung übernimmt der Anbieter die Verantwortung für die Erfüllung der in Abschnitt 2 festgelegten Anforderungen. Der Anbieter hält die EU-Konformitätserklärung gegebenenfalls auf dem neuesten Stand.

(5) Der Kommission ist befugt, gemäß Artikel 97 delegierte Rechtsakte zur Aktualisierung des in Anhang V festgelegten Inhalts der EU-Konformitätserklärung zu erlassen, um den genannten Anhang durch die Einführung von Elementen zu ändern, die angesichts des technischen Fortschritts erforderlich werden.

Artikel 48
CE-Kennzeichnung

ErwG 129; → **Rn. 175**

(1) Für die CE-Kennzeichnung gelten die in Artikel 30 der Verordnung (EG) Nr. 765/2008 festgelegten allgemeinen Grundsätze.

(2) Bei digital bereitgestellten Hochrisiko-KI-Systemen wird eine digitale CE-Kennzeichnung nur dann verwendet, wenn sie über die Schnittstelle, von der aus auf dieses System zugegriffen wird, oder über einen leicht zugänglichen maschinenlesbaren Code oder andere elektronische Mittel leicht zugänglich ist.

(3) Die CE-Kennzeichnung wird gut sichtbar, leserlich und dauerhaft an Hochrisiko-KI-Systemen angebracht. Falls die Art des Hochrisiko-KI-Systems dies nicht zulässt oder nicht rechtfertigt, wird sie auf der Verpackung bzw. der beigefügten Dokumentation angebracht.

(4) Gegebenenfalls wird der CE-Kennzeichnung die Identifizierungsnummer der für die in Artikel 43 festgelegten Konformitätsbewertungsverfahren zuständigen notifizierten Stelle hinzugefügt. Die Identifizierungsnummer der notifizierten Stelle ist entweder von der Stelle selbst oder nach ihren Anweisungen durch den Anbieter oder den Bevollmächtigten des Anbieters anzubringen. Diese Identifizierungsnummer wird auch auf jeglichem Werbematerial angegeben, in dem darauf hingewiesen wird, dass das Hochrisiko-KI-System die Anforderungen für die CE-Kennzeichnung erfüllt.

(5) Falls Hochrisiko-KI-Systeme ferner unter andere Rechtsvorschriften der Union fallen, in denen die CE-Kennzeichnung auch vorgesehen ist, bedeutet die CE-Kennzeichnung, dass das Hochrisiko-KI-System auch die Anforderungen dieser anderen Rechtsvorschriften erfüllt.

Artikel 49
Registrierung

ErwG 131; → **Rn. 177 f.**

(1) Vor dem Inverkehrbringen oder der Inbetriebnahme eines in Anhang III aufgeführten Hochrisiko-KI-Systems – mit Ausnahme der in Anhang III Nummer 2 genannten Hochrisiko-KI-Systeme – registriert der Anbieter oder gegebenenfalls sein Bevollmächtigter sich und sein System in der in Artikel 71 genannten EU-Datenbank.

(2) Vor dem Inverkehrbringen oder der Inbetriebnahme eines Hochrisiko-KI-Systems, bei dem der Anbieter zu dem Schluss gelangt ist, dass es nicht hochriskant gemäß Artikel 6 Absatz 3 ist, registriert dieser Anbieter oder gegebenenfalls sein Bevollmächtigter sich und dieses System in der in Artikel 71 genannten EU-Datenbank.

(3) Vor der Inbetriebnahme oder Verwendung eines in Anhang III aufgeführten Hochrisiko-KI-Systems – mit Ausnahme der in Anhang III Nummer 2 aufgeführten Hochrisiko-KI-Systeme – registrieren sich Betreiber, bei denen es sich um Behörden oder Organe, Einrichtungen oder sonstige Stellen der Union oder in ihrem Namen handelnde Personen handelt, in der in Artikel 71 genannten EU-Datenbank, wählen das System aus und registrieren es dort.

(4) Bei den in Anhang III Nummern 1, 6 und 7 genannten Hochrisiko-KI-Systemen erfolgt in den Bereichen Strafverfolgung, Migration, Asyl und Grenzkontrolle die Registrierung gemäß den Absätzen 1, 2 und 3 des vorliegenden Artikels in einem sicheren nicht öffentlichen Teil der in Artikel 71 genannten EU-Datenbank und enthält, soweit zutreffend, lediglich die Informationen gemäß
a) Anhang VIII Abschnitt A Nummern 1 bis 10 mit Ausnahme der Nummern 6, 8 und 9,
b) Anhang VIII Abschnitt B Nummern 1 bis 5 sowie Nummern 8 und 9,
c) Anhang VIII Abschnitt C Nummern 1 bis 3,
d) Anhang IX Nummern 1, 2, 3 und Nummer 5.

Nur die Kommission und die in Artikel 74 Absatz 8 genannten nationalen Behörden haben Zugang zu den jeweiligen beschränkten Teilen der EU-Datenbank gemäß Unterabsatz 1 dieses Absatzes.

(5) Die in Anhang III Nummer 2 genannten Hochrisiko-KI-Systeme werden auf nationaler Ebene registriert.

KAPITEL IV
Transparenzpflichten für Anbieter und Betreiber bestimmter KI-Systeme

ErwG 16, 18, 132–137; → **Rn. 246 ff.**

Artikel 50
Transparenzpflichten für Anbieter und Betreiber bestimmter KI-Systeme

(1) Die Anbieter stellen sicher, dass KI-Systeme, die für die direkte Interaktion mit natürlichen Personen bestimmt sind, so konzipiert und entwickelt werden, dass die betreffenden natürlichen Personen informiert werden, dass sie mit einem KI-System interagieren, es sei denn, dies ist aus Sicht einer angemessen informierten, aufmerksamen und verständigen natürlichen Person aufgrund der Umstände und des Kontexts der Nutzung offensichtlich. Diese Pflicht gilt nicht für gesetzlich zur Aufdeckung, Verhütung, Ermittlung oder Verfolgung von Straftaten zugelassene KI-Systeme, wenn geeignete Schutzvorkehrungen für die Rechte und Freiheiten Dritter bestehen, es sei denn, diese Systeme stehen der Öffentlichkeit zur Anzeige einer Straftat zur Verfügung.

(2) Anbieter von KI-Systemen, einschließlich KI-Systemen mit allgemeinem Verwendungszweck, die synthetische Audio-, Bild-, Video- oder Textinhalte erzeugen, stellen sicher, dass die Ausgaben des KI-Systems in einem maschinenlesbaren Format gekennzeichnet und als künstlich erzeugt oder manipuliert erkennbar sind. Die Anbieter sorgen dafür, dass – soweit technisch möglich – ihre technischen Lösungen wirksam, interoperabel, belastbar und zuverlässig sind und berücksichtigen dabei die Besonderheiten und Beschränkungen der verschiedenen Arten von Inhalten, die Umsetzungskosten und den allgemein anerkannten Stand der Technik, wie er in den einschlägigen technischen Normen zum Ausdruck kommen kann. Diese Pflicht gilt nicht, soweit die KI-Systeme eine unterstützende Funktion für die Standardbearbeitung ausführen oder die vom Betreiber bereitgestellten Eingabedaten oder deren Semantik nicht wesentlich verändern oder wenn sie zur Aufdeckung, Verhütung, Ermittlung oder Verfolgung von Straftaten gesetzlich zugelassen sind.

(3) Die Betreiber eines Emotionserkennungssystems oder eines Systems zur biometrischen Kategorisierung informieren die davon betroffenen natürlichen Personen über den Betrieb des Systems und verarbeiten personenbezogene Daten gemäß den Verordnungen (EU) 2016/679 und (EU) 2018/1725 und der Richtlinie (EU) 2016/680. Diese Pflicht gilt nicht für gesetzlich zur Aufdeckung, Verhütung oder Ermittlung von Straftaten zugelassene KI-Systeme, die zur biometrischen Kategorisierung und Emotionserkennung im Einklang mit dem Unionsrecht verwendet werden, sofern geeignete Schutzvorkehrungen für die Rechte und Freiheiten Dritter bestehen.

(4) Betreiber eines KI-Systems, das Bild-, Ton- oder Videoinhalte erzeugt oder manipuliert, die ein Deepfake sind, müssen offenlegen, dass die Inhalte künstlich erzeugt oder manipuliert wurden. Diese Pflicht gilt nicht, wenn die Verwendung zur Aufdeckung, Verhütung, Ermittlung oder Verfolgung von Straftaten gesetzlich zugelassen ist. Ist der Inhalt Teil eines offensichtlich künstlerischen, kreativen, satirischen, fiktionalen oder analogen Werks oder Programms, so beschränken sich die in diesem Absatz festgelegten Transparenzpflichten darauf, das Vorhandensein solcher erzeugten oder manipulierten Inhalte in geeigneter Weise offenzulegen, die die Darstellung oder den Genuss des Werks nicht beeinträchtigt.

Betreiber eines KI-Systems, das Text erzeugt oder manipuliert, der veröffentlicht wird, um die Öffentlichkeit über Angelegenheiten von öffentlichem Interesse zu informieren, müssen offenlegen, dass der Text künstlich erzeugt oder manipuliert wurde. Diese Pflicht gilt nicht, wenn die Verwendung zur Aufdeckung, Verhütung, Ermittlung oder Verfolgung von Straftaten gesetzlich zugelassen ist oder wenn die durch KI erzeugten Inhalte einem Verfahren der menschlichen Überprüfung oder redaktionellen Kontrolle unterzogen wurden und wenn eine natürliche oder juristische Person die redaktionelle Verantwortung für die Veröffentlichung der Inhalte trägt.

(5) Die in den Absätzen 1 bis 4 genannten Informationen werden den betreffenden natürlichen Personen spätestens zum Zeitpunkt der ersten Interaktion oder Aussetzung in klarer und eindeutiger Weise bereitgestellt. Die Informationen müssen den geltenden Barrierefreiheitsanforderungen entsprechen.

(6) Die Absätze 1 bis 4 lassen die in Kapitel III festgelegten Anforderungen und Pflichten unberührt und berühren nicht andere Transparenzpflichten, die im Unionsrecht oder dem nationalen Recht für Betreiber von KI-Systemen festgelegt sind.

(7) Das Büro für Künstliche Intelligenz fördert und erleichtert die Ausarbeitung von Praxisleitfäden auf Unionsebene, um die wirksame Umsetzung der Pflichten in Bezug auf die Feststellung und Kennzeichnung künstlich erzeugter oder manipulierter Inhalte zu erleichtern. Die Kommission kann Durchführungsrechtsakte zur Genehmigung dieser Praxisleitfäden nach dem in Artikel 56 Absatz 6 festgelegten Verfahren erlassen. Hält sie einen Kodex für nicht angemessen, so kann die Kommission einen Durchführungsrechtsakt gemäß dem in Artikel 98 Absatz 2 genannten Prüfverfahren erlassen, in dem gemeinsame Vorschriften für die Umsetzung dieser Pflichten festgelegt werden.

KAPITEL V
KI-Modelle mit allgemeinem Verwendungszweck

ABSCHNITT 1
Einstufungsvorschriften

Artikel 51
Einstufung von KI-Modellen mit allgemeinem Verwendungszweck als KI-Modelle mit allgemeinem Verwendungszweck mit systemischem Risiko

ErwG 99, 100, 103; → **Rn. 279 ff.**

(1) Ein KI-Modell mit allgemeinem Verwendungszweck wird als KI-Modell mit allgemeinem Verwendungszweck mit systemischem Risiko eingestuft, wenn eine der folgenden Bedingungen erfüllt ist:
   a) Es verfügt über Fähigkeiten mit hohem Wirkungsgrad, die mithilfe geeigneter technischer Instrumente und Methoden, einschließlich Indikatoren und Benchmarks, bewertet werden;
   b) einem unter Berücksichtigung der in Anhang XIII festgelegten Kriterien von der Kommission von Amts wegen oder aufgrund einer qualifizierten Warnung des wissenschaftlichen Gremiums getroffenen Entscheidung zufolge verfügt es über Fähigkeiten oder eine Wirkung, die denen gemäß Buchstabe a entsprechen.

(2) Bei einem KI-Modell mit allgemeinem Verwendungszweck wird angenommen, dass es über Fähigkeiten mit hohem Wirkungsgrad gemäß Absatz 1 Buchstabe a verfügt, wenn die kumulierte Menge der für sein Training verwendeten Berechnungen, gemessen in Gleitkommaoperationen, mehr als 10^{25} beträgt.

(3) Die Kommission erlässt gemäß Artikel 97 delegierte Rechtsakte zur Änderung der in den Absätzen 1 und 2 des vorliegenden Artikels aufgeführten Schwellenwerte sowie zur Ergänzung von Benchmarks und Indikatoren vor dem Hintergrund sich wandelnder technologischer Entwicklungen, wie z. B. algorithmische Verbesserungen oder

erhöhte Hardwareeffizienz, wenn dies erforderlich ist, damit diese Schwellenwerte dem Stand der Technik entsprechen.

ErwG 112; → **Rn. 285**

Artikel 52
Verfahren

(1) Erfüllt ein KI-Modell mit allgemeinem Verwendungszweck die Bedingung gemäß Artikel 51 Absatz 1 Buchstabe a, so teilt der betreffende Anbieter dies der Kommission unverzüglich, in jedem Fall jedoch innerhalb von zwei Wochen, nachdem diese Bedingung erfüllt ist oder bekannt wird, dass sie erfüllt wird, mit. Diese Mitteilung muss die Informationen enthalten, die erforderlich sind, um nachzuweisen, dass die betreffende Bedingung erfüllt ist. Erlangt die Kommission Kenntnis von einem KI-Modell mit allgemeinem Verwendungszweck, das systemische Risiken birgt, die ihr nicht mitgeteilt wurden, so kann sie entscheiden, es als Modell mit systemischen Risiken auszuweisen.

(2) Der Anbieter eines KI-Modells mit allgemeinem Verwendungszweck, das die in Artikel 51 Absatz 1 Buchstabe a genannte Bedingung erfüllt, kann in seiner Mitteilung hinreichend begründete Argumente vorbringen, um nachzuweisen, dass das KI-Modell mit allgemeinem Verwendungszweck, obwohl es diese Bedingung erfüllt, aufgrund seiner besonderen Merkmale außerordentlicherweise keine systemischen Risiken birgt und daher nicht als KI-Modell mit allgemeinem Verwendungszweck mit systemischem Risiko eingestuft werden sollte.

(3) Gelangt die Kommission zu dem Schluss, dass die gemäß Absatz 2 vorgebrachten Argumente nicht hinreichend begründet sind, und konnte der betreffende Anbieter nicht nachweisen, dass das KI-Modell mit allgemeinem Verwendungszweck aufgrund seiner besonderen Merkmale keine systemischen Risiken aufweist, weist sie diese Argumente zurück, und das KI-Modell mit allgemeinem Verwendungszweck gilt als KI-Modell mit allgemeiner Zweckbestimmung mit systemischem Risiko.

(4) Die Kommission kann ein KI-Modell mit allgemeinem Verwendungszweck von Amts wegen oder aufgrund einer qualifizierten Warnung des wissenschaftlichen Gremiums gemäß Artikel 90 Absatz 1 Buchstabe a auf der Grundlage der in Anhang XIII festgelegten Kriterien als KI-Modell mit systemischen Risiken ausweisen.

Die Kommission ist befugt, gemäß Artikel 97 delegierte Rechtsakte zu erlassen, um Anhang XIII zu ändern, indem die in dem genannten Anhang genannten Indikatoren präzisiert und aktualisiert werden.

(5) Stellt der Anbieter, dessen Modell gemäß Absatz 4 als KI-Modell mit allgemeinem Verwendungszweck mit systemischem Risiko ausgewiesen wurde, einen entsprechenden Antrag, berücksichtigt die Kommission den Antrag und kann entscheiden, erneut zu prüfen, ob beim KI-Modell mit allgemeinem Verwendungszweck auf der Grundlage der in Anhang XIII festgelegten Kriterien immer noch davon ausgegangen werden kann, dass es systemische Risiken aufweist. Dieser Antrag muss objektive, detaillierte und neue Gründe enthalten, die sich seit der Entscheidung zur Ausweisung ergeben haben. Die Anbieter können frühestens sechs Monate nach der Entscheidung zur Ausweisung eine Neubewertung beantragen. Entscheidet die Kommission nach ihrer Neubewertung, die Ausweisung als KI-Modell mit allgemeiner Zweckbestimmung mit systemischem Risiko beizubehalten, können die Anbieter frühestens sechs Monate nach dieser Entscheidung eine Neubewertung beantragen.

(6) Die Kommission stellt sicher, dass eine Liste von KI-Modellen mit allgemeinem Verwendungszweck mit systemischem Risiko veröffentlicht wird, und hält diese Liste unbeschadet der Notwendigkeit, Rechte des geistigen Eigentums und vertrauliche Geschäftsinformationen oder Geschäftsgeheimnisse im Einklang mit dem Unionsrecht und dem nationalen Recht zu achten und zu schützen, auf dem neuesten Stand.

ABSCHNITT 2
Pflichten für Anbieter von KI-Modellen mit allgemeinem Verwendungszweck

Artikel 53
Pflichten für Anbieter von KI-Modellen mit allgemeinem Verwendungszweck

ErwG 101, 102, 104, 107, 108; → **Rn. 294 ff.**

(1) Anbieter von KI-Modellen mit allgemeinem Verwendungszweck
  a) erstellen und aktualisieren die technische Dokumentation des Modells, einschließlich seines Trainings- und Testverfahrens und der Ergebnisse seiner Bewertung, die mindestens die in Anhang XI aufgeführten Informationen enthält, damit sie dem Büro für Künstliche Intelligenz und den zuständigen nationalen Behörden auf Anfrage zur Verfügung gestellt werden kann;
  b) erstellen und aktualisieren Informationen und die Dokumentation und stellen sie Anbietern von KI-Systemen zur Verfügung, die beabsichtigen, das KI-Modell mit allgemeinem Verwendungszweck in ihre KI-Systeme zu integrieren. Unbeschadet der Notwendigkeit, die Rechte des geistigen Eigentums und vertrauliche Geschäftsinformationen oder Geschäftsgeheimnisse im Einklang mit dem Unionsrecht und dem nationalen Recht zu achten und zu schützen, müssen die Informationen und die Dokumentation
    i) die Anbieter von KI-Systemen in die Lage versetzen, die Fähigkeiten und Grenzen des KI-Modells mit allgemeinem Verwendungszweck gut zu verstehen und ihren Pflichten gemäß dieser Verordnung nachzukommen, und
    ii) zumindest die in Anhang XII genannten Elemente enthalten;
  c) bringen eine Strategie zur Einhaltung des Urheberrechts der Union und damit zusammenhängender Rechte und insbesondere zur Ermittlung und Einhaltung eines gemäß Artikel 4 Absatz 3 der Richtlinie (EU) 2019/790 geltend gemachten Rechtsvorbehalts, auch durch modernste Technologien, auf den Weg;
  d) erstellen und veröffentlichen eine hinreichend detaillierte Zusammenfassung der für das Training des KI-Modells mit allgemeinem Verwendungszweck verwendeten Inhalte nach einer vom Büro für Künstliche Intelligenz bereitgestellten Vorlage.

(2) Die Pflichten gemäß Absatz 1 Buchstaben a und b gelten nicht für Anbieter von KI-Modellen, die im Rahmen einer freien und quelloffenen Lizenz bereitgestellt werden, die den Zugang, die Nutzung, die Änderung und die Verbreitung des Modells ermöglicht und deren Parameter, einschließlich Gewichte, Informationen über die Modellarchitektur und Informationen über die Modellnutzung, öffentlich zugänglich gemacht werden. Diese Ausnahme gilt nicht für KI-Modellen mit allgemeinem Verwendungszweck mit systemischen Risiken.

(3) Anbieter von KI-Modellen mit allgemeinem Verwendungszweck arbeiten bei der Ausübung ihrer Zuständigkeiten und Befugnisse gemäß dieser Verordnung erforderlichenfalls mit der Kommission und den zuständigen nationalen Behörden zusammen.

(4) Anbieter von KI-Modellen mit allgemeinem Verwendungszweck können sich bis zur Veröffentlichung einer harmonisierten Norm auf Praxisleitfäden im Sinne des Artikels 56 stützen, um die Einhaltung der in Absatz 1 des vorliegenden Artikels genannten Pflichten nachzuweisen. Die Einhaltung der harmonisierten europäischen Norm begründet für die Anbieter die Vermutung der Konformität, insoweit diese Normen diese Verpflichtungen abdecken. Anbieter von KI-Modellen mit allgemeinem Verwendungszweck, die keinen genehmigten Praxisleitfaden befolgen oder eine harmonisierte europäische Norm nicht einhalten, müssen geeignete alternative Verfahren der Einhaltung aufzeigen, die von der Kommission zu bewerten sind.

(5) Um die Einhaltung von Anhang XI, insbesondere Nummer 2 Buchstaben d und e, zu erleichtern, ist die Kommission befugt, gemäß Artikel 97 delegierte Rechtsakte zu erlassen, um die Mess- und Berechnungsmethoden im Einzelnen festzulegen, damit eine vergleichbare und überprüfbare Dokumentation ermöglicht wird.

(6) Die Kommission ist befugt, gemäß Artikel 97 Absatz 2 delegierte Rechtsakte zu erlassen, um die Anhänge XI und XII vor dem Hintergrund sich wandelnder technologischer Entwicklungen zu ändern.

(7) Jegliche Informationen oder Dokumentation, die gemäß diesem Artikel erlangt werden, einschließlich Geschäftsgeheimnisse, werden im Einklang mit den in Artikel 78 festgelegten Vertraulichkeitspflichten behandelt.

ErwG 82; → **Rn. 299 f.**

Artikel 54
Bevollmächtigte der Anbieter von KI-Modellen mit allgemeinem Verwendungszweck

(1) Anbieter, die in Drittländern niedergelassen sind, benennen vor dem Inverkehrbringen eines KI-Modells mit allgemeinem Verwendungszweck auf dem Unionsmarkt schriftlich einen in der Union niedergelassenen Bevollmächtigten.

(2) Der Anbieter muss seinem Bevollmächtigten ermöglichen, die Aufgaben wahrzunehmen, die im vom Anbieter erhaltenen Auftrag festgelegt sind.

(3) Der Bevollmächtigte nimmt die Aufgaben wahr, die in seinem vom Anbieter erhaltenen Auftrag festgelegt sind. Er stellt dem Büro für Künstliche Intelligenz auf Anfrage eine Kopie des Auftrags in einer der Amtssprachen der Institutionen der Union bereit. Für die Zwecke dieser Verordnung ermächtigt der Auftrag den Bevollmächtigten zumindest zur Wahrnehmung folgender Aufgaben:
a) Überprüfung, ob die technische Dokumentation gemäß Anhang XI erstellt wurde und alle Pflichten gemäß Artikel 53 und gegebenenfalls gemäß Artikel 55 vom Anbieter erfüllt wurden;
b) Bereithaltung einer Kopie der technischen Dokumentation gemäß Anhang XI für das Büro für Künstliche Intelligenz und die zuständigen nationalen Behörden für einen Zeitraum von zehn Jahren nach dem Inverkehrbringen des KI-Modells mit allgemeinem Verwendungszweck und der Kontaktdaten des Anbieters, der den Bevollmächtigten benannt hat;
c) Bereitstellung sämtlicher zum Nachweis der Einhaltung der Pflichten gemäß diesem Kapitel erforderlichen Informationen und Dokumentation, einschließlich der unter Buchstabe b genannten Informationen und Dokumentation, an das Büro für Künstliche Intelligenz auf begründeten Antrag;
d) Zusammenarbeit mit dem Büro für Künstliche Intelligenz und den zuständigen Behörden auf begründeten Antrag bei allen Maßnahmen, die sie im Zusammenhang mit einem KI-Modell mit allgemeinem Verwendungszweck ergreifen, auch wenn das Modell in KI-Systeme integriert ist, die in der Union in Verkehr gebracht oder in Betrieb genommen werden.

(4) Mit dem Auftrag wird der Bevollmächtigte ermächtigt, neben oder anstelle des Anbieters als Ansprechpartner für das Büro für Künstliche Intelligenz oder die zuständigen Behörden in allen Fragen zu dienen, die die Gewährleistung der Einhaltung dieser Verordnung betreffen.

(5) Der Bevollmächtigte beendet den Auftrag, wenn er der Auffassung ist oder Grund zu der Annahme hat, dass der Anbieter gegen seine Pflichten gemäß dieser Verordnung verstößt. In einem solchen Fall informiert er auch das Büro für Künstliche Intelligenz unverzüglich über die Beendigung des Auftrags und die Gründe dafür.

(6) Die Pflicht gemäß diesem Artikel gilt nicht für Anbieter von KI-Modellen, die im Rahmen einer freien und quelloffenen Lizenz bereitgestellt werden, die den Zugang, die Nutzung, die Änderung und die Verbreitung des Modells ermöglicht und deren Parameter, einschließlich Gewichte, Informationen über die Modellarchitektur und Informationen über die Modellnutzung, öffentlich zugänglich gemacht werden, es sei denn, die KI-Modelle mit allgemeinem Verwendungszweck bergen systemische Risiken.

ABSCHNITT 3
Pflichten der Anbieter von KI-Modellen mit allgemeinem Verwendungszweck mit systemischem Risiko

Artikel 55
Pflichten der Anbieter von KI-Modellen mit allgemeinem Verwendungszweck mit systemischem Risiko

ErwG 97; → **Rn. 301 ff.**

(1) Zusätzlich zu den in den Artikeln 53 und 54 aufgeführten Pflichten müssen Anbieter von KI-Modellen mit allgemeinem Verwendungszweck mit systemischem Risiko
a) eine Modellbewertung mit standardisierten Protokollen und Instrumenten, die dem Stand der Technik entsprechen, durchführen, wozu auch die Durchführung und Dokumentation von Angriffstests beim Modell gehören, um systemische Risiken zu ermitteln und zu mindern,
b) mögliche systemische Risiken auf Unionsebene – einschließlich ihrer Ursachen –, die sich aus der Entwicklung, dem Inverkehrbringen oder der Verwendung von KI-Modellen mit allgemeinem Verwendungszweck mit systemischem Risiko ergeben können, bewerten und mindern,
c) einschlägige Informationen über schwerwiegende Vorfälle und mögliche Abhilfemaßnahmen erfassen und dokumentieren und das Büro für Künstliche Intelligenz und gegebenenfalls die zuständigen nationalen Behörden unverzüglich darüber unterrichten,
d) ein angemessenes Maß an Cybersicherheit für die KI-Modelle mit allgemeinem Verwendungszweck mit systemischem Risiko und die physische Infrastruktur des Modells gewährleisten.

(2) Anbieter von KI-Modellen mit allgemeinem Verwendungszweck mit systemischem Risiko können sich bis zur Veröffentlichung einer harmonisierten Norm auf Praxisleitfäden im Sinne des Artikels 56 stützen, um die Einhaltung der in Absatz 1 des vorliegenden Artikels genannten Pflichten nachzuweisen. Die Einhaltung der harmonisierten europäischen Norm begründet für die Anbieter die Vermutung der Konformität, insoweit diese Normen diese Verpflichtungen abdecken. Anbieter von KI-Modellen mit allgemeinem Verwendungszweck mit systemischem Risiko, die einen genehmigten Praxisleitfaden nicht befolgen oder eine harmonisierte europäische Norm nicht einhalten, müssen geeignete alternative Verfahren der Einhaltung aufzeigen, die von der Kommission zu bewerten sind.

(3) Jegliche Informationen oder Dokumentation, die gemäß diesem Artikel erlangt werden, werden im Einklang mit den in Artikel 78 festgelegten Vertraulichkeitspflichten behandelt.

ABSCHNITT 4
Praxisleitfäden

Artikel 56
Praxisleitfäden

ErwG 120; → **Rn. 306 ff.**

(1) Das Büro für Künstliche Intelligenz fördert und erleichtert die Ausarbeitung von Praxisleitfäden auf Unionsebene, um unter Berücksichtigung internationaler Ansätze zur ordnungsgemäßen Anwendung dieser Verordnung beizutragen.

(2) Das Büro für Künstliche Intelligenz und das KI-Gremium streben an, sicherzustellen, dass die Praxisleitfäden mindestens die in den Artikeln 53 und 55 vorgesehenen Pflichten abdecken, einschließlich der folgenden Aspekte:
a) Mittel, mit denen sichergestellt wird, dass die in Artikel 53 Absatz 1 Buchstaben a und b genannten Informationen vor dem Hintergrund der Marktentwicklungen und technologischen Entwicklungen auf dem neuesten Stand gehalten werden;

b) die angemessene Detailgenauigkeit bei der Zusammenfassung der für das Training verwendeten Inhalte;
c) die Ermittlung von Art und Wesen der systemischen Risiken auf Unionsebene, gegebenenfalls einschließlich ihrer Ursachen;
d) die Maßnahmen, Verfahren und Modalitäten für die Bewertung und das Management der systemischen Risiken auf Unionsebene, einschließlich ihrer Dokumentation, die in einem angemessenen Verhältnis zu den Risiken stehen, ihrer Schwere und Wahrscheinlichkeit Rechnung tragen und die spezifischen Herausforderungen bei der Bewältigung dieser Risiken vor dem Hintergrund der möglichen Arten der Entstehung und des Eintretens solcher Risiken entlang der KI-Wertschöpfungskette berücksichtigen.

(3) Das Büro für Künstliche Intelligenz kann alle Anbieter von KI-Modellen mit allgemeinem Verwendungszweck sowie die einschlägigen zuständigen nationalen Behörden ersuchen, sich an der Ausarbeitung von Praxisleitfäden zu beteiligen. Organisationen der Zivilgesellschaft, die Industrie, die Wissenschaft und andere einschlägige Interessenträger wie nachgelagerte Anbieter und unabhängige Sachverständige können den Prozess unterstützen.

(4) Das Büro für Künstliche Intelligenz und das KI-Gremium streben an, sicherzustellen, dass in den Praxisleitfäden ihre spezifischen Ziele eindeutig festgelegt sind und Verpflichtungen oder Maßnahmen, gegebenenfalls einschließlich wesentlicher Leistungsindikatoren, enthalten, um die Verwirklichung dieser Ziele gewährleisten, und dass sie den Bedürfnissen und Interessen aller interessierten Kreise, einschließlich betroffener Personen, auf Unionsebene gebührend Rechnung tragen.

(5) Das Büro für Künstliche Intelligenz strebt an, sicherzustellen, dass die an Praxisleitfäden Beteiligten dem Büro für Künstliche Intelligenz regelmäßig über die Umsetzung der Verpflichtungen, die ergriffenen Maßnahmen und deren Ergebnisse, die gegebenenfalls auch anhand der wesentlichen Leistungsindikatoren gemessen werden, Bericht erstatten. Bei den wesentlichen Leistungsindikatoren und den Berichtspflichten wird den Größen- und Kapazitätsunterschieden zwischen den verschiedenen Beteiligten Rechnung getragen.

(6) Das Büro für Künstliche Intelligenz und KI-Gremium überwachen und bewerten regelmäßig die Verwirklichung der Ziele der Praxisleitfäden durch die Beteiligten und deren Beitrag zur ordnungsgemäßen Anwendung dieser Verordnung. Das Büro für Künstliche Intelligenz und das KI-Gremium bewerten, ob die Praxisleitfäden die in den Artikeln 53 und 55 vorgesehenen Pflichten abdecken, und überwachen und bewerten regelmäßig die Verwirklichung von deren Zielen. Sie veröffentlichen ihre Bewertung der Angemessenheit der Praxisleitfäden.

Die Kommission kann im Wege eines Durchführungsrechtsakts einen Praxisleitfaden genehmigen und ihm in der Union allgemeine Gültigkeit verleihen. Dieser Durchführungsrechtsakt wird gemäß dem in Artikel 98 Absatz 2 genannten Prüfverfahren erlassen.

(7) Das Büro für Künstliche Intelligenz kann alle Anbieter von KI-Modellen mit allgemeinem Verwendungszweck ersuchen, die Praxisleitfäden zu befolgen. Für Anbieter von KI-Modellen mit allgemeinem Verwendungszweck, die keine systemischen Risiken bergen, kann diese Befolgung auf die in Artikel 53 vorgesehenen Pflichten beschränkt werden, es sei denn, sie erklären ausdrücklich ihr Interesse, sich dem ganzen Kodex anzuschließen.

(8) Das Büro für Künstliche Intelligenz fördert und erleichtert gegebenenfalls auch die Überprüfung und Anpassung der Praxisleitfäden, insbesondere vor dem Hintergrund neuer Normen. Das Büro für Künstliche Intelligenz unterstützt bei der Bewertung der verfügbaren Normen.

(9) Praxisleitfäden müssen spätestens am 2. Mai 2025 vorliegen. Das Büro für Künstliche Intelligenz unternimmt die erforderlichen Schritte, einschließlich des Ersuchens von Anbietern gemäß Absatz 7.

Kann bis zum 2. August 2025 ein Verhaltenskodex nicht fertiggestellt werden oder erachtet das Büro für Künstliche Intelligenz dies nach seiner Bewertung gemäß Absatz 6 des vorliegenden Artikels für nicht angemessen, kann die Kommission im Wege von Durchführungsrechtsakten gemeinsame Vorschriften für die Umsetzung der in den Artikeln 53 und 55 vorgesehenen Pflichten, einschließlich der in Absatz 2 des vorliegenden Artikels genannten Aspekte, festlegen. Diese Durchführungsrechtsakte werden gemäß dem in Artikel 98 Absatz 2 genannten Prüfverfahren erlassen.

KAPITEL VI
Massnahmen zur Innovationsförderung

Artikel 57
KI-Reallabore

ErwG 25, 138–140

(1) Die Mitgliedstaaten sorgen dafür, dass ihre zuständigen Behörden mindestens ein KI-Reallabor auf nationaler Ebene einrichten, das bis zum 2. August 2026 einsatzbereit sein muss. Dieses Reallabor kann auch gemeinsam mit den zuständigen Behörden anderer Mitgliedstaaten eingerichtet werden. Die Kommission kann technische Unterstützung, Beratung und Instrumente für die Einrichtung und den Betrieb von KI-Reallaboren bereitstellen.

Die Verpflichtung nach Unterabsatz 1 kann auch durch Beteiligung an einem bestehenden Reallabor erfüllt werden, sofern eine solche Beteiligung die nationale Abdeckung der teilnehmenden Mitgliedstaaten in gleichwertigem Maße gewährleistet.

(2) Es können auch zusätzliche KI-Reallabore auf regionaler oder lokaler Ebene oder gemeinsam mit den zuständigen Behörden anderer Mitgliedstaaten eingerichtet werden;

(3) Der Europäische Datenschutzbeauftragte kann auch ein KI-Reallabor für Organe, Einrichtungen und sonstige Stellen der Union einrichten und die Rollen und Aufgaben der zuständigen nationalen Behörden im Einklang mit diesem Kapitel wahrnehmen.

(4) Die Mitgliedstaaten stellen sicher, dass die in den Absätzen 1 und 2 genannten zuständigen Behörden ausreichende Mittel bereitstellen, um diesem Artikel wirksam und zeitnah nachzukommen. Gegebenenfalls arbeiten die zuständigen nationalen Behörden mit anderen einschlägigen Behörden zusammen und können die Einbeziehung anderer Akteure des KI-Ökosystems gestatten. Andere Reallabore, die im Rahmen des Unionsrechts oder des nationalen Rechts eingerichtet wurden, bleiben von diesem Artikel unberührt. Die Mitgliedstaaten sorgen dafür, dass die diese anderen Reallabore beaufsichtigenden Behörden und die zuständigen nationalen Behörden angemessen zusammenarbeiten.

(5) Die nach Absatz 1 eingerichteten KI-Reallabore bieten eine kontrollierte Umgebung, um Innovation zu fördern und die Entwicklung, das Training, das Testen und die Validierung innovativer KI-Systeme für einen begrenzten Zeitraum vor ihrem Inverkehrbringen oder ihrer Inbetriebnahme nach einem bestimmten zwischen den Anbietern oder zukünftigen Anbietern und der zuständigen Behörde vereinbarten Reallabor-Plan zu erleichtern. In diesen Reallaboren können auch darin beaufsichtigte Tests unter Realbedingungen durchgeführt werden.

(6) Die zuständigen Behörden stellen innerhalb der KI-Reallabore gegebenenfalls Anleitung, Aufsicht und Unterstützung bereit, um Risiken, insbesondere im Hinblick auf Grundrechte, Gesundheit und Sicherheit, Tests und Risikominderungsmaßnahmen sowie deren Wirksamkeit hinsichtlich der Pflichten und Anforderungen dieser Verordnung und gegebenenfalls anderem Unionsrecht und nationalem Recht, deren Einhaltung innerhalb des Reallabors beaufsichtigt wird, zu ermitteln.

(7) Die zuständigen Behörden stellen den Anbietern und zukünftigen Anbietern, die am KI-Reallabor teilnehmen, Leitfäden zu regulatorischen Erwartungen und zur Erfüllung der in dieser Verordnung festgelegten Anforderungen und Pflichten zur Verfügung.

Die zuständige Behörde legt dem Anbieter oder zukünftigen Anbieter des KI-Systems auf dessen Anfrage einen schriftlichen Nachweis für die im Reallabor erfolgreich durchgeführten Tätigkeiten vor. Außerdem legt die zuständige Behörde einen Abschlussbericht vor, in dem sie die im Reallabor durchgeführten Tätigkeiten, deren Ergebnisse und die gewonnenen Erkenntnisse im Einzelnen darlegt. Die Anbieter können diese Unterlagen nutzen, um im Rahmen des Konformitätsbewertungsverfahrens oder einschlägiger Marktüberwachungstätigkeiten nachzuweisen, dass sie dieser Verordnung nachkommen. In diesem Zusammenhang werden die Abschlussberichte und die von der zuständigen nationalen Behörde vorgelegten schriftlichen Nachweise von den Marktüberwachungsbehörden und den notifizierten Stellen im Hinblick auf eine Beschleunigung der Konformitätsbewertungsverfahren in angemessenem Maße positiv gewertet.

(8) Vorbehaltlich der in Artikel 78 enthaltenen Bestimmungen über die Vertraulichkeit und im Einvernehmen mit den Anbietern oder zukünftigen Anbietern, sind die Kommission und das KI-Gremium befugt, die Abschlussberichte einzusehen und tragen diesen gegebenenfalls bei der Wahrnehmung ihrer Aufgaben gemäß dieser Verordnung Rechnung. Wenn der Anbieter oder der zukünftige Anbieter und die zuständige nationale Behörde ihr ausdrückliches Einverständnis erklären, kann der Abschlussbericht über die in diesem Artikel genannte zentrale Informationsplattform veröffentlicht werden.

(9) Die Einrichtung von KI-Reallaboren soll zu den folgenden Zielen beitragen:
a) Verbesserung der Rechtssicherheit, um für die Einhaltung der Regulierungsvorschriften dieser Verordnung oder, gegebenenfalls, anderem geltenden Unionsrecht und nationalem Recht zu sorgen;
b) Förderung des Austauschs bewährter Verfahren durch Zusammenarbeit mit den am KI-Reallabor beteiligten Behörden;
c) Förderung von Innovation und Wettbewerbsfähigkeit sowie Erleichterung der Entwicklung eines KI-Ökosystems;
d) Leisten eines Beitrags zum evidenzbasierten regulatorischen Lernen;
e) Erleichterung und Beschleunigung des Zugangs von KI-Systemen zum Unionsmarkt, insbesondere wenn sie von KMU – einschließlich Start-up-Unternehmen – angeboten werden.

(10) Soweit die innovativen KI-Systeme personenbezogene Daten verarbeiten oder anderweitig der Aufsicht anderer nationaler Behörden oder zuständiger Behörden unterstehen, die den Zugang zu personenbezogenen Daten gewähren oder unterstützen, sorgen die zuständigen nationalen Behörden dafür, dass die nationalen Datenschutzbehörden oder diese anderen nationalen oder zuständigen Behörden in den Betrieb des KI-Reallabors sowie in die Überwachung dieser Aspekte im vollen Umfang ihrer entsprechenden Aufgaben und Befugnisse einbezogen werden.

(11) Die KI-Reallabore lassen die Aufsichts- oder Abhilfebefugnisse der die Reallabore beaufsichtigenden zuständigen Behörden, einschließlich auf regionaler oder lokaler Ebene, unberührt. Alle erheblichen Risiken für die Gesundheit und Sicherheit und die Grundrechte, die bei der Entwicklung und Erprobung solcher KI-Systeme festgestellt werden, führen zur sofortigen und angemessenen Risikominderung. Die zuständigen nationalen Behörden sind befugt, das Testverfahren oder die Beteiligung am Reallabor vorübergehend oder dauerhaft auszusetzen, wenn keine wirksame Risikominderung möglich ist, und unterrichten das Büro für Künstliche Intelligenz über diese Entscheidung. Um Innovationen im Bereich KI in der Union zu fördern, üben die zuständigen nationalen Behörden ihre Aufsichtsbefugnisse im Rahmen des geltenden Rechts aus, indem sie bei der Anwendung der Rechtsvorschriften auf ein bestimmtes KI-Reallabor ihren Ermessensspielraum nutzen.

(12) Die am KI-Reallabor beteiligten Anbieter und zukünftigen Anbieter bleiben nach geltendem Recht der Union und nationalem Haftungsrecht für Schäden haftbar, die Dritten infolge der Erprobung im Reallabor entstehen. Sofern die zukünftigen Anbieter den spezifischen Plan und die Bedingungen für ihre Beteiligung beachten und

der Anleitung durch die zuständigen nationalen Behörden in gutem Glauben folgen, werden jedoch von den Behörden keine Geldbußen für Verstöße gegen diese Verordnung verhängt. In Fällen, in denen andere zuständige Behörden, die für anderes Unionsrecht und nationales Recht zuständig sind, aktiv an der Beaufsichtigung des KI-Systems im Reallabor beteiligt waren und Anleitung für die Einhaltung gegeben haben, werden im Hinblick auf dieses Recht keine Geldbußen verhängt.

(13) Die KI-Reallabore sind so konzipiert und werden so umgesetzt, dass sie gegebenenfalls die grenzüberschreitende Zusammenarbeit zwischen zuständigen nationalen Behörden erleichtern.

(14) Die zuständigen nationalen Behörden koordinieren ihre Tätigkeiten und arbeiten im Rahmen des KI-Gremiums zusammen.

(15) Die zuständigen nationalen Behörden unterrichten das Büro für Künstliche Intelligenz und das KI-Gremium über die Einrichtung eines Reallabors und können sie um Unterstützung und Anleitung bitten. Das Büro für Künstliche Intelligenz veröffentlicht eine Liste der geplanten und bestehenden Reallabore und hält sie auf dem neuesten Stand, um eine stärkere Interaktion in den KI-Reallaboren und die grenzüberschreitende Zusammenarbeit zu fördern.

(16) Die zuständigen nationalen Behörden übermitteln dem Büro für Künstliche Intelligenz und dem KI-Gremium jährliche Berichte, und zwar ab einem Jahr nach der Einrichtung des Reallabors und dann jedes Jahr bis zu dessen Beendigung, sowie einen Abschlussbericht. Diese Berichte informieren über den Fortschritt und die Ergebnisse der Umsetzung dieser Reallabore, einschließlich bewährter Verfahren, Vorfällen, gewonnener Erkenntnisse und Empfehlungen zu deren Aufbau, sowie gegebenenfalls über die Anwendung und mögliche Überarbeitung dieser Verordnung, einschließlich ihrer delegierten Rechtsakte und Durchführungsrechtsakte, sowie über die Anwendung anderen Unionsrechts, deren Einhaltung von den zuständigen Behörden innerhalb des Reallabors beaufsichtigt wird. Die zuständigen nationalen Behörden stellen diese jährlichen Berichte oder Zusammenfassungen davon der Öffentlichkeit online zur Verfügung. Die Kommission trägt den jährlichen Berichten gegebenenfalls bei der Wahrnehmung ihrer Aufgaben gemäß dieser Verordnung Rechnung.

(17) Die Kommission richtet eine eigene Schnittstelle ein, die alle relevanten Informationen zu den KI-Reallaboren enthält, um es den Interessenträgern zu ermöglichen, mit den KI-Reallaboren zu interagieren und Anfragen an die zuständigen Behörden zu richten und unverbindliche Beratung zur Konformität von innovativen Produkten, Dienstleistungen und Geschäftsmodellen mit integrierter KI-Technologie im Einklang mit Artikel 62 Absatz 1 Buchstabe c einzuholen. Die Kommission stimmt sich gegebenenfalls proaktiv mit den zuständigen nationalen Behörden ab.

Artikel 58
Detaillierte Regelungen für KI-Reallabore und deren Funktionsweise

ErwG 139, 142

(1) Um eine Zersplitterung in der Union zu vermeiden, erlässt die Kommission Durchführungsrechtsakte, in denen detaillierte Regelungen für die Einrichtung, Entwicklung, Umsetzung, den Betrieb und die Beaufsichtigung der KI-Reallabore enthalten sind. In den Durchführungsrechtsakten sind gemeinsame Grundsätze zu den folgenden Aspekten festgelegt:

a) Voraussetzungen und Auswahlkriterien für eine Beteiligung am KI-Reallabor;
b) Verfahren für Antragstellung, Beteiligung, Überwachung, Ausstieg und Beendigung bezüglich des KI-Reallabors, einschließlich Plan und Abschlussbericht für das Reallabor;
c) für Beteiligte geltende Anforderungen und Bedingungen.

Diese Durchführungsrechtsakte werden gemäß dem in Artikel 98 Absatz 2 genannten Prüfverfahren erlassen.

(2) Die in Absatz 1 genannten Durchführungsrechtsakte gewährleisten,

a) dass KI-Reallabore allen Anbietern oder zukünftigen Anbietern eines KI-Systems, die einen Antrag stellen und die Voraussetzungen und Auswahlkriterien erfüllen, offen stehen; diese Voraussetzungen und Kriterien sind transparent und fair und die zuständigen nationalen Behörden informieren die Antragsteller innerhalb von drei Monaten nach Antragstellung über ihre Entscheidung;

b) dass die KI-Reallabore einen breiten und gleichberechtigten Zugang ermöglichen und mit der Nachfrage nach Beteiligung Schritt halten; die Anbieter und zukünftigen Anbieter auch Anträge zusammen mit Betreibern oder einschlägigen Dritten, die ihre Partner sind, stellen können;

c) dass die detaillierten Regelungen und Bedingungen für KI-Reallabore so gut wie möglich die Flexibilität der zuständigen nationalen Behörden bei der Einrichtung und dem Betrieb ihrer KI-Reallabore unterstützen;

d) dass der Zugang zu KI-Reallaboren für KMU, einschließlich Start-up-Unternehmen, kostenlos ist, unbeschadet außergewöhnlicher Kosten, die die zuständigen nationalen Behörden in einer fairen und verhältnismäßigen Weise einfordern können;

e) dass den Anbietern und zukünftigen Anbietern die Einhaltung der Verpflichtungen zur Konformitätsbewertung nach dieser Verordnung oder die freiwillige Anwendung der in Artikel 95 genannten Verhaltenskodizes mittels der gewonnenen Erkenntnisse der KI-Reallabore erleichtert wird;

f) dass KI-Reallabore die Einbeziehung anderer einschlägiger Akteure innerhalb des KI-Ökosystems, wie etwa notifizierte Stellen und Normungsorganisationen, KMU, einschließlich Start-up-Unternehmen, Unternehmen, Innovatoren, Test- und Versuchseinrichtungen, Forschungs- und Versuchslabore, europäische digitale Innovationszentren, Kompetenzzentren und einzelne Forscher begünstigen, um die Zusammenarbeit mit dem öffentlichen und dem privaten Sektor zu ermöglichen und zu erleichtern;

g) dass die Verfahren, Prozesse und administrativen Anforderungen für die Antragstellung, die Auswahl, die Beteiligung und den Ausstieg aus dem KI-Reallabor einfach, leicht verständlich und klar kommuniziert sind, um die Beteiligung von KMU, einschließlich Start-up-Unternehmen, mit begrenzten rechtlichen und administrativen Kapazitäten zu erleichtern, sowie unionsweit gestrafft sind, um eine Zersplitterung zu vermeiden, und dass die Beteiligung an einem von einem Mitgliedstaat oder dem Europäischen Datenschutzbeauftragten eingerichteten KI-Reallabor gegenseitig und einheitlich anerkannt wird und in der gesamten Union die gleiche Rechtswirkung hat;

h) dass die Beteiligung an dem KI-Reallabor auf einen der Komplexität und dem Umfang des Projekts entsprechenden Zeitraum beschränkt ist, der von der zuständigen nationalen Behörde verlängert werden kann;

i) dass die KI-Reallabore die Entwicklung von Instrumenten und Infrastruktur für das Testen, das Benchmarking, die Bewertung und die Erklärung der Dimensionen von KI-Systemen erleichtern, die für das regulatorische Lernen Bedeutung sind, wie etwa Genauigkeit, Robustheit und Cybersicherheit, sowie Maßnahmen zur Risikominderung im Hinblick auf die Grundrechte und die Gesellschaft als Ganzes fördern.

(3) Zukünftige Anbieter in den KI-Reallaboren, insbesondere KMU und Start-up-Unternehmen, werden gegebenenfalls vor der Einrichtung an Dienste verwiesen, die beispielsweise eine Anleitung zur Umsetzung dieser Verordnung oder andere Mehrwertdienste wie Hilfe bei Normungsdokumenten bereitstellen, sowie an Zertifizierungs-, Test- und Versuchseinrichtungen, europäische digitale Innovationszentren und Exzellenzzentren.

(4) Wenn zuständige nationale Behörden in Betracht ziehen, Tests unter Realbedingungen zu genehmigen, die im Rahmen eines KI-Reallabors beaufsichtigt werden, welches nach diesem Artikel einzurichten ist, vereinbaren sie mit den Beteiligten ausdrücklich die Anforderungen und Bedingungen für diese Tests und insbesondere geeignete Schutzvorkehrungen für Grundrechte, Gesundheit und Sicherheit. Gegebenenfalls arbeiten sie mit anderen zuständigen nationalen Behörden zusammen, um für unionsweit einheitliche Verfahren zu sorgen.

ErwG 140

Artikel 59
Weiterverarbeitung personenbezogener Daten zur Entwicklung bestimmter KI-Systeme im öffentlichen Interesse im KI-Reallabor

(1) Rechtmäßig für andere Zwecke erhobene personenbezogene Daten dürfen im KI-Reallabor ausschließlich für die Zwecke der Entwicklung, des Trainings und des Testens bestimmter KI-Systeme im Reallabor verarbeitet werden, wenn alle der folgenden Bedingungen erfüllt sind:

a) Die KI-Systeme werden zur Wahrung eines erheblichen öffentlichen Interesses durch eine Behörde oder eine andere natürliche oder juristische Person und in einem oder mehreren der folgenden Bereiche entwickelt:
   i) öffentliche Sicherheit und öffentliche Gesundheit, einschließlich Erkennung, Diagnose, Verhütung, Bekämpfung und Behandlung von Krankheiten sowie Verbesserung von Gesundheitsversorgungssystemen;
   ii) hohes Umweltschutzniveau und Verbesserung der Umweltqualität, Schutz der biologischen Vielfalt, Schutz gegen Umweltverschmutzung, Maßnahmen für den grünen Wandel sowie Klimaschutz und Anpassung an den Klimawandel;
   iii) nachhaltige Energie;
   iv) Sicherheit und Widerstandsfähigkeit von Verkehrssystemen und Mobilität, kritischen Infrastrukturen und Netzen;
   v) Effizienz und Qualität der öffentlichen Verwaltung und öffentlicher Dienste;

b) die verarbeiteten Daten sind für die Erfüllung einer oder mehrerer der in Kapitel III Abschnitt 2 genannten Anforderungen erforderlich, sofern diese Anforderungen durch die Verarbeitung anonymisierter, synthetischer oder sonstiger nicht personenbezogener Daten nicht wirksam erfüllt werden können;

c) es bestehen wirksame Überwachungsmechanismen, mit deren Hilfe festgestellt wird, ob während der Reallaborversuche hohe Risiken für die Rechte und Freiheiten betroffener Personen gemäß Artikel 35 der Verordnung (EU) 2016/679 und gemäß Artikel 39 der Verordnung (EU) 2018/1725 auftreten können, sowie Reaktionsmechanismen, mit deren Hilfe diese Risiken umgehend eingedämmt werden können und die Verarbeitung bei Bedarf beendet werden kann;

d) personenbezogene Daten, die im Rahmen des Reallabors verarbeitet werden sollen, befinden sich in einer funktional getrennten, isolierten und geschützten Datenverarbeitungsumgebung unter der Kontrolle des zukünftigen Anbieters, und nur befugte Personen haben Zugriff auf diese Daten;

e) Anbieter dürfen die ursprünglich erhobenen Daten nur im Einklang mit dem Datenschutzrecht der Union weitergeben; personenbezogene Daten, die im Reallabor erstellt wurden, dürfen nicht außerhalb des Reallabors weitergegeben werden;

f) eine Verarbeitung personenbezogener Daten im Rahmen des Reallabors führt zu keinen Maßnahmen oder Entscheidungen, die Auswirkungen auf die betroffenen Personen haben, und berührt nicht die Anwendung ihrer Rechte, die in den Rechtsvorschriften der Union über den Schutz personenbezogener Daten festgelegt sind;

g) im Rahmen des Reallabors verarbeitete personenbezogene Daten sind durch geeignete technische und organisatorische Maßnahmen geschützt und werden gelöscht, sobald die Beteiligung an dem Reallabor endet oder das Ende der Speicherfrist für die personenbezogenen Daten erreicht ist;

h) die Protokolle der Verarbeitung personenbezogener Daten im Rahmen des Reallabors werden für die Dauer der Beteiligung am Reallabor aufbewahrt, es sei denn, im Unionsrecht oder nationalen Recht ist etwas anderes bestimmt;

i) eine vollständige und detaillierte Beschreibung des Prozesses und der Gründe für das Trainieren, Testen und Validieren des KI-Systems wird zusammen mit den Testergebnissen als Teil der technischen Dokumentation gemäß Anhang IV aufbewahrt;

j) eine kurze Zusammenfassung des im Reallabor entwickelten KI-Projekts, seiner Ziele und der erwarteten Ergebnisse wird auf der Website der zuständigen Behörden veröffentlicht; diese Pflicht erstreckt sich nicht auf sensible operative Daten zu den Tätigkeiten von Strafverfolgungs-, Grenzschutz-, Einwanderungs- oder Asylbehörden.

(2) Für die Zwecke der Verhütung, Ermittlung, Aufdeckung oder Verfolgung von Straftaten oder der Strafvollstreckung – einschließlich des Schutzes vor und der Abwehr von Gefahren für die öffentliche Sicherheit – unter der Kontrolle und Verantwortung

der Strafverfolgungsbehörden erfolgt die Verarbeitung personenbezogener Daten in KI-Reallaboren auf der Grundlage eines spezifischen Unionsrechts oder nationalen Rechts und unterliegt den kumulativen Bedingungen des Absatzes 1.

(3) Das Unionsrecht oder nationale Recht, das die Verarbeitung personenbezogener Daten für andere Zwecke als die ausdrücklich in jenem Recht genannten ausschließt, sowie Unionsrecht oder nationales Recht, in dem die Grundlagen für eine für die Zwecke der Entwicklung, des Testens oder des Trainings innovativer KI-Systeme notwendige Verarbeitung personenbezogener Daten festgelegt sind, oder jegliche anderen dem Unionsrecht zum Schutz personenbezogener Daten entsprechenden Rechtsgrundlagen bleiben von Absatz 1 unberührt.

ErwG 141

Artikel 60
Tests von Hochrisiko-KI-Systemen unter Realbedingungen außerhalb von KI-Reallaboren

(1) Tests von Hochrisiko-KI-Systemen unter Realbedingungen können von Anbietern oder zukünftigen Anbietern von in Anhang III aufgeführten Hochrisiko-KI-Systemen außerhalb von KI-Reallaboren gemäß diesem Artikel und – unbeschadet der Bestimmungen unter Artikel 5 – dem in diesem Artikel genannten Plan für einen Test unter Realbedingungen durchgeführt werden.

Die Kommission legt die einzelnen Elemente des Plans für einen Test unter Realbedingungen im Wege von Durchführungsrechtsakten fest. Diese Durchführungsrechtsakte werden gemäß dem in Artikel 98 Absatz 2 genannten Prüfverfahren erlassen.

Das Unionsrecht oder nationale Recht für das Testen von Hochrisiko-KI-Systemen unter Realbedingungen im Zusammenhang mit Produkten, die unter die in Anhang I aufgeführten Harmonisierungsrechtsvorschriften der Union fallen, bleibt von dieser Bestimmung unberührt.

(2) Anbieter oder zukünftige Anbieter können in Anhang III genannte Hochrisiko-KI-Systeme vor deren Inverkehrbringen oder Inbetriebnahme jederzeit selbst oder in Partnerschaft mit einem oder mehreren Betreibern oder zukünftigen Betreibern unter Realbedingungen testen.

(3) Tests von KI-Systemen unter Realbedingungen gemäß diesem Artikel lassen nach dem Unionsrecht oder dem nationalen Recht gegebenenfalls vorgeschriebene Ethikprüfungen unberührt.

(4) Tests unter Realbedingungen dürfen von Anbietern oder zukünftigen Anbietern nur durchgeführt werden, wenn alle der folgenden Bedingungen erfüllt sind:
a) Der Anbieter oder der zukünftige Anbieter hat einen Plan für einen Test unter Realbedingungen erstellt und diesen bei der Marktüberwachungsbehörde in dem Mitgliedstaat eingereicht, in dem der Test unter Realbedingungen stattfinden soll;
b) die Marktüberwachungsbehörde in dem Mitgliedstaat, in dem der Test unter Realbedingungen stattfinden soll, hat den Test unter Realbedingungen und den Plan für einen Test unter Realbedingungen genehmigt; hat die Marktüberwachungsbehörde innerhalb von 30 Tagen keine Antwort gegeben, so gelten der Test unter Realbedingungen und der Plan für einen Test unter Realbedingungen als genehmigt; ist im nationalen Recht keine stillschweigende Genehmigung vorgesehen, so bleibt der Test unter Realbedingungen genehmigungspflichtig;
c) der Anbieter oder zukünftige Anbieter, mit Ausnahme der in Anhang III Nummern 1, 6 und 7 genannten Anbieter oder zukünftigen Anbieter von Hochrisiko-KI-Systemen in den Bereichen Strafverfolgung, Migration, Asyl und Grenzkontrolle und der in Anhang III Nummer 2 genannten Hochrisiko-KI-Systeme, hat den Test unter Realbedingungen unter Angabe einer unionsweit einmaligen Identifizierungsnummer und der in Anhang IX festgelegten Informationen gemäß Artikel 71 Absatz 4 registriert; der Anbieter oder zukünftige Anbieter von Hoch-

risiko-KI-Systemen gemäß Anhang III Nummern 1, 6 und 7 in den Bereichen Strafverfolgung, Migration, Asyl und Grenzkontrollmanagement hat die Tests unter Realbedingungen im sicheren nicht öffentlichen Teil der EU-Datenbank gemäß Artikel 49 Absatz 4 Buchstabe d mit einer unionsweit einmaligen Identifizierungsnummer und den darin festgelegten Informationen registriert; der Anbieter oder zukünftige Anbieter von Hochrisiko-KI-Systemen gemäß Anhang III Nummer 2 hat die Tests unter Realbedingungen gemäß Artikel 49 Absatz 5 registriert;

d) der Anbieter oder der zukünftige Anbieter, der den Test unter Realbedingungen durchführt, ist in der Union niedergelassen oder hat einen in der Union niedergelassenen gesetzlichen Vertreter bestellt;

e) die für die Zwecke des Tests unter Realbedingungen erhobenen und verarbeiteten Daten werden nur dann an Drittländer übermittelt, wenn gemäß Unionsrecht geeignete und anwendbare Schutzvorkehrungen greifen;

f) der Test unter Realbedingungen dauert nicht länger als zur Erfüllung seiner Zielsetzungen nötig und in keinem Fall länger als sechs Monate; dieser Zeitraum kann um weitere sechs Monate verlängert werden, sofern der Anbieter oder der zukünftige Anbieter die Marktüberwachungsbehörde davon vorab in Kenntnis setzt und erläutert, warum eine solche Verlängerung erforderlich ist;

g) Testteilnehmer im Rahmen von Tests unter Realbedingungen, die aufgrund ihres Alters oder einer Behinderung schutzbedürftigen Gruppen angehören, sind angemessen geschützt;

h) wenn ein Anbieter oder zukünftiger Anbieter den Test unter Realbedingungen in Zusammenarbeit mit einem oder mehreren Betreibern oder zukünftigen Betreibern organisiert, werden Letztere vorab über alle für ihre Teilnahmeentscheidung relevanten Aspekte des Tests informiert und erhalten die einschlägigen in Artikel 13 genannten Betriebsanleitungen für das KI-System; der Anbieter oder zukünftige Anbieter und der Betreiber oder zukünftige Betreiber schließen eine Vereinbarung, in der ihre Aufgaben und Zuständigkeiten festgelegt sind, um für die Einhaltung der nach dieser Verordnung und anderem Unionsrecht und nationalem Recht für Tests unter Realbedingungen geltenden Bestimmungen zu sorgen;

i) die Testteilnehmer im Rahmen von Tests unter Realbedingungen erteilen ihre informierte Einwilligung gemäß Artikel 61, oder, wenn im Fall der Strafverfolgung die Einholung einer informierten Einwilligung den Test des KI-Systems verhindern würde, dürfen sich der Test und die Ergebnisse des Tests unter Realbedingungen nicht negativ auf die Testteilnehmer auswirken und ihre personenbezogenen Daten werden nach Durchführung des Tests gelöscht;

j) der Anbieter oder zukünftige Anbieter und die Betreiber und zukünftigen Betreiber lassen den Test unter Realbedingungen von Personen wirksam überwachen, die auf dem betreffenden Gebiet angemessen qualifiziert sind und über die Fähigkeit, Ausbildung und Befugnis verfügen, die für die Wahrnehmung ihrer Aufgaben erforderlich sind;

k) die Vorhersagen, Empfehlungen oder Entscheidungen des KI-Systems können effektiv rückgängig gemacht und außer Acht gelassen werden.

(5) Jeder Testteilnehmer bezüglich des Tests unter Realbedingungen oder gegebenenfalls dessen gesetzlicher Vertreter kann seine Teilnahme an dem Test jederzeit durch Widerruf seiner informierten Einwilligung beenden und die unverzügliche und dauerhafte Löschung seiner personenbezogenen Daten verlangen, ohne dass ihm daraus Nachteile entstehen und er dies in irgendeiner Weise begründen müsste. Der Widerruf der informierten Einwilligung wirkt sich nicht auf bereits durchgeführte Tätigkeiten aus.

(6) Im Einklang mit Artikel 75 übertragen die Mitgliedstaaten ihren Marktüberwachungsbehörden die Befugnis, Anbieter und zukünftige Anbieter zur Bereitstellung von Informationen zu verpflichten, unangekündigte Ferninspektionen oder Vor-Ort-Inspektionen durchzuführen und die Durchführung der Tests unter Realbedingungen und damit zusammenhängende Hochrisiko-KI-Systeme zu prüfen. Die Marktüberwachungsbehörden nutzen diese Befugnisse, um für die sichere Entwicklung von Tests unter Realbedingungen zu sorgen.

(7) Jegliche schwerwiegenden Vorfälle im Verlauf des Tests unter Realbedingungen sind den nationalen Marktüberwachungsbehörden gemäß Artikel 73 zu melden. Der Anbieter oder zukünftige Anbieter trifft Sofortmaßnahmen zur Schadensbegrenzung; andernfalls setzt er den Test unter Realbedingungen so lange aus, bis eine Schadens-

begrenzung stattgefunden hat, oder bricht ihn ab. Im Fall eines solchen Abbruchs des Tests unter Realbedingungen richtet der Anbieter oder zukünftige Anbieter ein Verfahren für den sofortigen Rückruf des KI-Systems ein.

(8) Anbieter oder zukünftige Anbieter setzen die nationalen Marktüberwachungsbehörde in dem Mitgliedstaat, in dem der Test unter Realbedingungen stattfindet, über die Aussetzung oder den Abbruch des Tests unter Realbedingungen und die Endergebnisse in Kenntnis.

(9) Anbieter oder zukünftige Anbieter sind nach geltendem Recht der Union und geltendem nationalen Recht für Schäden haftbar, die während ihrer Tests unter Realbedingungen entstehen.

ErwG 141

Artikel 61
Informierte Einwilligung zur Teilnahme an einem Test unter Realbedingungen außerhalb von KI-Reallaboren

(1) Für die Zwecke von Tests unter Realbedingungen gemäß Artikel 60 ist von den Testteilnehmern eine freiwillig erteilte informierte Einwilligung einzuholen, bevor sie an dem Test teilnehmen und nachdem sie mit präzisen, klaren, relevanten und verständlichen Informationen über Folgendes ordnungsgemäß informiert wurden:
a) die Art und die Zielsetzungen des Tests unter Realbedingungen und etwaige mit ihrer Teilnahme verbundene Unannehmlichkeiten;
b) die Bedingungen, unter denen der Test unter Realbedingungen erfolgen soll, einschließlich der voraussichtlichen Dauer der Teilnahme des Testteilnehmers oder der Testteilnehmer;
c) ihre Rechte und Garantien, die ihnen bezüglich ihrer Teilnahme zustehen, insbesondere ihr Recht, die Teilnahme an dem Test unter Realbedingungen zu verweigern oder diese Teilnahme jederzeit zu beenden, ohne dass ihnen daraus Nachteile entstehen und sie dies in irgendeiner Weise begründen müssten;
d) die Regelungen, unter denen die Rückgängigmachung oder Außerachtlassung der Vorhersagen, Empfehlungen oder Entscheidungen des KI-Systems beantragt werden kann;
e) die unionsweit einmalige Identifizierungsnummer des Tests unter Realbedingungen gemäß Artikel 60 Absatz 4 Buchstabe c und die Kontaktdaten des Anbieters oder seines gesetzlichen Vertreters, bei dem weitere Informationen eingeholt werden können.

(2) Die informierte Einwilligung ist zu datieren und zu dokumentieren, und eine Kopie wird den Testteilnehmern oder ihren gesetzlichen Vertretern ausgehändigt.

ErwG 143–145

Artikel 62
Maßnahmen für Anbieter und Betreiber, insbesondere KMU, einschließlich Start-up-Unternehmen

(1) Die Mitgliedstaaten ergreifen die folgenden Maßnahmen:
a) Sie gewähren KMU – einschließlich Start-up-Unternehmen –, die ihren Sitz oder eine Zweigniederlassung in der Union haben, soweit sie die Voraussetzungen und Auswahlkriterien erfüllen, vorrangigen Zugang zu den KI-Reallaboren; der vorrangige Zugang schließt nicht aus, dass andere als die in diesem Absatz genannten KMU, einschließlich Start-up-Unternehmen, Zugang zum KI-Reallabor erhalten, sofern sie ebenfalls die Zulassungsvoraussetzungen und Auswahlkriterien erfüllen;
b) sie führen besondere Sensibilisierungs- und Schulungsmaßnahmen für die Anwendung dieser Verordnung durch, die auf die Bedürfnisse von KMU, einschließlich Start-up-Unternehmen, Betreibern sowie gegebenenfalls lokalen Behörden ausgerichtet sind;

c) sie nutzen entsprechende bestehende Kanäle und richten gegebenenfalls neue Kanäle für die Kommunikation mit KMU, einschließlich Start-up-Unternehmen, Betreibern, anderen Innovatoren sowie gegebenenfalls lokalen Behörden ein, um Ratschläge zu geben und Fragen zur Durchführung dieser Verordnung, auch bezüglich der Beteiligung an KI-Reallaboren, zu beantworten;
d) sie fördern die Beteiligung von KMU und anderen einschlägigen Interessenträgern an der Entwicklung von Normen.

(2) Bei der Festsetzung der Gebühren für die Konformitätsbewertung gemäß Artikel 43 werden die besonderen Interessen und Bedürfnisse von KMU, einschließlich Start-up-Unternehmen, berücksichtigt, indem diese Gebühren proportional zur Größe der Unternehmen, der Größe ihres Marktes und anderen einschlägigen Kennzahlen gesenkt werden.

(3) Das Büro für Künstliche Intelligenz ergreift die folgenden Maßnahmen:
a) es stellt standardisierte Muster für die unter diese Verordnung fallenden Bereiche bereit, wie vom KI-Gremium in seinem Antrag festgelegt;
b) es entwickelt und führt eine zentrale Informationsplattform, über die allen Akteuren in der Union leicht nutzbare Informationen zu dieser Verordnung bereitgestellt werden;
c) es führt geeignete Informationskampagnen durch, um für die aus dieser Verordnung erwachsenden Pflichten zu sensibilisieren;
d) es bewertet und fördert die Zusammenführung bewährter Verfahren im Bereich der mit KI-Systemen verbundenen Vergabeverfahren.

Artikel 63
Ausnahmen für bestimmte Akteure

ErwG 146

(1) Kleinstunternehmen im Sinne der Empfehlung 2003/361/EG können bestimmte Elemente des in Artikel 17 dieser Verordnung vorgeschriebenen Qualitätsmanagementsystems in vereinfachter Weise einhalten, sofern sie keine Partnerunternehmen oder verbundenen Unternehmen im Sinne dieser Empfehlung haben. Zu diesem Zweck arbeitet die Kommission Leitlinien zu den Elementen des Qualitätsmanagementsystems aus, die unter Berücksichtigung der Bedürfnisse von Kleinstunternehmen in vereinfachter Weise eingehalten werden können, ohne das Schutzniveau oder die Notwendigkeit zur Einhaltung der Anforderungen in Bezug auf Hochrisiko-KI-Systeme zu beeinträchtigen.

(2) Absatz 1 dieses Artikels ist nicht dahin gehend auszulegen, dass diese Akteure auch von anderen in dieser Verordnung festgelegten Anforderungen oder Pflichten, einschließlich der nach den Artikeln 9, 10, 11, 12, 13, 14, 15, 72 und 73 geltenden, befreit sind.

KAPITEL VII
GOVERNANCE
ABSCHNITT 1
Governance auf Unionsebene

Artikel 64
Büro für Künstliche Intelligenz

ErwG 96, 108, 111, 112, 116, 117, 148, 161–164

(1) Die Kommission entwickelt über das Büro für Künstliche Intelligenz die Sachkenntnis und Fähigkeiten der Union auf dem Gebiet der KI.

(2) Die Mitgliedstaaten erleichtern dem Büro für Künstliche Intelligenz die ihm gemäß dieser Verordnung übertragenen Aufgaben.

ErwG 20, 149

Artikel 65

Einrichtung und Struktur des Europäischen Gremiums für Künstliche Intelligenz

(1) Ein Europäisches Gremium für Künstliche Intelligenz (im Folgenden „KI-Gremium") wird hiermit eingerichtet.

(2) Das KI-Gremium setzt sich aus einem Vertreter je Mitgliedstaat zusammen. Der Europäische Datenschutzbeauftragte nimmt als Beobachter teil. Das Büro für Künstliche Intelligenz nimmt ebenfalls an den Sitzungen des KI-Gremiums teil, ohne sich jedoch an den Abstimmungen zu beteiligen. Andere Behörden oder Stellen der Mitgliedstaaten und der Union oder Sachverständige können im Einzelfall zu den Sitzungen des KI-Gremiums eingeladen werden, wenn die erörterten Fragen für sie von Belang sind.

(3) Die Vertreter werden von ihren Mitgliedstaaten für einen Zeitraum von drei Jahren benannt, der einmal verlängert werden kann.

(4) Die Mitgliedstaaten sorgen dafür, dass ihre Vertreter im KI-Gremium

a) in ihrem Mitgliedstaat über die einschlägigen Kompetenzen und Befugnisse verfügen, sodass sie aktiv zur Bewältigung der in Artikel 66 genannten Aufgaben des KI-Gremiums beitragen können;

b) gegenüber dem KI-Gremium sowie gegebenenfalls, unter Berücksichtigung der Erfordernisse der Mitgliedstaaten, gegenüber Interessenträgern als zentrale Ansprechpartner fungieren;

c) ermächtigt sind, auf die Kohärenz und die Abstimmung zwischen den zuständigen nationalen Behörden in ihrem Mitgliedstaat bei der Durchführung dieser Verordnung hinzuwirken, auch durch Erhebung einschlägiger Daten und Informationen für die Zwecke der Erfüllung ihrer Aufgaben im KI-Gremium.

(5) Die benannten Vertreter der Mitgliedstaaten nehmen die Geschäftsordnung des KI-Gremiums mit einer Zweidrittelmehrheit an. In der Geschäftsordnung sind insbesondere die Vorgehensweise für das Auswahlverfahren, die Dauer des Mandats und die genauen Aufgaben des Vorsitzes, die Abstimmungsregelungen und die Organisation der Tätigkeiten des KI-Gremiums und seiner Untergruppen festgelegt.

(6) Das KI-Gremium richtet zwei ständige Untergruppen ein, um Marktüberwachungsbehörden eine Plattform für die Zusammenarbeit und den Austausch zu bieten und Behörden über Angelegenheiten, die jeweils die Marktüberwachung und notifizierte Stellen betreffen, zu unterrichten.

Die ständige Untergruppe für Marktüberwachung sollte für diese Verordnung als Gruppe für die Verwaltungszusammenarbeit (ADCO-Gruppe) im Sinne des Artikels 30 der Verordnung (EU) 2019/1020 fungieren.

Das KI-Gremium kann weitere ständige oder nichtständige Untergruppen einrichten, falls das für die Prüfung bestimmter Fragen zweckmäßig sein sollte. Gegebenenfalls können Vertreter des in Artikel 67 genannten Beratungsforums als Beobachter zu diesen Untergruppen oder zu bestimmten Sitzungen dieser Untergruppen eingeladen werden.

(7) Das KI-Gremium wird so organisiert und geführt, dass bei seinen Tätigkeiten Objektivität und Unparteilichkeit gewahrt sind.

(8) Den Vorsitz im KI-Gremium führt einer der Vertreter der Mitgliedstaaten. Die Sekretariatsgeschäfte des KI-Gremiums werden vom Büro für Künstliche Intelligenz geführt; dieses beruft auf Anfrage des Vorsitzes die Sitzungen ein und erstellt die Tagesordnung im Einklang mit den Aufgaben des KI-Gremiums gemäß dieser Verordnung und seiner Geschäftsordnung.

ErwG 20, 121, 143, 149

Artikel 66
Aufgaben des KI-Gremiums

Das KI-Gremium berät und unterstützt die Kommission und die Mitgliedstaaten, um die einheitliche und wirksame Anwendung dieser Verordnung zu erleichtern. Für diese Zwecke kann das KI-Gremium insbesondere

a) zur Koordinierung zwischen den für die Anwendung dieser Verordnung zuständigen nationalen Behörden beitragen und in Zusammenarbeit mit den betreffenden Marktüberwachungsbehörden und vorbehaltlich ihrer Zustimmung gemeinsame Tätigkeiten der Marktüberwachungsbehörden gemäß Artikel 74 Absatz 11 unterstützen;

b) technisches und regulatorisches Fachwissen und bewährte Verfahren zusammentragen und unter den Mitgliedstaaten verbreiten;

c) zur Durchführung dieser Verordnung Beratung anbieten, insbesondere im Hinblick auf die Durchsetzung der Vorschriften zu KI-Modellen mit allgemeinem Verwendungszweck;

d) zur Harmonisierung der Verwaltungspraxis in den Mitgliedstaaten beitragen, auch bezüglich der Ausnahme vom Konformitätsbewertungsverfahren gemäß Artikel 46 und der Funktionsweise von KI-Reallaboren und Tests unter Realbedingungen gemäß den Artikeln 57, 59 und 60;

e) auf Anfrage der Kommission oder in Eigeninitiative Empfehlungen und schriftliche Stellungnahmen zu einschlägigen Fragen der Durchführung dieser Verordnung und ihrer einheitlichen und wirksamen Anwendung abgeben, einschließlich
   i) zur Entwicklung und Anwendung von Verhaltenskodizes und Praxisleitfäden gemäß dieser Verordnung sowie der Leitlinien der Kommission;
   ii) zur Bewertung und Überprüfung dieser Verordnung gemäß Artikel 112, auch in Bezug auf die Meldung schwerwiegender Vorfälle gemäß Artikel 73 und das Funktionieren der EU-Datenbank gemäß Artikel 71, die Ausarbeitung der delegierten Rechtsakte oder Durchführungsrechtsakte sowie im Hinblick auf mögliche Anpassungen dieser Verordnung an die in Anhang I aufgeführten Harmonisierungsrechtsvorschriften der Union;
   iii) zu technischen Spezifikationen oder geltenden Normen in Bezug auf die in Kapitel III Abschnitt 2 festgelegten Anforderungen;
   iv) zur Anwendung der in den Artikeln 40 und 41 genannten harmonisierten Normen oder gemeinsamen Spezifikationen;
   v) zu Tendenzen, etwa im Bereich der globalen Wettbewerbsfähigkeit Europas auf dem Gebiet der KI, bei der Verbreitung von KI in der Union und bei der Entwicklung digitaler Fähigkeiten;
   vi) zu Tendenzen im Bereich der sich ständig weiterentwickelnden Typologie der KI-Wertschöpfungsketten insbesondere hinsichtlich der sich daraus ergebenden Auswirkungen auf die Rechenschaftspflicht;
   vii) zur möglicherweise notwendigen Änderung des Anhangs III im Einklang mit Artikel 7 und zur möglicherweise notwendigen Überarbeitung des Artikels 5 gemäß Artikel 112 unter Berücksichtigung der einschlägigen verfügbaren Erkenntnisse und der neuesten technologischen Entwicklungen;

f) die Kommission bei der Förderung der KI-Kompetenz, der Sensibilisierung und Aufklärung der Öffentlichkeit in Bezug auf die Vorteile, Risiken, Schutzmaßnahmen, Rechte und Pflichten im Zusammenhang mit der Nutzung von KI-Systemen unterstützen;

g) die Entwicklung gemeinsamer Kriterien und eines gemeinsamen Verständnisses der Marktteilnehmer und der zuständigen Behörden in Bezug auf die in dieser Verordnung vorgesehenen einschlägigen Konzepte erleichtern, auch durch einen Beitrag zur Entwicklung von Benchmarks;

h) gegebenenfalls mit anderen Organen, Einrichtungen und sonstigen Stellen der EU, einschlägigen Sachverständigengruppen und Netzwerken der EU insbesondere in den Bereichen Produktsicherheit, Cybersicherheit, Wettbewerb, digitale und Mediendienste, Finanzdienstleistungen, Verbraucherschutz, Datenschutz und Schutz der Grundrechte zusammenarbeiten;

i) zur wirksamen Zusammenarbeit mit den zuständigen Behörden von Drittstaaten und mit internationalen Organisationen beitragen;

j) die zuständigen nationalen Behörden und die Kommission beim Aufbau des für die Durchführung dieser Verordnung erforderlichen organisatorischen und technischen Fachwissens beraten, unter anderem durch einen Beitrag zur Einschätzung des Schulungsbedarfs des Personals der Mitgliedstaaten, das an der Durchführung dieser Verordnung beteiligt ist;

k) dem Büro für Künstliche Intelligenz helfen, die zuständigen nationalen Behörden bei der Einrichtung und Entwicklung von KI-Reallaboren zu unterstützen, und die Zusammenarbeit und den Informationsaustausch zwischen KI-Reallaboren erleichtern;

l) zur Entwicklung von Leitfäden beitragen und diesbezüglich entsprechend beraten;

m) die Kommission zu internationalen Angelegenheiten im Bereich der KI beraten;

n) der Kommission Stellungnahmen zu qualifizierten Warnungen in Bezug auf KI-Modelle mit allgemeinem Verwendungszweck vorlegen;

o) Stellungnahmen der Mitgliedstaaten zu qualifizierten Warnungen in Bezug auf KI-Modelle mit allgemeinem Verwendungszweck entgegennehmen sowie zu nationalen Erfahrungen und Praktiken bei der Überwachung und Durchsetzung von KI-Systemen, insbesondere von Systemen, die KI-Modelle mit allgemeinem Verwendungszweck integrieren.

ErwG 121, 148, 150

Artikel 67
Beratungsforum

(1) Es wird ein Beratungsforum eingerichtet, das technisches Fachwissen bereitstellt, das KI-Gremium und die Kommission berät und zu deren Aufgaben im Rahmen dieser Verordnung beiträgt.

(2) Die Mitglieder des Beratungsforums vertreten eine ausgewogene Auswahl von Interessenträgern, darunter die Industrie, Start-up-Unternehmen, KMU, die Zivilgesellschaft und die Wissenschaft. Bei der Zusammensetzung des Beratungsforums wird auf ein ausgewogenes Verhältnis zwischen wirtschaftlichen und nicht-wirtschaftlichen Interessen und innerhalb der Kategorie der wirtschaftlichen Interessen zwischen KMU und anderen Unternehmen geachtet.

(3) Die Kommission ernennt die Mitglieder des Beratungsforums gemäß den in Absatz 2 genannten Kriterien aus dem Kreis der Interessenträger mit anerkanntem Fachwissen auf dem Gebiet der KI.

(4) Die Amtszeit der Mitglieder des Beratungsforums beträgt zwei Jahre; sie kann bis zu höchstens vier Jahre verlängert werden.

(5) Die Agentur der Europäischen Union für Grundrechte, ENISA, das Europäische Komitee für Normung (CEN), das Europäische Komitee für elektrotechnische Normung (CENELEC) und das Europäische Institut für Telekommunikationsnormen (ETSI) sind ständige Mitglieder des Beratungsforums.

(6) Das Beratungsforum gibt sich eine Geschäftsordnung. Es wählt gemäß den in Absatz 2 festgelegten Kriterien zwei Ko-Vorsitzende unter seinen Mitgliedern. Die Amtszeit der Ko-Vorsitzenden beträgt zwei Jahre und kann einmal verlängert werden.

(7) Das Beratungsforum hält mindestens zweimal pro Jahr Sitzungen ab. Das Beratungsforum kann Sachverständige und andere Interessenträger zu seinen Sitzungen einladen.

(8) Das Beratungsforum kann auf Ersuchen des KI-Gremiums oder der Kommission Stellungnahmen, Empfehlungen und schriftliche Beiträge ausarbeiten.

(9) Das Beratungsforum kann gegebenenfalls ständige oder zeitweilige Untergruppen einsetzen, um spezifische Fragen im Zusammenhang mit den Zielen dieser Verordnung zu prüfen.

(10) Das Beratungsforum erstellt jährlich einen Bericht über seine Tätigkeit. Dieser Bericht wird veröffentlicht.

Artikel 68
Wissenschaftliches Gremium unabhängiger Sachverständiger

ErwG 148, 151, 163

(1) Die Kommission erlässt im Wege eines Durchführungsrechtsakts Bestimmungen über die Einrichtung eines wissenschaftlichen Gremiums unabhängiger Sachverständiger („wissenschaftliches Gremium"), das die Durchsetzungstätigkeiten im Rahmen dieser Verordnung unterstützen soll. Dieser Durchführungsrechtsakt wird gemäß dem in Artikel 98 Absatz 2 genannten Prüfverfahren erlassen.

(2) Das wissenschaftliche Gremium setzt sich aus Sachverständigen zusammen, die von der Kommission auf der Grundlage aktueller wissenschaftlicher oder technischer Fachkenntnisse auf dem Gebiet der KI, die zur Erfüllung der in Absatz 3 genannten Aufgaben erforderlich sind, ausgewählt werden, und muss nachweisen können, dass es alle folgenden Bedingungen erfüllt:
- a) es verfügt über besondere Fachkenntnisse und Kompetenzen sowie über wissenschaftliches oder technisches Fachwissen auf dem Gebiet der KI;
- b) es ist von Anbietern von KI-Systemen oder KI-Modellen mit allgemeinem Verwendungszweck unabhängig;
- c) es ist in der Lage, Tätigkeiten sorgfältig, präzise und objektiv auszuführen.

Die Kommission legt in Absprache mit dem KI-Gremium die Anzahl der Sachverständigen des Gremiums nach Maßgabe der jeweiligen Erfordernisse fest und sorgt für eine ausgewogene Vertretung der Geschlechter und eine gerechte geografische Verteilung.

(3) Das wissenschaftliche Gremium berät und unterstützt das Büro für Künstliche Intelligenz, insbesondere in Bezug auf folgende Aufgaben:
- a) Unterstützung bei der Durchführung und Durchsetzung dieser Verordnung in Bezug auf KI-Modelle und -Systeme mit allgemeinem Verwendungszweck, insbesondere indem es
  - i) das Büro für Künstliche Intelligenz im Einklang mit Artikel 90 vor möglichen systemischen Risiken von KI-Modellen mit allgemeinem Verwendungszweck auf Unionsebene warnt;
  - ii) einen Beitrag zur Entwicklung von Instrumenten und Methoden für die Bewertung der Fähigkeiten von KI-Modellen und -Systemen mit allgemeinem Verwendungszweck, auch durch Benchmarks, leistet;
  - iii) Beratung über die Einstufung von KI-Modellen mit allgemeinem Verwendungszweck mit systemischem Risiko anbietet;
  - iv) Beratung über die Einstufung verschiedener KI-Modelle und -Systeme mit allgemeinem Verwendungszweck anbietet;
  - v) einen Beitrag zur Entwicklung von Instrumenten und Mustern leistet;
- b) Unterstützung der Arbeit der Marktüberwachungsbehörden auf deren Ersuchen;
- c) Unterstützung grenzüberschreitender Marktüberwachungstätigkeiten gemäß Artikel 74 Absatz 11, ohne dass die Befugnisse der Marktüberwachungsbehörden berührt werden;
- d) Unterstützung des Büros für Künstliche Intelligenz bei der Wahrnehmung seiner Aufgaben im Rahmen des Schutzklauselverfahrens der Union gemäß Artikel 81.

(4) Die Sachverständigen des wissenschaftlichen Gremiums führen ihre Aufgaben nach den Grundsätzen der Unparteilichkeit und der Objektivität aus und gewährleisten die Vertraulichkeit der Informationen und Daten, in deren Besitz sie bei der Ausführung ihrer Aufgaben und Tätigkeiten gelangen. Sie dürfen bei der Wahrnehmung ihrer Aufgaben nach Absatz 3 weder Weisungen anfordern noch entgegennehmen. Jeder Sachverständige gibt eine Interessenerklärung ab, die öffentlich zugänglich gemacht wird. Das Büro für Künstliche Intelligenz richtet Systeme und Verfahren ein, mit denen mögliche Interessenkonflikte aktiv bewältigt und verhindert werden können.

(5) Der in Absatz 1 genannte Durchführungsrechtsakt enthält Bestimmungen über die Bedingungen, Verfahren und detaillierten Regelungen nach denen das wissenschaftliche Gremium und seine Mitglieder Warnungen ausgeben und das Büro für Künstliche Intelligenz um Unterstützung bei der Wahrnehmung der Aufgaben des wissenschaftlichen Gremiums ersuchen können.

ErwG 148, 151, 152

Artikel 69
Zugang zum Pool von Sachverständigen durch die Mitgliedstaaten

(1) Die Mitgliedstaaten können Sachverständige des wissenschaftlichen Gremiums hinzuziehen, um ihre Durchsetzungstätigkeiten im Rahmen dieser Verordnung zu unterstützen.

(2) Die Mitgliedstaaten können verpflichtet werden, für die Beratung und Unterstützung durch die Sachverständigen Gebühren zu entrichten. Struktur und Höhe der Gebühren sowie Umfang und Struktur erstattungsfähiger Kosten werden in dem in Artikel 68 Absatz 1 genannten Durchführungsrechtsakt festgelegt, wobei die Zielsetzung berücksichtigt wird, für die angemessene Durchführung dieser Verordnung, für Kosteneffizienz sowie dafür zu sorgen, dass alle Mitgliedstaaten effektiven Zugang zu Sachverständigen haben müssen.

(3) Die Kommission ermöglicht den Mitgliedstaaten bei Bedarf einen rechtzeitigen Zugang zu den Sachverständigen und sorgt dafür, dass die Kombination aus unterstützenden Tätigkeiten durch die Union zur Prüfung von KI gemäß Artikel 84 und durch die Sachverständigen gemäß dem vorliegenden Artikel effizient organisiert ist und den bestmöglichen zusätzlichen Nutzen bringt.

ABSCHNITT 2
Zuständige nationale Behörden

ErwG 153, 154, 156, 157, 159, 161

Artikel 70
Benennung von zuständigen nationalen Behörden und zentrale Anlaufstelle

(1) Jeder Mitgliedstaat muss für die Zwecke dieser Verordnung mindestens eine notifizierende Behörde und mindestens eine Marktüberwachungsbehörde als zuständige nationale Behörden einrichten oder benennen. Diese zuständigen nationalen Behörden üben ihre Befugnisse unabhängig, unparteiisch und unvoreingenommen aus, um die Objektivität ihrer Tätigkeiten und Aufgaben zu gewährleisten und die Anwendung und Durchführung dieser Verordnung sicherzustellen. Die Mitglieder dieser Behörden haben jede Handlung zu unterlassen, die mit ihren Aufgaben unvereinbar ist. Sofern diese Grundsätze gewahrt werden, können die betreffenden Tätigkeiten und Aufgaben gemäß den organisatorischen Erfordernissen des Mitgliedstaats von einer oder mehreren benannten Behörden wahrgenommen werden.

(2) Die Mitgliedstaaten teilen der Kommission die Namen der notifizierenden Behörden und der Marktüberwachungsbehörden und die Aufgaben dieser Behörden sowie

alle späteren Änderungen mit. Die Mitgliedstaaten machen Informationen darüber, wie die zuständigen Behörden und zentralen Anlaufstellen bis zum 2. August 2025 auf elektronischem Wege kontaktiert werden können, öffentlich zugänglich. Die Mitgliedstaaten benennen eine Marktüberwachungsbehörde, die als zentrale Anlaufstelle für diese Verordnung fungiert, und teilen der Kommission den Namen der zentralen Anlaufstelle mit. Die Kommission erstellt eine öffentlich verfügbare Liste der zentralen Anlaufstellen.

(3) Die Mitgliedstaaten sorgen dafür, dass ihre zuständigen nationalen Behörden mit angemessenen technischen und finanziellen Mitteln sowie geeignetem Personal und Infrastrukturen ausgestattet werden, damit sie ihre Aufgaben im Rahmen dieser Verordnung wirksam erfüllen können. Insbesondere müssen die zuständigen nationalen Behörden zu jeder Zeit über eine ausreichende Zahl von Mitarbeitern verfügen, zu deren Kompetenzen und Fachwissen ein tiefes Verständnis der KI-Technologien, der Daten und Datenverarbeitung, des Schutzes personenbezogener Daten, der Cybersicherheit, der Grundrechte, der Gesundheits- und Sicherheitsrisiken sowie Kenntnis der bestehenden Normen und rechtlichen Anforderungen gehört. Die Mitgliedstaaten bewerten und aktualisieren, falls erforderlich, jährlich die in diesem Absatz genannten Erfordernisse bezüglich Kompetenzen und Ressourcen.

(4) Die zuständigen nationalen Behörden ergreifen geeignete Maßnahmen zur Sicherstellung eines angemessenen Maßes an Cybersicherheit.

(5) Bei der Erfüllung ihrer Aufgaben halten sich die zuständigen nationalen Behörden an die in Artikel 78 festgelegten Vertraulichkeitspflichten.

(6) Bis zum 2. August 2025 und anschließend alle zwei Jahre erstatten die Mitgliedstaaten der Kommission Bericht über den Sachstand bezüglich der finanziellen Mittel und des Personals der zuständigen nationalen Behörden und geben eine Einschätzung über deren Angemessenheit ab. Die Kommission leitet diese Informationen zur Erörterung und etwaigen Abgabe von Empfehlungen an das KI-Gremium weiter.

(7) Die Kommission fördert den Erfahrungsaustausch zwischen den zuständigen nationalen Behörden.

(8) Die zuständigen nationalen Behörden können gegebenenfalls insbesondere KMU, einschließlich Start-up-Unternehmen, unter Berücksichtigung der Anleitung und Beratung durch das KI-Gremium oder der Kommission mit Anleitung und Beratung bei der Durchführung dieser Verordnung zur Seite stehen. Wenn zuständige nationale Behörden beabsichtigen, Anleitung und Beratung in Bezug auf ein KI-System in Bereichen anzubieten, die unter das Unionrecht fallen, so sind gegebenenfalls die nach jenen Unionsrecht zuständigen nationalen Behörden zu konsultieren.

(9) Soweit Organe, Einrichtungen und sonstige Stellen der Union in den Anwendungsbereich dieser Verordnung fallen, übernimmt der Europäische Datenschutzbeauftragte die Funktion der für ihre Beaufsichtigung zuständigen Behörde.

KAPITEL VIII
EU-Datenbank für Hochrisiko-KI-Systeme

Artikel 71
EU-Datenbank für die in Anhang III aufgeführten Hochrisiko-KI-Systeme

ErwG 131; → **Rn. 177**

(1) Die Kommission errichtet und führt in Zusammenarbeit mit den Mitgliedstaaten eine EU-Datenbank mit den in den Absätzen 2 und 3 dieses Artikels genannten Informationen über Hochrisiko-KI-Systeme nach Artikel 6 Absatz 2, die gemäß den Artikeln 49 und 60 registriert werden und über KI-Systeme, die nicht als Hochrisiko-KI-Systeme gemäß Artikel 6 Absatz 3 gelten und gemäß Artikel 6 Absatz 4 und

Artikel 49 registriert werden. Bei der Festlegung der Funktionsspezifikationen dieser Datenbank konsultiert die Kommission die einschlägigen Sachverständigen und bei der Aktualisierung der Funktionsspezifikationen dieser Datenbank konsultiert sie das KI-Gremium.

(2) Die in Anhang VIII Abschnitte A und B aufgeführten Daten werden vom Anbieter oder gegebenenfalls vom Bevollmächtigten in die EU-Datenbank eingegeben.

(3) Die in Anhang VIII Abschnitt C aufgeführten Daten werden vom Betreiber, der eine Behörde, Einrichtung oder sonstige Stelle ist oder in deren Namen handelt, gemäß Artikel 49 Absätze 3 und 4 in die EU-Datenbank eingegeben.

(4) Mit Ausnahme des in Artikel 49 Absatz 4 und Artikel 60 Absatz 4 Buchstabe c genannten Abschnitts müssen die gemäß Artikel 49 in der Datenbank registrierten und dort enthaltenen Informationen auf benutzerfreundliche Weise zugänglich und öffentlich verfügbar sein. Die Informationen sollten leicht handhabbar und maschinenlesbar sein. Auf die gemäß Artikel 60 registrierten Informationen können nur Marktüberwachungsbehörden und die Kommission zugreifen, es sei denn, der zukünftige Anbieter oder der Anbieter hat seine Zustimmung dafür erteilt, dass die Informationen auch öffentlich zugänglich sind.

(5) Die EU-Datenbank enthält personenbezogene Daten nur, soweit dies für die Erfassung und Verarbeitung von Informationen gemäß dieser Verordnung erforderlich ist. Zu diesen Informationen gehören die Namen und Kontaktdaten der natürlichen Personen, die für die Registrierung des Systems verantwortlich sind und die rechtlich befugt sind, den Anbieter oder gegebenenfalls den Betreiber zu vertreten.

(6) Die Kommission gilt als für die EU-Datenbank Verantwortlicher. Sie stellt Anbietern, zukünftigen Anbietern und Betreibern angemessene technische und administrative Unterstützung bereit. Die EU-Datenbank muss den geltenden Barrierefreiheitsanforderungen entsprechen.

KAPITEL IX
Beobachtung nach dem Inverkehrbringen, Informationsaustausch und Marktüberwachung

ABSCHNITT 1
Beobachtung nach dem Inverkehrbringen

ErwG 155, 158; → **Rn. 179 f.**

Artikel 72
Beobachtung nach dem Inverkehrbringen durch die Anbieter und Plan für die Beobachtung nach dem Inverkehrbringen für Hochrisiko-KI-Systeme

(1) Anbieter müssen ein System zur Beobachtung nach dem Inverkehrbringen, das im Verhältnis zur Art der KI-Technik und zu den Risiken des Hochrisiko-KI-Systems steht, einrichten und dokumentieren.

(2) Mit dem System zur Beobachtung nach dem Inverkehrbringen müssen sich die einschlägigen Daten zur Leistung der Hochrisiko-KI-Systeme, die von den Anbietern oder den Betreibern bereitgestellt oder aus anderen Quellen erhoben werden können, über ihre gesamte Lebensdauer hinweg aktiv und systematisch erheben, dokumentieren und analysieren lassen, und der Anbieter muss damit die fortdauernde Einhaltung der in Kapitel III Abschnitt 2 genannten Anforderungen an die KI-Systeme bewerten können. Gegebenenfalls umfasst die Beobachtung nach dem Inverkehrbringen eine Analyse der Interaktion mit anderen KI-Systemen. Diese Pflicht gilt nicht für sensible operative Daten von Betreibern, die Strafverfolgungsbehörden sind.

(3) Das System zur Beobachtung nach dem Inverkehrbringen muss auf einem Plan für die Beobachtung nach dem Inverkehrbringen beruhen. Der Plan für die Beobachtung nach dem Inverkehrbringen ist Teil der in Anhang IV genannten technischen Dokumentation. Die Kommission erlässt einen Durchführungsrechtsakt, in dem sie detaillierte Bestimmungen für die Erstellung eines Musters des Plans für die Beobachtung nach dem Inverkehrbringen sowie die Liste der in den Plan aufzunehmenden Elemente bis zum 2. Februar 2026 detailliert festlegt. Dieser Durchführungsrechtsakt wird gemäß dem in Artikel 98 Absatz 2 genannten Prüfverfahren erlassen.

(4) Bei Hochrisiko-KI-Systemen, die unter die in Anhang I Abschnitt A aufgeführten Harmonisierungsrechtsvorschriften der Union fallen, und für die auf der Grundlage dieser Rechtvorschriften bereits ein System zur Beobachtung nach dem Inverkehrbringen sowie ein entsprechender Plan festgelegt wurden, haben die Anbieter zur Gewährleistung der Kohärenz, zur Vermeidung von Doppelarbeit und zur Minimierung zusätzlicher Belastungen die Möglichkeit, unter Verwendung des Musters nach Absatz 3, gegebenenfalls die in den Absätzen 1, 2 und 3 genannten erforderlichen Elemente in die im Rahmen dieser Vorschriften bereits vorhandenen Systeme und Pläne zu integrieren, sofern ein gleichwertiges Schutzniveau erreicht wird.

Unterabsatz 1 dieses Absatzes gilt auch für in Anhang III Nummer 5 genannte Hochrisiko-KI-Systeme, die von Finanzinstituten in Verkehr gebracht oder in Betrieb genommen wurden, die bezüglich ihrer internen Unternehmensführung, Regelungen oder Verfahren Anforderungen gemäß den Rechtsvorschriften der Union über Finanzdienstleistungen unterliegen.

ABSCHNITT 2
Austausch von Informationen über schwerwiegende Vorfälle

Artikel 73
Meldung schwerwiegender Vorfälle

ErwG 155, 157; → **Rn. 182 ff.**

(1) Anbieter von in der Union in Verkehr gebrachten Hochrisiko-KI-Systemen melden schwerwiegende Vorfälle den Marktüberwachungsbehörden der Mitgliedstaaten, in denen der Vorfall stattgefunden hat.

(2) Die Meldung nach Absatz 1 erfolgt unmittelbar, nachdem der Anbieter den kausalen Zusammenhang zwischen dem KI-System und dem schwerwiegenden Vorfall oder die naheliegende Wahrscheinlichkeit eines solchen Zusammenhangs festgestellt hat und in jedem Fall spätestens 15 Tage, nachdem der Anbieter oder gegebenenfalls der Betreiber Kenntnis von diesem schwerwiegenden Vorfall erlangt hat.

Bezüglich des in Unterabsatz 1 genannten Meldezeitraums wird der Schwere des schwerwiegenden Vorfalls Rechnung getragen.

(3) Ungeachtet des Absatzes 2 dieses Artikels erfolgt die in Absatz 1 dieses Artikels genannte Meldung im Falle eines weitverbreiteten Verstoßes oder eines schwerwiegenden Vorfalls im Sinne des Artikels 3 Nummer 49 Buchstabe b unverzüglich, spätestens jedoch zwei Tage nachdem der Anbieter oder gegebenenfalls der Betreiber von diesem Vorfall Kenntnis erlangt hat.

(4) Ungeachtet des Absatzes 2 erfolgt die Meldung im Falle des Todes einer Person unverzüglich nachdem der Anbieter oder der Betreiber einen kausalen Zusammenhang zwischen dem Hochrisiko-KI-System und dem schwerwiegenden Vorfall festgestellt hat, oder einen solchen vermutet, spätestens jedoch zehn Tage nach dem Datum, an dem der Anbieter oder gegebenenfalls der Betreiber von dem schwerwiegenden Vorfall Kenntnis erlangt hat.

(5) Wenn es zur Gewährleistung der rechtzeitigen Meldung erforderlich ist, kann der Anbieter oder gegebenenfalls der Betreiber einen unvollständigen Erstbericht vorlegen, dem ein vollständiger Bericht folgt.

(6) Im Anschluss an die Meldung eines schwerwiegenden Vorfalls gemäß Absatz 1 führt der Anbieter unverzüglich die erforderlichen Untersuchungen im Zusammenhang mit dem schwerwiegenden Vorfall und dem betroffenen KI-System durch. Dies umfasst eine Risikobewertung des Vorfalls sowie Korrekturmaßnahmen.

Der Anbieter arbeitet bei den Untersuchungen gemäß Unterabsatz 1 mit den zuständigen Behörden und gegebenenfalls mit der betroffenen notifizierten Stelle zusammen und nimmt keine Untersuchung vor, die zu einer Veränderung des betroffenen KI-Systems in einer Weise führt, die möglicherweise Auswirkungen auf eine spätere Bewertung der Ursachen des Vorfalls hat, bevor er die zuständigen Behörden über eine solche Maßnahme nicht unterrichtet hat.

(7) Sobald die zuständige Marktüberwachungsbehörde eine Meldung über einen in Artikel 3 Nummer 49 Buchstabe c genannten schwerwiegenden Vorfall erhält, informiert sie die in Artikel 77 Absatz 1 genannten nationalen Behörden oder öffentlichen Stellen. Zur leichteren Einhaltung der Pflichten nach Absatz 1 dieses Artikels arbeitet die Kommission entsprechende Leitlinien aus. Diese Leitlinien werden bis zum 2. August 2025 veröffentlicht und regelmäßig bewertet.

(8) Die Marktüberwachungsbehörde ergreift innerhalb von sieben Tagen nach Eingang der in Absatz 1 dieses Artikels genannten Meldung geeignete Maßnahmen gemäß Artikel 19 der Verordnung (EU) 2019/1020 und befolgt die in der genannten Verordnung vorgesehenen Meldeverfahren.

(9) Bei Hochrisiko-KI-Systemen nach Anhang III, die von Anbietern in Verkehr gebracht oder in Betrieb genommen wurden, die Rechtsinstrumenten der Union mit gleichwertigen Meldepflichten wie jenen in dieser Verordnung festgesetzten unterliegen, müssen nur jene schwerwiegenden Vorfälle gemeldet werden, die in Artikel 3 Nummer 49 Buchstabe c genannt werden.

(10) Bei Hochrisiko-KI-Systemen, bei denen es sich um Sicherheitsbauteile von Produkten handelt, die unter die Verordnungen (EU) 2017/745 und (EU) 2017/746 fallen, oder die selbst solche Produkte sind, müssen nur die in Artikel 3 Nummer 49 Buchstabe c dieser Verordnung genannten schwerwiegenden Vorfälle gemeldet werden, und zwar der zuständigen nationalen Behörde, die für diesen Zweck von den Mitgliedstaaten, in denen der Vorfall stattgefunden hat, ausgewählt wurde.

(11) Die zuständigen nationalen Behörden melden der Kommission unverzüglich jeden schwerwiegenden Vorfall gemäß Artikel 20 der Verordnung (EU) 2019/1020, unabhängig davon, ob sie diesbezüglich Maßnahmen ergriffen haben.

ABSCHNITT 3
Durchsetzung

ErwG 156–160

Artikel 74
Marktüberwachung und Kontrolle von KI-Systemen auf dem Unionsmarkt

(1) Die Verordnung (EU) 2019/1020 gilt für KI-Systeme, die unter die vorliegende Verordnung fallen. Für die Zwecke einer wirksamen Durchsetzung der vorliegenden Verordnung gilt Folgendes:
   a) Jede Bezugnahme auf einen Wirtschaftsakteur nach der Verordnung (EU) 2019/1020 gilt auch als Bezugnahme auf alle Akteure, die in Artikel 2 Absatz 1 der vorliegenden Verordnung genannt werden;
   b) jede Bezugnahme auf ein Produkt nach der Verordnung (EU) 2019/1020 gilt auch als Bezugnahme auf alle KI-Systeme, die in den Anwendungsbereich der vorliegenden Verordnung fallen.

(2) Im Rahmen ihrer Berichtspflichten gemäß Artikel 34 Absatz 4 der Verordnung (EU) 2019/1020 melden die Marktüberwachungsbehörden der Kommission und den einschlägigen nationalen Wettbewerbsbehörden jährlich alle Informationen, die sie im Verlauf ihrer Marktüberwachungstätigkeiten erlangt haben und die für die Anwendung von Unionsrecht im Bereich der Wettbewerbsregeln von Interesse sein könnten. Ferner erstatten sie der Kommission jährlich Bericht über die Anwendung verbotener Praktiken in dem betreffenden Jahr und über die ergriffenen Maßnahmen.

(3) Bei Hochrisiko-KI-Systemen und damit in Zusammenhang stehenden Produkten, auf die die in Anhang I Abschnitt A aufgeführten Harmonisierungsrechtsvorschriften der Union Anwendung finden, gilt als Marktüberwachungsbehörde für die Zwecke dieser Verordnung die in jenen Rechtsakten für die Marktüberwachung benannte Behörde.

Abweichend von Unterabsatz 1 und unter geeigneten Umständen können die Mitgliedstaaten eine andere einschlägige Behörde benennen, die die Funktion der Marktüberwachungsbehörde übernimmt, sofern sie die Koordinierung mit den einschlägigen sektorspezifischen Marktüberwachungsbehörden, die für die Durchsetzung der in Anhang I aufgeführten Harmonisierungsrechtsvorschriften der Union zuständig sind, sicherstellen.

(4) Die Verfahren gemäß den Artikeln 79 bis 83 der vorliegenden Verordnung gelten nicht für KI-Systeme, die im Zusammenhang mit Produkten stehen, auf die die in Anhang I Abschnitt A aufgeführten Harmonisierungsrechtsvorschriften der Union Anwendung finden, wenn in diesen Rechtsakten bereits Verfahren, die ein gleichwertiges Schutzniveau sicherstellen und dasselbe Ziel haben, vorgesehen sind. In diesen Fällen kommen stattdessen die einschlägigen sektorspezifischen Verfahren zur Anwendung.

(5) Unbeschadet der Befugnisse der Marktüberwachungsbehörden gemäß Artikel 14 der Verordnung (EU) 2019/1020 können die Marktüberwachungsbehörden für die Zwecke der Sicherstellung der wirksamen Durchsetzung der vorliegenden Verordnung die in Artikel 14 Absatz 4 Buchstaben d und j der genannten Verordnung genannten Befugnisse gegebenenfalls aus der Ferne ausüben.

(6) Bei Hochrisiko-KI-Systemen, die von auf der Grundlage des Unionsrechts im Bereich der Finanzdienstleistungen regulierten Finanzinstituten in Verkehr gebracht, in Betrieb genommen oder verwendet werden, gilt die in jenen Rechtsvorschriften für die Finanzaufsicht über diese Institute benannte nationale Behörde als Marktüberwachungsbehörde für die Zwecke dieser Verordnung, sofern das Inverkehrbringen, die Inbetriebnahme oder die Verwendung des KI-Systems mit der Erbringung dieser Finanzdienstleistungen in direktem Zusammenhang steht.

(7) Abweichend von Absatz 6 kann der Mitgliedstaat – unter geeigneten Umständen und wenn für Abstimmung gesorgt ist – eine andere einschlägige Behörde als Marktüberwachungsbehörde für die Zwecke dieser Verordnung benennen.

Nationale Marktüberwachungsbehörden, die unter die Richtlinie 2013/36/EU fallende Kreditinstitute, welche an dem mit der Verordnung (EU) Nr. 1024/2013 eingerichteten einheitlichen Aufsichtsmechanismus teilnehmen, beaufsichtigen, sollten der Europäischen Zentralbank unverzüglich alle im Zuge ihrer Marktüberwachungstätigkeiten ermittelten Informationen übermitteln, die für die in der genannten Verordnung festgelegten Aufsichtsaufgaben der Europäischen Zentralbank von Belang sein könnten.

(8) Für die in Anhang III Nummer 1 der vorliegenden Verordnung genannten Hochrisiko-KI-Systeme, sofern diese Systeme für Strafverfolgungszwecke, Grenzmanagement und Justiz und Demokratie eingesetzt werden, und für die in Anhang III Nummern 6, 7 und 8 genannten Hochrisiko-KI-Systeme benennen die Mitgliedstaaten für die Zwecke dieser Verordnung als Marktüberwachungsbehörden entweder die nach der Verordnung (EU) 2016/679 oder der Richtlinie (EU) 2016/680 für den Datenschutz zuständigen Aufsichtsbehörden oder jede andere gemäß denselben Bedingungen wie den in den Artikeln 41 bis 44 der Richtlinie (EU) 2016/680 festgelegten benannte Behörde. Marktüberwachungstätigkeiten dürfen in keiner Weise die Unab-

hängigkeit von Justizbehörden beeinträchtigen oder deren Handlungen im Rahmen ihrer justiziellen Tätigkeit anderweitig beeinflussen.

(9) Soweit Organe, Einrichtungen und sonstige Stellen der Union in den Anwendungsbereich dieser Verordnung fallen, übernimmt der Europäische Datenschutzbeauftragte die Funktion der für sie zuständigen Marktüberwachungsbehörde – ausgenommen für den Gerichtshof der Europäischen Union im Rahmen seiner Rechtsprechungstätigkeit.

(10) Die Mitgliedstaaten erleichtern die Koordinierung zwischen den auf der Grundlage dieser Verordnung benannten Marktüberwachungsbehörden und anderen einschlägigen nationalen Behörden oder Stellen, die die Anwendung der in Anhang I aufgeführten Harmonisierungsrechtsvorschriften der Union oder sonstigen Unionsrechts überwachen, das für die in Anhang III genannten Hochrisiko-KI-Systeme relevant sein könnte.

(11) Die Marktüberwachungsbehörden und die Kommission können gemeinsame Tätigkeiten, einschließlich gemeinsamer Untersuchungen, vorschlagen, die von den Marktüberwachungsbehörden oder von den Marktüberwachungsbehörden gemeinsam mit der Kommission durchgeführt werden, um Konformität zu fördern, Nichtkonformität festzustellen, zu sensibilisieren oder Orientierung zu dieser Verordnung und bestimmten Kategorien von Hochrisiko-KI-Systemen, bei denen festgestellt wird, dass sie in zwei oder mehr Mitgliedstaaten gemäß Artikel 9 der Verordnung (EU) 2019/1020 ein ernstes Risiko darstellen, zu geben. Das Büro für Künstliche Intelligenz unterstützt die Koordinierung der gemeinsamen Untersuchungen.

(12) Die Anbieter gewähren den Marktüberwachungsbehörden unbeschadet der Befugnisübertragung gemäß der Verordnung (EU) 2019/1020 – sofern dies relevant ist und beschränkt auf das zur Wahrnehmung der Aufgaben dieser Behörden erforderliche Maß – uneingeschränkten Zugang zur Dokumentation sowie zu den für die Entwicklung von Hochrisiko-KI-Systemen verwendeten Trainings-, Validierungs- und Testdatensätzen, gegebenenfalls und unter Einhaltung von Sicherheitsvorkehrungen auch über die Anwendungsprogrammierschnittstellen (im Folgenden „API“) oder andere einschlägige technische Mittel und Instrumente, die den Fernzugriff ermöglichen.

(13) Zum Quellcode des Hochrisiko-KI-Systems erhalten Marktüberwachungsbehörden auf begründete Anfrage und nur dann Zugang, wenn die beiden folgenden Bedingungen erfüllt sind:
   a) Der Zugang zum Quellcode ist zur Bewertung der Konformität eines Hochrisiko-KI-Systems mit den in Kapitel III Abschnitt 2 festgelegten Anforderungen notwendig und
   b) die Test- oder Prüfverfahren und Überprüfungen aufgrund der vom Anbieter bereitgestellten Daten und Dokumentation wurden ausgeschöpft oder haben sich als unzureichend erwiesen.

(14) Jegliche Informationen oder Dokumentation, in deren Besitz die Marktüberwachungsbehörden gelangen, werden im Einklang mit den in Artikel 78 festgelegten Vertraulichkeitspflichten behandelt.

ErwG 161–164

Artikel 75
Amtshilfe, Marktüberwachung und Kontrolle von KI-Systemen mit allgemeinem Verwendungszweck

(1) Beruht ein KI-System auf einem KI-Modell mit allgemeinem Verwendungszweck und werden das Modell und das System vom selben Anbieter entwickelt, so ist das Büro für Künstliche Intelligenz befugt, die Konformität des KI-Systems mit den Pflichten aus dieser Verordnung zu überwachen und beaufsichtigen. Zur Wahrnehmung seiner Beobachtungs- und Überwachungsaufgaben hat das Büro für Künstliche

Intelligenz alle in diesem Abschnitt und in der Verordnung (EU) 2019/1020 vorgesehenen Befugnisse einer Marktüberwachungsbehörde.

(2) Haben die zuständigen Marktüberwachungsbehörden hinreichenden Grund für die Auffassung, dass KI-Systeme mit allgemeinem Verwendungszweck, die von Betreibern direkt für mindestens einen Zweck, der gemäß dieser Verordnung als hochriskant eingestuft ist, verwendet werden können, nicht mit den in dieser Verordnung festgelegten Anforderungen konform sind, so arbeiten sie bei der Durchführung von Konformitätsbewertungen mit dem Büro für Künstliche Intelligenz zusammen und unterrichten das KI-Gremium und andere Marktüberwachungsbehörden entsprechend.

(3) Ist eine Marktüberwachungsbehörde wegen der Unzugänglichkeit bestimmter Informationen im Zusammenhang mit dem KI-Modell mit allgemeinem Verwendungszweck nicht in der Lage, ihre Ermittlungen zu dem Hochrisiko-KI-System abzuschließen, obwohl sie alle angemessenen Anstrengungen unternommen hat, diese Informationen zu erhalten, kann sie ein begründetes Ersuchen an das Büro für Künstliche Intelligenz richten, durch das der Zugang zu den Informationen durchgesetzt werden kann. In diesem Fall übermittelt das Büro für Künstliche Intelligenz der ersuchenden Behörde unverzüglich, spätestens aber innerhalb von 30 Tagen, alle Informationen, die das Büro für Künstliche Intelligenz für die Feststellung, ob ein Hochrisiko-KI-System nicht konform ist, für erforderlich erachtet. Die Marktüberwachungsbehörden gewährleisten gemäß Artikel 78 der vorliegenden Verordnung die Vertraulichkeit der von ihnen erlangten Informationen. Das Verfahren nach Kapitel VI der Verordnung (EU) 2019/1020 gilt entsprechend.

Artikel 76
Beaufsichtigung von Tests unter Realbedingungen durch Marktüberwachungsbehörden

ErwG 139, 141

(1) Marktüberwachungsbehörden müssen über die Kompetenzen und Befugnisse verfügen, um sicherzustellen, dass Tests unter Realbedingungen gemäß dieser Verordnung erfolgen.

(2) Wenn ein Test unter Realbedingungen für KI-Systeme durchgeführt wird, die in einem KI-Reallabor gemäß Artikel 58 beaufsichtigt werden, überprüfen die Marktüberwachungsbehörden im Rahmen ihrer Aufsichtsaufgaben für das KI-Reallabor die Einhaltung des Artikels 60. Die Behörden können gegebenenfalls gestatten, dass der Anbieter oder zukünftige Anbieter den Test unter Realbedingungen in Abweichung von den in Artikel 60 Absatz 4 Buchstaben f und g festgelegten Bedingungen durchführt.

(3) Wenn eine Marktüberwachungsbehörde vom zukünftigen Anbieter, vom Anbieter oder von einem Dritten über einen schwerwiegenden Vorfall informiert wurde oder Grund zu der Annahme hat, dass die in den Artikeln 60 und 61 festgelegten Bedingungen nicht erfüllt sind, kann sie – je nachdem, was angemessen ist – in ihrem Hoheitsgebiet gegebenenfalls entscheiden, entweder
a) den Test unter Realbedingungen auszusetzen oder abzubrechen oder
b) den Anbieter oder zukünftigen Anbieter und die Betreiber oder zukünftigen Betreiber zur Änderung eines beliebigen Aspekts des Tests unter Realbedingungen zu verpflichten.

(4) Wenn eine Marktüberwachungsbehörde eine Entscheidung nach Absatz 3 des vorliegenden Artikels getroffen oder Einwände im Sinne des Artikels 60 Absatz 4 Buchstabe b erhoben hat, sind im Rahmen der Entscheidung oder der Einwände die Gründe dafür zu nennen sowie anzugeben, wie der Anbieter oder zukünftige Anbieter die Entscheidung oder die Einwände anfechten kann.

(5) Wenn eine Marktüberwachungsbehörde eine Entscheidung nach Absatz 3 getroffen hat, teilt sie ihre Gründe dafür gegebenenfalls den Marktüberwachungsbehörden an-

derer Mitgliedstaaten mit, in denen das KI-System gemäß dem Plan für den Test getestet wurde.

ErwG 154, 157

Artikel 77
Befugnisse der für den Schutz der Grundrechte zuständigen Behörden

(1) Nationale Behörden oder öffentliche Stellen, die die Einhaltung des Unionsrechts zum Schutz der Grundrechte, einschließlich des Rechts auf Nichtdiskriminierung, in Bezug auf die Verwendung der in Anhang III genannten Hochrisiko-KI-Systeme beaufsichtigen oder durchsetzen, sind befugt, sämtliche auf der Grundlage dieser Verordnung in zugänglicher Sprache und Format erstellte oder geführte Dokumentation anzufordern und einzusehen, sofern der Zugang zu dieser Dokumentation für die wirksame Ausübung ihrer Aufträge im Rahmen ihrer Befugnisse innerhalb der Grenzen ihrer Hoheitsgewalt notwendig ist. Die jeweilige Behörde oder öffentliche Stelle informiert die Marktüberwachungsbehörde des betreffenden Mitgliedstaats von jeder diesbezüglichen Anfrage.

(2) Bis 2. November 2024 muss jeder Mitgliedstaat die in Absatz 1 genannten Behörden oder öffentlichen Stellen benennen und in einer öffentlichen Liste verfügbar machen. Die Mitgliedstaaten übermitteln die Liste der Kommission und den anderen Mitgliedstaaten und halten die Liste auf dem neuesten Stand.

(3) Sollte die in Absatz 1 genannte Dokumentation nicht ausreichen, um feststellen zu können, ob ein Verstoß gegen das Unionsrecht zum Schutz der Grundrechte vorliegt, so kann die in Absatz 1 genannte Behörde oder öffentliche Stelle bei der Marktüberwachungsbehörde einen begründeten Antrag auf Durchführung eines technischen Tests des Hochrisiko-KI-Systems stellen. Die Marktüberwachungsbehörde führt den Test unter enger Einbeziehung der beantragenden Behörde oder öffentlichen Stelle innerhalb eines angemessenen Zeitraums nach Eingang des Antrags durch.

(4) Jegliche Informationen oder Dokumentation, in deren Besitz die in Absatz 1 des vorliegenden Artikels genannten nationalen Behörden oder öffentlichen Stellen auf der Grundlage des vorliegenden Artikels gelangen, werden im Einklang mit den in Artikel 78 festgelegten Vertraulichkeitspflichten behandelt.

ErwG 167

Artikel 78
Vertraulichkeit

(1) Die Kommission, die Marktüberwachungsbehörden und die notifizierten Stellen sowie alle anderen natürlichen oder juristischen Personen, die an der Anwendung dieser Verordnung beteiligt sind, wahren gemäß dem Unionsrecht oder dem nationalen Recht die Vertraulichkeit der Informationen und Daten, in deren Besitz sie bei der Ausführung ihrer Aufgaben und Tätigkeiten gelangen, sodass insbesondere Folgendes geschützt ist:
   a) die Rechte des geistigen Eigentums sowie vertrauliche Geschäftsinformationen oder Geschäftsgeheimnisse natürlicher oder juristischer Personen, einschließlich Quellcodes, mit Ausnahme der in Artikel 5 der Richtlinie (EU) 2016/943 des Europäischen Parlaments und des Rates;
   b) die wirksame Durchführung dieser Verordnung, insbesondere für die Zwecke von Inspektionen, Untersuchungen oder Audits;
   c) öffentliche und nationale Sicherheitsinteressen;
   d) die Durchführung von Straf- oder Verwaltungsverfahren;
   e) gemäß dem Unionsrecht oder dem nationalen Recht als Verschlusssache eingestufte Informationen.

(2) Die gemäß Absatz 1 an der Anwendung dieser Verordnung beteiligten Behörden fragen nur Daten an, die für die Bewertung des von KI-Systemen ausgehenden Risikos und für die Ausübung ihrer Befugnisse in Übereinstimmung mit dieser Verordnung und mit der Verordnung (EU) 2019/1020 unbedingt erforderlich sind. Sie ergreifen angemessene und wirksame Cybersicherheitsmaßnahmen zum Schutz der Sicherheit und Vertraulichkeit der erlangten Informationen und Daten und löschen im Einklang mit dem geltenden Unionsrecht oder nationalen Recht die erhobenen Daten, sobald sie für den Zweck, für den sie erlangt wurden, nicht mehr benötigt werden.

(3) Unbeschadet der Absätze 1 und 2 darf der Austausch vertraulicher Informationen zwischen den zuständigen nationalen Behörden untereinander oder zwischen den zuständigen nationalen Behörden und der Kommission nicht ohne vorherige Rücksprache mit der zuständigen nationalen Behörde, von der die Informationen stammen, und dem Betreiber offengelegt werden, sofern die in Anhang III Nummer 1, 6 oder 7 genannten Hochrisiko-KI-Systeme von Strafverfolgungs-, Grenzschutz-, Einwanderungs- oder Asylbehörden verwendet werden und eine solche Offenlegung die öffentlichen und nationalen Sicherheitsinteressen gefährden könnte. Dieser Informationsaustausch erstreckt sich nicht auf sensible operative Daten zu den Tätigkeiten von Strafverfolgungs-, Grenzschutz-, Einwanderungs- oder Asylbehörden.

Handeln Strafverfolgungs-, Einwanderungs- oder Asylbehörden als Anbieter von in Anhang III Nummer 1, 6 oder 7 genannten Hochrisiko-KI-Systemen, so verbleibt die technische Dokumentation nach Anhang IV in den Räumlichkeiten dieser Behörden. Diese Behörden sorgen dafür, dass die in Artikel 74 Absätze 8 und 9 genannten Marktüberwachungsbehörden auf Anfrage unverzüglich Zugang zu dieser Dokumentation oder eine Kopie davon erhalten. Zugang zu dieser Dokumentation oder zu einer Kopie davon darf nur das Personal der Marktüberwachungsbehörde erhalten, das über eine entsprechende Sicherheitsfreigabe verfügt.

(4) Die Absätze 1, 2 und 3 dürfen sich weder auf die Rechte oder Pflichten der Kommission, der Mitgliedstaaten und ihrer einschlägigen Behörden sowie der notifizierten Stellen in Bezug auf den Informationsaustausch und die Weitergabe von Warnungen, einschließlich im Rahmen der grenzüberschreitenden Zusammenarbeit, noch auf die Pflichten der betreffenden Parteien auswirken, Informationen auf der Grundlage des Strafrechts der Mitgliedstaaten bereitzustellen.

(5) Die Kommission und die Mitgliedstaaten können erforderlichenfalls und im Einklang mit den einschlägigen Bestimmungen internationaler Übereinkommen und Handelsabkommen mit Regulierungsbehörden von Drittstaaten, mit denen sie bilaterale oder multilaterale Vertraulichkeitsvereinbarungen getroffen haben und die ein angemessenes Niveau an Vertraulichkeit gewährleisten, vertrauliche Informationen austauschen.

Artikel 79
Verfahren auf nationaler Ebene für den Umgang mit KI-Systemen, die ein Risiko bergen

ErwG 96, 153, 156, 157, 160; → **Rn. 160**

(1) Als KI-Systeme, die ein Risiko bergen, gelten „Produkte, mit denen ein Risiko verbunden ist“ im Sinne des Artikels 3 Nummer 19 der Verordnung (EU) 2019/1020, sofern sie Risiken für die Gesundheit oder Sicherheit oder Grundrechte von Personen bergen.

(2) Hat die Marktüberwachungsbehörde eines Mitgliedstaats hinreichend Grund zu der Annahme, dass ein KI-System ein Risiko nach Absatz 1 des vorliegenden Artikels birgt, so prüft sie das betreffende KI-System im Hinblick auf die Erfüllung aller in der vorliegenden Verordnung festgelegten Anforderungen und Pflichten. Besondere Aufmerksamkeit gilt KI-Systemen, die für schutzbedürftige Gruppen ein Risiko bergen. Wenn Risiken für die Grundrechte festgestellt werden, informiert die Marktüberwachungsbehörde auch die in Artikel 77 Absatz 1 genannten einschlägigen nationalen Behörden oder öffentlichen Stellen und arbeitet uneingeschränkt mit ihnen zusammen. Die betreffenden Akteure arbeiten erforderlichenfalls mit der Marktüber-

wachungsbehörde und den in Artikel 77 Absatz 1 genannten anderen Behörden oder öffentlichen Stellen zusammen.

Stellt die Marktüberwachungsbehörde oder gegebenenfalls die Marktüberwachungsbehörde in Zusammenarbeit mit der in Artikel 77 Absatz 1 genannten nationalen Behörde im Verlauf dieser Prüfung fest, dass das KI-System die in dieser Verordnung festgelegten Anforderungen und Pflichten nicht erfüllt, fordert sie den jeweiligen Akteur unverzüglich auf, alle Korrekturmaßnahmen zu ergreifen, die geeignet sind, die Konformität des KI-Systems herzustellen, das KI-System vom Markt zu nehmen oder es innerhalb einer Frist, die die Marktüberwachungsbehörde vorgeben kann, in jedem Fall innerhalb von weniger als 15 Arbeitstagen, oder gemäß den einschlägigen Harmonisierungsrechtsvorschriften der Union zurückzurufen.

Die Marktüberwachungsbehörde informiert die betreffende notifizierte Stelle entsprechend. Artikel 18 der Verordnung (EU) 2019/1020 gilt für die in Unterabsatz 2 des vorliegenden Absatzes genannten Maßnahmen.

(3) Gelangt die Marktüberwachungsbehörde zu der Auffassung, dass die Nichtkonformität nicht auf ihr nationales Hoheitsgebiet beschränkt ist, so informiert sie die Kommission und die anderen Mitgliedstaaten unverzüglich über die Ergebnisse der Prüfung und über die Maßnahmen, zu denen sie den Akteur aufgefordert hat.

(4) Der Akteur sorgt dafür, dass alle geeigneten Korrekturmaßnahmen in Bezug auf alle betreffenden KI-Systeme, die er auf dem Unionsmarkt bereitgestellt hat, getroffen werden.

(5) Ergreift der Akteur in Bezug auf sein KI-System keine geeigneten Korrekturmaßnahmen innerhalb der in Absatz 2 genannten Frist, trifft die Marktüberwachungsbehörde alle geeigneten vorläufigen Maßnahmen, um die Bereitstellung oder Inbetriebnahme des KI-Systems auf ihrem nationalen Markt zu verbieten oder einzuschränken, das Produkt oder das eigenständige KI-System von diesem Markt zu nehmen oder es zurückzurufen. Diese Behörde notifiziert unverzüglich die Kommission und die anderen Mitgliedstaaten über diese Maßnahmen.

(6) Die Notifizierung nach Absatz 5 enthält alle vorliegenden Angaben, insbesondere die für die Identifizierung des nicht konformen Systems notwendigen Informationen, den Ursprung des KI-Systems und die Lieferkette, die Art der vermuteten Nichtkonformität und das sich daraus ergebende Risiko, die Art und Dauer der ergriffenen nationalen Maßnahmen und die von dem betreffenden Akteur vorgebrachten Argumente. Die Marktüberwachungsbehörden geben insbesondere an, ob die Nichtkonformität eine oder mehrere der folgenden Ursachen hat:
a) Missachtung des Verbots der in Artikel 5 genannten KI-Praktiken;
b) Nichterfüllung der in Kapitel III Abschnitt 2 festgelegten Anforderungen durch ein Hochrisiko-KI-System;
c) Mängel in den in den Artikeln 40 und 41 genannten harmonisierten Normen oder gemeinsamen Spezifikationen, die eine Konformitätsvermutung begründen;
d) Nichteinhaltung des Artikels 50.

(7) Die anderen Marktüberwachungsbehörden – mit Ausnahme der Marktüberwachungsbehörde des Mitgliedstaats, der das Verfahren eingeleitet hat – informieren unverzüglich die Kommission und die anderen Mitgliedstaaten über jegliche Maßnahmen und ihnen vorliegende zusätzlichen Informationen zur Nichtkonformität des betreffenden KI-Systems sowie – falls sie die ihnen mitgeteilte nationale Maßnahme ablehnen – über ihre Einwände.

(8) Erhebt weder eine Marktüberwachungsbehörde eines Mitgliedstaats noch die Kommission innerhalb von drei Monaten nach Eingang der in Absatz 5 des vorliegenden Artikels genannten Notifizierung Einwände gegen eine von einer Marktüberwachungsbehörde eines anderen Mitgliedstaats erlassene vorläufige Maßnahme, so gilt diese Maßnahme als gerechtfertigt. Die Verfahrensrechte des betreffenden Akteurs nach Artikel 18 der Verordnung (EU) 2019/1020 bleiben hiervon unberührt. Die Frist von drei Monaten gemäß dem vorliegenden Absatz wird bei Nichteinhaltung des Verbots der in Artikel 5 der vorliegenden Verordnung genannten KI-Praktiken auf 30 Tage verkürzt.

(9) Die Marktüberwachungsbehörden tragen dafür Sorge, dass geeignete einschränkende Maßnahmen in Bezug auf das betreffende Produkt oder KI-System ergriffen werden, beispielsweise die unverzügliche Rücknahme des Produkts oder KI-Systems von ihrem Markt.

ErwG 131, 153, 156, 157, 160

Artikel 80
Verfahren für den Umgang mit KI-Systemen, die vom Anbieter gemäß Anhang III als nicht hochriskant eingestuft werden

(1) Hat eine Marktüberwachungsbehörde hinreichend Grund zu der Annahme, dass ein vom Anbieter als nicht hochriskant gemäß Artikel 6 Absatz 3 eingestuftes KI-System tatsächlich hochriskant ist, so prüft die Marktüberwachungsbehörde das betreffende KI-System im Hinblick auf seine Einstufung als Hochrisiko-KI-System auf der Grundlage der in Artikel 6 Absatz 3 festgelegten Bedingungen und den Leitlinien der Kommission.

(2) Stellt die Marktüberwachungsbehörde im Verlauf dieser Prüfung fest, dass das betreffende KI-System hochriskant ist, fordert sie den jeweiligen Anbieter unverzüglich auf, alle erforderlichen Maßnahmen zu ergreifen, um die Konformität des KI-Systems mit den in dieser Verordnung festgelegten Anforderungen und Pflichten herzustellen, sowie innerhalb einer Frist, die die Marktüberwachungsbehörde vorgeben kann, geeignete Korrekturmaßnahmen zu ergreifen.

(3) Gelangt die Marktüberwachungsbehörde zu der Auffassung, dass die Verwendung des betreffenden KI-Systems nicht auf ihr nationales Hoheitsgebiet beschränkt ist, so informiert sie die Kommission und die anderen Mitgliedstaaten unverzüglich über die Ergebnisse der Prüfung und über die Maßnahmen, zu denen sie den Anbieter aufgefordert hat.

(4) Der Anbieter sorgt dafür, dass alle erforderlichen Maßnahmen ergriffen werden, um die Konformität des KI-Systems mit den in dieser Verordnung festgelegten Anforderungen und Pflichten herzustellen. Stellt der Anbieter eines betroffenen KI-Systems die Konformität des KI-Systems mit diesen Anforderungen und Pflichten nicht innerhalb der in Absatz 2 des vorliegenden Artikels genannten Frist her, so werden gegen den Anbieter Geldbußen gemäß Artikel 99 verhängt.

(5) Der Anbieter sorgt dafür, dass alle geeigneten Korrekturmaßnahmen in Bezug auf alle betreffenden KI-Systeme, die er auf dem Unionsmarkt bereitgestellt hat, getroffen werden.

(6) Ergreift der Anbieter des betreffenden KI-Systems innerhalb der in Absatz 2 des vorliegenden Artikels genannten Frist keine angemessenen Korrekturmaßnahmen, so findet Artikel 79 Absätze 5 bis 9 Anwendung.

(7) Stellt die Marktüberwachungsbehörde im Verlauf der Prüfung gemäß Absatz 1 des vorliegenden Artikels fest, dass das KI-System vom Anbieter fälschlich als nicht hochriskant eingestuft wurde, um die Geltung der Anforderungen von Kapitel III Abschnitt 2 zu umgehen, so werden gegen den Anbieter Geldbußen gemäß Artikel 99 verhängt.

(8) Bei der Ausübung ihrer Befugnis zur Überwachung der Anwendung dieses Artikels können die Marktüberwachungsbehörden im Einklang mit Artikel 11 der Verordnung (EU) 2019/1020 geeignete Überprüfungen durchführen, wobei sie insbesondere Informationen berücksichtigen, die in der EU-Datenbank gemäß Artikel 71 der vorliegenden Verordnung gespeichert sind.

ErwG 153, 156, 157

Artikel 81
Schutzklauselverfahren der Union

(1) Erhebt eine Marktüberwachungsbehörde eines Mitgliedstaats innerhalb von drei Monaten nach Eingang der in Artikel 79 Absatz 5 genannten Notifizierung – oder bei Nichteinhaltung des Verbots der in Artikel 5 genannten KI-Praktiken innerhalb von 30 Tagen – Einwände gegen eine von der Marktüberwachungsbehörde eines anderen Mitgliedstaats getroffene Maßnahme oder ist die Kommission der Ansicht, dass die Maßnahme mit dem Unionsrecht unvereinbar ist, so nimmt die Kommission unverzüglich Konsultationen mit der Marktüberwachungsbehörde des betreffenden Mitgliedstaats und dem Akteur bzw. den Akteuren auf und prüft die nationale Maßnahme. Anhand der Ergebnisse dieser Prüfung entscheidet die Kommission innerhalb von sechs Monaten – oder bei Nichteinhaltung des Verbots der in Artikel 5 genannten KI-Praktiken innerhalb von 60 Tagen – ab dem Eingang der in Artikel 79 Absatz 5 genannten Notifizierung, ob die nationale Maßnahme gerechtfertigt ist, und teilt der Marktüberwachungsbehörde des betreffenden Mitgliedstaats ihre Entscheidung mit. Die Kommission unterrichtet auch alle übrigen Marktüberwachungsbehörden über ihre Entscheidung.

(2) Ist die Kommission der Ansicht, dass die von dem betreffenden Mitgliedstaat ergriffene Maßnahme gerechtfertigt ist, so tragen alle Mitgliedstaaten dafür Sorge, dass sie geeignete einschränkende Maßnahmen in Bezug auf das betreffende KI-System ergreifen, etwa die Anordnung der unverzüglichen Rücknahme des KI-Systems von ihrem Markt, und informiert die Kommission darüber. Erachtet die Kommission die nationale Maßnahme als nicht gerechtfertigt, nimmt der betreffende Mitgliedstaat die Maßnahme zurück und informiert die Kommission darüber.

(3) Gilt die nationale Maßnahme als gerechtfertigt und wird die Nichtkonformität des KI-Systems auf Mängel in den in den Artikeln 40 und 41 dieser Verordnung genannten harmonisierten Normen oder gemeinsamen Spezifikationen zurückgeführt, so leitet die Kommission das in Artikel 11 der Verordnung (EU) Nr. 1025/2012 festgelegte Verfahren ein.

ErwG 156

Artikel 82
Konforme KI-Systeme, die ein Risiko bergen

(1) Stellt die Marktüberwachungsbehörde eines Mitgliedstaats – nach einer Konsultation der in Artikel 77 Absatz 1 genannten betreffenden nationalen Behörde – nach der gemäß Artikel 79 durchgeführten Prüfung fest, dass ein Hochrisiko-KI-System zwar dieser Verordnung entspricht, aber dennoch ein Risiko für die Gesundheit oder Sicherheit von Personen, für die Grundrechte oder für andere Aspekte des Schutzes öffentlicher Interessen darstellt, so fordert sie unverzüglich den betreffenden Akteur auf, alle geeigneten Maßnahmen zu treffen, damit das betreffende KI-System zum Zeitpunkt des Inverkehrbringens oder der Inbetriebnahme dieses Risiko nicht mehr birgt, und zwar innerhalb einer Frist, die sie vorgeben kann.

(2) Der Anbieter oder der andere einschlägige Akteur sorgt dafür, dass in Bezug auf alle betroffenen KI-Systeme, die er auf dem Unionsmarkt bereitgestellt hat, innerhalb der Frist, die von der in Absatz 1 genannten Marktüberwachungsbehörde des Mitgliedstaats vorgegeben wurde, Korrekturmaßnahmen ergriffen werden.

(3) Die Mitgliedstaaten unterrichten unverzüglich die Kommission und die anderen Mitgliedstaaten über Feststellungen gemäß Absatz 1. Diese Unterrichtung enthält alle vorliegenden Angaben, insbesondere die für die Identifizierung des betreffenden KI-Systems notwendigen Daten, den Ursprung und die Lieferkette des KI-Systems, die Art des sich daraus ergebenden Risikos sowie die Art und Dauer der ergriffenen nationalen Maßnahmen.

(4) Die Kommission nimmt unverzüglich mit den betreffenden Mitgliedstaaten und den jeweiligen Akteuren Konsultationen auf und prüft die ergriffenen nationalen Maß-

nahmen. Anhand der Ergebnisse dieser Prüfung entscheidet die Kommission, ob die Maßnahme gerechtfertigt ist, und schlägt, falls erforderlich, weitere geeignete Maßnahmen vor.

(5) Die Kommission teilt ihren Beschluss unverzüglich den betroffenen Mitgliedstaaten und den jeweiligen Akteuren mit. Sie unterrichtet auch die übrigen Mitgliedstaaten.

Artikel 83
Formale Nichtkonformität

(1) Wenn die Marktüberwachungsbehörde eines Mitgliedstaats eine der folgenden Nichtkonformitäten feststellt, fordert sie den jeweiligen Anbieter auf, diese binnen einer Frist, die sie vorgeben kann, zu beheben:
a) die CE-Kennzeichnung wurde unter Verstoß gegen Artikel 48 angebracht;
b) es wurde keine CE-Kennzeichnung angebracht;
c) es wurde keine EU-Konformitätserklärung gemäß Artikel 47 ausgestellt;
d) es wurde keine EU-Konformitätserklärung gemäß Artikel 47 ordnungsgemäß ausgestellt;
e) es wurde keine Registrierung in der EU-Datenbank gemäß Artikel 71 vorgenommen;
f) es wurde kein Bevollmächtigter – sofern erforderlich – ernannt;
g) es ist keine technische Dokumentation verfügbar.

(2) Besteht die Nichtkonformität nach Absatz 1 weiter, so ergreift die Marktüberwachungsbehörde des betreffenden Mitgliedstaats geeignete und verhältnismäßige Maßnahmen, um die Bereitstellung des Hochrisiko-KI-Systems auf dem Markt zu beschränken oder zu verbieten oder um dafür zu sorgen, dass es unverzüglich zurückgerufen oder vom Markt genommen wird.

Artikel 84
Unionsstrukturen zur Unterstützung der Prüfung von KI

ErwG 152

(1) Die Kommission benennt eine oder mehrere Unionsstrukturen zur Unterstützung der Prüfung von KI, die die Aufgaben gemäß Artikel 21 Absatz 6 der Verordnung (EU) 2019/1020 im KI-Bereich wahrnehmen.

(2) Unbeschadet der in Absatz 1 genannten Aufgaben leisten die Unionsstrukturen zur Unterstützung der Prüfung von KI auf Anfrage des KI-Gremiums, der Kommission oder der Marktüberwachungsbehörden auch unabhängige technische oder wissenschaftliche Beratung.

ABSCHNITT 4
Rechtsbehelfe

Artikel 85
Recht auf Beschwerde bei einer Marktüberwachungsbehörde

ErwG 159, 160, 170

Unbeschadet anderer verwaltungsrechtlicher oder gerichtlicher Rechtsbehelfe kann jede natürliche oder juristische Person, die Grund zu der Annahme hat, dass gegen die Bestimmungen dieser Verordnung verstoßen wurde, bei der betreffenden Marktüberwachungsbehörde Beschwerden einreichen.

Gemäß der Verordnung (EU) 2019/1020 werden solche Beschwerden für die Zwecke der Durchführung von Marktüberwachungstätigkeiten berücksichtigt und nach den einschlägigen von den Marktüberwachungsbehörden dafür eingerichteten Verfahren behandelt.

ErwG 159, 171

Artikel 86

Recht auf Erläuterung der Entscheidungsfindung im Einzelfall

(1) Personen, die von einer Entscheidung betroffen sind, die der Betreiber auf der Grundlage der Ausgaben eines in Anhang III aufgeführten Hochrisiko-KI-Systems, mit Ausnahme der in Nummer 2 des genannten Anhangs aufgeführten Systeme, getroffen hat und die rechtliche Auswirkungen hat oder sie in ähnlicher Art erheblich auf eine Weise beeinträchtigt, die ihrer Ansicht nach ihre Gesundheit, ihre Sicherheit oder ihre Grundrechte beeinträchtigt, haben das Recht, vom Betreiber eine klare und aussagekräftige Erläuterung zur Rolle des KI-Systems im Entscheidungsprozess und zu den wichtigsten Elementen der getroffenen Entscheidung zu erhalten.

(2) Absatz 1 gilt nicht für die Verwendung von KI-Systemen, bei denen sich Ausnahmen von oder Beschränkungen der Pflicht nach dem genannten Absatz aus dem Unionsrecht oder dem nationalen Recht im Einklang mit dem Unionsrecht ergeben.

(3) Dieser Artikel gilt nur insoweit, als das Recht gemäß Absatz 1 nicht anderweitig im Unionsrecht festgelegt ist.

ErwG 159, 172

Artikel 87

Meldung von Verstößen und Schutz von Hinweisgebern

Für die Meldung von Verstößen gegen diese Verordnung und den Schutz von Personen, die solche Verstöße melden, gilt die Richtlinie (EU) 2019/1937.

ABSCHNITT 5

Aufsicht, Ermittlung, Durchsetzung und Überwachung in Bezug auf Anbieter von KI-Modellen mit allgemeinem Verwendungszweck

ErwG 161, 162, 163

Artikel 88

Durchsetzung der Pflichten der Anbieter von KI-Modellen mit allgemeinem Verwendungszweck

(1) Die Kommission verfügt unter Berücksichtigung der Verfahrensgarantien nach Artikel 94 über ausschließliche Befugnisse zur Beaufsichtigung und Durchsetzung von Kapitel V. Unbeschadet der Organisationsbefugnisse der Kommission und der Aufteilung der Zuständigkeiten zwischen den Mitgliedstaaten und der Union auf der Grundlage der Verträge überträgt die Kommission dem Büro für Künstliche Intelligenz die Durchführung dieser Aufgaben.

(2) Unbeschadet des Artikels 75 Absatz 3 können die Marktüberwachungsbehörden die Kommission ersuchen, die in diesem Abschnitt festgelegten Befugnisse auszuüben, wenn es erforderlich und verhältnismäßig ist, um die Wahrnehmung ihrer Aufgaben gemäß dieser Verordnung zu unterstützen.

ErwG 161, 162

Artikel 89
Überwachungsmaßnahmen

(1) Zur Wahrnehmung der ihr in diesem Abschnitt übertragenen Aufgaben kann das Büro für Künstliche Intelligenz die erforderlichen Maßnahmen ergreifen, um die wirksame Umsetzung und Einhaltung dieser Verordnung durch Anbieter von KI-Modellen mit allgemeinem Verwendungszweck, einschließlich der Einhaltung genehmigter Praxisleitfäden, zu überwachen.

(2) Nachgelagerte Anbieter haben das Recht, eine Beschwerde wegen eines Verstoßes gegen diese Verordnung einzureichen. Eine Beschwerde ist hinreichend zu begründen und enthält mindestens Folgendes:
a) die Kontaktstelle des Anbieters des betreffenden KI-Modells mit allgemeinem Verwendungszweck;
b) eine Beschreibung der einschlägigen Fakten, die betreffenden Bestimmungen dieser Verordnung und die Begründung, warum der nachgelagerte Anbieter der Auffassung ist, dass der Anbieter des KI-Modells mit allgemeinem Verwendungszweck gegen diese Verordnung verstoßen hat;
c) alle sonstigen Informationen, die der nachgelagerte Anbieter, der die Anfrage übermittelt hat, für relevant hält, gegebenenfalls einschließlich Informationen, die er auf eigene Initiative hin zusammengetragen hat.

ErwG 151, 162, 163

Artikel 90
Warnungen des wissenschaftlichen Gremiums vor systemischen Risiken

(1) Das wissenschaftliche Gremium kann dem Büro für Künstliche Intelligenz eine qualifizierte Warnung übermitteln, wenn es Grund zu der Annahme hat, dass
a) ein KI-Modell mit allgemeinem Verwendungszweck ein konkretes, identifizierbares Risiko auf Unionsebene birgt oder
b) ein KI-Modell mit allgemeinem Verwendungszweck die Bedingungen gemäß Artikel 51 erfüllt.

(2) Aufgrund einer solchen qualifizierten Warnung kann die Kommission über das Büro für Künstliche Intelligenz und nach Unterrichtung des KI-Gremiums die in diesem Abschnitt festgelegten Befugnisse zur Beurteilung der Angelegenheit ausüben. Das Büro für Künstliche Intelligenz unterrichtet das KI-Gremium über jede Maßnahme gemäß den Artikeln 91 bis 94.

(3) Eine qualifizierte Warnung ist hinreichend zu begründen und enthält mindestens Folgendes:
a) die Kontaktstelle des Anbieters des betreffenden KI-Modells mit allgemeinem Verwendungszweck mit systemischem Risiko;
b) eine Beschreibung der einschlägigen Fakten und der Gründe für die Warnung durch das wissenschaftliche Gremium;
c) alle sonstigen Informationen, die das wissenschaftliche Gremium für relevant hält, gegebenenfalls einschließlich Informationen, die es auf eigene Initiative hin zusammengetragen hat.

ErwG 161, 162

Artikel 91
Befugnis zur Anforderung von Dokumentation und Informationen

(1) Die Kommission kann den Anbieter des betreffenden KI-Modells mit allgemeinem Verwendungszweck auffordern, die vom Anbieter gemäß den Artikeln 53 und 55 erstellte Dokumentation oder alle zusätzlichen Informationen vorzulegen, die erforderlich sind, um die Einhaltung dieser Verordnung durch den Anbieter zu beurteilen.

(2) Vor der Übermittlung des Informationsersuchens kann das Büro für Künstliche Intelligenz einen strukturierten Dialog mit dem Anbieter des KI-Modells mit allgemeinem Verwendungszweck einleiten.

(3) Auf hinreichend begründeten Antrag des wissenschaftlichen Gremiums kann die Kommission ein Informationsersuchen an einen Anbieter eines KI-Modells mit allgemeinem Verwendungszweck richten, wenn der Zugang zu Informationen für die Wahrnehmung der Aufgaben des wissenschaftlichen Gremiums gemäß Artikel 68 Absatz 2 erforderlich und verhältnismäßig ist.

(4) In dem Auskunftsersuchen sind die Rechtsgrundlage und der Zweck des Ersuchens zu nennen, anzugeben, welche Informationen benötigt werden, eine Frist für die Übermittlung der Informationen zu setzen, und die Geldbußen für die Erteilung unrichtiger, unvollständiger oder irreführender Informationen gemäß Artikel 101 anzugeben.

(5) Der Anbieter des betreffenden KI-Modells mit allgemeinem Verwendungszweck oder sein Vertreter stellt die angeforderten Informationen bereit. Im Falle juristischer Personen, Gesellschaften oder – wenn der Anbieter keine Rechtspersönlichkeit besitzt – die Personen, die nach Gesetz oder Satzung zur Vertretung dieser Personen befugt sind, stellen die angeforderten Informationen im Namen des Anbieters des betreffenden KI-Modells mit allgemeinem Verwendungszweck zur Verfügung. Ordnungsgemäß bevollmächtigte Rechtsanwälte können Informationen im Namen ihrer Mandanten erteilen. Die Mandanten bleiben jedoch in vollem Umfang dafür verantwortlich, dass die erteilten Auskünfte vollständig, sachlich richtig oder nicht irreführend sind.

ErwG 161, 162

Artikel 92
Befugnis zur Durchführung von Bewertungen

(1) Das Büro für Künstliche Intelligenz kann nach Konsultation des KI-Gremiums Bewertungen des betreffenden KI-Modells mit allgemeinem Verwendungszweck durchführen, um
   a) die Einhaltung der Pflichten aus dieser Verordnung durch den Anbieter zu beurteilen, wenn die gemäß Artikel 91 eingeholten Informationen unzureichend sind, oder
   b) systemische Risiken auf Unionsebene von KI-Modellen mit allgemeinem Verwendungszweck mit systemischem Risiko zu ermitteln, insbesondere im Anschluss an eine qualifizierte Warnung des wissenschaftlichen Gremiums gemäß Artikel 90 Absatz 1 Buchstabe a.

(2) Die Kommission kann beschließen, unabhängige Sachverständige zu benennen, die in ihrem Namen Bewertungen durchführen, einschließlich aus dem gemäß Artikel 68 eingesetzten wissenschaftlichen Gremium. Die für diese Aufgabe benannten unabhängigen Sachverständigen erfüllen die in Artikel 68 Absatz 2 umrissenen Kriterien.

(3) Für die Zwecke des Absatzes 1 kann die Kommission über API oder weitere geeignete technische Mittel und Instrumente, einschließlich Quellcode, Zugang zu dem betreffenden KI-Modell mit allgemeinem Verwendungszweck anfordern.

(4) In der Anforderung des Zugangs sind die Rechtsgrundlage, der Zweck und die Gründe für die Anforderung zu nennen und die Frist für die Bereitstellung des Zugangs zu setzen und die Geldbußen gemäß Artikel 101 für den Fall, dass der Zugang nicht bereitgestellt wird, anzugeben.

(5) Die Anbieter des betreffenden KI-Modells mit allgemeinem Verwendungszweck oder seine Vertreter stellen die angeforderten Informationen zur Verfügung. Im Falle juristischer Personen, Gesellschaften oder – wenn der Anbieter keine Rechtspersönlichkeit besitzt – die Personen, die nach Gesetz oder ihrer Satzung zur Vertretung dieser Personen befugt sind, stellen den angeforderten Zugang im Namen des Anbieters des betreffenden KI-Modells mit allgemeinem Verwendungszweck zur Verfügung.

(6) Die Kommission erlässt Durchführungsrechtsakte, in denen die detaillierten Regelungen und Voraussetzungen für die Bewertungen, einschließlich der detaillierten Regelungen für die Einbeziehung unabhängiger Sachverständiger, und das Verfahren für deren Auswahl festgelegt werden. Diese Durchführungsrechtsakte werden gemäß dem in Artikel 98 Absatz 2 genannten Prüfverfahren erlassen.

(7) Bevor es den Zugang zu dem betreffenden KI-Modell mit allgemeinem Verwendungszweck anfordert, kann das Büro für Künstliche Intelligenz einen strukturierten Dialog mit dem Anbieter des KI-Modells mit allgemeinem Verwendungszweck einleiten, um mehr Informationen über die interne Erprobung des Modells, interne Vorkehrungen zur Vermeidung systemischer Risiken und andere interne Verfahren und Maßnahmen, die der Anbieter zur Minderung dieser Risiken ergriffen hat, einzuholen.

Artikel 93
Befugnis zur Aufforderung zu Maßnahmen

ErwG 163, 164

(1) Soweit erforderlich und angemessen, kann die Kommission die Anbieter auffordern,
  a) geeignete Maßnahmen zu ergreifen, um die Verpflichtungen gemäß den Artikeln 53 und 54 einzuhalten;
  b) Risikominderungsmaßnahmen durchzuführen, wenn die gemäß Artikel 92 durchgeführte Bewertung zu ernsthaften und begründeten Bedenken hinsichtlich eines systemischen Risikos auf Unionsebene geführt hat;
  c) die Bereitstellung des Modells auf dem Markt einzuschränken, es zurückzunehmen oder zurückzurufen.

(2) Vor der Aufforderung zu einer Maßnahme kann das Büro für Künstliche Intelligenz einen strukturierten Dialog mit dem Anbieter des KI-Modells mit allgemeinem Verwendungszweck einleiten.

(3) Wenn der Anbieter des KI-Modells mit allgemeinem Verwendungszweck im Rahmen des strukturierten Dialogs gemäß Absatz 2 Verpflichtungszusagen zur Durchführung von Risikominderungsmaßnahmen, um einem systemischen Risiko auf Unionsebene zu begegnen, anbietet, kann die Kommission diese Verpflichtungszusagen durch einen Beschluss für bindend erklären und feststellen, dass es keinen weiteren Anlass zum Handeln gibt.

Artikel 94
Verfahrensrechte der Wirtschaftsakteure des KI-Modells mit allgemeinem Verwendungszweck

ErwG 163, 164

Unbeschadet der in dieser Verordnung enthaltenen spezifischeren Verfahrensrechte gilt für die Anbieter des KI-Modells mit allgemeinem Verwendungszweck Artikel 18 der Verordnung (EU) 2019/1020 sinngemäß.

KAPITEL X
Verhaltenskodizes und Leitlinien

ErwG 27, 165, 166, 174; → **Rn. 270 ff.**

Artikel 95
Verhaltenskodizes für die freiwillige Anwendung bestimmter Anforderungen

(1) Das Büro für Künstliche Intelligenz und die Mitgliedstaaten fördern und erleichtern die Aufstellung von Verhaltenskodizes, einschließlich damit zusammenhängender Governance-Mechanismen, mit denen die freiwillige Anwendung einiger oder aller der in Kapitel III Abschnitt 2 genannten Anforderungen auf KI-Systeme, die kein hohes Risiko bergen, gefördert werden soll, wobei den verfügbaren technischen Lösungen und bewährten Verfahren der Branche, die die Anwendung dieser Anforderungen ermöglichen, Rechnung zu tragen ist.

(2) Das Büro für Künstliche Intelligenz und die Mitgliedstaaten erleichtern die Aufstellung von Verhaltenskodizes in Bezug auf die freiwillige Anwendung spezifischer Anforderungen auf alle KI-Systeme, einschließlich durch Betreiber, auf der Grundlage klarer Zielsetzungen sowie wesentlicher Leistungsindikatoren zur Messung der Erfüllung dieser Zielsetzungen, einschließlich unter anderem folgender Elemente:
- a) in den Ethik-Leitlinien der Union für eine vertrauenswürdige KI enthaltene anwendbare Elemente;
- b) Beurteilung und Minimierung der Auswirkungen von KI-Systemen auf die ökologische Nachhaltigkeit, einschließlich im Hinblick auf energieeffizientes Programmieren, und Techniken, um KI effizient zu gestalten, zu trainieren und zu nutzen;
- c) Förderung der KI-Kompetenz, insbesondere der von Personen, die mit der Entwicklung, dem Betrieb und der Nutzung von KI befasst sind;
- d) Erleichterung einer inklusiven und vielfältigen Gestaltung von KI-Systemen, unter anderem durch die Einsetzung inklusiver und vielfältiger Entwicklungsteams und die Förderung der Beteiligung der Interessenträger an diesem Prozess;
- e) Bewertung und Verhinderung der negativen Auswirkungen von KI-Systemen auf schutzbedürftige Personen oder Gruppen schutzbedürftiger Personen, einschließlich im Hinblick auf die Barrierefreiheit für Personen mit Behinderungen, sowie auf die Gleichstellung der Geschlechter.

(3) Verhaltenskodizes können von einzelnen KI-System-Anbietern oder -Betreibern oder von Interessenvertretungen dieser Anbieter oder Betreiber oder von beiden aufgestellt werden, auch unter Einbeziehung von Interessenträgern sowie deren Interessenvertretungen einschließlich Organisationen der Zivilgesellschaft und Hochschulen. Verhaltenskodizes können sich auf ein oder mehrere KI-Systeme erstrecken, um ähnlichen Zweckbestimmungen der jeweiligen Systeme Rechnung zu tragen.

(4) Das Büro für Künstliche Intelligenz und die Mitgliedstaaten berücksichtigen die besonderen Interessen und Bedürfnisse von KMU, einschließlich Startups, bei der Förderung und Erleichterung der Aufstellung von Verhaltenskodizes.

ErwG 165, 166; → **Rn. 18, 29, 36, 78, 98, 122, 173, 230, 246**

Artikel 96
Leitlinien der Kommission zur Durchführung dieser Verordnung

(1) Die Kommission erarbeitet Leitlinien für die praktische Umsetzung dieser Verordnung, die sich insbesondere auf Folgendes beziehen:
- a) die Anwendung der in den Artikeln 8 bis 15 und in Artikel 25 genannten Anforderungen und Pflichten;
- b) die in Artikel 5 genannten verbotenen Praktiken;
- c) die praktische Durchführung der Bestimmungen über wesentliche Veränderungen;
- d) die praktische Umsetzung der Transparenzpflichten gemäß Artikel 50;
- e) detaillierte Informationen über das Verhältnis dieser Verordnung zu den in Anhang I aufgeführten Harmonisierungsrechtsvorschriften der Union sowie zu

anderen einschlägigen Rechtsvorschriften der Union, auch in Bezug auf deren kohärente Durchsetzung;

f) die Anwendung der Definition eines KI-Systems gemäß Artikel 3 Nummer 1.

Wenn die Kommission solche Leitlinien herausgibt, widmet sie den Bedürfnissen von KMU einschließlich Start-up-Unternehmen, von lokalen Behörden und von den am wahrscheinlichsten von dieser Verordnung betroffenen Sektoren besondere Aufmerksamkeit.

Die Leitlinien gemäß Unterabsatz 1 dieses Absatzes tragen dem allgemein anerkannten Stand der Technik im Bereich KI sowie den einschlägigen harmonisierten Normen und gemeinsamen Spezifikationen, auf die in den Artikeln 40 und 41 Bezug genommen wird, oder den harmonisierten Normen oder technischen Spezifikationen, die gemäß den Harmonisierungsrechtsvorschriften der Union festgelegt wurden, gebührend Rechnung.

(2) Auf Ersuchen der Mitgliedstaaten oder des Büros für Künstliche Intelligenz oder von sich aus aktualisiert die Kommission früher verabschiedete Leitlinien, wenn es als notwendig erachtet wird.

KAPITEL XI
Befugnisübertragung und Ausschussverfahren

Artikel 97
Ausübung der Befugnisübertragung

ErwG 167, 173, 174; → **Rn. 213 ff.**

(1) Die Befugnis zum Erlass delegierter Rechtsakte wird der Kommission unter den in diesem Artikel festgelegten Bedingungen übertragen.

(2) Die in Artikel 6 Absätze 6 und 7, Artikel 7 Absätze 1 und 3, Artikel 11 Absatz 3, Artikel 43 Absätze 5 und 6, Artikel 47 Absatz 5, Artikel 51 Absatz 3, Artikel 52 Absatz 4 sowie Artikel 53 Absätze 5 und 6 genannte Befugnis zum Erlass delegierter Rechtsakte wird der Kommission für einen Zeitraum von fünf Jahren ab 1. August 2024 übertragen. Die Kommission erstellt spätestens neun Monate vor Ablauf des Zeitraums von fünf Jahren einen Bericht über die Befugnisübertragung. Die Befugnisübertragung verlängert sich stillschweigend um Zeiträume gleicher Länge, es sei denn, das Europäische Parlament oder der Rat widersprechen einer solchen Verlängerung spätestens drei Monate vor Ablauf des jeweiligen Zeitraums.

(3) Die Befugnisübertragung gemäß Artikel 6 Absätze 6 und 7, Artikel 7 Absätze 1 und 3, Artikel 11 Absatz 3, Artikel 43 Absätze 5 und 6, Artikel 47 Absatz 5, Artikel 51 Absatz 3, Artikel 52 Absatz 4 sowie Artikel 53 Absätze 5 und 6 kann vom Europäischen Parlament oder vom Rat jederzeit widerrufen werden. Der Beschluss über den Widerruf beendet die Übertragung der in jenem Beschluss angegebenen Befugnis. Er wird am Tag nach seiner Veröffentlichung im *Amtsblatt der Europäischen Union* oder zu einem darin angegebenen späteren Zeitpunkt wirksam. Die Gültigkeit von delegierten Rechtsakten, die bereits in Kraft sind, wird von dem Beschluss über den Widerruf nicht berührt.

(4) Vor dem Erlass eines delegierten Rechtsakts konsultiert die Kommission die von den einzelnen Mitgliedstaaten benannten Sachverständigen im Einklang mit den in der Interinstitutionellen Vereinbarung vom 13. April 2016 über bessere Rechtsetzung niedergelegten Grundsätzen.

(5) Sobald die Kommission einen delegierten Rechtsakt erlässt, übermittelt sie ihn gleichzeitig dem Europäischen Parlament und dem Rat.

(6) Ein delegierter Rechtsakt, der nach Artikel 6 Absatz 6 oder 7, Artikel 7 Absatz 1 oder 3, Artikel 11 Absatz 3, Artikel 43 Absatz 5 oder 6, Artikel 47 Absatz 5, Artikel 51

Absatz 3, Artikel 52 Absatz 4 sowie Artikel 53 Absatz 5 oder 6 erlassen wurde, tritt nur in Kraft, wenn weder das Europäische Parlament noch der Rat innerhalb einer Frist von drei Monaten nach Übermittlung jenes Rechtsakts an das Europäische Parlament und den Rat Einwände erhoben haben oder wenn vor Ablauf dieser Frist das Europäische Parlament und der Rat beide der Kommission mitgeteilt haben, dass sie keine Einwände erheben werden. Auf Initiative des Europäischen Parlaments oder des Rates wird diese Frist um drei Monate verlängert.

ErwG 167, 175

Artikel 98
Ausschussverfahren

(1) Die Kommission wird von einem Ausschuss unterstützt. Dieser Ausschuss ist ein Ausschuss im Sinne der Verordnung (EU) Nr. 182/2011.

(2) Wird auf diesen Absatz Bezug genommen, so gilt Artikel 5 der Verordnung (EU) Nr. 182/2011.

KAPITEL XII
Sanktionen

ErwG 143, 168, 169; → **Rn. 335 ff.**

Artikel 99
Sanktionen

(1) Entsprechend den Vorgaben dieser Verordnung erlassen die Mitgliedstaaten Vorschriften für Sanktionen und andere Durchsetzungsmaßnahmen, zu denen auch Verwarnungen und nichtmonetäre Maßnahmen gehören können, die bei Verstößen gegen diese Verordnung durch Akteure Anwendung finden, und ergreifen alle Maßnahmen, die für deren ordnungsgemäße und wirksame Durchsetzung notwendig sind, wobei die von der Kommission gemäß Artikel 96 erteilten Leitlinien zu berücksichtigen sind. Die vorgesehenen Sanktionen müssen wirksam, verhältnismäßig und abschreckend sein. Sie berücksichtigen die Interessen von KMU, einschließlich Start-up-Unternehmen, sowie deren wirtschaftliches Überleben.

(2) Die Mitgliedstaaten teilen der Kommission die Vorschriften für Sanktionen und andere Durchsetzungsmaßnahmen gemäß Absatz 1 unverzüglich und spätestens zum Zeitpunkt ihres Inkrafttretens mit und melden ihr unverzüglich etwaige spätere Änderungen.

(3) Bei Missachtung des Verbots der in Artikel 5 genannten KI-Praktiken werden Geldbußen von bis zu 35 000 000 EUR oder – im Falle von Unternehmen – von bis zu 7 % des gesamten weltweiten Jahresumsatzes des vorangegangenen Geschäftsjahres verhängt, je nachdem, welcher Betrag höher ist.

(4) Für Verstöße gegen folgende für Akteure oder notifizierte Stellen geltende Bestimmungen, mit Ausnahme der in Artikel 5 genannten, werden Geldbußen von bis zu 15 000 000 EUR oder – im Falle von Unternehmen – von bis zu 3 % des gesamten weltweiten Jahresumsatzes des vorangegangenen Geschäftsjahres verhängt, je nachdem, welcher Betrag höher ist:
a) Pflichten der Anbieter gemäß Artikel 16;
b) Pflichten der Bevollmächtigten gemäß Artikel 22;
c) Pflichten der Einführer gemäß Artikel 23;
d) Pflichten der Händler gemäß Artikel 24;
e) Pflichten der Betreiber gemäß Artikel 26;
f) für notifizierte Stellen geltende Anforderungen und Pflichten gemäß Artikel 31, Artikel 33 Absätze 1, 3 und 4 bzw. Artikel 34;
g) Transparenzpflichten für Anbieter und Betreiber gemäß Artikel 50.

(5) Werden notifizierten Stellen oder zuständigen nationalen Behörden auf deren Auskunftsersuchen hin falsche, unvollständige oder irreführende Informationen bereitgestellt, so werden Geldbußen von bis zu 7 500 000 EUR oder – im Falle von Unternehmen – von bis zu 1 % des gesamten weltweiten Jahresumsatzes des vorangegangenen Geschäftsjahres verhängt, je nachdem, welcher Betrag höher ist.

(6) Im Falle von KMU, einschließlich Start-up-Unternehmen, gilt für jede in diesem Artikel genannte Geldbuße der jeweils niedrigere Betrag aus den in den Absätzen 3, 4 und 5 genannten Prozentsätzen oder Summen.

(7) Bei der Entscheidung, ob eine Geldbuße verhängt wird, und bei der Festsetzung der Höhe der Geldbuße werden in jedem Einzelfall alle relevanten Umstände der konkreten Situation sowie gegebenenfalls Folgendes berücksichtigt:

a) Art, Schwere und Dauer des Verstoßes und seiner Folgen, unter Berücksichtigung des Zwecks des KI-Systems sowie gegebenenfalls der Zahl der betroffenen Personen und des Ausmaßes des von ihnen erlittenen Schadens;
b) ob demselben Akteur bereits von anderen Marktüberwachungsbehörden für denselben Verstoß Geldbußen auferlegt wurden;
c) ob demselben Akteur bereits von anderen Behörden für Verstöße gegen das Unionsrecht oder das nationale Recht Geldbußen auferlegt wurden, wenn diese Verstöße auf dieselbe Handlung oder Unterlassung zurückzuführen sind, die einen einschlägigen Verstoß gegen diese Verordnung darstellt;
d) Größe, Jahresumsatz und Marktanteil des Akteurs, der den Verstoß begangen hat;
e) jegliche anderen erschwerenden oder mildernden Umstände im jeweiligen Fall, wie etwa unmittelbar oder mittelbar durch den Verstoß erlangte finanzielle Vorteile oder vermiedene Verluste;
f) Grad der Zusammenarbeit mit den zuständigen nationalen Behörden, um den Verstoß abzustellen und die möglichen nachteiligen Auswirkungen des Verstoßes abzumildern;
g) Grad an Verantwortung des Akteurs unter Berücksichtigung der von ihm ergriffenen technischen und organisatorischen Maßnahmen;
h) Art und Weise, wie der Verstoß den zuständigen nationalen Behörden bekannt wurde, insbesondere ob und gegebenenfalls in welchem Umfang der Akteur den Verstoß gemeldet hat;
i) Vorsätzlichkeit oder Fahrlässigkeit des Verstoßes;
j) alle Maßnahmen, die der Akteur ergriffen hat, um den Schaden, der den betroffenen Personen zugefügt wird, zu mindern.

(8) Jeder Mitgliedstaat erlässt Vorschriften darüber, in welchem Umfang gegen Behörden und öffentliche Stellen, die in dem betreffenden Mitgliedstaat niedergelassen sind, Geldbußen verhängt werden können.

(9) In Abhängigkeit vom Rechtssystem der Mitgliedstaaten können die Vorschriften über Geldbußen je nach den dort geltenden Regeln so angewandt werden, dass die Geldbußen von den zuständigen nationalen Gerichten oder von sonstigen Stellen verhängt werden. Die Anwendung dieser Vorschriften in diesen Mitgliedstaaten muss eine gleichwertige Wirkung haben.

(10) Die Ausübung der Befugnisse gemäß diesem Artikel muss angemessenen Verfahrensgarantien gemäß dem Unionsrecht und dem nationalen Recht, einschließlich wirksamer gerichtlicher Rechtsbehelfe und ordnungsgemäßer Verfahren, unterliegen.

(11) Die Mitgliedstaaten erstatten der Kommission jährlich Bericht über die Geldbußen, die sie in dem betreffenden Jahr gemäß diesem Artikel verhängt haben, und über damit zusammenhängende Rechtsstreitigkeiten oder Gerichtsverfahren.

ErwG 168, 169; → **Rn. 331 ff.**

Artikel 100

Verhängung von Geldbußen gegen Organe, Einrichtungen und sonstige Stellen der Union

(1) Der Europäische Datenschutzbeauftragte kann gegen Organe, Einrichtungen und sonstige Stellen der Union, die in den Anwendungsbereich dieser Verordnung fallen, Geldbußen verhängen. Bei der Entscheidung, ob eine Geldbuße verhängt wird, und bei der Festsetzung der Höhe der Geldbuße werden in jedem Einzelfall alle relevanten Umstände der konkreten Situation sowie Folgendes gebührend berücksichtigt:

a) Art, Schwere und Dauer des Verstoßes und dessen Folgen, unter Berücksichtigung des Zwecks des betreffenden KI-Systems sowie gegebenenfalls der Zahl der betroffenen Personen und des Ausmaßes des von ihnen erlittenen Schadens;
b) Grad der Verantwortung des Organs, der Einrichtung oder der sonstigen Stelle der Union unter Berücksichtigung der von diesem bzw. dieser ergriffenen technischen und organisatorischen Maßnahmen;
c) alle Maßnahmen, die das Organ, die Einrichtung oder die sonstige Stelle der Union zur Minderung des von den betroffenen Personen erlittenen Schadens ergriffen hat;
d) das Maß der Zusammenarbeit mit dem Europäischen Datenschutzbeauftragten bei der Behebung des Verstoßes und der Minderung seiner möglichen nachteiligen Auswirkungen, einschließlich der Befolgung von Maßnahmen, die der Europäische Datenschutzbeauftragte dem Organ, der Einrichtung oder der sonstigen Stelle der Union im Hinblick auf denselben Gegenstand zuvor bereits auferlegt hatte;
e) ähnliche frühere Verstöße des Organs, der Einrichtung oder der sonstigen Stelle der Union;
f) Art und Weise, wie der Verstoß dem Europäischen Datenschutzbeauftragten bekannt wurde, insbesondere ob und gegebenenfalls in welchem Umfang das Organ, die Einrichtung oder die sonstige Stelle der Union den Verstoß gemeldet hat;
g) der Jahreshaushalt des Organs, der Einrichtung oder der sonstigen Stelle der Union.

(2) Bei Missachtung des Verbots der in Artikel 5 genannten KI-Praktiken werden Geldbußen von bis zu 1 500 000 EUR verhängt.

(3) Bei Nichtkonformität des KI-Systems mit in dieser Verordnung festgelegten Anforderungen oder Pflichten, mit Ausnahme der in Artikel 5 festgelegten, werden Geldbußen von bis zu 750 000 EUR verhängt.

(4) Bevor der Europäische Datenschutzbeauftragte Entscheidungen nach dem vorliegenden Artikel trifft, gibt er dem Organ, der Einrichtung oder der sonstigen Stelle der Union, gegen das bzw. die sich das von ihm geführte Verfahren richtet, Gelegenheit, sich zum Vorwurf des Verstoßes zu äußern. Der Europäische Datenschutzbeauftragte stützt seine Entscheidungen nur auf die Elemente und Umstände, zu denen sich die betreffenden Parteien äußern können. Beschwerdeführer, soweit vorhanden, müssen in das Verfahren eng einbezogen werden.

(5) Die Verteidigungsrechte der betroffenen Parteien werden während des Verfahrens in vollem Umfang gewahrt. Vorbehaltlich der legitimen Interessen von Einzelpersonen oder Unternehmen im Hinblick auf den Schutz ihrer personenbezogenen Daten oder Geschäftsgeheimnisse haben die betroffenen Parteien Anspruch auf Einsicht in die Unterlagen des Europäischen Datenschutzbeauftragten.

(6) Das Aufkommen aus den nach diesem Artikel verhängten Geldbußen trägt zum Gesamthaushalt der Union bei. Die Geldbußen dürfen nicht den wirksamen Betrieb des Organs, der Einrichtung oder der sonstigen Stelle der Union beeinträchtigen, dem bzw. der die Geldbuße auferlegt wurde.

(7) Der Europäische Datenschutzbeauftragte macht der Kommission jährlich Mitteilung über die Geldbußen, die er nach Maßgabe dieses Artikels verhängt hat, und über die von ihm eingeleiteten Rechtsstreitigkeiten oder Gerichtsverfahren.

ErwG 168, 169; → **Rn. 331 ff.**

Artikel 101

Geldbußen für Anbieter von KI-Modellen mit allgemeinem Verwendungszweck

(1) Die Kommission kann gegen Anbieter von KI-Modellen mit allgemeinem Verwendungszweck Geldbußen von bis zu 3 % ihres gesamten weltweiten Jahresumsatzes im vorangegangenen Geschäftsjahr oder 15 000 000 EUR verhängen, je nachdem, welcher Betrag höher ist, wenn sie feststellt, dass der Anbieter vorsätzlich oder fahrlässig

a) gegen die einschlägigen Bestimmungen dieser Verordnung verstoßen hat;
b) der Anforderung eines Dokuments oder von Informationen gemäß Artikel 91 nicht nachgekommen ist oder falsche, unvollständige oder irreführende Informationen bereitgestellt hat;
c) einer gemäß Artikel 93 geforderten Maßnahme nicht nachgekommen ist;
d) der Kommission keinen Zugang zu dem KI-Modell mit allgemeinem Verwendungszweck oder dem KI-Modell mit allgemeinem Verwendungszweck mit systemischem Risiko gewährt hat, um eine Bewertung gemäß Artikel 92 durchzuführen.

Bei der Festsetzung der Höhe der Geldbuße oder des Zwangsgelds wird der Art, der Schwere und der Dauer des Verstoßes sowie den Grundsätzen der Verhältnismäßigkeit und der Angemessenheit gebührend Rechnung getragen. Die Kommission berücksichtigt außerdem Verpflichtungen, die gemäß Artikel 93 Absatz 3 oder in den einschlägigen Praxisleitfäden nach Artikel 56 gemacht wurden.

(2) Vor der Annahme einer Entscheidung nach Absatz 1 teilt die Kommission dem Anbieter des KI-Modells mit allgemeinem Verwendungszweck ihre vorläufige Beurteilung mit und gibt ihm Gelegenheit, Stellung zu nehmen.

(3) Die gemäß diesem Artikel verhängten Geldbußen müssen wirksam, verhältnismäßig und abschreckend sein.

(4) Informationen über gemäß diesem Artikel verhängte Geldbußen werden gegebenenfalls dem KI-Gremium mitgeteilt.

(5) Der Gerichtshof der Europäischen Union hat die unbeschränkte Befugnis zur Überprüfung der Entscheidungen der Kommission über die Festsetzung einer Geldbuße gemäß diesem Artikel. Er kann die verhängte Geldbuße aufheben, herabsetzen oder erhöhen.

(6) Die Kommission erlässt Durchführungsrechtsakte mit detaillierten Regelungen und Verfahrensgarantien für die Verfahren im Hinblick auf den möglichen Erlass von Beschlüssen gemäß Absatz 1 dieses Artikels. Diese Durchführungsrechtsakte werden gemäß dem in Artikel 98 Absatz 2 genannten Prüfverfahren erlassen.

KAPITEL XIII
Schlussbestimmungen

ErwG 49

Artikel 102

Änderung der Verordnung (EG) Nr. 300/2008

In Artikel 4 Absatz 3 der Verordnung (EG) Nr. 300/2008 wird folgender Unterabsatz angefügt:

„Beim Erlass detaillierter Maßnahmen, die technische Spezifikationen und Verfahren für die Genehmigung und den Einsatz von Sicherheitsausrüstung betreffen, bei der auch Systeme der künstlichen Intelligenz im Sinne der Verordnung (EU) 2024/1689 des Europäischen Parlaments und des Rates (*) zum Einsatz kommen, werden die in Kapitel III Abschnitt 2 jener Verordnung festgelegten Anforderungen berücksichtigt.

(*) Verordnung (EU) 2024/1689 des Europäischen Parlaments und des Rates vom 13. Juni 2024 zur Festlegung harmonisierter Vorschriften für künstliche Intelligenz und zur Änderung der Verordnungen (EG) Nr. 300/2008, (EU) Nr. 167/2013, (EU) Nr. 168/2013, (EU) 2018/858, (EU) 2018/1139 und (EU) 2019/2144 sowie der Richtlinien 2014/90/EU, (EU) 2016/797 und (EU) 2020/1828 (Verordnung über künstliche Intelligenz) (ABl. L, 2024/1689, 12.7.2024, ELI: http://data.europa.eu/eli/reg/2024/1689/oj)."

ErwG 49

Artikel 103
Änderung der Verordnung (EU) Nr. 167/2013

In Artikel 17 Absatz 5 der Verordnung (EU) Nr. 167/2013 wird folgender Unterabsatz angefügt:

„Beim Erlass delegierter Rechtsakte nach Unterabsatz 1, die sich auf Systeme der künstlichen Intelligenz beziehen, bei denen es sich um Sicherheitsbauteile im Sinne der Verordnung (EU) 2024/1689 des Europäischen Parlaments und des Rates (*) handelt, werden die in Kapitel III Abschnitt 2 jener Verordnung festgelegten Anforderungen berücksichtigt.

(*) Verordnung (EU) 2024/1689 des Europäischen Parlaments und des Rates vom 13. Juni 2024 zur Festlegung harmonisierter Vorschriften für künstliche Intelligenz und zur Änderung der Verordnungen (EG) Nr. 300/2008, (EU) Nr. 167/2013, (EU) Nr. 168/2013, (EU) 2018/858, (EU) 2018/1139 und (EU) 2019/2144 sowie der Richtlinien 2014/90/EU, (EU) 2016/797 und (EU) 2020/1828 (Verordnung über künstliche Intelligenz) (ABl. L, 2024/1689, 12.7.2024, ELI: http://data.europa.eu/eli/reg/2024/1689/oj)."

ErwG 49

Artikel 104
Änderung der Verordnung (EU) Nr. 168/2013

In Artikel 22 Absatz 5 der Verordnung (EU) Nr. 168/2013 wird folgender Unterabsatz angefügt:

„Beim Erlass delegierter Rechtsakte nach Unterabsatz 1, die sich auf Systeme der künstlichen Intelligenz beziehen, bei denen es sich um Sicherheitsbauteile im Sinne der Verordnung (EU) 2024/1689 des Europäischen Parlaments und des Rates (*) handelt, werden die in Kapitel III Abschnitt 2 jener Verordnung festgelegten Anforderungen berücksichtigt.

(*) Verordnung (EU) 2024/1689 des Europäischen Parlaments und des Rates vom 13. Juni 2024 zur Festlegung harmonisierter Vorschriften für künstliche Intelligenz und zur Änderung der Verordnungen (EG) Nr. 300/2008, (EU) Nr. 167/2013, (EU) Nr. 168/2013, (EU) 2018/858, (EU) 2018/1139 und (EU) 2019/2144 sowie der Richtlinien 2014/90/EU, (EU) 2016/797 und (EU) 2020/1828 (Verordnung über künstliche Intelligenz) (ABl. L, 2024/1689, 12.7.2024, ELI: http://data.europa.eu/eli/reg/2024/1689/oj)."

ErwG 49

Artikel 105
Änderung der Richtlinie 2014/90/EU

In Artikel 8 der Richtlinie 2014/90/EU wird folgender Absatz angefügt:

„(5) Bei Systemen der künstlichen Intelligenz, bei denen es sich um Sicherheitsbauteile im Sinne der Verordnung (EU) 2024/1689 des Europäischen Parlaments und des Rates (*) handelt, berücksichtigt die Kommission bei der Ausübung ihrer Tätigkeiten nach Absatz 1 und bei Erlass technischer Spezifikationen und Prüfnormen nach den Absätzen 2 und 3 die in Kapitel III Abschnitt 2 jener Verordnung festgelegten Anforderungen.

ErwG 49

Artikel 106
Änderung der Richtlinie (EU) 2016/797

In Artikel 5 der Richtlinie (EU) 2016/797 wird folgender Absatz angefügt:

„(12) Beim Erlass von delegierten Rechtsakten nach Absatz 1 und von Durchführungsrechtsakten nach Absatz 11, die sich auf Systeme der künstlichen Intelligenz beziehen, bei denen es sich um Sicherheitsbauteile im Sinne der Verordnung (EU) 2024/1689 des Europäischen Parlaments und des Rates (*) handelt, werden die in Kapitel III Abschnitt 2 jener Verordnung festgelegten Anforderungen berücksichtigt.

(*) Verordnung (EU) 2024/1689 des Europäischen Parlaments und des Rates vom 13. Juni 2024 zur Festlegung harmonisierter Vorschriften für künstliche Intelligenz und zur Änderung der Verordnungen (EG) Nr. 300/2008, (EU) Nr. 167/2013, (EU) Nr. 168/2013, (EU) 2018/858, (EU) 2018/1139 und (EU) 2019/2144 sowie der Richtlinien 2014/90/EU, (EU) 2016/797 und (EU) 2020/1828 (Verordnung über künstliche Intelligenz) (ABl. L, 2024/1689, 12.7.2024, ELI: http://data.europa.eu/eli/reg/2024/1689/oj).“

ErwG 49

Artikel 107
Änderung der Verordnung (EU) 2018/858

In Artikel 5 der Verordnung (EU) 2018/858 wird folgender Absatz angefügt:

„(4) Beim Erlass delegierter Rechtsakte nach Absatz 3, die sich auf Systeme der künstlichen Intelligenz beziehen, bei denen es sich um Sicherheitsbauteile im Sinne der Verordnung (EU) 2024/1689 des Europäischen Parlaments und des Rates (*) handelt, werden die in Kapitel III Abschnitt 2 jener Verordnung festgelegten Anforderungen berücksichtigt.

(*) Verordnung (EU) 2024/1689 des Europäischen Parlaments und des Rates vom 13. Juni 2024 zur Festlegung harmonisierter Vorschriften für künstliche Intelligenz und zur Änderung der Verordnungen (EG) Nr. 300/2008, (EU) Nr. 167/2013, (EU) Nr. 168/2013, (EU) 2018/858, (EU) 2018/1139 und (EU) 2019/2144 sowie der Richtlinien 2014/90/EU, (EU) 2016/797 und (EU) 2020/1828 (Verordnung über künstliche Intelligenz) (ABl. L, 2024/1689, 12.7.2024, ELI: http://data.europa.eu/eli/reg/2024/1689/oj).“

ErwG 49

Artikel 108
Änderungen der Verordnung (EU) 2018/1139

Die Verordnung (EU) 2018/1139 wird wie folgt geändert:

1. In Artikel 17 wird folgender Absatz angefügt:

   „(3) Unbeschadet des Absatzes 2 werden beim Erlass von Durchführungsrechtsakten nach Absatz 1, die sich auf Systeme der künstlichen Intelligenz beziehen, bei denen es sich um Sicherheitsbauteile im Sinne der Verordnung (EU) 2024/1689 des Europäischen Parlaments und des Rates (*) handelt, die in Kapitel III Abschnitt 2 jener Verordnung festgelegten Anforderungen berücksichtigt.

   (*) Verordnung (EU) 2024/1689 des Europäischen Parlaments und des Rates vom 13. Juni 2024 zur Festlegung harmonisierter Vorschriften für künstliche Intelligenz und zur Änderung der Verordnungen (EG) Nr. 300/2008, (EU) Nr. 167/2013, (EU) Nr. 168/2013, (EU) 2018/858, (EU) 2018/1139 und (EU) 2019/2144 sowie der Richtlinien 2014/90/EU, (EU) 2016/797 und (EU) 2020/1828 (Verordnung über künstliche Intelligenz) (ABl. L, 2024/1689, 12.7.2024, ELI: http://data.europa.eu/eli/reg/2024/1689/oj).“

2. In Artikel 19 wird folgender Absatz angefügt:

„(4) Beim Erlass delegierter Rechtsakte nach den Absätzen 1 und 2, die sich auf Systeme der künstlichen Intelligenz beziehen, bei denen es sich um Sicherheitsbauteile im Sinne der Verordnung (EU) 2024/1689 handelt, werden die in Kapitel III Abschnitt 2 jener Verordnung festgelegten Anforderungen berücksichtigt."

3. In Artikel 43 wird folgender Absatz angefügt:

„(4) Beim Erlass von Durchführungsrechtsakten nach Absatz 1, die sich auf Systeme der künstlichen Intelligenz beziehen, bei denen es sich um Sicherheitsbauteile im Sinne der Verordnung (EU) 2024/1689 handelt, werden die in Kapitel III Abschnitt 2 jener Verordnung festgelegten Anforderungen berücksichtigt."

4. In Artikel 47 wird folgender Absatz angefügt:

„(3) Beim Erlass delegierter Rechtsakte nach den Absätzen 1 und 2, die sich auf Systeme der künstlichen Intelligenz beziehen, bei denen es sich um Sicherheitsbauteile im Sinne der Verordnung (EU) 2024/1689 handelt, werden die in Kapitel III Abschnitt 2 jener Verordnung festgelegten Anforderungen berücksichtigt."

5. In Artikel 57 wird folgender Unterabsatz angefügt:

„Beim Erlass solcher Durchführungsrechtsakte, die sich auf Systeme der künstlichen Intelligenz beziehen, bei denen es sich um Sicherheitsbauteile im Sinne der Verordnung (EU) 2024/1689 handelt, werden die in Kapitel III Abschnitt 2 jener Verordnung festgelegten Anforderungen berücksichtigt."

6. In Artikel 58 wird folgender Absatz angefügt:

„(3) Beim Erlass delegierter Rechtsakte nach den Absätzen 1 und 2, die sich auf Systeme der künstlichen Intelligenz beziehen, bei denen es sich um Sicherheitsbauteile im Sinne der Verordnung (EU) 2024/1689 handelt, werden die in Kapitel III Abschnitt 2 jener Verordnung festgelegten Anforderungen berücksichtigt."

ErwG 49

Artikel 109
Änderung der Verordnung (EU) 2019/2144

In Artikel 11 der Verordnung (EU) 2019/2144 wird folgender Absatz angefügt:

„(3) Beim Erlass von Durchführungsrechtsakten nach Absatz 2, die sich auf Systeme der künstlichen Intelligenz beziehen, bei denen es sich um Sicherheitsbauteile im Sinne der Verordnung (EU) 2024/1689 des Europäischen Parlaments und des Rates (*) handelt, werden die in Kapitel III Abschnitt 2 jener Verordnung festgelegten Anforderungen berücksichtigt.

(*) Verordnung (EU) 2024/1689 des Europäischen Parlaments und des Rates vom 13. Juni 2024 zur Festlegung harmonisierter Vorschriften für künstliche Intelligenz und zur Änderung der Verordnungen (EG) Nr. 300/2008, (EU) Nr. 167/2013, (EU) Nr. 168/2013, (EU) 2018/858, (EU) 2018/1139 und (EU) 2019/2144 sowie der Richtlinien 2014/90/EU, (EU) 2016/797 und (EU) 2020/1828 (Verordnung über künstliche Intelligenz) (ABl. L, 2024/1689, 12.7.2024, ELI: http://data.europa.eu/eli/reg/2024/1689/oj)."

Artikel 110
Änderung der Richtlinie (EU) 2020/1828

In Anhang I der Richtlinie (EU) 2020/1828 des Europäischen Parlaments und des Rates wird die folgende Nummer angefügt:

„68. Verordnung (EU) 2024/1689 des Europäischen Parlaments und des Rates vom 13. Juni 2024 zur Festlegung harmonisierter Vorschriften für künstliche Intelligenz und zur Änderung der Verordnungen (EG) Nr. 300/2008, (EU) Nr. 167/2013, (EU) Nr. 168/2013, (EU) 2018/858, (EU) 2018/1139 und (EU) 2019/2144 sowie der Richtlinien 2014/90/EU, (EU) 2016/797 und (EU) 2020/1828 (Verordnung über künstliche Intelligenz) (ABl. L, 2024/1689, 12.7.2024, ELI: http://data.europa.eu/eli/reg/2024/1689/oj).“

Artikel 111
Bereits in Verkehr gebrachte oder in Betrieb genommene KI-Systeme und bereits in Verkehr gebrachte KI-Modelle mit allgemeinem Verwendungszweck

ErwG 177, 178; → **Rn. 86 ff.**

(1) Unbeschadet der Anwendung des Artikels 5 gemäß Artikel 113 Absatz 3 Buchstabe a werden KI-Systeme, bei denen es sich um Komponenten von IT-Großsystemen handelt, die mit den in Anhang X aufgeführten Rechtsakten eingerichtet wurden und vor dem 2. August 2027 in Verkehr gebracht oder in Betrieb genommen wurden, bis zum 31. Dezember 2030 mit dieser Verordnung in Einklang gebracht.

Die in dieser Verordnung festgelegten Anforderungen werden bei der Bewertung jedes IT-Großsystems, das mit den in Anhang X aufgeführten Rechtsakten eingerichtet wurde, berücksichtigt, wobei die Bewertung entsprechend den Vorgaben der jeweiligen Rechtsakte und bei Ersetzung oder Änderung dieser Rechtsakte erfolgt.

(2) Unbeschadet der Anwendung des Artikels 5 gemäß Artikel 113 Absatz 3 Buchstabe a gilt diese Verordnung für Betreiber von Hochrisiko-KI-Systemen – mit Ausnahme der in Absatz 1 des vorliegenden Artikels genannten Systeme –, die vor dem 2. August 2026 in Verkehr gebracht oder in Betrieb genommen wurden, nur dann, wenn diese Systeme danach in ihrer Konzeption erheblich verändert wurden. In jedem Fall treffen die Anbieter und Betreiber von Hochrisiko-KI-Systemen, die bestimmungsgemäß von Behörden verwendet werden sollen, die erforderlichen Maßnahmen für die Erfüllung der Anforderungen und Pflichten dieser Verordnung bis zum 2. August 2030.

(3) Anbieter von KI-Modellen mit allgemeinem Verwendungszweck, die vor dem 2. August 2025 in Verkehr gebracht wurden, treffen die erforderlichen Maßnahmen für die Erfüllung der in dieser Verordnung festgelegten Pflichten bis zum 2. August 2027.

Artikel 112
Bewertung und Überprüfung

ErwG 162, 164, 165, 174

(1) Die Kommission prüft nach Inkrafttreten dieser Verordnung und bis zum Ende der Befugnisübertragung gemäß Artikel 97 einmal jährlich, ob eine Änderung der Liste in Anhang III und der Liste der verbotenen Praktiken im KI-Bereich gemäß Artikel 5 erforderlich ist. Die Kommission übermittelt die Ergebnisse dieser Bewertung dem Europäischen Parlament und dem Rat.

(2) Bis zum 2. August 2028 und danach alle vier Jahre bewertet die Kommission Folgendes und erstattet dem Europäischen Parlament und dem Rat Bericht darüber:

a) Notwendigkeit von Änderungen zur Erweiterung bestehender Bereiche oder zur Aufnahme neuer Bereiche in Anhang III:
b) Änderungen der Liste der KI-Systeme, die zusätzliche Transparenzmaßnahmen erfordern, in Artikel 50;
c) Änderungen zur Verbesserung der Wirksamkeit des Überwachungs- und Governance-Systems.

(3) Bis zum 2. August 2029 und danach alle vier Jahre legt die Kommission dem Europäischen Parlament und dem Rat einen Bericht über die Bewertung und Überprüfung dieser Verordnung vor. Der Bericht enthält eine Beurteilung hinsichtlich der Durchsetzungsstruktur und der etwaigen Notwendigkeit einer Agentur der Union zur Lösung der festgestellten Mängel. Auf der Grundlage der Ergebnisse wird diesem Bericht gegebenenfalls ein Vorschlag zur Änderung dieser Verordnung beigefügt. Die Berichte werden veröffentlicht.

(4) In den in Absatz 2 genannten Berichten wird insbesondere auf folgende Aspekte eingegangen:
a) Sachstand bezüglich der finanziellen, technischen und personellen Ressourcen der zuständigen nationalen Behörden im Hinblick auf deren Fähigkeit, die ihnen auf der Grundlage dieser Verordnung übertragenen Aufgaben wirksam zu erfüllen;
b) Stand der Sanktionen, insbesondere der Bußgelder nach Artikel 99 Absatz 1, die Mitgliedstaaten bei Verstößen gegen diese Verordnung verhängt haben;
c) angenommene harmonisierte Normen und gemeinsame Spezifikationen, die zur Unterstützung dieser Verordnung erarbeitet wurden;
d) Zahl der Unternehmen, die nach Inkrafttreten dieser Verordnung in den Markt eintreten, und wie viele davon KMU sind.

(5) Bis zum 2. August 2028 bewertet die Kommission die Arbeitsweise des Büros für Künstliche Intelligenz und prüft, ob das Büro für Künstliche Intelligenz mit ausreichenden Befugnissen und Zuständigkeiten zur Erfüllung seiner Aufgaben ausgestattet wurde, und ob es für die ordnungsgemäße Durchführung und Durchsetzung dieser Verordnung zweckmäßig und erforderlich wäre, das Büro für Künstliche Intelligenz und seine Durchsetzungskompetenzen zu erweitern und seine Ressourcen aufzustocken. Die Kommission übermittelt dem Europäischen Parlament und dem Rat einen Bericht über ihre Bewertung.

(6) Bis zum 2. August 2028 und danach alle vier Jahre legt die Kommission einen Bericht über die Überprüfung der Fortschritte bei der Entwicklung von Normungsdokumenten zur energieeffizienten Entwicklung von KI-Modellen mit allgemeinem Verwendungszweck vor und beurteilt die Notwendigkeit weiterer Maßnahmen oder Handlungen, einschließlich verbindlicher Maßnahmen oder Handlungen. Dieser Bericht wird dem Europäischen Parlament und dem Rat vorgelegt und veröffentlicht.

(7) Bis zum 2. August 2028 und danach alle drei Jahre führt die Kommission eine Bewertung der Folgen und der Wirksamkeit der freiwilligen Verhaltenskodizes durch, mit denen die Anwendung der in Kapitel III Abschnitt 2 festgelegten Anforderungen an andere KI-Systeme als Hochrisiko-KI-Systeme und möglicherweise auch zusätzlicher Anforderungen an andere KI-Systeme als Hochrisiko-KI-Systeme, auch in Bezug auf deren ökologische Nachhaltigkeit, gefördert werden soll.

(8) Für die Zwecke der Absätze 1 bis 7 übermitteln das KI-Gremium, die Mitgliedstaaten und die zuständigen nationalen Behörden der Kommission auf Anfrage unverzüglich die gewünschten Informationen.

(9) Bei den in den Absätzen 1 bis 7 genannten Bewertungen und Überprüfungen berücksichtigt die Kommission die Standpunkte und Feststellungen des KI-Gremiums, des Europäischen Parlaments, des Rates und anderer einschlägiger Stellen oder Quellen.

(10) Die Kommission legt erforderlichenfalls geeignete Vorschläge zur Änderung dieser Verordnung vor und berücksichtigt dabei insbesondere technologische Entwicklun-

gen, die Auswirkungen von KI-Systemen auf die Gesundheit und Sicherheit und auf die Grundrechte und die Fortschritte in der Informationsgesellschaft.

(11) Als Orientierung für die in den Absätzen 1 bis 7 genannten Bewertungen und Überprüfungen entwickelt das Büro für Künstliche Intelligenz ein Ziel und eine partizipative Methode für die Bewertung der Risikoniveaus anhand der in den jeweiligen Artikeln genannten Kriterien und für die Einbeziehung neuer Systeme in
a) die Liste gemäß Anhang III, einschließlich der Erweiterung bestehender Bereiche oder der Aufnahme neuer Bereiche in diesen Anhang;
b) die Liste der verbotenen Praktiken gemäß Artikel 5; und
c) die Liste der KI-Systeme, die zusätzliche Transparenzmaßnahmen erfordern, in Artikel 50.

(12) Eine Änderung dieser Verordnung im Sinne des Absatzes 10 oder entsprechende delegierte Rechtsakte oder Durchführungsrechtsakte, die sektorspezifische Rechtsvorschriften für eine unionsweite Harmonisierung gemäß Anhang I Abschnitt B betreffen, berücksichtigen die regulatorischen Besonderheiten des jeweiligen Sektors und die in der Verordnung festgelegten bestehenden Governance-, Konformitätsbewertungs- und Durchsetzungsmechanismen und -behörden.

(13) Bis zum 2. August 2031 nimmt die Kommission unter Berücksichtigung der ersten Jahre der Anwendung der Verordnung eine Bewertung der Durchsetzung dieser Verordnung vor und erstattet dem Europäischen Parlament, dem Rat und dem Europäischen Wirtschafts- und Sozialausschuss darüber Bericht. Auf Grundlage der Ergebnisse wird dem Bericht gegebenenfalls ein Vorschlag zur Änderung dieser Verordnung beigefügt, der die Struktur der Durchsetzung und die Notwendigkeit einer Agentur der Union für die Lösung festgestellter Mängel betrifft.

Artikel 113
Inkrafttreten und Geltungsbeginn

ErwG 178, 179; → **Rn. 96, 97, 117, 178, 249, 272, 281, 331**

Diese Verordnung tritt am zwanzigsten Tag nach ihrer Veröffentlichung im *Amtsblatt der Europäischen Union* in Kraft.

Sie gilt ab dem 2. August 2026.

Jedoch:

a) Die Kapitel I und II gelten ab dem 2. Februar 2025;

b) Kapitel III Abschnitt 4, Kapitel V, Kapitel VII und Kapitel XII sowie Artikel 78 gelten ab dem 2. August 2025, mit Ausnahme des Artikels 101;

c) Artikel 6 Absatz 1 und die entsprechenden Pflichten gemäß dieser Verordnung gelten ab dem 2. August 2027.

Diese Verordnung ist in allen ihren Teilen verbindlich und gilt unmittelbar in jedem Mitgliedstaat.

Geschehen zu Brüssel am 13. Juni 2024.

Im Namen des Europäischen Parlaments
Die Präsidentin
R. METSOLA

Im Namen des Rates
Der Präsident
M. MICHEL

→ Rn. 111 ff.

ANHANG I

Liste der Harmonisierungsrechtsvorschriften der Union

Abschnitt A – Liste der Harmonisierungsrechtsvorschriften der Union auf der Grundlage des neuen Rechtsrahmens

1. Richtlinie 2006/42/EG des Europäischen Parlaments und des Rates vom 17. Mai 2006 über Maschinen und zur Änderung der Richtlinie 95/16/EG (ABl. L 157 vom 9.6.2006, S. 24)

2. Richtlinie 2009/48/EG des Europäischen Parlaments und des Rates vom 18. Juni 2009 über die Sicherheit von Spielzeug (ABl. L 170 vom 30.6.2009, S. 1)

3. Richtlinie 2013/53/EU des Europäischen Parlaments und des Rates vom 20. November 2013 über Sportboote und Wassermotorräder und zur Aufhebung der Richtlinie 94/25/EG (ABl. L 354 vom 28.12.2013, S. 90)

4. Richtlinie 2014/33/EU des Europäischen Parlaments und des Rates vom 26. Februar 2014 zur Angleichung der Rechtsvorschriften der Mitgliedstaaten über Aufzüge und Sicherheitsbauteile für Aufzüge (ABl. L 96 vom 29.3.2014, S. 251)

5. Richtlinie 2014/34/EU des Europäischen Parlaments und des Rates vom 26. Februar 2014 zur Harmonisierung der Rechtsvorschriften der Mitgliedstaaten für Geräte und Schutzsysteme zur bestimmungsgemäßen Verwendung in explosionsgefährdeten Bereichen (ABl. L 96 vom 29.3.2014, S. 309)

6. Richtlinie 2014/53/EU des Europäischen Parlaments und des Rates vom 16. April 2014 über die Harmonisierung der Rechtsvorschriften der Mitgliedstaaten über die Bereitstellung von Funkanlagen auf dem Markt und zur Aufhebung der Richtlinie 1999/5/EG (ABl. L 153 vom 22.5.2014, S. 62)

7. Richtlinie 2014/68/EU des Europäischen Parlaments und des Rates vom 15. Mai 2014 zur Harmonisierung der Rechtsvorschriften der Mitgliedstaaten über die Bereitstellung von Druckgeräten auf dem Markt (ABl. L 189 vom 27.6.2014, S. 164)

8. Verordnung (EU) 2016/424 des Europäischen Parlaments und des Rates vom 9. März 2016 über Seilbahnen und zur Aufhebung der Richtlinie 2000/9/EG (ABl. L 81 vom 31.3.2016, S. 1)

9. Verordnung (EU) 2016/425 des Europäischen Parlaments und des Rates vom 9. März 2016 über persönliche Schutzausrüstungen und zur Aufhebung der Richtlinie 89/686/EWG des Rates (ABl. L 81 vom 31.3.2016, S. 51)

10. Verordnung (EU) 2016/426 des Europäischen Parlaments und des Rates vom 9. März 2016 über Geräte zur Verbrennung gasförmiger Brennstoffe und zur Aufhebung der Richtlinie 2009/142/EG (ABl. L 81 vom 31.3.2016, S. 99)

11. Verordnung (EU) 2017/745 des Europäischen Parlaments und des Rates vom 5. April 2017 über Medizinprodukte, zur Änderung der Richtlinie 2001/83/EG, der Verordnung (EG) Nr. 178/2002 und der Verordnung (EG) Nr. 1223/2009 und zur Aufhebung der Richtlinien 90/385/EWG und 93/42/EWG des Rates (ABl. L 117 vom 5.5.2017, S. 1)

12. Verordnung (EU) 2017/746 des Europäischen Parlaments und des Rates vom 5. April 2017 über In-vitro-Diagnostika und zur Aufhebung der Richtlinie 98/79/EG und des Beschlusses 2010/227/EU der Kommission (ABl. L 117 vom 5.5.2017, S. 176)

Abschnitt B – Liste anderer Harmonisierungsrechtsvorschriften der Union

→ Rn. 78 ff.

13. Verordnung (EG) Nr. 300/2008 des Europäischen Parlaments und des Rates vom 11. März 2008 über gemeinsame Vorschriften für die Sicherheit in der Zivilluftfahrt und zur Aufhebung der Verordnung (EG) Nr. 2320/2002 (ABl. L 97 vom 9.4.2008, S. 72)

14. Verordnung (EU) Nr. 168/2013 des Europäischen Parlaments und des Rates vom 15. Januar 2013 über die Genehmigung und Marktüberwachung von zwei- oder dreirädrigen und vierrädrigen Fahrzeugen (ABl. L 60 vom 2.3.2013, S. 52)

15. Verordnung (EU) Nr. 167/2013 des Europäischen Parlaments und des Rates vom 5. Februar 2013 über die Genehmigung und Marktüberwachung von land- und forstwirtschaftlichen Fahrzeugen (ABl. L 60 vom 2.3.2013, S. 1)

16. Richtlinie 2014/90/EU des Europäischen Parlaments und des Rates vom 23. Juli 2014 über Schiffsausrüstung und zur Aufhebung der Richtlinie 96/98/EG des Rates (ABl. L 257 vom 28.8.2014, S. 146)

17. Richtlinie (EU) 2016/797 des Europäischen Parlaments und des Rates vom 11. Mai 2016 über die Interoperabilität des Eisenbahnsystems in der Europäischen Union (ABl. L 138 vom 26.5.2016, S. 44)

18. Verordnung (EU) 2018/858 des Europäischen Parlaments und des Rates vom 30. Mai 2018 über die Genehmigung und die Marktüberwachung von Kraftfahrzeugen und Kraftfahrzeuganhängern sowie von Systemen, Bauteilen und selbstständigen technischen Einheiten für diese Fahrzeuge, zur Änderung der Verordnungen (EG) Nr. 715/2007 und (EG) Nr. 595/2009 und zur Aufhebung der Richtlinie 2007/46/EG (ABl. L 151 vom 14.6.2018, S. 1)

19. Verordnung (EU) 2019/2144 des Europäischen Parlaments und des Rates vom 27. November 2019 über die Typgenehmigung von Kraftfahrzeugen und Kraftfahrzeuganhängern sowie von Systemen, Bauteilen und selbstständigen technischen Einheiten für diese Fahrzeuge im Hinblick auf ihre allgemeine Sicherheit und den Schutz der Fahrzeuginsassen und von ungeschützten Verkehrsteilnehmern, zur Änderung der Verordnung (EU) 2018/858 des Europäischen Parlaments und des Rates und zur Aufhebung der Verordnungen (EG) Nr. 78/2009, (EG) Nr. 79/2009 und (EG) Nr. 661/2009 des Europäischen Parlaments und des Rates sowie der Verordnungen (EG) Nr. 631/2009, (EU) Nr. 406/2010, (EU) Nr. 672/2010, (EU) Nr. 1003/2010, (EU) Nr. 1005/2010, (EU) Nr. 1008/2010, (EU) Nr. 1009/2010, (EU) Nr. 19/2011, (EU) Nr. 109/2011, (EU) Nr. 458/2011, (EU) Nr. 65/2012, (EU) Nr. 130/2012, (EU) Nr. 347/2012, (EU) Nr. 351/2012, (EU) Nr. 1230/2012 und (EU) 2015/166 der Kommission (ABl. L 325 vom 16.12.2019, S. 1)

20. Verordnung (EU) 2018/1139 des Europäischen Parlaments und des Rates vom 4. Juli 2018 zur Festlegung gemeinsamer Vorschriften für die Zivilluftfahrt und zur Errichtung einer Agentur der Europäischen Union für Flugsicherheit sowie zur Änderung der Verordnungen (EG) Nr. 2111/2005, (EG) Nr. 1008/2008, (EU) Nr. 996/2010, (EU) Nr. 376/2014 und der Richtlinien 2014/30/EU und 2014/53/EU des Europäischen Parlaments und des Rates, und zur Aufhebung der Verordnungen (EG) Nr. 552/2004 und (EG) Nr. 216/2008 des Europäischen Parlaments und des Rates und der Verordnung (EWG) Nr. 3922/91 des Rates (ABl. L 212 vom 22.8.2018, S. 1), insoweit die Konstruktion, Herstellung und Vermarktung von Luftfahrzeugen gemäß Artikel 2 Absatz 1 Buchstaben a und b in Bezug auf unbemannte Luftfahrzeuge sowie deren Motoren, Propeller, Teile und Ausrüstung zur Fernsteuerung betroffen sind

→ Rn. 98 ff.

ANHANG II

Liste der Straftaten gemäß Artikel 5 Absatz 1 Unterabsatz 1 Buchstabe h Ziffer iii

Straftaten gemäß Artikel 5 Absatz 1 Unterabsatz 1 Buchstabe h Ziffer iii:
- Terrorismus,
- Menschenhandel,
- sexuelle Ausbeutung von Kindern und Kinderpornografie,
- illegaler Handel mit Drogen oder psychotropen Stoffen,
- illegaler Handel mit Waffen, Munition oder Sprengstoffen,
- Mord, schwere Körperverletzung,
- illegaler Handel mit menschlichen Organen oder menschlichem Gewebe,
- illegaler Handel mit nuklearen oder radioaktiven Substanzen,
- Entführung, Freiheitsberaubung oder Geiselnahme,
- Verbrechen, die in die Zuständigkeit des Internationalen Strafgerichtshofs fallen,
- Flugzeug- oder Schiffsentführung,
- Vergewaltigung,
- Umweltkriminalität,
- organisierter oder bewaffneter Raub,
- Sabotage,
- Beteiligung an einer kriminellen Vereinigung, die an einer oder mehreren der oben genannten Straftaten beteiligt ist.

ANHANG III
Hochrisiko-KI-Systeme gemäß Artikel 6 Absatz 2

→ Rn. 113 f.

Als Hochrisiko-KI-Systeme gemäß Artikel 6 Absatz 2 gelten die in folgenden Bereichen aufgeführten KI-Systeme:

1. Biometrie, soweit ihr Einsatz nach einschlägigem Unionsrecht oder nationalem Recht zugelassen ist:
   a) biometrische Fernidentifizierungssysteme.
   Dazu gehören nicht KI-Systeme, die bestimmungsgemäß für die biometrische Verifizierung, deren einziger Zweck darin besteht, zu bestätigen, dass eine bestimmte natürliche Person die Person ist, für die sie sich ausgibt, verwendet werden sollen;
   b) KI-Systeme, die bestimmungsgemäß für die biometrische Kategorisierung nach sensiblen oder geschützten Attributen oder Merkmalen auf der Grundlage von Rückschlüssen auf diese Attribute oder Merkmale verwendet werden sollen;
   c) KI-Systeme, die bestimmungsgemäß zur Emotionserkennung verwendet werden sollen.

2. Kritische Infrastruktur: KI-Systeme, die bestimmungsgemäß als Sicherheitsbauteile im Rahmen der Verwaltung und des Betriebs kritischer digitaler Infrastruktur, des Straßenverkehrs oder der Wasser-, Gas-, Wärme- oder Stromversorgung verwendet werden sollen

3. Allgemeine und berufliche Bildung
   a) KI-Systeme, die bestimmungsgemäß zur Feststellung des Zugangs oder der Zulassung oder zur Zuweisung natürlicher Personen zu Einrichtungen aller Ebenen der allgemeinen und beruflichen Bildung verwendet werden sollen;
   b) KI-Systeme, die bestimmungsgemäß für die Bewertung von Lernergebnissen verwendet werden sollen, einschließlich des Falles, dass diese Ergebnisse dazu dienen, den Lernprozess natürlicher Personen in Einrichtungen oder Programmen aller Ebenen der allgemeinen und beruflichen Bildung zu steuern;
   c) KI-Systeme, die bestimmungsgemäß zum Zweck der Bewertung des angemessenen Bildungsniveaus, das eine Person im Rahmen von oder innerhalb von Einrichtungen aller Ebenen der allgemeinen und beruflichen Bildung erhalten wird oder zu denen sie Zugang erhalten wird, verwendet werden sollen;
   d) KI-Systeme, die bestimmungsgemäß zur Überwachung und Erkennung von verbotenem Verhalten von Schülern bei Prüfungen im Rahmen von oder innerhalb von Einrichtungen aller Ebenen der allgemeinen und beruflichen Bildung verwendet werden sollen.

4. Beschäftigung, Personalmanagement und Zugang zur Selbstständigkeit
   a) KI-Systeme, die bestimmungsgemäß für die Einstellung oder Auswahl natürlicher Personen verwendet werden sollen, insbesondere um gezielte Stellenanzeigen zu schalten, Bewerbungen zu sichten oder zu filtern und Bewerber zu bewerten;
   b) KI-Systeme, die bestimmungsgemäß für Entscheidungen, die die Bedingungen von Arbeitsverhältnissen, Beförderungen und Kündigungen von Arbeitsvertragsverhältnissen beeinflussen, für die Zuweisung von Aufgaben aufgrund des individuellen Verhaltens oder persönlicher Merkmale oder Eigenschaften oder für die Beobachtung und Bewertung der Leistung und des Verhaltens von Personen in solchen Beschäftigungsverhältnissen verwendet werden soll.

5. Zugänglichkeit und Inanspruchnahme grundlegender privater und grundlegender öffentlicher Dienste und Leistungen:
   a) KI-Systeme, die bestimmungsgemäß von Behörden oder im Namen von Behörden verwendet werden sollen, um zu beurteilen, ob natürliche Personen Anspruch auf grundlegende öffentliche Unterstützungsleistungen und -dienste, einschließlich Gesundheitsdiensten, haben und ob solche Leistungen und Dienste zu gewähren, einzuschränken, zu widerrufen oder zurückzufordern sind;
   b) KI-Systeme, die bestimmungsgemäß für die Kreditwürdigkeitsprüfung und Bonitätsbewertung natürlicher Personen verwendet werden sollen, mit Ausnahme von KI-Systemen, die zur Aufdeckung von Finanzbetrug verwendet werden;

c) KI-Systeme, die bestimmungsgemäß für die Risikobewertung und Preisbildung in Bezug auf natürliche Personen im Fall von Lebens- und Krankenversicherungen verwendet werden sollen;

d) KI-Systeme, die bestimmungsgemäß zur Bewertung und Klassifizierung von Notrufen von natürlichen Personen oder für die Entsendung oder Priorisierung des Einsatzes von Not- und Rettungsdiensten, einschließlich Polizei, Feuerwehr und medizinischer Nothilfe, sowie für Systeme für die Triage von Patienten bei der Notfallversorgung verwendet werden sollen.

6. Strafverfolgung, soweit ihr Einsatz nach einschlägigem Unionsrecht oder nationalem Recht zugelassen ist:

a) KI-Systeme, die bestimmungsgemäß von Strafverfolgungsbehörden oder in deren Namen oder von Organen, Einrichtungen und sonstigen Stellen der Union zur Unterstützung von Strafverfolgungsbehörden oder in deren Namen zur Bewertung des Risikos einer natürlichen Person, zum Opfer von Straftaten zu werden, verwendet werden sollen;

b) KI-Systeme, die bestimmungsgemäß von Strafverfolgungsbehörden oder in deren Namen oder von Organen, Einrichtungen und sonstigen Stellen der Union zur Unterstützung von Strafverfolgungsbehörden als Lügendetektoren oder ähnliche Instrumente verwendet werden sollen;

c) KI-Systeme, die bestimmungsgemäß von Strafverfolgungsbehörden oder in deren Namen oder von Organen, Einrichtungen und sonstigen Stellen der Union zur Unterstützung von Strafverfolgungsbehörden zur Bewertung der Verlässlichkeit von Beweismitteln im Zuge der Ermittlung oder Verfolgung von Straftaten verwendet werden sollen;

d) KI-Systeme, die bestimmungsgemäß von Strafverfolgungsbehörden oder in deren Namen oder von Organen, Einrichtungen und sonstigen Stellen der Union zur Unterstützung von Strafverfolgungsbehörden zur Bewertung des Risikos, dass eine natürliche Person eine Straftat begeht oder erneut begeht, nicht nur auf der Grundlage der Erstellung von Profilen natürlicher Personen gemäß Artikel 3 Absatz 4 der Richtlinie (EU) 2016/680 oder zur Bewertung persönlicher Merkmale und Eigenschaften oder vergangenen kriminellen Verhaltens von natürlichen Personen oder Gruppen verwendet werden sollen;

e) KI-Systeme, die bestimmungsgemäß von Strafverfolgungsbehörden oder in deren Namen oder von Organen, Einrichtungen und sonstigen Stellen der Union zur Unterstützung von Strafverfolgungsbehörden zur Erstellung von Profilen natürlicher Personen gemäß Artikel 3 Absatz 4 der Richtlinie (EU) 2016/680 im Zuge der Aufdeckung, Ermittlung oder Verfolgung von Straftaten verwendet werden sollen.

7. Migration, Asyl und Grenzkontrolle, soweit ihr Einsatz nach einschlägigem Unionsrecht oder nationalem Recht zugelassen ist:

a) KI-Systeme, die bestimmungsgemäß von zuständigen Behörden oder in deren Namen oder Organen, Einrichtungen und sonstigen Stellen der Union als Lügendetektoren verwendet werden sollen oder ähnliche Instrumente;

b) KI-Systeme, die bestimmungsgemäß von zuständigen Behörden oder in deren Namen oder von Organen, Einrichtungen und sonstigen Stellen der Union zur Bewertung eines Risikos verwendet werden sollen, einschließlich eines Sicherheitsrisikos, eines Risikos der irregulären Einwanderung oder eines Gesundheitsrisikos, das von einer natürlichen Person ausgeht, die in das Hoheitsgebiet eines Mitgliedstaats einzureisen beabsichtigt oder eingereist ist;

c) KI-Systeme, die bestimmungsgemäß von zuständigen Behörden oder in deren Namen oder von Organen, Einrichtungen und sonstigen Stellen der Union verwendet werden sollen, um zuständige Behörden bei der Prüfung von Asyl- und Visumanträgen sowie Aufenthaltstiteln und damit verbundenen Beschwerden im Hinblick auf die Feststellung der Berechtigung der den Antrag stellenden natürlichen Personen, einschließlich damit zusammenhängender Bewertungen der Verlässlichkeit von Beweismitteln, zu unterstützen;

d) KI-Systeme, die bestimmungsgemäß von oder im Namen der zuständigen Behörden oder Organen, Einrichtungen und sonstigen Stellen der Union, im Zusammenhang mit Migration, Asyl oder Grenzkontrolle zum Zwecke der Aufdeckung, Anerkennung oder Identifizierung natürlicher Personen verwendet werden sollen, mit Ausnahme der Überprüfung von Reisedokumenten.

8. Rechtspflege und demokratische Prozesse

a) KI-Systeme, die bestimmungsgemäß von einer oder im Namen einer Justizbehörde verwendet werden sollen, um eine Justizbehörde bei der Ermittlung und Auslegung von Sachverhalten und Rechtsvorschriften und bei der Anwendung des Rechts auf konkrete Sachverhalte zu unterstützen, oder die auf ähnliche Weise für die alternative Streitbeilegung genutzt werden sollen;
b) KI-Systeme, die bestimmungsgemäß verwendet werden sollen, um das Ergebnis einer Wahl oder eines Referendums oder das Wahlverhalten natürlicher Personen bei der Ausübung ihres Wahlrechts bei einer Wahl oder einem Referendum zu beeinflussen. Dazu gehören nicht KI-Systeme, deren Ausgaben natürliche Personen nicht direkt ausgesetzt sind, wie Instrumente zur Organisation, Optimierung oder Strukturierung politischer Kampagnen in administrativer oder logistischer Hinsicht.

→ Rn. 133 ff.

ANHANG IV
Technische Dokumentation gemäß Artikel 11 Absatz 1

Die in Artikel 11 Absatz 1 genannte technische Dokumentation muss mindestens die folgenden Informationen enthalten, soweit sie für das betreffende KI-System von Belang sind:

1. Allgemeine Beschreibung des KI-Systems, darunter
   a) Zweckbestimmung, Name des Anbieters und Version des Systems mit Angaben dazu, in welcher Beziehung sie zu vorherigen Versionen steht;
   b) gegebenenfalls Interaktion oder Verwendung des KI-Systems mit Hardware oder Software, einschließlich anderer KI-Systeme, die nicht Teil des KI-Systems selbst sind;
   c) Versionen der betreffenden Software oder Firmware und etwaige Anforderungen in Bezug auf Aktualisierungen der Versionen;
   d) Beschreibung aller Formen, in denen das KI-System in Verkehr gebracht oder in Betrieb genommen wird, zum Beispiel in Hardware eingebettete Softwarepakete, Herunterladen oder API;
   e) Beschreibung der Hardware, auf der das KI-System betrieben werden soll;
   f) falls das KI-System Bestandteil von Produkten ist: Fotografien oder Abbildungen, die äußere Merkmale, die Kennzeichnungen und den inneren Aufbau dieser Produkte zeigen;
   g) eine grundlegende Beschreibung der Benutzerschnittstelle, die dem Betreiber zur Verfügung gestellt wird;
   h) Betriebsanleitungen für den Betreiber und gegebenenfalls eine grundlegende Beschreibung der dem Betreiber zur Verfügung gestellten Benutzerschnittstelle;

2. Detaillierte Beschreibung der Bestandteile des KI-Systems und seines Entwicklungsprozesses, darunter
   a) Methoden und Schritte zur Entwicklung des KI-Systems, gegebenenfalls einschließlich des Einsatzes von durch Dritte bereitgestellten vortrainierten Systemen oder Instrumenten, und wie diese vom Anbieter verwendet, integriert oder verändert wurden;
   b) Entwurfsspezifikationen des Systems, insbesondere die allgemeine Logik des KI-Systems und der Algorithmen; die wichtigsten Entwurfsentscheidungen mit den Gründen und getroffenen Annahmen, einschließlich in Bezug auf Personen oder Personengruppen, bezüglich deren das System angewandt werden soll; hauptsächliche Einstufungsentscheidungen; was das System optimieren soll und welche Bedeutung den verschiedenen Parametern dabei zukommt; Beschreibung der erwarteten Ausgabe des Systems und der erwarteten Qualität dieser Ausgabe; die über mögliche Kompromisse in Bezug auf die technischen Lösungen, mit denen die in Kapitel III Abschnitt 2 festgelegten Anforderungen erfüllt werden sollen, getroffenen Entscheidungen;
   c) Beschreibung der Systemarchitektur, aus der hervorgeht, wie Softwarekomponenten aufeinander aufbauen oder einander zuarbeiten und in die Gesamtverarbeitung integriert sind; zum Entwickeln, Trainieren, Testen und Validieren des KI-Systems verwendete Rechenressourcen;
   d) gegebenenfalls Datenanforderungen in Form von Datenblättern, in denen die Trainingsmethoden und -techniken und die verwendeten Trainingsdatensätze beschrieben werden, einschließlich einer allgemeinen Beschreibung dieser Datensätze sowie Informationen zu deren Herkunft, Umfang und Hauptmerkmalen; Angaben zur Beschaffung und Auswahl der Daten; Kennzeichnungsverfahren (zum Beispiel für überwachtes Lernen) und Datenbereinigungsmethoden (zum Beispiel Erkennung von Ausreißern);
   e) Bewertung der nach Artikel 14 erforderlichen Maßnahmen der menschlichen Aufsicht, mit einer Bewertung der technischen Maßnahmen, die erforderlich sind, um den Betreibern gemäß Artikel 13 Absatz 3 Buchstabe d die Interpretation der Ausgaben von KI-Systemen zu erleichtern;
   f) gegebenenfalls detaillierte Beschreibung der vorab bestimmten Änderungen an dem KI-System und seiner Leistung mit allen einschlägigen Informationen zu den technischen Lösungen, mit denen sichergestellt wird, dass das KI-System die einschlägigen in Kapitel III Abschnitt 2 festgelegten Anforderungen weiterhin dauerhaft erfüllt;
   g) verwendete Validierungs- und Testverfahren, mit Informationen zu den verwendeten Validierungs- und Testdaten und deren Hauptmerkmalen; Parameter, die zur

Messung der Genauigkeit, Robustheit und der Erfüllung anderer einschlägiger Anforderungen nach Kapitel III Abschnitt 2 sowie potenziell diskriminierender Auswirkungen verwendet werden; Testprotokolle und alle von den verantwortlichen Personen datierten und unterzeichneten Testberichte, auch in Bezug auf die unter Buchstabe f genannten vorab bestimmten Änderungen;

h) ergriffene Cybersicherheitsmaßnahmen;

3. Detaillierte Informationen über die Überwachung, Funktionsweise und Kontrolle des KI-Systems, insbesondere in Bezug auf Folgendes: die Fähigkeiten und Leistungsgrenzen des Systems, einschließlich der Genauigkeitsgrade bei bestimmten Personen oder Personengruppen, auf die es bestimmungsgemäß angewandt werden soll, sowie des in Bezug auf seine Zweckbestimmung insgesamt erwarteten Maßes an Genauigkeit; angesichts der Zweckbestimmung des KI-Systems vorhersehbare unbeabsichtigte Ergebnisse und Quellen von Risiken in Bezug auf Gesundheit und Sicherheit sowie Grundrechte und Diskriminierung; die nach Artikel 14 erforderlichen Maßnahmen der menschlichen Aufsicht, einschließlich der technischen Maßnahmen, die getroffen wurden, um den Betreibern die Interpretation der Ausgaben von KI-Systemen zu erleichtern; gegebenenfalls Spezifikationen zu Eingabedaten;

4. Darlegungen zur Eignung der Leistungskennzahlen für das spezifische KI-System;

5. Detaillierte Beschreibung des Risikomanagementsystems gemäß Artikel 9;

6. Beschreibung einschlägiger Änderungen, die der Anbieter während des Lebenszyklus an dem System vorgenommen hat;

7. Aufstellung der vollständig oder teilweise angewandten harmonisierten Normen, deren Fundstellen im *Amtsblatt der Europäischen Union* veröffentlicht wurden; falls keine solchen harmonisierten Normen angewandt wurden, eine detaillierte Beschreibung der Lösungen, mit denen die in Kapitel III Abschnitt 2 festgelegten Anforderungen erfüllt werden sollen, mit einer Aufstellung anderer angewandter einschlägiger Normen und technischer Spezifikationen;

8. Kopie der EU-Konformitätserklärung gemäß Artikel 47;

9. Detaillierte Beschreibung des Systems zur Bewertung der Leistung des KI-Systems in der Phase nach dem Inverkehrbringen gemäß Artikel 72, einschließlich des in Artikel 72 Absatz 3 genannten Plans für die Beobachtung nach dem Inverkehrbringen

---

→ Rn. 174 ff.

ANHANG V

EU-Konformitätserklärung

Die EU-Konformitätserklärung gemäß Artikel 47 enthält alle folgenden Angaben:

1. Name und Art des KI-Systems und etwaige zusätzliche eindeutige Angaben, die die Identifizierung und Rückverfolgbarkeit des KI-Systems ermöglichen;

2. Name und Anschrift des Anbieters und gegebenenfalls seines Bevollmächtigten;

3. Erklärung darüber, dass der Anbieter die alleinige Verantwortung für die Ausstellung der EU-Konformitätserklärung gemäß Artikel 47 trägt;

4. Versicherung, dass das betreffende KI-System der vorliegenden Verordnung sowie gegebenenfalls weiteren einschlägigen Rechtsvorschriften der Union, in denen die Ausstellung der EU-Konformitätserklärung gemäß Artikel 47 vorgesehen ist, entspricht;

5. wenn ein KI-System die Verarbeitung personenbezogener Daten erfordert, eine Erklärung darüber, dass das KI-System den Verordnungen (EU) 2016/679 und (EU) 2018/1725 sowie der Richtlinie (EU) 2016/680 entspricht;

6. Verweise auf die verwendeten einschlägigen harmonisierten Normen oder sonstigen gemeinsamen Spezifikationen, für die die Konformität erklärt wird;

7. gegebenenfalls Name und Identifizierungsnummer der notifizierten Stelle, Beschreibung des durchgeführten Konformitätsbewertungsverfahrens und Identifizierungsnummer der ausgestellten Bescheinigung;

8. Ort und Datum der Ausstellung der Erklärung, den Namen und die Funktion des Unterzeichners sowie Angabe, für wen oder in wessen Namen diese Person unterzeichnet hat, eine Unterschrift.

ANHANG VI

Konformitätsbewertungsverfahren auf der Grundlage einer internen Kontrolle

→ Rn. 170 f.

1. Das Konformitätsbewertungsverfahren auf der Grundlage einer internen Kontrolle ist das Konformitätsbewertungsverfahren gemäß den Nummern 2, 3 und 4.

2. Der Anbieter überprüft, ob das bestehende Qualitätsmanagementsystem den Anforderungen des Artikels 17 entspricht.

3. Der Anbieter prüft die in der technischen Dokumentation enthaltenen Informationen, um zu beurteilen. ob das KI-System den einschlägigen grundlegenden Anforderungen in Kapitel III Abschnitt 2 entspricht.

4. Der Anbieter überprüft ferner, ob der Entwurfs- und Entwicklungsprozess des KI-Systems und seine Beobachtung nach dem Inverkehrbringen gemäß Artikel 72 mit der technischen Dokumentation im Einklang stehen.

→ Rn. 170 f.

ANHANG VII

Konformität auf der Grundlage einer Bewertung des Qualitätsmanagementsystems und einer Bewertung der technischen Dokumentation

1. Einleitung

Die Konformität auf der Grundlage einer Bewertung des Qualitätsmanagementsystems und einer Bewertung der technischen Dokumentation entspricht dem Konformitätsbewertungsverfahren gemäß den Nummern 2 bis 5.

2. Überblick

Das genehmigte Qualitätsmanagementsystem für die Konzeption, die Entwicklung und das Testen von KI-Systemen nach Artikel 17 wird gemäß Nummer 3 geprüft und unterliegt der Überwachung gemäß Nummer 5. Die technische Dokumentation des KI-Systems wird gemäß Nummer 4 geprüft.

3. Qualitätsmanagementsystem

3.1. Der Antrag des Anbieters muss Folgendes enthalten:
 a) Name und Anschrift des Anbieters sowie, wenn der Antrag von einem Bevollmächtigten eingereicht wird, auch dessen Namen und Anschrift;
 b) die Liste der unter dasselbe Qualitätsmanagementsystem fallenden KI-Systeme;
 c) die technische Dokumentation für jedes unter dasselbe Qualitätsmanagementsystem fallende KI-System;
 d) die Dokumentation über das Qualitätsmanagementsystem mit allen in Artikel 17 aufgeführten Aspekten;
 e) eine Beschreibung der bestehenden Verfahren, mit denen sichergestellt wird, dass das Qualitätsmanagementsystem angemessen und wirksam bleibt;
 f) eine schriftliche Erklärung, dass derselbe Antrag bei keiner anderen notifizierten Stelle eingereicht wurde.

3.2. Das Qualitätssicherungssystem wird von der notifizierten Stelle bewertet, um festzustellen, ob es die in Artikel 17 genannten Anforderungen erfüllt.

Die Entscheidung wird dem Anbieter oder dessen Bevollmächtigten mitgeteilt.

Die Mitteilung enthält die Ergebnisse der Bewertung des Qualitätsmanagementsystems und die begründete Bewertungsentscheidung.

3.3. Das genehmigte Qualitätsmanagementsystem wird vom Anbieter weiter angewandt und gepflegt, damit es stets angemessen und effizient funktioniert.

3.4. Der Anbieter unterrichtet die notifizierte Stelle über jede beabsichtigte Änderung des genehmigten Qualitätsmanagementsystems oder der Liste der unter dieses System fallenden KI-Systeme.

Die notifizierte Stelle prüft die vorgeschlagenen Änderungen und entscheidet, ob das geänderte Qualitätsmanagementsystem die unter Nummer 3.2 genannten Anforderungen weiterhin erfüllt oder ob eine erneute Bewertung erforderlich ist.

Die notifizierte Stelle teilt dem Anbieter ihre Entscheidung mit. Die Mitteilung enthält die Ergebnisse der Prüfung der Änderungen und die begründete Bewertungsentscheidung.

4. Kontrolle der technischen Dokumentation

4.1. Zusätzlich zu dem unter Nummer 3 genannten Antrag stellt der Anbieter bei der notifizierten Stelle seiner Wahl einen Antrag auf Bewertung der technischen Dokumentation für das KI-System, das er in Verkehr zu bringen oder in Betrieb zu nehmen beabsichtigt und das unter das unter Nummer 3 genannte Qualitätsmanagementsystem fällt.

4.2. Der Antrag enthält Folgendes:
a) den Namen und die Anschrift des Anbieters;
b) eine schriftliche Erklärung, dass derselbe Antrag bei keiner anderen notifizierten Stelle eingereicht wurde;
c) die in Anhang IV genannte technische Dokumentation.

4.3. Die technische Dokumentation wird von der notifizierten Stelle geprüft. Sofern es relevant ist und beschränkt auf das zur Wahrnehmung ihrer Aufgaben erforderliche Maß erhält die notifizierte Stelle uneingeschränkten Zugang zu den verwendeten Trainings-, Validierungs- und Testdatensätzen, gegebenenfalls und unter Einhaltung von Sicherheitsvorkehrungen auch über API oder sonstige einschlägige technische Mittel und Instrumente, die den Fernzugriff ermöglichen.

4.4. Bei der Prüfung der technischen Dokumentation kann die notifizierte Stelle vom Anbieter weitere Nachweise oder die Durchführung weiterer Tests verlangen, um eine ordnungsgemäße Bewertung der Konformität des KI-Systems mit den in Kapitel III Abschnitt 2 festgelegten Anforderungen zu ermöglichen. Ist die notifizierte Stelle mit den vom Anbieter durchgeführten Tests nicht zufrieden, so führt sie gegebenenfalls unmittelbar selbst angemessene Tests durch.

4.5. Sofern es für die Bewertung der Konformität des Hochrisiko-KI-Systems mit den in Kapitel III Abschnitt 2 festgelegten Anforderungen notwendig ist, und nachdem alle anderen sinnvollen Möglichkeiten zur Überprüfung der Konformität ausgeschöpft sind oder sich als unzureichend erwiesen haben, wird der notifizierten Stelle auf begründeten Antrag Zugang zu den Trainingsmodellen und trainierten Modellen des KI-Systems, einschließlich seiner relevanten Parameter, gewährt. Ein solcher Zugang unterliegt dem bestehenden EU-Recht zum Schutz von geistigem Eigentum und Geschäftsgeheimnissen.

4.6. Die Entscheidung der notifizierten Stelle wird dem Anbieter oder dessen Bevollmächtigten mitgeteilt. Die Mitteilung enthält die Ergebnisse der Bewertung der technischen Dokumentation und die begründete Bewertungsentscheidung.

Erfüllt das KI-System die Anforderungen in Kapitel III Abschnitt 2, so stellt die notifizierte Stelle eine Unionsbescheinigung über die Bewertung der technischen Dokumentation aus. Diese Bescheinigung enthält den Namen und die Anschrift des Anbieters, die Ergebnisse der Prüfung, etwaige Bedingungen für ihre Gültigkeit und die für die Identifizierung des KI-Systems notwendigen Daten.

Die Bescheinigung und ihre Anhänge enthalten alle zweckdienlichen Informationen für die Beurteilung der Konformität des KI-Systems und gegebenenfalls für die Kontrolle des KI-Systems während seiner Verwendung.

Erfüllt das KI-System die in Kapitel III Abschnitt 2 festgelegten Anforderungen nicht, so verweigert die notifizierte Stelle die Ausstellung einer Unionsbescheinigung über die Bewertung der technischen Dokumentation und informiert den Antragsteller darüber, wobei sie ihre Verweigerung ausführlich begründet.

Erfüllt das KI-System nicht die Anforderung in Bezug auf die verwendeten Trainingsdaten, so muss das KI-System vor der Beantragung einer neuen Konformitätsbewertung erneut trainiert werden. In diesem Fall enthält die begründete Bewertungsentscheidung der notifizierten Stelle, mit der die Ausstellung der Unionsbescheinigung über die Bewertung der technischen Dokumentation verweigert wird, besondere Erläuterungen zu den zum Trainieren des KI-Systems verwendeten Qualitätsdaten und insbesondere zu den Gründen für die Nichtkonformität.

4.7. Jede Änderung des KI-Systems, die sich auf die Konformität des KI-Systems mit den Anforderungen oder auf seine Zweckbestimmung auswirken könnte, bedarf der Bewertung durch die notifizierte Stelle, die die Unionsbescheinigung über die Bewertung der technischen Dokumentation ausgestellt hat. Der Anbieter informiert die notifizierte Stelle über seine Absicht, eine der oben genannten Änderungen vorzunehmen, oder wenn er auf andere Weise Kenntnis vom Eintreten solcher Änderungen erhält. Die notifizierte Stelle bewertet die beabsichtigten Änderungen und entscheidet, ob diese Änderungen eine neue Konformitätsbewertung gemäß Artikel 43 Absatz 4 erforderlich machen oder ob ein Nachtrag zu der Unionsbescheinigung über die Bewertung der technischen Dokumentation ausgestellt werden könnte. In letzterem Fall bewertet die notifizierte Stelle die Änderungen, teilt dem Anbieter ihre Entscheidung mit und stellt ihm, sofern die Änderungen genehmigt wurden, einen Nachtrag zu der Unionsbescheinigung über die Bewertung der technischen Dokumentation aus.

5. Überwachung des genehmigten Qualitätsmanagementsystems

5.1. Mit der unter Nummer 3 genannten Überwachung durch die notifizierte Stelle soll sichergestellt werden, dass der Anbieter sich ordnungsgemäß an die Anforderungen und Bedingungen des genehmigten Qualitätsmanagementsystems hält.

5.2. Zu Bewertungszwecken gewährt der Anbieter der notifizierten Stelle Zugang zu den Räumlichkeiten, in denen die Konzeption, die Entwicklung und das Testen der KI-Systeme stattfindet. Außerdem übermittelt der Anbieter der notifizierten Stelle alle erforderlichen Informationen.

5.3. Die notifizierte Stelle führt regelmäßig Audits durch, um sicherzustellen, dass der Anbieter das Qualitätsmanagementsystem pflegt und anwendet, und übermittelt ihm einen Prüfbericht. Im Rahmen dieser Audits kann die notifizierte Stelle die KI-Systeme, für die eine Unionsbescheinigung über die Bewertung der technischen Dokumentation ausgestellt wurde, zusätzlichen Tests unterziehen.

ANHANG VIII

Bei der Registrierung des Hochrisiko-KI-Systems gemäß Artikel 49 bereitzustellende Informationen

Abschnitt A – Von Anbietern von Hochrisiko-KI-Systemen gemäß Artikel 49 Absatz 1 bereitzustellende Informationen

→ Rn. 177 ff.

Für Hochrisiko-KI-Systeme, die gemäß Artikel 49 Absatz 1 zu registrieren sind, werden folgende Informationen bereitgestellt und danach auf dem neuesten Stand gehalten:

1. der Name, die Anschrift und die Kontaktdaten des Anbieters;

2. bei Vorlage von Informationen durch eine andere Person im Namen des Anbieters: der Name, die Anschrift und die Kontaktdaten dieser Person;

3. gegebenenfalls der Name, die Anschrift und die Kontaktdaten des Bevollmächtigten;

4. der Handelsname des KI-Systems und etwaige zusätzliche eindeutige Angaben, die die Identifizierung und Rückverfolgbarkeit des KI-Systems ermöglichen;

5. eine Beschreibung der Zweckbestimmung des KI-Systems und der durch dieses KI-System unterstützten Komponenten und Funktionen;

6. eine grundlegende und knappe Beschreibung der vom System verwendeten Informationen (Daten, Eingaben) und seiner Betriebslogik;

7. der Status des KI-Systems (in Verkehr/in Betrieb; nicht mehr in Verkehr/in Betrieb, zurückgerufen);

8. die Art, die Nummer und das Ablaufdatum der von der notifizierten Stelle ausgestellten Bescheinigung und gegebenenfalls Name oder Identifizierungsnummer dieser notifizierten Stelle;

9. gegebenenfalls eine gescannte Kopie der in Nummer 8 genannten Bescheinigung;

10. alle Mitgliedstaaten, in denen das KI-System in Verkehr gebracht, in Betrieb genommen oder in der Union bereitgestellt wurde;

11. eine Kopie der in Artikel 47 genannten EU-Konformitätserklärung;

12. elektronische Betriebsanleitungen; dies gilt nicht für Hochrisiko-KI-Systeme in den Bereichen Strafverfolgung oder Migration, Asyl und Grenzkontrolle gemäß Anhang III Nummern 1, 6 und 7;

13. Eine URL-Adresse für zusätzliche Informationen (fakultativ).

Abschnitt B – Von Anbietern von Hochrisiko-KI-Systemen gemäß Artikel 49 Absatz 2 bereitzustellende Informationen

Für KI-Systeme, die gemäß Artikel 49 Absatz 2 zu registrieren sind, werden folgende Informationen bereitgestellt und danach auf dem neuesten Stand gehalten:

1. der Name, die Anschrift und die Kontaktdaten des Anbieters;

2. bei Vorlage von Informationen durch eine andere Person im Namen des Anbieters: Name, Anschrift und Kontaktdaten dieser Person;

3. gegebenenfalls der Name, die Anschrift und die Kontaktdaten des Bevollmächtigten;

4. der Handelsname des KI-Systems und etwaige zusätzliche eindeutige Angaben, die die Identifizierung und Rückverfolgbarkeit des KI-Systems ermöglichen;

5. eine Beschreibung der Zweckbestimmung des KI-Systems;

6. die Bedingung oder Bedingungen gemäß Artikel 6 Absatz 3, aufgrund derer das KI-System nicht als Hoch-Risiko-System eingestuft wird;

7. eine kurze Zusammenfassung der Gründe, aus denen das KI-System in Anwendung des Verfahrens gemäß Artikel 6 Absatz 3 nicht als Hoch-Risiko-System eingestuft wird;

8. der Status des KI-Systems (in Verkehr/in Betrieb; nicht mehr in Verkehr/in Betrieb, zurückgerufen)

9. alle Mitgliedstaaten, in denen das KI-System in der Union in Verkehr gebracht, in Betrieb genommen oder bereitgestellt wurde.

Abschnitt C – Von Betreibern von Hochrisiko-KI-Systemen gemäß Artikel 49 Absatz 3 bereitzustellende Informationen

Für Hochrisiko-KI-Systeme, die gemäß Artikel 49 Absatz 3 zu registrieren sind, werden folgende Informationen bereitgestellt und danach auf dem neuesten Stand gehalten:

1. der Name, die Anschrift und die Kontaktdaten des Betreibers;

2. der Name, die Anschrift und die Kontaktdaten der Person, die im Namen des Betreibers Informationen übermittelt;

3. die URL des Eintrags des KI-Systems in der EU-Datenbank durch seinen Anbieter;

4. eine Zusammenfassung der Ergebnisse der gemäß Artikel 27 durchgeführten Grundrechte-Folgenabschätzung;

5. gegebenenfalls eine Zusammenfassung der im Einklang mit Artikel 35 der Verordnung (EU) 2016/679 oder Artikel 27 der Richtlinie (EU) 2016/680 gemäß Artikel 26 Absatz 8 der vorliegenden Verordnung durchgeführten Datenschutz-Folgenabschätzung.

ANHANG IX

Bezüglich Tests unter Realbedingungen gemäß Artikel 60 bei der Registrierung von in Anhang III aufgeführten Hochrisiko-KI-Systemen bereitzustellende Informationen

Bezüglich Tests unter Realbedingungen, die gemäß Artikel 60 zu registrieren sind, werden folgende Informationen bereitgestellt und danach auf dem aktuellen Stand gehalten:

1. eine unionsweit einmalige Identifizierungsnummer des Tests unter Realbedingungen;

2. der Name und die Kontaktdaten des Anbieters oder zukünftigen Anbieters und der Betreiber, die an dem Test unter Realbedingungen teilgenommen haben;

3. eine kurze Beschreibung des KI-Systems, seine Zweckbestimmung und sonstige zu seiner Identifizierung erforderliche Informationen;

4. eine Übersicht über die Hauptmerkmale des Plans für den Test unter Realbedingungen;

5. Informationen über die Aussetzung oder den Abbruch des Tests unter Realbedingungen.

ANHANG X
Rechtsvorschriften der Union über IT-Großsysteme im Raum der Freiheit, der Sicherheit und des Rechts

1. Schengener Informationssystem
   a) Verordnung (EU) 2018/1860 des Europäischen Parlaments und des Rates vom 28. November 2018 über die Nutzung des Schengener Informationssystems für die Rückkehr illegal aufhältiger Drittstaatsangehöriger (ABl. L 312 vom 7.12.2018, S. 1)
   b) Verordnung (EU) 2018/1861 des Europäischen Parlaments und des Rates vom 28. November 2018 über die Einrichtung, den Betrieb und die Nutzung des Schengener Informationssystems (SIS) im Bereich der Grenzkontrollen, zur Änderung des Übereinkommens zur Durchführung des Übereinkommens von Schengen und zur Änderung und Aufhebung der Verordnung (EG) Nr. 1987/2006 (ABl. L 312 vom 7.12.2018, S. 14)
   c) Verordnung (EU) 2018/1862 des Europäischen Parlaments und des Rates vom 28. November 2018 über die Einrichtung, den Betrieb und die Nutzung des Schengener Informationssystems (SIS) im Bereich der polizeilichen Zusammenarbeit und der justiziellen Zusammenarbeit in Strafsachen, zur Änderung und Aufhebung des Beschlusses 2007/533/JI des Rates und zur Aufhebung der Verordnung (EG) Nr. 1986/2006 des Europäischen Parlaments und des Rates und des Beschlusses 2010/261/EU der Kommission (ABl. L 312 vom 7.12.2018, S. 56)

2. Visa-Informationssystem
   a) Verordnung (EU) 2021/1133 des Europäischen Parlaments und des Rates vom 7. Juli 2021 zur Änderung der Verordnungen (EU) Nr. 603/2013, (EU) 2016/794, (EU) 2018/1862, (EU) 2019/816 und (EU) 2019/818 hinsichtlich der Festlegung der Voraussetzungen für den Zugang zu anderen Informationssystemen der EU für Zwecke des Visa-Informationssystems (ABl. L 248 vom 13.7.2021, S. 1)
   b) Verordnung (EU) 2021/1134 des Europäischen Parlaments und des Rates vom 7. Juli 2021 zur Änderung der Verordnungen (EG) Nr. 767/2008, (EG) Nr. 810/2009, (EU) 2016/399, (EU) 2017/2226, (EU) 2018/1240, (EU) 2018/1860, (EU) 2018/1861, (EU) 2019/817 und (EU) 2019/1896 des Europäischen Parlaments und des Rates und zur Aufhebung der Entscheidung 2004/512/EG und des Beschlusses 2008/633/JI des Rates zum Zwecke der Reform des Visa-Informationssystems (ABl. L 248 vom 13.7.2021, S. 11)

3. Eurodac

   Verordnung (EU) 2024/1358 des Europäischen Parlaments und des Rates vom 14. Mai 2024 über die Einrichtung von Eurodac für den Abgleich biometrischer Daten zum Zwecke der effektiven Anwendung der Verordnungen (EU) 2024/1315 und (EU) 2024/1350 des Europäischen Parlaments und des Rates und der Richtlinie 2001/55/EG des Rates und zur Feststellung der Identität illegal aufhältiger Drittstaatsangehöriger und Staatenloser und über der Gefahrenabwehr und Strafverfolgung dienende Anträge der Gefahrenabwehr- und Strafverfolgungsbehörden der Mitgliedstaaten und Europols auf den Abgleich mit Eurodac-Daten sowie zur Änderung der Verordnungen (EU) 2018/1240 und (EU) 2019/818 des Europäischen Parlaments und des Rates und zur Aufhebung der Verordnung (EU) Nr. 603/2013 des Europäischen Parlaments und des Rates (ABl. L, 2024/1358, 22.5.2024, ELI: http://data.europa.eu/eli/reg/2024/1358/oj)

4. Einreise-/Ausreisesystem

   Verordnung (EU) 2017/2226 des Europäischen Parlaments und des Rates vom 30. November 2017 über ein Einreise-/Ausreisesystem (EES) zur Erfassung der Ein- und Ausreisedaten sowie der Einreiseverweigerungsdaten von Drittstaatsangehörigen an den Außengrenzen der Mitgliedstaaten und zur Festlegung der Bedingungen für den Zugang zum EES zu Gefahrenabwehr- und Strafverfolgungszwecken und zur Änderung des Übereinkommens von Schengen sowie der Verordnungen (EG) Nr. 767/2008 und (EU) Nr. 1077/2011 (ABl. L 327 vom 9.12.2017, S. 20)

5. Europäisches Reiseinformations- und -genehmigungssystem

a) Verordnung (EU) 2018/1240 des Europäischen Parlaments und des Rates vom 12. September 2018 über die Einrichtung eines Europäischen Reiseinformations- und -genehmigungssystems (ETIAS) und zur Änderung der Verordnungen (EU) Nr. 1077/2011, (EU) Nr. 515/2014, (EU) 2016/399, (EU) 2016/1624 und (EU) 2017/2226 (ABl. L 236 vom 19.9.2018, S. 1)
b) Verordnung (EU) 2018/1241 des Europäischen Parlaments und des Rates vom 12. September 2018 zur Änderung der Verordnung (EU) 2016/794 für die Zwecke der Einrichtung eines Europäischen Reiseinformations- und -genehmigungssystems (ETIAS) (ABl. L 236 vom 19.9.2018, S. 72)

6. Europäisches Strafregisterinformationssystem über Drittstaatsangehörige und Staatenlose

Verordnung (EU) 2019/816 des Europäischen Parlaments und des Rates vom 17. April 2019 zur Einrichtung eines zentralisierten Systems für die Ermittlung der Mitgliedstaaten, in denen Informationen zu Verurteilungen von Drittstaatsangehörigen und Staatenlosen (ECRIS-TCN) vorliegen, zur Ergänzung des Europäischen Strafregisterinformationssystems und zur Änderung der Verordnung (EU) 2018/1726 (ABl. L 135 vom 22.5.2019, S. 1)

7. Interoperabilität
a) Verordnung (EU) 2019/817 des Europäischen Parlaments und des Rates vom 20. Mai 2019 zur Errichtung eines Rahmens für die Interoperabilität zwischen EU-Informationssystemen in den Bereichen Grenzen und Visa und zur Änderung der Verordnungen (EG) Nr. 767/2008, (EU) 2016/399, (EU) 2017/2226, (EU) 2018/1240, (EU) 2018/1726 und (EU) 2018/1861 des Europäischen Parlaments und des Rates, der Entscheidung 2004/512/EG des Rates und des Beschlusses 2008/633/JI des Rates (ABl. L 135 vom 22.5.2019, S. 27)
b) Verordnung (EU) 2019/818 des Europäischen Parlaments und des Rates vom 20. Mai 2019 zur Errichtung eines Rahmens für die Interoperabilität zwischen EU-Informationssystemen (polizeiliche und justizielle Zusammenarbeit, Asyl und Migration) und zur Änderung der Verordnungen (EU) 2018/1726, (EU) 2018/1862 und (EU) 2019/816 (ABl. L 135 vom 22.5.2019, S. 85).

→ Rn. 294 f.

ANHANG XI

Technische Dokumentation gemäß Artikel 53 Absatz 1 Buchstabe a – technische Dokumentation für Anbieter von KI-Modellen mit allgemeinem Verwendungszweck

Abschnitt 1
Von allen Anbietern von KI-Modellen mit allgemeinem Verwendungszweck bereitzustellende Informationen

Die in Artikel 53 Absatz 1 Buchstabe a genannte technische Dokumentation muss mindestens die folgenden Informationen enthalten, soweit es anhand der Größe und des Risikoprofils des betreffenden Modells angemessen ist:

1. Eine allgemeine Beschreibung des KI-Modells einschließlich
   a) der Aufgaben, die das Modell erfüllen soll, sowie der Art und des Wesens der KI-Systeme, in die es integriert werden kann;
   b) die anwendbaren Regelungen der akzeptablen Nutzung;
   c) das Datum der Freigabe und die Vertriebsmethoden;
   d) die Architektur und die Anzahl der Parameter;
   e) die Modalität (zum Beispiel Text, Bild) und das Format der Ein- und Ausgaben;
   f) die Lizenz.

2. Eine ausführliche Beschreibung der Elemente des Modells gemäß Nummer 1 und relevante Informationen zum Entwicklungsverfahren, einschließlich der folgenden Elemente:
   a) die technischen Mittel (zum Beispiel Betriebsanleitungen, Infrastruktur, Instrumente), die für die Integration des KI-Modells mit allgemeinem Verwendungszweck in KI-Systeme erforderlich sind;
   b) die Entwurfsspezifikationen des Modells und des Trainingsverfahrens einschließlich Trainingsmethoden und -techniken, die wichtigsten Entwurfsentscheidungen mit den Gründen und getroffenen Annahmen; gegebenenfalls, was das Modell optimieren soll und welche Bedeutung den verschiedenen Parametern dabei zukommt;
   c) gegebenenfalls Informationen über die für das Trainieren, Testen und Validieren verwendeten Daten, einschließlich der Art und Herkunft der Daten und der Aufbereitungsmethoden (zum Beispiel Bereinigung, Filterung usw.), der Zahl der Datenpunkte, ihres Umfangs und ihrer Hauptmerkmale; gegebenenfalls die Art und Weise, wie die Daten erlangt und ausgewählt wurden, sowie alle anderen Maßnahmen zur Feststellung, ob Datenquellen ungeeignet sind, und Methoden zur Erkennung ermittelbarer Verzerrungen;
   d) die für das Trainieren des Modells verwendeten Rechenressourcen (zum Beispiel Anzahl der Gleitkommaoperationen), die Trainingszeit und andere relevante Einzelheiten im Zusammenhang mit dem Trainieren;
   e) bekannter oder geschätzter Energieverbrauch des Modells.

   Wenn der Energieverbrauch des Modells nicht bekannt ist, kann für Buchstabe e der Energieverbrauch auf Informationen über die eingesetzten Rechenressourcen gestützt werden.

Abschnitt 2
Zusätzliche von Anbietern von KI-Modellen mit allgemeinem Verwendungszweck mit systemischem Risiko bereitzustellende Informationen

1. Eine ausführliche Beschreibung der Prüfstrategien, einschließlich der Prüfungsergebnisse, auf der Grundlage öffentlich verfügbarer Prüfprotokolle und -instrumente oder anderer Prüfmethoden. Die Prüfstrategien umfassen Prüfkriterien und -metrik sowie die Methodik zur Ermittlung von Einschränkungen.

2. Gegebenenfalls eine ausführliche Beschreibung der Maßnahmen, die ergriffen wurden, um interne und/oder externe Angriffstests durchzuführen (zum Beispiel Red Teaming), Modellanpassungen, einschließlich Ausrichtung und Feinabstimmung.

3. Gegebenenfalls eine ausführliche Beschreibung der Systemarchitektur, aus der hervorgeht, wie Softwarekomponenten aufeinander aufbauen oder einander zuarbeiten und in die Gesamtverarbeitung integriert sind.

→ Rn. 294 f.

ANHANG XII

Transparenzinformationen gemäß Artikel 53 Absatz 1 Buchstabe b – technische Dokumentation für Anbieter von KI-Modellen mit allgemeinem Verwendungszweck für nachgelagerte Anbieter, die das Modell in ihr KI-System integrieren

Die in Artikel 53 Absatz 1 Buchstabe b genannten Informationen enthalten mindestens Folgendes:

1. eine allgemeine Beschreibung des KI-Modells einschließlich
   a) der Aufgaben, die das Modell erfüllen soll, sowie der Art und des Wesens der KI-Systeme, in die es integriert werden kann;
   b) die anwendbaren Regelungen der akzeptablen Nutzung;
   c) das Datum der Freigabe und die Vertriebsmethoden;
   d) gegebenenfalls wie das Modell mit Hardware oder Software interagiert, die nicht Teil des Modells selbst ist, oder wie es zu einer solchen Interaktion verwendet werden kann;
   e) gegebenenfalls die Versionen der einschlägigen Software im Zusammenhang mit der Verwendung des KI-Modells mit allgemeinem Verwendungszweck;
   f) die Architektur und die Anzahl der Parameter;
   g) die Modalität (zum Beispiel Text, Bild) und das Format der Ein- und Ausgaben;
   h) die Lizenz für das Modell.

2. Eine Beschreibung der Bestandteile des Modells und seines Entwicklungsprozesses, einschließlich
   a) die technischen Mittel (zum Beispiel Betriebsanleitungen, Infrastruktur, Instrumente), die für die Integration des KI-Modells mit allgemeinem Verwendungszweck in KI-Systeme erforderlich sind;
   b) Modalität (zum Beispiel Text, Bild usw.) und Format der Ein- und Ausgaben und deren maximale Größe (zum Beispiel Länge des Kontextfensters usw.);
   c) gegebenenfalls Informationen über die für das Trainieren, Testen und Validieren verwendeten Daten, einschließlich der Art und Herkunft der Daten und der Aufbereitungsmethoden.

ANHANG XIII

Kriterien für die Benennung von KI-Modellen mit allgemeinem Verwendungszweck mit systemischem Risiko gemäß Artikel 51

→ Rn. 282 ff.

Um festzustellen, ob ein KI-Modell mit allgemeinem Verwendungszweck über Fähigkeiten oder eine Wirkung verfügt, die den in Artikel 51 Absatz 1 Buchstabe a genannten gleichwertig sind, berücksichtigt die Kommission folgende Kriterien:

a) die Anzahl der Parameter des Modells;

b) die Qualität oder Größe des Datensatzes, zum Beispiel durch Tokens gemessen;

c) die Menge der für das Trainieren des Modells verwendeten Berechnungen, gemessen in Gleitkommaoperationen oder anhand einer Kombination anderer Variablen, wie geschätzte Trainingskosten, geschätzter Zeitaufwand für das Trainieren oder geschätzter Energieverbrauch für das Trainieren;

d) die Ein- und Ausgabemodalitäten des Modells, wie Text-Text (Große Sprachmodelle), Text-Bild, Multimodalität, Schwellenwerte auf dem Stand der Technik für die Bestimmung der Fähigkeiten mit hoher Wirkkraft für jede Modalität und die spezifische Art der Ein- und Ausgaben (zum Beispiel biologische Sequenzen);

e) die Benchmarks und Beurteilungen der Fähigkeiten des Modells, einschließlich unter Berücksichtigung der Zahl der Aufgaben ohne zusätzliches Training, der Anpassungsfähigkeit zum Erlernen neuer, unterschiedlicher Aufgaben, des Grades an Autonomie und Skalierbarkeit sowie der Instrumente, zu denen es Zugang hat;

f) ob es aufgrund seiner Reichweite große Auswirkungen auf den Binnenmarkt hat – davon wird ausgegangen, wenn es mindestens 10 000 in der Union niedergelassenen registrierten gewerblichen Nutzern zur Verfügung gestellt wurde;

g) die Zahl der registrierten Endnutzer.

Anhang IV: Erwägungsgründe der KI-VO

Im Folgenden werden die Erwägungsgründe der KI-VO aufgeführt. Zu jedem Erwägungsgrund sind die entsprechenden Artikel der Verordnung aufgeführt. Zudem sind Verweise auf relevante Erläuterungen im Buch gesetzt.

(1) [1]Zweck dieser Verordnung ist es, das Funktionieren des Binnenmarkts zu verbessern, indem ein einheitlicher Rechtsrahmen insbesondere für die Entwicklung, das Inverkehrbringen, die Inbetriebnahme und die Verwendung von Systemen künstlicher Intelligenz (KI-Systeme) in der Union im Einklang mit den Werten der Union festgelegt wird, um die Einführung von menschenzentrierter und vertrauenswürdiger künstlicher Intelligenz (KI) zu fördern und gleichzeitig ein hohes Schutzniveau in Bezug auf Gesundheit, Sicherheit und der in der Charta der Grundrechte der Europäischen Union („Charta“) verankerten Grundrechte, einschließlich Demokratie, Rechtsstaatlichkeit und Umweltschutz, sicherzustellen, den Schutz vor schädlichen Auswirkungen von KI-Systemen in der Union zu gewährleisten und gleichzeitig die Innovation zu unterstützen. [2]Diese Verordnung gewährleistet den grenzüberschreitenden freien Verkehr KI-gestützter Waren und Dienstleistungen, wodurch verhindert wird, dass die Mitgliedstaaten die Entwicklung, Vermarktung und Verwendung von KI-Systemen beschränken, sofern dies nicht ausdrücklich durch diese Verordnung erlaubt wird.

Art. 1 (→ **Rn. 6 ff.**)

(2) Diese Verordnung sollte im Einklang mit den in der Charta verankerten Werten der Union angewandt werden, den Schutz von natürlichen Personen, Unternehmen, Demokratie und Rechtsstaatlichkeit sowie der Umwelt erleichtern und gleichzeitig Innovation und Beschäftigung fördern und der Union eine Führungsrolle bei der Einführung vertrauenswürdiger KI verschaffen.

Art. 1 (→ **Rn. 6 ff.**)

(3) [1]KI-Systeme können problemlos in verschiedenen Bereichen der Wirtschaft und Gesellschaft, auch grenzüberschreitend, eingesetzt werden und in der gesamten Union verkehren. [2]Einige Mitgliedstaaten haben bereits die Verabschiedung nationaler Vorschriften in Erwägung gezogen, damit KI vertrauenswürdig und sicher ist und im Einklang mit den Grundrechten entwickelt und verwendet wird. [3]Unterschiedliche nationale Vorschriften können zu einer Fragmentierung des Binnenmarkts führen und können die Rechtssicherheit für Akteure, die KI-Systeme entwickeln, einführen oder verwenden, beeinträchtigen. [4]Daher sollte in der gesamten Union ein einheitlich hohes Schutzniveau sichergestellt werden, um eine vertrauenswürdige KI zu erreichen, wobei Unterschiede, die den freien Verkehr, Innovationen, den Einsatz und die Verbreitung von KI-Systemen und damit zusammenhängenden Produkten und Dienstleistungen im Binnenmarkt behindern, vermieden werden sollten, indem den Akteuren einheitliche Pflichten auferlegt werden und der gleiche Schutz der zwingenden Gründe des Allgemeininteresses und der Rechte von Personen im gesamten Binnenmarkt auf der Grundlage des Artikels 114 des Vertrags über die Arbeitsweise der Europäischen Union (AEUV) gewährleistet wird. [5]Soweit diese Verordnung konkrete Vorschriften zum Schutz von Einzelpersonen im Hinblick auf die Verarbeitung personenbezogener Daten enthält, mit denen die Verwendung von KI-Systemen zur biometrischen Fernidentifizierung zu Strafverfolgungszwecken, die Verwendung von KI-Systemen für die Risikobewertung natürlicher Personen zu Strafverfolgungszwecken und die Verwendung von KI-Systemen zur biometrischen Kategorisierung zu Strafverfolgungszwecken eingeschränkt wird, ist es angezeigt, diese Verordnung in Bezug auf diese konkreten Vorschriften auf Artikel 16 AEUV zu stützen. [6]Angesichts dieser konkreten Vorschriften und des Rückgriffs auf Artikel 16 AEUV ist es angezeigt, den Europäischen Datenschutzausschuss zu konsultieren.

Art. 1 (→ **Rn. 6 ff.**)

(4) [1]KI bezeichnet eine Reihe von Technologien, die sich rasant entwickeln und zu vielfältigem Nutzen für Wirtschaft, Umwelt und Gesellschaft über das gesamte Spektrum industrieller und gesellschaftlicher Tätigkeiten hinweg beitragen. [2]Durch die Verbesserung der Vorhersage, die Optimierung der Abläufe, Ressourcenzuweisung und die Personalisierung digitaler Lösungen, die Einzelpersonen und Organisationen zur Verfügung stehen, kann die Verwendung von KI Unternehmen wesentliche Wettbewerbsvorteile verschaffen und zu guten Ergebnissen für Gesellschaft und Umwelt führen, beispielsweise in den Bereichen Gesund-

Art. 1 (→ **Rn. 6 ff.**)

heitsversorgung, Landwirtschaft, Lebensmittelsicherheit, allgemeine und berufliche Bildung, Medien, Sport, Kultur, Infrastrukturmanagement, Energie, Verkehr und Logistik, öffentliche Dienstleistungen, Sicherheit, Justiz, Ressourcen- und Energieeffizienz, Umweltüberwachung, Bewahrung und Wiederherstellung der Biodiversität und der Ökosysteme sowie Klimaschutz und Anpassung an den Klimawandel.

Art. 1 (→ **Rn. 6 ff.**)

(5) [1]Gleichzeitig kann KI je nach den Umständen ihrer konkreten Anwendung und Nutzung sowie der technologischen Entwicklungsstufe Risiken mit sich bringen und öffentliche Interessen und grundlegende Rechte schädigen, die durch das Unionsrecht geschützt sind. [2]Ein solcher Schaden kann materieller oder immaterieller Art sein, einschließlich physischer, psychischer, gesellschaftlicher oder wirtschaftlicher Schäden.

Art. 1 (→ **Rn. 6 ff.**)

(6) [1]Angesichts der großen Auswirkungen, die KI auf die Gesellschaft haben kann, und der Notwendigkeit, Vertrauen aufzubauen, ist es von entscheidender Bedeutung, dass KI und ihr Regulierungsrahmen im Einklang mit den in Artikel 2 des Vertrags über die Europäische Union (EUV) verankerten Werten der Union, den in den Verträgen und, nach Artikel 6 EUV, der Charta verankerten Grundrechten und -freiheiten entwickelt werden. [2]Voraussetzung sollte sein, dass KI eine menschenzentrierte Technologie ist. [3]Sie sollte den Menschen als Instrument dienen und letztendlich das menschliche Wohlergehen verbessern.

Art. 1 (→ **Rn. 6 ff.**)

(7) [1]Um ein einheitliches und hohes Schutzniveau in Bezug auf öffentliche Interessen im Hinblick auf Gesundheit, Sicherheit und Grundrechte zu gewährleisten, sollten für alle Hochrisiko-KI-Systeme gemeinsame Vorschriften festgelegt werden. [2]Diese Vorschriften sollten mit der Charta im Einklang stehen, nichtdiskriminierend sein und mit den internationalen Handelsverpflichtungen der Union vereinbar sein. [3]Sie sollten auch die Europäische Erklärung zu den digitalen Rechten und Grundsätzen für die digitale Dekade und die Ethikleitlinien für vertrauenswürdige KI der hochrangigen Expertengruppe für künstliche Intelligenz berücksichtigen.

Art. 1 (→ **Rn. 6 ff.**), 32, 40 (→ **Rn. 165 ff.**)

(8) [1]Daher ist ein Rechtsrahmen der Union mit harmonisierten Vorschriften für KI erforderlich, um die Entwicklung, Verwendung und Verbreitung von KI im Binnenmarkt zu fördern und gleichzeitig ein hohes Schutzniveau in Bezug auf öffentliche Interessen wie etwa Gesundheit und Sicherheit und den Schutz der durch das Unionsrecht anerkannten und geschützten Grundrechte, einschließlich der Demokratie, der Rechtsstaatlichkeit und des Umweltschutzes, zu gewährleisten. [2]Zur Umsetzung dieses Ziels sollten Vorschriften für das Inverkehrbringen, die Inbetriebnahme und die Verwendung bestimmter KI-Systeme festgelegt werden, um das reibungslose Funktionieren des Binnenmarkts zu gewährleisten, sodass diesen Systemen der Grundsatz des freien Waren- und Dienstleistungsverkehrs zugutekommen kann. [3]Diese Regeln sollten klar und robust sein, um die Grundrechte zu schützen, neue innovative Lösungen zu unterstützen und ein europäisches Ökosystem öffentlicher und privater Akteure zu ermöglichen, die KI-Systeme im Einklang mit den Werten der Union entwickeln, und um das Potenzial des digitalen Wandels in allen Regionen der Union zu erschließen. [4]Durch die Festlegung dieser Vorschriften sowie durch Maßnahmen zur Unterstützung der Innovation mit besonderem Augenmerk auf kleinen und mittleren Unternehmen (KMU), einschließlich Start-up-Unternehmen, unterstützt diese Verordnung das vom Europäischen Rat formulierte Ziel, das europäische menschenzentrierte KI-Konzept zu fördern und bei der Entwicklung einer sicheren, vertrauenswürdigen und ethisch vertretbaren KI weltweit eine Führungsrolle einzunehmen, und sorgt für den vom Europäischen Parlament ausdrücklich geforderten Schutz von Ethikgrundsätzen.

Art. 1 (→ **Rn. 6 ff.**), 2, 18 (→ **Rn. 156 ff.**), 40 (→ **Rn. 165 ff.**)

(9) [1]Es sollten harmonisierte Vorschriften für das Inverkehrbringen, die Inbetriebnahme und die Verwendung von Hochrisiko-KI-Systemen im Einklang mit der Verordnung (EG) Nr. 765/2008 des Europäischen Parlaments und des Rates, dem Beschluss Nr. 768/2008/EG des Europäischen Parlaments und des Rates und der Verordnung (EU) 2019/1020 des Europäischen Parlaments und des Rates („neuer Rechtsrahmen“) festgelegt werden. [2]Die in dieser Verordnung festgelegten harmonisierten Vorschriften sollten in allen Sektoren gelten und sollten im Einklang mit dem neuen Rechtsrahmen bestehendes Unionsrecht, das durch diese Verord-

nung ergänzt wird, unberührt lassen, insbesondere in den Bereichen Datenschutz, Verbraucherschutz, Grundrechte, Beschäftigung, Arbeitnehmerschutz und Produktsicherheit. [3]Daher bleiben alle Rechte und Rechtsbehelfe, die für Verbraucher und andere Personen, auf die sich KI-Systeme negativ auswirken können, gemäß diesem Unionsrecht vorgesehen sind, auch in Bezug auf einen möglichen Schadenersatz gemäß der Richtlinie 85/374/EWG des Rates unberührt und in vollem Umfang anwendbar. [4]Darüber hinaus und unter Einhaltung des Unionsrechts in Bezug auf Beschäftigungs- und Arbeitsbedingungen, einschließlich des Gesundheitsschutzes und der Sicherheit am Arbeitsplatz sowie der Beziehungen zwischen Arbeitgebern und Arbeitnehmern sollte diese Verordnung daher – was Beschäftigung und den Schutz von Arbeitnehmern angeht – das Unionsrecht im Bereich der Sozialpolitik und die nationalen Arbeitsrechtsvorschriften nicht berühren. [5]Diese Verordnung sollte auch die Ausübung der in den Mitgliedstaaten und auf Unionsebene anerkannten Grundrechte, einschließlich des Rechts oder der Freiheit zum Streik oder zur Durchführung anderer Maßnahmen, die im Rahmen der spezifischen Systeme der Mitgliedstaaten im Bereich der Arbeitsbeziehungen vorgesehen sind, sowie das Recht, im Einklang mit nationalem Recht Kollektivvereinbarungen auszuhandeln, abzuschließen und durchzusetzen oder kollektive Maßnahmen zu ergreifen, nicht beeinträchtigen. [6]Diese Verordnung sollte die in einer Richtlinie des Europäischen Parlaments und des Rates zur Verbesserung der Arbeitsbedingungen in der Plattformarbeit enthaltenen Bestimmungen nicht berühren. [7]Darüber hinaus zielt diese Verordnung darauf ab, die Wirksamkeit dieser bestehenden Rechte und Rechtsbehelfe zu stärken, indem bestimmte Anforderungen und Pflichten, auch in Bezug auf die Transparenz, die technische Dokumentation und das Führen von Aufzeichnungen von KI-Systemen, festgelegt werden. [8]Ferner sollten die in dieser Verordnung festgelegten Pflichten der verschiedenen Akteure, die an der KI-Wertschöpfungskette beteiligt sind, unbeschadet der nationalen Rechtsvorschriften unter Einhaltung des Unionsrechts angewandt werden, wodurch die Verwendung bestimmter KI-Systeme begrenzt wird, wenn diese Rechtsvorschriften nicht in den Anwendungsbereich dieser Verordnung fallen oder mit ihnen andere legitime Ziele des öffentlichen Interesses verfolgt werden als in dieser Verordnung. [9]So sollten etwa die nationalen arbeitsrechtlichen Vorschriften und die Rechtsvorschriften zum Schutz Minderjähriger, nämlich Personen unter 18 Jahren, unter Berücksichtigung der Allgemeinen Bemerkung Nr. 25 (2021) des UNCRC über die Rechte der Kinder im digitalen Umfeld von dieser Verordnung unberührt bleiben, sofern sie nicht spezifisch KI-Systeme betreffen und mit ihnen andere legitime Ziele des öffentlichen Interesses verfolgt werden.

(10) [1]Das Grundrecht auf Schutz personenbezogener Daten wird insbesondere durch die Verordnungen (EU) 2016/679 und (EU) 2018/1725 des Europäischen Parlaments und des Rates und die Richtlinie (EU) 2016/680 des Europäischen Parlaments und des Rates gewahrt. [2]Die Richtlinie 2002/58/EG des Europäischen Parlaments und des Rates schützt darüber hinaus die Privatsphäre und die Vertraulichkeit der Kommunikation, auch durch Bedingungen für die Speicherung personenbezogener und nicht personenbezogener Daten auf Endgeräten und den Zugang dazu. [3]Diese Rechtsakte der Union bieten die Grundlage für eine nachhaltige und verantwortungsvolle Datenverarbeitung, auch wenn Datensätze eine Mischung aus personenbezogenen und nicht-personenbezogenen Daten enthalten. [4]Diese Verordnung soll die Anwendung des bestehenden Unionsrechts zur Verarbeitung personenbezogener Daten, einschließlich der Aufgaben und Befugnisse der unabhängigen Aufsichtsbehörden, die für die Überwachung der Einhaltung dieser Instrumente zuständig sind, nicht berühren. [5]Sie lässt ferner die Pflichten der Anbieter und Betreiber von KI-Systemen in ihrer Rolle als Verantwortliche oder Auftragsverarbeiter, die sich aus dem Unionsrecht oder dem nationalen Recht über den Schutz personenbezogener Daten ergeben, unberührt, soweit die Konzeption, die Entwicklung oder die Verwendung von KI-Systemen die Verarbeitung personenbezogener Daten umfasst. [6]Ferner sollte klargestellt werden, dass betroffene Personen weiterhin über alle Rechte und Garantien verfügen, die ihnen durch dieses Unionsrecht gewährt werden, einschließlich der Rechte im Zusammenhang mit der ausschließlich automatisierten Entscheidungsfindung im Einzelfall und dem Profiling. [7]Harmonisierte Vorschriften für das Inverkehrbringen, die Inbetriebnahme und die Verwendung von KI-Systemen, die im Rahmen dieser Verordnung festgelegt werden, sollten die wirksame Durchführung erleichtern und die Ausübung der Rechte betroffener Personen und anderer Rechtsbehelfe, die im Unionsrecht über den Schutz personenbezogener Daten und anderer Grundrechte garantiert sind, ermöglichen. Art. 2

Art. 2

(11) Diese Verordnung sollte die Bestimmungen über die Verantwortlichkeit der Anbieter von Vermittlungsdiensten gemäß der Verordnung (EU) 2022/2065 des Europäischen Parlaments und des Rates unberührt lassen.

Art. 3 (→ **Rn. 29 ff.**), 6 (→ **Rn. 111 ff.**), 7

(12) [1]Der Begriff „KI-System" in dieser Verordnung sollte klar definiert und eng mit der Tätigkeit internationaler Organisationen abgestimmt werden, die sich mit KI befassen, um Rechtssicherheit, mehr internationale Konvergenz und hohe Akzeptanz sicherzustellen und gleichzeitig Flexibilität zu bieten, um den raschen technologischen Entwicklungen in diesem Bereich Rechnung zu tragen. [2]Darüber hinaus sollte die Begriffsbestimmung auf den wesentlichen Merkmalen der KI beruhen, die sie von einfacheren herkömmlichen Softwaresystemen und Programmierungsansätzen abgrenzen, und sollte sich nicht auf Systeme beziehen, die auf ausschließlich von natürlichen Personen definierten Regeln für das automatische Ausführen von Operationen beruhen. [3]Ein wesentliches Merkmal von KI-Systemen ist ihre Fähigkeit, abzuleiten. [4]Diese Fähigkeit bezieht sich auf den Prozess der Erzeugung von Ausgaben, wie Vorhersagen, Inhalte, Empfehlungen oder Entscheidungen, die physische und digitale Umgebungen beeinflussen können, sowie auf die Fähigkeit von KI-Systemen, Modelle oder Algorithmen oder beides aus Eingaben oder Daten abzuleiten. [5]Zu den Techniken, die während der Gestaltung eines KI-Systems das Ableiten ermöglichen, gehören Ansätze für maschinelles Lernen, wobei aus Daten gelernt wird, wie bestimmte Ziele erreicht werden können, sowie logik- und wissensgestützte Konzepte, wobei aus kodierten Informationen oder symbolischen Darstellungen der zu lösenden Aufgabe abgeleitet wird. [6]Die Fähigkeit eines KI-Systems, abzuleiten, geht über die einfache Datenverarbeitung hinaus, indem Lern-, Schlussfolgerungs- und Modellierungsprozesse ermöglicht werden. [7]Die Bezeichnung „maschinenbasiert" bezieht sich auf die Tatsache, dass KI-Systeme von Maschinen betrieben werden. [8]Durch die Bezugnahme auf explizite oder implizite Ziele wird betont, dass KI-Systeme gemäß explizit festgelegten Zielen oder gemäß impliziten Zielen arbeiten können. [9]Die Ziele des KI-Systems können sich – unter bestimmten Umständen – von der Zweckbestimmung des KI-Systems unterscheiden. [10]Für die Zwecke dieser Verordnung sollten Umgebungen als Kontexte verstanden werden, in denen KI-Systeme betrieben werden, während die von einem KI-System erzeugten Ausgaben verschiedene Funktionen von KI-Systemen widerspiegeln, darunter Vorhersagen, Inhalte, Empfehlungen oder Entscheidungen. [11]KI-Systeme sind mit verschiedenen Graden der Autonomie ausgestattet, was bedeutet, dass sie bis zu einem gewissen Grad unabhängig von menschlichem Zutun agieren und in der Lage sind, ohne menschliches Eingreifen zu arbeiten. [12]Die Anpassungsfähigkeit, die ein KI-System nach Inbetriebnahme aufweisen könnte, bezieht sich auf seine Lernfähigkeit, durch sie es sich während seiner Verwendung verändern kann. [13]KI-Systeme können eigenständig oder als Bestandteil eines Produkts verwendet werden, unabhängig davon, ob das System physisch in das Produkt integriert (eingebettet) ist oder der Funktion des Produkts dient, ohne darin integriert zu sein (nicht eingebettet).

Art. 3 (→ **Rn. 61 ff.**)

(13) [1]Der in dieser Verordnung verwendete Begriff „Betreiber" sollte als eine natürliche oder juristische Person, einschließlich Behörden, Einrichtungen oder sonstiger Stellen, die ein KI-System unter ihrer Befugnis verwenden, verstanden werden, es sei denn das KI-System wird im Rahmen einer persönlichen und nicht beruflichen Tätigkeit verwendet. [2]Je nach Art des KI-Systems kann sich dessen Verwendung auf andere Personen als den Betreiber auswirken.

Art. 3

(14) [1]Der in dieser Verordnung verwendete Begriff „biometrische Daten" sollte im Sinne des Begriffs „biometrische Daten" nach Artikel 4 Nummer 14 der Verordnung (EU) 2016/679, Artikel 3 Nummer 18 der Verordnung (EU) 2018/1725 und Artikel 3 Nummer 13 der Richtlinie (EU) 2016/680 ausgelegt werden. [2]Biometrische Daten können die Authentifizierung, Identifizierung oder Kategorisierung natürlicher Personen und die Erkennung von Emotionen natürlicher Personen ermöglichen.

Art. 3

(15) [1]Der Begriff „biometrische Identifizierung" sollte gemäß dieser Verordnung als automatische Erkennung physischer, physiologischer und verhaltensbezogener menschlicher Merkmale wie Gesicht, Augenbewegungen, Körperform, Stimme, Prosodie, Gang, Haltung, Herzfrequenz, Blutdruck, Geruch, charakteristischer Tastenanschlag zum Zweck der Überprüfung der Identität einer Person durch

Abgleich der biometrischen Daten der entsprechenden Person mit den in einer Datenbank gespeicherten biometrischen Daten definiert werden, unabhängig davon, ob die Einzelperson ihre Zustimmung dazu gegeben hat oder nicht. [2]Dies umfasst keine KI-Systeme, die bestimmungsgemäß für die biometrische Verifizierung, wozu die Authentifizierung gehört, verwendet werden sollen, deren einziger Zweck darin besteht, zu bestätigen, dass eine bestimmte natürliche Person die Person ist, für die sie sich ausgibt, sowie zur Bestätigung der Identität einer natürlichen Person zu dem alleinigen Zweck Zugang zu einem Dienst zu erhalten, ein Gerät zu entriegeln oder Sicherheitszugang zu Räumlichkeiten zu erhalten.

(16) [1]Der Begriff „biometrischen Kategorisierung" sollte im Sinne dieser Verordnung die Zuordnung natürlicher Personen auf der Grundlage ihrer biometrischen Daten zu bestimmten Kategorien bezeichnen. [2]Diese bestimmten Kategorien können Aspekte wie Geschlecht, Alter, Haarfarbe, Augenfarbe, Tätowierungen, Verhaltens- oder Persönlichkeitsmerkmale, Sprache, Religion, Zugehörigkeit zu einer nationalen Minderheit, sexuelle oder politische Ausrichtung betreffen. [3]Dies gilt nicht für Systeme zur biometrischen Kategorisierung, bei denen es sich um eine reine Nebenfunktion handelt, die untrennbar mit einem anderen kommerziellen Dienst verbunden ist, d. h. die Funktion kann aus objektiven technischen Gründen nicht ohne den Hauptdienst verwendet werden und die Integration dieses Merkmals oder dieser Funktion dient nicht dazu, die Anwendbarkeit der Vorschriften dieser Verordnung zu umgehen. [4]Beispielsweise könnten Filter zur Kategorisierung von Gesichts- oder Körpermerkmalen, die auf Online-Marktplätzen verwendet werden, eine solche Nebenfunktion darstellen, da sie nur im Zusammenhang mit der Hauptdienstleistung verwendet werden können, die darin besteht, ein Produkt zu verkaufen, indem es dem Verbraucher ermöglicht wird, zu sehen, wie das Produkt an seiner Person aussieht, und ihm so zu helfen, eine Kaufentscheidung zu treffen. [5]Filter, die in sozialen Netzwerken eingesetzt werden und Gesichts- oder Körpermerkmale kategorisieren, um es den Nutzern zu ermöglichen, Bilder oder Videos hinzuzufügen oder zu verändern, können ebenfalls als Nebenfunktion betrachtet werden, da ein solcher Filter nicht ohne die Hauptdienstleistung sozialer Netzwerke verwendet werden kann, die in der Weitergabe von Online-Inhalten besteht.

Art. 3, 6 (→ **Rn. 111 ff.**), 50 (→ **Rn. 246 ff.**)

(17) [1]Der in dieser Verordnung verwendete Begriff „biometrisches Fernidentifizierungssystem" sollte funktional definiert werden als KI-System, das dem Zweck dient, natürliche Personen ohne ihre aktive Einbeziehung in der Regel aus der Ferne durch Abgleich der biometrischen Daten einer Person mit den in einer Referenzdatenbank gespeicherten biometrischen Daten zu identifizieren, unabhängig davon, welche Technologie, Verfahren oder Arten biometrischer Daten dazu verwendet werden. [2]Diese biometrischen Fernidentifizierungssysteme werden in der Regel zur zeitgleichen Erkennung mehrerer Personen oder ihrer Verhaltensweisen verwendet, um die Identifizierung natürlicher Personen ohne ihre aktive Einbeziehung erheblich zu erleichtern. [3]Dies umfasst keine KI-Systeme, die bestimmungsgemäß für die biometrische Verifizierung, wozu die Authentifizierung gehört, verwendet werden sollen, deren einziger Zweck darin besteht, zu bestätigen, dass eine bestimmte natürliche Person die Person ist, für die sie sich ausgibt, sowie zur Bestätigung der Identität einer natürlichen Person zu dem alleinigen Zweck Zugang zu einem Dienst zu erhalten, ein Gerät zu entriegeln oder Sicherheitszugang zu Räumlichkeiten zu erhalten. [4]Diese Ausnahme wird damit begründet, dass diese Systeme im Vergleich zu biometrischen Fernidentifizierungssystemen, die zur Verarbeitung biometrischer Daten einer großen Anzahl von Personen ohne ihre aktive Einbeziehung verwendet werden können, geringfügige Auswirkungen auf die Grundrechte natürlicher Personen haben dürften. [5]Bei „Echtzeit-Systemen" erfolgen die Erfassung der biometrischen Daten, der Abgleich und die Identifizierung zeitgleich, nahezu zeitgleich oder auf jeden Fall ohne erhebliche Verzögerung. [6]In diesem Zusammenhang sollte es keinen Spielraum für eine Umgehung der Bestimmungen dieser Verordnung über die „Echtzeit-Nutzung" der betreffenden KI-Systeme geben, indem kleinere Verzögerungen vorgesehen werden. [7]„Echtzeit-Systeme" umfassen die Verwendung von „Live-Material" oder „Near-live-Material" wie etwa Videoaufnahmen, die von einer Kamera oder einem anderen Gerät mit ähnlicher Funktion erzeugt werden. [8]Bei Systemen zur nachträglichen Identifizierung hingegen wurden die biometrischen Daten schon zuvor erfasst und der Abgleich und die Identifizierung erfolgen erst mit erheblicher Verzögerung. [9]Dabei handelt es sich um Material wie etwa Bild- oder Videoaufnahmen, die von Video-Überwachungssystemen oder privaten Geräten vor

Art. 3

der Anwendung des Systems auf die betroffenen natürlichen Personen erzeugt wurden.

Art. 3, 50 (→ **Rn. 246 ff.**)

(18) [1]Der in dieser Verordnung verwendete Begriff „Emotionserkennungssystem" sollte als ein KI-System definiert werden, das dem Zweck dient, Emotionen oder Absichten natürlicher Personen auf der Grundlage ihrer biometrischen Daten festzustellen oder daraus abzuleiten. [2]In diesem Begriff geht es um Emotionen oder Absichten wie Glück, Trauer, Wut, Überraschung, Ekel, Verlegenheit, Aufregung, Scham, Verachtung, Zufriedenheit und Vergnügen. [3]Dies umfasst nicht physische Zustände wie Schmerz oder Ermüdung, einschließlich beispielsweise Systeme, die zur Erkennung des Zustands der Ermüdung von Berufspiloten oder -fahrern eigesetzt werden, um Unfälle zu verhindern. [4]Es geht dabei auch nicht um die bloße Erkennung offensichtlicher Ausdrucksformen, Gesten und Bewegungen, es sei denn, sie werden zum Erkennen oder Ableiten von Emotionen verwendet. [5]Bei diesen Ausdrucksformen kann es sich um einfache Gesichtsausdrücke wie ein Stirnrunzeln oder ein Lächeln oder um Gesten wie Hand-, Arm- oder Kopfbewegungen oder um die Stimmmerkmale einer Person handeln, wie eine erhobene Stimme oder ein Flüstern.

Art. 3, 6 (→ **Rn. 111 ff.**)

(19) [1]Für die Zwecke dieser Verordnung sollte der Begriff „öffentlich zugänglicher Raum" so verstanden werden, dass er sich auf einen einer unbestimmten Anzahl natürlicher Personen zugänglichen physischen Ort bezieht, unabhängig davon, ob er sich in privatem oder öffentlichem Eigentum befindet, unabhängig von den Tätigkeiten, für die der Ort verwendet werden kann; dazu zählen Bereiche wie etwa für Gewerbe, etwa Geschäfte, Restaurants, Cafés, für Dienstleistungen, etwa Banken, berufliche Tätigkeiten, Gastgewerbe, für Sport, etwa Schwimmbäder, Fitnessstudios, Stadien, für Verkehr, etwa Bus- und U-Bahn-Haltestellen, Bahnhöfe, Flughäfen, Transportmittel, für Unterhaltung, etwa Kinos, Theater, Museen, Konzert- und Konferenzsäle oder für Freizeit oder Sonstiges, etwa öffentliche Straßen und Plätze, Parks, Wälder, Spielplätze. [2]Ein Ort sollte auch als öffentlich zugänglich eingestuft werden, wenn der Zugang, unabhängig von möglichen Kapazitäts- oder Sicherheitsbeschränkungen, bestimmten im Voraus festgelegten Bedingungen unterliegt, die von einer unbestimmten Anzahl von Personen erfüllt werden können, etwa durch den Kauf eines Fahrscheins, die vorherige Registrierung oder die Erfüllung eines Mindestalters. [3]Dahingegen sollte ein Ort nicht als öffentlich zugänglich gelten, wenn der Zugang auf natürliche Personen beschränkt ist, die entweder im Unionsrecht oder im nationalen Recht, das direkt mit der öffentlichen Sicherheit zusammenhängt, oder im Rahmen einer eindeutigen Willenserklärung der Person, die die entsprechende Befugnis über den Ort ausübt, bestimmt und festgelegt werden. [4]Die tatsächliche Zugangsmöglichkeit allein, etwa eine unversperrte Tür oder ein offenes Zauntor, bedeutet nicht, dass der Ort öffentlich zugänglich ist, wenn aufgrund von Hinweisen oder Umständen das Gegenteil nahegelegt wird (etwa Schilder, die den Zugang verbieten oder einschränken). [5]Unternehmens- und Fabrikgelände sowie Büros und Arbeitsplätze, die nur für die betreffenden Mitarbeiter und Dienstleister zugänglich sein sollen, sind Orte, die nicht öffentlich zugänglich sind. [6]Justizvollzugsanstalten und Grenzkontrollbereiche sollten nicht zu den öffentlich zugänglichen Orten zählen. [7]Einige andere Gebiete können sowohl öffentlich zugängliche als auch nicht öffentlich zugängliche Orte umfassen, etwa die Gänge eines privaten Wohngebäudes, deren Zugang erforderlich ist, um zu einer Arztpraxis zu gelangen, oder Flughäfen. [8]Online-Räume werden nicht erfasst, da es sich nicht um physische Räume handelt. [9]Ob ein bestimmter Raum öffentlich zugänglich ist, sollte jedoch von Fall zu Fall unter Berücksichtigung der Besonderheiten der jeweiligen individuellen Situation entschieden werden.

Art. 4 (→ **Rn. 96 f.**), 26 (→ **Rn. 188 ff.**), 65, 66, 95 (→ **Rn. 270 ff.**)

(20) [1]Um den größtmöglichen Nutzen aus KI-Systemen zu ziehen und gleichzeitig die Grundrechte, Gesundheit und Sicherheit zu wahren und eine demokratische Kontrolle zu ermöglichen, sollte die KI-Kompetenz Anbieter, Betreiber und betroffene Personen mit den notwendigen Konzepten ausstatten, um fundierte Entscheidungen über KI-Systeme zu treffen. [2]Diese Konzepte können in Bezug auf den jeweiligen Kontext unterschiedlich sein und das Verstehen der korrekten Anwendung technischer Elemente in der Entwicklungsphase des KI-Systems, der bei seiner Verwendung anzuwendenden Maßnahmen und der geeigneten Auslegung der Ausgaben des KI-Systems umfassen sowie – im Falle betroffener Personen – das nötige Wissen, um zu verstehen, wie sich mithilfe von KI getroffene Entscheidungen auf sie auswirken werden. [3]Im Zusammenhang mit der Anwendung

dieser Verordnung sollte die KI-Kompetenz allen einschlägigen Akteuren der KI-Wertschöpfungskette die Kenntnisse vermitteln, die erforderlich sind, um die angemessene Einhaltung und die ordnungsgemäße Durchsetzung der Verordnung sicherzustellen. [4]Darüber hinaus könnten die umfassende Umsetzung von KI-Kompetenzmaßnahmen und die Einführung geeigneter Folgemaßnahmen dazu beitragen, die Arbeitsbedingungen zu verbessern und letztlich die Konsolidierung und den Innovationspfad vertrauenswürdiger KI in der Union unterstützen. [5]Ein Europäisches Gremium für Künstliche Intelligenz (im Folgenden „KI-Gremium") sollte die Kommission dabei unterstützen, KI-Kompetenzinstrumente sowie die Sensibilisierung und Aufklärung der Öffentlichkeit in Bezug auf die Vorteile, Risiken, Schutzmaßnahmen, Rechte und Pflichten im Zusammenhang mit der Nutzung von KI-Systeme zu fördern. [6]In Zusammenarbeit mit den einschlägigen Interessenträgern sollten die Kommission und die Mitgliedstaaten die Ausarbeitung freiwilliger Verhaltenskodizes erleichtern, um die KI-Kompetenz von Personen, die mit der Entwicklung, dem Betrieb und der Verwendung von KI befasst sind, zu fördern.

(21) Um gleiche Wettbewerbsbedingungen und einen wirksamen Schutz der Rechte und Freiheiten von Einzelpersonen in der gesamten Union zu gewährleisten, sollten die in dieser Verordnung festgelegten Vorschriften in nichtdiskriminierender Weise für Anbieter von KI-Systemen – unabhängig davon, ob sie in der Union oder in einem Drittland niedergelassen sind – und für Betreiber von KI-Systemen, die in der Union niedergelassen sind, gelten.

Art. 2

(22) [1]Angesichts ihres digitalen Charakters sollten bestimmte KI-Systeme in den Anwendungsbereich dieser Verordnung fallen, selbst wenn sie in der Union weder in Verkehr gebracht noch in Betrieb genommen oder verwendet werden. [2]Dies ist beispielsweise der Fall, wenn ein in der Union niedergelassener Akteur bestimmte Dienstleistungen an einen in einem Drittland niedergelassenen Akteur im Zusammenhang mit einer Tätigkeit vergibt, die von einem KI-System ausgeübt werden soll, das als hochriskant einzustufen wäre. [3]Unter diesen Umständen könnte das von dem Akteur in einem Drittland betriebene KI-System Daten verarbeiten, die rechtmäßig in der Union erhoben und aus der Union übertragen wurden, und dem vertraglichen Akteur in der Union die aus dieser Verarbeitung resultierende Ausgabe dieses KI-Systems liefern, ohne dass dieses KI-System dabei in der Union in Verkehr gebracht, in Betrieb genommen oder verwendet würde. [4]Um die Umgehung dieser Verordnung zu verhindern und einen wirksamen Schutz in der Union ansässiger natürlicher Personen zu gewährleisten, sollte diese Verordnung auch für Anbieter und Betreiber von KI-Systemen gelten, die in einem Drittland niedergelassen sind, soweit beabsichtigt wird, die von diesem System erzeugte Ausgabe in der Union zu verwenden. [5]Um jedoch bestehenden Vereinbarungen und besonderen Erfordernissen für die künftige Zusammenarbeit mit ausländischen Partnern, mit denen Informationen und Beweismittel ausgetauscht werden, Rechnung zu tragen, sollte diese Verordnung nicht für Behörden eines Drittlands und internationale Organisationen gelten, wenn sie im Rahmen der Zusammenarbeit oder internationaler Übereinkünfte tätig werden, die auf Unionsebene oder nationaler Ebene für die Zusammenarbeit mit der Union oder den Mitgliedstaaten im Bereich der Strafverfolgung und der justiziellen Zusammenarbeit geschlossen wurden, vorausgesetzt dass dieses Drittland oder diese internationale Organisationen angemessene Garantien in Bezug auf den Schutz der Grundrechte und -freiheiten von Einzelpersonen bieten. [6]Dies kann gegebenenfalls Tätigkeiten von Einrichtungen umfassen, die von Drittländern mit der Wahrnehmung bestimmter Aufgaben zur Unterstützung dieser Zusammenarbeit im Bereich der Strafverfolgung und der justiziellen Zusammenarbeit betraut wurden. [7]Ein solcher Rahmen für die Zusammenarbeit oder für Übereinkünfte wurde bilateral zwischen Mitgliedstaaten und Drittländern oder zwischen der Europäischen Union, Europol und anderen Agenturen der Union und Drittländern und internationalen Organisationen erarbeitet. [8]Die Behörden, die nach dieser Verordnung für die Aufsicht über die Strafverfolgungs- und Justizbehörden zuständig sind, sollten prüfen, ob diese Rahmen für die Zusammenarbeit oder internationale Übereinkünfte angemessene Garantien in Bezug auf den Schutz der Grundrechte und -freiheiten von Einzelpersonen enthalten. [9]Empfangende nationale Behörden und Organe, Einrichtungen sowie sonstige Stellen der Union, die diese Ausgaben in der Union verwenden, sind weiterhin dafür verantwortlich, sicherzustellen, dass ihre Verwendung mit Unionsrecht vereinbar ist. [10]Wenn diese internationalen Übereinkünfte überarbeitet oder wenn künftig neue Übereinkünfte geschlossen werden,

Art. 2 (→ **Rn. 71 ff., 77 ff.**)

sollten die Vertragsparteien größtmögliche Anstrengungen unternehmen, um diese Übereinkünfte an die Anforderungen dieser Verordnung anzugleichen.

Art. 2 (→ **Rn. 71 ff.**)

(23) Diese Verordnung sollte auch für Organe, Einrichtungen und sonstige Stellen der Union gelten, wenn sie als Anbieter oder Betreiber eines KI-Systems auftreten.

Art. 2 (→ **Rn. 77 ff.**)

(24) [1]Wenn und soweit KI-Systeme mit oder ohne Änderungen für Zwecke in den Bereichen Militär, Verteidigung oder nationale Sicherheit in Verkehr gebracht, in Betrieb genommen oder verwendet werden, sollten sie vom Anwendungsbereich dieser Verordnung ausgenommen werden, unabhängig von der Art der Einrichtung, die diese Tätigkeiten ausübt, etwa ob es sich um eine öffentliche oder private Einrichtung handelt. [2]In Bezug auf die Zwecke in den Bereichen Militär und Verteidigung gründet sich die Ausnahme sowohl auf Artikel 4 Absatz 2 EUV als auch auf die Besonderheiten der Verteidigungspolitik der Mitgliedstaaten und der in Titel V Kapitel 2 EUV abgedeckten gemeinsamen Verteidigungspolitik der Union, die dem Völkerrecht unterliegen, was daher den geeigneteren Rechtsrahmen für die Regulierung von KI-Systemen im Zusammenhang mit der Anwendung tödlicher Gewalt und sonstigen KI-Systemen im Zusammenhang mit Militär- oder Verteidigungstätigkeiten darstellt. [3]In Bezug auf die Zwecke im Bereich nationale Sicherheit gründet sich die Ausnahme sowohl auf die Tatsache, dass die nationale Sicherheit gemäß Artikel 4 Absatz 2 EUV weiterhin in die alleinige Verantwortung der Mitgliedstaaten fällt, als auch auf die besondere Art und die operativen Bedürfnisse der Tätigkeiten im Bereich der nationalen Sicherheit und der spezifischen nationalen Vorschriften für diese Tätigkeiten. [4]Wird ein KI-System, das für Zwecke in den Bereichen Militär, Verteidigung oder nationale Sicherheit entwickelt, in Verkehr gebracht, in Betrieb genommen oder verwendet wird, jedoch vorübergehend oder ständig für andere Zwecke verwendet, etwa für zivile oder humanitäre Zwecke oder für Zwecke der Strafverfolgung oder öffentlichen Sicherheit, so würde dieses System in den Anwendungsbereich dieser Verordnung fallen. [5]In diesem Fall sollte die Einrichtung, die das KI-System für andere Zwecke als Zwecke in den Bereichen Militär, Verteidigung oder nationale Sicherheit verwendet, die Konformität des KI-Systems mit dieser Verordnung sicherstellen, es sei denn, das System entspricht bereits dieser Verordnung. [6]KI-Systeme, die für einen ausgeschlossenen Zweck, nämlich Militär, Verteidigung oder nationale Sicherheit, und für einen oder mehrere nicht ausgeschlossene Zwecke, etwa zivile Zwecke oder Strafverfolgungszwecke, in Verkehr gebracht oder in Betrieb genommen werden, fallen in den Anwendungsbereich dieser Verordnung, und Anbieter dieser Systeme sollten die Einhaltung dieser Verordnung sicherstellen. [7]In diesen Fällen sollte sich die Tatsache, dass ein KI-System in den Anwendungsbereich dieser Verordnung fällt, nicht darauf auswirken, dass Einrichtungen, die Tätigkeiten in den Bereichen nationale Sicherheit, Verteidigung oder Militär ausüben, KI-Systeme für Zwecke in den Bereichen nationale Sicherheit, Militär und Verteidigung verwenden können, unabhängig von der Art der Einrichtung, die diese Tätigkeiten ausübt, wobei die Verwendung vom Anwendungsbereich dieser Verordnung ausgenommen ist. [8]Ein KI-System, das für zivile Zwecke oder Strafverfolgungszwecke in Verkehr gebracht wurde und mit oder ohne Änderungen für Zwecke in den Bereichen Militär, Verteidigung oder nationale Sicherheit verwendet wird, sollte nicht in den Anwendungsbereich dieser Verordnung fallen, unabhängig von der Art der Einrichtung, die diese Tätigkeiten ausübt.

Art. 2 (→ **Rn. 77 ff.**), 57

(25) [1]Diese Verordnung sollte die Innovation fördern, die Freiheit der Wissenschaft achten und Forschungs- und Entwicklungstätigkeiten nicht untergraben. [2]Daher müssen KI-Systeme und -Modelle, die eigens für den alleinigen Zweck der wissenschaftlichen Forschung und Entwicklung entwickelt und in Betrieb genommen werden, vom Anwendungsbereich der Verordnung ausgenommen werden. [3]Ferner muss sichergestellt werden, dass sich die Verordnung nicht anderweitig auf Forschungs- und Entwicklungstätigkeiten zu KI-Systemen und -Modellen auswirkt, bevor diese in Verkehr gebracht oder in Betrieb genommen werden. [4]Hinsichtlich produktorientierter Forschungs-, Test- und Entwicklungstätigkeiten in Bezug auf KI-Systeme oder -Modelle sollten die Bestimmungen dieser Verordnung auch nicht vor der Inbetriebnahme oder dem Inverkehrbringen dieser Systeme und Modelle gelten. [5]Diese Ausnahme berührt weder die Pflicht zur Einhaltung dieser Verordnung, wenn ein KI-System, das in den Anwendungsbereich dieser Verordnung fällt, infolge solcher Forschungs- und Entwicklungstätigkeiten in Verkehr gebracht oder in Betrieb genommen wird, noch die Anwendung der Bestimmungen zu KI-Reallaboren und zu Tests unter Realbedingungen. [6]Darüber

hinaus sollte unbeschadet der Ausnahme in Bezug auf KI-Systeme, die eigens für den alleinigen Zweck der wissenschaftlichen Forschung und Entwicklung entwickelt und in Betrieb genommen werden, jedes andere KI-System, das für die Durchführung von Forschungs- und Entwicklungstätigkeiten verwendet werden könnte, den Bestimmungen dieser Verordnung unterliegen. [7]In jedem Fall sollten jegliche Forschungs- und Entwicklungstätigkeiten gemäß anerkannten ethischen und professionellen Grundsätzen für die wissenschaftliche Forschung und unter Wahrung des geltenden Unionsrechts ausgeführt werden.

(26) [1]Um ein verhältnismäßiges und wirksames verbindliches Regelwerk für KI-Systeme einzuführen, sollte ein klar definierter risikobasierter Ansatz verfolgt werden. [2]Bei diesem Ansatz sollten Art und Inhalt solcher Vorschriften auf die Intensität und den Umfang der Risiken zugeschnitten werden, die von KI-Systemen ausgehen können. [3]Es ist daher notwendig, bestimmte inakzeptable Praktiken im Bereich der KI zu verbieten und Anforderungen an Hochrisiko-KI-Systeme und Pflichten für die betreffenden Akteure sowie Transparenzpflichten für bestimmte KI-Systeme festzulegen.

Art. 1 (→ **Rn. 6 ff.**), 5 (→ **Rn. 98 ff.**), 6 (→ **Rn. 111 ff.**), 13 (→ **Rn. 142 ff.**)

(27) [1]Während der risikobasierte Ansatz die Grundlage für ein verhältnismäßiges und wirksames verbindliches Regelwerk bildet, muss auch auf die Ethikleitlinien für vertrauenswürdige KI von 2019 der von der Kommission eingesetzten unabhängigen hochrangigen Expertengruppe für künstliche Intelligenz verwiesen werden. [2]In diesen Leitlinien hat die hochrangige Expertengruppe sieben unverbindliche ethische Grundsätze für KI entwickelt, die dazu beitragen sollten, dass KI vertrauenswürdig und ethisch vertretbar ist. [3]Zu den sieben Grundsätzen gehören: menschliches Handeln und menschliche Aufsicht, technische Robustheit und Sicherheit, Privatsphäre und Daten-Governance, Transparenz, Vielfalt, Nichtdiskriminierung und Fairness, soziales und ökologisches Wohlergehen sowie Rechenschaftspflicht. [4]Unbeschadet der rechtsverbindlichen Anforderungen dieser Verordnung und anderer geltender Rechtsvorschriften der Union tragen diese Leitlinien zur Gestaltung kohärenter, vertrauenswürdiger und menschenzentrierter KI bei im Einklang mit der Charta und den Werten, auf die sich die Union gründet. [5]Nach den Leitlinien der hochrangigen Expertengruppe bedeutet „menschliches Handeln und menschliche Aufsicht", dass ein KI-System entwickelt und als Instrument verwendet wird, das den Menschen dient, die Menschenwürde und die persönliche Autonomie achtet und so funktioniert, dass es von Menschen angemessen kontrolliert und überwacht werden kann. [6]„Technische Robustheit und Sicherheit" bedeutet, dass KI-Systeme so entwickelt und verwendet werden, dass sie im Fall von Schwierigkeiten robust sind und widerstandsfähig gegen Versuche, die Verwendung oder Leistung des KI-Systems so zu verändern, dass dadurch die unrechtmäßige Verwendung durch Dritte ermöglicht wird, und dass ferner unbeabsichtigte Schäden minimiert werden. [7]„Privatsphäre und Daten-Governance" bedeutet, dass KI-Systeme im Einklang mit den geltenden Vorschriften zum Schutz der Privatsphäre und zum Datenschutz entwickelt und verwendet werden und dabei Daten verarbeiten, die hohen Qualitäts- und Integritätsstandards genügen. [8]„Transparenz" bedeutet, dass KI-Systeme so entwickelt und verwendet werden, dass sie angemessen nachvollziehbar und erklärbar sind, wobei den Menschen bewusst gemacht werden muss, dass sie mit einem KI-System kommunizieren oder interagieren, und dass die Betreiber ordnungsgemäß über die Fähigkeiten und Grenzen des KI-Systems informieren und die betroffenen Personen über ihre Rechte in Kenntnis setzen müssen. [9]„Vielfalt, Nichtdiskriminierung und Fairness" bedeutet, dass KI-Systeme in einer Weise entwickelt und verwendet werden, die unterschiedliche Akteure einbezieht und den gleichberechtigten Zugang, die Geschlechtergleichstellung und die kulturelle Vielfalt fördert, wobei diskriminierende Auswirkungen und unfaire Verzerrungen, die nach Unionsrecht oder nationalem Recht verboten sind, verhindert werden. [10]„Soziales und ökologisches Wohlergehen" bedeutet, dass KI-Systeme in nachhaltiger und umweltfreundlicher Weise und zum Nutzen aller Menschen entwickelt und verwendet werden, wobei die langfristigen Auswirkungen auf den Einzelnen, die Gesellschaft und die Demokratie überwacht und bewertet werden. [11]Die Anwendung dieser Grundsätze sollte, soweit möglich, in die Gestaltung und Verwendung von KI-Modellen einfließen. [12]Sie sollten in jedem Fall als Grundlage für die Ausarbeitung von Verhaltenskodizes im Rahmen dieser Verordnung dienen. [13]Alle Interessenträger, einschließlich der Industrie, der Wissenschaft, der Zivilgesellschaft und der Normungsorganisationen, werden aufgefordert, die ethischen Grundsätze

Art. 1 (→ **Rn. 6 ff.**), 5 (→ **Rn. 98 ff.**), 6 (→ **Rn. 111 ff.**), 14 (→ **Rn. 145 ff.**), 16 (→ **Rn. 118 ff.**), 95 (→ **Rn. 270 ff.**)

bei der Entwicklung freiwilliger bewährter Verfahren und Normen, soweit angebracht, zu berücksichtigen.

Art. 5 (→ **Rn. 98 ff.**)

(28) [1]Abgesehen von den zahlreichen nutzbringenden Verwendungsmöglichkeiten von KI kann diese Technologie auch missbraucht werden und neue und wirkungsvolle Instrumente für manipulative, ausbeuterische und soziale Kontrollpraktiken bieten. [2]Solche Praktiken sind besonders schädlich und missbräuchlich und sollten verboten werden, weil sie im Widerspruch zu den Werten der Union stehen, nämlich der Achtung der Menschenwürde, Freiheit, Gleichheit, Demokratie und Rechtsstaatlichkeit sowie der in der Charta verankerten Grundrechte, einschließlich des Rechts auf Nichtdiskriminierung, Datenschutz und Privatsphäre sowie der Rechte des Kindes.

Art. 5 (→ **Rn. 98 ff.**)

(29) [1]KI-gestützte manipulative Techniken können dazu verwendet werden, Personen zu unerwünschten Verhaltensweisen zu bewegen oder sie zu täuschen, indem sie in einer Weise zu Entscheidungen angeregt werden, die ihre Autonomie, Entscheidungsfindung und freie Auswahl untergräbt und beeinträchtigt. [2]Das Inverkehrbringen, die Inbetriebnahme oder die Verwendung bestimmter KI-Systeme, die das Ziel oder die Auswirkung haben, menschliches Verhalten maßgeblich nachteilig zu beeinflussen, und große Schäden, insbesondere erhebliche nachteilige Auswirkungen auf die physische und psychische Gesundheit oder auf die finanziellen Interessen verursachen dürften, ist besonders gefährlich und sollte dementsprechend verboten werden. [3]Solche KI-Systeme setzen auf eine unterschwellige Beeinflussung, beispielweise durch Reize in Form von Ton-, Bild- oder Videoinhalten, die für Menschen nicht erkennbar sind, da diese Reize außerhalb ihres Wahrnehmungsbereichs liegen, oder auf andere Arten manipulativer oder täuschender Beeinflussung, die ihre Autonomie, Entscheidungsfindung oder freie Auswahl in einer Weise untergraben und beeinträchtigen, die sich ihrer bewussten Wahrnehmung entzieht oder deren Einfluss – selbst wenn sie sich seiner bewusst sind – sie nicht kontrollieren oder widerstehen können. [4]Dies könnte beispielsweise durch Gehirn-Computer-Schnittstellen oder virtuelle Realität erfolgen, da diese ein höheres Maß an Kontrolle darüber ermöglichen, welche Reize den Personen, insofern diese das Verhalten der Personen in erheblichem Maße schädlich beeinflussen können, angeboten werden. [5]Ferner können KI-Systeme auch anderweitig die Vulnerabilität einer Person oder bestimmter Gruppen von Personen aufgrund ihres Alters oder einer Behinderung im Sinne der Richtlinie (EU) 2019/882 des Europäischen Parlaments und des Rates oder aufgrund einer bestimmten sozialen oder wirtschaftlichen Situation ausnutzen, durch die diese Personen gegenüber einer Ausnutzung anfälliger werden dürften, beispielweise Personen, die in extremer Armut leben, und ethnische oder religiöse Minderheiten. [6]Solche KI-Systeme können mit dem Ziel oder der Wirkung in Verkehr gebracht, in Betrieb genommen oder verwendet werden, das Verhalten einer Person in einer Weise wesentlich zu beeinflussen, die dieser Person oder einer anderen Person oder Gruppen von Personen einen erheblichen Schaden zufügt oder mit hinreichender Wahrscheinlichkeit zufügen wird, einschließlich Schäden, die sich im Laufe der Zeit anhäufen können, und sollten daher verboten werden. [7]Diese Absicht, das Verhalten zu beeinflussen, kann nicht vermutet werden, wenn die Beeinflussung auf Faktoren zurückzuführen ist, die nicht Teil des KI-Systems sind und außerhalb der Kontrolle des Anbieters oder Betreibers liegen, d. h. Faktoren, die vom Anbieter oder Betreiber des KI-Systems vernünftigerweise nicht vorhergesehen oder gemindert werden können. [8]In jedem Fall ist es nicht erforderlich, dass der Anbieter oder der Betreiber die Absicht haben, erheblichen Schaden zuzufügen, wenn dieser Schaden aufgrund von manipulativen oder ausbeuterischen KI-gestützten Praktiken entsteht. [9]Das Verbot solcher KI-Praktiken ergänzt die Bestimmungen der Richtlinie 2005/29/EG des Europäischen Parlaments und des Rates; insbesondere sind unlautere Geschäftspraktiken, durch die Verbraucher wirtschaftliche oder finanzielle Schäden erleiden, unter allen Umständen verboten, unabhängig davon, ob sie durch KI-Systeme oder anderweitig umgesetzt werden. [10]Das Verbot manipulativer und ausbeuterischer Praktiken gemäß dieser Verordnung sollte sich nicht auf rechtmäßige Praktiken im Zusammenhang mit medizinischen Behandlungen, etwa der psychologischen Behandlung einer psychischen Krankheit oder der physischen Rehabilitation, auswirken, wenn diese Praktiken gemäß den geltenden Rechtsvorschriften und medizinischen Standards erfolgen, z. B mit der ausdrücklichen Zustimmung der Einzelpersonen oder ihrer gesetzlichen Vertreter. [11]Darüber hinaus sollten übliche und rechtmäßige Geschäftspraktiken, beispielsweise im Bereich der Werbung, die im Einklang mit den geltenden Rechtsvor-

schriften stehen, als solche nicht als schädliche manipulative KI-gestützten Praktiken gelten.

(30) [1]Systeme zur biometrischen Kategorisierung, die anhand der biometrischen Daten von natürlichen Personen, wie dem Gesicht oder dem Fingerabdruck einer Person, die politische Meinung, die Mitgliedschaft in einer Gewerkschaft, religiöse oder weltanschauliche Überzeugungen, die Rasse, das Sexualleben oder die sexuelle Ausrichtung einer Person erschließen oder ableiten, sollten verboten werden. [2]Dieses Verbot sollte nicht für die rechtmäßige Kennzeichnung, Filterung oder Kategorisierung biometrischer Datensätze gelten, die im Einklang mit dem Unionsrecht oder dem nationalen Recht anhand biometrischer Daten erworben wurden, wie das Sortieren von Bildern nach Haar- oder Augenfarbe, was beispielsweise im Bereich der Strafverfolgung verwendet werden kann.

Art. 5 (→ **Rn. 98 ff.**), 6 (→ **Rn. 111 ff.**)

(31) [1]KI-Systeme, die eine soziale Bewertung natürlicher Personen durch öffentliche oder private Akteure bereitstellen, können zu diskriminierenden Ergebnissen und zur Ausgrenzung bestimmter Gruppen führen. [2]Sie können die Menschenwürde und das Recht auf Nichtdiskriminierung sowie die Werte der Gleichheit und Gerechtigkeit verletzen. [3]Solche KI-Systeme bewerten oder klassifizieren natürliche Personen oder Gruppen natürlicher Personen in einem bestimmten Zeitraum auf der Grundlage zahlreicher Datenpunkte in Bezug auf ihr soziales Verhalten in verschiedenen Zusammenhängen oder aufgrund bekannter, vermuteter oder vorhergesagter persönlicher Eigenschaften oder Persönlichkeitsmerkmale. [4]Die aus solchen KI-Systemen erzielte soziale Bewertung kann zu einer Schlechterstellung oder Benachteiligung bestimmter natürlicher Personen oder ganzer Gruppen natürlicher Personen in sozialen Kontexten, die in keinem Zusammenhang mit den Umständen stehen, unter denen die Daten ursprünglich erzeugt oder erhoben wurden, oder zu einer Schlechterstellung führen, die im Hinblick auf die Tragweite ihres sozialen Verhaltens unverhältnismäßig oder ungerechtfertigt ist. [5]KI-Systeme, die solche inakzeptablen Bewertungspraktiken mit sich bringen und zu einer solchen Schlechterstellung oder Benachteiligung führen, sollten daher verboten werden. [6]Dieses Verbot sollte nicht die rechtmäßigen Praktiken zur Bewertung natürlicher Personen berühren, die im Einklang mit dem Unionsrecht und dem nationalen Recht zu einem bestimmten Zweck durchgeführt werden.

Art. 5 (→ **Rn. 98 ff.**)

(32) [1]Die Verwendung von KI-Systemen zur biometrischen Echtzeit-Fernidentifizierung natürlicher Personen in öffentlich zugänglichen Räumen zu Strafverfolgungszwecken greift besonders in die Rechte und Freiheiten der betroffenen Personen ein, da sie die Privatsphäre eines großen Teils der Bevölkerung beeinträchtigt, ein Gefühl der ständigen Überwachung weckt und indirekt von der Ausübung der Versammlungsfreiheit und anderer Grundrechte abhalten kann. [2]Technische Ungenauigkeiten von KI-Systemen, die für die biometrische Fernidentifizierung natürlicher Personen bestimmt sind, können zu verzerrten Ergebnissen führen und eine diskriminierende Wirkung haben. [3]Solche möglichen verzerrten Ergebnisse und eine solche diskriminierende Wirkung sind von besonderer Bedeutung, wenn es um das Alter, die ethnische Herkunft, die Rasse, das Geschlecht oder Behinderungen geht. [4]Darüber hinaus bergen die Unmittelbarkeit der Auswirkungen und die begrenzten Möglichkeiten weiterer Kontrollen oder Korrekturen im Zusammenhang mit der Verwendung solcher in Echtzeit betriebener Systeme erhöhte Risiken für die Rechte und Freiheiten der betreffenden Personen, die im Zusammenhang mit Strafverfolgungsmaßnahmen stehen oder davon betroffen sind.

Art. 5 (→ **Rn. 98 ff.**)

(33) [1]Die Verwendung solcher Systeme zu Strafverfolgungszwecken sollte daher untersagt werden, außer in erschöpfend aufgeführten und eng abgegrenzten Fällen, in denen die Verwendung unbedingt erforderlich ist, um einem erheblichen öffentlichen Interesse zu dienen, dessen Bedeutung die Risiken überwiegt. [2]Zu diesen Fällen gehört die Suche nach bestimmten Opfern von Straftaten, einschließlich vermisster Personen, bestimmte Gefahren für das Leben oder die körperliche Unversehrtheit natürlicher Personen oder die Gefahr eines Terroranschlags sowie das Aufspüren oder Identifizieren von Tätern oder Verdächtigen in Bezug auf die in einem Anhang zu dieser Verordnung genannten Straftaten, sofern diese Straftaten in dem betreffenden Mitgliedstaat im Sinne des Rechts dieses Mitgliedstaats mit einer Freiheitsstrafe oder einer freiheitsentziehenden Maßregel der Sicherung im Höchstmaß von mindestens vier Jahren bedroht sind. [3]Eine solche Schwelle für

Art. 5 (→ **Rn. 98 ff.**)

eine Freiheitsstrafe oder eine freiheitsentziehende Maßregel der Sicherung nach nationalem Recht trägt dazu bei, sicherzustellen, dass die Straftat schwerwiegend genug ist, um den Einsatz biometrischer Echtzeit-Fernidentifizierungssysteme möglicherweise zu rechtfertigen. [4]Darüber hinaus beruht die im Anhang dieser Verordnung aufgeführte Liste der Straftaten auf den 32 im Rahmenbeschluss 2002/584/JI des Rates aufgeführten Straftaten, unter Berücksichtigung der Tatsache, dass einige der Straftaten in der Praxis eher relevant sein können als andere, da der Rückgriff auf die biometrische Echtzeit-Fernidentifizierung für die konkrete Aufspürung oder Identifizierung eines Täters oder Verdächtigen in Bezug auf eine der verschiedenen aufgeführten Straftaten voraussichtlich in äußerst unterschiedlichem Maße erforderlich und verhältnismäßig sein könnte und da dabei die wahrscheinlichen Unterschiede in Schwere, Wahrscheinlichkeit und Ausmaß des Schadens oder möglicher negativer Folgen zu berücksichtigen sind. [5]Eine unmittelbare Gefahr für das Leben oder die körperliche Unversehrtheit natürlicher Personen kann auch durch die schwerwiegende Störung einer kritischen Infrastruktur im Sinne des Artikels 2 Nummer 4 der Richtlinie (EU) 2022/2557 des Europäischen Parlaments und des Rates entstehen, wenn die Störung oder Zerstörung einer solchen kritischen Infrastruktur zu einer unmittelbaren Gefahr für das Leben oder die körperliche Unversehrtheit einer Person führen würde, auch durch die schwerwiegende Beeinträchtigung der Bereitstellung der Grundversorgung für die Bevölkerung oder der Wahrnehmung der Kernfunktion des Staates. [6]Darüber hinaus sollte diese Verordnung die Fähigkeit der Strafverfolgungs-, Grenzschutz-, Einwanderungs- oder Asylbehörden erhalten, gemäß den im Unionsrecht und im nationalen Recht für diesen Zweck festgelegten Bedingungen die Identität der betreffenden Person in ihrer Anwesenheit festzustellen. [7]Insbesondere sollten Strafverfolgungs-, Grenzschutz-, Einwanderungs- oder Asylbehörden gemäß dem Unionsrecht oder dem nationalen Recht Informationssysteme verwenden können, um eine Person zu identifizieren, die während einer Identitätsfeststellung entweder verweigert, identifiziert zu werden, oder nicht in der Lage ist, ihre Identität anzugeben oder zu belegen, wobei gemäß dieser Verordnung keine vorherige Genehmigung erlangt werden muss. [8]Dabei könnte es sich beispielsweise um eine Person handeln, die in eine Straftat verwickelt ist und nicht gewillt oder aufgrund eines Unfalls oder des Gesundheitszustands nicht in der Lage ist, den Strafverfolgungsbehörden ihre Identität offenzulegen.

Art. 5 (→ **Rn. 98 ff.**), 27 (→ **Rn. 213 ff.**)

(34) [1]Um sicherzustellen, dass diese Systeme verantwortungsvoll und verhältnismäßig genutzt werden, ist es auch wichtig, festzulegen, dass in jedem dieser erschöpfend aufgeführten und eng abgegrenzten Fälle bestimmte Elemente berücksichtigt werden sollten, insbesondere in Bezug auf die Art des dem Antrag zugrunde liegenden Falls und die Auswirkungen der Verwendung auf die Rechte und Freiheiten aller betroffenen Personen sowie auf die für die Verwendung geltenden Schutzvorkehrungen und Bedingungen. [2]Darüber hinaus sollte die Verwendung biometrischer Echtzeit-Fernidentifizierungssysteme in öffentlich zugänglichen Räumen für die Zwecke der Strafverfolgung nur eingesetzt werden, um die Identität der speziell betroffenen Person zu bestätigen und sollte sich hinsichtlich des Zeitraums und des geografischen und personenbezogenen Anwendungsbereichs auf das unbedingt Notwendige beschränken, wobei insbesondere den Beweisen oder Hinweisen in Bezug auf die Bedrohungen, die Opfer oder den Täter Rechnung zu tragen ist. [3]Die Verwendung des biometrischen Echtzeit-Fernidentifizierungssystems in öffentlich zugänglichen Räumen sollte nur genehmigt werden, wenn die zuständige Strafverfolgungsbehörde eine Grundrechte-Folgenabschätzung durchgeführt und, sofern in dieser Verordnung nichts anderes bestimmt ist, das System gemäß dieser Verordnung in der Datenbank registriert hat. [4]Die Personenreferenzdatenbank sollte für jeden Anwendungsfall in jedem der oben genannten Fälle geeignet sein.

Art. 5 (→ **Rn. 98 ff.**)

(35) [1]Jede Verwendung biometrischer Echtzeit-Fernidentifizierungssysteme in öffentlich zugänglichen Räumen zu Strafverfolgungszwecken sollte einer ausdrücklichen spezifischen Genehmigung durch eine Justizbehörde oder eine unabhängige Verwaltungsbehörde eines Mitgliedstaats, deren Entscheidung rechtsverbindlich ist, unterliegen. [2]Eine solche Genehmigung sollte grundsätzlich vor der Verwendung des KI-Systems zur Identifizierung einer Person oder mehrerer Personen eingeholt werden. [3]Ausnahmen von dieser Regel sollten in hinreichend begründeten dringenden Fällen erlaubt sein, d. h. in Situationen, in denen es wegen der Notwendigkeit der Verwendung der betreffenden Systeme tatsächlich und objektiv unmöglich ist, vor dem Beginn der Verwendung des KI-Systems eine

Genehmigung einzuholen. [4]In solchen dringenden Fällen sollte die Verwendung des KI-Systems auf das absolut notwendige Mindestmaß beschränkt werden und angemessenen Schutzvorkehrungen und Bedingungen unterliegen, die im nationalen Recht festgelegt sind und im Zusammenhang mit jedem einzelnen dringenden Anwendungsfall von der Strafverfolgungsbehörde selbst präzisiert werden. [5]Darüber hinaus sollte die Strafverfolgungsbehörde in solchen Fällen eine solche Genehmigung beantragen und die Gründe dafür angeben, warum sie sie nicht früher, unverzüglich, spätestens jedoch innerhalb von 24 Stunden beantragen konnte. [6]Wird eine solche Genehmigung abgelehnt, sollte die Verwendung biometrischer Echtzeit-Identifizierungssysteme, die mit dieser Genehmigung verbunden sind, mit sofortiger Wirkung eingestellt werden, und alle Daten im Zusammenhang mit dieser Verwendung sollten verworfen und gelöscht werden. [7]Diese Daten umfassen Eingabedaten, die von einem KI-System während der Nutzung eines solchen Systems direkt erfasst werden, sowie die Ergebnisse und Ausgaben der mit dieser Genehmigung verbundenen Verwendung. [8]Daten, die im Einklang mit anderem Unionsrecht oder nationalem Recht rechtmäßig erworben wurden, sollten davon nicht betroffen sein. [9]In jedem Fall darf keine Entscheidung mit nachteiligen Rechtsfolgen für eine Person allein auf der Grundlage der Ausgaben des biometrischen Fernidentifizierungssystems getroffen werden.

(36) [1]Damit sie ihre Aufgaben im Einklang mit den Anforderungen dieser Verordnung und der nationalen Vorschriften erfüllen können, sollte die zuständige Marktüberwachungsbehörde und die nationale Datenschutzbehörde über jede Verwendung des biometrischen Echtzeit-Identifizierungssystems unterrichtet werden. [2]Die Marktüberwachungsbehörden und die nationalen Datenschutzbehörden, die unterrichtet wurden, sollten der Kommission jährlich einen Bericht über die Verwendung biometrischer Echtzeit-Identifizierungssysteme vorlegen.

Art. 5 (→ **Rn. 98 ff.**)

(37) [1]Darüber hinaus ist es angezeigt, innerhalb des durch diese Verordnung vorgegebenen erschöpfenden Rahmens festzulegen, dass eine solche Verwendung im Hoheitsgebiet eines Mitgliedstaats gemäß dieser Verordnung nur möglich sein sollte, sofern der betreffende Mitgliedstaat in seinen detaillierten nationalen Rechtsvorschriften ausdrücklich vorgesehen hat, dass eine solche Verwendung genehmigt werden kann. [2]Folglich steht es den Mitgliedstaaten im Rahmen dieser Verordnung frei, eine solche Möglichkeit generell oder nur in Bezug auf einige der in dieser Verordnung genannten Ziele, für die eine genehmigte Verwendung gerechtfertigt sein kann, vorzusehen. [3]Solche nationalen Rechtsvorschriften sollten der Kommission spätestens 30 Tage nach ihrer Annahme mitgeteilt werden.

Art. 5 (→ **Rn. 98 ff.**)

(38) [1]Die Verwendung von KI-Systemen zur biometrischen Echtzeit-Fernidentifizierung natürlicher Personen in öffentlich zugänglichen Räumen zu Strafverfolgungszwecken erfordert zwangsläufig die Verarbeitung biometrischer Daten. [2]Die Vorschriften dieser Verordnung, die vorbehaltlich bestimmter Ausnahmen eine solche Verwendung auf der Grundlage des Artikels 16 AEUV verbieten, sollten als Lex specialis in Bezug auf die in Artikel 10 der Richtlinie (EU) 2016/680 enthaltenen Vorschriften über die Verarbeitung biometrischer Daten gelten und somit die Verwendung und Verarbeitung der betreffenden biometrischen Daten umfassend regeln. [3]Eine solche Verwendung und Verarbeitung sollte daher nur möglich sein, soweit sie mit dem in dieser Verordnung festgelegten Rahmen vereinbar ist, ohne dass es den zuständigen Behörden bei ihren Tätigkeiten zu Strafverfolgungszwecken Raum lässt, außerhalb dieses Rahmens solche Systeme zu verwenden und die damit verbundenen Daten aus den in Artikel 10 der Richtlinie (EU) 2016/680 aufgeführten Gründen zu verarbeiten. [4]In diesem Zusammenhang soll diese Verordnung nicht als Rechtsgrundlage für die Verarbeitung personenbezogener Daten gemäß Artikel 8 der Richtlinie (EU) 2016/680 dienen. [5]Die Verwendung biometrischer Echtzeit-Fernidentifizierungssysteme in öffentlich zugänglichen Räumen zu anderen Zwecken als der Strafverfolgung, auch durch zuständige Behörden, sollte jedoch nicht unter den in dieser Verordnung festgelegten spezifischen Rahmen für diese Verwendung zu Strafverfolgungszwecken fallen. [6]Eine solche Verwendung zu anderen Zwecken als der Strafverfolgung sollte daher nicht der Genehmigungspflicht gemäß dieser Verordnung und den zu dieser Genehmigung anwendbaren detaillierten nationalen Rechtsvorschriften unterliegen.

Art. 5 (→ **Rn. 98 ff.**)

Art. 5 (→ **Rn. 98 ff.**)

(39) [1]Jede Verarbeitung biometrischer Daten und anderer personenbezogener Daten im Zusammenhang mit der Verwendung von KI-Systemen für die biometrische Identifizierung, ausgenommen im Zusammenhang mit der Verwendung biometrischer Echtzeit-Fernidentifizierungssysteme in öffentlich zugänglichen Räumen zu Strafverfolgungszwecken im Sinne dieser Verordnung, sollte weiterhin allen Anforderungen genügen, die sich aus Artikel 10 der Richtlinie (EU) 2016/680 ergeben. [2]Für andere Zwecke als die Strafverfolgung ist die Verarbeitung biometrischer Daten gemäß Artikel 9 Absatz 1 der Verordnung (EU) 2016/679 und Artikel 10 Absatz 1 der Verordnung (EU) 2018/1725, vorbehaltlich der in diesen Artikeln vorgesehenen begrenzten Ausnahmefällen, verboten. [3]In Anwendung des Artikels 9 Absatz 1 der Verordnung (EU) 2016/679 war die Verwendung biometrischer Fernidentifizierung zu anderen Zwecken als der Strafverfolgung bereits Gegenstand von Verbotsentscheidungen der nationalen Datenschutzbehörden.

Art. 5 (→ **Rn. 98 ff.**)

(40) Nach Artikel 6a des dem EUV und dem AEUV beigefügten Protokolls Nr. 21 über die Position des Vereinigten Königreichs und Irlands hinsichtlich des Raums der Freiheit, der Sicherheit und des Rechts sind die auf der Grundlage des Artikels 16 AEUV festgelegten Vorschriften in Artikel 5 Absatz 1 Unterabsatz 1 Buchstabe g, soweit er auf die Verwendung von Systemen zur biometrischen Kategorisierung für Tätigkeiten im Bereich der polizeilichen Zusammenarbeit und der justiziellen Zusammenarbeit in Strafsachen Anwendung findet, Artikel 5 Absatz 1 Buchstabe d, soweit sie auf die Verwendung von KI-Systemen nach der darin festgelegten Bestimmung Anwendung finden, sowie Artikel 5 Absatz 1 Unterabsatz 1 Buchstabe h, Artikel 5 Absätze 2 bis 6 und Artikel 26 Absatz 10 dieser Verordnung in Bezug auf die Verarbeitung personenbezogener Daten durch die Mitgliedstaaten im Rahmen der Ausübung von Tätigkeiten, die in den Anwendungsbereich des Dritten Teils Titel V Kapitel 4 oder 5 AEUV fallen, für Irland nicht bindend, wenn Irland nicht durch die Vorschriften gebunden ist, die die Formen der justiziellen Zusammenarbeit in Strafsachen oder der polizeilichen Zusammenarbeit regeln, in deren Rahmen die auf der Grundlage des Artikels 16 AEUV festgelegten Vorschriften eingehalten werden müssen.

Art. 5 (→ **Rn. 98 ff.**)

(41) Nach den Artikeln 2 und 2a des dem EUV und dem AEUV beigefügten Protokolls Nr. 22 über die Position Dänemarks ist Dänemark durch die auf der Grundlage des Artikels 16 AEUV festgelegten Vorschriften in Artikel 5 Absatz 1 Unterabsatz 1 Buchstabe g soweit er auf die Verwendung von Systemen zur biometrischen Kategorisierung für Tätigkeiten im Bereich der polizeilichen Zusammenarbeit und der justiziellen Zusammenarbeit in Strafsachen Anwendung findet, Artikel 5 Absatz 1 Unterabsatz 1 Buchstaben d soweit sie auf die Verwendung von KI-Systemen nach der darin festgelegten Bestimmung Anwendung finden, sowie Artikel 5 Absatz 1 Unterabsatz 1 Buchstabe h, Artikel 5 Absätze 2 bis 6 und Artikel 26 Absatz 10 dieser Verordnung in Bezug auf die Verarbeitung personenbezogener Daten durch die Mitgliedstaaten im Rahmen der Ausübung von Tätigkeiten, die in den Anwendungsbereich des Dritten Teils Titel V Kapitel 4 oder 5 AEUV fallen, weder gebunden noch zu ihrer Anwendung verpflichtet.

Art. 5 (→ **Rn. 98 ff.**)

(42) [1]Im Einklang mit der Unschuldsvermutung sollten natürliche Personen in der Union stets nach ihrem tatsächlichen Verhalten beurteilt werden. [2]Natürliche Personen sollten niemals allein nach dem Verhalten beurteilt werden, das von einer KI auf der Grundlage ihres Profiling, ihrer Persönlichkeitsmerkmale oder -eigenschaften wie Staatsangehörigkeit, Geburtsort, Wohnort, Anzahl der Kinder, Schulden oder Art ihres Fahrzeugs vorhergesagt wird, ohne dass ein begründeter Verdacht besteht, dass diese Person an einer kriminellen Tätigkeit auf der Grundlage objektiver nachprüfbarer Tatsachen beteiligt ist, und ohne dass eine menschliche Überprüfung stattfindet. [3]Daher sollten Risikobewertungen, die in Bezug auf natürliche Personen durchgeführt werden, um zu bewerten, ob sie straffällig werden oder um eine tatsächliche oder mögliche Straftat vorherzusagen, und dies ausschließlich auf dem Profiling dieser Personen oder der Bewertung ihrer Persönlichkeitsmerkmale und -eigenschaften beruht, verboten werden. [4]In jedem Fall betrifft oder berührt dieses Verbot nicht Risikoanalysen, die nicht auf dem Profiling von Einzelpersonen oder auf Persönlichkeitsmerkmalen und -eigenschaften von Einzelpersonen beruhen, wie etwa KI-Systeme, die Risikoanalysen zur Bewertung der Wahrscheinlichkeit eines Finanzbetrugs durch Unternehmen auf der Grundlage verdächtiger Transaktionen durchführen, oder Risikoanalyseinstrumente einsetzen, um die Wahrscheinlichkeit vorherzusagen, dass Betäubungs-

mittel oder illegale Waren durch Zollbehörden, beispielsweise auf der Grundlage bekannter Schmuggelrouten, aufgespürt werden.

(43) Das Inverkehrbringen, die Inbetriebnahme für diesen spezifischen Zweck oder die Verwendung von KI-Systemen, die Datenbanken zur Gesichtserkennung durch das ungezielte Auslesen von Gesichtsbildern aus dem Internet oder von Videoüberwachungsaufnahmen erstellen oder erweitern, sollte verboten werden, da dies das Gefühl der Massenüberwachung verstärkt und zu schweren Verstößen gegen die Grundrechte, einschließlich des Rechts auf Privatsphäre, führen kann.

Art. 5 (→ **Rn. 98 ff.**)

(44) [1]Im Hinblick auf die wissenschaftliche Grundlage von KI-Systemen, die darauf abzielen, Emotionen zu erkennen oder abzuleiten, bestehen ernsthafte Bedenken, insbesondere da sich Gefühlsausdrücke je nach Kultur oder Situation und selbst bei ein und derselben Person erheblich unterscheiden. [2]Zu den größten Schwachstellen solcher Systeme gehört, dass sie beschränkt zuverlässig, nicht eindeutig und nur begrenzt verallgemeinerbar sind. [3]Daher können KI-Systeme, die Emotionen oder Absichten natürlicher Personen auf der Grundlage ihrer biometrischen Daten erkennen oder ableiten, diskriminierende Ergebnisse hervorbringen und in die Rechte und Freiheiten der betroffenen Personen eingreifen. [4]Angesichts des Machtungleichgewichts in den Bereichen Arbeit und Bildung in Verbindung mit dem intrusiven Charakter dieser Systeme können diese zu einer Schlechterstellung oder Benachteiligung bestimmter natürlicher Personen oder ganzer Gruppen führen. [5]Daher sollte das Inverkehrbringen, die Inbetriebnahme oder die Verwendung von KI-Systemen, die den emotionalen Zustand von Einzelpersonen in Situationen, ableiten sollen, die mit dem Arbeitsplatz oder dem Bildungsbereich in Zusammenhang stehen, verboten werden. [6]Dieses Verbot sollte nicht für KI-Systeme gelten, die ausschließlich aus medizinischen oder sicherheitstechnischen Gründen in Verkehr gebracht werden, wie z. B. Systeme, die für therapeutische Zwecke bestimmt sind.

Art. 5 (→ **Rn. 98 ff.**)

(45) Praktiken, die nach Unionsrecht, einschließlich Datenschutzrecht, Nichtdiskriminierungsrecht, Verbraucherschutzrecht und Wettbewerbsrecht, verboten sind, sollten von dieser Verordnung nicht betroffen sein.

Art. 5 (→ **Rn. 98 ff.**)

(46) [1]Hochrisiko-KI-Systeme sollten nur dann auf dem Unionsmarkt in Verkehr gebracht, in Betrieb genommen oder verwendet werden, wenn sie bestimmte verbindliche Anforderungen erfüllen. [2]Mit diesen Anforderungen sollte sichergestellt werden, dass Hochrisiko-KI-Systeme, die in der Union verfügbar sind oder deren Ausgabe anderweitig in der Union verwendet wird, keine unannehmbaren Risiken für wichtige öffentliche Interessen der Union bergen, wie sie im Unionsrecht anerkannt und geschützt sind. [3]Auf der Grundlage des neuen Rechtsrahmens, wie in der Bekanntmachung der Kommission „Leitfaden für die Umsetzung der Produktvorschriften der EU 2022 (Blue Guide)“ dargelegt, gilt als allgemeine Regel, dass mehr als ein Rechtsakt der Harmonisierungsrechtsvorschriften der Union wie die Verordnungen (EU) 2017/745 und (EU) 2017/746 des Europäischen Parlaments und des Rates oder die Richtlinie 2006/42/EG des Europäischen Parlaments und des Rates auf ein Produkt anwendbar sein können, da die Bereitstellung oder Inbetriebnahme nur erfolgen kann, wenn das Produkt allen geltenden Harmonisierungsrechtsvorschriften der Union entspricht. [4]Um Kohärenz zu gewährleisten und unnötigen Verwaltungsaufwand oder Kosten zu vermeiden, sollten die Anbieter eines Produkts, das ein oder mehrere Hochrisiko-KI-Systeme enthält, für die die Anforderungen dieser Verordnung und der in einem Anhang dieser Verordnung aufgeführten Harmonisierungsrechtsvorschriften der Union gelten, in Bezug auf operative Entscheidungen darüber flexibel sein, wie die Konformität eines Produkts, das ein oder mehrere Hochrisiko-KI-Systeme enthält, bestmöglich mit allen geltenden Anforderungen der Harmonisierungsrechtsvorschriften der Union sichergestellt werden kann. [5]Als hochriskant sollten nur solche KI-Systeme eingestuft werden, die erhebliche schädliche Auswirkungen auf die Gesundheit, die Sicherheit und die Grundrechte von Personen in der Union haben, wodurch eine mögliche Beschränkung des internationalen Handels so gering wie möglich bleiben sollte.

Art. 6 (→ **Rn. 111 ff.**), 8 (→ **Rn. 120 ff.**)

(47) [1]KI-Systeme könnten nachteilige Auswirkungen auf die Gesundheit und Sicherheit von Personen haben, insbesondere wenn solche Systeme als Sicherheitsbauteile von Produkten zum Einsatz kommen. [2]Im Einklang mit den Zielen der Har-

Art. 6 (→ **Rn. 111 ff.**), 36

monisierungsrechtsvorschriften der Union, die den freien Verkehr von Produkten im Binnenmarkt erleichtern und gewährleisten sollen, dass nur sichere und anderweitig konforme Produkte auf den Markt gelangen, ist es wichtig, dass die Sicherheitsrisiken, die ein Produkt als Ganzes aufgrund seiner digitalen Komponenten, einschließlich KI-Systeme, mit sich bringen kann, angemessen vermieden und gemindert werden. [3]So sollten beispielsweise zunehmend autonome Roboter – sei es in der Fertigung oder in der persönlichen Assistenz und Pflege – in der Lage sein, sicher zu arbeiten und ihre Funktionen in komplexen Umgebungen zu erfüllen. [4]Desgleichen sollten die immer ausgefeilteren Diagnosesysteme und Systeme zur Unterstützung menschlicher Entscheidungen im Gesundheitssektor, in dem die Risiken für Leib und Leben besonders hoch sind, zuverlässig und genau sein.

Art. 6 (→ **Rn. 111 ff.**)

(48) [1]Das Ausmaß der nachteiligen Auswirkungen des KI-Systems auf die durch die Charta geschützten Grundrechte ist bei der Einstufung eines KI-Systems als hochriskant von besonderer Bedeutung. [2]Zu diesen Rechten gehören die Würde des Menschen, die Achtung des Privat- und Familienlebens, der Schutz personenbezogener Daten, die Freiheit der Meinungsäußerung und die Informationsfreiheit, die Versammlungs- und Vereinigungsfreiheit, das Recht auf Nichtdiskriminierung, das Recht auf Bildung, der Verbraucherschutz, die Arbeitnehmerrechte, die Rechte von Menschen mit Behinderungen, die Gleichstellung der Geschlechter, Rechte des geistigen Eigentums, das Recht auf einen wirksamen Rechtsbehelf und ein faires Gerichtsverfahren, das Verteidigungsrecht, die Unschuldsvermutung sowie das Recht auf eine gute Verwaltung. [3]Es muss betont werden, dass Kinder – zusätzlich zu diesen Rechten – über spezifische Rechte verfügen, wie sie in Artikel 24 der Charta und im Übereinkommen der Vereinten Nationen über die Rechte des Kindes (UNCRC) – im Hinblick auf das digitale Umfeld weiter ausgeführt in der Allgemeinen Bemerkung Nr. 25 des UNCRC – verankert sind; in beiden wird die Berücksichtigung der Schutzbedürftigkeit der Kinder gefordert und ihr Anspruch auf den Schutz und die Fürsorge festgelegt, die für ihr Wohlergehen notwendig sind. [4]Darüber hinaus sollte dem Grundrecht auf ein hohes Umweltschutzniveau, das in der Charta verankert ist und mit der Unionspolitik umgesetzt wird, bei der Bewertung der Schwere des Schadens, den ein KI-System unter anderem in Bezug auf die Gesundheit und Sicherheit von Personen verursachen kann, ebenfalls Rechnung getragen werden.

Art. 6 (→ **Rn. 111 ff.**), 7, 102–109

(49) In Bezug auf Hochrisiko-KI-Systeme, die Sicherheitsbauteile von Produkten oder Systemen oder selbst Produkte oder Systeme sind, die in den Anwendungsbereich der Verordnung (EG) Nr. 300/2008 des Europäischen Parlaments und des Rates, der Verordnung (EU) Nr. 167/2013 des Europäischen Parlaments und des Rates, der Verordnung (EU) Nr. 168/2013 des Europäischen Parlaments und des Rates, der Richtlinie 2014/90/EU des Europäischen Parlaments und des Rates, der Richtlinie (EU) 2016/797 des Europäischen Parlaments und des Rates, der Verordnung (EU) 2018/858 des Europäischen Parlaments und des Rates, der Verordnung (EU) 2018/1139 des Europäischen Parlaments und des Rates und der Verordnung (EU) 2019/2144 des Europäischen Parlaments und des Rates fallen, ist es angezeigt, diese Rechtsakte zu ändern, damit die Kommission – aufbauend auf den technischen und regulatorischen Besonderheiten des jeweiligen Sektors und ohne Beeinträchtigung bestehender Governance-, Konformitätsbewertungs- und Durchsetzungsmechanismen sowie der darin eingerichteten Behörden – beim Erlass von etwaigen delegierten Rechtsakten oder Durchführungsrechtsakten auf der Grundlage der genannten Rechtsakte die in der vorliegenden Verordnung festgelegten verbindlichen Anforderungen an Hochrisiko-KI-Systeme berücksichtigt.

Art. 6 (→ **Rn. 111 ff.**)

(50) [1]In Bezug auf KI-Systeme, die Sicherheitsbauteile von Produkten oder selbst Produkte sind, die in den Anwendungsbereich bestimmter, im Anhang dieser Verordnung aufgeführter Harmonisierungsrechtsvorschriften der Union fallen, ist es angezeigt, sie im Rahmen dieser Verordnung als hochriskant einzustufen, wenn das betreffende Produkt gemäß den einschlägigen Harmonisierungsrechtsvorschriften der Union dem Konformitätsbewertungsverfahren durch eine als Dritte auftretende Konformitätsbewertungsstelle unterzogen wird. [2]Dabei handelt es sich insbesondere um Produkte wie Maschinen, Spielzeuge, Aufzüge, Geräte und Schutzsysteme zur bestimmungsgemäßen Verwendung in explosionsgefährdeten Bereichen, Funkanlagen, Druckgeräte, Sportbootausrüstung, Seilbahnen, Geräte zur Verbrennung gasförmiger Brennstoffe, Medizinprodukte, In-vitro-Diagnostika, Automobile und Flugzeuge.

(51) [1]Die Einstufung eines KI-Systems als hochriskant gemäß dieser Verordnung sollte nicht zwangsläufig bedeuten, dass von dem Produkt, dessen Sicherheitsbauteil das KI-System ist, oder von dem KI-System als eigenständigem Produkt nach den Kriterien der einschlägigen Harmonisierungsrechtsvorschriften der Union für das betreffende Produkt ein hohes Risiko ausgeht. [2]Dies gilt insbesondere für die Verordnungen (EU) 2017/745 und (EU) 2017/746, wo für Produkte mit mittlerem und hohem Risiko eine Konformitätsbewertung durch Dritte vorgesehen ist.

Art. 6 (→ **Rn. 111 ff.**)

(52) [1]Bei eigenständigen KI-Systemen, d. h. Hochrisiko-KI-Systemen, bei denen es sich um andere Systeme als Sicherheitsbauteile von Produkten handelt oder die selbst Produkte sind, ist es angezeigt, sie als hochriskant einzustufen, wenn sie aufgrund ihrer Zweckbestimmung ein hohes Risiko bergen, die Gesundheit und Sicherheit oder die Grundrechte von Personen zu schädigen, wobei sowohl die Schwere des möglichen Schadens als auch die Wahrscheinlichkeit seines Auftretens zu berücksichtigen sind, und sofern sie in einer Reihe von Bereichen verwendet werden, die in dieser Verordnung ausdrücklich festgelegt sind. [2]Die Bestimmung dieser Systeme erfolgt nach derselben Methodik und denselben Kriterien, die auch für künftige Änderungen der Liste der Hochrisiko-KI-Systeme vorgesehen sind, zu deren Annahme die Kommission im Wege delegierter Rechtsakte ermächtigt werden sollte, um dem rasanten Tempo der technologischen Entwicklung sowie den möglichen Änderungen bei der Verwendung von KI-Systemen Rechnung zu tragen.

Art. 6 (→ **Rn. 111 ff.**), 7

(53) [1]Ferner muss klargestellt werden, dass es bestimmte Fälle geben kann, in denen KI-Systeme für vordefinierte in dieser Verordnung festgelegte Bereiche nicht zu einem bedeutenden Risiko der Beeinträchtigung der in diesen Bereichen geschützten rechtlichen Interessen führen, da sie die Entscheidungsfindung nicht wesentlich beeinflussen oder diesen Interessen nicht erheblich schaden. [2]Für die Zwecke dieser Verordnung sollte ein KI-System, das das Ergebnis der Entscheidungsfindung nicht wesentlich beeinflusst, als ein KI-System verstanden werden, das keine Auswirkungen auf den Inhalt und damit das Ergebnis der Entscheidungsfindung hat, unabhängig davon, ob es sich um menschliche oder automatisierte Entscheidungen handelt. [3]Ein KI-System, das das Ergebnis der Entscheidungsfindung nicht wesentlich beeinflusst, könnte Situationen einschließen, in denen eine oder mehrere der folgenden Bedingungen erfüllt sind. [4]Die erste dieser Bedingungen ist, dass das KI-System dazu bestimmt ist, in einem Verfahren eine eng gefasste Aufgabe zu erfüllen, wie etwa ein KI-System, das unstrukturierte Daten in strukturierte Daten umwandelt, ein KI-System, das eingehende Dokumente in Kategorien einordnet, oder ein KI-System, das zur Erkennung von Duplikaten unter einer großen Zahl von Anwendungen eingesetzt wird. [5]Diese Aufgaben sind so eng gefasst und begrenzt, dass sie nur beschränkte Risiken darstellen, die sich durch die Verwendung eines KI-Systems in einem Kontext, der in einem Anhang dieser Verordnung als Verwendung mit hohem Risiko aufgeführt ist, nicht erhöhen. [6]Die zweite Bedingung sollte darin bestehen, dass die von einem KI-System ausgeführte Aufgabe das Ergebnis einer zuvor abgeschlossenen menschlichen Tätigkeit verbessert, die für die Zwecke der in einem Anhang dieser Verordnung aufgeführten Verwendungen mit hohem Risiko relevant sein kann. [7]Unter Berücksichtigung dieser Merkmale wird eine menschliche Tätigkeit durch das KI-System lediglich durch eine zusätzliche Ebene ergänzt und stellt daher ein geringeres Risiko dar. [8]Diese Bedingung würde beispielsweise für KI-Systeme gelten, deren Ziel es ist, die in zuvor verfassten Dokumenten verwendete Sprache zu verbessern, etwa den professionellen Ton, den wissenschaftlichen Sprachstil oder um den Text an einen bestimmten mit einer Marke verbundenen Stil anzupassen. [9]Dritte Bedingung sollte sein, dass mit dem KI-System Entscheidungsmuster oder Abweichungen von früheren Entscheidungsmustern erkannt werden sollen. [10]Das Risiko wäre geringer, da die Verwendung des KI-Systems einer zuvor abgeschlossenen menschlichen Bewertung folgt, die das KI-System ohne angemessene menschliche Überprüfung nicht ersetzen oder beeinflussen soll. [11]Zu solchen KI-Systemen gehören beispielsweise solche, die in Bezug auf ein bestimmtes Benotungsmuster eines Lehrers dazu verwendet werden können, nachträglich zu prüfen, ob der Lehrer möglicherweise von dem Benotungsmuster abgewichen ist, um so auf mögliche Unstimmigkeiten oder Unregelmäßigkeiten aufmerksam zu machen. [12]Die vierte Bedingung sollte darin bestehen, dass das KI-System dazu bestimmt ist, eine Aufgabe auszuführen, die eine Bewertung, die für die Zwecke der in einem Anhang dieser Verordnung aufgeführten KI-Systeme relevant ist, lediglich vorbereitet, wodurch die mögliche Wirkung der Ausgaben

Art. 6 (→ **Rn. 111 ff.**), 18 (→ **Rn. 156 ff.**), 21 (→ **Rn. 161 ff.**)

des Systems im Hinblick auf das Risiko für die folgende Bewertung sehr gering bleibt. [13]Diese Bedingung umfasst u. a. intelligente Lösungen für die Bearbeitung von Dossiers, wozu verschiedene Funktionen wie Indexierung, Suche, Text- und Sprachverarbeitung oder Verknüpfung von Daten mit anderen Datenquellen gehören, oder KI-Systeme, die für die Übersetzung von Erstdokumenten verwendet werden. [14]In jedem Fall sollten KI-Systeme, die in den in einem Anhang dieser Verordnung aufgeführten Anwendungsfälle mit hohem Risiko verwendet werden, als erhebliche Risiken für die Gesundheit, Sicherheit oder Grundrechte gelten, wenn das KI-System Profiling im Sinne von Artikel 4 Nummer 4 der Verordnung (EU) 2016/679 oder Artikel 3 Nummer 4 der Richtlinie (EU) 2016/680 oder Artikel 3 Nummer 5 der Verordnung (EU) 2018/1725 beinhaltet. [15]Um die Nachvollziehbarkeit und Transparenz zu gewährleisten, sollte ein Anbieter, der der Auffassung ist, dass ein KI-System auf der Grundlage der oben genannten Bedingungen kein hohes Risiko darstellt, eine Dokumentation der Bewertung erstellen, bevor dieses System in Verkehr gebracht oder in Betrieb genommen wird, und die genannte Dokumentation den zuständigen nationalen Behörden auf Anfrage zur Verfügung stellen. [16]Ein solcher Anbieter sollte verpflichtet sein, das KI-System in der gemäß dieser Verordnung eingerichteten EU-Datenbank zu registrieren. [17]Um eine weitere Anleitung für die praktische Umsetzung der Bedingungen zu geben, unter denen die in einem Anhang dieser Verordnung aufgeführten Systeme ausnahmsweise kein hohes Risiko darstellen, sollte die Kommission nach Konsultation des KI-Gremiums Leitlinien bereitstellen, in denen diese praktische Umsetzung detailliert aufgeführt ist und durch eine umfassende Liste praktischer Beispiele für Anwendungsfälle von KI-Systemen, die ein hohes Risiko und Anwendungsfälle, die kein hohes Risiko darstellen, ergänzt wird.

Art. 6 (→ **Rn. 111 ff.**)

(54) [1]Da biometrische Daten eine besondere Kategorie personenbezogener Daten darstellen, sollten einige kritische Anwendungsfälle biometrischer Systeme als hochriskant eingestuft werden, sofern ihre Verwendung nach den einschlägigen Rechtsvorschriften der Union und den nationalen Rechtsvorschriften zulässig ist. [2]Technische Ungenauigkeiten von KI-Systemen, die für die biometrische Fernidentifizierung natürlicher Personen bestimmt sind, können zu verzerrten Ergebnissen führen und eine diskriminierende Wirkung haben. [3]Das Risiko solcher verzerrter Ergebnisse und solcher diskriminierender Wirkungen ist von besonderer Bedeutung, wenn es um das Alter, die ethnische Herkunft, die Rasse, das Geschlecht oder Behinderungen geht. [4]Biometrische Fernidentifizierungssysteme sollten daher angesichts der von ihnen ausgehenden Risiken als hochriskant eingestuft werden. [5]Diese Einstufung umfasst keine KI-Systeme, die bestimmungsgemäß für die biometrische Verifizierung, wozu die Authentifizierung gehört, verwendet werden sollen, deren einziger Zweck darin besteht, zu bestätigen, dass eine bestimmte natürliche Person die Person ist, für die sie sich ausgibt, sowie zur Bestätigung der Identität einer natürlichen Person zu dem alleinigen Zweck Zugang zu einem Dienst zu erhalten, ein Gerät zu entriegeln oder sicheren Zugang zu Räumlichkeiten zu erhalten. [6]Darüber hinaus sollten KI-Systeme, die bestimmungsgemäß für die biometrische Kategorisierung nach sensiblen Attributen oder Merkmalen, die gemäß Artikel 9 Absatz 1 der Verordnung (EU) 2016/679 auf der Grundlage biometrischer Daten geschützt sind, und sofern sie nicht nach der vorliegenden Verordnung verboten sind, sowie Emotionserkennungssysteme, die nach dieser Verordnung nicht verboten sind, als hochriskant eingestuft werden. [7]Biometrische Systeme, die ausschließlich dazu bestimmt sind, um Maßnahmen zur Cybersicherheit und zum Schutz personenbezogener Daten durchführen zu können, sollten nicht als Hochrisiko-KI-Systeme gelten.

Art. 6 (→ **Rn. 111 ff.**)

(55) [1]Was die Verwaltung und den Betrieb kritischer Infrastruktur anbelangt, so ist es angezeigt, KI-Systeme, die als Sicherheitsbauteile für die Verwaltung und den Betrieb kritischer digitaler Infrastruktur gemäß Nummer 8 des Anhangs der Richtlinie (EU) 2022/2557, des Straßenverkehrs sowie für die Wasser-, Gas-, Wärme- und Stromversorgung verwendet werden sollen, als hochriskant einzustufen, da ihr Ausfall oder ihre Störung in großem Umfang ein Risiko für das Leben und die Gesundheit von Personen darstellen und zu erheblichen Störungen bei der normalen Durchführung sozialer und wirtschaftlicher Tätigkeiten führen kann. [2]Sicherheitsbauteile kritischer Infrastruktur, einschließlich kritischer digitaler Infrastruktur, sind Systeme, die verwendet werden, um die physische Integrität kritischer Infrastruktur oder die Gesundheit und Sicherheit von Personen und Eigentum zu schützen, die aber nicht notwendig sind, damit das System funktioniert. [3]Ausfälle oder Störungen solcher Komponenten können direkt zu

Risiken für die physische Integrität kritischer Infrastruktur und somit zu Risiken für die Gesundheit und Sicherheit von Personen und Eigentum führen. [4]Komponenten, die für die ausschließliche Verwendung zu Zwecken der Cybersicherheit vorgesehen sind, sollten nicht als Sicherheitsbauteile gelten. [5]Zu Beispielen von Sicherheitsbauteilen solcher kritischen Infrastruktur zählen etwa Systeme für die Überwachung des Wasserdrucks oder Feuermelder-Kontrollsysteme in Cloud-Computing-Zentren.

(56) [1]Der Einsatz von KI-Systemen in der Bildung ist wichtig, um eine hochwertige digitale allgemeine und berufliche Bildung zu fördern und es allen Lernenden und Lehrkräften zu ermöglichen, die erforderlichen digitalen Fähigkeiten und Kompetenzen, einschließlich Medienkompetenz und kritischem Denken, zu erwerben und auszutauschen, damit sie sich aktiv an Wirtschaft, Gesellschaft und demokratischen Prozessen beteiligen können. [2]Allerdings sollten KI-Systeme, die in der allgemeinen oder beruflichen Bildung eingesetzt werden, um insbesondere den Zugang oder die Zulassung zum Zweck der Zuordnung von Personen zu Bildungs- und Berufsbildungseinrichtungen oder -programmen auf allen Ebenen zu bestimmen, die Lernergebnisse von Personen zu beurteilen, das angemessene Bildungsniveau einer Person zu bewerten und das Niveau der Bildung und Ausbildung, das die Person erhält oder zu dem sie Zugang erhält, wesentlich zu beeinflussen und verbotenes Verhalten von Schülern während Prüfungen zu überwachen und zu erkennen als hochriskante KI-Systeme eingestuft werden, da sie über den Verlauf der Bildung und des Berufslebens einer Person entscheiden und daher ihre Fähigkeit beeinträchtigen können, ihren Lebensunterhalt zu sichern. [3]Bei unsachgemäßer Konzeption und Verwendung können solche Systeme sehr intrusiv sein und das Recht auf allgemeine und berufliche Bildung sowie das Recht auf Nichtdiskriminierung verletzen und historische Diskriminierungsmuster fortschreiben, beispielsweise gegenüber Frauen, bestimmten Altersgruppen und Menschen mit Behinderungen oder Personen mit einer bestimmten rassischen oder ethnischen Herkunft oder sexuellen Ausrichtung.

Art. 6 (→ **Rn. 111 ff.**)

(57) [1]KI-Systeme, die in den Bereichen Beschäftigung, Personalmanagement und Zugang zur Selbstständigkeit eingesetzt werden, insbesondere für die Einstellung und Auswahl von Personen, für Entscheidungen über die Bedingungen des Arbeitsverhältnisses sowie die Beförderung und die Beendigung von Arbeitsvertragsverhältnissen, für die Zuweisung von Arbeitsaufgaben auf der Grundlage von individuellem Verhalten, persönlichen Eigenschaften oder Merkmalen sowie für die Überwachung oder Bewertung von Personen in Arbeitsvertragsverhältnissen sollten ebenfalls als hochriskant eingestuft werden, da diese Systeme die künftigen Karriereaussichten und die Lebensgrundlagen dieser Personen und die Arbeitnehmerrechte spürbar beeinflussen können. [2]Einschlägige Arbeitsvertragsverhältnisse sollten in sinnvoller Weise Beschäftigte und Personen erfassen, die Dienstleistungen über Plattformen erbringen, auf die im Arbeitsprogramm der Kommission für 2021 Bezug genommen wird. [3]Solche Systeme können während des gesamten Einstellungsverfahrens und bei der Bewertung, Beförderung oder Weiterbeschäftigung von Personen in Arbeitsvertragsverhältnissen historische Diskriminierungsmuster fortschreiben, beispielsweise gegenüber Frauen, bestimmten Altersgruppen und Menschen mit Behinderungen oder Personen mit einer bestimmten rassischen oder ethnischen Herkunft oder sexuellen Ausrichtung. [4]KI-Systeme zur Überwachung der Leistung und des Verhaltens solcher Personen können auch deren Grundrechte auf Datenschutz und Privatsphäre untergraben.

Art. 6 (→ **Rn. 111 ff.**)

(58) [1]Ein weiterer Bereich, in dem der Einsatz von KI-Systemen besondere Aufmerksamkeit verdient, ist der Zugang zu und die Nutzung von bestimmten grundlegenden privaten und öffentlichen Diensten und Leistungen, die erforderlich sind, damit Menschen uneingeschränkt an der Gesellschaft teilhaben oder ihren Lebensstandard verbessern können. [2]Insbesondere natürliche Personen, die grundlegende staatliche Unterstützungsleistungen und -dienste von Behörden beantragen oder erhalten, wie etwa Gesundheitsdienste, Leistungen der sozialen Sicherheit, soziale Dienste, die Schutz in Fällen wie Mutterschaft, Krankheit, Arbeitsunfall, Pflegebedürftigkeit oder Alter und Arbeitsplatzverlust sowie Sozialhilfe und Wohngeld bieten, sind in der Regel von diesen Leistungen und Diensten abhängig und befinden sich gegenüber den zuständigen Behörden in einer prekären Lage. [3]Wenn KI-Systeme eingesetzt werden, um zu bestimmen, ob solche Leistungen und Dienste von den Behörden gewährt, verweigert, gekürzt, widerrufen oder zurückgefordert werden sollten, einschließlich der Frage, ob Begünstigte rechtmä-

Art. 6 (→ **Rn. 111 ff.**)

ßig Anspruch auf solche Leistungen oder Dienste haben, können diese Systeme erhebliche Auswirkungen auf die Lebensgrundlage von Personen haben und ihre Grundrechte wie etwa das Recht auf sozialen Schutz, Nichtdiskriminierung, Menschenwürde oder einen wirksamen Rechtsbehelf verletzen und sollten daher als hochriskant eingestuft werden. [4]Dennoch sollte diese Verordnung die Entwicklung und Verwendung innovativer Ansätze in der öffentlichen Verwaltung nicht behindern, die von einer breiteren Verwendung konformer und sicherer KI-Systeme profitieren würde, sofern diese Systeme kein hohes Risiko für juristische und natürliche Personen bergen. [5]Darüber hinaus sollten KI-Systeme, die zur Bewertung der Bonität oder Kreditwürdigkeit natürlicher Personen verwendet werden, als Hochrisiko-KI-Systeme eingestuft werden, da sie den Zugang dieser Personen zu Finanzmitteln oder wesentlichen Dienstleistungen wie etwa Wohnraum, Elektrizität und Telekommunikationsdienstleistungen bestimmen. [6]KI-Systeme, die für diese Zwecke eingesetzt werden, können zur Diskriminierung von Personen oder Gruppen führen und historische Diskriminierungsmuster, wie etwa aufgrund der rassischen oder ethnischen Herkunft, des Geschlechts, einer Behinderung, des Alters oder der sexuellen Ausrichtung, fortschreiben oder neue Formen von Diskriminierung mit sich bringen. [7]Allerdings sollten KI-Systeme, die nach Unionsrecht zur Aufdeckung von Betrug beim Angebot von Finanzdienstleistungen oder für Aufsichtszwecke zur Berechnung der Eigenkapitalanforderungen von Kreditinstituten und Versicherungsunternehmen vorgesehen sind, nicht als Hochrisiko-Systeme gemäß dieser Verordnung angesehen werden. [8]Darüber hinaus können KI-Systeme, die für die Risikobewertung und Preisbildung in Bezug auf natürliche Personen im Fall von Kranken- und Lebensversicherungen eingesetzt werden, auch erhebliche Auswirkungen auf die Existenzgrundlage der Menschen haben und bei nicht ordnungsgemäßer Konzeption, Entwicklung und Verwendung schwerwiegende Konsequenzen für das Leben und die Gesundheit von Menschen nach sich ziehen, einschließlich finanzieller Ausgrenzung und Diskriminierung. [9]Schließlich sollten KI-Systeme, die bei der Bewertung und Einstufung von Notrufen durch natürliche Personen oder der Entsendung oder der Priorisierung der Entsendung von Not- und Rettungsdiensten wie Polizei, Feuerwehr und medizinischer Nothilfe sowie für die Triage von Patienten bei der Notfallversorgung eingesetzt werden, ebenfalls als hochriskant eingestuft werden, da sie in für das Leben und die Gesundheit von Personen und für ihr Eigentum sehr kritischen Situationen Entscheidungen treffen.

Art. 6 (→ **Rn. 111 ff.**)

(59) [1]In Anbetracht der Rolle und Zuständigkeit von Strafverfolgungsbehörden sind deren Maßnahmen im Zusammenhang mit bestimmten Verwendungen von KI-Systemen durch ein erhebliches Machtungleichgewicht gekennzeichnet und können zur Überwachung, zur Festnahme oder zum Entzug der Freiheit einer natürlichen Person sowie zu anderen nachteiligen Auswirkungen auf die in der Charta verankerten Grundrechte führen. [2]Insbesondere wenn das KI-System nicht mit hochwertigen Daten trainiert wird, die Anforderungen an seine Leistung, Genauigkeit oder Robustheit nicht erfüllt werden oder das System nicht ordnungsgemäß konzipiert und getestet wird, bevor es in Verkehr gebracht oder in anderer Weise in Betrieb genommen wird, kann es Personen in diskriminierender oder anderweitig falscher oder ungerechter Weise ausgrenzen. [3]Darüber hinaus könnte die Ausübung wichtiger verfahrensrechtlicher Grundrechte wie etwa des Rechts auf einen wirksamen Rechtsbehelf und ein unparteiisches Gericht sowie das Verteidigungsrecht und die Unschuldsvermutung behindert werden, insbesondere wenn solche KI-Systeme nicht hinreichend transparent, erklärbar und dokumentiert sind. [4]Daher ist es angezeigt, eine Reihe von KI-Systemen – sofern deren Einsatz nach einschlägigem Unions- oder nationalem Recht zugelassen ist —, die im Rahmen der Strafverfolgung eingesetzt werden sollen und bei denen Genauigkeit, Zuverlässigkeit und Transparenz besonders wichtig sind, als hochriskant einzustufen, um nachteilige Auswirkungen zu vermeiden, das Vertrauen der Öffentlichkeit zu erhalten und die Rechenschaftspflicht und einen wirksamen Rechtsschutz zu gewährleisten. [5]Angesichts der Art der Tätigkeiten und der damit verbundenen Risiken sollten diese Hochrisiko-KI-Systeme insbesondere KI-Systeme umfassen, die von Strafverfolgungsbehörden oder in ihrem Auftrag oder von Organen, Einrichtungen und sonstigen Stellen der Union zur Unterstützung von Strafverfolgungsbehörden für folgende Zwecke eingesetzt werden: zur Bewertung des Risikos, dass eine natürliche Person Opfer von Straftaten wird, wie Lügendetektoren und ähnliche Instrumente, zur Bewertung der Zuverlässigkeit von Beweismitteln im Rahmen der Ermittlung oder Verfolgung von Straftaten und – soweit nach dieser Verordnung nicht untersagt – zur Bewertung des Risikos, dass eine natür-

liche Person eine Straftat begeht oder erneut begeht, nicht nur auf der Grundlage der Erstellung von Profilen natürlicher Personen oder zur Bewertung von Persönlichkeitsmerkmalen und Eigenschaften oder vergangenem kriminellen Verhalten von natürlichen Personen oder Gruppen, zur Erstellung von Profilen während der Aufdeckung, Untersuchung oder strafrechtlichen Verfolgung einer Straftat. [6]KI-Systeme, die speziell für Verwaltungsverfahren in Steuer- und Zollbehörden sowie in Zentralstellen für Geldwäsche-Verdachtsanzeigen, die Verwaltungsaufgaben zur Analyse von Informationen gemäß dem Unionsrecht zur Bekämpfung der Geldwäsche durchführen, bestimmt sind, sollten nicht als Hochrisiko-KI-Systeme eingestuft werden, die von Strafverfolgungsbehörden zum Zweck der Verhütung, Aufdeckung, Untersuchung und strafrechtlichen Verfolgung von Straftaten eingesetzt werden. [7]Der Einsatz von KI-Instrumenten durch Strafverfolgungsbehörden und anderen relevanten Behörden sollte nicht zu einem Faktor der Ungleichheit oder Ausgrenzung werden. [8]Die Auswirkungen des Einsatzes von KI-Instrumenten auf die Verteidigungsrechte von Verdächtigen sollten nicht außer Acht gelassen werden, insbesondere nicht die Schwierigkeit, aussagekräftige Informationen über die Funktionsweise solcher Systeme zu erhalten, und die daraus resultierende Schwierigkeit einer gerichtlichen Anfechtung ihrer Ergebnisse, insbesondere durch natürliche Personen, gegen die ermittelt wird.

(60) [1]KI-Systeme, die in den Bereichen Migration, Asyl und Grenzkontrolle eingesetzt werden, betreffen Personen, die sich häufig in einer besonders prekären Lage befinden und vom Ergebnis der Maßnahmen der zuständigen Behörden abhängig sind. [2]Die Genauigkeit, der nichtdiskriminierende Charakter und die Transparenz der KI-Systeme, die in solchen Zusammenhängen eingesetzt werden, sind daher besonders wichtig, um die Achtung der Grundrechte der betroffenen Personen, insbesondere ihrer Rechte auf Freizügigkeit, Nichtdiskriminierung, Schutz des Privatlebens und personenbezogener Daten, internationalen Schutz und gute Verwaltung, zu gewährleisten. [3]Daher ist es angezeigt, KI-Systeme – sofern deren Einsatz nach einschlägigem Unions- oder nationalem Recht zugelassen ist – als hochriskant einzustufen, die von den zuständigen mit Aufgaben in den Bereichen Migration, Asyl und Grenzkontrolle betrauten Behörden oder in deren Auftrag oder von Organen, Einrichtungen oder sonstigen Stellen der Union für Folgendes eingesetzt werden: als Lügendetektoren und ähnliche Instrumente; zur Bewertung bestimmter Risiken, die von natürlichen Personen ausgehen, die in das Hoheitsgebiet eines Mitgliedstaats einreisen oder ein Visum oder Asyl beantragen; zur Unterstützung der zuständigen Behörden bei der Prüfung – einschließlich der damit zusammenhängenden Bewertung der Zuverlässigkeit von Beweismitteln – von Asyl- und Visumanträgen sowie Aufenthaltstiteln und damit verbundenen Beschwerden im Hinblick darauf, die Berechtigung der den Antrag stellenden natürlichen Personen festzustellen; zum Zweck der Aufdeckung, Anerkennung oder Identifizierung natürlicher Personen im Zusammenhang mit Migration, Asyl und Grenzkontrolle, mit Ausnahme der Überprüfung von Reisedokumenten. [4]KI-Systeme im Bereich Migration, Asyl und Grenzkontrolle, die unter diese Verordnung fallen, sollten den einschlägigen Verfahrensvorschriften der Verordnung (EG) Nr. 810/2009 des Europäischen Parlaments und des Rates, der Richtlinie 2013/32/EU des Europäischen Parlaments und des Rates und anderem einschlägigen Unionsrecht entsprechen. [5]Der Einsatz von KI-Systemen in den Bereichen Migration, Asyl und Grenzkontrolle sollte unter keinen Umständen von den Mitgliedstaaten oder Organen, Einrichtungen oder sonstigen Stellen der Union als Mittel zur Umgehung ihrer internationalen Verpflichtungen aus dem am 28. Juli 1951 in Genf unterzeichneten Abkommen der Vereinten Nationen über die Rechtsstellung der Flüchtlinge in der durch das Protokoll vom 31. Januar 1967 geänderten Fassung genutzt werden. [6]Die Systeme sollten auch nicht dazu genutzt werden, in irgendeiner Weise gegen den Grundsatz der Nichtzurückweisung zu verstoßen oder sichere und wirksame legale Wege in das Gebiet der Union, einschließlich des Rechts auf internationalen Schutz, zu verweigern.

Art. 6 (→ **Rn. 111 ff.**)

(61) [1]Bestimmte KI-Systeme, die für die Rechtspflege und demokratische Prozesse bestimmt sind, sollten angesichts ihrer möglichen erheblichen Auswirkungen auf die Demokratie, die Rechtsstaatlichkeit, die individuellen Freiheiten sowie das Recht auf einen wirksamen Rechtsbehelf und ein unparteiisches Gericht als hochriskant eingestuft werden. [2]Um insbesondere den Risiken möglicher Verzerrungen, Fehler und Undurchsichtigkeiten zu begegnen, sollten KI-Systeme, die von einer Justizbehörde oder in ihrem Auftrag dazu genutzt werden sollen, Justizbehörden bei der Ermittlung und Auslegung von Sachverhalten und Rechts-

Art. 6 (→ **Rn. 111 ff.**)

vorschriften und bei der Anwendung des Rechts auf konkrete Sachverhalte zu unterstützen, als hochriskant eingestuft werden. [3]KI-Systeme, die von Stellen für die alternative Streitbeilegung für diese Zwecke genutzt werden sollen, sollten ebenfalls als hochriskant gelten, wenn die Ergebnisse der alternativen Streitbeilegung Rechtswirkung für die Parteien entfalten. [4]Der Einsatz von KI-Instrumenten kann die Entscheidungsgewalt von Richtern oder die Unabhängigkeit der Justiz unterstützen, sollte sie aber nicht ersetzen; die endgültige Entscheidungsfindung muss eine von Menschen gesteuerte Tätigkeit bleiben. [5]Die Einstufung von KI-Systemen als hochriskant sollte sich jedoch nicht auf KI-Systeme erstrecken, die für rein begleitende Verwaltungstätigkeiten bestimmt sind, die die tatsächliche Rechtspflege in Einzelfällen nicht beeinträchtigen, wie etwa die Anonymisierung oder Pseudonymisierung gerichtlicher Urteile, Dokumente oder Daten, die Kommunikation zwischen dem Personal oder Verwaltungsaufgaben.

Art. 6 (→ **Rn. 111 ff.**)

(62) Unbeschadet der Vorschriften der Verordnung (EU) 2024/900 des Europäischen Parlaments und des Rates und um den Risiken eines unzulässigen externen Eingriffs in das in Artikel 39 der Charta verankerte Wahlrecht und nachteiligen Auswirkungen auf die Demokratie und die Rechtsstaatlichkeit zu begegnen, sollten KI-Systeme, die verwendet werden sollen, um das Ergebnis einer Wahl oder eines Referendums oder das Wahlverhalten natürlicher Personen bei der Ausübung ihres Wahlrechts in einer Wahl oder in Referenden zu beeinflussen, als Hochrisiko-KI-Systeme eingestuft werden, mit Ausnahme von KI-Systemen, deren Ausgaben natürliche Personen nicht direkt ausgesetzt sind, wie Instrumente zur Organisation, Optimierung und Strukturierung politischer Kampagnen in administrativer und logistischer Hinsicht.

Art. 8 (→ **Rn. 120 ff.**)

(63) [1]Die Tatsache, dass ein KI-System gemäß dieser Verordnung als ein Hochrisiko-KI-System eingestuft wird, sollte nicht dahin gehend ausgelegt werden, dass die Verwendung des Systems nach anderen Rechtsakten der Union oder nach nationalen Rechtsvorschriften, die mit dem Unionsrecht vereinbar sind, rechtmäßig ist, beispielsweise in Bezug auf den Schutz personenbezogener Daten, die Verwendung von Lügendetektoren und ähnlichen Instrumenten oder anderen Systemen zur Ermittlung des emotionalen Zustands natürlicher Personen. [2]Eine solche Verwendung sollte weiterhin ausschließlich gemäß den geltenden Anforderungen erfolgen, die sich aus der Charta, dem anwendbaren Sekundärrecht der Union und nationalen Recht ergeben. [3]Diese Verordnung sollte nicht so verstanden werden, dass sie eine Rechtsgrundlage für die Verarbeitung personenbezogener Daten, gegebenenfalls einschließlich besonderer Kategorien personenbezogener Daten, bildet, es sei denn, in dieser Verordnung ist ausdrücklich etwas anderes vorgesehen.

Art. 8 (→ **Rn. 120 ff.**), 18 (→ **Rn. 156 ff.**)

(64) [1]Um die von in Verkehr gebrachten oder in Betrieb genommenen Hochrisiko-KI-Systemen ausgehenden Risiken zu mindern und ein hohes Maß an Vertrauenswürdigkeit zu gewährleisten, sollten für Hochrisiko-KI-Systeme bestimmte verbindliche Anforderungen gelten, wobei der Zweckbestimmung und dem Nutzungskontext des KI-Systems sowie dem vom Anbieter einzurichtenden Risikomanagementsystem Rechnung zu tragen ist. [2]Die von den Anbietern zur Erfüllung der verbindlichen Anforderungen dieser Verordnung ergriffenen Maßnahmen sollten dem allgemein anerkannten Stand der KI Rechnung tragen, verhältnismäßig und wirksam sein, um die Ziele dieser Verordnung zu erreichen. [3]Auf der Grundlage des neuen Rechtsrahmens, wie in der Bekanntmachung der Kommission „Leitfaden für die Umsetzung der Produktvorschriften der EU 2022 (Blue Guide)“ dargelegt, gilt als allgemeine Regel, dass mehr als ein Rechtsakt der Harmonisierungsrechtsvorschriften der Union auf ein Produkt anwendbar sein können, da die Bereitstellung oder Inbetriebnahme nur erfolgen kann, wenn das Produkt allen geltenden Harmonisierungsrechtsvorschriften der Union entspricht. [4]Die Gefahren von KI-Systemen, die unter die Anforderungen dieser Verordnung fallen, decken andere Aspekte ab als die bestehenden Harmonisierungsrechtsvorschriften der Union, weshalb die Anforderungen dieser Verordnung das bestehende Regelwerk der Harmonisierungsrechtsvorschriften der Union ergänzen würden. [5]So bergen etwa Maschinen oder Medizinprodukte mit einer KI-Komponente möglicherweise Risiken, die von den grundlegenden Gesundheits- und Sicherheitsanforderungen der einschlägigen harmonisierten Rechtsvorschriften der Union nicht erfasst werden, da diese sektoralen Rechtsvorschriften keine spezifischen KI-Risiken behandeln. [6]Dies erfordert die gleichzeitige und ergänzende Anwendung mehrerer Rechtsakte. [7]Um Kohärenz zu gewährleisten und unnötigen Verwaltungsaufwand sowie unnötige Kosten zu vermeiden, sollten die An-

bieter eines Produkts, das ein oder mehrere Hochrisiko-KI-Systeme enthält, für die die Anforderungen dieser Verordnung und der in einem Anhang dieser Verordnung aufgeführten und auf dem neuen Rechtsrahmen beruhenden Harmonisierungsvorschriften der Union gelten, in Bezug auf betriebliche Entscheidungen darüber flexibel sein, wie die Konformität eines Produkts, das ein oder mehrere Hochrisiko-KI-Systeme enthält, bestmöglich mit allen geltenden Anforderungen dieser harmonisierten Rechtsvorschriften der Union sichergestellt werden kann. [8]Diese Flexibilität könnte beispielsweise bedeuten, dass der Anbieter beschließt, einen Teil der gemäß dieser Verordnung erforderlichen Test- und Berichterstattungsverfahren, Informationen und Unterlagen in bereits bestehende Dokumentationen und Verfahren zu integrieren, die nach den auf dem neuen Rechtsrahmen beruhenden und in einem Anhang dieser Verordnung aufgeführten geltenden Harmonisierungsrechtsvorschriften der Union erforderlich sind. [9]Dies sollte in keiner Weise die Verpflichtung des Anbieters untergraben, alle geltenden Anforderungen zu erfüllen.

(65) [1]Das Risikomanagementsystem sollte in einem kontinuierlichen iterativen Prozess bestehen, der während des gesamten Lebenszyklus eines Hochrisiko-KI-Systems geplant und durchgeführt wird. [2]Ziel dieses Prozesses sollte es ein, die einschlägigen Risiken von KI-Systemen für Gesundheit, Sicherheit und Grundrechte zu ermitteln und zu mindern. [3]Das Risikomanagementsystem sollte regelmäßig überprüft und aktualisiert werden, um seine dauerhafte Wirksamkeit sowie die Begründetheit und Dokumentierung aller gemäß dieser Verordnung getroffenen wesentlichen Entscheidungen und Maßnahmen zu gewährleisten. [4]Mit diesem Prozess sollte sichergestellt werden, dass der Anbieter Risiken oder negative Auswirkungen ermittelt und Minderungsmaßnahmen ergreift in Bezug auf die bekannten und vernünftigerweise vorhersehbaren Risiken von KI-Systemen für die Gesundheit, die Sicherheit und die Grundrechte angesichts ihrer Zweckbestimmung und vernünftigerweise vorhersehbaren Fehlanwendung, einschließlich der möglichen Risiken, die sich aus der Interaktion zwischen dem KI-System und der Umgebung, in der es betrieben wird, ergeben könnten. [5]Im Rahmen des Risikomanagementsystems sollten die vor dem Hintergrund des Stands der KI am besten geeigneten Risikomanagementmaßnahmen ergriffen werden. [6]Bei der Ermittlung der am besten geeigneten Risikomanagementmaßnahmen sollte der Anbieter die getroffenen Entscheidungen dokumentieren und erläutern und gegebenenfalls Sachverständige und externe Interessenträger hinzuziehen. [7]Bei der Ermittlung der vernünftigerweise vorhersehbaren Fehlanwendung von Hochrisiko-KI-Systemen sollte der Anbieter die Verwendungen von KI-Systemen erfassen, die zwar nicht unmittelbar der Zweckbestimmung entsprechen und in der Betriebsanleitung vorgesehen sind, jedoch nach vernünftigem Ermessen davon auszugehen ist, dass sie sich aus einem leicht absehbaren menschlichen Verhalten im Zusammenhang mit den spezifischen Merkmalen und der Verwendung eines bestimmten KI-Systems ergeben. [8]Alle bekannten oder vorhersehbaren Umstände bezüglich der Verwendung des Hochrisiko-KI-Systems im Einklang mit seiner Zweckbestimmung oder einer vernünftigerweise vorhersehbaren Fehlanwendung, die zu Risiken für die Gesundheit und Sicherheit oder die Grundrechte führen können, sollten vom Anbieter in der Betriebsanleitung aufgeführt werden. [9]Damit soll sichergestellt werden, dass der Betreiber diese Umstände bei der Nutzung des Hochrisiko-KI-Systems kennt und berücksichtigt. [10]Die Ermittlung und Umsetzung von Risikominderungsmaßnahmen in Bezug auf vorhersehbare Fehlanwendungen im Rahmen dieser Verordnung sollte keine spezifische zusätzliche Schulung für das Hochrisiko-KI-System durch den Anbieter erfordern, um gegen vorhersehbare Fehlanwendungen vorzugehen. [11]Die Anbieter sind jedoch gehalten, solche zusätzlichen Schulungsmaßnahmen in Erwägung zu ziehen, um einer vernünftigerweise vorhersehbare Fehlanwendung entgegenzuwirken, soweit dies erforderlich und angemessen ist.

Art. 9 (→ **Rn. 126 ff.**)

(66) [1]Die Anforderungen sollten für Hochrisiko-KI-Systeme im Hinblick auf das Risikomanagement, die Qualität und Relevanz der verwendeten Datensätze, die technische Dokumentation und die Aufzeichnungspflichten, die Transparenz und die Bereitstellung von Informationen für die Betreiber, die menschliche Aufsicht sowie die Robustheit, Genauigkeit und Sicherheit gelten. [2]Diese Anforderungen sind erforderlich, um die Risiken für Gesundheit, Sicherheit und Grundrechte wirksam zu mindern. [3]Nachdem nach vernünftigem Ermessen keine anderen weniger handelsbeschränkenden Maßnahmen zur Verfügung stehen, stellen sie keine ungerechtfertigten Handelsbeschränkungen dar.

Art. 9–14 (→ **Rn. 126 ff.**)

Art. 10 (→ **Rn. 129 ff.**), 11 (→ **Rn. 133 ff.**), 26 (→ **Rn. 188 ff.**), 31

(67) [1]Hochwertige Daten und der Zugang dazu spielen eine zentrale Rolle bei der Bereitstellung von Strukturen und für die Sicherstellung der Leistung vieler KI-Systeme, insbesondere wenn Techniken eingesetzt werden, bei denen Modelle mit Daten trainiert werden, um sicherzustellen, dass das Hochrisiko-KI-System bestimmungsgemäß und sicher funktioniert und nicht zur Ursache für Diskriminierung wird, die nach dem Unionsrecht verboten ist. [2]Hochwertige Trainings-, Validierungs- und Testdatensätze erfordern geeignete Daten-Governance- und Datenverwaltungsverfahren. [3]Die Trainings-, Validierungs- und Testdatensätze, einschließlich der Kennzeichnungen, sollten im Hinblick auf die Zweckbestimmung des Systems relevant, hinreichend repräsentativ und so weit wie möglich fehlerfrei und vollständig sein. [4]Um die Einhaltung des Datenschutzrechts der Union, wie der Verordnung (EU) 2016/679, zu erleichtern, sollten Daten-Governance- und Datenverwaltungsverfahren bei personenbezogenen Daten Transparenz in Bezug auf den ursprünglichen Zweck der Datenerhebung umfassen. [5]Die Datensätze sollten auch die geeigneten statistischen Merkmale haben, auch bezüglich der Personen oder Personengruppen, auf die das Hochrisiko-KI-System bestimmungsgemäß angewandt werden soll, unter besonderer Berücksichtigung der Minderung möglicher Verzerrungen in den Datensätzen, die die Gesundheit und Sicherheit von Personen beeinträchtigen, sich negativ auf die Grundrechte auswirken oder zu einer nach dem Unionsrecht verbotenen Diskriminierung führen könnten, insbesondere wenn die Datenausgaben die Eingaben für künftige Operationen beeinflussen (Rückkopplungsschleifen). [6]Verzerrungen können zum Beispiel – insbesondere bei Verwendung historischer Daten – den zugrunde liegenden Datensätzen innewohnen oder bei der Implementierung der Systeme in der realen Welt generiert werden. [7]Die von einem KI-System ausgegebenen Ergebnisse könnten durch solche inhärenten Verzerrungen beeinflusst werden, die tendenziell allmählich zunehmen und dadurch bestehende Diskriminierungen fortschreiben und verstärken, insbesondere in Bezug auf Personen, die bestimmten schutzbedürftigen Gruppen wie aufgrund von Rassismus benachteiligten oder ethnischen Gruppen angehören. [8]Die Anforderung, dass die Datensätze so weit wie möglich vollständig und fehlerfrei sein müssen, sollte sich nicht auf den Einsatz von Techniken zur Wahrung der Privatsphäre im Zusammenhang mit der Entwicklung und dem Testen von KI-Systemen auswirken. [9]Insbesondere sollten die Datensätze, soweit dies für die Zweckbestimmung erforderlich ist, den Eigenschaften, Merkmalen oder Elementen entsprechen, die für die besonderen geografischen, kontextuellen, verhaltensbezogenen oder funktionalen Rahmenbedingungen, unter denen das Hochrisiko-KI-System bestimmungsgemäß verwendet werden soll, typisch sind. [10]Die Anforderungen an die Daten-Governance können durch die Inanspruchnahme Dritter erfüllt werden, die zertifizierte Compliance-Dienste anbieten, einschließlich der Überprüfung der Daten-Governance, der Datensatzintegrität und der Datenschulungs-, Validierungs- und Testverfahren, sofern die Einhaltung der Datenanforderungen dieser Verordnung gewährleistet ist.

Art. 10 (→ **Rn. 129 ff.**)

(68) [1]Für die Entwicklung und Bewertung von Hochrisiko-KI-Systemen sollten bestimmte Akteure wie etwa Anbieter, notifizierte Stellen und andere einschlägige Einrichtungen wie etwa Europäische Digitale Innovationszentren, Test- und Versuchseinrichtungen und Forscher in der Lage sein, in den Tätigkeitsbereichen, in denen diese Akteure tätig sind und die mit dieser Verordnung in Zusammenhang stehen, auf hochwertige Datensätze zuzugreifen und diese zu nutzen. [2]Die von der Kommission eingerichteten gemeinsamen europäischen Datenräume und die Erleichterung des Datenaustauschs im öffentlichen Interesse zwischen Unternehmen und mit Behörden werden entscheidend dazu beitragen, einen vertrauensvollen, rechenschaftspflichtigen und diskriminierungsfreien Zugang zu hochwertigen Daten für das Training, die Validierung und das Testen von KI-Systemen zu gewährleisten. [3]Im Gesundheitsbereich beispielsweise wird der europäische Raum für Gesundheitsdaten den diskriminierungsfreien Zugang zu Gesundheitsdaten und das Training von KI-Algorithmen mithilfe dieser Datensätze erleichtern, und zwar unter Wahrung der Privatsphäre, auf sichere, zeitnahe, transparente und vertrauenswürdige Weise und unter angemessener institutioneller Leitung. [4]Die einschlägigen zuständigen Behörden, einschließlich sektoraler Behörden, die den Zugang zu Daten bereitstellen oder unterstützen, können auch die Bereitstellung hochwertiger Daten für das Training, die Validierung und das Testen von KI-Systemen unterstützen.

Art. 8 (→ **Rn. 120 ff.**), 10 (→ **Rn. 129 ff.**)

(69) [1]Das Recht auf Privatsphäre und den Schutz personenbezogener Daten muss während des gesamten Lebenszyklus des KI-Systems sichergestellt sein. [2]In dieser

Hinsicht gelten die Grundsätze der Datenminimierung und des Datenschutzes durch Technikgestaltung und Voreinstellungen, wie sie im Datenschutzrecht der Union festgelegt sind, wenn personenbezogene Daten verarbeitet werden. [3]Unbeschadet der in dieser Verordnung festgelegten Anforderungen an die Daten-Governance können zu den Maßnahmen, mit denen die Anbieter die Einhaltung dieser Grundsätze sicherstellen, nicht nur Anonymisierung und Verschlüsselung gehören, sondern auch der Einsatz von Technik, die es ermöglicht, Algorithmen direkt am Ort der Datenerzeugung einzusetzen und KI-Systeme zu trainieren, ohne dass Daten zwischen Parteien übertragen oder die Rohdaten oder strukturierten Daten selbst kopiert werden.

(70) Um das Recht anderer auf Schutz vor Diskriminierung, die sich aus Verzerrungen in KI-Systemen ergeben könnte, zu wahren, sollten die Anbieter ausnahmsweise und in dem unbedingt erforderlichen Ausmaß, um die Erkennung und Korrektur von Verzerrungen im Zusammenhang mit Hochrisiko-KI-Systemen sicherzustellen, vorbehaltlich angemessener Vorkehrungen für den Schutz der Grundrechte und Grundfreiheiten natürlicher Personen und nach Anwendung aller in dieser Verordnung festgelegten geltenden Bedingungen zusätzlich zu den in den Verordnungen (EU) 2016/679 und (EU) 2018/1725 sowie der Richtlinie (EU) 2016/680 festgelegten Bedingungen besondere Kategorien personenbezogener Daten als Angelegenheit von erheblichem öffentlichen Interesse im Sinne des Artikels 9 Absatz 2 Buchstabe g der Verordnung (EU) 2016/679 und des Artikels 10 Absatz 2 Buchstabe g der Verordnung (EU) 2018/1725 verarbeiten können.

Art. 10 (→ **Rn. 129 ff.**)

(71) [1]Umfassende Informationen darüber, wie Hochrisiko-KI-Systeme entwickelt wurden und wie sie während ihrer gesamten Lebensdauer funktionieren, sind unerlässlich, um die Nachvollziehbarkeit dieser Systeme, die Überprüfung der Einhaltung der Anforderungen dieser Verordnung sowie die Beobachtung ihres Betriebs und ihre Beobachtung nach dem Inverkehrbringen zu ermöglichen. [2]Dies erfordert die Führung von Aufzeichnungen und die Verfügbarkeit einer technischen Dokumentation, die alle erforderlichen Informationen enthält, um die Einhaltung der einschlägigen Anforderungen durch das KI-System zu beurteilen und die Beobachtung nach dem Inverkehrbringen zu erleichtern. [3]Diese Informationen sollten die allgemeinen Merkmale, Fähigkeiten und Grenzen des Systems, die verwendeten Algorithmen, Daten und Trainings-, Test- und Validierungsverfahren sowie die Dokumentation des einschlägigen Risikomanagementsystems umfassen und in klarer und umfassender Form abgefasst sein. [4]Die technische Dokumentation sollte während der gesamten Lebensdauer des KI-Systems angemessen auf dem neuesten Stand gehalten werden. [5]Darüber hinaus sollten die Hochrisiko-KI-Systeme technisch die automatische Aufzeichnung von Ereignissen mittels Protokollierung während der Lebensdauer des Systems ermöglichen.

Art. 11 (→ **Rn. 133 ff.**), 12, 18 (→ **Rn. 156 ff.**), 19 (→ **Rn. 138 ff.**)

(72) [1]Um Bedenken hinsichtlich der Undurchsichtigkeit und Komplexität bestimmter KI-Systeme auszuräumen und die Betreiber bei der Erfüllung ihrer Pflichten gemäß dieser Verordnung zu unterstützen, sollte für Hochrisiko-KI-Systeme Transparenz vorgeschrieben werden, bevor sie in Verkehr gebracht oder in Betrieb genommen werden. [2]Hochrisiko-KI-Systeme sollten so gestaltet sein, dass die Betreiber in der Lage sind, zu verstehen, wie das KI-System funktioniert, seine Funktionalität zu bewerten und seine Stärken und Grenzen zu erfassen. [3]Hochrisiko-KI-Systemen sollten angemessene Informationen in Form von Betriebsanleitungen beigefügt sein. [4]Zu diesen Informationen sollten die Merkmale, Fähigkeiten und Leistungsbeschränkungen des KI-Systems gehören. [5]Diese würden Informationen über mögliche bekannte und vorhersehbare Umstände im Zusammenhang mit der Nutzung des Hochrisiko-KI-Systems, einschließlich Handlungen des Betreibers, die das Verhalten und die Leistung des Systems beeinflussen können, unter denen das KI-System zu Risiken in Bezug auf die Gesundheit, die Sicherheit und die Grundrechte führen kann, über die Änderungen, die vom Anbieter vorab festgelegt und auf Konformität geprüft wurden, und über die einschlägigen Maßnahmen der menschlichen Aufsicht, einschließlich der Maßnahmen, um den Betreibern die Interpretation der Ausgaben von KI-Systemen zu erleichtern, umfassen. [6]Transparenz, einschließlich der begleitenden Betriebsanleitungen, sollte den Betreibern bei der Nutzung des Systems helfen und ihre fundierte Entscheidungsfindung unterstützen. [7]Unter anderem sollten Betreiber besser in der Lage sein, das richtige System auszuwählen, das sie angesichts der für sie geltenden Pflichten verwenden wollen, über die beabsichtigten und ausgeschlossenen Verwendungszwecke informiert sein und das KI-System korrekt

Art. 13 (→ **Rn. 142 ff.**), 14 (→ **Rn. 145 ff.**), 17

und angemessen verwenden. [8]Um die Lesbarkeit und Zugänglichkeit der in der Betriebsanleitung enthaltenen Informationen zu verbessern, sollten diese gegebenenfalls anschauliche Beispiele enthalten, zum Beispiel zu den Beschränkungen sowie zu den beabsichtigten und ausgeschlossenen Verwendungen des KI-Systems. [9]Die Anbieter sollten dafür sorgen, dass in der gesamten Dokumentation, einschließlich der Betriebsanleitungen, aussagekräftige, umfassende, zugängliche und verständliche Informationen enthalten sind, wobei die Bedürfnisse und vorhersehbaren Kenntnisse der Zielbetreiber zu berücksichtigen sind. [10]Die Betriebsanleitungen sollten in einer vom betreffenden Mitgliedstaat festgelegten Sprache zur Verfügung gestellt werden, die von den Zielbetreibern leicht verstanden werden kann.

Art. 4 (→ **Rn. 96 f.**), 14 (→ **Rn. 145 ff.**), 19 (→ **Rn. 138 ff.**), 26 (→ **Rn. 188 ff.**)

(73) [1]Hochrisiko-KI-Systeme sollten so gestaltet und entwickelt werden, dass natürliche Personen ihre Funktionsweise überwachen und sicherstellen können, dass sie bestimmungsgemäß verwendet werden und dass ihre Auswirkungen während des Lebenszyklus des Systems berücksichtigt werden. [2]Zu diesem Zweck sollte der Anbieter des Systems vor dem Inverkehrbringen oder der Inbetriebnahme geeignete Maßnahmen zur Gewährleistung der menschlichen Aufsicht festlegen. [3]Insbesondere sollten solche Maßnahmen gegebenenfalls gewährleisten, dass das System integrierten Betriebseinschränkungen unterliegt, über die sich das System selbst nicht hinwegsetzen kann, dass es auf den menschlichen Bediener reagiert und dass die natürlichen Personen, denen die menschliche Aufsicht übertragen wurde, über die erforderliche Kompetenz, Ausbildung und Befugnis verfügen, um diese Aufgabe wahrzunehmen. [4]Es ist außerdem unerlässlich, gegebenenfalls dafür zu sorgen, dass in Hochrisiko-KI-Systemen Mechanismen enthalten sind, um eine natürliche Person, der die menschliche Aufsicht übertragen wurde, zu beraten und zu informieren, damit sie fundierte Entscheidungen darüber trifft, ob, wann und wie einzugreifen ist, um negative Folgen oder Risiken zu vermeiden, oder das System anzuhalten, wenn es nicht wie beabsichtigt funktioniert. [5]Angesichts der bedeutenden Konsequenzen für Personen im Falle eines falschen Treffers durch bestimmte biometrische Identifizierungssysteme ist es angezeigt, für diese Systeme eine verstärkte Anforderung im Hinblick auf die menschliche Aufsicht vorzusehen, sodass der Betreiber keine Maßnahmen oder Entscheidungen aufgrund des vom System hervorgebrachten Identifizierungsergebnisses treffen kann, solange dies nicht von mindestens zwei natürlichen Personen getrennt überprüft und bestätigt wurde. [6]Diese Personen könnten von einer oder mehreren Einrichtungen stammen und die Person umfassen, die das System bedient oder verwendet. [7]Diese Anforderung sollte keine unnötigen Belastungen oder Verzögerungen mit sich bringen, und es könnte ausreichen, dass die getrennten Überprüfungen durch die verschiedenen Personen automatisch in die vom System erzeugten Protokolle aufgenommen werden. [8]Angesichts der Besonderheiten der Bereiche Strafverfolgung, Migration, Grenzkontrolle und Asyl sollte diese Anforderung nicht gelten, wenn die Geltung dieser Anforderung nach Unionsrecht oder nationalem Recht unverhältnismäßig ist.

Art. 15 (→ **Rn. 149 ff.**)

(74) [1]Hochrisiko-KI-Systeme sollten während ihres gesamten Lebenszyklus beständig funktionieren und ein angemessenes Maß an Genauigkeit, Robustheit und Cybersicherheit angesichts ihrer Zweckbestimmung und entsprechend dem allgemein anerkannten Stand der Technik aufweisen. [2]Die Kommission sowie einschlägige Interessenträger und Organisationen sind aufgefordert, der Minderung der Risiken und negativen Auswirkungen des KI-Systems gebührend Rechnung zu tragen. [3]Das erwartete Leistungskennzahlenniveau sollte in der beigefügten Betriebsanleitung angegeben werden. [4]Die Anbieter werden nachdrücklich aufgefordert, diese Informationen den Betreibern in klarer und leicht verständlicher Weise ohne Missverständnisse oder irreführende Aussagen zu übermitteln. [5]Die Rechtsvorschriften der Union zum gesetzlichen Messwesen, einschließlich der Richtlinien 2014/31/EU und 2014/32/EU des Europäischen Parlaments und des Rates, zielt darauf ab, die Genauigkeit von Messungen sicherzustellen und die Transparenz und Fairness im Geschäftsverkehr zu fördern. [6]In diesem Zusammenhang sollte die Kommission in Zusammenarbeit mit einschlägigen Interessenträgern und Organisationen, wie Metrologie- und Benchmarking-Behörden, gegebenenfalls die Entwicklung von Benchmarks und Messmethoden für KI-Systeme fördern. [7]Dabei sollte die Kommission internationale Partner, die an Metrologie und einschlägigen Messindikatoren für KI arbeiten, beachten und mit ihnen zusammenarbeiten.

(75) [1]Die technische Robustheit ist eine wesentliche Voraussetzung für Hochrisiko-KI-Systeme. [2]Sie sollten widerstandsfähig in Bezug auf schädliches oder anderweitig unerwünschtes Verhalten sein, das sich aus Einschränkungen innerhalb der Systeme oder der Umgebung, in der die Systeme betrieben werden, ergeben kann (z. B. Fehler, Störungen, Unstimmigkeiten, unerwartete Situationen). [3]Daher sollten technische und organisatorische Maßnahmen ergriffen werden, um die Robustheit von Hochrisiko-KI-Systemen sicherzustellen, indem beispielsweise geeignete technische Lösungen konzipiert und entwickelt werden, um schädliches oder anderweitig unerwünschtes Verhalten zu verhindern oder zu minimieren. [4]Zu diesen technischen Lösungen können beispielsweise Mechanismen gehören, die es dem System ermöglichen, seinen Betrieb bei bestimmten Anomalien oder beim Betrieb außerhalb bestimmter vorab festgelegter Grenzen sicher zu unterbrechen (Störungssicherheitspläne). [5]Ein fehlender Schutz vor diesen Risiken könnte die Sicherheit beeinträchtigen oder sich negativ auf die Grundrechte auswirken, wenn das KI-System beispielsweise falsche Entscheidungen trifft oder falsche oder verzerrte Ausgaben hervorbringt.

Art. 15 (→ **Rn. 149 ff.**)

(76) [1]Die Cybersicherheit spielt eine entscheidende Rolle, wenn es darum geht, sicherzustellen, dass KI-Systeme widerstandsfähig gegenüber Versuchen böswilliger Dritter sind, unter Ausnutzung der Schwachstellen der Systeme deren Verwendung, Verhalten, Leistung zu verändern oder ihre Sicherheitsmerkmale zu beeinträchtigen. [2]Cyberangriffe auf KI-Systeme können KI-spezifische Ressourcen wie Trainingsdatensätze (z. B. Datenvergiftung) oder trainierte Modelle (z. B. feindliche Angriffe oder Inferenzangriffe auf Mitgliederdaten) nutzen oder Schwachstellen in den digitalen Ressourcen des KI-Systems oder der zugrunde liegenden IKT-Infrastruktur ausnutzen. [3]Um ein den Risiken angemessenes Cybersicherheitsniveau zu gewährleisten, sollten die Anbieter von Hochrisiko-KI-Systemen daher geeignete Maßnahmen, etwa Sicherheitskontrollen, ergreifen, wobei gegebenenfalls auch die zugrunde liegende IKT-Infrastruktur zu berücksichtigen ist.

Art. 15 (→ **Rn. 149 ff.**)

(77) [1]Unbeschadet der in dieser Verordnung festgelegten Anforderungen an Robustheit und Genauigkeit können Hochrisiko-AI-Systeme, die in den Geltungsbereich einer Verordnung des Europäischen Parlaments und des Rates über horizontale Cybersicherheitsanforderungen für Produkte mit digitalen Elementen gemäß der genannten Verordnung fallen, die Erfüllung der Cybersicherheitsanforderungen der vorliegenden Verordnung nachweisen, indem sie die in der genannten Verordnung festgelegten grundlegenden Cybersicherheitsanforderungen erfüllen. [2]Wenn Hochrisiko-KI-Systeme die grundlegenden Anforderungen einer Verordnung des Europäischen Parlaments und des Rates über horizontale Cybersicherheitsanforderungen für Produkte mit digitalen Elementen erfüllen, sollten sie als die in der vorliegenden Verordnung festgelegten Cybersicherheitsanforderungen erfüllend gelten, soweit die Erfüllung der genannten Anforderungen in der gemäß der genannten Verordnung ausgestellten EU-Konformitätserklärung oder in Teilen davon nachgewiesen wird. [3]Zu diesem Zweck sollten bei der im Rahmen einer Verordnung des Europäischen Parlaments und des Rates über horizontale Cybersicherheitsanforderungen für Produkte mit digitalen Elementen durchgeführten Bewertung der Cybersicherheitsrisiken, die mit einem gemäß der vorliegenden Verordnung als Hochrisiko-KI-System eingestuften Produkt mit digitalen Elementen verbunden sind, Risiken für die Cyberabwehrfähigkeit eines KI-Systems in Bezug auf Versuche unbefugter Dritter, seine Verwendung, sein Verhalten oder seine Leistung zu verändern, einschließlich KI-spezifischer Schwachstellen wie Datenvergiftung oder feindlicher Angriffe, sowie gegebenenfalls Risiken für die Grundrechte gemäß der vorliegenden Verordnung berücksichtigt werden.

Art. 15 (→ **Rn. 149 ff.**)

(78) [1]Das in dieser Verordnung vorgesehene Konformitätsbewertungsverfahren sollte in Bezug auf die grundlegenden Cybersicherheitsanforderungen an ein Produkt mit digitalen Elementen, das unter eine Verordnung des Europäischen Parlaments und des Rates über horizontale Cybersicherheitsanforderungen für Produkte mit digitalen Elementen fällt und gemäß der vorliegenden Verordnung als Hochrisiko-KI-System eingestuft ist, gelten. [2]Diese Regel sollte jedoch nicht dazu führen, dass die erforderliche Vertrauenswürdigkeit für unter eine Verordnung des Europäischen Parlaments und des Rates über horizontale Cybersicherheitsanforderungen für Produkte mit digitalen Elementen fallende kritische Produkte mit digitalen Elementen verringert wird. [3]Daher unterliegen abweichend von dieser Regel Hochrisiko-KI-Systeme, die in den Anwendungsbereich der vorliegenden Verord-

Art. 15 (→ **Rn. 149 ff.**)

nung fallen und gemäß einer Verordnung des Europäischen Parlaments und des Rates über horizontale Cybersicherheitsanforderungen für Produkte mit digitalen Elementen als wichtige und kritische Produkte mit digitalen Elementen eingestuft werden und für die das Konformitätsbewertungsverfahren auf der Grundlage der internen Kontrolle gemäß einem Anhang der vorliegenden Verordnung gilt, den Konformitätsbewertungsbestimmungen einer Verordnung des Europäischen Parlaments und des Rates über horizontale Cybersicherheitsanforderungen für Produkte mit digitalen Elementen, soweit die wesentlichen Cybersicherheitsanforderungen der genannten Verordnung betroffen sind. [4]In diesem Fall sollten für alle anderen Aspekte, die unter die vorliegende Verordnung fallen, die entsprechenden Bestimmungen über die Konformitätsbewertung auf der Grundlage der internen Kontrolle gelten, die in einem Anhang der vorliegenden Verordnung festgelegt sind. [5]Aufbauend auf den Kenntnissen und dem Fachwissen der ENISA in Bezug auf die Cybersicherheitspolitik und die der ENISA gemäß der Verordnung (EU) 2019/881 des Europäischen Parlaments und des Rates übertragenen Aufgaben sollte die Kommission in Fragen im Zusammenhang mit der Cybersicherheit von KI-Systemen mit der ENISA zusammenarbeiten.

Art. 16 (→ **Rn. 124 ff.**)

(79) Es ist angezeigt, dass eine bestimmte als Anbieter definierte natürliche oder juristische Person die Verantwortung für das Inverkehrbringen oder die Inbetriebnahme eines Hochrisiko-KI-Systems übernimmt, unabhängig davon, ob es sich bei dieser natürlichen oder juristischen Person um die Person handelt, die das System konzipiert oder entwickelt hat.

Art. 16 (→ **Rn. 124 ff.**)

(80) [1]Als Unterzeichner des Übereinkommens über die Rechte von Menschen mit Behinderungen der Vereinten Nationen sind die Union und alle Mitgliedstaaten rechtlich verpflichtet, Menschen mit Behinderungen vor Diskriminierung zu schützen und ihre Gleichstellung zu fördern, sicherzustellen, dass Menschen mit Behinderungen gleichberechtigt Zugang zu Informations- und Kommunikationstechnologien und -systemen haben, und die Achtung der Privatsphäre von Menschen mit Behinderungen sicherzustellen. [2]Angesichts der zunehmenden Bedeutung und Nutzung von KI-Systemen sollte die strikte Anwendung der Grundsätze des universellen Designs auf alle neuen Technologien und Dienste einen vollständigen und gleichberechtigten Zugang für alle Menschen sicherstellen, die potenziell von KI-Technologien betroffen sind oder diese nutzen, einschließlich Menschen mit Behinderungen, und zwar in einer Weise, die ihrer Würde und Vielfalt in vollem Umfang Rechnung trägt. [3]Es ist daher von wesentlicher Bedeutung, dass die Anbieter die uneingeschränkte Einhaltung der Barrierefreiheitsanforderungen sicherstellen, einschließlich der in der Richtlinie (EU) 2016/2102 des Europäischen Parlaments und des Rates und in der Richtlinie (EU) 2019/882 festgelegten Anforderungen. [4]Die Anbieter sollten die Einhaltung dieser Anforderungen durch Voreinstellungen sicherstellen. [5]Die erforderlichen Maßnahmen sollten daher so weit wie möglich in die Konzeption von Hochrisiko-KI-Systemen integriert werden.

Art. 16 (→ **Rn. 124 ff.**), 17, 18 (→ **Rn. 156 ff.**)

(81) [1]Der Anbieter sollte ein solides Qualitätsmanagementsystem einrichten, die Durchführung des vorgeschriebenen Konformitätsbewertungsverfahrens sicherstellen, die einschlägige Dokumentation erstellen und ein robustes System zur Beobachtung nach dem Inverkehrbringen einrichten. [2]Anbieter von Hochrisiko-KI-Systemen, die Pflichten in Bezug auf Qualitätsmanagementsysteme gemäß den einschlägigen sektorspezifischen Rechtsvorschriften der Union unterliegen, sollten die Möglichkeit haben, die Elemente des in dieser Verordnung vorgesehenen Qualitätsmanagementsystems als Teil des bestehenden, in diesen anderen sektoralen Rechtsvorschriften der Union vorgesehen Qualitätsmanagementsystems aufzunehmen. [3]Auch bei künftigen Normungstätigkeiten oder Leitlinien, die von der Kommission angenommen werden, sollte der Komplementarität zwischen dieser Verordnung und den bestehenden sektorspezifischen Rechtsvorschriften der Union Rechnung getragen werden. [4]Behörden, die Hochrisiko-KI-Systeme für den Eigengebrauch in Betrieb nehmen, können unter Berücksichtigung der Besonderheiten des Bereichs sowie der Zuständigkeiten und der Organisation der besagten Behörde die Vorschriften für das Qualitätsmanagementsystem als Teil des auf nationaler oder regionaler Ebene eingesetzten Qualitätsmanagementsystems annehmen und umsetzen.

(82) [1]Um die Durchsetzung dieser Verordnung zu ermöglichen und gleiche Wettbewerbsbedingungen für die Akteure zu schaffen, muss unter Berücksichtigung der verschiedenen Formen der Bereitstellung digitaler Produkte sichergestellt sein, dass unter allen Umständen eine in der Union niedergelassene Person den Behörden alle erforderlichen Informationen über die Konformität eines KI-Systems zur Verfügung stellen kann. [2]Daher sollten Anbieter, die in Drittländern niedergelassen sind, vor der Bereitstellung ihrer KI-Systeme in der Union schriftlich einen in der Union niedergelassenen Bevollmächtigten benennen. [3]Dieser Bevollmächtigte spielt eine zentrale Rolle bei der Gewährleistung der Konformität der von den betreffenden Anbietern, die nicht in der Union niedergelassen sind, in der Union in Verkehr gebrachten oder in Betrieb genommenen Hochrisiko-KI-Systeme und indem er als ihr in der Union niedergelassener Ansprechpartner dient.

Art. 22 (→ **Rn. 217 ff.**), 54 (→ **Rn. 299 f.**)

(83) [1]Angesichts des Wesens und der Komplexität der Wertschöpfungskette für KI-Systeme und im Einklang mit dem neuen Rechtsrahmen ist es von wesentlicher Bedeutung, Rechtssicherheit zu gewährleisten und die Einhaltung dieser Verordnung zu erleichtern. [2]Daher müssen die Rolle und die spezifischen Pflichten der relevanten Akteure entlang dieser Wertschöpfungskette, wie Einführer und Händler, die zur Entwicklung von KI-Systemen beitragen können, präzisiert werden. [3]In bestimmten Situationen könnten diese Akteure mehr als eine Rolle gleichzeitig wahrnehmen und sollten daher alle einschlägigen Pflichten, die mit diesen Rollen verbunden sind, kumulativ erfüllen. [4]So könnte ein Akteur beispielsweise gleichzeitig als Händler und als Einführer auftreten.

Art. 23 (→ **Rn. 220 ff.**), 24 (→ **Rn. 225 ff.**), 25 (→ **Rn. 230 ff.**)

(84) [1]Um Rechtssicherheit zu gewährleisten, muss präzisiert werden, dass unter bestimmten spezifischen Bedingungen jeder Händler, Einführer, Betreiber oder andere Dritte als Anbieter eines Hochrisiko-KI-Systems betrachtet werden und daher alle einschlägigen Pflichten erfüllen sollte. [2]Dies wäre auch der Fall, wenn diese Partei ein bereits in Verkehr gebrachtes oder in Betrieb genommenes Hochrisiko-KI-System mit ihrem Namen oder ihrer Handelsmarke versieht, unbeschadet vertraglicher Vereinbarungen, die eine andere Aufteilung der Pflichten vorsehen, oder wenn sie eine wesentliche Veränderung des Hochrisiko-KI-Systems, das bereits in Verkehr gebracht oder bereits in Betrieb genommen wurde, so vornimmt, dass es ein Hochrisiko-KI-System im Sinne dieser Verordnung bleibt, oder wenn sie die Zweckbestimmung eines KI-Systems, einschließlich eines KI-Systems mit allgemeinem Verwendungszweck, das nicht als Hochrisiko-KI-System eingestuft wurde und bereits in Verkehr gebracht oder in Betrieb genommen wurde, so verändert, dass das KI-System zu einem Hochrisiko-KI-System im Sinne dieser Verordnung wird. [3]Diese Bestimmungen sollten unbeschadet spezifischerer Bestimmungen in bestimmten Harmonisierungsrechtsvorschriften der Union auf Grundlage des neuen Rechtsrahmens gelten, mit denen diese Verordnung zusammen gelten sollte. [4]So sollte beispielsweise Artikel 16 Absatz 2 der Verordnung (EU) 2017/745, wonach bestimmte Änderungen nicht als eine Änderung des Produkts, die Auswirkungen auf seine Konformität mit den geltenden Anforderungen haben könnte, gelten sollten, weiterhin auf Hochrisiko-KI-Systeme angewandt werden, bei denen es sich um Medizinprodukte im Sinne der genannten Verordnung handelt.

Art. 16 (→ **Rn. 124 ff.**), 25 (→ **Rn. 230 ff.**)

(85) [1]KI-Systeme mit allgemeinem Verwendungszweck können als eigenständige Hochrisiko-KI-Systeme eingesetzt werden oder Komponenten anderer Hochrisiko-KI-Systemen sein. [2]Daher sollten, aufgrund der besonderen Merkmale dieser KI-Systeme und um für eine gerechte Verteilung der Verantwortlichkeiten entlang der KI-Wertschöpfungskette zu sorgen, Anbieter solcher Systeme, unabhängig davon, ob sie von anderen Anbietern als eigenständige Hochrisiko-KI-Systeme oder als Komponenten von Hochrisiko-KI-Systemen verwendet werden können, und sofern in dieser Verordnung nichts anderes bestimmt ist, eng mit den Anbietern der relevanten Hochrisiko-KI-Systeme, um ihnen die Einhaltung der entsprechenden Pflichten aus dieser Verordnung zu ermöglichen, und mit den gemäß dieser Verordnung eingerichteten zuständigen Behörden zusammenarbeiten.

Art. 21 (→ **Rn. 161 ff.**), 25 (→ **Rn. 230 ff.**)

(86) Sollte der Anbieter, der das KI-System ursprünglich in Verkehr gebracht oder in Betrieb genommen hat, unter den in dieser Verordnung festgelegten Bedingungen nicht mehr als Anbieter im Sinne dieser Verordnung gelten und hat jener Anbieter die Änderung des KI-Systems in ein Hochrisiko-KI-System nicht ausdrücklich ausgeschlossen, so sollte der erstgenannte Anbieter dennoch eng zusammenar-

Art. 25 (→ **Rn. 230 ff.**)

beiten, die erforderlichen Informationen zur Verfügung stellen und den vernünftigerweise erwarteten technischen Zugang und sonstige Unterstützung leisten, die für die Erfüllung der in dieser Verordnung festgelegten Pflichten, insbesondere in Bezug auf die Konformitätsbewertung von Hochrisiko-KI-Systemen, erforderlich sind.

Art. 25 (→ **Rn. 230 ff.**)

(87) Zusätzlich sollte, wenn ein Hochrisiko-KI-System, bei dem es sich um ein Sicherheitsbauteil eines Produkts handelt, das in den Geltungsbereich von Harmonisierungsrechtsvorschriften der Union auf Grundlage des neuen Rechtsrahmens fällt, nicht unabhängig von dem Produkt in Verkehr gebracht oder in Betrieb genommen wird, der Produkthersteller im Sinne der genannten Rechtsvorschriften die in der vorliegenden Verordnung festgelegten Anbieterpflichten erfüllen und sollte insbesondere sicherstellen, dass das in das Endprodukt eingebettete KI-System den Anforderungen dieser Verordnung entspricht.

Art. 25 (→ **Rn. 230 ff.**)

(88) [1]Entlang der KI-Wertschöpfungskette liefern häufig mehrere Parteien KI-Systeme, Instrumente und Dienstleistungen, aber auch Komponenten oder Prozesse, die vom Anbieter zu diversen Zwecken in das KI-System integriert werden; dazu gehören das Trainieren, Neutrainieren, Testen und Bewerten von Modellen, die Integration in Software oder andere Aspekte der Modellentwicklung. [2]Diese Parteien haben eine wichtige Rolle in der Wertschöpfungskette gegenüber dem Anbieter des Hochrisiko-KI-Systems, in das ihre KI-Systeme, Instrumente, Dienste, Komponenten oder Verfahren integriert werden, und sollten in einer schriftlichen Vereinbarung die Informationen, die Fähigkeiten, den technischen Zugang und die sonstige Unterstützung nach dem allgemein anerkannten Stand der Technik bereitstellen, die erforderlich sind, damit der Anbieter die in dieser Verordnung festgelegten Pflichten vollständig erfüllen kann, ohne seine eigenen Rechte des geistigen Eigentums oder Geschäftsgeheimnisse zu gefährden.

Art. 25 (→ **Rn. 230 ff.**)

(89) [1]Dritte, die Instrumente, Dienste, Verfahren oder Komponenten, bei denen es sich nicht um KI-Modelle mit allgemeinem Verwendungszweck handelt, öffentlich zugänglich machen, sollten nicht dazu verpflichtet werden, Anforderungen zu erfüllen, die auf die Verantwortlichkeiten entlang der KI-Wertschöpfungskette ausgerichtet sind, insbesondere gegenüber dem Anbieter, der sie genutzt oder integriert hat, wenn diese Instrumente, Dienste, Verfahren oder KI-Komponenten im Rahmen einer freien und quelloffenen Lizenz zugänglich gemacht werden. [2]Die Entwickler von freien und quelloffenen Instrumenten, Diensten, Verfahren oder KI-Komponenten, bei denen es sich nicht um KI-Modelle mit allgemeinem Verwendungszweck handelt, sollten dazu ermutigt werden, weit verbreitete Dokumentationsverfahren, wie z. B. Modellkarten und Datenblätter, als Mittel dazu einzusetzen, den Informationsaustausch entlang der KI-Wertschöpfungskette zu beschleunigen, sodass vertrauenswürdige KI-Systeme in der Union gefördert werden können.

Art. 25 (→ **Rn. 230 ff.**)

(90) [1]Die Kommission könnte freiwillige Mustervertragsbedingungen für Verträge zwischen Anbietern von Hochrisiko-KI-Systemen und Dritten ausarbeiten und empfehlen, in deren Rahmen Instrumente, Dienste, Komponenten oder Verfahren bereitgestellt werden, die für Hochrisiko-KI-Systeme verwendet oder in diese integriert werden, um die Zusammenarbeit entlang der Wertschöpfungskette zu erleichtern. [2]Bei der Ausarbeitung dieser freiwilligen Mustervertragsbedingungen sollte die Kommission auch mögliche vertragliche Anforderungen berücksichtigen, die in bestimmten Sektoren oder Geschäftsfällen gelten.

Art. 14 (→ **Rn. 145 ff.**), 26 (→ **Rn. 188 ff.**)

(91) [1]Angesichts des Charakters von KI-Systemen und der Risiken für die Sicherheit und die Grundrechte, die mit ihrer Verwendung verbunden sein können, ist es angezeigt, besondere Zuständigkeiten für die Betreiber festzulegen, auch im Hinblick darauf, dass eine angemessene Beobachtung der Leistung eines KI-Systems unter Realbedingungen sichergestellt werden muss. [2]Die Betreiber sollten insbesondere geeignete technische und organisatorische Maßnahmen treffen, um sicherzustellen, dass sie Hochrisiko-KI-Systeme gemäß den Betriebsanleitungen verwenden, und es sollten bestimmte andere Pflichten in Bezug auf die Überwachung der Funktionsweise der KI-Systeme und gegebenenfalls auch Aufzeichnungspflichten festgelegt werden. [3]Darüber hinaus sollten die Betreiber sicherstellen, dass die Personen, denen die Umsetzung der Betriebsanleitungen und die menschliche Aufsicht gemäß dieser Verordnung übertragen wurde, über die

erforderliche Kompetenz verfügen, insbesondere über ein angemessenes Niveau an KI-Kompetenz, Schulung und Befugnis, um diese Aufgaben ordnungsgemäß zu erfüllen. [4]Diese Pflichten sollten sonstige Pflichten des Betreibers in Bezug auf Hochrisiko-KI-Systeme nach Unionsrecht oder nationalem Recht unberührt lassen.

(92) [1]Diese Verordnung lässt Pflichten der Arbeitgeber unberührt, Arbeitnehmer oder ihre Vertreter nach dem Unionsrecht oder nationalem Recht und nationaler Praxis, einschließlich der Richtlinie 2002/14/EG des Europäischen Parlaments und des Rates über Entscheidungen zur Inbetriebnahme oder Nutzung von KI-Systemen zu unterrichten oder zu unterrichten und anzuhören. [2]Es muss nach wie vor sichergestellt werden, dass Arbeitnehmer und ihre Vertreter über die geplante Einführung von Hochrisiko-KI-Systemen am Arbeitsplatz unterrichtet werden, wenn die Bedingungen für diese Pflichten zur Unterrichtung oder zur Unterrichtung und Anhörung gemäß anderen Rechtsinstrumenten nicht erfüllt sind. [3]Darüber hinaus ist dieses Recht, unterrichtet zu werden, ein Nebenrecht und für das Ziel des Schutzes der Grundrechte, das dieser Verordnung zugrunde liegt, erforderlich. [4]Daher sollte in dieser Verordnung eine entsprechende Unterrichtungsanforderung festgelegt werden, ohne bestehende Arbeitnehmerrechte zu beeinträchtigen.

Art. 26 (→ **Rn. 188 ff.**)

(93) [1]Während Risiken im Zusammenhang mit KI-Systemen einerseits aus der Art und Weise entstehen können, in der solche Systeme konzipiert sind, können sie sich andererseits auch aus der Art und Weise ergeben, in der diese Systeme verwendet werden. [2]Betreiber von Hochrisiko-KI-Systemen spielen daher eine entscheidende Rolle bei der Gewährleistung des Schutzes der Grundrechte in Ergänzung der Pflichten der Anbieter bei der Entwicklung der KI-Systeme. [3]Betreiber können am besten verstehen, wie das Hochrisiko-KI-System konkret eingesetzt wird, und können somit dank einer genaueren Kenntnis des Verwendungskontextes sowie der wahrscheinlich betroffenen Personen oder Personengruppen, einschließlich schutzbedürftiger Gruppen, erhebliche potenzielle Risiken erkennen, die in der Entwicklungsphase nicht vorausgesehen wurden. [4]Betreiber der in einem Anhang dieser Verordnung aufgeführten Hochrisiko-KI-Systeme spielen ebenfalls eine entscheidende Rolle bei der Unterrichtung natürlicher Personen und sollten, wenn sie natürliche Personen betreffende Entscheidungen treffen oder bei solchen Entscheidungen Unterstützung leisten, gegebenenfalls die natürlichen Personen darüber unterrichten, dass sie Gegenstand des Einsatzes des Hochrisiko-KI-Systems sind. [5]Diese Unterrichtung sollte die Zweckbestimmung und die Art der getroffenen Entscheidungen umfassen. [6]Der Betreiber sollte die natürlichen Personen auch über ihr Recht auf eine Erklärung gemäß dieser Verordnung unterrichten. [7]Bei Hochrisiko-KI-Systemen, die zu Strafverfolgungszwecken eingesetzt werden, sollte diese Pflicht im Einklang mit Artikel 13 der Richtlinie (EU) 2016/680 umgesetzt werden.

Art. 26 (→ **Rn. 188 ff.**)

(94) [1]Jede Verarbeitung biometrischer Daten im Zusammenhang mit der Verwendung von KI-Systemen für die biometrische Identifizierung zu Strafverfolgungszwecken muss im Einklang mit Artikel 10 der Richtlinie (EU) 2016/680, demzufolge eine solche Verarbeitung nur dann erlaubt ist, wenn sie unbedingt erforderlich ist, vorbehaltlich angemessener Vorkehrungen für den Schutz der Rechte und Freiheiten der betroffenen Person, und sofern sie nach dem Unionsrecht oder dem Recht der Mitgliedstaaten zulässig ist, erfolgen. [2]Bei einer solchen Nutzung, sofern sie zulässig ist, müssen auch die in Artikel 4 Absatz 1 der Richtlinie (EU) 2016/680 festgelegten Grundsätze geachtet werden, einschließlich Rechtmäßigkeit, Fairness und Transparenz, Zweckbindung, sachliche Richtigkeit und Speicherbegrenzung.

Art. 26 (→ **Rn. 188 ff.**)

(95) [1]Unbeschadet des geltenden Unionsrechts, insbesondere der Verordnung (EU) 2016/679 und der Richtlinie (EU) 2016/680, sollte die Verwendung von Systemen zur nachträglichen biometrischen Fernidentifizierung in Anbetracht des intrusiven Charakters von Systemen zur nachträglichen biometrischen Fernidentifizierung Schutzvorkehrungen unterliegen. [2]Systeme zur nachträglichen biometrischen Fernidentifizierung sollten stets auf verhältnismäßige, legitime und unbedingt erforderliche Weise eingesetzt werden und somit zielgerichtet sein, was die zu identifizierenden Personen, den Ort und den zeitlichen Anwendungsbereich betrifft, und auf einem geschlossenen Datensatz rechtmäßig erworbener Videoaufnahmen basieren. [3]In jedem Fall sollten Systeme zur nachträglichen biometrischen Fern-

Art. 26 (→ **Rn. 188 ff.**)

identifizierung im Rahmen der Strafverfolgung nicht so verwendet werden, dass sie zu willkürlicher Überwachung führen. [4]Die Bedingungen für die nachträgliche biometrische Fernidentifizierung sollten keinesfalls eine Grundlage dafür bieten, die Bedingungen des Verbots und der strengen Ausnahmen für biometrische Echtzeit-Fernidentifizierung zu umgehen.

Art. 14 (→ **Rn. 145 ff.**), 27 (→ **Rn. 213 ff.**), 64, 79 (→ **Rn. 160**)

(96) [1]Um wirksam sicherzustellen, dass die Grundrechte geschützt werden, sollten Betreiber von Hochrisiko-KI-Systemen, bei denen es sich um Einrichtungen des öffentlichen Rechts oder private Einrichtungen, die öffentliche Dienste erbringen, handelt, und Betreiber, die bestimmte Hochrisiko-KI-Systemen gemäß einem Anhang dieser Verordnung betreiben, wie Bank- oder Versicherungsunternehmen, vor der Inbetriebnahme eine Grundrechte-Folgenabschätzung durchführen. [2]Für Einzelpersonen wichtige Dienstleistungen öffentlicher Art können auch von privaten Einrichtungen erbracht werden. [3]Private Einrichtungen, die solche öffentliche Dienstleistungen erbringen, sind mit Aufgaben im öffentlichen Interesse verknüpft, etwa in den Bereichen Bildung, Gesundheitsversorgung, Sozialdienste, Wohnungswesen und Justizverwaltung. [4]Ziel der Grundrechte-Folgenabschätzung ist es, dass der Betreiber die spezifischen Risiken für die Rechte von Einzelpersonen oder Gruppen von Einzelpersonen, die wahrscheinlich betroffen sein werden, ermittelt und Maßnahmen ermittelt, die im Falle eines Eintretens dieser Risiken zu ergreifen sind. [5]Die Folgenabschätzung sollte vor dem erstmaligen Einsatz des Hochrisiko-KI-Systems durchgeführt werden, und sie sollte aktualisiert werden, wenn der Betreiber der Auffassung ist, dass sich einer der relevanten Faktoren geändert hat. [6]In der Folgenabschätzung sollten die einschlägigen Verfahren des Betreibers, bei denen das Hochrisiko-KI-System im Einklang mit seiner Zweckbestimmung verwendet wird, genannt werden, und sie sollte eine Beschreibung des Zeitraums und der Häufigkeit, innerhalb dessen bzw. mit der das Hochrisiko-KI-System verwendet werden soll, sowie der Kategorien der natürlichen Personen und Gruppen, die im spezifischen Verwendungskontext betroffen sein könnten, enthalten. [7]Die Abschätzung sollte außerdem die spezifischen Schadensrisiken enthalten, die sich auf die Grundrechte dieser Personen oder Gruppen auswirken können. [8]Bei der Durchführung dieser Bewertung sollte der Betreiber Informationen Rechnung tragen, die für eine ordnungsgemäße Abschätzung der Folgen relevant sind, unter anderem die vom Anbieter des Hochrisiko-KI-Systems in der Betriebsanleitung angegebenen Informationen. [9]Angesichts der ermittelten Risiken sollten die Betreiber Maßnahmen festlegen, die im Falle eines Eintretens dieser Risiken zu ergreifen sind, einschließlich beispielsweise Unternehmensführungsregelungen in diesem spezifischen Verwendungskontext, etwa Regelungen für die menschliche Aufsicht gemäß den Betriebsanleitungen oder Verfahren für die Bearbeitung von Beschwerden und Rechtsbehelfsverfahren, da sie dazu beitragen könnten, Risiken für die Grundrechte in konkreten Anwendungsfällen zu mindern. [10]Nach Durchführung dieser Folgenabschätzung sollte der Betreiber die zuständige Marktüberwachungsbehörde unterrichten. [11]Um einschlägige Informationen einzuholen, die für die Durchführung der Folgenabschätzung erforderlich sind, könnten die Betreiber von Hochrisiko-KI-Systemen, insbesondere wenn KI-Systeme im öffentlichen Sektor verwendet werden, relevante Interessenträger, unter anderem Vertreter von Personengruppen, die von dem KI-System betroffen sein könnten, unabhängige Sachverständige und Organisationen der Zivilgesellschaft, in die Durchführung solcher Folgenabschätzungen und die Gestaltung von Maßnahmen, die im Falle des Eintretens der Risiken zu ergreifen sind, einbeziehen. [12]Das Europäische Büro für Künstliche Intelligenz (im Folgenden „Büro für Künstliche Intelligenz") sollte ein Muster für einen Fragebogen ausarbeiten, um den Betreibern die Einhaltung der Vorschriften zu erleichtern und den Verwaltungsaufwand für sie zu verringern.

Art. 55 (→ **Rn. 301 ff.**)

(97) [1]Der Begriff „KI-Modelle mit allgemeinem Verwendungszweck" sollte klar bestimmt und vom Begriff der KI-Systeme abgegrenzt werden, um Rechtssicherheit zu schaffen. [2]Die Begriffsbestimmung sollte auf den wesentlichen funktionalen Merkmalen eines KI-Modells mit allgemeinem Verwendungszweck beruhen, insbesondere auf der allgemeinen Verwendbarkeit und der Fähigkeit, ein breites Spektrum unterschiedlicher Aufgaben kompetent zu erfüllen. [3]Diese Modelle werden in der Regel mit großen Datenmengen durch verschiedene Methoden, etwa überwachtes, unüberwachtes und bestärkendes Lernen, trainiert. [4]KI-Modelle mit allgemeinem Verwendungszweck können auf verschiedene Weise in Verkehr gebracht werden, unter anderem über Bibliotheken, Anwendungsprogrammierschnittstellen (API), durch direktes Herunterladen oder als physische

Kopie. [5]Diese Modelle können weiter geändert oder zu neuen Modellen verfeinert werden. [6]Obwohl KI-Modelle wesentliche Komponenten von KI-Systemen sind, stellen sie für sich genommen keine KI-Systeme dar. [7]Damit KI-Modelle zu KI-Systemen werden, ist die Hinzufügung weiterer Komponenten, zum Beispiel einer Nutzerschnittstelle, erforderlich. [8]KI-Modelle sind in der Regel in KI-Systeme integriert und Teil davon. [9]Diese Verordnung enthält spezifische Vorschriften für KI-Modelle mit allgemeinem Verwendungszweck und für KI-Modelle mit allgemeinem Verwendungszweck, die systemische Risiken bergen; diese sollten auch gelten, wenn diese Modelle in ein KI-System integriert oder Teil davon sind. [10]Es sollte klar sein, dass die Pflichten für die Anbieter von KI-Modellen mit allgemeinem Verwendungszweck gelten sollten, sobald die KI-Modelle mit allgemeinem Verwendungszweck in Verkehr gebracht werden. [11]Wenn der Anbieter eines KI-Modells mit allgemeinem Verwendungszweck ein eigenes Modell in sein eigenes KI-System integriert, das auf dem Markt bereitgestellt oder in Betrieb genommen wird, sollte jenes Modell als in Verkehr gebracht gelten und sollten daher die Pflichten aus dieser Verordnung für Modelle weiterhin zusätzlich zu den Pflichten für KI-Systeme gelten. [12]Die für Modelle festgelegten Pflichten sollten in jedem Fall nicht gelten, wenn ein eigenes Modell für rein interne Verfahren verwendet wird, die für die Bereitstellung eines Produkts oder einer Dienstleistung an Dritte nicht wesentlich sind, und die Rechte natürlicher Personen nicht beeinträchtigt werden. [13]Angesichts ihrer potenziellen in erheblichem Ausmaße negativen Auswirkungen sollten KI-Modelle mit allgemeinem Verwendungszweck mit systemischem Risiko stets den einschlägigen Pflichten gemäß dieser Verordnung unterliegen. [14]Die Begriffsbestimmung sollte nicht für KI-Modelle gelten, die vor ihrem Inverkehrbringen ausschließlich für Forschungs- und Entwicklungstätigkeiten oder die Konzipierung von Prototypen verwendet werden. [15]Dies gilt unbeschadet der Pflicht, dieser Verordnung nachzukommen, wenn ein Modell nach solchen Tätigkeiten in Verkehr gebracht wird.

(98) Die allgemeine Verwendbarkeit eines Modells könnte zwar unter anderem auch durch eine bestimmte Anzahl von Parametern bestimmt werden, doch sollten Modelle mit mindestens einer Milliarde Parametern, die mit einer großen Datenmenge unter umfassender Selbstüberwachung trainiert werden, als Modelle gelten, die eine erhebliche allgemeine Verwendbarkeit aufweisen und ein breites Spektrum unterschiedlicher Aufgaben kompetent erfüllen.

(99) Große generative KI-Modelle sind ein typisches Beispiel für ein KI-Modell mit allgemeinem Verwendungszweck, da sie eine flexible Erzeugung von Inhalten ermöglichen, etwa in Form von Text- Audio-, Bild- oder Videoinhalten, die leicht ein breites Spektrum unterschiedlicher Aufgaben umfassen können.

Art. 51 (→ **Rn. 279 ff.**)

(100) [1]Wenn ein KI-Modell mit allgemeinem Verwendungszweck in ein KI-System integriert oder Teil davon ist, sollte dieses System als KI-System mit allgemeinem Verwendungszweck gelten, wenn dieses System aufgrund dieser Integration in der Lage ist, einer Vielzahl von Zwecken zu dienen. [2]Ein KI-System mit allgemeinem Verwendungszweck kann direkt eingesetzt oder in andere KI-Systeme integriert werden.

Art. 51 (→ **Rn. 279 ff.**)

(101) [1]Anbieter von KI-Modellen mit allgemeinem Verwendungszweck nehmen entlang der KI-Wertschöpfungskette eine besondere Rolle und Verantwortung wahr, da die von ihnen bereitgestellten Modelle die Grundlage für eine Reihe nachgelagerter Systeme bilden können, die häufig von nachgelagerten Anbietern bereitgestellt werden und ein gutes Verständnis der Modelle und ihrer Fähigkeiten erfordern, sowohl um die Integration solcher Modelle in ihre Produkte zu ermöglichen als auch ihre Pflichten im Rahmen dieser oder anderer Verordnungen zu erfüllen. [2]Daher sollten verhältnismäßige Transparenzmaßnahmen festgelegt werden, einschließlich der Erstellung und Aktualisierung von Dokumentation und der Bereitstellung von Informationen über das KI-Modell mit allgemeinem Verwendungszweck für dessen Nutzung durch die nachgelagerten Anbieter. [3]Der Anbieter von KI-Modellen mit allgemeinem Verwendungszweck sollte technische Dokumentation erarbeiten und aktualisieren, damit sie dem Büro für Künstliche Intelligenz und den zuständigen nationalen Behörden auf Anfrage zur Verfügung gestellt werden kann. [4]Welche Elemente mindestens in eine solche Dokumentation aufzunehmen sind, sollte in bestimmten Anhängen dieser Verordnung festgelegt werden. [5]Der Kommission sollte die Befugnis übertragen werden, diese

Art. 53 (→ **Rn. 294 ff.**)

Anhänge im Wege delegierter Rechtsakte vor dem Hintergrund sich wandelnder technologischer Entwicklungen zu ändern.

Art. 53 (→ **Rn. 294 ff.**)

(102) [1]Software und Daten, einschließlich Modellen, die im Rahmen einer freien und quelloffenen Lizenz freigegeben werden, die ihre offene Weitergabe erlaubt und die Nutzer kostenlos abrufen, nutzen, verändern und weiter verteilen können, auch in veränderter Form, können zu Forschung und Innovation auf dem Markt beitragen und der Wirtschaft der Union erhebliche Wachstumschancen eröffnen. [2]KI-Modelle mit allgemeinem Verwendungszweck, die im Rahmen freier und quelloffener Lizenzen freigegeben werden, sollten als ein hohes Maß an Transparenz und Offenheit sicherstellend gelten, wenn ihre Parameter, einschließlich Gewichte, Informationen über die Modellarchitektur und Informationen über die Modellnutzung, öffentlich zugänglich gemacht werden. [3]Die Lizenz sollte auch als freie quelloffene Lizenz gelten, wenn sie es den Nutzern ermöglicht, Software und Daten zu betreiben, zu kopieren, zu verbreiten, zu untersuchen, zu ändern und zu verbessern, einschließlich Modelle, sofern der ursprüngliche Anbieter des Modells genannt und identische oder vergleichbare Vertriebsbedingungen eingehalten werden.

Art. 51 (→ **Rn. 279 ff.**)

(103) [1]Zu freien und quelloffenen KI-Komponenten zählen Software und Daten, einschließlich Modelle und KI-Modelle mit allgemeinem Verwendungszweck, Instrumente, Dienste oder Verfahren eines KI-Systems. [2]Freie und quelloffene KI-Komponenten können über verschiedene Kanäle bereitgestellt werden, einschließlich ihrer Entwicklung auf offenen Speichern. [3]Für die Zwecke dieser Verordnung sollten KI-Komponenten, die gegen einen Preis bereitgestellt oder anderweitig monetarisiert werden, einschließlich durch die Bereitstellung technischer Unterstützung oder anderer Dienste – einschließlich über eine Softwareplattform – im Zusammenhang mit der KI-Komponente oder durch die Verwendung personenbezogener Daten aus anderen Gründen als der alleinigen Verbesserung der Sicherheit, Kompatibilität oder Interoperabilität der Software, mit Ausnahme von Transaktionen zwischen Kleinstunternehmen, nicht unter die Ausnahmen für freie und quelloffene KI-Komponenten fallen. [4]Die Bereitstellung von KI-Komponenten über offene Speicher sollte für sich genommen keine Monetarisierung darstellen.

Art. 53 (→ **Rn. 294 ff.**)

(104) [1]Für die Anbieter von KI-Modellen mit allgemeinem Verwendungszweck, die im Rahmen einer freien und quelloffenen Lizenz freigegeben werden und deren Parameter, einschließlich Gewichte, Informationen über die Modellarchitektur und Informationen über die Modellnutzung, öffentlich zugänglich gemacht werden, sollten Ausnahmen in Bezug auf die Transparenzanforderungen für KI-Modelle mit allgemeinem Verwendungszweck gelten, es sei denn, sie können als Modelle gelten, die ein systemisches Risiko bergen; in diesem Fall sollte der Umstand, dass das Modell transparent ist und mit einer quelloffenen Lizenz einhergeht, nicht als ausreichender Grund gelten, um sie von der Einhaltung der Pflichten aus dieser Verordnung auszunehmen. [2]Da die Freigabe von KI-Modellen mit allgemeinem Verwendungszweck im Rahmen einer freien und quelloffenen Lizenz nicht unbedingt wesentliche Informationen über den für das Trainieren oder die Feinabstimmung des Modells verwendeten Datensatz und die Art und Weise, wie damit die Einhaltung des Urheberrechts sichergestellt wurde, offenbart, sollte die für KI-Modelle mit allgemeinem Verwendungszweck vorgesehene Ausnahme von der Einhaltung der Transparenzanforderungen in jedem Fall nicht die Pflicht zur Erstellung einer Zusammenfassung der für das Training des Modells verwendeten Inhalte und die Pflicht, eine Strategie zur Einhaltung des Urheberrechts der Union, insbesondere zur Ermittlung und Einhaltung der gemäß Artikel 4 Absatz 3 der Richtlinie (EU) 2019/790 des Europäischen Parlaments und des Rates geltend gemachten Rechtsvorbehalte, auf den Weg zu bringen, betreffen.

(105) [1]KI-Modelle mit allgemeinem Verwendungszweck, insbesondere große generative KI-Modelle, die Text, Bilder und andere Inhalte erzeugen können, bedeuten einzigartige Innovationsmöglichkeiten, aber auch Herausforderungen für Künstler, Autoren und andere Kreative sowie die Art und Weise, wie ihre kreativen Inhalte geschaffen, verbreitet, genutzt und konsumiert werden. [2]Für die Entwicklung und das Training solcher Modelle ist der Zugang zu riesigen Mengen an Text, Bildern, Videos und anderen Daten erforderlich. [3]In diesem Zusammenhang können Text-und-Data-Mining-Techniken in großem Umfang für das Abrufen und die Analyse

solcher Inhalte, die urheberrechtlich und durch verwandte Schutzrechte geschützt sein können, eingesetzt werden. [4]Für jede Nutzung urheberrechtlich geschützter Inhalte ist die Zustimmung des betreffenden Rechteinhabers erforderlich, es sei denn, es gelten einschlägige Ausnahmen und Beschränkungen des Urheberrechts. [5]Mit der Richtlinie (EU) 2019/790 wurden Ausnahmen und Beschränkungen eingeführt, um unter bestimmten Bedingungen Vervielfältigungen und Entnahmen von Werken oder sonstigen Schutzgegenständen für die Zwecke des Text und Data Mining zu erlauben. [6]Nach diesen Vorschriften können Rechteinhaber beschließen, ihre Rechte an ihren Werken oder sonstigen Schutzgegenständen vorzubehalten, um Text und Data Mining zu verhindern, es sei denn, es erfolgt zum Zwecke der wissenschaftlichen Forschung. [7]Wenn die Vorbehaltsrechte ausdrücklich und in geeigneter Weise vorbehalten wurden, müssen Anbieter von KI-Modellen mit allgemeinem Verwendungszweck eine Genehmigung von den Rechteinhabern einholen, wenn sie Text und Data Mining bei solchen Werken durchführen wollen.

(106) [1]Anbieter, die KI-Modelle mit allgemeinem Verwendungszweck in der Union in Verkehr bringen, sollten die Erfüllung der einschlägigen Pflichten aus dieser Verordnung gewährleisten. [2]Zu diesem Zweck sollten Anbieter von KI-Modellen mit allgemeinem Verwendungszweck eine Strategie zur Einhaltung des Urheberrechts der Union und der verwandten Schutzrechte einführen, insbesondere zur Ermittlung und Einhaltung des gemäß Artikel 4 Absatz 3 der Richtlinie (EU) 2019/790 durch die Rechteinhaber geltend gemachten Rechtsvorbehalts. [3]Jeder Anbieter, der ein KI-Modell mit allgemeinem Verwendungszweck in der Union in Verkehr bringt, sollte diese Pflicht erfüllen, unabhängig davon, in welchem Hoheitsgebiet die urheberrechtlich relevanten Handlungen, die dem Training dieser KI-Modelle mit allgemeinem Verwendungszweck zugrunde liegen, stattfinden. [4]Dies ist erforderlich, um gleiche Wettbewerbsbedingungen für Anbieter von KI-Modellen mit allgemeinem Verwendungszweck sicherzustellen, unter denen kein Anbieter in der Lage sein sollte, durch die Anwendung niedrigerer Urheberrechtsstandards als in der Union einen Wettbewerbsvorteil auf dem Unionsmarkt zu erlangen.

(107) [1]Um die Transparenz in Bezug auf die beim Vortraining und Training von KI-Modellen mit allgemeinem Verwendungszweck verwendeten Daten, einschließlich urheberrechtlich geschützter Texte und Daten, zu erhöhen, ist es angemessen, dass die Anbieter solcher Modelle eine hinreichend detaillierte Zusammenfassung der für das Training des KI-Modells mit allgemeinem Verwendungszweck verwendeten Inhalte erstellen und veröffentlichen. [2]Unter gebührender Berücksichtigung der Notwendigkeit, Geschäftsgeheimnisse und vertrauliche Geschäftsinformationen zu schützen, sollte der Umfang dieser Zusammenfassung allgemein weitreichend und nicht technisch detailliert sein, um Parteien mit berechtigtem Interesse, einschließlich der Inhaber von Urheberrechten, die Ausübung und Durchsetzung ihrer Rechte nach dem Unionsrecht zu erleichtern, beispielsweise indem die wichtigsten Datenerhebungen oder Datensätze aufgeführt werden, die beim Training des Modells verwendet wurden, etwa große private oder öffentliche Datenbanken oder Datenarchive, und indem eine beschreibende Erläuterung anderer verwendeter Datenquellen bereitgestellt wird. [3]Es ist angebracht, dass das Büro für Künstliche Intelligenz eine Vorlage für die Zusammenfassung bereitstellt, die einfach und wirksam sein sollte und es dem Anbieter ermöglichen sollte, die erforderliche Zusammenfassung in beschreibender Form bereitzustellen.

Art. 53 (→ **Rn. 294 ff.**)

(108) [1]In Bezug auf die den Anbietern von KI-Modellen mit allgemeinem Verwendungszweck auferlegten Pflichten, eine Strategie zur Einhaltung des Urheberrechts der Union einzuführen und eine Zusammenfassung der für das Training verwendeten Inhalte zu veröffentlichen, sollte das Büro für Künstliche Intelligenz überwachen, ob der Anbieter diese Pflichten erfüllt hat, ohne dies zu überprüfen oder die Trainingsdaten im Hinblick auf die Einhaltung des Urheberrechts Werk für Werk zu bewerten. [2]Diese Verordnung berührt nicht die Durchsetzung der Urheberrechtsvorschriften des Unionsrechts.

Art. 53 (→ **Rn. 294 ff.**), 64

(109) [1]Die Einhaltung der für die Anbieter von KI-Modellen mit allgemeinem Verwendungszweck geltenden Pflichten sollte der Art des Anbieters von Modellen angemessen und verhältnismäßig sein, wobei Personen, die Modelle für nicht berufliche oder wissenschaftliche Forschungszwecke entwickeln oder verwenden, ausgenommen sind, jedoch ermutigt werden sollten, diese Anforderungen

freiwillig zu erfüllen. [2]Unbeschadet des Urheberrechts der Union sollte bei der Einhaltung dieser Pflichten der Größe des Anbieters gebührend Rechnung getragen und für KMU, einschließlich Start-up-Unternehmen, vereinfachte Verfahren zur Einhaltung ermöglicht werden, die keine übermäßigen Kosten verursachen und nicht von der Verwendung solcher Modelle abhalten sollten. [3]Im Falle einer Änderung oder Feinabstimmung eines Modells sollten die Pflichten der Anbieter von KI-Modellen mit allgemeinem Verwendungszweck auf diese Änderung oder Feinabstimmung beschränkt sein, indem beispielsweise die bereits vorhandene technische Dokumentation um Informationen über die Änderungen, einschließlich neuer Trainingsdatenquellen, ergänzt wird, um die in dieser Verordnung festgelegten Pflichten in der Wertschöpfungskette zu erfüllen.

(110) [1]KI-Modelle mit allgemeinem Verwendungszweck könnten systemische Risiken bergen, unter anderem tatsächliche oder vernünftigerweise vorhersehbare negative Auswirkungen im Zusammenhang mit schweren Unfällen, Störungen kritischer Sektoren und schwerwiegende Folgen für die öffentliche Gesundheit und Sicherheit; alle tatsächlichen oder vernünftigerweise vorhersehbaren negativen Auswirkungen auf die demokratischen Prozesse und die öffentliche und wirtschaftliche Sicherheit; die Verbreitung illegaler, falscher oder diskriminierender Inhalte. [2]Bei systemischen Risiken sollte davon ausgegangen werden, dass sie mit den Fähigkeiten und der Reichweite des Modells zunehmen, während des gesamten Lebenszyklus des Modells auftreten können und von Bedingungen einer Fehlanwendung, der Zuverlässigkeit des Modells, der Modellgerechtigkeit und der Modellsicherheit, dem Grad der Autonomie des Modells, seinem Zugang zu Instrumenten, neuartigen oder kombinierten Modalitäten, Freigabe- und Vertriebsstrategien, dem Potenzial zur Beseitigung von Leitplanken und anderen Faktoren beeinflusst werden. [3]Insbesondere bei internationalen Ansätzen wurde bisher festgestellt, dass folgenden Risiken Rechnung getragen werden muss: den Risiken einer möglichen vorsätzlichen Fehlanwendung oder unbeabsichtigter Kontrollprobleme im Zusammenhang mit der Ausrichtung auf menschliche Absicht; chemischen, biologischen, radiologischen und nuklearen Risiken, zum Beispiel Möglichkeiten zur Verringerung der Zutrittsschranken, einschließlich für Entwicklung, Gestaltung, Erwerb oder Nutzung von Waffen; offensiven Cyberfähigkeiten, zum Beispiel die Art und Weise, wie Entdeckung, Ausbeutung oder operative Nutzung von Schwachstellen ermöglicht werden können; den Auswirkungen der Interaktion und des Einsatzes von Instrumenten, einschließlich zum Beispiel der Fähigkeit, physische Systeme zu steuern und in kritische Infrastrukturen einzugreifen; Risiken, dass Modelle sich selbst vervielfältigen, oder der „Selbstreplikation" oder des Trainings anderer Modelle; der Art und Weise, wie Modelle zu schädlichen Verzerrungen und Diskriminierung mit Risiken für Einzelpersonen, Gemeinschaften oder Gesellschaften führen können; der Erleichterung von Desinformation oder der Verletzung der Privatsphäre mit Gefahren für demokratische Werte und Menschenrechte; dem Risiko, dass ein bestimmtes Ereignis zu einer Kettenreaktion mit erheblichen negativen Auswirkungen führen könnte, die sich auf eine ganze Stadt, eine ganze Tätigkeit in einem Bereich oder eine ganze Gemeinschaft auswirken könnten.

Art. 64 (111) [1]Es ist angezeigt, eine Methodik für die Einstufung von KI-Modellen mit allgemeinem Verwendungszweck als KI-Modelle mit allgemeinem Verwendungszweck mit systemischen Risiken festzulegen. [2]Da sich systemische Risiken aus besonders hohen Fähigkeiten ergeben, sollte ein KI-Modell mit allgemeinem Verwendungszweck als Modell mit systemischen Risiken gelten, wenn es über auf der Grundlage geeigneter technischer Instrumente und Methoden bewertete Fähigkeiten mit hoher Wirkkraft verfügt oder aufgrund seiner Reichweite erhebliche Auswirkungen auf den Binnenmarkt hat. [3]„Fähigkeiten mit hoher Wirkkraft" bei KI-Modellen mit allgemeinem Verwendungszweck bezeichnet Fähigkeiten, die den bei den fortschrittlichsten KI-Modellen mit allgemeinem Verwendungszweck festgestellten Fähigkeiten entsprechen oder diese übersteigen. [4]Das gesamte Spektrum der Fähigkeiten eines Modells könnte besser verstanden werden, nachdem es in Verkehr gebracht wurde oder wenn die Betreiber mit dem Modell interagieren. [5]Nach dem Stand der Technik zum Zeitpunkt des Inkrafttretens dieser Verordnung ist die kumulierte Menge der für das Training des KI-Modells mit allgemeinem Verwendungszweck verwendeten Berechnungen, gemessen in Gleitkommaoperationen, einer der einschlägigen Näherungswerte für Modellfähigkeiten. [6]Die kumulierte Menge der für das Training verwendeten Berechnungen umfasst die kumulierte Menge der für die Tätigkeiten und Methoden, mit denen die Fähigkeiten des Modells vor der Einführung verbessert werden sollen, wie zum Beispiel Vortraining, Generierung synthetischer Daten und Feinabstimmung, verwendeten Berechnungen. [7]Daher sollte ein erster Schwellenwert der Gleitkommaoperationen festgelegt werden, dessen Erreichen durch ein KI-Modell mit allgemeinem Verwendungszweck zu der Annahme führt, dass es sich bei dem Modell um ein KI-Modell mit allgemeinem Verwendungszweck mit systemischen Risiken handelt. [8]Dieser Schwellenwert sollte im Laufe der Zeit angepasst werden, um technologischen und industriellen Veränderungen, wie zum Beispiel algorithmischen Verbesserungen oder erhöhter Hardwareeffizienz, Rechnung zu tragen, und um Benchmarks und Indikatoren für die Modellfähigkeit ergänzt werden. [9]Um die Grundlage dafür zu schaffen, sollte das Büro für Künstliche Intelligenz mit der Wissenschaftsgemeinschaft, der Industrie, der Zivilgesellschaft und anderen Sachverständigen zusammenarbeiten. [10]Schwellenwerte sowie Instrumente und Benchmarks für die Bewertung von Fähigkeiten mit hoher Wirkkraft sollten zuverlässig die allgemeine Verwendbarkeit, die Fähigkeiten und die mit ihnen verbundenen systemischen Risikos von KI-Modellen mit allgemeinem Verwendungszweck vorhersagen können und könnten die Art und Weise, wie das Modell in Verkehr gebracht wird, oder die Zahl der Nutzer, auf die es sich auswirken könnte, berücksichtigen. [11]Ergänzend zu diesem System sollte die Kommission Einzelentscheidungen treffen können, mit denen ein KI-Modell mit allgemeinem Verwendungszweck als KI-Modell mit allgemeinem Verwendungszweck mit systemischem Risiko eingestuft wird, wenn festgestellt wurde, dass dieses Modell Fähigkeiten oder Auswirkungen hat, die den von dem festgelegten Schwellenwert erfassten entsprechen. [12]Die genannte Entscheidung sollte auf der Grundlage einer Gesamtbewertung der in einem Anhang dieser Verordnung festgelegten Kriterien für die Benennung von KI-Modellen mit allgemeinem Verwendungszweck mit systemischem Risiko getroffen werden, etwa Qualität oder Größe des Trainingsdatensatzes, Anzahl der gewerblichen Nutzer und Endnutzer, seine Ein- und Ausgabemodalitäten, sein Grad an Autonomie und Skalierbarkeit oder die Instrumente, zu denen es Zugang hat. [13]Stellt der Anbieter, dessen Modell als KI-Modell mit allgemeinem Verwendungszweck mit systemischem Risiko benannt wurde, einen entsprechenden Antrag, sollte die Kommission den Antrag berücksichtigen, und sie kann entscheiden, erneut zu prüfen, ob beim KI-Modell mit allgemeinem Verwendungszweck immer noch davon ausgegangen werden kann, dass es systemische Risiken aufweist.

(112) [1]Außerdem muss das Verfahren für die Einstufung eines KI-Modell mit allgemeinem Verwendungszweck mit systemischem Risiko präzisiert werden. [2]Bei einem KI-Modell mit allgemeinem Verwendungszweck, das den geltenden Schwellenwert für Fähigkeiten mit hoher Wirkkraft erreicht, sollte angenommen werden, dass es sich um ein KI-Modell mit allgemeinem Verwendungszweck mit systemischem Risiko handelt. [3]Der Anbieter sollte spätestens zwei Wochen, nachdem die Bedingungen erfüllt sind oder bekannt wird, dass ein KI-Modell mit allgemeinem Verwendungszweck die Bedingungen, die die Annahme bewirken, erfüllen wird, dies dem Büro für Künstliche Intelligenz mitteilen. [4]Dies ist insbesondere im Zusammenhang mit dem Schwellenwert der Gleitkommaoperationen relevant, da das Training von KI-Modellen mit allgemeinem Verwendungszweck eine erhebliche Planung erfordert, die die vorab durchgeführte Zuweisung von Rechenressourcen umfasst, sodass die Anbieter von KI-Modellen mit allgemeinem Verwendungszweck vor Abschluss des Trainings erfahren können, ob ihr Modell den Schwellenwert erreichen wird. [5]Im Rahmen dieser Mitteilung sollte der Anbieter nachweisen können, dass ein KI-Modell mit allgemeinem Verwendungszweck aufgrund seiner besonderen Merkmale außerordentlicherweise keine systemischen Risiken birgt und daher nicht als KI-Modell mit allgemeinem Verwendungszweck mit systemischem Risiko eingestuft werden sollte. [6]Diese Informationen sind für das Büro für Künstliche Intelligenz wertvoll, um das Inverkehrbringen von KI-Modellen mit allgemeinem Verwendungszweck mit systemischem Risiko zu antizipieren, und die Anbieter können frühzeitig mit der Zusammenarbeit mit dem Büro für Künstliche Intelligenz beginnen. [7]Diese Informationen sind besonders wichtig im Hinblick auf KI-Modell mit allgemeinem Verwendungszweck, die als quelloffene Modelle bereitgestellt werden sollen, da nach der Bereitstellung von quelloffenen Modellen die erforderlichen Maßnahmen zur Gewährleistung der Einhaltung der Pflichten gemäß dieser Verordnung möglicherweise schwieriger umzusetzen sind.

Art. 52 (→ **Rn. 285**), 64

(113) [1]Erhält die Kommission Kenntnis davon, dass ein KI-Modell mit allgemeinem Verwendungszweck die Anforderungen für die Einstufung als KI-Modell mit allgemeinem Verwendungszweck mit systemischem Risiko erfüllt, das zuvor nicht bekannt war oder das der betreffende Anbieter nicht der Kommission gemeldet hat, sollte die Kommission befugt sein, es als solches auszuweisen. [2]Zusätzlich zu den Überwachungstätigkeiten des Büros für Künstliche Intelligenz sollte ein System qualifizierter Warnungen sicherstellen, dass das Büro für Künstliche Intelligenz von dem wissenschaftlichen Gremium von KI-Modelle mit allgemeinem Verwendungszweck in Kenntnis gesetzt wird, die möglicherweise als KI-Modelle mit allgemeinem Verwendungszweck mit systemischem Risiko eingestuft werden sollten, was zu den hinzukommt.

(114) [1]Anbieter von KI-Modellen mit allgemeinem Verwendungszweck, die systemische Risiken bergen, sollten zusätzlich zu den Pflichten für Anbieter von KI-Modellen mit allgemeinem Verwendungszweck Pflichten unterliegen, die darauf abzielen, diese Risiken zu ermitteln und zu mindern und ein angemessenes Maß an Cybersicherheit zu gewährleisten, unabhängig davon, ob es als eigenständiges Modell bereitgestellt wird oder in ein KI-System oder ein Produkt eingebettet ist. [2]Um diese Ziele zu erreichen, sollten die Anbieter in dieser Verordnung verpflichtet werden, die erforderlichen Bewertungen des Modells – insbesondere vor seinem ersten Inverkehrbringen – durchzuführen, wozu auch die Durchführung und Dokumentation von Angriffstests bei Modellen gehören, gegebenenfalls auch im Rahmen interner oder unabhängiger externer Tests. [3]Darüber hinaus sollten KI-Modellen mit allgemeinem Verwendungszweck mit systemischem Risiko fortlaufend systemische Risiken bewerten und mindern, unter anderem durch die Einführung von Risikomanagementstrategien wie Verfahren der Rechenschaftspflicht und Governance-Verfahren, die Umsetzung der Beobachtung nach dem Inverkehrbringen, die Ergreifung geeigneter Maßnahmen während des gesamten Lebenszyklus des Modells und die Zusammenarbeit mit einschlägigen Akteuren entlang der KI-Wertschöpfungskette.

(115) [1]Anbieter von KI-Modellen mit allgemeinem Verwendungszweck mit systemischem Risiko sollten mögliche systemische Risiken bewerten und mindern. [2]Wenn trotz der Bemühungen um Ermittlung und Vermeidung von Risiken im Zusammenhang mit einem KI-Modell mit allgemeinem Verwendungszweck, das systemische Risiken bergen könnte, die Entwicklung oder Verwendung des Modells einen schwerwiegenden Vorfall verursacht, so sollte der Anbieter des KI-Modells mit allgemeinem Verwendungszweck unverzüglich dem Vorfall nachgehen und der Kommission und den zuständigen nationalen Behörden alle einschlägigen Informationen und mögliche Korrekturmaßnahmen mitteilen. [3]Zudem sollten die Anbieter während des gesamten Lebenszyklus des Modells ein angemessenes Maß an Cybersicherheit für das Modell und seine physische Infrastruktur gewährleisten. [4]Beim Schutz der Cybersicherheit im Zusammenhang mit systemischen Risiken, die mit böswilliger Nutzung oder böswilligen Angriffen verbunden sind, sollte der unbeabsichtigte Modelldatenverlust, die unerlaubte Bereitstellung, die Umgehung von Sicherheitsmaßnahmen und der Schutz vor Cyberangriffen, unbefugtem Zugriff oder Modelldiebstahl gebührend beachtet werden. [5]Dieser Schutz könnte durch die Sicherung von Modellgewichten, Algorithmen, Servern und Datensätzen erleichtert werden, z. B. durch Betriebssicherheitsmaßnahmen für die Informationssicherheit, spezifische Cybersicherheitsstrategien, geeignete technische und etablierte Lösungen sowie Kontrollen des physischen Zugangs und des Cyberzugangs, die den jeweiligen Umständen und den damit verbundenen Risiken angemessen sind.

Art. 64

(116) [1]Das Büro für Künstliche Intelligenz sollte die Ausarbeitung, Überprüfung und Anpassung von Praxisleitfäden unter Berücksichtigung internationaler Ansätze fördern und erleichtern. [2]Alle Anbieter von KI-Modellen mit allgemeinem Verwendungszweck könnten ersucht werden, sich daran zu beteiligen. [3]Um sicherzustellen, dass die Praxisleitfäden dem Stand der Technik entsprechen und unterschiedlichen Perspektiven gebührend Rechnung tragen, sollte das Büro für Künstliche Intelligenz bei der Ausarbeitung solcher Leitfäden mit den einschlägigen zuständigen nationalen Behörden zusammenarbeiten und könnte dabei gegebenenfalls Organisationen der Zivilgesellschaft und andere einschlägige Interessenträger und Sachverständige, einschließlich des wissenschaftlichen Gremiums, konsultieren. [4]Die Praxisleitfäden sollten die Pflichten für Anbieter von KI-Modellen mit allgemeinem Verwendungszweck und von KI-Modellen mit allgemei-

nem Verwendungszweck, die systemische Risiken bergen, abdecken. [5]Ferner sollten Praxisleitfäden im Zusammenhang mit systemischen Risiken dazu beitragen, dass eine Risikotaxonomie für Art und Wesen der systemischen Risiken auf Unionsebene, einschließlich ihrer Ursachen, festgelegt wird. [6]Bei den Praxisleitfäden sollten auch auf spezifische Maßnahmen zur Risikobewertung und -minderung im Mittelpunkt stehen.

(117) [1]Die Verhaltenskodizes sollten ein zentrales Instrument für die ordnungsgemäße Einhaltung der in dieser Verordnung für Anbieter von KI-Modellen mit allgemeinem Verwendungszweck vorgesehenen Pflichten darstellen. [2]Die Anbieter sollten sich auf Verhaltenskodizes stützen können, um die Einhaltung der Pflichten nachzuweisen. [3]Die Kommission kann im Wege von Durchführungsrechtsakten beschließen, einen Praxisleitfaden zu genehmigen und ihm eine allgemeine Gültigkeit in der Union zu verleihen oder alternativ gemeinsame Vorschriften für die Umsetzung der einschlägigen Pflichten festzulegen, wenn ein Verhaltenskodex bis zum Zeitpunkt der Anwendbarkeit dieser Verordnung nicht fertiggestellt werden kann oder dies vom Büro für Künstliche Intelligenz für nicht angemessen erachtet wird. [4]Sobald eine harmonisierte Norm veröffentlicht und als geeignet bewertet wurde, um die einschlägigen Pflichten des Büros für Künstliche Intelligenz abzudecken, sollte die Einhaltung einer harmonisierten europäischen Norm den Anbietern die Konformitätsvermutung begründen. [5]Anbieter von KI-Modellen mit allgemeinem Verwendungszweck sollten darüber hinaus in der Lage sein, die Konformität mit angemessenen alternativen Mitteln nachzuweisen, wenn Praxisleitfäden oder harmonisierte Normen nicht verfügbar sind oder sie sich dafür entscheiden, sich nicht auf diese zu stützen.

Art. 64

(118) [1]Mit dieser Verordnung werden KI-Systeme und KI-Modelle reguliert, indem einschlägigen Marktteilnehmern, die sie in der Union in Verkehr bringen, in Betrieb nehmen oder verwenden, bestimmte Anforderungen und Pflichten auferlegt werden, wodurch die Pflichten für Anbieter von Vermittlungsdiensten ergänzt werden, die solche Systeme oder Modelle in ihre unter die Verordnung (EU) 2022/2065 fallenden Dienste integrieren. [2]Soweit solche Systeme oder Modelle in als sehr groß eingestufte Online-Plattformen oder als sehr groß eingestufte Online-Suchmaschinen eingebettet sind, unterliegen sie dem in der Verordnung (EU) 2022/2065 vorgesehenen Rahmen für das Risikomanagement. [3]Folglich sollte angenommen werden, dass die entsprechenden Verpflichtungen dieser Verordnung erfüllt sind, es sei denn, in solchen Modellen treten erhebliche systemische Risiken auf, die nicht unter die Verordnung (EU) 2022/2065 fallen, und werden dort ermittelt. [4]Im vorliegenden Rahmen sind Anbieter sehr großer Online-Plattformen und sehr großer Online-Suchmaschinen verpflichtet, potenzielle systemische Risiken, die sich aus dem Entwurf, dem Funktionieren und der Nutzung ihrer Dienste ergeben, einschließlich der Frage, wie der Entwurf der in dem Dienst verwendeten algorithmischen Systeme zu solchen Risiken beitragen kann, sowie systemische Risiken, die sich aus potenziellen Fehlanwendungen ergeben, zu bewerten. [5]Diese Anbieter sind zudem verpflichtet, unter Wahrung der Grundrechte geeignete Risikominderungsmaßnahmen zu ergreifen.

(119) [1]Angesichts des raschen Innovationstempos und der technologischen Entwicklung digitaler Dienste, die in den Anwendungsbereich verschiedener Instrumente des Unionsrechts fallen, können insbesondere unter Berücksichtigung der Verwendung durch ihre Nutzer und deren Wahrnehmung die dieser Verordnung unterliegenden KI-Systeme als Vermittlungsdienste oder Teile davon im Sinne der Verordnung (EU) 2022/2065 bereitgestellt werden, was technologieneutral ausgelegt werden sollte. [2]Beispielsweise können KI-Systeme als Online-Suchmaschinen verwendet werden, insbesondere wenn ein KI-System wie ein Online-Chatbot grundsätzlich alle Websites durchsucht, die Ergebnisse anschließend in sein vorhandenes Wissen integriert und das aktualisierte Wissen nutzt, um eine einzige Ausgabe zu generieren, bei der verschiedene Informationsquellen zusammengeführt wurden.

(120) [1]Zudem sind die Pflichten, die Anbietern und Betreibern bestimmter KI-Systeme mit dieser Verordnung auferlegt werden, um die Feststellung und Offenlegung zu ermöglichen, dass die Ausgaben dieser Systeme künstlich erzeugt oder manipuliert werden, von besonderer Bedeutung für die Erleichterung der wirksamen Umsetzung der Verordnung (EU) 2022/2065. [2]Dies gilt insbesondere für die Pflichten

Art. 56 (→ **Rn. 306 ff.**)

der Anbieter sehr großer Online-Plattformen oder sehr großer Online-Suchmaschinen, systemische Risiken zu ermitteln und zu mindern, die aus der Verbreitung von künstlich erzeugten oder manipulierten Inhalten entstehen können, insbesondere das Risiko tatsächlicher oder vorhersehbarer negativer Auswirkungen auf demokratische Prozesse, den gesellschaftlichen Diskurs und Wahlprozesse, unter anderem durch Desinformation.

Art. 32, 40 (→ **Rn. 165 ff.**), 66, 67

(121) [1]Die Normung sollte eine Schlüsselrolle dabei spielen, den Anbietern technische Lösungen zur Verfügung zu stellen, um im Einklang mit dem Stand der Technik die Einhaltung dieser Verordnung zu gewährleisten und Innovation sowie Wettbewerbsfähigkeit und Wachstum im Binnenmarkt zu fördern. [2]Die Einhaltung harmonisierter Normen im Sinne von Artikel 2 Nummer 1 Buchstabe c der Verordnung (EU) Nr. 1025/2012 des Europäischen Parlaments und des Rates, die normalerweise den Stand der Technik widerspiegeln sollten, sollte den Anbietern den Nachweis der Konformität mit den Anforderungen der vorliegenden Verordnung ermöglichen. [3]Daher sollte eine ausgewogene Interessenvertretung unter Einbeziehung aller relevanten Interessenträger, insbesondere KMU, Verbraucherorganisationen sowie ökologischer und sozialer Interessenträger, bei der Entwicklung von Normen gemäß den Artikeln 5 und 6 der Verordnung (EU) Nr. 1025/2012, gefördert werden. [4]Um die Einhaltung der Vorschriften zu erleichtern, sollten die Normungsaufträge von der Kommission unverzüglich erteilt werden. [5]Bei der Ausarbeitung des Normungsauftrags sollte die Kommission das Beratungsforum und das KI-Gremium konsultieren, um einschlägiges Fachwissen einzuholen. [6]In Ermangelung einschlägiger Fundstellen zu harmonisierten Normen sollte die Kommission jedoch im Wege von Durchführungsrechtsakten und nach Konsultation des Beratungsforums gemeinsame Spezifikationen für bestimmte Anforderungen im Rahmen dieser Verordnung festlegen können. [7]Die gemeinsame Spezifikation sollte eine außergewöhnliche Ausweichlösung sein, um die Pflicht des Anbieters zur Einhaltung der Anforderungen dieser Verordnung zu erleichtern, wenn der Normungsauftrag von keiner der europäischen Normungsorganisationen angenommen wurde oder die einschlägigen harmonisierten Normen den Bedenken im Bereich der Grundrechte nicht ausreichend Rechnung tragen oder die harmonisierten Normen dem Auftrag nicht entsprechen oder es Verzögerungen bei der Annahme einer geeigneten harmonisierten Norm gibt. [8]Ist eine solche Verzögerung bei der Annahme einer harmonisierten Norm auf die technische Komplexität dieser Norm zurückzuführen, so sollte die Kommission dies prüfen, bevor sie die Festlegung gemeinsamer Spezifikationen in Erwägung zieht. [9]Die Kommission wird ermutigt, bei der Entwicklung gemeinsamer Spezifikationen mit internationalen Partnern und internationalen Normungsgremien zusammenzuarbeiten.

Art. 10 (→ **Rn. 129 ff.**), 15 (→ **Rn. 149 ff.**), 42 (→ **Rn. 166 ff.**), 43 (→ **Rn. 169 ff.**)

(122) [1]Unbeschadet der Anwendung harmonisierter Normen und gemeinsamer Spezifikationen ist es angezeigt, dass für Anbieter von Hochrisiko-KI-Systemen, die mit Daten, in denen sich die besonderen geografischen, verhaltensbezogenen, kontextuellen oder funktionalen Rahmenbedingungen niederschlagen, unter denen sie verwendet werden sollen, trainiert und getestet wurden, die Vermutung der Konformität mit der einschlägigen Maßnahme gilt, die im Rahmen der in dieser Verordnung festgelegten Anforderungen an die Daten-Governance vorgesehen ist. [2]Unbeschadet der in dieser Verordnung festgelegten Anforderungen an Robustheit und Genauigkeit sollte gemäß Artikel 54 Absatz 3 der Verordnung (EU) 2019/881 bei Hochrisiko-KI-Systemen, die im Rahmen eines Schemas für die Cybersicherheit gemäß der genannten Verordnung zertifiziert wurden oder für die eine Konformitätserklärung ausgestellt wurde und deren Fundstellen im Amtsblatt der Europäischen Union veröffentlicht wurden, vermutet werden, dass eine Übereinstimmung mit den Cybersicherheitsanforderungen der vorliegenden Verordnung gegeben ist, sofern das Cybersicherheitszertifikat oder die Konformitätserklärung oder Teile davon die Cybersicherheitsanforderungen dieser Verordnung abdecken. [3]Dies gilt unbeschadet des freiwilligen Charakters dieses Schemas für die Cybersicherheit.

Art. 43 (→ **Rn. 169 ff.**)

(123) Um ein hohes Maß an Vertrauenswürdigkeit von Hochrisiko-KI-Systemen zu gewährleisten, sollten diese Systeme einer Konformitätsbewertung unterzogen werden, bevor sie in Verkehr gebracht oder in Betrieb genommen werden.

(124) [1]Damit für Akteure möglichst wenig Aufwand entsteht und etwaige Doppelarbeit vermieden wird, ist es angezeigt, dass bei Hochrisiko-KI-Systemen im Zusammenhang mit Produkten, die auf der Grundlage des neuen Rechtsrahmens unter bestehende Harmonisierungsrechtsvorschriften der Union fallen, im Rahmen der bereits in den genannten Rechtsvorschriften vorgesehenen Konformitätsbewertung bewertet wird, ob diese KI-Systeme den Anforderungen dieser Verordnung genügen. [2]Die Anwendbarkeit der Anforderungen dieser Verordnung sollte daher die besondere Logik, Methodik oder allgemeine Struktur der Konformitätsbewertung gemäß den einschlägigen Harmonisierungsrechtsvorschriften der Union unberührt lassen.

Art. 43 (→ **Rn. 169 ff.**)

(125) [1]Angesichts der Komplexität von Hochrisiko-KI-Systemen und der damit verbundenen Risiken ist es wichtig, ein angemessenes Konformitätsbewertungsverfahren für Hochrisiko-KI-Systeme, an denen notifizierte Stellen beteiligt sind, – die sogenannte Konformitätsbewertung durch Dritte – zu entwickeln. [2]In Anbetracht der derzeitigen Erfahrung professioneller dem Inverkehrbringen vorgeschalteter Zertifizierer im Bereich der Produktsicherheit und der unterschiedlichen Art der damit verbundenen Risiken empfiehlt es sich jedoch, zumindest während der anfänglichen Anwendung dieser Verordnung für Hochrisiko-KI-Systeme, die nicht mit Produkten in Verbindung stehen, den Anwendungsbereich der Konformitätsbewertung durch Dritte einzuschränken. [3]Daher sollte die Konformitätsbewertung solcher Systeme in der Regel vom Anbieter in eigener Verantwortung durchgeführt werden, mit Ausnahme von KI-Systemen, die für die Biometrie verwendet werden sollen.

Art. 29–39, 43 (→ **Rn. 169 ff.**)

(126) [1]Damit KI-Systeme, falls vorgeschrieben, Konformitätsbewertungen durch Dritte unterzogen werden können, sollten die notifizierten Stellen gemäß dieser Verordnung von den zuständigen nationalen Behörden notifiziert werden, sofern sie eine Reihe von Anforderungen erfüllen, insbesondere in Bezug auf Unabhängigkeit, Kompetenz, Nichtvorliegen von Interessenkonflikten und geeignete Anforderungen an die Cybersicherheit. [2]Die Notifizierung dieser Stellen sollte von den zuständigen nationalen Behörden der Kommission und den anderen Mitgliedstaaten mittels des von der Kommission entwickelten und verwalteten elektronischen Notifizierungsinstruments gemäß Anhang I Artikel R23 des Beschlusses Nr. 768/2008/EG übermittelt werden.

Art. 31, 36, 38, 39, 43 ff. (→ **Rn. 169 ff.**)

(127) [1]Im Einklang mit den Verpflichtungen der Union im Rahmen des Übereinkommens der Welthandelsorganisation über technische Handelshemmnisse ist es angemessen, die gegenseitige Anerkennung von Konformitätsbewertungsergebnissen zu erleichtern, die von den zuständigen Konformitätsbewertungsstellen unabhängig von dem Gebiet, in dem sie niedergelassen sind, generiert wurden, sofern diese nach dem Recht eines Drittlandes errichteten Konformitätsbewertungsstellen die geltenden Anforderungen dieser Verordnung erfüllen und die Union ein entsprechendes Abkommen geschlossen hat. [2]In diesem Zusammenhang sollte die Kommission aktiv mögliche internationale Instrumente zu diesem Zweck prüfen und insbesondere den Abschluss von Abkommen über die gegenseitige Anerkennung mit Drittländern anstreben.

Art. 43 (→ **Rn. 169 ff.**)

(128) [1]Im Einklang mit dem allgemein anerkannten Begriff der wesentlichen Änderung von Produkten, für die Harmonisierungsvorschriften der Union gelten, ist es angezeigt, dass das KI-System bei jeder Änderung, die die Einhaltung dieser Verordnung durch das Hochrisiko-KI-System beeinträchtigen könnte (z. B. Änderung des Betriebssystems oder der Softwarearchitektur), oder wenn sich die Zweckbestimmung des Systems ändert, als neues KI-System betrachtet werden sollte, das einer neuen Konformitätsbewertung unterzogen werden sollte. [2]Änderungen, die den Algorithmus und die Leistung von KI-Systemen betreffen, die nach dem Inverkehrbringen oder der Inbetriebnahme weiterhin dazulernen – d. h., sie passen automatisch an, wie die Funktionen ausgeführt werden –, sollten jedoch keine wesentliche Veränderung darstellen, sofern diese Änderungen vom Anbieter vorab festgelegt und zum Zeitpunkt der Konformitätsbewertung bewertet wurden.

Art. 43 (→ **Rn. 169 ff.**)

(129) [1]Hochrisiko-KI-Systeme sollten grundsätzlich mit der CE-Kennzeichnung versehen sein, aus der ihre Konformität mit dieser Verordnung hervorgeht, sodass sie frei im Binnenmarkt verkehren können. [2]Bei in ein Produkt integrierten Hochrisiko-KI-Systemen sollte eine physische CE-Kennzeichnung angebracht

Art. 38, 48 (→ **Rn. 175**)

werden, die durch eine digitale CE-Kennzeichnung ergänzt werden kann. [3]Bei Hochrisiko-KI-Systemen, die nur digital bereitgestellt werden, sollte eine digitale CE-Kennzeichnung verwendet werden. [4]Die Mitgliedstaaten sollten keine ungerechtfertigten Hindernisse für das Inverkehrbringen oder die Inbetriebnahme von Hochrisiko-KI-Systemen schaffen, die die in dieser Verordnung festgelegten Anforderungen erfüllen und mit der CE-Kennzeichnung versehen sind.

Art. 46

(130) [1]Unter bestimmten Bedingungen kann die rasche Verfügbarkeit innovativer Technik für die Gesundheit und Sicherheit von Menschen, den Schutz der Umwelt und vor dem Klimawandel und die Gesellschaft insgesamt von entscheidender Bedeutung sein. [2]Es ist daher angezeigt, dass die Aufsichtsbehörden aus außergewöhnlichen Gründen der öffentlichen Sicherheit, des Schutzes des Lebens und der Gesundheit natürlicher Personen, des Umweltschutzes und des Schutzes wichtiger Industrie- und Infrastrukturanlagen das Inverkehrbringen oder die Inbetriebnahme von KI-Systemen, die keiner Konformitätsbewertung unterzogen wurden, genehmigen könnten. [3]In hinreichend begründeten Fällen gemäß dieser Verordnung können Strafverfolgungs- oder Katastrophenschutzbehörden ein bestimmtes Hochrisiko-KI-System ohne Genehmigung der Marktüberwachungsbehörde in Betrieb nehmen, sofern diese Genehmigung während der Verwendung oder im Anschluss daran unverzüglich beantragt wird.

Art. 26 (→ **Rn. 188 ff.**), 41 (→ **Rn. 167**), 47 (→ **Rn. 174**), 49 (→ **Rn. 177 f.**), 71 (→ **Rn. 177**), 80

(131) [1]Um die Arbeit der Kommission und der Mitgliedstaaten im KI-Bereich zu erleichtern und die Transparenz gegenüber der Öffentlichkeit zu erhöhen, sollten Anbieter von Hochrisiko-KI-Systemen, die nicht im Zusammenhang mit Produkten stehen, welche in den Anwendungsbereich einschlägiger Harmonisierungsrechtsvorschriften der Union fallen, und Anbieter, die der Auffassung sind, dass ein KI-System, das in den in einem Anhang dieser Verordnung aufgeführten Anwendungsfällen mit hohem Risiko aufgeführt ist, auf der Grundlage einer Ausnahme nicht hochriskant ist, dazu verpflichtet werden, sich und Informationen über ihr KI-System in einer von der Kommission einzurichtenden und zu verwaltenden EU-Datenbank zu registrieren. [2]Vor der Verwendung eines KI-Systems, das in den in einem Anhang dieser Verordnung aufgeführten Anwendungsfällen mit hohem Risiko aufgeführt ist, sollten sich Betreiber von Hochrisiko-KI-Systemen, die Behörden, Einrichtungen oder sonstige Stellen sind, in dieser Datenbank registrieren und das System auswählen, dessen Verwendung sie planen. [3]Andere Betreiber sollten berechtigt sein, dies freiwillig zu tun. [4]Dieser Teil der EU-Datenbank sollte öffentlich und kostenlos zugänglich sein, und die Informationen sollten leicht zu navigieren, verständlich und maschinenlesbar sein. [5]Die EU-Datenbank sollte außerdem benutzerfreundlich sein und beispielsweise die Suche, auch mit Stichwörtern, vorsehen, damit die breite Öffentlichkeit die einschlägigen Informationen finden kann, die bei der Registrierung von Hochrisiko-KI-Systemen einzureichen sind und die sich auf einen in einem Anhang dieser Verordnung aufgeführten Anwendungsfall der Hochrisiko-KI-Systeme, denen die betreffenden Hochrisiko-KI-Systeme entsprechen, beziehen. [6]Jede wesentliche Veränderung von Hochrisiko-KI-Systemen sollte ebenfalls in der EU-Datenbank registriert werden. [7]Bei Hochrisiko-KI-Systemen, die in den Bereichen Strafverfolgung, Migration, Asyl und Grenzkontrolle eingesetzt werden, sollten die Registrierungspflichten in einem sicheren nicht öffentlichen Teil der EU-Datenbank erfüllt werden. [8]Der Zugang zu dem gesicherten nicht öffentlichen Teil sollte sich strikt auf die Kommission sowie auf die Marktüberwachungsbehörden und bei diesen auf ihren nationalen Teil dieser Datenbank beschränken. [9]Hochrisiko-KI-Systeme im Bereich kritischer Infrastrukturen sollten nur auf nationaler Ebene registriert werden. [10]Die Kommission sollte gemäß der Verordnung (EU) 2018/1725 als für die EU-Datenbank Verantwortlicher gelten. [11]Um die volle Funktionsfähigkeit der EU-Datenbank zu gewährleisten, sollte das Verfahren für die Einrichtung der Datenbank auch die Entwicklung von funktionalen Spezifikationen durch die Kommission und einen unabhängigen Prüfbericht umfassen. [12]Die Kommission sollte bei der Wahrnehmung ihrer Aufgaben als Verantwortliche für die EU-Datenbank die Risiken im Zusammenhang mit Cybersicherheit berücksichtigen. [13]Um für ein Höchstmaß an Verfügbarkeit und Nutzung der EU-Datenbank durch die Öffentlichkeit zu sorgen, sollte die EU-Datenbank, einschließlich der über sie zur Verfügung gestellten Informationen, den Anforderungen der Richtlinie (EU) 2019/882 entsprechen.

Art. 50 (→ **Rn. 248 ff.**)

(132) [1]Bestimmte KI-Systeme, die mit natürlichen Personen interagieren oder Inhalte erzeugen sollen, können unabhängig davon, ob sie als hochriskant eingestuft wer-

den, ein besonderes Risiko in Bezug auf Identitätsbetrug oder Täuschung bergen. [2]Unter bestimmten Umständen sollte die Verwendung solcher Systeme daher – unbeschadet der Anforderungen an und Pflichten für Hochrisiko-KI-Systeme und vorbehaltlich punktueller Ausnahmen, um den besonderen Erfordernissen der Strafverfolgung Rechnung zu tragen – besonderen Transparenzpflichten unterliegen. [3]Insbesondere sollte natürlichen Personen mitgeteilt werden, dass sie es mit einem KI-System zu tun haben, es sei denn, dies ist aus Sicht einer angemessen informierten, aufmerksamen und verständigen natürlichen Person aufgrund der Umstände und des Kontexts der Nutzung offensichtlich. [4]Bei der Umsetzung dieser Pflicht sollten die Merkmale von natürlichen Personen, die aufgrund ihres Alters oder einer Behinderung schutzbedürftigen Gruppen angehören, berücksichtigt werden, soweit das KI-System auch mit diesen Gruppen interagieren soll. [5]Darüber hinaus sollte natürlichen Personen mitgeteilt werden, wenn sie KI-Systemen ausgesetzt sind, die durch die Verarbeitung ihrer biometrischen Daten die Gefühle oder Absichten dieser Personen identifizieren oder ableiten oder sie bestimmten Kategorien zuordnen können. [6]Solche spezifischen Kategorien können Aspekte wie etwa Geschlecht, Alter, Haarfarbe, Augenfarbe, Tätowierungen, persönliche Merkmale, ethnische Herkunft sowie persönliche Vorlieben und Interessen betreffen. [7]Diese Informationen und Mitteilungen sollten für Menschen mit Behinderungen in entsprechend barrierefrei zugänglicher Form bereitgestellt werden.

(133) [1]Eine Vielzahl von KI-Systemen kann große Mengen synthetischer Inhalte erzeugen, bei denen es für Menschen immer schwieriger wird, sie vom Menschen erzeugten und authentischen Inhalten zu unterscheiden. [2]Die breite Verfügbarkeit und die zunehmenden Fähigkeiten dieser Systeme wirken sich erheblich auf die Integrität des Informationsökosystems und das ihm entgegengebrachte Vertrauen aus, weil neue Risiken in Bezug auf Fehlinformation und Manipulation in großem Maßstab, Betrug, Identitätsbetrug und Täuschung der Verbraucher entstehen. [3]Angesichts dieser Auswirkungen, des raschen Tempos im Technologiebereich und der Notwendigkeit neuer Methoden und Techniken zur Rückverfolgung der Herkunft von Informationen sollten die Anbieter dieser Systeme verpflichtet werden, technische Lösungen zu integrieren, die die Kennzeichnung in einem maschinenlesbaren Format und die Feststellung ermöglichen, dass die Ausgabe von einem KI-System und nicht von einem Menschen erzeugt oder manipuliert wurde. [4]Diese Techniken und Methoden sollten – soweit technisch möglich – hinreichend zuverlässig, interoperabel, wirksam und belastbar sein, wobei verfügbare Techniken, wie Wasserzeichen, Metadatenidentifizierungen, kryptografische Methoden zum Nachweis der Herkunft und Authentizität des Inhalts, Protokollierungsmethoden, Fingerabdrücke oder andere Techniken, oder eine Kombination solcher Techniken je nach Sachlage zu berücksichtigen sind. [5]Bei der Umsetzung dieser Pflicht sollten die Anbieter auch die Besonderheiten und Einschränkungen der verschiedenen Arten von Inhalten und die einschlägigen technologischen Entwicklungen und Marktentwicklungen in diesem Bereich, die dem allgemein anerkannten Stand der Technik entsprechen, berücksichtigen. [6]Solche Techniken und Methoden können auf der Ebene des KI-Systems oder der Ebene des KI-Modells, darunter KI-Modelle mit allgemeinem Verwendungszweck zur Erzeugung von Inhalten, angewandt werden, wodurch dem nachgelagerten Anbieter des KI-Systems die Erfüllung dieser Pflicht erleichtert wird. [7]Um die Verhältnismäßigkeit zu wahren, sollte vorgesehen werden, dass diese Kennzeichnungspflicht weder für KI-Systeme, die in erster Linie eine unterstützende Funktion für die Standardbearbeitung ausführen, noch für KI-Systeme, die die vom Betreiber bereitgestellten Eingabedaten oder deren Semantik nicht wesentlich verändern, gilt.

Art. 50 (→ **Rn. 248 ff.**)

(134) [1]Neben den technischen Lösungen, die von den Anbietern von KI-Systemen eingesetzt werden, sollten Betreiber, die ein KI-System zum Erzeugen oder Manipulieren von Bild-, Audio- oder Videoinhalte verwenden, die wirklichen Personen, Gegenständen, Orten, Einrichtungen oder Ereignissen merklich ähneln und einer Person fälschlicherweise echt oder wahr erscheinen würden (Deepfakes), auch klar und deutlich offenlegen, dass die Inhalte künstlich erzeugt oder manipuliert wurden, indem sie die Ausgaben von KI entsprechend kennzeichnen und auf ihren künstlichen Ursprung hinweisen. [2]Die Einhaltung dieser Transparenzpflicht sollte nicht so ausgelegt werden, dass sie darauf hindeutet, dass die Verwendung des KI-Systems oder seiner Ausgabe das Recht auf freie Meinungsäußerung und das Recht auf Freiheit der Kunst und Wissenschaft, die in der Charta garantiert sind, behindern, insbesondere wenn der Inhalt Teil eines offensichtlich kreativen,

Art. 50 (→ **Rn. 248 ff.**)

satirischen, künstlerischen, fiktionalen oder analogen Werks oder Programms ist und geeignete Schutzvorkehrungen für die Rechte und Freiheiten Dritter bestehen. [3]In diesen Fällen beschränkt sich die in dieser Verordnung festgelegte Transparenzpflicht für Deepfakes darauf, das Vorhandenseins solcher erzeugten oder manipulierten Inhalte in geeigneter Weise offenzulegen, die die Darstellung oder den Genuss des Werks, einschließlich seiner normalen Nutzung und Verwendung, nicht beeinträchtigt und gleichzeitig den Nutzen und die Qualität des Werks aufrechterhält. [4]Darüber hinaus ist es angezeigt, eine ähnliche Offenlegungspflicht in Bezug auf durch KI erzeugte oder manipulierte Texte anzustreben, soweit diese veröffentlicht werden, um die Öffentlichkeit über Angelegenheiten von öffentlichem Interesse zu informieren, es sei denn, die durch KI erzeugten Inhalte wurden einem Verfahren der menschlichen Überprüfung oder redaktionellen Kontrolle unterzogen und eine natürliche oder juristische Person trägt die redaktionelle Verantwortung für die Veröffentlichung der Inhalte.

Art. 50 (→ **Rn. 248 ff.**)

(135) Unbeschadet des verbindlichen Charakters und der uneingeschränkten Anwendbarkeit der Transparenzpflichten kann die Kommission zudem die Ausarbeitung von Praxisleitfäden auf Unionsebene im Hinblick auf die Ermöglichung der wirksamen Umsetzung der Pflichten in Bezug auf die Feststellung und Kennzeichnung künstlich erzeugter oder manipulierter Inhalte erleichtern und fördern, auch um praktische Vorkehrungen zu unterstützen, mit denen gegebenenfalls die Feststellungsmechanismen zugänglich gemacht werden, die Zusammenarbeit mit anderen Akteuren entlang der Wertschöpfungskette erleichtert wird und Inhalte verbreitet oder ihre Echtheit und Herkunft überprüft werden, damit die Öffentlichkeit durch KI erzeugte Inhalte wirksam erkennen kann.

Art. 50 (→ **Rn. 248 ff.**)

(136) [1]Die Pflichten, die Anbietern und Betreibern bestimmter KI-Systeme mit dieser Verordnung auferlegt werden, die Feststellung und Offenlegung zu ermöglichen, dass die Ausgaben dieser Systeme künstlich erzeugt oder manipuliert werden, sind von besonderer Bedeutung für die Erleichterung der wirksamen Umsetzung der Verordnung (EU) 2022/2065. [2]Dies gilt insbesondere für die Pflicht der Anbieter sehr großer Online-Plattformen oder sehr großer Online-Suchmaschinen, systemische Risiken zu ermitteln und zu mindern, die aus der Verbreitung von künstlich erzeugten oder manipulierten Inhalten entstehen können, insbesondere das Risiko tatsächlicher oder vorhersehbarer negativer Auswirkungen auf demokratische Prozesse, den gesellschaftlichen Diskurs und Wahlprozesse, unter anderem durch Desinformation. [3]Die Anforderung gemäß dieser Verordnung, durch KI-Systeme erzeugte Inhalte zu kennzeichnen, berührt nicht die Pflicht in Artikel 16 Absatz 6 der Verordnung (EU) 2022/2065 für Anbieter von Hostingdiensten, gemäß Artikel 16 Absatz 1 der genannten Verordnung eingegangene Meldungen über illegale Inhalte zu bearbeiten, und sollte nicht die Beurteilung der Rechtswidrigkeit der betreffenden Inhalte und die Entscheidung darüber beeinflussen. [4]Diese Beurteilung sollte ausschließlich anhand der Vorschriften für die Rechtmäßigkeit der Inhalte vorgenommen werden.

Art. 50 (→ **Rn. 248 ff.**)

(137) Die Einhaltung der Transparenzpflichten für die von dieser Verordnung erfassten KI-Systeme sollte nicht als Hinweis darauf ausgelegt werden, dass die Verwendung des KI-Systems oder seiner Ausgabe nach dieser Verordnung oder anderen Rechtsvorschriften der Union und der Mitgliedstaaten rechtmäßig ist, und sollte andere Transparenzpflichten für Betreiber von KI-Systemen, die im Unionsrecht oder im nationalen Recht festgelegt sind, unberührt lassen.

Art. 57

(138) [1]KI bezeichnet eine Reihe sich rasch entwickelnder Technologien, die eine Regulierungsaufsicht und einen sicheren und kontrollierten Raum für die Erprobung erfordern, wobei gleichzeitig eine verantwortungsvolle Innovation und die Integration geeigneter Schutzvorkehrungen und Risikominderungsmaßnahmen gewährleistet werden müssen. [2]Um einen innovationsfördernden, zukunftssicheren und gegenüber Störungen widerstandsfähigen Rechtsrahmen sicherzustellen, sollten die Mitgliedstaaten sicherstellen, dass ihre zuständigen nationalen Behörden mindestens ein KI-Reallabor auf nationaler Ebene einrichten, um die Entwicklung und die Erprobung innovativer KI-Systeme vor deren Inverkehrbringen oder anderweitiger Inbetriebnahme unter strenger Regulierungsaufsicht zu erleichtern. [3]Die Mitgliedstaaten könnten diese Pflicht auch erfüllen, indem sie sich an bereits bestehenden Reallaboren beteiligen oder ein Reallabor mit den zuständigen Behörden eines oder mehrerer Mitgliedstaaten gemeinsam einrichten, insoweit

diese Beteiligung eine gleichwertige nationale Abdeckung für die teilnehmenden Mitgliedstaaten bietet. [4]KI-Reallabore könnten in physischer, digitaler oder Hybrid-Form eingerichtet werden, und sie können physische sowie digitale Produkte umfassen. [5]Die einrichtenden Behörden sollten ferner sicherstellen, dass die KI-Reallabore über angemessene Ressourcen für ihre Aufgaben, einschließlich finanzieller und personeller Ressourcen, verfügen.

(139) [1]Die Ziele der KI-Reallabore sollten in Folgendem bestehen: Innovationen im Bereich KI zu fördern, indem eine kontrollierte Versuchs- und Testumgebung für die Entwicklungsphase und die dem Inverkehrbringen vorgelagerte Phase geschaffen wird, um sicherzustellen, dass die innovativen KI-Systeme mit dieser Verordnung und anderem einschlägigen Unionsrecht und dem nationalen Recht in Einklang stehen. [2]Darüber hinaus sollten die KI-Reallabore darauf abzielen, die Rechtssicherheit für Innovatoren sowie die Aufsicht und das Verständnis der zuständigen Behörden in Bezug auf die Möglichkeiten, neu auftretenden Risiken und Auswirkungen der KI-Nutzung zu verbessern, das regulatorische Lernen für Behörden und Unternehmen zu erleichtern, unter anderem im Hinblick auf künftige Anpassungen des Rechtsrahmens, die Zusammenarbeit und den Austausch bewährter Praktiken mit den an dem KI-Reallabor beteiligten Behörden zu unterstützen und den Marktzugang zu beschleunigen, unter anderem indem Hindernisse für KMU, einschließlich Start-up-Unternehmen, abgebaut werden. [3]KI-Reallabore sollten in der gesamten Union weithin verfügbar sein, und ein besonderes Augenmerk sollte auf ihre Zugänglichkeit für KMU, einschließlich Start-up-Unternehmen, gelegt werden. [4]Die Beteiligung am KI-Reallabor sollte sich auf Fragen konzentrieren, die zu Rechtsunsicherheit für Anbieter und zukünftige Anbieter führen, damit sie Innovationen vornehmen, mit KI in der Union experimentieren und zu evidenzbasiertem regulatorischen Lernen beitragen. [5]Die Beaufsichtigung der KI-Systeme im KI-Reallabor sollte sich daher auf deren Entwicklung, Training, Testen und Validierung vor dem Inverkehrbringen oder der Inbetriebnahme der Systeme sowie auf das Konzept und das Auftreten wesentlicher Änderungen erstrecken, die möglicherweise ein neues Konformitätsbewertungsverfahren erfordern. [6]Alle erheblichen Risiken, die bei der Entwicklung und Erprobung solcher KI-Systeme festgestellt werden, sollten eine angemessene Risikominderung und, in Ermangelung dessen, die Aussetzung des Entwicklungs- und Erprobungsprozesses nach sich ziehen. [7]Gegebenenfalls sollten die zuständigen nationalen Behörden, die KI-Reallabore einrichten, mit anderen einschlägigen Behörden zusammenarbeiten, einschließlich derjenigen, die den Schutz der Grundrechte überwachen, und könnten die Einbeziehung anderer Akteure innerhalb des KI-Ökosystems gestatten, wie etwa nationaler oder europäischer Normungsorganisationen, notifizierter Stellen, Test- und Versuchseinrichtungen, Forschungs- und Versuchslabore, Europäischer Digitaler Innovationszentren und einschlägiger Interessenträger und Organisationen der Zivilgesellschaft. [8]Im Interesse einer unionsweit einheitlichen Umsetzung und der Erzielung von Größenvorteilen ist es angezeigt, dass gemeinsame Vorschriften für die Umsetzung von KI-Reallaboren und ein Rahmen für die Zusammenarbeit zwischen den an der Beaufsichtigung der Reallabore beteiligten Behörden festgelegt werden. [9]KI-Reallabore, die im Rahmen dieser Verordnung eingerichtet werden, sollten anderes Recht, das die Einrichtung anderer Reallabore ermöglicht, unberührt lassen, um die Einhaltung anderen Rechts als dieser Verordnung sicherzustellen. [10]Gegebenenfalls sollten die für diese anderen Reallabore zuständigen Behörden die Vorteile der Nutzung dieser Reallabore auch zum Zweck der Gewährleistung der Konformität der KI-Systeme mit dieser Verordnung berücksichtigen. [11]Im Einvernehmen zwischen den zuständigen nationalen Behörden und den am KI-Reallabor Beteiligten können Tests unter Realbedingungen auch im Rahmen des KI-Reallabors durchgeführt und beaufsichtigt werden.

Art. 57, 58, 76

(140) [1]Die vorliegende Verordnung sollte im Einklang mit Artikel 6 Absatz 4 und Artikel 9 Absatz 2 Buchstabe g der Verordnung (EU) 2016/679 und den Artikeln 5, 6 und 10 der Verordnung (EU) 2018/1725 sowie unbeschadet des Artikels 4 Absatz 2 und des Artikels 10 der Richtlinie (EU) 2016/680 die Rechtsgrundlage für die Verwendung – ausschließlich unter bestimmten Bedingungen – personenbezogener Daten, die für andere Zwecke erhoben wurden, zur Entwicklung bestimmter KI-Systeme im öffentlichen Interesse innerhalb des KI-Reallabors durch die Anbieter und zukünftigen Anbieter im KI-Reallabor bilden. [2]Alle anderen Pflichten von Verantwortlichen und Rechte betroffener Personen im Rahmen der Verordnungen (EU) 2016/679 und (EU) 2018/1725 und der Richtlinie (EU) 2016/680

Art. 57, 59

gelten weiterhin. [3]Insbesondere sollte diese Verordnung keine Rechtsgrundlage im Sinne des Artikels 22 Absatz 2 Buchstabe b der Verordnung (EU) 2016/679 und des Artikels 24 Absatz 2 Buchstabe b der Verordnung (EU) 2018/1725 bilden. [4]Anbieter und zukünftige Anbieter im KI-Reallabor sollten angemessene Schutzvorkehrungen treffen und mit den zuständigen Behörden zusammenarbeiten, unter anderem indem sie deren Anleitung folgen und zügig und nach Treu und Glauben handeln, um etwaige erhebliche Risiken für die Sicherheit, die Gesundheit und die Grundrechte, die bei der Entwicklung, bei der Erprobung und bei Versuchen in diesem Reallabor auftreten können, zu mindern.

Art. 60, 61, 76 (141) [1]Um den Prozess der Entwicklung und des Inverkehrbringens der in einem Anhang dieser Verordnung aufgeführten Hochrisiko-KI-Systeme zu beschleunigen, ist es wichtig, dass Anbieter oder zukünftige Anbieter solcher Systeme auch von einer spezifischen Regelung für das Testen dieser Systeme unter Realbedingungen profitieren können, ohne sich an einem KI-Reallabor zu beteiligen. [2]In solchen Fällen, unter Berücksichtigung der möglichen Folgen solcher Tests für Einzelpersonen, sollte jedoch sichergestellt werden, dass mit dieser Verordnung angemessene und ausreichende Garantien und Bedingungen für Anbieter oder zukünftige Anbieter eingeführt werden. [3]Diese Garantien sollten unter anderem die Einholung der informierten Einwilligung natürlicher Personen in die Beteiligung an Tests unter Realbedingungen umfassen, mit Ausnahme der Strafverfolgung, wenn die Einholung der informierten Einwilligung verhindern würde, dass das KI-System getestet wird. [4]Die Einwilligung der Testteilnehmer zur Teilnahme an solchen Tests im Rahmen dieser Verordnung unterscheidet sich von der Einwilligung betroffener Personen in die Verarbeitung ihrer personenbezogenen Daten nach den einschlägigen Datenschutzvorschriften und greift dieser nicht vor. [5]Ferner ist es wichtig, die Risiken zu minimieren und die Aufsicht durch die zuständigen Behörden zu ermöglichen und daher von zukünftigen Anbietern zu verlangen, dass sie der zuständigen Marktüberwachungsbehörde einen Plan für einen Test unter Realbedingungen vorgelegt haben, die Tests – vorbehaltlich einiger begrenzter Ausnahmen – in den dafür vorgesehenen Abschnitten der EU-Datenbank zu registrieren, den Zeitraum zu begrenzen, in dem die Tests durchgeführt werden können, und zusätzliche Schutzmaßnahmen für Personen, die schutzbedürftigen Gruppen angehören, sowie eine schriftliche Einwilligung mit der Festlegung der Aufgaben und Zuständigkeiten der zukünftigen Anbieter und der Betreiber und eine wirksame Aufsicht durch zuständiges Personal, das an den Tests unter Realbedingungen beteiligt ist, zu verlangen. [6]Darüber hinaus ist es angezeigt, zusätzliche Schutzmaßnahmen vorzusehen, um sicherzustellen, dass die Vorhersagen, Empfehlungen oder Entscheidungen des KI-Systems effektiv rückgängig gemacht und missachtet werden können, und dass personenbezogene Daten geschützt sind und gelöscht werden, wenn die Testteilnehmer ihre Einwilligung zur Teilnahme an den Tests widerrufen haben, und zwar unbeschadet ihrer Rechte als betroffene Personen nach dem Datenschutzrecht der Union. [6]Was die Datenübermittlung betrifft, so ist es angezeigt vorzusehen, dass Daten, die zum Zweck von Tests unter Realbedingungen erhoben und verarbeitet wurden, nur dann an Drittstaaten übermittelt werden sollten, wenn angemessene und anwendbare Schutzmaßnahmen nach dem Unionsrecht umgesetzt wurden, insbesondere im Einklang mit den Grundlagen für die Übermittlung personenbezogener Daten nach dem Datenschutzrecht der Union, während für nicht personenbezogene Daten angemessene Schutzmaßnahmen im Einklang mit dem Unionsrecht, z. B. den Verordnungen (EU) 2022/868 und (EU) 2023/2854 des Europäischen Parlaments und des Rates eingerichtet wurden.

Art. 58 (142) [1]Um sicherzustellen, dass KI zu sozial und ökologisch vorteilhaften Ergebnissen führt, werden die Mitgliedstaaten ermutigt, Forschung und Entwicklung zu KI-Lösungen, die zu sozial und ökologisch vorteilhaften Ergebnissen beitragen, zu unterstützen und zu fördern, wie KI-gestützte Lösungen für mehr Barrierefreiheit für Personen mit Behinderungen, zur Bekämpfung sozioökonomischer Ungleichheiten oder zur Erreichung von Umweltzielen, indem ausreichend Ressourcen – einschließlich öffentlicher Mittel und Unionsmittel – bereitgestellt werden, und – soweit angebracht und sofern die Voraussetzungen und Zulassungskriterien erfüllt sind – insbesondere unter Berücksichtigung von Projekten, mit denen diese Ziele verfolgt werden. [2]Diese Projekte sollten auf dem Grundsatz der interdisziplinären Zusammenarbeit zwischen KI-Entwicklern, Sachverständigen in den Bereichen Gleichstellung und Nichtdiskriminierung, Barrierefreiheit und Verbraucher-, Umwelt- und digitale Rechte sowie Wissenschaftlern beruhen.

(143) [1]Um Innovationen zu fördern und zu schützen, ist es wichtig, die Interessen von KMU, einschließlich Start-up-Unternehmen, die Anbieter und Betreiber von KI-Systemen sind, besonders zu berücksichtigen. [2]Zu diesem Zweck sollten die Mitgliedstaaten Initiativen ergreifen, die sich an diese Akteure richten, darunter auch Sensibilisierungs- und Informationsmaßnahmen. [3]Die Mitgliedstaaten sollten KMU, einschließlich Start-up-Unternehmen, die ihren Sitz oder eine Zweigniederlassung in der Union haben, vorrangigen Zugang zu den KI-Reallaboren gewähren, soweit sie die Voraussetzungen und Zulassungskriterien erfüllen und ohne andere Anbieter und zukünftige Anbieter am Zugang zu den Reallaboren zu hindern, sofern die gleichen Voraussetzungen und Kriterien erfüllt sind. [4]Die Mitgliedstaaten sollten bestehende Kanäle nutzen und gegebenenfalls neue Kanäle für die Kommunikation mit KMU, einschließlich Start-up-Unternehmen, Betreibern, anderen Innovatoren und gegebenenfalls Behörden einrichten, um KMU auf ihrem gesamten Entwicklungsweg zu unterstützen, indem sie ihnen Orientierungshilfe bieten und Fragen zur Durchführung dieser Verordnung beantworten. [5]Diese Kanäle sollten gegebenenfalls zusammenarbeiten, um Synergien zu schaffen und eine Homogenität ihrer Leitlinien für KMU, einschließlich Start-up-Unternehmen, und Betreiber sicherzustellen. [6]Darüber hinaus sollten die Mitgliedstaaten die Beteiligung von KMU und anderen einschlägigen Interessenträgern an der Entwicklung von Normen fördern. [7]Außerdem sollten die besonderen Interessen und Bedürfnisse von Anbietern, die KMU, einschließlich Start-up-Unternehmen, sind, bei der Festlegung der Gebühren für die Konformitätsbewertung durch die notifizierten Stellen berücksichtigt werden. [8]Die Kommission sollte regelmäßig die Zertifizierungs- und Befolgungskosten für KMU, einschließlich Start-up-Unternehmen, durch transparente Konsultationen bewerten, und sie sollte mit den Mitgliedstaaten zusammenarbeiten, um diese Kosten zu senken. [9]So können beispielsweise Übersetzungen im Zusammenhang mit der verpflichtenden Dokumentation und Kommunikation mit Behörden für Anbieter und andere Akteure, insbesondere die kleineren unter ihnen, erhebliche Kosten verursachen. [10]Die Mitgliedstaaten sollten möglichst dafür sorgen, dass eine der Sprachen, die sie für die einschlägige Dokumentation der Anbieter und für die Kommunikation mit den Akteuren bestimmen und akzeptieren, eine Sprache ist, die von der größtmöglichen Zahl grenzüberschreitender Betreiber weitgehend verstanden wird. [11]Um den besonderen Bedürfnissen von KMU, einschließlich Start-up-Unternehmen, gerecht zu werden, sollte die Kommission auf Ersuchen des KI-Gremiums standardisierte Vorlagen für die unter diese Verordnung fallenden Bereiche bereitstellen. [12]Ferner sollte die Kommission die Bemühungen der Mitgliedstaaten ergänzen, indem sie eine zentrale Informationsplattform mit leicht nutzbaren Informationen über diese Verordnung für alle Anbieter und Betreiber bereitstellt, indem sie angemessene Informationskampagnen durchführt, um für die aus dieser Verordnung erwachsenden Pflichten zu sensibilisieren, und indem sie die Konvergenz bewährter Praktiken bei Vergabeverfahren im Zusammenhang mit KI-Systemen bewertet und fördert. [13]Mittlere Unternehmen, die bis vor kurzem als kleine Unternehmen im Sinne des Anhangs der Empfehlung 2003/361/EG der Kommission galten, sollten Zugang zu diesen Unterstützungsmaßnahmen haben, da diese neuen mittleren Unternehmen mitunter nicht über die erforderlichen rechtlichen Ressourcen und Ausbildung verfügen, um ein ordnungsgemäßes Verständnis und eine entsprechende Einhaltung dieser Verordnung zu gewährleisten.

Art. 34, 62, 66, 99 (→ **Rn. 335 ff.**)

(144) Um Innovationen zu fördern und zu schützen, sollten die Plattform für KI auf Abruf, alle einschlägigen Finanzierungsprogramme und -projekte der Union, wie etwa das Programm „Digitales Europa" und Horizont Europa, die von der Kommission und den Mitgliedstaaten auf Unionsebene bzw. auf nationaler Ebene durchgeführt werden, zur Verwirklichung der Ziele dieser Verordnung beitragen.

Art. 62

(145) [1]Um die Risiken bei der Umsetzung, die sich aus mangelndem Wissen und fehlenden Fachkenntnissen auf dem Markt ergeben, zu minimieren und den Anbietern, insbesondere KMU, einschließlich Start-up-Unternehmen, und notifizierten Stellen die Einhaltung ihrer Pflichten aus dieser Verordnung zu erleichtern, sollten insbesondere die Plattform für KI auf Abruf, die europäischen Zentren für digitale Innovation und die Test- und Versuchseinrichtungen, die von der Kommission und den Mitgliedstaaten auf Unionsebene bzw. auf nationaler Ebene eingerichtet werden, zur Durchführung dieser Verordnung beitragen. [2]Die Plattform für KI auf Abruf, die europäischen Zentren für digitale Innovation und die Test- und Versuchseinrichtungen können Anbieter und notifizierte Stellen im Rahmen

Art. 34, 62

ihres jeweiligen Auftrags und ihrer jeweiligen Kompetenzbereiche insbesondere technisch und wissenschaftlich unterstützen.

Art. 17 (→ **Rn. 153 ff.**), 63

(146) [1]Angesichts der sehr geringen Größe einiger Akteure und um die Verhältnismäßigkeit in Bezug auf die Innovationskosten sicherzustellen, ist es darüber hinaus angezeigt, Kleinstunternehmen zu erlauben, eine der kostspieligsten Pflichten, nämlich die Einführung eines Qualitätsmanagementsystems, in vereinfachter Weise zu erfüllen, was den Verwaltungsaufwand und die Kosten für diese Unternehmen verringern würde, ohne das Schutzniveau und die Notwendigkeit der Einhaltung der Anforderungen für Hochrisiko-KI-Systeme zu beeinträchtigen. [2]Die Kommission sollte Leitlinien ausarbeiten, um die Elemente des Qualitätsmanagementsystems zu bestimmen, die von Kleinstunternehmen auf diese vereinfachte Weise zu erfüllen sind.

Art. 43 (→ **Rn. 169 ff.**)

(147) [1]Es ist angezeigt, dass die Kommission den Stellen, Gruppen oder Laboratorien, die gemäß den einschlägigen Harmonisierungsrechtsvorschriften der Union eingerichtet oder akkreditiert sind und Aufgaben im Zusammenhang mit der Konformitätsbewertung von Produkten oder Geräten wahrnehmen, die unter diese Harmonisierungsrechtsvorschriften der Union fallen, so weit wie möglich den Zugang zu Test- und Versuchseinrichtungen erleichtert. [2]Dies gilt insbesondere für Expertengremien, Fachlaboratorien und Referenzlaboratorien im Bereich Medizinprodukte gemäß den Verordnungen (EU) 2017/745 und (EU) 2017/746.

Art. 64, 67, 68, 69

(148) [1]Mit dieser Verordnung sollte ein Governance-Rahmen geschaffen werden, der sowohl die Koordinierung und Unterstützung der Anwendung dieser Verordnung auf nationaler Ebene als auch den Aufbau von Kapazitäten auf Unionsebene und die Integration von Interessenträgern im Bereich der KI ermöglicht. [2]Für die wirksame Umsetzung und Durchsetzung dieser Verordnung ist ein Governance-Rahmen erforderlich, der es ermöglicht, zentrales Fachwissen auf Unionsebene zu koordinieren und aufzubauen. Per Kommissionbeschluss wurde das Büro für Künstliche Intelligenz errichtet, dessen Aufgabe es ist, Fachwissen und Kapazitäten der Union im Bereich der KI zu entwickeln und zur Umsetzung des Unionsrechts im KI-Bereich beizutragen. [3]Die Mitgliedstaaten sollten die Aufgaben des Büros für Künstliche Intelligenz erleichtern, um die Entwicklung von Fachwissen und Kapazitäten auf Unionsebene zu unterstützen und die Funktionsweise des digitalen Binnenmarkts zu stärken. [4]Darüber hinaus sollten ein aus Vertretern der Mitgliedstaaten zusammengesetztes KI-Gremium, ein wissenschaftliches Gremium zur Integration der Wissenschaftsgemeinschaft und ein Beratungsforum für Beiträge von Interessenträgern zur Durchführung dieser Verordnung auf Unionsebene und auf nationaler Ebene eingerichtet werden. [5]Die Entwicklung von Fachwissen und Kapazitäten der Union sollte auch die Nutzung bestehender Ressourcen und Fachkenntnisse umfassen, insbesondere durch Synergien mit Strukturen, die im Rahmen der Durchsetzung anderen Rechts auf Unionsebene aufgebaut wurden, und Synergien mit einschlägigen Initiativen auf Unionsebene, wie dem Gemeinsamen Unternehmen EuroHPC und den KI-Test- und Versuchseinrichtungen im Rahmen des Programms „Digitales Europa“.

Art. 28, 65, 66

(149) [1]Um eine reibungslose, wirksame und harmonisierte Durchführung dieser Verordnung zu erleichtern, sollte ein KI-Gremium eingerichtet werden. [2]Das KI-Gremium sollte die verschiedenen Interessen des KI-Ökosystems widerspiegeln und sich aus Vertretern der Mitgliedstaaten zusammensetzen. [3]Das KI-Gremium sollte für eine Reihe von Beratungsaufgaben zuständig sein, einschließlich der Abgabe von Stellungnahmen, Empfehlungen, Ratschlägen oder Beiträgen zu Leitlinien zu Fragen im Zusammenhang mit der Durchführung dieser Verordnung – darunter zu Durchsetzungsfragen, technischen Spezifikationen oder bestehenden Normen in Bezug auf die in dieser Verordnung festgelegten Anforderungen – sowie der Beratung der Kommission und der Mitgliedstaaten und ihrer zuständigen nationalen Behörden in spezifischen Fragen im Zusammenhang mit KI. [4]Um den Mitgliedstaaten eine gewisse Flexibilität bei der Benennung ihrer Vertreter im KI-Gremium zu geben, können diese Vertreter alle Personen sein, die öffentlichen Einrichtungen angehören, die über einschlägige Zuständigkeiten und Befugnisse verfügen sollten, um die Koordinierung auf nationaler Ebene zu erleichtern und zur Erfüllung der Aufgaben des KI-Gremiums beizutragen. [5]Das KI-Gremium sollte zwei ständige Untergruppen einrichten, um Marktüberwachungsbehörden und notifizierenden Behörden für die Zusammenarbeit und den Austausch in Fra-

gen, die die Marktüberwachung bzw. notifizierende Stellen betreffen, eine Plattform zu bieten. [6]Die ständige Untergruppe für Marktüberwachung sollte für diese Verordnung als Gruppe für die Verwaltungszusammenarbeit (ADCO-Gruppe) im Sinne des Artikels 30 der Verordnung (EU) 2019/1020 fungieren. [7]Im Einklang mit Artikel 33 der genannten Verordnung sollte die Kommission die Tätigkeiten der ständigen Untergruppe für Marktüberwachung durch die Durchführung von Marktbewertungen oder -untersuchungen unterstützen, insbesondere im Hinblick auf die Ermittlung von Aspekten dieser Verordnung, die eine spezifische und dringende Koordinierung zwischen den Marktüberwachungsbehörden erfordern. [8]Das KI-Gremium kann weitere ständige oder nichtständige Untergruppen einrichten, falls das für die Prüfung bestimmter Fragen zweckmäßig sein sollte. [9]Das KI-Gremium sollte gegebenenfalls auch mit einschlägigen Einrichtungen, Sachverständigengruppen und Netzwerken der Union zusammenarbeiten, die im Zusammenhang mit dem einschlägigen Unionsrecht tätig sind, einschließlich insbesondere derjenigen, die im Rahmen des einschlägigen Unionsrechts über Daten, digitale Produkte und Dienstleistungen tätig sind.

(150) [1]Im Hinblick auf die Einbeziehung von Interessenträgern in die Umsetzung und Anwendung dieser Verordnung sollte ein Beratungsforum eingerichtet werden, um das KI-Gremium und die Kommission zu beraten und ihnen technisches Fachwissen bereitzustellen. [2]Um eine vielfältige und ausgewogene Vertretung der Interessenträger mit gewerblichen und nicht gewerblichen Interessen und – innerhalb der Kategorie mit gewerblichen Interessen – in Bezug auf KMU und andere Unternehmen zu gewährleisten, sollten in dem Beratungsforum unter anderem die Industrie, Start-up-Unternehmen, KMU, die Wissenschaft, die Zivilgesellschaft, einschließlich der Sozialpartner, sowie die Agentur für Grundrechte, die ENISA, das Europäische Komitee für Normung (CEN), das Europäische Komitee für elektrotechnische Normung (CENELEC) und das Europäische Institut für Telekommunikationsnormen (ETSI) vertreten sein.

Art. 67

(151) [1]Zur Unterstützung der Umsetzung und Durchsetzung dieser Verordnung, insbesondere der Beobachtungstätigkeiten des Büros für Künstliche Intelligenz in Bezug auf KI-Modelle mit allgemeinem Verwendungszweck, sollte ein wissenschaftliches Gremium mit unabhängigen Sachverständigen eingerichtet werden. [2]Die unabhängigen Sachverständigen, aus denen sich das wissenschaftliche Gremium zusammensetzt, sollten auf der Grundlage des aktuellen wissenschaftlichen oder technischen Fachwissens im KI-Bereich ausgewählt werden und ihre Aufgaben unparteiisch, objektiv und unter Achtung der Vertraulichkeit der bei der Durchführung ihrer Aufgaben und Tätigkeiten erhaltenen Informationen und Daten ausüben. [3]Um eine Aufstockung der nationalen Kapazitäten, die für die wirksame Durchsetzung dieser Verordnung erforderlich sind, zu ermöglichen, sollten die Mitgliedstaaten für ihre Durchsetzungstätigkeiten Unterstützung aus dem Pool von Sachverständigen anfordern können, der das wissenschaftliche Gremium bildet.

Art. 68, 69, 90

(152) Um eine angemessene Durchsetzung in Bezug auf KI-Systeme zu unterstützen und die Kapazitäten der Mitgliedstaaten zu stärken, sollten Unionsstrukturen zur Unterstützung der Prüfung von KI eingerichtet und den Mitgliedstaaten zur Verfügung gestellt werden.

Art. 69, 84

(153) [1]Den Mitgliedstaaten kommt bei der Anwendung und Durchsetzung dieser Verordnung eine Schlüsselrolle zu. [2]Dazu sollte jeder Mitgliedstaat mindestens eine notifizierende Behörde und mindestens eine Marktüberwachungsbehörde als zuständige nationale Behörden benennen, die die Anwendung und Durchführung dieser Verordnung beaufsichtigen. [3]Die Mitgliedstaaten können beschließen, öffentliche Einrichtungen jeder Art zu benennen, die die Aufgaben der zuständigen nationalen Behörden im Sinne dieser Verordnung gemäß ihren spezifischen nationalen organisatorischen Merkmalen und Bedürfnissen wahrnehmen. [4]Um die Effizienz der Organisation aufseiten der Mitgliedstaaten zu steigern und eine zentrale Anlaufstelle gegenüber der Öffentlichkeit und anderen Ansprechpartnern auf Ebene der Mitgliedstaaten und der Union einzurichten, sollte jeder Mitgliedstaat eine Marktüberwachungsbehörde als zentrale Anlaufstelle benennen.

Art. 28, 30, 31, 70, 79–81

(154) [1]Die zuständigen nationalen Behörden sollten ihre Befugnisse unabhängig, unparteiisch und unvoreingenommen ausüben, um die Grundsätze der Objektivität

Art. 21 (→ **Rn. 161 ff.**), Art. 28, 70, 77

ihrer Tätigkeiten und Aufgaben zu wahren und die Anwendung und Durchführung dieser Verordnung sicherzustellen. [2]Die Mitglieder dieser Behörden sollten sich jeder Handlung enthalten, die mit ihren Aufgaben unvereinbar wäre, und sie sollten den Vertraulichkeitsvorschriften gemäß dieser Verordnung unterliegen.

Art. 20 (→ **Rn. 159 ff.**), 72 (→ **Rn. 179 f.**), 73 (→ **Rn. 182 ff.**)

(155) [1]Damit Anbieter von Hochrisiko-KI-Systemen die Erfahrungen mit der Verwendung von Hochrisiko-KI-Systemen bei der Verbesserung ihrer Systeme und im Konzeptions- und Entwicklungsprozess berücksichtigen oder rechtzeitig etwaige Korrekturmaßnahmen ergreifen können, sollten alle Anbieter über ein System zur Beobachtung nach dem Inverkehrbringen verfügen. [2]Gegebenenfalls sollte die Beobachtung nach dem Inverkehrbringen eine Analyse der Interaktion mit anderen KI-Systemen, einschließlich anderer Geräte und Software, umfassen. [3]Die Beobachtung nach dem Inverkehrbringen sollte nicht für sensible operative Daten von Betreibern, die Strafverfolgungsbehörden sind, gelten. [4]Dieses System ist auch wichtig, damit den möglichen Risiken, die von KI-Systemen ausgehen, die nach dem Inverkehrbringen oder der Inbetriebnahme dazulernen, effizienter und zeitnah begegnet werden kann. [5]In diesem Zusammenhang sollten die Anbieter auch verpflichtet sein, ein System einzurichten, um den zuständigen Behörden schwerwiegende Vorfälle zu melden, die sich aus der Verwendung ihrer KI-Systeme ergeben; damit sind Vorfälle oder Fehlfunktionen gemeint, die zum Tod oder zu schweren Gesundheitsschäden führen, schwerwiegende und irreversible Störungen der Verwaltung und des Betriebs kritischer Infrastrukturen, Verstöße gegen Verpflichtungen aus dem Unionsrecht, mit denen die Grundrechte geschützt werden sollen, oder schwere Sach- oder Umweltschäden.

Art. 30, 31 Art. 37, 70, 74, 79–82

(156) [1]Zur Gewährleistung einer angemessenen und wirksamen Durchsetzung der Anforderungen und Pflichten gemäß dieser Verordnung, bei der es sich um eine Harmonisierungsrechtsvorschrift der Union handelt, sollte das mit der Verordnung (EU) 2019/1020 eingeführte System der Marktüberwachung und der Konformität von Produkten in vollem Umfang gelten. [2]Die gemäß dieser Verordnung benannten Marktüberwachungsbehörden sollten über alle in der vorliegenden Verordnung und der Verordnung (EU) 2019/1020 festgelegten Durchsetzungsbefugnisse verfügen und ihre Befugnisse und Aufgaben unabhängig, unparteiisch und unvoreingenommen wahrnehmen. [3]Obwohl die meisten KI-Systeme keinen spezifischen Anforderungen und Pflichten gemäß der vorliegenden Verordnung unterliegen, können die Marktüberwachungsbehörden Maßnahmen in Bezug auf alle KI-Systeme ergreifen, wenn sie ein Risiko gemäß dieser Verordnung darstellen. [4]Aufgrund des spezifischen Charakters der Organe, Einrichtungen und sonstigen Stellen der Union, die in den Anwendungsbereich dieser Verordnung fallen, ist es angezeigt, dass der Europäische Datenschutzbeauftragte als eine zuständige Marktüberwachungsbehörde für sie benannt wird. [5]Die Benennung zuständiger nationaler Behörden durch die Mitgliedstaaten sollte davon unberührt bleiben. [6]Die Marktüberwachungstätigkeiten sollten die Fähigkeit der beaufsichtigten Einrichtungen, ihre Aufgaben unabhängig wahrzunehmen, nicht beeinträchtigen, wenn eine solche Unabhängigkeit nach dem Unionsrecht erforderlich ist.

Art. 18 (→ **Rn. 156 ff.**), 21 (→ **Rn. 161 ff.**), 70, 73 (→ **Rn. 182 ff.**), 74, 77, 79–81

(157) [1]Diese Verordnung berührt nicht die Zuständigkeiten, Aufgaben, Befugnisse und Unabhängigkeit der einschlägigen nationalen Behörden oder Stellen, die die Anwendung des Unionsrechts zum Schutz der Grundrechte überwachen, einschließlich Gleichbehandlungsstellen und Datenschutzbehörden. [2]Sofern dies für die Erfüllung ihres Auftrags erforderlich ist, sollten auch diese nationalen Behörden oder Stellen Zugang zu der gesamten im Rahmen dieser Verordnung erstellten Dokumentation haben. [3]Es sollte ein spezifisches Schutzklauselverfahren festgelegt werden, um eine angemessene und zeitnahe Durchsetzung gegenüber KI-Systemen, die ein Risiko für Gesundheit, Sicherheit und Grundrechte bergen, sicherzustellen. [4]Das Verfahren für solche KI-Systeme, die ein Risiko bergen, sollte auf Hochrisiko-KI-Systeme, von denen ein Risiko ausgeht, auf verbotene Systeme, die unter Verstoß gegen die in dieser Verordnung festgelegten verbotenen Praktiken in Verkehr gebracht, in Betrieb genommen oder verwendet wurden, sowie auf KI-Systeme, die unter Verstoß der Transparenzanforderungen dieser Verordnung bereitgestellt wurden und ein Risiko bergen, angewandt werden.

Art. 17 (→ **Rn. 153 ff.**), 18 (→ **Rn. 156 ff.**), Art. 26 (→ **Rn. 188 ff.**), 72 (→ **Rn. 179 f.**), 74

(158) [1]Die Rechtsvorschriften der Union über Finanzdienstleistungen enthalten Vorschriften und Anforderungen für die interne Unternehmensführung und das Risikomanagement, die für regulierte Finanzinstitute bei der Erbringung sol-

cher Dienstleistungen gelten, auch wenn sie KI-Systeme verwenden. [2]Um eine kohärente Anwendung und Durchsetzung der Pflichten aus dieser Verordnung sowie der einschlägigen Vorschriften und Anforderungen der Rechtsvorschriften der Union über Finanzdienstleistungen zu gewährleisten, sollten die für die Beaufsichtigung und Durchsetzung jener Rechtsvorschriften zuständigen Behörden, insbesondere die zuständigen Behörden im Sinne der Verordnung (EU) Nr. 575/2013 des Europäischen Parlaments und des Rates und der Richtlinien 2008/48/EG, 2009/138/EG, 2013/36/EU, 2014/17/EU und (EU) 2016/97 des Europäischen Parlaments und des Rates, im Rahmen ihrer jeweiligen Zuständigkeiten auch als zuständige Behörden für die Beaufsichtigung der Durchführung dieser Verordnung, einschließlich der Marktüberwachungstätigkeiten, in Bezug auf von regulierten und beaufsichtigten Finanzinstituten bereitgestellte oder verwendete KI-Systeme benannt werden, es sei denn, die Mitgliedstaaten beschließen, eine andere Behörde zu benennen, um diese Marktüberwachungsaufgaben wahrzunehmen. [3]Diese zuständigen Behörden sollten alle Befugnisse gemäß dieser Verordnung und der Verordnung (EU) 2019/1020 haben, um die Anforderungen und Pflichten der vorliegenden Verordnung durchzusetzen, einschließlich Befugnisse zur Durchführung von Ex-post-Marktüberwachungstätigkeiten, die gegebenenfalls in ihre bestehenden Aufsichtsmechanismen und -verfahren im Rahmen des einschlägigen Unionsrechts über Finanzdienstleistungen integriert werden können. [4]Es ist angezeigt, vorzusehen, dass die nationalen Behörden, die für die Aufsicht über unter die Richtlinie 2013/36/EU fallende Kreditinstitute zuständig sind, welche an dem mit der Verordnung (EU) Nr. 1024/2013 des Rates eingerichteten einheitlichen Aufsichtsmechanismus teilnehmen, in ihrer Funktion als Marktüberwachungsbehörden gemäß der vorliegenden Verordnung der Europäischen Zentralbank unverzüglich alle im Zuge ihrer Marktüberwachungstätigkeiten ermittelten Informationen übermitteln, die für die in der genannten Verordnung festgelegten Aufsichtsaufgaben der Europäischen Zentralbank von Belang sein könnten. [5]Um die Kohärenz zwischen der vorliegenden Verordnung und den Vorschriften für Kreditinstitute, die unter die Richtlinie 2013/36/EU fallen, weiter zu verbessern, ist es ferner angezeigt, einige verfahrenstechnische Anbieterpflichten in Bezug auf das Risikomanagement, die Beobachtung nach dem Inverkehrbringen und die Dokumentation in die bestehenden Pflichten und Verfahren gemäß der Richtlinie 2013/36/EU aufzunehmen. [6]Zur Vermeidung von Überschneidungen sollten auch begrenzte Ausnahmen in Bezug auf das Qualitätsmanagementsystem der Anbieter und die Beobachtungspflicht der Betreiber von Hochrisiko-KI-Systemen in Betracht gezogen werden, soweit diese Kreditinstitute betreffen, die unter die Richtlinie 2013/36/EU fallen. [7]Die gleiche Regelung sollte für Versicherungs- und Rückversicherungsunternehmen und Versicherungsholdinggesellschaften gemäß der Richtlinie 2009/138/EG und Versicherungsvermittler gemäß der Richtlinie (EU) 2016/97 sowie für andere Arten von Finanzinstituten gelten, die Anforderungen in Bezug auf ihre Regelungen oder Verfahren der internen Unternehmensführung unterliegen, die gemäß einschlägigem Unionsrecht der Union über Finanzdienstleistungen festgelegt wurden, um Kohärenz und Gleichbehandlung im Finanzsektor sicherzustellen.

(159) [1]Jede Marktüberwachungsbehörde für Hochrisiko-KI-Systeme im Bereich der Biometrie, die in einem Anhang zu dieser Verordnung aufgeführt sind, sollte – soweit diese Systeme für die Zwecke der Strafverfolgung, von Migration, Asyl und Grenzkontrolle oder von Rechtspflege und demokratischen Prozessen eingesetzt werden – über wirksame Ermittlungs- und Korrekturbefugnisse verfügen, einschließlich mindestens der Befugnis, Zugang zu allen personenbezogenen Daten, die verarbeitet werden, und zu allen Informationen, die für die Ausübung ihrer Aufgaben erforderlich sind, zu erhalten. [2]Die Marktüberwachungsbehörden sollten in der Lage sein, ihre Befugnisse in völliger Unabhängigkeit auszuüben. [3]Jede Beschränkung ihres Zugangs zu sensiblen operativen Daten im Rahmen dieser Verordnung sollte die Befugnisse unberührt lassen, die ihnen mit der Richtlinie (EU) 2016/680 übertragen wurden. [4]Kein Ausschluss der Offenlegung von Daten gegenüber nationalen Datenschutzbehörden im Rahmen dieser Verordnung sollte die derzeitigen oder künftigen Befugnisse dieser Behörden über den Geltungsbereich dieser Verordnung hinaus beeinträchtigen.

Art. 70, 74, 85–87

(160) [1]Die Marktüberwachungsbehörden und die Kommission sollten gemeinsame Tätigkeiten, einschließlich gemeinsamer Untersuchungen, vorschlagen können, die von den Marktüberwachungsbehörden oder von den Marktüberwachungsbehörden gemeinsam mit der Kommission durchgeführt werden, um Konformität

Art. 74, 79 (→ **Rn. 160**), 80, 85, 86

zu fördern, Nichtkonformität festzustellen, zu sensibilisieren und Orientierung zu dieser Verordnung und bestimmten Kategorien von Hochrisiko-KI-Systemen bereitzustellen, bei denen festgestellt wird, dass sie in zwei oder mehr Mitgliedstaaten ein ernstes Risiko darstellen. [2]Gemeinsame Tätigkeiten zur Förderung der Konformität sollten im Einklang mit Artikel 9 der Verordnung (EU) 2019/1020 durchgeführt werden. [3]Das Büro für Künstliche Intelligenz sollte die Koordinierung gemeinsamer Untersuchungen unterstützen.

Art. 64, 70, 75, 88, 89, 91, 92

(161) [1]Die Verantwortlichkeiten und Zuständigkeiten auf Unionsebene und nationaler Ebene in Bezug auf KI-Systeme, die auf KI-Modellen mit allgemeinem Verwendungszweck aufbauen, müssen präzisiert werden. [2]Um sich überschneidende Zuständigkeiten zu vermeiden, sollte die Aufsicht für KI-Systeme, die auf KI-Modellen mit allgemeinem Verwendungszweck beruhen und bei denen das Modell und das System vom selben Anbieter bereitgestellt werden, auf der Unionsebene durch das Büro für Künstliche Intelligenz erfolgen, das für diesen Zweck über die Befugnisse einer Marktüberwachungsbehörde im Sinne der Verordnung (EU) 2019/1020 verfügen sollte. [3]In allen anderen Fällen sollten die nationalen Marktüberwachungsbehörden weiterhin für die Aufsicht über KI-Systeme zuständig sein. [4]Bei KI-Systemen mit allgemeinem Verwendungszweck, die von Betreibern direkt für mindestens einen Zweck verwendet werden können, der als hochriskant eingestuft wird, sollten die Marktüberwachungsbehörden jedoch mit dem Büro für Künstliche Intelligenz zusammenarbeiten, um Konformitätsbewertungen durchzuführen, und sie sollten KI-Gremium und andere Marktüberwachungsbehörden entsprechend informieren. [5]Darüber hinaus sollten Marktüberwachungsbehörden das Büro für Künstliche Intelligenz um Unterstützung ersuchen können, wenn die Marktüberwachungsbehörde nicht in der Lage ist, eine Untersuchung zu einem Hochrisiko-KI-System abzuschließen, weil sie keinen Zugang zu bestimmten Informationen im Zusammenhang mit dem KI-Modell mit allgemeinem Verwendungszweck, auf dem das Hochrisiko-KI-System beruht, haben. [6]In diesen Fällen sollte das Verfahren bezüglich grenzübergreifender Amtshilfe nach Kapitel VI der Verordnung (EU) 2019/1020 entsprechend Anwendung finden.

Art. 64, 75, 88–92, 112

(162) [1]Um das zentralisierte Fachwissen der Union und Synergien auf Unionsebene bestmöglich zu nutzen, sollte die Kommission für die Aufsicht und die Durchsetzung der Pflichten der Anbieter von KI-Modellen mit allgemeinem Verwendungszweck zuständig sein. [2]Das Büro für Künstliche Intelligenz sollte alle erforderlichen Maßnahmen durchführen können, um die wirksame Umsetzung dieser Verordnung im Hinblick auf KI-Modelle mit allgemeinem Verwendungszweck zu überwachen. [3]Es sollte mögliche Verstöße gegen die Vorschriften für Anbieter von KI-Modellen mit allgemeinem Verwendungszweck sowohl auf eigene Initiative, auf der Grundlage der Ergebnisse seiner Überwachungstätigkeiten, als auch auf Anfrage von Marktüberwachungsbehörden gemäß den in dieser Verordnung festgelegten Bedingungen untersuchen können. [4]Zur Unterstützung einer wirksamen Überwachung durch das Büro für Künstliche Intelligenz sollte die Möglichkeit vorgesehen werden, dass nachgelagerte Anbieter Beschwerden über mögliche Verstöße gegen die Vorschriften für Anbieter von KI-Modellen und -Systemen mit allgemeinem Verwendungszweck einreichen können.

Art. 64, 68, 75, 88, 90, 93, 94

(163) [1]Um die Governance-Systeme für KI-Modelle mit allgemeinem Verwendungszweck zu ergänzen, sollte das wissenschaftliche Gremium die Überwachungstätigkeiten des Büros für Künstliche Intelligenz unterstützen; dazu kann es in bestimmten Fällen qualifizierte Warnungen an das Büro für Künstliche Intelligenz richten, die Folgemaßnahmen wie etwa Untersuchungen auslösen. [2]Dies sollte der Fall sein, wenn das wissenschaftliche Gremium Grund zu der Annahme hat, dass ein KI-Modell mit allgemeinem Verwendungszweck ein konkretes und identifizierbares Risiko auf Unionsebene darstellt. [3]Außerdem sollte dies der Fall sein, wenn das wissenschaftliche Gremium Grund zu der Annahme hat, dass ein KI-Modell mit allgemeinem Verwendungszweck die Kriterien erfüllt, die zu einer Einstufung als KI-Modell mit allgemeinem Verwendungszweck mit systemischem Risiko führen würde. [4]Um dem wissenschaftlichen Gremium die Informationen zur Verfügung zu stellen, die für die Ausübung dieser Aufgaben erforderlich sind, sollte es einen Mechanismus geben, wonach das wissenschaftliche Gremium die Kommission ersuchen kann, Unterlagen oder Informationen von einem Anbieter anzufordern.

(164) [1]Das Büro für Künstliche Intelligenz sollte die erforderlichen Maßnahmen ergreifen können, um die wirksame Umsetzung und die Einhaltung der in dieser Verordnung festgelegten Pflichten der Anbieter von KI-Modellen mit allgemeinem Verwendungszweck zu überwachen. [2]Das Büro für Künstliche Intelligenz sollte mögliche Verstöße im Einklang mit den in dieser Verordnung vorgesehenen Befugnissen untersuchen können, unter anderem indem es Unterlagen und Informationen anfordert, Bewertungen durchführt und Maßnahmen von Anbietern von KI-Modellen mit allgemeinem Verwendungszweck verlangt. [3]Was die Durchführung von Bewertungen betrifft, so sollte das Büro für Künstliche Intelligenz unabhängige Sachverständige mit der Durchführung der Bewertungen in seinem Namen beauftragen können, damit unabhängiges Fachwissen genutzt werden kann. [4]Die Einhaltung der Pflichten sollte durchsetzbar sein, unter anderem durch die Aufforderung zum Ergreifen angemessener Maßnahmen, einschließlich Risikominderungsmaßnahmen im Fall von festgestellten systemischen Risiken, sowie durch die Einschränkung der Bereitstellung des Modells auf dem Markt, die Rücknahme des Modells oder den Rückruf des Modells. [5]Als Schutzmaßnahme, die erforderlichenfalls über die in dieser Verordnung vorgesehenen Verfahrensrechte hinausgeht, sollten die Anbieter von KI-Modellen mit allgemeinem Verwendungszweck über die in Artikel 18 der Verordnung (EU) 2019/1020 vorgesehenen Verfahrensrechte verfügen, die – unbeschadet in der vorliegenden Verordnung vorgesehener spezifischerer Verfahrensrechte – entsprechend gelten sollten.

Art. 64, 75, 93, 94, 112

(165) [1]Die Entwicklung anderer KI-Systeme als Hochrisiko-KI-Systeme gemäß den Anforderungen dieser Verordnung kann zu einer stärkeren Verbreitung ethischer und vertrauenswürdiger KI in der Union führen. [2]Anbieter von KI-Systemen, die kein hohes Risiko bergen, sollten angehalten werden, Verhaltenskodizes – einschließlich zugehöriger Governance-Mechanismen – zu erstellen, um eine freiwillige Anwendung einiger oder aller der für Hochrisiko-KI-Systeme geltenden Anforderungen zu fördern, die angesichts der Zweckbestimmung der Systeme und des niedrigeren Risikos angepasst werden, und unter Berücksichtigung der verfügbaren technischen Lösungen und bewährten Verfahren der Branche wie Modell- und Datenkarten. [3]Darüber hinaus sollten die Anbieter und gegebenenfalls die Betreiber aller KI-Systeme, ob mit hohem Risiko oder nicht, und aller KI-Modelle auch ermutigt werden, freiwillig zusätzliche Anforderungen anzuwenden, z. B. in Bezug auf die Elemente der Ethikleitlinien der Union für vertrauenswürdige KI, die ökologische Nachhaltigkeit, Maßnahmen für KI-Kompetenz, die inklusive und vielfältige Gestaltung und Entwicklung von KI-Systemen, unter anderem mit Schwerpunkt auf schutzbedürftige Personen und die Barrierefreiheit für Menschen mit Behinderungen, die Beteiligung der Interessenträger, gegebenenfalls mit Einbindung einschlägiger Interessenträger wie Unternehmensverbänden und Organisationen der Zivilgesellschaft, Wissenschaft, Forschungsorganisationen, Gewerkschaften und Verbraucherschutzorganisationen an der Konzeption und Entwicklung von KI-Systemen und die Vielfalt der Entwicklungsteams, einschließlich einer ausgewogenen Vertretung der Geschlechter. [4]Um sicherzustellen, dass die freiwilligen Verhaltenskodizes wirksam sind, sollten sie auf klaren Zielen und zentralen Leistungsindikatoren zur Messung der Verwirklichung dieser Ziele beruhen. [5]Sie sollten außerdem in inklusiver Weise entwickelt werden, gegebenenfalls unter Einbeziehung einschlägiger Interessenträger wie Unternehmensverbände und Organisationen der Zivilgesellschaft, Wissenschaft, Forschungsorganisationen, Gewerkschaften und Verbraucherschutzorganisationen. [6]Die Kommission kann Initiativen, auch sektoraler Art, ergreifen, um den Abbau technischer Hindernisse zu erleichtern, die den grenzüberschreitenden Datenaustausch im Zusammenhang mit der KI-Entwicklung behindern, unter anderem in Bezug auf die Infrastruktur für den Datenzugang und die semantische und technische Interoperabilität verschiedener Arten von Daten.

Art. 95 (→ **Rn. 270 ff.**), 96 (→ **Rn. 18, 29, 36, 78, 98, 122, 173, 230, 246**), 112

(166) [1]Es ist wichtig, dass KI-Systeme im Zusammenhang mit Produkten, die gemäß dieser Verordnung kein hohes Risiko bergen und daher nicht die in dieser Verordnung festgelegten Anforderungen für Hochrisiko-KI-Systeme erfüllen müssen, dennoch sicher sind, wenn sie in Verkehr gebracht oder in Betrieb genommen werden. [2]Um zu diesem Ziel beizutragen, würde die Verordnung (EU) 2023/988 des Europäischen Parlaments und des Rates als Sicherheitsnetz dienen.

Art. 6 (→ **Rn. 111 ff.**), 95 (→ **Rn. 270 f.**), 96 (→ **Rn. 18, 29, 36, 78, 98, 122, 173, 230, 246**)

(167) [1]Zur Gewährleistung einer vertrauensvollen und konstruktiven Zusammenarbeit der zuständigen Behörden auf Ebene der Union und der Mitgliedstaaten soll-

Art. 21 (→ **Rn. 161 ff.**), 78, 97 (→ **Rn. 18, 115, 135, 170, 174, 283, 288, 295, 297**), 98

ten alle an der Anwendung dieser Verordnung beteiligten Parteien gemäß dem Unionsrecht und dem nationalen Recht die Vertraulichkeit der im Rahmen der Wahrnehmung ihrer Aufgaben erlangten Informationen und Daten wahren. [2]Sie sollten ihre Aufgaben und Tätigkeiten so ausüben, dass insbesondere die Rechte des geistigen Eigentums, vertrauliche Geschäftsinformationen und Geschäftsgeheimnisse, die wirksame Durchführung dieser Verordnung, die öffentlichen und nationalen Sicherheitsinteressen, die Integrität von Straf- und Verwaltungsverfahren und die Integrität von Verschlusssachen geschützt werden.

Art. 99–101 (→ **Rn. 331 ff.**)

(168) [1]Die Einhaltung dieser Verordnung sollte durch die Verhängung von Sanktionen und anderen Durchsetzungsmaßnahmen durchsetzbar sein. [2]Die Mitgliedstaaten sollten alle erforderlichen Maßnahmen ergreifen, um sicherzustellen, dass die Bestimmungen dieser Verordnung durchgeführt werden, und dazu unter anderem wirksame, verhältnismäßige und abschreckende Sanktionen für Verstöße festlegen und das Verbot der Doppelbestrafung befolgen. [3]Um die verwaltungsrechtlichen Sanktionen für Verstöße gegen diese Verordnung zu verschärfen und zu harmonisieren, sollten Obergrenzen für die Festsetzung der Geldbußen bei bestimmten Verstößen festgelegt werden. [4]Bei der Bemessung der Höhe der Geldbußen sollten die Mitgliedstaaten in jedem Einzelfall alle relevanten Umstände der jeweiligen Situation berücksichtigen, insbesondere die Art, die Schwere und die Dauer des Verstoßes und seiner Folgen sowie die Größe des Anbieters, vor allem wenn es sich bei diesem um ein KMU – einschließlich eines Start-up-Unternehmens – handelt. [5]Der Europäische Datenschutzbeauftragte sollte befugt sein, gegen Organe, Einrichtungen und sonstige Stellen der Union, die in den Anwendungsbereich dieser Verordnung fallen, Geldbußen zu verhängen.

Art. 99–101 (→ **Rn. 331 ff.**)

(169) [1]Die Einhaltung der mit dieser Verordnung auferlegten Pflichten für Anbieter von KI-Modellen mit allgemeinem Verwendungszweck sollte unter anderem durch Geldbußen durchgesetzt werden können. [2]Zu diesem Zweck sollten Geldbußen in angemessener Höhe für Verstöße gegen diese Pflichten, einschließlich der Nichteinhaltung der von der Kommission gemäß dieser Verordnung verlangten Maßnahmen, festgesetzt werden, vorbehaltlich angemessener Verjährungsfristen im Einklang mit dem Grundsatz der Verhältnismäßigkeit. [3]Alle Beschlüsse, die die Kommission auf der Grundlage dieser Verordnung fasst, unterliegen der Überprüfung durch den Gerichtshof der Europäischen Union im Einklang mit dem AEUV, einschließlich der Befugnis des Gerichtshofs zu unbeschränkter Ermessensnachprüfung hinsichtlich Zwangsmaßnahmen im Einklang mit Artikel 261 AEUV.

Art. 85

(170) [1]Im Unionsrecht und im nationalen Recht sind bereits wirksame Rechtsbehelfe für natürliche und juristische Personen vorgesehen, deren Rechte und Freiheiten durch die Nutzung von KI-Systemen beeinträchtigt werden. [2]Unbeschadet dieser Rechtsbehelfe sollte jede natürliche oder juristische Person, die Grund zu der Annahme hat, dass gegen diese Verordnung verstoßen wurde, befugt sein, bei der betreffenden Marktüberwachungsbehörde eine Beschwerde einzureichen.

Art. 86

(171) [1]Betroffene Personen sollten das Recht haben, eine Erklärung zu erhalten, wenn eine Entscheidung eines Betreibers überwiegend auf den Ausgaben bestimmter Hochrisiko-KI-systeme beruht, die in den Geltungsbereich dieser Verordnung fallen, und wenn diese Entscheidung Rechtswirkungen entfaltet oder diese Personen in ähnlicher Weise wesentlich beeinträchtigt, und zwar so, dass sie ihrer Ansicht nach negative Auswirkungen auf ihre Gesundheit, ihre Sicherheit oder ihre Grundrechte hat. [2]Diese Erklärung sollte klar und aussagekräftig sein, und sie sollte eine Grundlage bieten, auf der die betroffenen Personen ihre Rechte ausüben können. [3]Das Recht auf eine Erklärung sollte nicht für die Nutzung von KI-Systemen gelten, für die sich aus dem Unionsrecht oder dem nationalen Recht Ausnahmen oder Beschränkungen ergeben, und es sollte nur insoweit gelten, als es nicht bereits in anderem Unionsrecht vorgesehen ist.

Art. 87

(172) [1]Personen, die als Hinweisgeber in Bezug auf die in dieser Verordnung genannten Verstöße auftreten, sollten durch das Unionsrecht geschützt werden. [2]Für die Meldung von Verstößen gegen diese Verordnung und den Schutz von Personen, die solche Verstöße melden, sollte daher die Richtlinie (EU) 2019/1937 des Europäischen Parlaments und des Rates gelten.

(173) [1]Damit der Regelungsrahmen erforderlichenfalls angepasst werden kann, sollte der Kommission die Befugnis übertragen werden, gemäß Artikel 290 AEUV Rechtsakte zur Änderung der Bedingungen, unter denen ein KI-System nicht als Hochrisiko-System einzustufen ist, der Liste der Hochrisiko-KI-Systeme, der Bestimmungen über die technische Dokumentation, des Inhalts der EU-Konformitätserklärung, der Bestimmungen über die Konformitätsbewertungsverfahren, der Bestimmungen zur Festlegung der Hochrisiko-KI-Systeme, für die das Konformitätsbewertungsverfahren auf der Grundlage der Bewertung des Qualitätsmanagementsystems und der technischen Dokumentation gelten sollte, der Schwellenwerte, Benchmarks und Indikatoren – auch durch Ergänzung dieser Benchmarks und Indikatoren – in den Vorschriften für die Einstufung von KI-Modellen mit allgemeinem Verwendungszweck mit systemischem Risiko, der Kriterien für die Benennung von KI-Modellen mit allgemeinem Verwendungszweck mit systemischem Risiko, der technischen Dokumentation für Anbieter von KI-Modellen mit allgemeinem Verwendungszweck und der Transparenzinformationen für Anbieter von KI-Modellen mit allgemeinem Verwendungszweck zu erlassen. [2]Es ist von besonderer Bedeutung, dass die Kommission im Zuge ihrer Vorbereitungsarbeit angemessene Konsultationen, auch auf der Ebene von Sachverständigen, durchführt, die mit den Grundsätzen in Einklang stehen, die in der Interinstitutionellen Vereinbarung vom 13. April 2016 über bessere Rechtsetzung niedergelegt wurden. [3]Um insbesondere für eine gleichberechtigte Beteiligung an der Vorbereitung delegierter Rechtsakte zu sorgen, erhalten das Europäische Parlament und der Rat alle Dokumente zur gleichen Zeit wie die Sachverständigen der Mitgliedstaaten, und ihre Sachverständigen haben systematisch Zugang zu den Sitzungen der Sachverständigengruppen der Kommission, die mit der Vorbereitung der delegierten Rechtsakte befasst sind.

Art. 11 (→ **Rn. 133 ff.**), 17 (→ **Rn. 153 ff.**), 97 (→ **Rn. 18, 115, 135, 170, 174, 283, 288, 295, 297**)

(174) [1]Angesichts der raschen technologischen Entwicklungen und des für die wirksame Anwendung dieser Verordnung erforderlichen technischen Fachwissens sollte die Kommission diese Verordnung bis zum 2. August 2029 und danach alle vier Jahre bewerten und überprüfen und dem Europäischen Parlament und dem Rat darüber Bericht erstatten. [2]Darüber hinaus sollte die Kommission – unter Berücksichtigung der Auswirkungen auf den Geltungsbereich dieser Verordnung – einmal jährlich beurteilen, ob es notwendig ist, die Liste der Hochrisiko-KI-Systeme und die Liste der verbotenen Praktiken zu ändern. [3]Außerdem sollte die Kommission bis zum 2. August 2028 und danach alle vier Jahre die Notwendigkeit einer Änderung der Liste der Hochrisikobereiche im Anhang dieser Verordnung, die KI-Systeme im Geltungsbereich der Transparenzpflichten, die Wirksamkeit des Aufsichts- und Governance-Systems und die Fortschritte bei der Entwicklung von Normungsdokumenten zur energieeffizienten Entwicklung von KI-Modellen mit allgemeinem Verwendungszweck, einschließlich der Notwendigkeit weiterer Maßnahmen oder Handlungen, bewerten und dem Europäischen Parlament und dem Rat darüber Bericht erstatten. [4]Schließlich sollte die Kommission bis zum 2. August 2028 und danach alle drei Jahre eine Bewertung der Folgen und der Wirksamkeit der freiwilligen Verhaltenskodizes durchführen, mit denen die Anwendung der für Hochrisiko-KI-Systeme vorgesehenen Anforderungen bei anderen KI-Systemen als Hochrisiko-KI-Systemen und möglicherweise auch zusätzlicher Anforderungen an solche KI-Systeme gefördert werden soll.

Art. 95 (→ **Rn. 270 ff.**), 97 (→ **Rn. 18, 115, 135, 170, 174, 283, 288, 295, 297**), 112

(175) [1]Zur Gewährleistung einheitlicher Bedingungen für die Durchführung dieser Verordnung sollten der Kommission Durchführungsbefugnisse übertragen werden. [2]Diese Befugnisse sollten gemäß der Verordnung (EU) Nr. 182/2011 des Europäischen Parlaments und des Rates ausgeübt werden.

Art. 98

(176) [1]Da das Ziel dieser Verordnung, nämlich die Verbesserung der Funktionsweise des Binnenmarkts und die Förderung der Einführung einer auf den Menschen ausgerichteten und vertrauenswürdigen KI bei gleichzeitiger Gewährleistung eines hohen Maßes an Schutz der Gesundheit, der Sicherheit, der in der Charta verankerten Grundrechte, einschließlich Demokratie, Rechtsstaatlichkeit und Schutz der Umwelt vor schädlichen Auswirkungen von KI-Systemen in der Union, und der Förderung von Innovation, von den Mitgliedstaaten nicht ausreichend verwirklicht werden kann, sondern vielmehr wegen des Umfangs oder der Wirkungen der Maßnahme auf Unionsebene besser zu verwirklichen ist, kann die Union im Einklang mit dem in Artikel 5 EUV verankerten Subsidiaritätsprinzip tätig werden. [2]Entsprechend dem in demselben Artikel genannten Grundsatz der

Art. 33

Verhältnismäßigkeit geht diese Verordnung nicht über das für die Verwirklichung dieses Ziels erforderliche Maß hinaus.

Art. 111 (→ **Rn. 86 ff.**)

(177) [1]Um Rechtssicherheit zu gewährleisten, einen angemessenen Anpassungszeitraum für die Akteure sicherzustellen und Marktstörungen zu vermeiden, unter anderem durch Gewährleistung der Kontinuität der Verwendung von KI-Systemen, ist es angezeigt, dass diese Verordnung nur dann für die Hochrisiko-KI-Systeme, die vor dem allgemeinen Anwendungsbeginn dieser Verordnung in Verkehr gebracht oder in Betrieb genommen wurden, gilt, wenn diese Systeme ab diesem Datum erheblichen Veränderungen in Bezug auf ihre Konzeption oder Zweckbestimmung unterliegen. [2]Es ist angezeigt, klarzustellen, dass der Begriff der erheblichen Veränderung in diesem Hinblick als gleichwertig mit dem Begriff der wesentlichen Änderung verstanden werden sollte, der nur in Bezug auf Hochrisiko-KI-Systeme im Sinne dieser Verordnung verwendet wird. [3]Ausnahmsweise und im Lichte der öffentlichen Rechenschaftspflicht sollten Betreiber von KI-Systemen, die Komponenten der in einem Anhang zu dieser Verordnung aufgeführten durch Rechtsakte eingerichteten IT-Großsysteme sind, und Betreiber von Hochrisiko-KI-Systemen, die von Behörden genutzt werden sollen, die erforderlichen Schritte unternehmen, um den Anforderungen dieser Verordnung bis Ende 2030 bzw. bis zum 2. August 2030 nachzukommen.

Art. 111 (→ **Rn. 86 ff.**) Art. 113 (→ **Rn. 96, 97, 117, 178, 249, 272, 281, 331**)

(178) Die Anbieter von Hochrisiko-KI-Systemen werden ermutigt, auf freiwilliger Basis bereits während der Übergangsphase mit der Einhaltung der einschlägigen Pflichten aus dieser Verordnung zu beginnen.

Art. 113 (→ **Rn. 96, 97, 117, 178, 249, 272, 281, 331**)

(179) [1]Diese Verordnung sollte ab dem 2. August 2026 gelten. [2]Angesichts des unannehmbaren Risikos, das mit der Nutzung von KI auf bestimmte Weise verbunden ist, sollten die Verbote sowie die allgemeinen Bestimmungen dieser Verordnung jedoch bereits ab dem 2. Februar 2025 gelten. [3]Während die volle Wirkung dieser Verbote erst mit der Festlegung der Leitung und der Durchsetzung dieser Verordnung entsteht, ist die Vorwegnahme der Anwendung der Verbote wichtig, um unannehmbaren Risiken Rechnung zu tragen und Wirkung auf andere Verfahren, etwa im Zivilrecht, zu entfalten. [4]Darüber hinaus sollte die Infrastruktur für die Leitung und das Konformitätsbewertungssystem vor dem 2. August 2026 einsatzbereit sein, weshalb die Bestimmungen über notifizierte Stellen und die Leitungsstruktur ab dem 2. August 2025 gelten sollten. [5]Angesichts des raschen technologischen Fortschritts und der Einführung von KI-Modellen mit allgemeinem Verwendungszweck sollten die Pflichten der Anbieter von KI-Modellen mit allgemeinem Verwendungszweck ab dem 2. August 2025 gelten. [6]Die Verhaltenskodizes sollten bis zum 2. Mai 2025 vorliegen, damit die Anbieter die Einhaltung fristgerecht nachweisen können. [7]Das Büro für Künstliche Intelligenz sollte sicherstellen, dass die Vorschriften und Verfahren für die Einstufung jeweils dem Stand der technologischen Entwicklung entsprechen. [8]Darüber hinaus sollten die Mitgliedstaaten die Vorschriften über Sanktionen, einschließlich Geldbußen, festlegen und der Kommission mitteilen sowie dafür sorgen, dass diese bis zum Geltungsbeginn dieser Verordnung ordnungsgemäß und wirksam umgesetzt werden. [9]Daher sollten die Bestimmungen über Sanktionen ab dem 2. August 2025 gelten.

(180) Der Europäische Datenschutzbeauftragte und der Europäische Datenschutzausschuss wurden gemäß Artikel 42 Absätze 1 und 2 der Verordnung (EU) 2018/1725 angehört und haben am 18. Juni 2021 ihre gemeinsame Stellungnahme abgegeben.

Stichwortverzeichnis

Die Zahlen verweisen auf die Randnummern in Teil 1 und 2.